与文字为伴

汪长根文论自选集

上卷（通论卷）

汪长根　著

文汇出版社

序

人生是个立方体

王通讯

与长根相识相知已经三十多年。据我所知，他上过学，当过兵，做过组织人事干部，又写有一手好文章。从苏州市委副秘书长的位子上退下来之后，投身到文化事业中，具体说是担任了联合国教科文组织亚太地区世界遗产培训与研究中心苏州分中心的名誉主任。

看着他干了那么多的事，我好生羡慕。自愧才浅，不敢向其看齐，只能跟在后面。前些年知道他写了几本书，没想到最近又要新出一本。有幸翻看他即将付印的书稿，包罗了政治、经济、文化、人事、人才诸多方面，不禁令我浮想联翩。

想到了什么呢？想到人生。

人生在世，匆匆犹如草木一秋。那么，怎样度过自己的人生才算有价值，或者说才算没白过呢？人们恐怕没有不想长寿的。但是，活的岁数长一些能成为唯一追求吗？看来还不行，那仅仅是个生命的时间长度而已，不能短缺质量。比方说，是否对社会做出了较大的贡献，包括官员的政绩、企业家的创新、学者的智慧等等。有位哲学教授说得好："生命的价值，常常不是以她的长度而是以她的宽度与厚度来衡量的。"

假设厚度就是对社会、对百姓的奉献，那么宽度是什么呢？我想大概就是其一生中曾经思考、实践的领域。

人与人在自然禀赋上是不同的，后天努力程度也不一样，因此才能的多少及大小也会不一样。如果一个人在既定的个人禀赋的基础上，加倍努力，又善于开发自己的潜能，那么他就可以将自己的生命宽度拓展得更加宽阔一些，好处在于能够获得多方面的生命体验。我想，西方人所谓的"丰富化的人生"，意思大抵如此。如此看来，能不能这样说：人生是个立方体，有长，有宽，有深（厚度）。有价值的人生，是三个尺度的乘积。具体到每一个人来说，情况会各不相同。有宽度的人，应该说是那些具备多种才能、能够在众多领域显示出过人才干的人。我为我的友人能够在这么多的领域都做出名堂而由衷地高兴。

细读长根的文稿，我认为最能代表其思想境界的是那篇题为"颇具书生气的'三与'哲学"的文章。

见其文如见其人。

长根说，他信奉的是一种"与人为善、与世无争、与时俱进"的"三与"人生哲学。"与人为善"、"与时俱进"比较好理解，"与世无争"呢？难道他是在提倡做个遇事"不争不抢"的"老好人"吗？非也。

且看他如何道来。

他说："与世无争和软弱无能、委曲求全不是同义词。我所理解的'与世无争'是：如果有一个升职的机会，而这个机会又需要通过竞选来取得，那么我会选择放弃，不会为此'急吼吼'，因为我认为，能不能升迁、够不够格升职，这是组织的事；如果有一份好处等待处置，但这种好处又是'僧多粥少'，那么我会选择沉默，因为我觉得不应该以争抢共同的利益来满足自身的欲望；如果有一份劳动成果或一份荣誉等待分享，而这份成果、这个荣誉又需要个人'想方设法'去争取，那么我会选择顺其自然，不会张口表白索取，因为我觉得张口获得的名利不够'干净'；如果有一个议案需要决定，而这份决定似乎并不符合个人的想法，我不会固执己见，因为我觉得个人的意见可以保留，但应该以大局为重。"如此等等。

长根进一步总结道："我以为，所谓与世无争，所追求的乃是一种平静、平和、平淡的生活状态、学习状态、交往状态。人家进步，我高兴；人家升职，我祝贺；人家发财，我不眼红。个人要做的就是把自己该做的事踏踏实实做好，做得圆满，以诚实勤奋的劳动获得应有的回报，我想，这种'不求进取'也许就是最大的进取。"

读到这里，我已经把长根读懂了。有了这般境界，他肯定是一个天高地阔的人、心无挂碍的人、幸福快乐的人。

至于我所说的深度，就必在其中了。

是为序。

2014 年 12 月 18 日

于海棠在望书屋

（作者系原中国人事科学研究院院长兼人事与人才研究所所长。）

前　言

与文字为伴，是我的人生追求，也是职业使然，而逐步演化成为自己生活内容与生活方式不可或缺的组成部分。与文字为伴，尤其是与公文为伴，那是一件寂寞而枯燥的事，然我乐在其中、乐此不疲。

一个非常偶然的机会，我踏上了一条与文字相伴的人生之路，先是在部队政治机关从事宣传教育、新闻报道，与文字打交道十余年；转业后从事过组织人事、机关文秘、政策研究等工作，从此与文字结下了不解之缘。

我不清楚该如何准确地定位自己。有人认为，我应算是一名"文人"，对此我未予否定。因为我一辈子就是以舞文弄墨为生，习惯与文职人员打交道，与"文人圈"不仅交往多，人缘也不错；可我从未接受过系统的高等院校的学历教育，比起那些"博士"、"硕士"自感惭愧，对博大精深的"文化"也自感一知半解，因而归在"文人"一类，甚为牵强，如果一定要算，只能称得上"半个文化人"。有人认为我是领导，我也不好有异议，毕竟尚有"一官半职"，但我确实从未做过真正意义上的"官"，一辈子一直在领导身边做点参谋和服务性工作而已。我始终认为自己只是一个"职业秘书"。正因为有了这种心态，才造就了自己"与世无争、与人为善、与时俱进"的特质，造就了"知书达理、知恩图报、知足常乐"的品行。

职业秘书应当是一名"幕后人物"、"无名英雄"。任劳任怨、无私奉献、淡泊名利、不计得失，这是秘书必须具备的品德。尤其以文字为职业的秘书，更应该以"默默无闻"为荣。作为一名在党政机关从事文字工作的秘书，一生中书写的文字也许不计其数、无法统计，但它并不属于个人；可以署名的少之又少，可以署名并能回味的文字更是少之又少，有时还会闹出某种"误会"。收集在题名"与文字为伴"的这些文稿，主要是三种类型：一是本属于工作性成果，如直接为领导决策参考及决策落实服务的调研报告、建议；二是结合工作及工作之余学习、研究、观察与思考问题的衍生产品，是工作成果的一种转化、延伸和再现，如时评类的文字；三是作为调节文字写作节奏、丰富业余生活方式的一种补充，如有感而发而撰写的一些随笔、杂文、游记、读书札记等。我的体会，择时练习一些与公文风格有所差异的文章，对于提高公文写作的情趣，是很有帮助的。

2014年5月12日，我因左眼黄斑前膜接受了手术，这已经是我的第二次眼科手术了。2007年年初，我突感右眼视物变形，经确诊为黄斑变性裂孔，这是一种少见又很麻烦的疾病，上海的专家对此作了业内都认为"成功"的手术，而我却感觉很不理想，视力不升反降，甚至基本丧失了阅读和书写文字的功能，幸好左眼基本正常，没有太多影响生活与工作质量。但今年4月，已经成为朋友的另一位眼科专家遗憾地告诉我，左眼出问题了，黄斑前膜已经形成，必须尽快手术，并耐心给我分析利害关系。这次我虽然犹豫，但很快决定听从建议，又一次施行手术，幸好恢复正常。

现在，我不得不面对这样一个现实问题：一方面，文字对于我来说，与生俱来就有一种割舍不去的情感，水准如何，那是另外一件事，离开了"与文字为伴"，我的生活可能显得枯燥乏味；另一方面，眼睛作为人体最重要的器官之一，应当尽可能地让它"延年益寿"，必须痛下决心，从现在起转变用眼方式，调整与文字为伴的节奏。于是，我对改革开放以来主要是上世纪90年代以来自己撰写的一些文稿进行了梳理、整理，遴选出自以为还有些"可读性"的东西，形成了这部《与文字为伴》，既是对已经走过的这段人生作一个小结，也是个人"自娱自乐"的一种方式，当然也是与已经离开和正在从事这行工作的同仁们、朋友们的一种互动与交流。我的想法很简单，这是最后一次以"著书"的方式"立说"。

本书分为上下两卷。上卷为独著，下卷为合著。

上卷："通论卷"。1979年年底，我从部队转业回地方工作后，正式成为一名公务员，行文写作自然是必修课和基本功。凭着在部队初步积累的文字写作基础，开始了新的人生征途。对于文字工作，我有自己的理解，我认为，"任何平凡或纷繁的事务，都有内在的规律可循，发掘、发现、梳理规律的过程就是文字写作过程"，"把实践中观察到的问题和经验上升到理性层面分析思考，用掌握到的理论和知识去回答、说明、解决实际问题，这是公文写作的基本要求"，"文字写作不是某种技术，文字写作能力对于公务人员来说，是第一能力，是学习能力、研究能力、逻辑思维能力、表达能力等各种能力的集中体现"，等等。正是出于上述考虑，勤于笔耕，"与文字为伴"，并以此提升修养、陶冶情操、提高工作质量，成为自己的一种习惯。

本卷所称的"通论"泛指论文、杂文、时评、随感、读书札记、书评、游记等等，收集时只作了大致的分类。由于时间跨度大，水平有限，现在读来，有的略感浅显。

论苑初入。重点收集了上世纪80年代至90年代初撰写的一些论文，主要涉及人才问题和党的宣传思想政治工作。当时，全国人才学研究风起云涌，思想政治工作研究也风生水起，由于我先在组织人事部门工作，之后又分管联系宣传思想战线，一不小心成为人才学和思想政治战线的一名"非职业研究人员"，期间出版了《人才行知录》、《苏南农民企业家研究》等著作，发表了多篇在全国具有一定影响的论文。自担任政研室主任后，工作职能发生了重要变化，公文写作任务很重，篇幅较长的论文就很少去涉及了，这里遴选的几篇，算是其中的代表作。

时评概览。《苏州日报》有一个专栏，现在称"新苏时评"，实际上是该报的言论专栏。收集在这里的 25 篇文稿，大多在该专栏上发表过。这类文稿，诚如前面所言，基本上是学习研究和观察思考的"衍生物"，一事一议，深入浅出。

随感拾录。收集在这个栏目的文稿来自有感而发，包括几种类型，书评、读书札记、随想等。不一定很成熟、很完整，零零碎碎，但体现的是真实感受。

闲人札记。退出领导岗位，尤其是退休以后，应该属于"闲人"之类了，有时外出旅游，顺手写些笔记，数量不多，属于自得其乐，不过也有朋友颇为赞赏，给予好评。退休后，总觉得有些闲不住，期间陆陆续续写过一些文稿，结集出版的有《三知斋随想》，同时，受领导和朋友推荐、厚爱，我兼任了两个很有意思的公益性职位，一是受聘担任联合国教科文组织亚太地区世界遗产培训与研究中心（苏州）名誉主任，牵头组建了亚太世遗中心古建筑保护联盟和苏州世界遗产与古建筑保护研究会，出版了内部刊物《世界遗产与古建筑》，并出任主编，为此，我选择于 2014 年底前撰写的"卷首语"6 篇，以及与该项工作相关的 2 篇文稿，作为留念；二是受聘担任苏州市辛庄企业家商会"秘书长"，这是一个小商会，我主要为来自家乡的企业家组成的这个社会组织做些服务性工作，并编辑出版内部刊物《辛庄商会通讯》，量身定做，我先后撰写了一些短文，这里遴选了其中的 10 余篇，作为这段人生的小小记录。

下卷："调研报告卷"。1988 年 12 月，我出任苏州市委政策研究室负责人，长达近 15 年。实施调查研究、撰写调研报告，为市委和市委领导决策服务，成为我的主业。之所以称为"合著"，是因为这里收集的部分调查报告是我在任研究室负责人及之后任市委办公室负责人期间，与我的同事们合作撰写的，应该说这是集体智慧的结晶，我只是"课题负责人"或"主笔"。需要说明的是，凡是我署名在前的，不仅仅是因为职务的原因，主要还是撰写过程中实际扮演的角色的因素。时任市委研究室副处长的蒋忠友同志曾经是我忠实的合作伙伴，他在《苏州文化与文化苏州》一书的跋中写道："所有文稿在成文前都是汪长根副秘书长面授主要观点，他甚至把一些观点一条一条地写在稿纸上，工工整整地排列出来，并就写出的观点和思路逐个给我讲解。一些文章在他细心的讲解之后，基本上已经成形了"，"针对所写文章的体裁和种类，在串讲写作内容之外，他还为我分析此类文稿的写作方法、写作技巧和需要注意的一些问题，让我触类旁通"，"在写作过程中，结合所写文章的主旨和大意，他又精心地为我找来大量的书籍和资料，并指导我读书和学习"，"文章初稿草成后，大多数文稿都要经过他细致的反复的修改。有的文章甚至需要几易其稿，最终才能成文，回过头来再对照初稿，已是面目全非了"。蒋忠友同志目前已是市委研究室的主要笔杆子，他的话语谦虚而诚恳，但大体从一个侧面反映了我与同事们合作的模式。"调研报告"反映的是当时的时代背景，这次编辑时保留了原来的提法和数据，体现了"原真性"，也在一定程度上反映了苏州发展过程中的一些"足迹"。

从 1983 年 3 月苏州地市合并，我进入市委办公室、市委政策研究室，再回到市委办公室，到 2010 年 5 月退休，先后达 27 年。期间，市委主要领导更迭了 9 任。我亲眼见证了苏州所发生的翻天覆地的巨大变化，亲眼见证了历届市委，尤其是市委领导、市委主要领导的高瞻远瞩、睿智大气、务实奋进，亲身感受到了苏州人的人格魅力和苏州文化的博大精深，在这样的氛围下工作，洋溢的是一种幸福感，是人生的一大幸运，也成为激发自己淡泊明志、努力工作、有所作为的动力。我的这本"自选集"，说到底，是一种真情流露。

汪长根

2014 年 12 月

目　录

时评概览

随感拾录

闲人札记

论苑初入

用辩证唯物主义指导选才用才

简述：选贤任能，必须以辩证唯物主义观察事物、分析事物的科学世界观、方法论作指导。如果我们不去认真而自觉地触动产生种种错误思想赖以存在的世界观根源，不是真正从唯心主义、形而上学和"左"的思想束缚下解放出来，就谈不上做好新时期的干部工作。

在新的历史时期，党的各级组织部门面临的一个新任务，就是要进一步解放思想，把实践中涌现出来的、德才兼备的、年富力强的优秀人才，大胆选拔到各级领导岗位上来。

然而，常常有这样的情况：有的人本来德才兼备，却未能被我们所认识而"遗之草泽"；有的人本来德才平庸，却未被我们识别而委以重任；同一个人，同一个特征，在不同人的眼光里，会出现截然不同的多种评价，"仁者见仁，智者见智"；同一个人，"在家是一条虫，出门是一条龙"，更换了一个环境，昔日默默无闻、毫不起眼，可以变得龙腾虎跃、出类拔萃。这里，原因固然是多方面的，但是有一个不容忽视的原因，就是我们有些主管选才、用才的同志在掌握无产阶级世界观和方法论方面，功底不深，基础不牢，因而尽管主观上也想识得真才，用人所长，而在选拔干部、使用干部时，总是摆脱不了主观地、片面地、孤立地看人看事的陋习。这是一个大忌。实践证明，选贤任能，必须以辩证唯物主义观察事物、分析事物的科学世界观方法论作指导。如果我们不去认真而自觉地触动产生种种错误思想赖以存在的世界观根源，不是真正从唯心主义、形而上学和"左"的思想束缚下解放出来，就谈不上做好新时期的干部工作。

中央领导同志指出："学习马克思列宁主义的基本理论，目前是一个非常迫切的问题。"又说："许多负责领导实际工作的干部因为忙于当前繁重的工作，看理论书的时间也较少，学习理论的气氛一般也不够浓厚。"还说："离开了马克思列宁主义基本理论，有些问题就不容易，甚至无法从根本上弄清楚。"这些指示，对于我们做好新时期的干部工作具有重大的意义。我们应当自觉地运用马克思主义辩证唯物主义的基本原理指导选才用才。

1. 辩证唯物主义认为，世界上万事万物的运动都是有规律的，规律是客观的，既不能消灭，也不能创造。这个原理告诉我们，在选才用才时，必须使自己的思想和行为遵循客观规律。人才的成长有规律可循，人才的发现、鉴别、使用、管理也有规律可循。干部工作当然不能例外，也有着自己的运动规律。只有按照干部工作的规律办事，干部工作者才能从"必然王国"逐步走向"自由王国"。长期以来，我们有一个很大的缺陷，就是在选才用才时，往往凭借干部工作者个人的直觉、经验和印象，因而对人的评价差异和弹性很大。诚然，经验本身也包含着某种规律，凡是在选才用才中取得某种成绩的，一般都是自觉不自觉地遵循了干部工作的客观规律的结果。因此，干部工作者面临的一个重要任务是，应当把长期积累的经验上升到理论，经过去粗取精、去伪存真的加工制作，从中抽出真正能反映客观实际的规律，切实按客观规律办事。这项工作做好了，对选才用才就能起到事半功倍的作用。当然，现在说干部工作有哪些具体规律还为时过早，需要我们去探索。但有几条是共同的，比如，按照不同岗位的素质要求择优选拔人才，才能充分释放其智慧才能；管理者与管理对象"同频共振"，有着共同的理想、共同的语言，才能为人才脱颖而出创造良好的外部条件，调动积极因素等等。按照客观规律办事，首先要出于公心，从党和人民的根本利益出发，如果站在个人主义、小团体主义、宗派主义的立场上，就不可能全面地、辩证地观察问题、认识问题；二是要坚持实事求是的工作作风，对客观事物进行周密的考察了解，如果坐在办公室想当然、凭印象、靠灵感，或者走马观花、道听途说，必然陷入片面性；三是要学习、掌握基本功和必要的知识，否则，对考察对象人云亦云、随声附和，就识不得真才。实践告诉我们：不按干部工作的客观规律办事，最终要受到规律的惩罚，给党和人民的事业带来不应有的损失。

2.辩证唯物主义认为，实践的观点是辩证唯物主义第一和基本的观点，检验真理的标准只能是社会实践。这个原理告诉我们：衡量一名干部是称职的还是不称职的，唯一的标准是他的实绩。因此，我们要把开创新局面、解决问题的实绩作为考核、选拔干部最重要的准则。现在，我们在考察选拔干部时，比较注重学历和文凭，这是十分必要的。一般来说，有学历的比没有学历的在掌握知识的广度和深度上要强一些，系统性要好一些。但是，学历和文凭只能在一定程度上反映一个人的学识水平，同样的文凭，实际水平差距很大。一个人对知识的学习、吸收、消化的途径是多方面的，学校教育和自学都是其中的一种途径。不同的知识有时只能在一定的领域、一定的范围内发挥作用，不同的领域、不同的范围、不同的岗位又需要不同的知识结构。同时，知识属于认识范围，丰富的知识为能力的培养奠定了扎实的基础，但知识不能代替能力。战国初期，赵国名将赵奢之子赵括，可谓熟读兵书，连父亲都难不住他。可只会纸上谈兵，不会运用，结果在长平之战中，由他率领的四十万大军全军覆没。因此，知识转化为能力还有一个实践过程。社会实践是人的才能发生发展的决定因素。衡量一个人是否有真才实学，归根结底要看他认识世界、改造世界的能力。一个人的能力，不论是否具有文凭学历，它都是一种客观存在，学习的目的全在于运用，对能力的最终检验手段是实践。搞社会主义现代化建设要讲实绩，这是人的思想、品德、知识、能力、作风的综合反映。全面考察实绩，才能正确地、全面地衡量一个干部的素质。

3.辩证唯物主义认为，客观存在的一切事物都是质与量的统一体。人是社会的存在物，当然不能例外。这个原理告诉我们，在考察干部时，必须坚持定性与定量相结合，逐步做到对人的评价科学化和精确化。我们在考察干部时，往往比较重视定性考察，这是正确的。因为，定性考察虽然得到的只是某种感觉和印象，但它可以帮助人们正确地认识和把握人的本质特征的总趋势。现在的问题是，考察决不能停留在定性的基点上。定性考察只是完成考察的第一阶段，这种考察，由于受考察者思想认识水平的制约，选什么人才实际上取决于领导本身的素质和个人情感的好恶，基本上是一种领导选拔制，主观成分较多，带有一定的随意性和偶然性。人言："一人说了听，二人说了信，三人说了下结论。"而且考察的线条太粗，如，说一个干部好，往往用"坚决贯彻党的路线方针，工作积极，事业心强"等文字简单概括，至于如何贯彻，如何积极，好在哪里，不得而知。这就需要把定性考察进一步深化，进行第二阶段的考察，这就是定量考察。通过运用数学的方法，对考察对象德、识、才、学、体等有关情况数据化，予以整理、计算和分析，从中把握干部队伍的结构特点和干部优化配置的规律。正如有的同志认为，人是社会中最为复杂的对象，不论采取何种定量考核方式，都带有主观因素。但是，我们应当看到，人们对事物的认识，总是沿着定量发展的轨道循序渐进的。一个人的素质是可知的，可以通过人的言行、人对外部世界的反应表现出来。以人的业务水平为例，它是相互联系、相互依赖、相互渗透的各种能力要素的集合，是各种能力的总体效应，一个人的业务水平是可以分解为若干单项的。只有坚持定性考核和定量考核相结合，才能对干部评价的准确性进行检验论证，把感性认识进一步上升，达到一个更高层次的定性。诚然，对干部的定量考核，还在试验探索和实践之中，应当由浅入深、由点到面逐步展开，但是它应当成为我们干部考核制度改革的一个方向。

4.辩证唯物主义认为，任何事物都有自己的特点，都处在发展变化当中，了解和掌握每个具体事物的特点，注意它们的发展变化，这是认识事物、决定政策必须把握的最基础的东西。这个原理告诉我们，选才用才也应当坚持这个认识的基本方法，切忌形而上学、片面性。比如，对待干部的年轻化问题，上级规定各个领导班子成员的最高年龄限制，这是必要的，这样做有利于干部的新老交替，并逐步形成制度。但是，年轻化并不是越年轻越好；年轻化也不是要一级比一级年轻，越到基层越年轻；年轻化也不是要求"一刀切"、"齐步走"。领导班子的年龄结构应当根据干部的能力和工作客观需求自然组成；不同人的不同年龄，智力盛衰差异很大，各自有着自己的最佳工作时期，有的聪明早慧，有的大器晚成。强调干部队伍年轻化，旨在防止干部队伍老化，保证党的路线、方针、政策的连续性和干部队伍的相对稳定。因此，班子中必须保持良好梯形年龄结构。还比如，我们提倡专业技术干部进入领导班子，这对于形成领导班子合理的知识结构，提高领导班子的决策能力是一条重要措施。但是，专业技术干部进领导班子不等于专业技术尖子进领导班子。不同的岗位对知识结构的要求是不同的，知人不知其才等于无人，用人不用其长等于不用。人各有所长，有的善于搞科学研究，有的善于搞行政管理，有的善于搞思想政治工作，有的精通专业而缺乏组织管理能力，有的兼而有之。如果把通晓某一专业而不宜担任领导的干部提拔起来，就会抑人之长、强人所难。我们应当像斯大林同志所说的那样："细心地考察干部的优点和缺点，了解究竟什么岗位他们才最能施展自己的才能。"再比如，上级要求在吸收脱产干部时，应当十分注意文化程度和专业知识，主要从大中专毕业生和军队转业干部中补充，这是十分重要的，有利于提高干部队伍的素质。但也"并不是说工人、农民不能提，但必须挑年轻、有文化，经过一定专业训练的"。事实上，在我们基层，有一大批既有文化知识，又有实践经验、管理能力，善于与第一线群众打成一片的优秀工人干部，这无疑应当成为选才用才的范围。凡此种种，都说明我们必须用全面的、辩证的、发展的观点观察问题、认识问题。

5. 辩证唯物主义认为，认识运动是一个不断反复和无限发展的过程，人们对一个具体事物的认识，必须经过从实践到认识、从认识到实践的多次反复，达到主观和客观的符合，在实践中取得了预期的结果。这对于一个具体过程来说，认识运动完成了，但对认识过程的推移而言，人的认识并没有完成。这个原理告诉我们，考察干部，也必须经过一个实践、认识、再实践、再认识的过程，企图靠几次谈话，投几次票，是选拔不到真才的。应该看到，从发现、识别、选拔、起用，到被推上领导岗位，这只是完成了对干部认识的第一阶段，这个干部究竟是否德才兼备，能否开创新局面，还有待于到领导岗位以后的实践来证实。由于思想认识水平的局限性，对人的选拔不当在所难免，也是不足为奇的。比如，常有这样的情况，"千里马"遇上了"伯乐"会"引颈长鸣"，于是得到了"提拔"的机遇；而"千里牛"，虽然任劳任怨、忠心耿耿、不为名、不为利，由于它不会"引颈长鸣"，只会"一声不吭"，因而就不易被发现，也就得不到提拔的机会。有的人本无多少真才实学，但善于对上级"投其所好"而得以重用；有的人很有才能，可他们"大智若愚"，不能引起选才者的注意。因此，干部部门要努力把握识才之道，否则，就容易流于"或以貌少为不是，或以瑰姿为巨伟，或以直露为虚华，或以巧饰为真实"。要着力发现和发掘那些德才兼备，而且潜伏着创造性才能的人们，要为那些潜人才的脱颖而出创造良好的环境。对于那些年纪轻、文化高、能力强、有发展潜力的干部，尽管暂时还缺乏领导经验，也应当大胆起用，而对于那些虽然能应付眼前的工作，但并无发展潜力的干部，要从长计议，对他们作适当调整。认识运动既然是一个过程，那么就要求我们建立切实可行的干部淘汰制度，就是说，干部走上领导岗位，这并不是意味着对干部认识的终点，而是新的认识的起点，不断地再认识，当后来的实践证明他不能把重任担当起来时，应当相应淘汰，即使不辞职，上级部门也应当就地免职，这应当成为制度。只有坚持能上能下，贤能之士才能站得住脚，无才之辈就没有滥竽充数的机会，对干部的认识和使用才能更加符合客观实际。

6.辩证唯物主义认为，事物总是作为系统存在的，系统整体并不是各个要素（部分）的简单相加，而是相互关系、相互作用着的各个要素（部分）的统一整体。这个原理告诉我们，选才用才，必须十分注意人才的整体结构的优化，组织科技队伍是这样，组织领导班子也是这样。众所周知，"整体大于部分之和"，这是系统论的著名观点。但在现实生活中，往往并不是这样。只有当整体处于最佳状态时，才能充分发挥整体的效能，出现 1+1>2 的效益。因此，干部工作者要注意学习、借鉴管理科学中的合理成分，将其运用到选才用才之中，从对个别人的挑选转移到重点考虑人才群体结构的最佳组成，按照一定的目标，把具有不同特点、不同专长的人才按照一定的规则结合在一起，把个体的知识和能力最大限度地释放出来。实践证明，三个"臭皮匠"，搭配得好，可以顶个"诸葛亮"；三个"诸葛亮"，如果力量内耗，顶不上一个"臭皮匠"。汉高祖刘邦统一中国，开创汉王朝四百年，他的成功不只是因为人才济济，而在于他本人是具备统御才能的核心，使得善于出谋划策的张良、善于带兵打仗的韩信、善于管理后勤的萧何等等，各方面能人能级互补、能质互补，最佳的整体功能就充分发挥出来了。人才群体结构尤其是各级领导班子的群体结构，不仅应当考虑静态因素，如，在年龄结构上的老、中、青兼有的梯形结构；文化结构上要根据党务、技术、管理、经营、后勤等不同分工的特点提出不同要求，不强求"一刀切"，讲文凭而不唯文凭论；在专业结构上，要逐渐做到成龙配套、门类众多，否则缺档影响运转，多余增加内耗。同时，还要考虑群体结构优化的动态因素，如，领导之间如果性格各异，气质不同，彼此之间协调不好，合不来，人才群体结构的最佳功能就不可能充分发挥出来。

7. 辩证唯物主义认为，系统具有开放性的特征，系统总是同周围环境即其他系统相互作用，进行物质能量和信息的交换和转换。世界上根本不存在孤立自在的同外界完全不发生联系的系统。这个原理告诉我们，必须从社会历史发展的大背景来考察、研究人才的本质，必须拓宽视野、广开才路，走开放式、社会化选贤任能的路子。为了做到这一点，（1）要从"神秘化"的羁绊下解放出来，把荐才的"伯乐"让广大群众来当。我们有些同志在选拔干部时，往往把事情搞得很神秘，习惯于个别谈话、秘密考核，甚至对正常调动也很神秘，不露声色。以为这是遵守组织纪律，能了解到真实情况。其实，这样大可不必。越是神秘，就越容易被某些心术不正的人制造可乘之隙，很容易使一些平时不能上桌面、不敢当众讲的闲言碎语，被考察者视为"真实情况"，记在"本本"上，反正是"党的机密"，不得询问，彼此间没有交流，说错了也不承担责任，结果误人误事。应当认为，一个人、一个部门的识才辨才能力总是有限的，群众才是真正的英雄。谁一心为公，谁有真才实学、专业特长、组织领导能力，他们最有发言权。因此，干部部门应当在指导思想上确立群众是真正的"伯乐"的观念，充分发挥群众在选才用才中的作用。（2）要从陈旧的"手工作业"的束缚下解放出来。目前，组织人事部门仍然主要依靠手工劳动的方式进行人才信息的收集、处理，靠手工建档案、查档案、填报表，工作量大得惊人，陷入事务主义的圈子里面。而且，现阶段的人事档案只能反映一个人的经历、政治表现和社会关系，反映不出一个人德识才学的具体水平。档案材料的内容又往往是几年一贯制，一些过时的、无效的，甚至是错误的人才信息不加剔除，一些发展的、新生的人才信息又得不到及时的处理、存储，因而，人事档案带有很大的局限性。我们要广开才路，就有必要着手建立覆盖面较大的、多元多维多层次的人才信息网络和人才库，及时为各条战线、各个部门输送人才。（3）要从封闭型的思维方式、工作方式中解脱出来，放开眼光找人才。为了拓宽选才的渠道，广大干部工作者应当拓宽视野。我们的干部工作者，一般来说，都有较高的党性，为人正派，作风扎实，组织纪律观念较强，但也有一个共同的弱点，就是不大愿意、不大善于进行社会交际，这对广罗人才是不利的。交际是现代社会的脉络，是现代文明的标志，对此，干部工作者要进行再认识，要深入到各项经营活动、学术讨论会、研讨会、订货会、技术论证会等等活动中去，发现和选拔社会主义四化建设有用的各级各类人才。

（本文获 1987 年中央党校附设函授学院征文竞赛二等奖、江苏省一等奖。）

论
苑
初
入

选才十忌

简述：怎样才能选得其才，使千千万万的"千里马"脱颖而出，为振兴中华大显身手？人们在实践中积累了丰富的经验，本文略作罗列，名曰：选才十忌。一忌求贤不切，二忌另立标准，三忌嫉贤妒能，四忌良莠不分，五忌求全责备，六忌论资排辈，七忌先入为主，八忌叶公好龙，九忌闭门作业，十忌就地打转。

选才用才，是完成党在新时期历史任务的一项极为重要的工作。而选才是用才的基础，只有选得其才，才能用得其所。因此，党的各级组织，不仅要学会用人之道，还要掌握选才之方。

怎样才能选得其才，使千千万万的"千里马"脱颖而出，为振兴中华大显身手？人们在实践中积累了丰富的经验，本文略作罗列，名曰：选才十忌。

一忌求贤不切。选拔人才的自觉性，来源于对人才在四化建设中的地位和作用的深刻认识，来源于思贤若渴、爱才如命的真挚感情。在我国历史上，周文王谦恭姜子牙、燕昭王筑"黄金台"、齐桓公设廷僚、萧何月下追韩信、曹操三次颁发求贤令、刘备三顾茅庐、唐太宗兴办学馆等等，都是求贤选能的佳话。在新的历史时期，社会主义建设事业需要大批的各种人才。这就需要我们树立新时期的用人观点。实践证明，凡是坚决拥护党的十一届三中全会以来的路线、方针、政策的，凡是热心四化、立志改革的，对促成四化大业有着急迫感和责任感的，凡是重视现代科学管理和科学技术的同志，都比较尊重知识、尊重人才，能够礼贤下士、不拘一格、广罗人才。反之，如果缺乏这样的觉悟，没有选贤的迫切要求，那么大量的有用人才就不免会被弃之一旁。

二忌另立标准。选拔人才的共同标准，就是毛泽东同志一贯倡导的德才兼备的原则。所谓"德"、"才"，不同的历史时期有不同的内容，在新时期，对"德"的要求，最主要的是要看他是否真心实意地拥护十一届三中全会以来党的路线、方针、政策，是否有全心全意为成就中国的"四化"大业而忘我奋斗的精神。对"才"的要求，最主要的是要看他是否有专业知识、业务技术和管理能力。有的人按照个人的好恶、个人的意志另立标准，或搞任人唯亲、任人唯派，或把"唯唯诺诺"、"忙忙碌碌"视为"德"，把"能说会道"、"能编会造"、"能吹会靠"视为"才"，而把敢于改革和创新、坚持正确意见视为"骄傲自满"。这样势必会把真正的人才埋没掉。

三忌嫉贤妒能。嫉妒是人们自私心的一种表现，是选才的大敌。有的人唯恐别人赶上或超过自己，于是"压才"、"贬才"；有的人以"权威"自居，总是对新人新事"横挑鼻子竖挑眼"。嫉妒，有的在"同行"、"同辈"中发生，所谓"同行相斥"、"文人相轻"，容不得同行出尖子；有的是后辈妒前辈，前辈嫉后辈。为了党和人民的事业，为了造就四化事业所急需的有用人才，必须自觉清除妒贤嫉能的落后意识。要敢于选用比自己能力更强的人出来主持工作，乐意任用跟自己疏远而又有真才实学的人，欢迎别人超过自己。只有这样，才能积极地去选贤任能，为各种各样的人才健康地成长提供良好的条件。

四忌良莠不分。在现实生活中，要学会辨才之道，善于分清真伪良莠。有这样几种人，有的内"秀"外"拙"，肚里很有学问、很有才气，但从不张扬，甚至常常掩饰自己的才华，外表看似平平常常，毫无特殊之处；有的人有超常的才华、专长，却又有明显的缺点、弱点，两者交织在一起；有的人本无真才实学，但善于阿谀奉承，自我吹嘘。这就要求考察干部时，严格按照辩证唯物主义和历史唯物主义的观点透过现象看本质，分清本质与非本质的东西，而切忌良莠不辨，"一见钟情"。

五忌求全责备。人非完人，孰能无过？问题是怎样看待人才的"过"。古人云："有大略者不问其短，有厚德者不非小疵。"就是说有远大谋略和很高德行的人，不追究他人细小的毛病。美国管理学家杜拉克说："倘要所有的人没有短处，其结果至多只是一个平平凡凡的组织"，"一位经营者如果仅能见人之短而不能见人之长，从而刻意挑其短而非着眼于其长，则这样的经营者本身就是一个弱者"。就是说，有识之士应该善于发现和发挥人的长处。在一些人看来，似乎既是选拔人才，就要找挑不到毛病缺点和没有争议的人，这样选拔人才的路子只能是越走越窄，甚至走进死胡同。

六忌论资排辈。资历只能在一定程度上反映一个人的实际经验和学识水平。选拔人才必须从论资排辈的落后观念中解脱出来。不管年龄大小、职位高低、出身如何，只要是贤能之士，就应选拔任用，而且在同样条件下，要优先挑选那些年富力强的。曹操提出："郡国所选，勿拘老幼"，"无限年龄，勿拘贵贱"，朱元璋曾三令五申明确宣布，选拔人才要"毋拘资格"。囿于"资格"，许多有用之才就会被弃置于野，埋没掉。

七忌先入为主。周密地考察和调查一个人的全部情况和全部工作，是选拔人才的基础。如若凭老印象、带老框框，按照头脑里既定的意念去考察干部，下级组织和群众就容易"看面色行事"，迎合领导需要，这样，就不可能得出科学的结论。因此，选拔人才，切忌先入为主，必须尊重客观事实，既不受周围环境的干扰，又不受主观因素的影响。考察过程中不能以个人的好恶随意表露自己的倾向。当调查结论与自己原来的意见发生矛盾时，应该毫不犹豫地改变自己的观点。

八忌叶公好龙。把优秀人才选拔上来，不仅要有爱才之心，还要有选才之胆。常常有这样的同志，见到"千里马"，连连称"好马、好马"，可是却把"千里马"搁置一旁，或者当"毛驴"使。这里，重要的原因就是缺少荐才、护才、用才的勇气。对优秀人才的发现和起用，不可避免地会受到那些不适应经济基础的上层建筑中某些体制的束缚，会受到种种旧的习惯势力、落后因素和不正之风的压力和非难，因此，选贤任能，一定要有胆识。识才可贵，用才更加难能可贵。为了选拔新时期的人才，要出以公心，敢于坚持原则，坚持无私无畏和实事求是的态度，清除"左"的思想所导致的种种偏见，清除旧的世俗影响所出现的闲言碎语，替干部说公道话，为人才开路。

九忌闭门作业。优秀的人才蕴藏在群众之中，群众对人才的德、能、勤、绩最有发言权。但有的单位往往是少数人关起门来排名单、写材料、定任免，搞闭门作业。这是选人用人的大忌。群众是真正的英雄，选才要放手大胆地走群众路线，把党的有关政策和选拔标准直接交给群众，让多数人当伯乐，把选贤任能建立在雄厚而又可靠的群众基础之上，要在党委的领导下把群众推荐、民意测验和党委组织部门考核相结合，把委任制和考核制、聘任制、选举制相结合，把阅看档案和看成绩、面谈、座谈、试用、考试等形式相结合，使选才用才科学化、制度化。

十忌就地打转。人才哪里来？一靠培养，二靠发掘。如果只在熟悉的面孔中兜圈子，只求矮个中挑高个，是选不到大批人才的。只要我们解放思想，拓宽思路，广开才路，优秀人才就在面前，我们也就能够从好中选优了。

革除十弊，适应四化之各类人才，势必春风催芽，新人辈出，社会主义事业则兴旺焉！

（刊《群众》杂志 1984 年第 6 期）

论社会主义初级阶段的人才流动

简述：在我国，将人才流动作为科学的命题和客观规律提出来，在理论和实践的结合上，进行广泛研究和实践探索，还是在党的十一届三中全会以后的事。三中全会以来，经济体制、教育体制、科技体制、政治体制改革的推行和深化，给人才流动注入了"催化剂"，使人才流动出现了前所未有的生机和活力，对社会经济生活产生了深远的影响，为党和国家制定科学的人才政策提供了实践的理论依据。

马克思早就指出："大工业的本性，决定了劳动的交换、职能的变动和全面的流动性。"人才流动作为一种普遍的社会现象，由来已久，它伴随着人类的繁衍、科技的进步、社会的发展而萌芽、存在、兴起。生产力的发展、现代社会的开放性，为人才流动提供了内在的必然要求。而人类社会的进步，则是以人才流动为媒介和依托的。这是不以人们的意志为转移的客观规律。

但是，在我国，将人才流动作为科学的命题和客观规律提出来，在理论和实践的结合上，进行广泛研究和实践探索，还是在党的十一届三中全会以后的事。三中全会以来，经济体制、教育体制、科技体制、政治体制改革的推行和深化，给人才流动注入了"催化剂"，使人才流动出现了前所未有的生机和活力，对社会经济生活产生了深远的影响，为党和国家制定科学的人才政策提供了实践的理论依据。

表现之一：伴随着日益活跃的人才流动，传统的僵化的人才管理体制受到了有力的冲击，单一的计划流动人才的模式，正在发生动摇和瓦解。长期以来，我们对人才的使用管理，是采取单一的计划调配的流动模式，这种模式曾经对我国的经济建设和科技事业的发展产生过重要作用，在一定程度上也适应了我国当时经济运行体制的客观情况。但是，这种模式管得太细、统得太死，缺乏活力，限制了人才资源的最佳配置，抑制了科技人员专长的发挥，这种在特殊环境下形成的模式已经越来越不适应新的历史条件下经济发展和改革的需要。人才流动的闸门一打开，对原来禁锢的、死板的人才管理体制无疑是一个猛烈的冲击，从而逐渐形成了计划调节为主、市场调节为辅的人才流动的新格局。资料表明，目前除台湾、西藏地区外，各省、市、自治区都成立了人才流动机构。地市级的人才交流机构发展到 270 个，县级 1000 个，占全国的 50%，专门人才交流机构 27 个，专职工作人员 300 多人，三年来实现交流的专业技术人员 16 万多人（《光明日报》1987.3.5）。

表现之二：伴随着日益活跃的人才流动，大大激发了各类专门人才智慧和才能的潜力，初步实现了人才智力资源的最佳配置。以江苏省苏州市为例，至 1986 年，这个市拥有乡（镇）、村办企业 1.39 万家，据对其中乡（镇）办企业的 55.04 万职工的调查，各种专门人才仅有 2627 人，占 0.47%，每万职工中，大专以上学历的仅有 11 人，有助工以上职称的仅 4 人。在这种情况下，我们运用了"借才生财"的战略，借助于城市大专院校、科研单位和大中型企业的各方面人才，近几年来，从那里引进、借调、聘用的技术工人和技术人员达万人之多。1986 年，苏州农村乡镇企业创造的产值达 123.34 亿元，占全市工业总产值的 53.2%，上缴国家税金 4.68 亿元。苏州的干部群众说，没有日益活跃的人才流动和智力交流，就没有苏州乡镇企业的今天。

表现之三：伴随着日益活跃的人才流动，创造出了丰富多彩的、适合各地实际情况的人才流动的具体形式，为人事制度的改革拓宽了路子，为制定科学的人才政策提供了依据。在现阶段还不能大规模自由流动的情况下，广泛采取了兼职聘用、定期借用、聘请顾问、咨询服务、技术协作、技术承包、技术经营、兼职讲学以及举行人才交流会、建立技术人才市场等等，同样达到了知识和智力的转移，成为现阶段人才流动最现实的方案。

表现之四：伴随着日益活跃的人才流动，人们的思想观念和思维方式随之发生了深刻的变化，传统的陈腐观念被摒弃，新的思想、新的观念正在逐步确立。人才流动所产生的巨大的影响已被越来越多的人所认识，深化了对"尊重知识，尊重人才"的理解。人们在"在家一条虫，出门一条龙"、"聘用一个人，救活一家厂"的众多事实面前，明白了知识和技术只有在人才流动中才能得到升值；只有靠人才流动，才能摆脱现阶段人才分布不均、人才结构不合理的困境；才能最大限度地释放人才智力的潜力。那种终生同守在一个单位的依附观念已经在人们心目中发生了动摇。人才的流动主体和客体都表现出了前所未有的动力与压力。

毫无疑问，当代社会的人才流动已经出现了良好的发展趋势，这是党的十一届三中全会带来的深刻变化。尽管人才流动尚属刚刚起步，与日益深化的改革形势要求相距甚远，人才流动仅仅打开了一扇窗户，但毕竟已经迈出了坚实的第一步。

应该指出，现阶段在要不要人才流动的问题上已日趋统一，现在的问题是在于怎样实施人才流动、走什么样的途径更能反映人才流动主体的意愿，更符合各地的实际需求。

列宁指出："在分析任何一个社会问题时，马克思理论的绝对要求，就是要把问题提到一定的历史范围。"这就是说，我们考察人才流动，不仅要考察它的发生、发展、演变的过程，也要考察它存在的一定的社会历史背景。我们说，人才流动已经取得了显著的成绩，但总体来说，人才流动仍然是当前人才管理中的主要矛盾。一方面，我们正处在社会主义初级阶段，经济管理体制、人事管理体制都带有初级阶段的色彩，人们的思想观念、思维方式、工作方式也明显带有初级阶段的特点，历史的、文化的传统影响以及政治、经济、社会等方面存在的弊端，对人才的合理配置、人才资源的开发、人才积极性的调动以及人才的成长，都有着不可回避的影响。人才流动必须与社会主义初级阶段相适应。另一方面，我们正处在新旧体制并存和交替的阶段，在这样一个新旧体制转换、改革由浅层次向深层次发展的阶段，改革越深入，难度就越大，需要探讨的问题就越多。改革有一个逐步深化的过程，人们对改革也有一个认识过程。因此，当一项改革措施出台，在人们的态度要求、愿望意志、情绪等心理活动中激起波澜，甚至众说纷纭，这是正常的。另外，人才流动有不同原因，比如，有的是出于事业上的追求，有的是出于为了某种生活条件的满足，有的是出于改善人际关系，有的则是为了子女教育，叶落归根，或照顾父母等原因。专业技术人员要求流动的这种意向和动机，从微观上说，都带有一定的合理性，但微观的要求，最终还得合乎国家经济技术发展的要求和战略布局。这就给人才流动的实施带来了某些复杂性。它表明，人才流动作为合乎国情、顺应改革的伟大事业，具有强大的生命力，我们应当坚定决心，解放思想，立足促进，大胆探索；同时，人才流动的复杂性决定了这是一项长期任务，必须坚持周密考虑，谨慎从事，决不能希望一蹴而就。

人才应当流动，流动提升人才。但是，这种人才流动应当具有适应时代条件的层次性、阶段性和可行性。在现实生活中，在对待人才流动的问题上，常常见到这样一些值得注意的问题：

其一，理想主义的描述。这些同志描绘了一幅"鸟飞天空、鱼游大海、虎归山林、各得其所"的"自由择业、自由流动"的理想境界。那么，现实生活中是否可能呢？我们说，在奴隶社会和封建社会，劳动者处于统治者的人身依附关系中，劳动人民只有被剥削、被奴役的自由，根本谈不上有什么选择职业、人才流动的自由。在资本主义社会，劳动力成为商品，使劳动者有可能摆脱人身依附的束缚，但大多数劳动者沦为丧失生产资料的无产者，大量的社会财富聚集在少数人手里，所谓的人才流动带有鲜明的自我谋生和为私有集团服务的雇佣色彩，劳动者选择职业的"自由"，无不受到统治阶级的意志的制约。有些同志羡慕现代发达资本主义国家的"自由流动"，其实，考察当今科学发展史，任何发达资本主义国家在采取比较开放的流动政策的同时，不择手段地限制人才流动、吸引人才流入和压抑人才的社会现象，是司空见惯的事情。社会主义社会的诞生，为全体人民的劳动就业创造了极为广阔的前景和机会，劳动者成为社会的主人，这才有可能以真正自由的意志获得选择岗位和职业的权利。社会主义社会的人才流动有着资本主义无法比拟的优越性。但是，我们尚处于社会主义初级阶段，劳动仍是谋生的手段，人才流动不能不带有传统经济、产品经济条件下人才管理制度的痕迹，当旧体制向新体制转换时，领导上、制度上、法律上一时跟不上，又不得不借助旧体制的办法进行控制。同时，这种特殊环境下形成的特殊模式，必将随着改革的深化而逐步改变。这就告诉我们，社会主义的人才流动充满着希望，具有强大的生命力，但这种人才流动不可能是"理想主义"的，只有这样认识问题，才能准确把握人才流动的流向、流速和流量，从而逐步向革命导师设想的"一切人的自由发展"的理想境界过渡。

其二，唯政策主义的束缚。人才流动需要有一定的政策，这是毫无疑义的。古人说："没有规矩，不成方圆。"发达资本主义国家和东欧一些社会主义国家都十分重视人才流动政策和法规的制定。战后，美国科技和工业迅速发展，科技人才严重不足，因此，美国在 1952 年至 1965 年先后修订民法，优先批准科技人员入境。资料表明，在 1945 年至 1973 年间移居美国的外国科学家和工程师近 16 万人。苏联、东欧现阶段实行的是局部人才流动，从经济上和合同上加以限制，一方面允许人才流动，开放人才市场，同时又在流量上作适当控制，在流向上进行合理的疏导。有些同志一谈到当前人才流动难的社会现象，就埋怨我们无法可依、无章可循。其实，这是误解。我们的法规虽然还不够完善，但并不是没有法规。《中共中央关于科技体制改革的决定》就规定了人才流动的基本方针，国务院《关于进一步推进科技体制改革的若干规定》、《关于促进人才合理流动的通知》和《发挥离退休老专家作用的规定》，都是政策性规定，各省、市、自治区和各地区关于这方面的决定就更多了。凡是真正坚持这些政策的，就能积极推进人才流动。实践证明，因地制宜地制定一些具体政策和作出某些规定是必不可少的，大张旗鼓地、深入细致地宣传和解释这些政策、规定也是很有必要的。有了好的政策，还必须有果断的落实措施。在总方针、总政策已定的情况下，只要解放思想、胸怀全局，充分发挥主观能动作用，人才是可以逐步流动起来的。那种唯政策主义的人才流动观，是缺乏客观依据的。

其三，主观随意性的羁绊。这些同志对人才流动有着良好的愿望，但由于对人才流动缺乏历史的和现实的、横向的和纵向的、宏观的和微观的了解和比较，思考和讨论问题往往从抽象的定义和概念入手，因而就很难摆脱主观随意性的束缚。他们的习惯性思维是，对人才流动的重要性和紧迫性考虑比较多，而不大考虑人才流动的长期性和艰巨性；对人才流动的一般规律议论得比较多，而不大考虑中国具体条件下人才流动的特殊性；对现行人才管理体制弊端揭示得比较深刻，而对这种弊端形成的历史条件、社会背景、思想基点、自然环境、文化生活等缺乏切实的剖析和了解；对人才流动的大趋势有比较统一和清醒的认识，而对人才流动的理论依据、模式机制、配套政策、承受能力缺乏严格的科学论证。时常表现出"下车伊始"之感觉，其结果是，把复杂的社会现象简单化了。比如，讲到放活人才流动，就主张不要户口迁移证、不要党团组织关系、不要工资转移单、不要粮油供应关系、不要行政关系等所谓"五不要"，认为"流来流去不都是在中国的土地上吗？"实践的结果恰恰事与愿违。须知，人才流动绝不应该是无政府主义，它要求具有相应的组织与管理，其目的不是限制和阻抑流动，而是推动与疏导流动。同时，任何国家的人才流动，都是与这个国家的经济制度、政治制度相适应的。在我国，人才流动不是一项随意的政策，它必须从我国的国情出发，有利于发展社会生产力，有利于建设有中国特色的社会主义。

人才流动不仅是理论问题，也是实践问题；不仅是政策问题，也是艺术问题。从社会主义初级阶段的实际出发，探索具有中国特色社会主义的人才流动机制，不仅是经济体制改革、政治体制改革不断深化的必然要求，也是保证和推进人才流动顺利进行的根本措施。为此，必须从两方面努力：

一、确立马克思主义的人才流动观，为支持人才流动创造良好的观念环境。

马克思指出："观念的东西不外是移入人的头脑并在人的头脑中改造过的物质的东西而已。"（《马克思恩格斯选集》第 2 卷第 217 页）因而与改革相适应的人才流动观，归根到底随着改革的深化而逐步深化。经济改革必然引起对人才流动观念的变化，观念意识又具有强烈的反作用，改革的实践需要正确的观念引导，不破除旧的观念，包括人才流动在内的各项改革就不能顺利进行。

更新观念，对于流动者与用人单位来说，都是必不可少的。而当前影响人才流动的主要障碍来自部门与单位；克服这些障碍，要做到"五破五立"：

破除产品经济观念，确立商品经济意识。单一的产品经济，是特殊历史条件下的产物，并不是社会主义本质属性的东西，但在长期"左"的思想的影响下，却把它当做"社会主义"来固守和推广。在这种观念指导下，就认为只有人才的计划调配才是代表社会主义性质的，是人才流动唯一正确的形式，而把非计划的人才流动视为"异端邪说"，或认为无组织、无纪律，甚至认为资产阶级自由化云云，这种观念上的"左"的影响，严重束缚了人才流动的流量与流速，必须由有计划的商品经济观念所代替。

破除家长制观念，确立人才是流动"主体"的意识。家长制是封建残余和小生产的思想反映，它的特征是把人才看作是单位和个人的私有财产。凡事从个人或小团体的利益出发，把人作为客体，使之处于从属的、受支配的地位，认为允许人才流动是领导个人的权力，甚至作为对要求流动的人才的恩赐或报复。这种家长制思想是合理使用人才的严重障碍，应该强化民主意识，尊重和保护流动"主体"的志向、理想、抱负和正当的择业意识。

破除因循守旧观念，确立改革开拓意识。有些同志习惯于按老套套走路，不敢越雷池一步，只会运用行政手段直接管理人才，总是用传统的、拘谨的眼光看待新生事物，瞻前顾后，畏首畏尾，满足于四平八稳，按部就班，不求有功，但求无过。这就不可能按照改革的精神，在人才流动上迈出大的步子。

破除狭隘保守观念，确立开放竞争意识。对于人才与知识的价值，不少人常常是知道的，但仅仅把视野囿于本单位的小圈圈里面，把"守才"视为"爱才"，惧怕竞争，唯恐对方挖了自己的墙脚，因而处处设防，制造障碍，不管是大材小用、高才低用，或学非所用，先储藏在那里再说，其理论根据是"自有自方便"、"万事不求人"，不善于在竞争与交流中发现人才、选拔人才、使用人才。

破除依附观念，确立流动与择业意识。有些同志以长期固守在一个单位为荣，"一动不如一静"的思想根深蒂固。把科技人员作为单位的附属物，个人提出人才流动，就认为与这个单位的组织"过不去"、离心离德；单位出面要求流动，则认为是"组织上甩包袱"，"便宜无好货"，这就使人才流动带有了贬义的色彩。因此，人才流动必须强化流动意识。

强化人才流动的舆论宣传，促进流动观念的更新，是我们面临的一个新课题，要大力宣传我国人才结构和分布的基本国情，认清人才流动的必要性。使人们加深对人才流动的感情，逐步确立与商品经济发展相适应的人才流动观，并使这种个体的观念扩展为群体的观念，由点到面不断扩散，由浅入深不断递增，形成一个支持人才流动的良好的观念环境。

二、面向国民经济主战场，从改革和四化的实际出发，建立具有中国特色的人才流动机制。

人才流动具有多方面的职能，从宏观看，它承担着社会各部门、地区、企业和社会再生产各环节对人才需求关系的布局调整；从中观看，它承担着促使用人单位优化人才结构和提高人才素质的职能；从微观看，它承担着最大限度释放人才的智能，为人才施展才华提供外部环境的职能。充分实现人才流动的这些功能，归根到底要求我们从改革和四化建设的需要出发，坚持面向国民经济主战场，建立具有中国特色社会主义人才流动机制。

1.建立宏观引导机制。社会主义经济的基本特征是有计划的商品经济，社会主义人才流动的基本特征应当是有计划的宏观控制与灵活的微观调节高度统一的人才流动。社会主义条件下，可以利用制度的优越性，通过宏观控制与微观调节来促进、调节控制人才流动的流向、流量和流速。所谓宏观引导机制，就是根据社会主义商品经济对人才的客观要求和人才管理使用规律，从总体上对人才流动进行调节和控制，激发人才流动的活力和动力，促进智力资源的开发和利用，促进生产力的发展。首先，国家通过立法、编制计划和颁布政策规定等，引导、鼓励和保护人才流动；第二，强化人才流动的社会调节机构，这个机构要从国家、单位和个人三者统一的意志上开展工作，充分考虑流动"主体"与"客体"双方利益，沟通人才需求信息，参与人才交流与调节，行使协调、管理、指导、监督等职责；第三，党政部门为人才流动提供优质服务，从直接管理转向间接管理，改变人才流动关卡多、手续繁、周期长的被动局面，建立与健全人才流动的服务和保障体系。同时，积极发挥社会主义所特有的优势，围绕经济建设的重点，围绕生产任务，组织科技人员协作攻关。

2. 优化内流活化机制。人才流动应当首先在用人单位内部流动起来。社会主义国家的劳动人民是生产资料的主人，为人才的内流活化提供了良好的基础。但是，目前人才流动的内外流动渠道确实都不太畅通，许多人才不仅在单位是终身的，而且岗位也是终身的，这个情况必须改变。社会主义的人才流动必须以单位内部的人才流动为前提，没有单位内流活化机制，社会的人才流动等于一席空话。一方面要制定相应的法规和配套激励政策，实行内流制和技术岗位轮换制，允许在单位内部根据个人专长和单位需要实行有范围的自由择业；另一方面通过加强横向经济联合、发展企业群体、组织企业集团的途径，把"小单位"变成"大单位"，扩大科技人员的活动舞台，使他们能在一定的时间和空间内自由地流动起来，较多地施展自己的才华，这种内流活化机制在目前"单位所有制"还难以彻底打破的情况下显得特别重要。

3. 强化智力流动机制。人才流动有两种形式，一是智力流动，二是人才隶属关系的变化。人是智力的活的载体，智力流动到一定条件下，可以变为人的隶属关系的变动，两者是可以变化的，并不是互相排斥的，通过两种形式的流动，可以在更广泛的范围内发挥人才的作用。现阶段，以兼职、借调、技术承包等各种形式的智力流动表现出强大的生命力，在实践中充分显示出阻力小、收效大、灵活方便和实用的优点，因而它仍将成为今后人才流动的主要形式。要大力提倡在人事、工资、户口等关系不变的情况下，到中小企业任职或帮助工作。人才流动如果在隶属关系上纠缠不清，就走进了死胡同。要采取有力措施，进一步放宽政策，强化人才的智力流动机制，今后要逐步实现三个转变：一是要适应中小企业技术进步的需要，智力流动由"星期天业余劳动型"转向相对集中一段时间的"安家落户"，使他们能在跟班实践中，发现技术、生产、管理、经营中的问题，解决问题；二是按照互补原则和优化科技人员群体结构的要求，由主要依靠个别技术人员的智力支援转向依靠专业配套的一组技术人员的整体优势实施智力支援；三是根据企业由借才生财走向借梯上楼的内在要求，由主要帮助企业解决个别技术问题转向帮助企业全面提高素质上下功夫，增强后劲。

4.完善层次控制机制。人才的层次性和用人单位对专业技术人才占有和使用状况的差异性，决定了对人才流动必须实行分层分类指导的原则。分层控制包括这样几点：（1）开放初级人才流动机制。现代十万安徽姑娘进入北京家庭当保姆，百万江苏瓦匠涌入城镇搞建筑，为开放初级人才流动提供了实践依据，要允许他们在不同的工作职位上进行跨行业、跨领域、跨阶层的流动，也可以在同行业内部的不同部门、不同岗位、不同职务间流动。（2）放宽人才比较聚集的单位的流动政策。对人才比较聚集的单位，如科研单位、大专院校、大型企业，对其人才流动应当放得很宽，在定编定员的基础上，允许多余人员辞职、停薪留职、接受外单位聘用，到中小企业去租赁承包、自由择业等，充分释放他们的积极性和创造性。（3）实行目标控制手段。人才流动的最低目标是调动科技人员的微观积极性，调整科技人员学非所用，解决大材小用、高才低用等问题。人才流动的最高目标是为了实现劳动者、劳动资料和劳动对象的最佳组合，优化人才结构，提高人才素质，最大限度地发挥人才的整体优势。（4）建立试验区。在一定的时间和空间范围内进行多方位、多层次、多形式的实践与探索，不附加条件，不给予某些特殊照顾，以验证其效果，通过实践加以比较推广。（5）扩大聘任合同制。实践证明，把合同聘任制运用于人事管理，有利于打破禁锢人才、死水一潭的局面，有利于创造激烈的人才竞争环境，聘任合同制，就是要在国家计划指导下，单位调入人员、聘用人才、任用干部、技术培训等等，以及人才选择职业，双方都享有充分的自主权，两者用合同的形式规定各自的职责、权利和义务，明确服务期限、福利待遇和违约责任，使人才流动用法律和章程的形式固定下来。要开发社会主义的人才市场，通过人才聘任合同制实现人才市场调节，促进人才合理流动。

（刊《苏州大学学报》，1988 年第 3 期，获 1986 年至 1987 年度苏州自然科学优秀学术论文一等奖。）

论苑初入

试论范仲淹的改革观点与人才思想

简述：范仲淹提出并阐明了自己的选才标准，标以"四科"，一曰德行，二曰政事，三曰言语，四曰文学。"德行"的提法与一般提"德"不同，范仲淹赋予了极为丰富的哲学含义，德有四个标准：元、亨、利、贞。"政事"就是行政才能。"言语"，就是要有说话的才能。"文学"的本意是古代文献典章，就是要熟悉文献典章和制度。

范仲淹，字希文。苏州吴县人。生于宋太宗赵炅端拱二年（989）。少年和青年时期，在极度艰苦的境遇中力学成才，二十七岁中进士，步入仕途。先后在地方、朝廷、军队任职，并三遭贬谪。范公一生忧国忧民，谓"居庙堂之高则忧其民，处江湖之远则忧其君"。他以"先天下之忧而忧，后天下之乐而乐"的崇高精神境界和治政、治军的成就，赢得了正直的士大夫和广大人民群众的称赞和信服。我国历史上，北宋庆历三至四年（1043—1044）出现的一场政治改革，被称为"庆历新政"。它的支持人就是著名的政治家、军事家、文学家范仲淹。"庆历新政"虽然仅仅搞了一年左右，由于保守派的反对和西线战事而告吹了，然而，这场改革，不仅为后来王安石变法提供了丰富的历史经验和借鉴，同时，范仲淹在这场改革中所显露出的丰富的人才思想，还为后人留下了一份珍贵的历史遗产。

与文字为伴

范仲淹生活的时代，北宋王朝在内忧外患中日益腐败，冗官滥吏，昏庸无耻，农民起义和兵变不断发生，西夏元昊也不断进攻，统治者既无能抵抗外来侵略，又无力平息农民起义，政治危机日益加深，财政上十分窘迫。正如范仲淹的同时代人欧阳修所说："天下之势，方若敝庐，补其奥则隅坏，整其桷则栋倾；支撑扶持，苟存而已。"面对这种危机，以范仲淹为代表的一些人，力图通过改革，来挽救北宋王朝的危乱统治。他依据《易经》理论，"穷则变，变则通，通则久"，决意"更张以救之"。一再向皇太后、皇帝、宰相上书，陈述改革主张。

天圣三年（1025），上《奏上时务书》，他提出"救文弊"（改变靡丽文风以淳教化）、"复武举"、"重二馆（昭文馆、史馆、集贤院合称三馆，又统称崇文院，是汇集文人的机构）之选"、"重赏直谏之臣"、"革延赏之弊"（革除滥赐官职的弊政）。天圣五年（1027），范仲淹在为母亲守丧中上《上执政书》，"请择郡守，举县令，斥游惰，去冗僭（取消架床叠屋的机构和多余的互相牵制的官员），遴选举，敦教育，养将才，保直臣，斥佞臣，使朝廷无过，生灵无怨，以杜奸雄"。景佑三年（1036），范仲淹弹劾守旧派宰相吕夷简（因此获"朋党"罪贬知饶州）。这一年，他写了"四论"：《帝王好尚论》、《选任贤能论》、《臣下推委论》、《近名论》，系统地阐述了他的人才观点。我们认为，"四论"是我国古代人才学宝库中不可多得的珍品。

庆历三年（1034），范仲淹被任命为参知政事（副宰相），一个以改革派为主要成员的新政府成立了。宋仁宗在天章阁召见范仲淹（还有富弼），在赵匡胤像前，宋仁宗要范、富陈述"当世急务"。范仲淹退而列奏十事，题《答手诏条陈十事》。这是范仲淹革除北宋积弊的纲领。仁宗收到"条陈十事"，基本予以采纳，颁行全国，称为"新政"。"庆历新政"就是这样搞起来的。

"条陈十事"所列十事是：（一）"明黜陟"，即改变文官三年一迁、武官五年一升的磨勘法。官员中有大功、"高才异行"者，可特加任用。老病愚昧者另作处理。有罪者按情节轻重处分。（二）"抑侥幸"，改变贵族官员子弟"恩荫"做官的旧法，严加限制，以减省冗官。（三）"精贡举"，改变专以诗赋墨义取士的旧制，在科举考试中着重以策论和经学取士。（四）"择官长"，严格选择转运使、提点刑狱及各州县长官。（五）"均公田"，各级官员按等级给以多少不等的"职田"，"既使丰足，责其廉洁"，防止官僚贪污。（六）"厚农桑"，每年秋天，提倡各地开河渠，修堤堰，筑陂塘，以利农业生产。（七）"修武备"，招募真丁，选配将领，"以宁邦国"。（八）"减徭役"，裁并州县建置，使徭役相对减少。（九）"覃恩信"，朝廷发布的赦令，各地必须执行。（十）"重命令"，各地严格执行朝廷统一的政策法令。

从上述范仲淹的一系列改革主张中，我们可以看出，其内容涉及政治、经济、军事、教育等各个方面，但核心是对官僚制度的改革。他的改革主张又是以人才的培养、选拔、使用为基点。他的人才思想是与改革主张紧密结合在一起的。在范仲淹看来，如果不在用人问题上革除旧制，就无法"更张以救"宋王朝的危局。

二

正由于范仲淹的人才观点与他的改革主张关系如此紧密，因此，他的有关人才问题的宏论无不带有鲜明尖锐的针对性。

赵匡胤陈桥兵变黄袍加身，生怕将帅拥兵自重，效法自己，夺取政权，又怕辅相掌握大权，实行了一套在权力上严加限制而在政治、经济待遇上尽量笼络的兵制和官制，逐渐造成了严重的后果。

在兵制方面，"将不得专其真"，结果是兵无常帅，帅无常兵，将领与部属缺乏应有的了解，常常是战火烧起来之后，才拜帅点将，弄得军队无力御敌。文官的设置，则是在位的无权，有权的无位，弄得架床叠屋，有名无实或名不副实的虚职虚衔到处都是，官僚机构空前膨胀。当时官吏的选拔晋升制度也是弊端百出。科举以诗文取士，以科举进入仕途的官员政治行政才能低下。更有甚者，文武官员的子弟、亲戚、朋友连科举考试也不必通过，光靠皇帝老子的"恩荫"便可得官。靠这种"恩荫"，甚至连未启蒙的学童和襁褓中的乳儿都可以得官。在这种制度下豢养起来的官吏，其绝大多数尸位素餐、充当禄蠹的情形是可想而知的。

在这样的现实背景下，范仲淹大谈选贤任能的重大意义。在《奏上时务书》中，他尖锐指出："自古帝王与佞臣治天下，天下必乱，与忠臣治天下，天下必安。"在《选贤任能论》中，更是快人快语："王者得贤杰而天下治，失贤杰而天下乱。"他列举秦汉、隋唐由于失去和得到张良、陈平、房玄龄、魏征、褚遂良这些杰出人物所导致的灭亡和兴起，作出论断："得士者昌，失士者亡。"在《帝王好尚论》中，又以唐尧、虞舜、夏禹、商汤、文王、周公、郑武公、燕昭王这些历史上以敬重爱护人才而著称的"圣明帝王"为例证，劝谕当朝皇帝重用贤能。这些精辟的议论匡正时弊，时弊也反衬了这些议论的精辟，引发了朝野忧国忧民之士的同感和支持。

针对大批缺德少才的官吏，范仲淹提出并阐明了自己的选才标准，标以"四科"，一曰德行，二曰政事，三曰言语，四曰文学。现在我们讲用人，往往讲德与才两个方面，范仲淹主张的"四科"与"德才"有什么不同呢？

"德行"的提法与一般提"德"不同。郑玄注《周礼》曰："德行，内外之称，在心为德，施之为行。"不仅要求有良好的德，同时要求行动要与良好的思想、言论相一致。对于德的含义，范仲淹赋予了极为丰富的哲学含义。他在《四德说》中讲，德有四个标准：元、亨、利、贞。"元者，何也？道之纯者也。""亨者，何也？道之通者也。""利者，何也？

道之用者也。""贞者，何也？道之守者也。"

对于一个人的道德品质，范仲淹主张"察其言之所谓，观其行之所修"，他提出的衡量德的标准，是从思想、言论与行动的结合提出来的。"元"、"亨"、"利"、"贞"的要求是很高很全面的，但范仲淹对此解释说："四者未能兼行，则出乎彼而入乎此，出乎此而入乎彼，周旋进退，不离四者之中，如是则其殆庶几乎！"他不主张求全责备，在具体的时间、地点、事件中，能做到四条中的一两条而又不远离其他要求，也就可以认为是好的了。

"政事"就是行政才能。这是衡量官员称职不称职的决定性标准。他对各种官员的行政才能要求都有论述。如充实相府的人才，要有能力"固邦本，厚民力，重名器，备戎狄，杜奸雄，明国听"。固邦本，就是选择一大批称职的县令郡守，以解救老百姓的苦难；厚民力，就是有办法把农民固定在土地上，精简多余的官职，减轻老百姓的负担，让老百姓过富裕的生活；重名器，就是发现、培育、荐举杰出的人才，使各种重要官职后继有人；备戎狄，就是培养选拔将才，巩固边防，不使夷狄入侵；杜奸雄，就是要使朝廷不发生过失，老百姓对朝廷没有怨恨，不使造反者有作乱的机会；明国听，就是要保护忠臣，驱逐奸臣，帮助国君做一个有道之君。对于县令、郡守的行政才能也多次论及，要能"均徭役、禁游惰、劝孝悌、中刑罚、恤鳏寡"，要能为民兴利除害，等等。范仲淹极力反对"恩荫"滥授官职，也就是因为那些滥官实在缺乏行政才能。他认为皇亲国戚的授职一定要加以约束，任命官员务必量才录用。严肃地对待用人问题不是吝惜恩惠，而是为了避免招致祸乱。能力小的人担任重大职务，就会乱用权柄，破坏法度，使朝廷增加过错，而且还会使怀有非分之想的人萌生野心。

"言语"，就是要有说话的才能。范仲淹以他的政治生涯体验，大胆把口才列为选用人才的标准之一，委实有真知灼见。金殿之上，皇帝御前，作为大臣要陈述自己的主张，遇文武百官中有不同政见，则不免激烈辩论，没有口才不行；出使邻邦，出席谈判，作为使者要指陈利害，据理力争，以维护国家尊严和利益，没有口才也不行；至于日常理政，断案折狱，辨明是非，研究讨论，没有口才同样不行。说话才能被称为口才，实质上更重要的是思维才能的表现。说话有条理的人，思路必定清晰；讲话一语中的，首先需要在复杂纷纭的事物中抓得住要领，理得出脉络，把握得住重点。此外，还要具备冷静、沉着、深思等心理和性格方面的品质。在《范文正公集》里，在许多推荐人才的状子中，有"精思剧论"一类的评价性措辞。

"文学"的本意是古代文献典章，作为选才标准第四项的"文学"，就是要熟悉文献典章和制度。为什么要求人才必须熟悉古代文献典章呢？范仲淹认为："圣人法度之言存乎《书》，安危之机存乎《易》，得失之鉴存乎《诗》，是非之辩存乎《春秋》，天下之制存乎《礼》，万物之情存乎《乐》。故俊哲之人入乎六经，则能服法度之言，察安危之机，陈得失之鉴，析是非之辩，明天下之制，尽万物之情。"由具有这种丰富学识才能的人来辅佐君王，是一定会行王道的。这实质是提出了选任官员的学识标准。由于古代没有完备的法制，统治者常常把上古留传下来的文献典章当作金科玉律，因此，强调人才要熟悉古代文献典章，还有一层意思是强调依"法"办事，反对贪赃枉法。

通观范仲淹的人才思想，选才标准是他的独到见解。他在《四民诗·士》中说："先王诏多士，咸以德为先。"如果说"以德为先"是他对前人选才标准的总结，那么，我们可以用"以德为先，以才为重"来概括范仲淹的选才标准。这种对德与才的辩证观点是十分值得重视的。

三

为了刷新北宋腐败的政治，范仲淹提出了一系列刷新人事的观点。他在当政的时期内，"以天下为己任，裁削幸滥，考覆官吏，日夜谋虑，兴致太平"，雷厉风行地实践了自己的用人观点。庆历二年任参知政事后，与枢密院两位负责官员韩琦、富弼锐意整顿吏治。一次，他们研究各路监司官员，范仲淹取过班簿，"视不才监司，每见一人姓名，一笔勾之，以次更易"。富弼是范仲淹亲手提携过的晚辈，平素对范仲淹十分敬重，看到他的行动，可能觉得过头，因劝道："范六丈公则是一笔，焉知一家哭矣！"范仲淹毫不犹豫地说："一家哭何如一路哭？"他坚决罢免了那些不称职的监司。

范仲淹对官员的处分又是极主公道的，坚决反对草率罢官和乱加刑罚。庆历三年，"劫盗张海横行数路，剽劫淮南，将过高邮"。高邮知军晁仲约估计官兵抵挡不住，责令财主富户拿出金银布匹，摆出酒席，派人迎接张海，张海感动了，借道而去，没有骚扰活动。皇上知道了这件事后，大为震怒。枢密院富弼认为应处死晁仲约。范仲淹竭力辩解说，朝廷在太平年景不肯为郡县加强防守力量，官员要求修整城垣或扩充军队，要以狂妄治罪。现在，出了事情，我们这些做京官的不引咎自责，反而治地方官以死罪，"实有愧于青史也"。晁终于免于死刑。这种勇于为人辩诬的行为无疑也是对封建制度戕害人才的一种抗争。他对于一些初步功成名就的青年人，更是关怀备至，给予指点，他劝张载读《中庸》，指点将军狄青学《左传》。他的一生荐举过许多晚辈，如富弼、欧阳修、苏舜钦等等。

诚然，由于社会和历史原因，最根本的是他作为大臣，无法彻底扫除赵宋王朝在用人方面的积弊，他本人更无法跳出阶级与时代的局限，庆历新政流了产。他的许多改革观点和人才思想，不可能一一实施。但是，这并不妨碍我们研究他的改革观点与人才思想，也不能由此否认他对于改革与人才的精辟见解。相反，从这份珍贵的历史遗产中，我们可以得到发人深省的启示和借鉴。

（刊《苏州大学学报》1985 年 4 期，合作者：沈建洪）

谈谈科技人才使用的综合治理

简述：对专业技术人才学非所用的问题，必须施行综合治理。这就是说，对问题的发生、发展过程，要从主观、客观，内因、外因，历史、现状等诸方面具体剖析；从制度、作风、方法等诸方面进行治理；从计划部门、培养人才的部门、管理和分配人才的部门、使用人才的部门等诸方面入手加强工作。在什么环节、什么范围出现的问题，就在什么环节、什么范围内采取措施，动员各方面力量一齐动手，密切配合，才能从根本上解决。

"用非所学"、"用非所长"，是人才使用上的一种弊病。现在，人们对这个问题的议论很多，有的责备我们的社会制度，有的埋怨我们的办事机构，包括负责管理干部的组织、人事部门。然而，用历史的、科学的方法分析，就会发现，所谓的"用"与"学"是辩证的、相对的，"用非所学"、"用非所长"并不是今天才有的，也不是我国独有的。在国外，"用非所学"、"学而无用"也相当普遍。在我国，良好的社会主义制度和环境为科学技术干部大显身手开辟了一条宽广的道路。但由于各种原因，"用非所学"、"用非所长"的现象也时有发生，有时还表现得相当突出。但是它同资本主义制度有着本质的区别，它完全可以通过内部调节，完全有能力、有力量让专业技术人员人尽其才，才尽其用。

粉碎"四人帮"以来，特别是党的十一届二中全会以来，组织、人事部门为解决专业技术人才的"用非所学"、"用非所长"问题，做了大量的工作。以苏州市为例，1977年以来，多次对专业技术人员的使用情况进行普查，对那些专业不对口、学非所用或大材小用的，列出专题，积极进行调整归队。同时，还通过人民来信、来访等多种渠道，了解科技干部的学用情况，积极搭桥铺路。至1980年底，已有520余名"用非所学"、"用非所长"的技术干部调整归队，有不少同志在四化建设中发挥了较好的作用。但是，人才使用上的"用非所学"、"用非所长"问题并没有从根本上解决。仍以苏州市为例，据初步统计，截至1980年10月底，尚有480余名不对口专业人才无法调整归队或不再需要调整归队。他们有的改行时间较长，原专业已经荒废；有的改行后已胜任目前所从事的工作；有的专业，如水文、地质、测量、气象、火箭导弹、核物理、航空发动机、放射化学、俄语等，我市需要量较少或根本不需要，无法对口分配，只好作改行或安排相近的专业使用。至于"用非所长"的状况，则就更多了。这就提出了一个令人深思的问题：为什么组织、人事部门做了大量的工作，但"用非所学"、"用非所长"的问题还是没有解决好呢？我觉得，对专业技术人才的"学非所用"的问题，必须施行综合治理。这就是说，对问题的发生、发展过程，要从主观、客观，内因、外因，历史、现状等诸方面具体剖析；从制度、作风、方法等诸方面进行治理；从计划部门、培养人才的部门、管理和分配人才的部门、使用人才的部门等诸方面入手加强工作。在什么环节、什么范围出现的问题，就在什么环节、什么范围内采取措施，动员各方面力量一齐动手，密切配合，才能从根本上解决。

这里，有两个问题应特别引起重视。

1. 先天不足

（1）高校招生、培养的比例失调，造成了学非所需。多年来，国民经济计划失调，高校招生是服从于国民经济计划的，当然也会失调。而且一些院校又常常"因神设庙"，按照自己的师资、校舍等设置专业，确定招生名额，这样就容易出现有的专业严重不足，有的专业却过剩，不可避免地使一些人一出校门就改行。

（2）高校专业设置不当，造成学非所急。目前，大学分科太细，据了解，我国现有高等学校设有专业上千个，课程单一，不仅理、工、文、医互不相通，而且多数没有选修课。有的大学毕业生知识结构比较单一，知识面很窄，适应性很差，毕业后专业稍有调整，就感到使不上劲。也有的专业设置不按客观规律办事，远谋和近虑结合不好。

（3）制度上的某些弊端，造成学非所爱。城乡差别、地区差别、所有制的差别、单位之间的苦乐不均，以及工作环境、生活条件、工资制度等等，都牵制着一些人对专业的热爱和钻研。学生报考，首先不是根据实际爱好和专长，而是依据"本市"还是"外地"、"南方"还是"北方"、"热门"还是"冷门"等条件，这样就加大了培养的需要和个人的志愿之间的距离。此外，"重理轻文"的倾向也很严重，造成理工科与文科比例失调。

上述三种情况（学非所需、学非所急、学非所爱）是造成"用非所学"、"用非所长"的先天原因。

2. 后天失调

首先，长期以来，对知识分子存在一种偏见，不热心、不称心、不放心，因而不敢用、不重用、不会用。谁要是提及"专业归队"，谁就是"不安心工作"、"好高骛远"，本来可以逐步解决的问题，组织、人事部门只着眼于分配和安置干部，一言定终身，统得太死，权力过于集中。用人单位没有多少选择干部的自由，专业技术人员尤其不能选择工作单位和岗位，这样就造成了工作需要、个人专长和爱好之间的矛盾，把本来可以逐步缩小的距离扩大化了。还有的人事干部，缺乏专业知识，不大懂得人才的价值。在挑选人事干部时，比较重视思想品德，不大注意文化和专业知识，常常满足于按大的系统对口安排，机电专业放在电机厂，冶炼专业放在钢铁厂，就算是学用一致了。至于人才使用上的"单位所有制"，更是一大壁垒，使调整工作阻力重重。有的同志说："大厂有才不肯放，小厂求贤愁断肠。"人才贫富悬殊，又不能流动，使一些不难解决的问题久拖不决。那种学了某一专业就不能从事别的专业的狭窄认识，也使调整专业归队增加了难度。地区、行业的特殊性，又带来了新的矛盾，有的专业在全国是紧缺，在某地则过剩。近几年，为解决夫妻长期分居的团聚问题，照顾了实际困难，但又出现了新的矛盾，有的同志为此失去了自己熟悉的专业。

为解决上述问题，必须施行综合治理，对症下药。从负责部署招生布局的计划部门、培养人才的教育部门，到分配管理人才的组织、人事部门，直接使用人才的用人单位，要共同来抓。人事部门要发挥主观能动作用，努力从自身做起。

下面，我仅就人事工作的制度改革、作风转变和措施改进三个问题谈点看法。

改革制度。随着四化建设的日益深入发展，制度中一些老框框、老办法的弊端越来越明显地表现出来，改革是大势所趋，势在必行。但是，制度是牵一发而动全身的大事，因而要采取积极而又慎重的方针。鉴于我们国家的政治经济体制现状，目前人事制度的改革还只能从小改小革做起。制度的改革必须注重两条，一是要从长远着想，二是要从当前入手。从长远看，调整人才的培养计划，认真掌握好高校的招生、培养、分配这几个环节是改变用非所学以及人才数量不足、人才构成不合理、人才质量不高的根本出路。但是，远水不解近渴，必须立足当前，挖掘现有专业技术人才的潜力，狠抓人才培训。如果我们不注意积极地、稳妥地发挥现有专业技术人员的作用，那么，再培养多少万也还是无济于事；同样，如果我们不是从根本上调整培养目标，那么，即使让现有专业技术人才调整归队，也还会出现新的大量的"用非所学",这是一个问题的两方面,都忽视不得。目前,经济上实行进一步调整,一部分基建项目下马,一部分企业实行"关停并转",必然使有的部门出现人才剩余,有的部门出现人才不足。应当抓紧时机,一方面开办各种形式的学习班、辅导班、进修班培训科技干部,学习新的专业知识,提高他们的技术水平,为今后经济发展储备人才。另一方面,要抓好人才的调整交流工作,允许人才作合理的交流。人才交流,这是当务之急,但框框很多,要有专门负责调整"用非所学"、"用非所长"的职能部门。它的主要任务是为人才交流作组织领导和具体指导工作,为专业技术干部穿针引线。这个机构的人员必须由热心科学的懂行的人组成,必须有职有权,否则,容易流于形式。同时,还应该为人才交流立法,对于那些热衷于"单位所有制",囤积人才、浪费人才的单位和个人必须绳之以法。

转变作风。人事部门应加强调查研究,用心分析研究四化中出现的新情况、新问题,把自己的主要精力放在掌握社会对专业人才的需求情况,分析研究人才交流的主流方向、人才成长的客观规律、人才培养的潜在可能、人才结构的比例调整、人才分配上的缺口和应采取的措施上,养成一种爱才、惜才、大胆使用人才的良好风气。其次,要学习专业知识,争当"伯乐"。伯乐能识千里马,是因为伯乐具有相马的专业知识。有了专业知识,才能理解那些"用非所学"、"用非所长"的专业技术干部的苦衷,才能运用科学知识观察人才,从而发现人才。如我们曾收到原高频瓷厂一位技术员的来信,反映他原是南京大学物理系磁学专门化专业毕业,被分配到该厂从事高频瓷方面的技术工作,"磁"与"瓷"音虽相同,但专业性质完全不一样。经办同志了解这个情况后,即与有关部门联系,及时将他调整到半导体器件二厂从事对口技术工作,真正发挥了这个同志的作用。第二,要从材料档案中解放出来,变被动为主动。提倡面向实际,一方面,弄清用人单位对专业技术干部使用得如何,如1979年,我们调查了全市主要工业局、工厂需要各类专业人才的情况，使大学毕业生分配和调剂技术力量有了发言权，力求把人才分配到最急需的工作单位。另一方面，去直接接触自己的管理对象，倾听他们的意见，反映他们的呼声，使调整工作经常化、制度化。

改进措施。治理专业技术人才使用中的弊病，关键要让这些人才交流起来。要有具体的政策、具体的措施，否则，任凭你把这个问题讲得多么重要，也是一句空话。根据我们的体会，首先要规定交流原则，这就是要有利于充实和加强重点部门、重点单位、重点项目；有利于加强技术力量薄弱的单位去；有利于发挥专业技术人员的专长和调动他们建设四化的积极性；要鼓励科技干部从技术力量较强的单位到技术力量较弱的单位去，从条件较好的单位到条件较差的单位去，从全民所有制单位到集体所有制单位去。其次，要规定交流的对象，例如，对于"用非所学"、"用非所长"的专业技术干部，对于生产任务不足、长线产品生产单位有余的专业技术干部，对于技术力量较强、人才积压单位的专业技术干部，对于积极性受到压抑、不能展其所长的专业技术干部，我认为都应属于交流之列。二是要规定交流的范围，为避免矛盾，原则上应在本市（地区）范围内交流，可以在本系统内、外，可以在全民、集体所有制之间交流，凡全民到集体的，其全民干部身份不变。四是要规定交流的具体办法，如在组织分配的同时，允许"用非所学"、"用非所长"的专业技术干部择业，提出调到适合自己专长的工作岗位；对急需各类专业人才、技术力量薄弱的单位，可报请市人民政府批准，利用登报、广播、张榜等形式进行招考；技术力量薄弱的单位还可以协商聘用各种专业人才，双方签署合同；凡具有某一方面专长的在职职工和闲散人员，均可向人事部门推荐或自荐到最能发挥专长的工作单位，市人事局建立专业技术人员来访接待日，接待自荐、推荐对象。五是规定交流的管理工作。明确人才的交流工作由各级组织、人事部门受理，在本系统范围内由区、局组织，人事科受理，跨系统由市人事局受理。具体负责组织、管理、指导、协调等工作，充分发挥组织、人事部门的职能。同时，还要用辩证唯物主义方法论教育专业技术干部，使他们从四化建设的需要出发，树立高度的革命事业心，钻研技术。总之，不要把调整看成是哪一家、哪一人的事情。只要各个方面、各个部门一齐努力，都来关心专业技术干部的调整问题，那么，人尽其才、才尽其用是应该可以办得到的。

（刊《科学学与科学技术管理》杂志 1982 年第 2 期）

试论人事管理科学与人事管理人才

简述：把人事管理列为专门学科进行研究，大力培养人事管理人才，是十分必要的。人事管理，其内容非常广泛，它的客观规律是什么？怎样发挥它的最佳效能？这都是摆在人事管理工作者面前的课题，也是人事管理科学探索和研究的范畴。

人事管理有着独特的内容、范围、工作对象和值得探索的规律。人事管理效能的发挥程度，直接影响着干部积极性的发挥，与人民群众的政治、经济利益息息相关。把人事管理列为专门学科进行研究，大力培养人事管理人才，无疑是十分必要的。

人事管理，其内容非常广泛，其范围大体有：干部的调配、调整、考核和晋升，干部的吸收录用，军队转业干部的接收安置，大中专毕业生的调配派遣，承办政府任免、奖惩事项，机关、事业单位工作人员工资福利、干部的退职退休，干部的调查统计，人民来信来访的处理，等等。如此繁杂的人事工作，它的客观规律是什么？怎样发挥它的最佳效能？这都是摆在人事管理工作者面前的课题，也是人事管理科学探索和研究的范畴。

现代人事管理的特点

人事管理，内容是多方面的，工作是很具体的。但是，不论是选拔、调配、培养、考核、工资、福利、奖惩、任免、吸收、录用，等等，其目的是一致的，是为了最大限度地调动他们的积极性、主动性和创造性，充分发挥他们的聪明才智，为四化服务。衡量人事管理工作成效高低的标准，就在于广大干部的积极性、主动性和创造性有没有发挥出来和发挥得如何。所以，人事管理作为一门科学，它要渗透到干部的每一个行动中去。

从服务对象看，人事管理的服务对象是"人"（指干部）。首先，这个"人"是社会的人。人作为客体，是社会环境的产物；作为主体，又是改造社会环境的动力。我们对人的了解，离不开对社会存在的了解，也离不开对人自身发展的了解。因此，人事管理既要注意研究人与人的关系，合理组织"人"的群体结构，又要看到这个"人"是动态的人。一个人的思想、行为或知识、才能都是历史发展的必然结果，它有一个发生、发展、变化的过程，因而，对这个"人"不仅要了解他的过去和现在，还要了解他的这一方面和另一方面。这就要求我们全面地、历史地考察干部、识别干部、使用干部。所以，人事管理作为一门科学，它要纵横驰骋于干部的发展变化全过程。

从工作方法看，随着党和政府对我们的要求日益提高，单纯依赖经验和行政手段，已经远远适应不了形势的发展，必须把传统的经验上升为理论，探索人事管理的规律和做人的工作奥秘。同时，现代人事管理，管"人"与管"事"是紧密相连的。人事制度、干部结构的改革，管理方法、管理手段的变更都必须与政治生活、政治制度的巩固，经济结构、经济体制的改革实行"同步"，因此，各个层次的人事管理机构都应力求从政权建设和国民经济的实际需要出发对未来发展进行预测，为决策部门参谋，根据政治制度和经济建设的客观需要确定工作方针和方法。所以，人事管理作为一门科学，它要涉猎政治、经济、科学等各个领域。

从管理规律看，人事管理有区别于别的工作的特殊规律。它的根本特点是通过对人（干部）的综合管理，发挥综合效益，使这个人（干部）处于最佳的工作状态。党的方针政策是人事管理的灵魂，政府关于人事工作的各种规定是它的工作准则，马克思主义的哲学、政治经济学是它的理论基础，统计学、运筹学、电子计算机是它的有力武器，科学学、心理学、人才学、逻辑学与它有着密切联系。所以，人事管理作为一门科学，它与各学科有着天然的因缘。

从管理的方针看，现代人事管理把各类专业、科技人才的管理作为重要内容。科学技术就是生产力，各类专业科技人才是生产力中最活跃的因素。人事管理部门把人才的培养、选拔、考核、使用、管理以及人才政策和制度的研究制定作为一件带有战略意义的大事，把善于发现人才、合理使用人才、积极加强人才的培训、发挥人才的作用作为神圣的职责。所以，人事管理作为一门科学，它要求把党性和科学性完善地结合起来。

以上分析说明，科学的人事管理，无论从工作目的、服务对象、工作方法，还是从管理规律、管理方针等方面，均已发展为具有自身特征的专门学科，它既不同于自然科学，又区别于一般的社会科学，是一门多学科综合、渗透、杂交的科学。

人事管理人才的知识素养

人事管理是一门科学，这就要求人事管理人员成为专门人才。培养合格的人事管理人才，这是由人事工作的目的、对象、方法、规律和方针所决定的。笔者认为，以下几个方面是人事管理人才所应具备的基本条件：

一要有广博的知识。人事管理对人事管理人才在知识上的要求，首先应该是掌握以人事管理科学为主的多学科杂家的"通才"，知识程度不一定都深，但一定要博。有的同志看不起"通才"、"杂家"，其实这是一种偏见。"专"，固然是真才实学，"杂"同样是真才实学。美国曾对1311位科学家进行调查，结果发现有成就的很少是仅精通一门学问的"专才"。随着现代科学向高度分化和高度综合的趋势发展，人们对自然界的认识不断深入，对某一领域的探索常常需要多门学科的理论、方法和手段来进行综合考察研究。在这种情况下，知识的广博显得特别重要。人事管理学，作为一门新兴的学科，它有自己特定的研究对象、研究方法，单凭一方面的知识，显然是不够的。合格的人事管理人才，起码应掌握几方面的知识：（1）熟悉政府人事部门颁布的政策、条令、条例和各项规定；（2）掌握、了解人事管理的一般规律和管理对象的劳动特点，熟悉管理对象所从事的工作、所需要的有关专业知识；（3）对马列主义哲学、经济学、自然辩证法、教育学、心理学、人才学、科学学、行为学、逻辑学等基本内容有一定的了解；（4）多年工作实践积累总结起来的丰富经验和知识；（5）掌握现代人事管理的科学手段，如运用电子计算机实行统计分析；（6）精通本工作岗位涉及的专业知识。如，搞工资福利的，必须熟知政府关于工资的各种规定，懂得工资的历史沿革过程，了解干部职工工资的现状和要求；搞大中专学生分配的，要了解高、中等学校的专业方向、内容和毕业生适应的工作范围，熟悉各单位、各系统对人才的需求状况；搞干部调配的，在熟知调配规定的基础上，还应掌握干部的流向、干部的结构、干部的新陈代谢，了解国民经济发展需要，懂得经济规律，善于把调配与四化建设紧密联系起来。

二要有优良的智能结构。智能，通常是指运用知识的能力，管理则又是智能的具体运用。一个合格的人事管理人才，不但要有广博的知识，还要善于把这些知识在实践中加以总结、提高，不断深化，科学运用。广博的知识为最优的智能奠定了基础，但知识代替不了智能，必须加强智能的培养训练。人事管理人才的智能结构包括以下几个方面：

（1）敏锐的观察分析能力。这种观察力主要表现在善于观察、分析管理对象感情、性格、气质和心理特点的变化；善于发现管理过程中因外界环境或主观因素带来的微妙的变化；善于发现管理过程中的经验和发生问题的原因，善于根据党的指示观察分析情况，恰当提出工作意见和工作方向，采取措施。

（2）上乘的组织力。合格的人事管理人才，应是出色的组织者。他不仅注重如何优选各类各业的个体人才，而且注重考虑如何组织最佳的群体结构，使之在专业、年龄、能级、智能、素质诸方面有机协调、互相补益，发挥最佳效能。

（3）严谨的思维力。要按辩证唯物主义和历史唯物主义的观点思考、分析问题，善于把感性认识上升到理性认识，正确使用逻辑思维方法，科学地应用已知的理论、经验和科学知识，鉴别是非、预测发展趋向，作出决策。

（4）较强的表达力。人事管理人才，是做人的工作的，要善于把政策、规定、革命道理、科学理论用语言正确地向管理对象表达出来，如果他具备渊博的知识、高深的学问，而不善于表达，那么，他可能是一位学者、专家，但却不是一名最佳的人事管理人才。

（5）旺盛的创造力。事物会变化，形势在发展，要适应新情况，适应新形势，就要敢于走新路。合格的人事管理人才应具备丰富的创造力，从现实出发，进行科学预测，在现有基础上"有所发现、有所发明、有所创造、有所前进"。满足于按"章"办事，习惯于按老办法走路，虽出不了大乱子，但绝不会有大贡献。

三要有高尚的道德修养。人事部门是党的有关政策、政府的有关规定的执行机关，拥有一定的权力，因此，合格的人事管理人才，要具备坚强的无产阶级党性，还要具备高尚的道德情操。这里，要注意四个原则：

（1）服务原则。人事部门不仅是管理部门，而且是服务部门，合格的人事管理人才应热爱自己的事业，兢兢业业、任劳任怨、公正无私，热心为人民服务，甘当人民的公仆。不把自己看作是高居于群众之上的管理者，而是积极为他们的创造性劳动提供必要的条件和方便，诚心诚意地当好"后勤"。

（2）心融原则。管理人员与管理对象应心融相通，管理人员应以设身处地想干部所想为美德。没有这种精神，就无法理解管理对象的意愿和要求，就不可能急他人所急，想他人所想，甚至会把某些合理要求视之为无理纠缠，也就不可能真心实意为人民服务。

（3）宽容原则。人事工作面广、量大、政策性强，出差错是免不了的，要正视问题，勇于改正错误。合格的人事管理人才应该谦逊好学，胸怀宽广，要允许管理对象对自己的工作提出批评意见。严以律己，宽以待人。

（4）惜才原则。合格的人事管理人才应有惜才之心，反对"论资排辈"、"求全责备"、"任人唯亲"、"嫉贤妒能"，要知人善任、善于发现人才，合理使用人才。

随着现代科学技术的发展，随着我国政治和经济体制的逐步改革，人事管理工作面临着新的形势和任务。目前，人事管理队伍在知识、专业、素质、智能结构方面都还不能适应形势的需要。如何采取具体措施大力加强人事管理人才，特别是中青年人事管理人才的培训，已成为人事工作科学化的当务之急。

（刊《江海学刊》1982 年第 6 期）

立志成才最现实的方案
——从沈家模成才说开来

简述：人才，通常是指那些出类拔萃的人，那些在各行各业具有专门知识的人，那些在不同工作岗位上作出突出贡献的人。人才学的理论和实践告诉我们，个人的心理条件和主观能动性的发挥程度在成才过程中起决定作用。任何看来简单的工作、职业，实际上都有精深的学问和值得研究的课题，都有需要去攀登的高峰。

人才，通常是指那些出类拔萃的人，那些在各行各业具有专门知识的人，那些在不同工作岗位上作出突出贡献的人。

常常遇到一些青年同志，他们说自己很想成才，可是自己的工作岗位又阻碍了他的成才；又常常见到一些青年专业技术人员，他们怨叹自己"怀才不遇"，悔恨"明珠暗投"，"英雄无用武之地"。

这就提出一个问题，成才，该从哪里起步？立足本职工作岗位，能否成为一个对四化事业有较大贡献的人才？

《中国青年报》曾经报道过，苏州市图书馆青年资料员沈家模，1967年大学俄语专业毕业，一心想在外事部门当翻译，但是被分配做了教师，1974年又被调到市图书馆工作。他从来没有想到会与图书资料打交道，对浩瀚的图书馆专业知识及自然科学知识也是全然无知，他曾为此而苦闷，几次要求调动工作。然而，1975年以后，沈家模的工作岗位没有改变，从事的专业没有改变，却做出了惊人的成绩：著书立说达 170 余万字，其中专著三部，分别由上海科技文献出版社和江苏科技出版社出版，撰写科技情报学方面的学术论文 20 余篇，在全国各地杂志上发表；还为本市多家工厂提供了大量国内外最新科技情报资料，使这些工厂获得了很大的经济效益，有的产品还被评为全国第一名。沈家模成了图书馆学界引人注目的人物，被吸收为中国图书馆学会会员，还被聘为华东师范大学图书馆系兼任教师。

成功的诀窍在哪里？沈家模曾归结为几句话：从本职工作岗位入手，确定成才的突破口，从需要和可能出发，扬长避短，设计成才的最佳方案，争取最佳效果。

人才学的理论和实践告诉我们，个人的心理条件和主观能动性的发挥程度在成才过程中起决定作用。任何看来简单的工作、职业，实际上都有精深的学问和值得研究的课题，都有需要去攀登的高峰。有的同志把能否成才或能否干一番事业归结于自己所从事的工作是否理想、是否合适，这是片面的。《工人日报》有一栏《七十二行状元》，介绍了各行各业涌现出来的"状元"，有烹调大师、育种专家、栽花巧匠、修脚行家，还有慧眼识宝珠的能人、服装设计的技师、改灶烧茶的妙手、公共汽车上的"百事通"。实践证明，不论你干什么工作，只要真诚地热爱它，深入地钻进去，做出本行业一般人所未能达到的创造性成绩来，你就能成为这个工作岗位、这条战线甚至是社会公认的人才。有人曾对一百名自学成才的青年作调查，发现百分之五十六的人是在本工作岗位上做出创造性成绩的。武昌酒楼 25 岁的厨师余明社，能熟练制作 200 多种鱼类菜肴和 300 多种其他菜肴，被授予一级厨师。上海南京路扬邮酒家服务员郭期明虽然只读过两年书，但他认真钻研服务艺术，能用一块普通的餐巾折成 214 种飞禽走兽、花卉鱼虫的式样，并把自己的服务经验编成十多万字的书稿，被誉为"服务状元"。荣宝斋装裱工人冯鹏生搜集总结了书画装裱的历史经验，写出了《中国书画装裱概说》。有人以工作平凡为理由，轻视本职工作。可是，北京市的张占英卖大碗茶，敢于闯新路，方便群众，经营有方，受到了领导和群众的高度赞誉。全国著名的水稻专家、江苏省农科院副院长陈永康当初不就是普通农民吗？这种事例比比皆是，不胜枚举。由此可见，不论何种职业，工人、农民、服务员，还是专家、学者，都是富有创造性劳动的职业，都是可以出人才的。有志于为四化干一番事业的同志，切莫小看当下的工作，成才从这里开始，你不妨试试。

有的青年强调，自己对目前从事的工作不感兴趣。诚然，有一个适合自己愿望和兴趣的工作岗位，固然有利于个人专长的发挥。可是，世界上的事情是复杂的，个人兴趣、愿望与组织需要的矛盾是个长期存在的问题。在工作岗位没有得到调整的情况下，除去业余发展个人爱好、专长的办法外，还可以培养、转移自己的兴趣。兴趣常常源于对事业的真实理解和热爱。当你了解到某一工作的内涵意义时，兴趣自然来了。沈家模原来对图书馆情报学缺少兴趣，但是，当他了解到科技情报是"无形的财富"，我国科技情报工作十分薄弱，解放以来还少有这方面专著的情况时，激发了他对图书馆科技情报学的热爱。他说："如果我工作取得一点成绩，首先是因为我爱上了这项工作。"我国著名的植物学家蔡希陶，曾经把兴趣放在研究动物学上，在中学时代，他在宿舍里挂着鸟笼、床底下拴着小狗。但是，工作实践使他爱上了植物学，特别是深入云南考察植物以后，了解到这项工作能造福于人类时，坚定了他从事植物学研究的信念，终于成为我国一流的植物学家。如果你真想成才，首先请问你对所从事的工作的真实含义理解没有？

有的青年还说，立足本职工作，学非所用、用非所长怎么办？当然，各级组织在分配工作时，应该充分考虑个人的专长，尽可能地"人尽其才、才尽其用"，切莫干那种"张飞卖肉、千里马拉磨"的蠢事。事实上，各级组织还在尽力解决学非所用的问题，仅苏州市各级组织人事部门几年来

与文字为伴

已调整了五百余名学非所用、用非所长的技术干部。然而，立志成才的同志对自己的"长"要有一个正确的评价，所谓的"长"是相对的。要善于利用自己的"长"，发挥优势，去发现本职工作岗位中需要探索和研究的广阔领域。当自己的"长"与探求的学问矛盾时，可以进行自我调节。比如：沈家模从事的图书馆科技情报服务工作，需要具备外语翻译能力，需要掌握图书馆专业知识，需要懂得科技专业知识，需要掌握情报检索技巧。他自觉知识不够，便在已掌握俄、法两门外语的基础上又自学了英语、日语、德语；拜武汉大学图书馆系退休老教师黄元福为师，学习了图书馆学的基本知识；向理工科专业毕业的爱人学习自然科学方面的有关知识；还阅读了国内外已经出版的科技情报检索方面的著作。经过这一番知识上的"自我调节"，沈家模对从事的这一专业感到得心应手了，工作中取得成绩便是理所当然的事了。

成才从本职工作起步，这对于立志成才者来说，是最现实的方案。有的同志之所以对本职工作不感兴趣，或以"人尽其才"为借口不服从组织分配，有一个重要的原因是渗入了私心杂念，如计较福利待遇、工作差异、环境艰辛等等。立志成才的勇士，不要鄙视工作的"低贱"，不要屈服传统观念的束缚，不要嫌弃环境的困苦，扎扎实实从足下开始，老老实实干一番事业，敢于出类拔萃，那么，一定能成为对四化有用的各行各业的专家。

（刊《人才》杂志 1981 年 12 月号）

漫谈自学青年的知识结构

简述：所谓合理的知识结构，就是要有计划地学习和积累各个门类的知识，或者说，在积累知识的基础上，根据个人的专长、兴趣和工作需要，对已有的知识进行合理的组合、排队、调节，自觉地更新补缺。建立合理的知识结构，关键是要保持基础知识、专业知识、辅助知识三者的辩证统一。

在我们面前，常常有这样一些自学青年，有的昙花一现，有的经久不衰；有的终生不得志，有的硕果累累；有的少年得志，有的大器晚成。

原因在哪里？立志、选向、计划、勤奋、天资、机遇等等，无疑都是十分重要的因素。然而，我觉得，建立一个合理的知识结构，对于自学青年来说，同样是不可忽视的重要方面。

古今中外的历史文化名人，无一不是自觉或不自觉地创造和保持了知识上的合理结构。

马克思早年对哲学、历史、法律很精通，而对经济理论接触较少。为了批判资产阶级，他又开始了自己的经济研究工作。在写《政治经济学批判》之前，马克思用了十五年的时间阅读了大量的社会经济文献；在写《资本论》时，又补充了物理、化学、数学、生理学以及解剖学等方面的知识，才得以形成这部不朽巨著。

爱因斯坦在研究广义相对论时，好几年进展不大，他发现这跟自己缺少数学知识有关，于是不顾自己在大学执教数年的资历和已经取得的声望，又重新补学了三年数学，使他的学说形成了完整的体系。

科学大师牛顿，不仅熟知意大利科学家伽利略的物理学，而且十分精通德国科学家卜勒的天文学，这样，就为他提出著名的"牛顿三定律"奠定了理论基础。

东汉大科学家张衡对读书"如川之逝，不舍昼夜"，不仅能背诵当时著名文学家的许多文学作品，而且研究了大量数学、天文和历法资料。正因为他具有全面的知识，才能创立浑天学说，制造出世界上第一台能比较准确地测定天象的仪器——浑天仪。

青年作家叶辛几年来先后完成了十二部中、长篇小说，一批散文、短篇、文艺评论的写作，总计300余万字，这除了他具有扎实的生活基础外，还因为他阅读了古今中外的500多部中、长篇小说及各种社会科学、哲学、历史、地理、文艺理论书籍，边读书做笔记边练习写作，具有较高的文学修养。

知识，包罗万象，分门别类。就其范畴而言，有自然科学知识、社会科学知识；就其性质而言，有基础知识、专业知识、辅助知识；就其认识过程而言，有感性知识、理性知识；就人的经验而言，有书本知识、实践经验。如果再分得细点，则更多了，各行各业都有自己的知识，党的知识、历史知识、语言知识、文学知识、国际知识等等。然而，面对着浩瀚的知识海洋，任何有才华的科学家、学者都只能掌握其中极小的一个部分。提倡建立合理的知识结构，正是从这点出发，既不在知识海洋面前无所适从，又不做知识的奴隶。而是合理地选择知识，提高知识的运用效率。

所谓合理的知识结构，就是要有计划地学习和积累各个门类的知识，或者说，在积累知识的基础上，根据个人的专长、兴趣和工作需要，对已有的知识进行合理的组合、排队、调节，自觉地更新补缺。

建立合理的知识结构，关键是要保持基础知识、专业知识、辅助知识三者的辩证统一。基础知识是攀登高峰的起点，要真正掌握一点东西，首先必须要从基础理论开始。只有把基础打好了，循序渐进，犹如登塔，层层上升，才能迅速接近顶端。以前有个"三重楼喻"的故事，说的是一个富翁大兴土木，要盖一幢三层的新房。他看见工匠从地面上立柱砌砖，连忙上前阻拦，称只要最上面的一层，不要下面两层……从平地造起，不是太浪费了吗？这个富翁何等荒唐，不扎扎实实盖好一、二层，何来第三层？做学问也是这样，基础知识学不好，要攀登高峰就难了。自学青年在认定自己的自学目标后，就要下苦功夫、花大力气，踏踏实实地攻读几本奠基的书。达尔文青年时代就非常爱好赖尔的基础理论著作《地质学原理》，这为他后来乘贝格舰考察，写下传世的《物种起源》打下了深厚的基础。陈景润在向哥德巴赫猜想问题进攻之前，就曾花过巨大的精力刻苦钻研华罗庚的《数学基础》，从而为他向数论高峰攀登奠下了一块坚硬的基石。"根深才能叶茂"，就是说的这个道理。

　　专业知识是攀登高峰的基本知识，是将"潜能"转化为"溢能"的主要知识，宋代大科学家沈括说："人之于学，不专则不能，虽百工其业至微，犹不可相兼而善。"博而不专，往往一事无成。博，应该是专业指导下的博，打基础是为掌握专业知识服务的。古代思想家荀子在《劝学》中，以"鼫鼠"为例，说明了学习务必精深的道理。鼫鼠有五种本领，会飞、会走、会游泳、会爬树、会掘土打洞。可是会飞不能上屋，会走不如人快，会游泳不能过深谷，会爬树不能爬到树顶，会掘土打洞不能掩身。这样的结果就是"样样通、样样松"，成不了大事业。

　　具备丰富的辅助知识，这在现代科学事业发展日新月异的今天显得特别重要。各学科、各专业之间相互渗透，交叉发展，出现了不少边缘科学，因此，在明确学习专业基础知识的前提下，要力求博览群书，多掌握一些知识。丰富的知识，往往会使已有的知识举一反三，触类旁通。如，学理工的，在潜心学习自然科学之余，还要读一点政治、语文、历史、地理书籍；学习政治的，在学习马克思主义基础理论的同时，还要认真学一点心理学、教育学、管理学以及社会常识、自然常识、科学技术常识等等。历代名家也都是十分重视掌握丰富的知识的。试想，如果缺少天文常识和不善于逻辑推理，屈原怎能写出《天问》？如果没有关于天文、地质、植物、光学的广博知识，歌德怎么可能成为一代诗哲？如果缺乏医学常识，契诃夫何以写出《第六病室》？如果没有广博的知识，郭沫若怎能成为一代大文豪？

一个理想的知识结构，对不同的行业、不同的对象有着不同的要求。但总而言之，应该如同一个金字塔，既要有广博的知识作为塔底，又要有精深的知识作为塔顶。知识结构不合理的人，是知识上的"盲人"；只有知识结构合理的人，才能在不同的岗位上有所建树，取得较大的成绩。

有些青年在自学上不大注意知识结构，这对于早成才，成优质才，是非常不利的。青年自学有着许多的局限性，如没有完整的时间，缺少图书资料、指导老师、实验手段，没有共同探讨学术问题的优异环境，在学习方法上也往往是在摸索中苦斗，有时得绕过无数条弯路才能走上一条直径……在这种情况下，自学常常会产生两种结果：一种是自学面过宽，毫无计划、毫无目标地乱读一通，到头来空耗了不少时间，劳而无获；一种是知识面过窄，没有广博的知识作辅佐，所学的专业就成了沙滩上的大厦，不牢靠。1980年，某市招考录用了一批自学成才的青年担任外语翻译，他们在考试时成绩优异，但是到达工作岗位后，有不少同志难以完成工作任务，在专业上深不下去。原因之一就是知识畸形发展，虽懂得外语单词，但不懂自然科学知识，不了解企业管理和工业生产的规律，不熟悉科学技术的基本特点，也不熟悉翻译的专门技巧。这是需要引以为戒的。

自学青年怎样才能建立合理的知识结构呢？我认为基本的是两条：一是要有远大的理想和抱负、明确的学习目标，有一种为中华崛起而拼搏的责任感和紧迫感，只有这样，才能甘愿为党、为人民、为社会主义事业而专心致志地刻苦学习。二是要有科学的方法，特别要注意"三忌"。一忌"乱"。自学时要从自己现有的知识水平和实际需要出发，制定一个系统的学习计划，然后按照计划，一步一个脚印，扎扎实实地学习。目前各地青年自学指导委员会和报纸杂志公布的英语、会计学、统计学等自学指导和自学设计，很值得青年借鉴。二忌"浮"。浮光掠影，一目十行，不求甚解，是学习上的一大弊病。在学习时，万万不要轻易说已经懂了，要多问几个"为什么"。也不要轻易说已经"忘"了，要想一想，再好好想一想，养成一种苦思冥想的习惯。改变"浮"的另一个办法就是要养成做笔记的习惯，经常温习巩固，使知识在头脑中扎根。三忌"躁"。在学习上要循序渐进，"一锹挖口井，一口吃个胖子"，那只能是幻想。知识的积累是个长期的过程，学习书法，第一步要临帖；学习绘画，第一步要素描；学习演戏，第一步要练功；学习作曲，第一步总是从最简单的音阶、音符开始；学习舞蹈，也要从最基本的动作、最简单的舞步开始。俗话说，"人贵有志，学贵有恒"，关键在于坚持不懈、循序渐进，只有这样，新的知识才会跟已经接受的知识联系起来，从而形成新的更高一级的比较全面的知识。

自学能成才，这是已被客观实践所证明了的。提倡自学，是全面开创社会主义现代化建设新局面的需要，也是目前振兴人才的重要渠道。因此，所有青年都应力求早日成为四化建设所需要的有用人才。注重合理的知识结构，会使你在成才的征途上展翅翱翔。

（刊《未来与人才》杂志 1983 年第 2 期）

妇女解放与女性领导人才群体的崛起
——学习马克思主义妇女观

　　简述：妇女走上社会，实现与男性在经济、文化、家庭地位等方面的平等，是妇女解放的基本目标，政治权利方面平等的获得是妇女解放最深层、最重要的目标。

　　马克思主义妇女观认为，"妇女解放的第一个先决条件就是一切女性重新回到公共的劳动之中"，"妇女的解放，只有在妇女可以大量地、社会规模地参加生产，而家务劳动只占她们极少的工夫的时候，才有可能"。《中华人民共和国宪法》指出："妇女在政治的、经济的、文化的、社会的和家庭的生产等各方面享有同男子平等的权利。"马克思主义关于妇女解放运动的学说和当代解放运动的实践告诉我们，妇女走上社会，实现与男子在经济、文化、家庭地位等方面的平等，是妇女解放的基本目标，政治权利方面平等的获得是妇女解放最深层、最重要的目标。

　　妇女与男子在政治权利上的平等，其内涵是十分丰富的。从一般意义上来说，即妇女与男子一样，享有宪法所赋予的同等的选举权、就业权、教育权、财产继承权等公民的基本权利；从更进一步的意义来说，妇女应当与男子一样，享有同等的参政议政、管理国家大事的权利。妇女参政议政，常常表现为两种途径：一是女性通过自己的代表在人大、政协以及其他民主协商渠道对国家和其他社会事务提出有意义和有价值的议案、意见、建议，以辅佐决策。并运用各种舆论媒介发表对社会各类重大问题的见解，提出合理化建议，参与决策。二是女性中的优秀代表直接走上各级领导岗位，直接行使权力，参与对政治、行政、经济、科技、教育等方方面面的领导和管理。从目前的情况看，对于前者，我们一般来说做得还比较好，全国人大代表中女性有 634 名，占代表总数的 21.3%，省级人大代表中的女性，高的省份达到 30%，全国县级人大代表中的女性比例为 20.1%（《人民日报》，1990 年 3 月 8 日）。这个数字虽然仍不甚理想，但女性毕竟占了一定的比重。尤其可喜的是，作为妇女界的这些代表，她们不仅直接反映了妇女的呼声和要求，而且，她们以主人翁的身份与男代表一起平等地讨论国家大事，对国家与地方经济社会事业的发展起到了一定的作用。虽然我国女干部已达到 870 万人，占干部总数的 28.9%，但女性领导干部的比例却比较低，尽管目前国家领导人中有 4 位女性，中央和国务院各部有 17 位女正副部长，而中央政治局委员、候补委员中没有 1 名女性，女正副部长只占同级干部的 6.7%，女正副省长只占同级干部的 6.3%，省委女正副书记只占同级干部的 4.1%（《中国妇女报》，1990 年 2 月 26 日）。地厅级党政领导班子中，女干部占领导班子成员数的 6.85%，县处级干部中，女干部占 8.12%，全国仅有 10% 的乡有女正副乡长（《妇女工作》杂志，1990 年第 8 期）。不仅如此，目前已在班子中的女性领导干部普遍存在着年龄老化、副职多、后备队伍严重不足、补充渠道不畅的问题。那么，在实际工作中造成这种不尽如人意的原因是什么呢？

从历史与传统的角度看，女性从政难是历史与传统沿袭的结果，陈旧的观念、错综复杂的历史现象在女性成长过程中设置了多于男子的种种障碍。人们从几千年社会交替更迭的变迁中，逐步造成了一种"男主外、女主内"的历史性误解。且不说在以男子为中心的封建社会，女性完全彻底地丧失了她们应有的主体地位，而沦为社会的配角。就是在现代资本主义社会，女性的主要活动位置仍在家庭，大大限制了女性社会活动的时空范围，大大限制了女性创造性思维活动的发挥。伴随社会主义制度的建立，妇女解放运动的深化，妇女成了国家的主人，广大妇女已不再仅仅在扮演家庭主妇的角色中显示自身低廉的价值定向，而逐步在家庭和社会两个领域里同时显示出自己较高的价值。但是，旧的社会意识、世俗偏见不可能随着社会制度的变化而在短期内全部消失，历史的这种错觉是错综复杂的，妇女主体地位的全面实现是一个相当漫长的过程。在现阶段，绝大多数妇女在家庭拥有较多的支配权，但对于许多有作为的女性来说，她们希望自己在事业与家庭这个天平的两端不至于失去平衡，一方面在事业上不落伍，成为一名好职工、好干部，另一方面，在家庭中保持"好妻子"、"好媳妇"、"好母亲"的美誉。因此，她们就不仅要在社会上承担同男性相等量的工作劳动，又必须在家庭中承担比男子多得多的家务劳动，以证明自己不仅在社会劳动中具有充分的能力和价值，而且在家庭中不失为"贤妻良母"，这种社会与家庭的双重压力，在女性成才过程中是一只可怕的"拦路虎"，束缚了女性聪明才智和创造力的发挥。对于社会来说，舆论对女性的要求总是比男性苛刻，"女子无才便是德"、"头发长、见识短"这类偏见至今仍在一定时空起作用。

从女性生理与心理特点的角度看，构成了女性在成长过程中对于男性的种种困惑。由于生理的原因，女性确实有着与男性不同的许多特殊利益和要求。女性不仅要同男性一样成为物质和精神财富的创造者，还要承担着人类自身繁衍的特殊使命，生活与事业的矛盾十分突出。许多有才华、有事业心的女性为了事业而不婚配，妇女领导干部中的"老姑娘"增多；更多的事业型的女性也因处理不好事业与家庭的关系而饱受指责与自责的痛苦；有的人则无法抵御来自各方面的压力而不得不放弃苦苦追求的事业，满足于做一个平庸的女人。综观一些成功的女领导者，她们的成就往往是建立在超负荷运转的基础之上的，她们如若要挤进社会舞台，有所作为，在种种束缚中解脱出来，没有数倍于男子的努力，没有高出男子的才干和素质是很难如愿的。建国40多年来，尽管妇女素质有了很大提高，但从总体上说，女性的素质仍然较低，全国2亿3千万文盲半文盲中，女性占70%，但社会的进步不会因为男女性别的差别而降低选拔任用女干部的要求，妇女能否走上领导岗位，取决于能否摆脱生理原因给自身带来的困难，能否使自身的素质来一个飞跃，否则别无选择。

从干部与领导工作的角度看，还缺少有利于促进女性人才群体崛起的良好机制。首先在发现、选拔、培养女性人才时广开才路不够，发现人才的渠道不畅，选拔人才的路子不宽，培养人才的工作不规范，致使一些优秀人才被遗之草泽。其次是一些部门和同志，包括领导机关和领导同志，对妇女干部还存在这样那样的偏见，明明是一些能力强、威信高、素质好、能够胜任一把手的干部，却偏偏不放心而安排副职，故人们常说，女干部姓"副"，不姓"正"，只能当"绿叶"，不能当"红花"。三是目前对选拔女干部没有制度的保证和约束，随意性较大，工作缺少计划性和连续性，上面抓一抓，下面紧一紧；上面放一放，下面松一松。这当然不利于妇女人才的选拔和使用。

党的事业需要妇女领导人才，妇女解放也需要妇女领导人才群体的崛起。当然，这种崛起是一个渐进的逐步实现的过程。女性与男性在参政议政、管理国家大事方面的平等，也不是说男女在领导班子中数量和比例的均等。从根本上说，它既受到生产关系的制约，也受到生产力的制约；既受到物质生产水平的影响，也受到精神文明程度的影响。问题在于，作为一个政治目标，作为广大妇女孜孜追求的真正解放，我们应当积极创造条件，为女性领导人才群体的崛起创造良好的社会环境。

措施之一，形成共识，把选拔、培养女性领导人才摆上各级党组织和政府工作的重要位置。

从实践的情况看，对于选拔、培养女性领导人才，全社会至少应当在以下几方面形成共识：（1）妇女在创造人类文明、推动社会发展中具有伟大的作用。妇女与男子同是人类历史前进的推动者，同是社会物质文明和精神文明的创造者。在我们社会主义国家，参与国家政治生活是妇女与男性共同的责任，是作为公民应当享有的政治权利，让女性人才走上领导岗位，是题中应有之义。（2）妇女是党的干部中不可缺少的一部分，是党和国家机体的一个有机组成部分，在我们这样一个幅员辽阔、妇女人数接近总人口半数的大国，只有在党的各级组织和政府领导机构中保持适当的女性比例，才能使广大妇女能够通过自己的代表随时随地表达自己的意见和要求。这不仅使广大妇女的合法权益得到了保证，而且也符合党和国家的根本利益。（3）选拔培养女性领导干部，不是简单地在各级领导班子安排配备几个女同志，最本质的是要从上到下形成女性领导人才群体，创造有利于女干部参政议政的大气候。（4）女性领导人才群体的崛起，是一个国家政治、经济、文化、教育、科技发展水平和妇女解放程度的综合反映，社会主义制度的建立、中国共产党的领导、马克思主义妇女观的确立，从理论上、实践上为妇女人才的成长提供了现实可能，而推进这一进程的实现，是中国共产党人的历史责任。可以相信，共识形成的过程，是合力产生的过程，是一代女性领导人才群体崛起的过程。

措施之二，广开才路，建立选拔、培养女性领导人才的组织保证体系。

女性人才走上领导岗位，要有一定的制度来保证，只有通过具体的制度规范起来，使之成为有形的、具体的、稳定的、可以遵循的东西，才能逐步创造女性人才辈出的大气候。从近几年选拔培养优秀女干部的实践看，至少应有这样几方面的组织保证制度：一是计划调控制度。选拔培养妇女干部，要靠计划来调控和保证，明确规定女性领导干部在各级领导班子中的比例、职务目标、工作目标、发展方向和具体措施，以增强工作的计划性、主动性和指导性。二是民主推荐制度。民主推荐，必须坚持辩证唯物主义的观点，注意发掘妇女干部的智慧与才华；不求全责备，注意发现妇女干部的优势和长处；不把妇女的生理特点说成是妇女的弱点，努力支持她们走上领导岗位，大胆开展工作。三是培养扶持制度。对列入选拔对象的和已经进入各级领导班子的女干部，都应当有计划地利用党校、干部学校、培训班等形式予以培训，并通过上调、下派、挂职、交流等途径，把优秀的妇女干部放到关键岗位上去任职，对于素质好、确有发展前途的，要大胆支持她们到主要领导岗位去挑大梁，经受实际的锻炼和考验。有些地方对女干部的培养使用提出了同等条件下"六个优先"，即：在提拔干部时，优先提拔妇女干部；在招聘录用干部时，优先录用妇女干部；在推荐干部升学、培训时，优先推荐妇女干部；在推荐、提名各级党代表、人大代表以及领导班子候选人时，优先推荐妇女干部；党政机关在接收大中专毕业生时，优先接收女毕业生；在向上级机关输送干部时，优先输送妇女干部。这"六个优先"反映了这些地方在任用女干部上的真知灼见，值得我们借鉴。四是目标考核制度，对组织人事部门以及各级党政组织选拔培养女干部的工作应当实施目标管理。长规划、短安排、有检查、有督促、有考核，凡是成绩突出的要予以重奖，凡是不负责任、贻误工作的要追究责任，以保证这项工作落到实处。

措施之三，借助外力，把各级妇联组织办成培养输送女性领导人才的重要基地。

各级妇联要经常调查研究，定期向党委反映本地区、本单位选拔培养女干部的情况，推荐人才，以使党委在提拔任用妇女干部时掌握较充足的人才源，具有充分的选择余地。各级妇联作为妇女群众自己教育自己的组织，要努力担负起培养妇女干部的任务，要为女干部提供政治学习和业务进修的机会，或者自己创办妇女学校，举办妇女培训班，使之成为培养、提高妇女干部素质、发现选拔女干部的重要场所。妇联作为女干部云集的地方，本身应该成为出干部、出人才、随时向各条战线输送女干部的大学校和人才库。

措施之四，锤炼内功，大面积、多方位提高女性领导人才的内在素质。

在女干部成长的过程中，党的培养、组织的选拔和领导的重视固然是十分重要的，但是，从最终意义上说，还得取决于妇女干部自身的素质、自身的努力。如果自身素质不行，即使一时被选拔进入了各级领导班子，还是不会持久的。这里所说的素质，包括思想政治因素、智力因素、非智力因素和能力因素。思想政治觉悟、思想政治水平是作为党的干部的首要条件。因而，提高妇女干部内在的素质，是确保女性领导人才群体崛起的关键所在。妇女人才要崛起，首先要在优化非智力因素上求得突破。大力改善广大妇女干部的心理素质，克服自卑、胆怯、依附等心理障碍，克服传统妇女所固有的那种思想观念，强化竞争意识，强化"自尊、自信、自立、自强"的"四自"精神，增强政治上的参与感、责任感和历史使命感，敢于迎接时代的挑战。我们相信，只要努力坚持马克思主义的妇女观，适应和推进当代妇女解放运动的发展，那么女性领导人才群体一定会在中国大地上崛起。

（刊《苏州大学学报》1992 年第 1 期）

论
苑
初
入

创造思想政治工作的最佳环境

简述："人创造环境，同样环境也创造人"，开展思想政治工作，既要把人们的思想摆到一定的社会历史条件下，摆在实际生活的具体环境中加以考察，同时又应当致力于创造和保持良好的外部环境，去影响人们的思想和行为，催人奋进。环境是分层次的。整个社会是大环境，职工群众所处的工作单位是亚环境，家庭生活是小环境。

"人创造环境，同样环境也创造人。"（马克思、恩格斯《费尔巴哈》）开展思想政治工作，既要把人们的思想摆到一定的社会历史条件下，摆在实际生活的具体环境中加以考察，同时又应当致力于创造和保持良好的外部环境，去影响人们的思想和行为，催人奋进。

环境是分层次的。整个社会是大环境，职工群众所处的工作单位是亚环境，家庭生活是小环境。社会主义道德情操的不断滋长，良好社会风气的初步形成和发扬，要靠社会、单位、家庭内外促进、协调配合，才能发挥最佳效果。现在，我们的宏观社会环境总的来说是好的。政治上安定团结，经济上欣欣向荣，人民安居乐业，党的十二大确定了两个文明一起抓的正确战略方针，在党的全国代表会议上，党中央领导同志又一再强调要加强精神文明建设，维护思想政治工作部门的权威，这都是对加强思想政治工作的有力促进，企业党组织要努力在企业内形成有利于加强思想政治工作、有利于培养造就"四有"人才、有利于调动全体职工献身四化积极性的政治环境，使之与宏观环境相协调，从而渗透和影响到社会、家庭生活。这是思想政治工作的一项基本建设。

企业环境，包括政治环境、工作环境、生活学习环境、生产环境等，是职工创造性地进行工作、学习、生产实践的外部条件，而对企业最起积极作用的是企业政治环境，它是人的精神面貌，包括思想品德、习惯、风格、纪律、人际关系的综合反映。在一个充满正气的企业环境里，先进有人学，后进有人帮，正气能得到充分褒扬，邪气能得到及时祛除，企业就像一个革命的熔炉，不断使先进思想升华。在这样的环境工作和学习，必然会导致积极的、向上的、进取的群体意识和共同行为，从而形成一种优良的风气、习惯，在这个环境里互相传播、互相影响、互相渗透，发扬光大。它有利于大面积培养造就一代有理想、有道德、有文化、有纪律的社会主义新人，成千上万个企业做好了这项工作，良好社会风气的形成就有了坚实的基础。

最佳的政治环境并不是自然而然、一朝一夕所能形成的。一方面，企业领导干部和党员的理想、道德、情操、作风起着熏陶的重要作用，有理想、有纪律的党员干部才能带出有理想、有纪律的职工队伍；另一方面，它要靠经常的、长期的、有效的思想政治工作去灌输，去培养。从一些单位的实践看，我以为应当注意把握以下几个环节：

一、培养"企业之魂"，使企业上下形成奋发向上的凝聚力和作用力，成为企业建设的精神支柱

这里所说的"企业之魂"，是指对企业的两个文明建设起长期作用的一种革命精神、革命信念。人常说，一个工厂要有名气，一支队伍要有士气，一个人要有志气。这种境况的出现，归根结底依靠人们内在的理想和

信念。因此，创造最佳的政治环境，首先要有一种形式、一种力量，把全厂职工群众组织起来，自觉为实现共产主义理想和企业的建设目标而不懈努力。大庆油田的"三老四严"（做老实人、说老实话、办老实事，严密计划、严明纪律、严谨作风、严肃态度）精神，造就了大庆一代新人，鼓舞教育了各国人民。上海无线电十八厂把生产飞跃牌电视机与四化目标、祖国荣誉联系起来，提出"飞跃的目标——世界先进水平，飞跃的精神——一切为用户着想"的口号。苏州振亚丝织厂把"艰苦创业、好学求实、遵纪守职、文明团结"作为自己的厂风。这些，也都起了积极作用。企业之"魂"在具体内容上，各企业根据不同的建设目标有所侧重、有所区别，但都要体现出物质文明建设与精神文明建设的高度统一。它不是临时、空洞的口号，它是企业的"魂"，是共产主义理想信念的具体体现。企业党组织要善于推崇、宣扬和树立这种企业精神，以统一广大干部职工的思想，规范干部职工的行为，在全厂造成一股凝聚力和推动力。

二、充分发挥宣传和教育的作用，使先进的思想意识深入人心

企业的思想政治工作应当使职工振奋起积极的、向上的、进取的精神；把藏蕴在人们心中追求美好生活的内在潜力，变为推动经济体制改革和物质文明建设的巨大动力。为了实现这一点，必须借助于三条渠道：一是要借助于系统教育。系统教育，就是要通过教育，增强职工运用马克思主义立场、观点、方法认识世界、改造世界的能力。连续两年被评为苏州市文明工厂的长风机械总厂，从1981年起，以主人翁思想教育为主线，以培养一支"四有"职工队伍为目标，坚持每年突出一个主题，集中一段时间，进行一次系统教育。如1981年开展了"热爱祖国、热爱社会主义、热爱党"的三热爱教育；1982年开展了"想主人事、说主人话、负主人责"的主人翁思想教育；1983年结合企业整顿、创文明单位，开展了"有理想、

有道德、有文化、有纪律"的教育；1984 年，开展了"以史着手，以理疏导，以责落实"的主人翁思想再教育；1985 年，开展了"形势、政策、理想、纪律"教育。每次教育，党、政、工、团密切配合，使活动搞得有声、有色、有效，对厂风厂纪的根本好转起到了潜移默化的作用。这种系统教育，有助于从根本上提高人们的素质。二是要借助于经常性的宣传教育。利用演讲会、报告会、文艺演出、知识竞赛、摄影、书法比赛、厂史展览等等一切可以利用的手段，在企业内部经常形成一种浓厚的积极向上的气氛和正确的舆论，这样歪风邪气就不容易抬头。三是要借助于榜样的启迪作用。注意发现和宣传能体现时代精神的各类先进人物，发现和宣传群众身上的共产主义思想的"闪光点"，使群众自觉与"同代人"中的先进典型对照，产生出奋发向上、积极进取的强大动力。

三、在思想教育和生产活动的"结合点"上下功夫

企业最基本的活动是生产实践。职工的觉悟、道德、主人翁责任感，主要反映在劳动态度、劳动纪律、劳动成果上，反映在整个生产过程中。企业的思想政治工作只有同生产实践融为一体，才能充分发挥作用。因此，以下两方面值得注意：

一是坚持现代化科学管理与思想政治工作的统一性。我们经常可以看到，在一个实行科学管理的企业里，由于具有严格的责任制、组织严密、分工合理、职责明确，职工就很容易养成遵纪守法的良好习惯，而在那些无章可循、管理混乱的企业里，则很容易导致自由散漫的坏习惯。假如企业党组织一方面煞有介事地对职工进行组织纪律教育，另一方面对导致纪律涣散现象的组织管理置若罔闻，那么，就成了"两张皮"，思想政治工作就不可能产生效果。企业党组织应当积极支持和配合行政领导建立严格的规章制度、科学的管理方法，并且教育干部职工认真履行本岗位的义务

和责任。

二是把创建文明单位作为思想政治教育与生产活动相结合的基本形式。几年来的实践证明，创建文明单位活动是一种目标化、具体化了的精神文明建设，它使企业把生产建设、科学管理、企业整顿、队伍建设、党的建设、思想工作、文体活动等都纳入了创建文明单位的轨道，从厂容厂貌、厂风厂纪、文明环境、文明秩序、文明生产、文明管理、经济效益到职工精神面貌、道德修养都有具体要求，使"软任务"成了硬指标。这项工作做好了，创造和保持最佳的政治环境就有了坚实的基础，企业的思想政治工作就落到了实处。

论乡镇企业的思想政治工作

简述：乡镇企业职工绝不是过去意义上的"农民"，也不是未来意义上的"工人"，他们是一支新型的农民队伍，又是一支尚未成熟的工人队伍。他们身上所出现的种种特征，是当代农民在变革自身经济地位和生活环境时的必然反映，是农民向工人转化的不可逾越的特征。

随着农村乡镇企业的崛起，社会化大生产的方式逐步代替了传统的小生产方式，一大批祖祖辈辈与泥巴打交道的庄稼人，成为初步掌握现代劳动技能的新型工人和工商企业家。从此，乡镇企业以社会主义商品生产者和经营者的姿态活跃在生产和流通领域，乡镇企业职工以崭新的时代风貌走上了社会舞台。苏南农村的实践证明，乡镇企业是农村经济的主要支柱，而乡镇企业职工已成为建设社会主义新农村的基本力量。这是党的十一届三中全会以来苏南农村发生的历史性巨变。

乡镇企业的崛起，不仅给农村经济带来了空前的繁荣，而且促进了农民思想和观念的转变，同时也对农村思想政治工作提出了新任务、新课题。乡镇企业思想政治工作成为农村中最活跃、最引人注目的新领域。苏南农村思想政治工作的重点转移到乡镇企业，这不仅是由乡镇企业在新的历史时期的地位作用所决定的，也反映了农村改革的客观要求，揭示了农村历史发展的必然趋势。

现在的问题是，我们在开展乡镇企业的思想政治工作时，往往出现以下两种倾向：或者照搬城市全民、大集体企业思想政治工作的现成经验；或者沿袭对农民进行思想政治教育的传统做法，结果是费力不小，收效甚微。究其原因，主要是我们没有很好把握乡镇企业职工的本质特征，没有很好地把握住乡镇企业思想政治工作的特殊规律。

一

　　辩证唯物主义告诉我们，任何事物都存在于无限持续性和广延性的时空中，这个特点决定了事物之间有着纵横交叉的多维联系，也决定了人的素质、心态的多维性。我们必须用多维的视野，努力找到工作对象在社会生活中的独特地位和思想基点。因此，开展乡镇企业的思想政治工作，首先应当把工作对象摆在一定的社会历史背景下进行考察，把握其本质的特征。

　　有人说，乡镇企业职工既然实现了与土地的分离，成为企业的主人，以主要精力从事工业生产，又以工资收入作为生活的主要来源，他们理所当然是农村中新型的工人阶级。有人则表示疑问，认为乡镇企业职工固然实现了与土地的分离，但他们同农村保持着天然的联系，并没有离开农村这个生活基地，在他们身上依然保持着农民的种种痕迹；他们以主要精力从事工业生产，但他们中的大多数处于"工业上下班、农业早中晚"的局面，农业对工业的制约很大；他们固然以工资收入作为生活的主要来源，但农业、多种经营的收入仍保持相当的比例，因而乡镇企业职工仍属于农民的范畴。

　　应当指出，决定劳动者本质特征的不是劳动者居住的地域、生活消费的来源等因素，而是劳动者用什么从事劳动、怎样从事劳动，以及在劳动过程中所处的地位。这就告诉我们，当农民步入乡镇企业，告别了自给自足的自然经济的小生产方式，同社会化大生产和现代科学技术发生密切联系的时候；当他们告别日出而作、日落而息的劳动节奏，而被依时而作、到时而息的工作制所代替的时候；当他们以按劳分配的主要形式取得劳动报酬并成为个人收入的主要来源的时候；当他们成为乡镇企业主人的时候，这些乡镇企业的职工客观上已经具备了工人的本质特征，应当属于工人阶级的范畴。问题在于，属于工人阶级的范畴是一回事，是否具备工人阶级的素质是另一回事。众所周知，中国工人阶级代表了中国最先进的生产力，是最有远见、大公无私，最有组织性、纪律性和革命的彻底性的阶级。然而，考察乡镇企业职工，我们不难发现，这支队伍由于脱农时间较短，在他们身上，明显表现出了成长过程中的种种不成熟性，表现出了传统农民与现代工人的兼容性。

第一，乡镇企业职工的不少人确已成为同社会大生产相联系的劳动者。为了保证劳动过程顺利进行，生产的社会化程度越高，社会分工越细，劳动协作越密切，越要求每个劳动者严格遵守工艺规程、劳动纪律和生产秩序。而乡镇企业职工一方面能够自觉地履行自己的劳动义务，具备接受厂规厂纪约束的能力，但是，对于其中不少人来说，还缺乏与社会大生产相协调的劳动态度、技术水平和心理准备，还没有接受社会化大生产的严格训练，而成为最有组织性和纪律修养的劳动者。

第二，乡镇企业集中了农村的能工巧匠、初高中毕业生、复员退伍军人等农村中的骨干，他们是农村劳动力的先进代表。但是不少乡镇企业从解决剩余劳动力出发，也安排了一些"照顾户"、"困难户"。因而这支队伍的文化结构、年龄结构很不平衡。同时，这些职工既在厂做工，又回家务农，还不可能完全摆脱小生产的传统方式和传统观念。

第三，随着商品生产和商品交换的发展，乡镇企业职工较多地接受了来自城市健康、科学、文明的生产方式、思想意识和文化条件，因而站到了农村追求新生活的前沿阵地。他们自己在生活方式、行为规范、精神状态方面也开始逐步摆脱小农经济和小生产习惯势力的束缚，社会主义的新观念、新道德在他们之中萌芽。正如马克思所说的，通过生产而发展和改造自身，造成新的力量、新的观念，造成新的交往方式、新的需要和新的语言。但是，他们的免疫能力还比较弱，一方面，旧社会遗留的因循守旧、自由散漫、愚昧迷信、封建僵化的陈腐风俗和习气，仍在顽强地起作用；另一方面，资产阶级的腐朽思想也会悄悄地浸渗到乡镇企业。

第四，乡镇企业职工进厂不进城，离土不离乡，在他们身上，较多地保持着传统农民勤劳朴实、吃苦耐劳、勤俭持家等美德，对经营土地保持着特殊的感情。但是，务工与务农在分配领域的悬殊差异，使他们中的不少人尤其是青年人轻农、离农、弃农的思想日益严重，原有的那种优势出现了削弱的倾向，在对国家宏观指导下的产业结构调整，处理国家、集体、个人二者关系时，常常表现出某些自私狭隘的观念。而以工补农、以工建农、以工促农将是农村一项长期的政策。始终不放松粮食生产，应当成为目前乡镇企业的重要责任，也是对乡镇企业职工的特殊要求。

第五，乡镇企业的兴衰同职工有着切身的联系，患难共当，风险同担，利益共享，职工渴望企业鼎盛。因而，与企业同生共亡、当家作主的思想比较强烈。但是，他们中的不少人又不同程度地具有某种人身依附思想，民主思想的基础差，小富即安、易于满足，以及对家长制、一言堂没有切肤之痛，一心寄希望有开明而精明的企业家为自己当家作主。

第六，乡镇企业职工对党的十一届二中全会以来的路线方针政策有着真挚的感情，对共同致富有着强烈的欲望，也有敢想、敢说、敢干的胆识。但是，乡镇企业发展极不平衡，少数企业已具有相当的水平，可与管理先进的城市大、中型企业媲美，但对于相当多数的乡镇企业来说，还处于起步阶段，他们犹如农民组织的"游击队"，开始时作风涣散、操作马虎、学习粗浅，要去掉这些弱点，把"游击队"训练成为能打硬仗的"正规军"，尚需一个艰苦漫长的磨练过程。

与文字为伴

毫无疑问，乡镇企业职工绝不是过去意义上的"农民"，也不是未来意义上的"工人"，他们是一支新型的农民队伍，又是一支尚未成熟的工人队伍。他们身上所出现的种种特征，是当代农民在变革自身经济地位和生活环境时的必然反映，是农民向工人转化的不可逾越的特征。它一方面向人们展示，中国农村乡镇企业职工将作为一支中国新型的工人阶级队伍异军突起，成为建设具有中国特色的社会主义新农村的中坚力量。同时，它也告诉人们，工人阶级的先进思想绝不会自然产生，绝不会随着劳动方式、劳动过程的改变而"水涨船高"，它必然经历一个过渡阶段。把握这一特征，是做好乡镇企业的思想政治工作的基本要求。缩短这个过渡阶段，尽快实现农民到工人的全面的历史性的转移，则是思想政治工作面临的重要课题。

二

乡镇企业职工身上所表现出来的种种特征，为思想政治工作的科学化提供了有益的启示，这就是我们不仅要遵循企业职工思想政治工作的一般规律，而且要遵循乡镇企业思想政治工作的特殊规律；不仅要考虑长期置身于农村而给广大农民带来的深重影响，而且要充分估价当前改革、开放的社会环境给他们带来的深刻变化；不仅要着眼于提高乡镇企业职工的思想道德素质和科学文化素质，也要实事求是地承认职工的现有基础。这是我们做好乡镇企业思想政治工作的出发点。

乡镇企业的思想政治工作应当有一定的目标。建设有中国特色的社会主义新农村，是党在农村的一项长期的战略任务。乡镇企业的思想工作，从根本上说，必须服从和服务于这个战略任务，确保这个战略任务的顺利进行。那么，我们可以提出这样的构想：乡镇企业的思想政治工作要从适应社会主义新农村的发展需要出发，按照当代工人阶级的素质要求，塑造和培育一支有理想、有文化、有道德、有纪律的，充满中国社会主义现代化农村特色的新工人队伍。根据这一构想，作为以新型工人阶级面貌出现的乡镇企业职工，应当强化起坚持四项基本原则的革命信念，激发起大力发展社会生产力的空前热情和创造精神，振奋起积极的、向上的、进取的意识，逐步确立与发展社会主义市场经济相协调的新观念、新思想，逐步建立与社会化大生产相协调的劳动意识、科学文化知识、劳动技术和自觉的纪律，逐步建立科学的、文明的、健康的生活方式，逐步树立乐于共同致富、自觉服从三者关系的崇高境界，从而成为缩小城乡差别的"二传手"，成为同旧的传统观念决裂、走向新生活的示范，成为建设具有中国特色的社会主义新农村的中坚。乡镇企业职工思想政治工作的这个目标，反映了社会前进和生产力发展的必然要求，符合思想政治工作的规律，也反映了农村乡镇企业职工产生、发展、成长、壮大的规律。

如何使这一构想成为现实，从乡镇企业的特点出发，可以考虑以下几点：

1. 深化"四有"教育，以新型工人阶级的世界观和使命感武装乡镇企业职工。

有理想、有文化、有道德、有纪律，是作为新型工人阶级的根本要求，围绕"四有"开展各项工作，是社会主义精神文明建设的根本任务，理所当然也是乡镇企业思想政治工作的根本任务。所不同的是，对于社会和整个社会历史来说，"四有"具有丰富的内涵，这种内涵又不是固定不变的，它在不同时期对不同对象都有明确而具体的要求。因而，乡镇企业的"四有"教育必须根据自己的不同情况予以深化。共产主义理想是人们对客观历史发展规律认识的结果，是我们共产党人和先进分子的力量源泉和精神支柱，任何时候都不可有意无意地加以背离；在本世纪末实现祖国的四个现代化，是全国人民的共同理想，为理想而奋斗，应当贯穿到实际行动之中。乡镇企业思想政治工作的责任就是要用科学的世界观武装职工，教育他们认识自己的历史使命，把伟大目标同现实工作结合起来，脚踏实地干事业。社会主义的道德教育，是职工思想政治教育的一个十分重要的环节，社会主义道德的基本要求是爱祖国、爱人民、爱劳动、爱科学、爱社会主义。讲道德，对于乡镇企业职工来说，首先应当从尊重社会公德、讲究职业道德、遵守家庭婚姻道德做起，以逐步形成良好的风气，并将其发扬光大。乡镇企业思想政治工作的责任是大力宣传和倡导社会主义道德，批评和鞭挞各种剥削阶级的道德观，改造职工群众中落后的道德风貌，同背离社会主义道德的思想和行为作斗争。一个缺乏科学文化知识素养的人，难以深刻理解无产阶级的世界观，难以成为具有先进觉悟的工人阶级的一员。列宁说过，"文盲是站在政治之外的"，"只有用人类创造的全部知识财富来丰富自己的头脑，才能成为共产主义者"（《列宁全集》第4卷348页）。恩格斯说过："文化上的每一个进步，都是迈向自由的一步。"（《马克思恩格斯选集》第3卷154页）乡镇企业思想政治工作的一个重要任务，不仅要使每一个职工识字、脱盲，而且要在接受"现代教育"的基础上，掌握人类创造的有用知识，不断吸取新的科学文化成果。这是治愚变智的关键。严格的纪律观念和高度的民主法制观念，是乡镇企业职工必须具备的基本要素之一，也是社会化大生产的必要保证。列宁指出："如果无产阶级的自觉纪律不能战胜自发的小资产阶级无政府状态……社会主义的胜利便不能设想。"（《列宁全集》第27卷第189页）我们应该站在这样的高度，加强对乡镇企业职工的纪律宣传教育，使他们知道，哪些应该做，哪些不应该做，养成自觉的纪律观念。

2. 重视层次性、渐进性、现实性，使乡镇企业的思想政治教育建立在切实可行、生动有效的基础上。

所谓层次性，就是说我们在做工作时，应当充分考虑到乡镇企业是分层次的，其中有不失为现代化生产经营管理的先进企业，也有尚未完全从手工劳动桎梏中解放出来的作坊和工场；乡镇企业职工也是分层次的，既有初高中以上文化程度的，也有文盲半文盲，既有党员、团员、干部，也有普通职工；地域环境也是分层次的，城郊、镇郊和交通发达的地方的企业往往较多地接受先进的科学技术和先进的社会意识的辐射，对新生活的追求也往往更为渴望，地处偏僻的则相反，等等。所谓渐进性，就是要按照量变质变、循序渐进的规律，一个台阶一个台阶地上，一个阶段一个阶段地朝前迈进，不搞急于求成。所谓现实性，就是要做到既致力于登攀新的高峰，又不脱离现实基础，既考虑坚定性，又考虑可能性，从战略上着眼，从战术上着手，实事求是，量力而行。因此，我们在开展乡镇企业的思想政治教育时，应做到将层次性、渐进性、现实性熔于一炉，融会贯通，实现三个并举，并力求互相渗透、互相促进。

（1）启蒙教育、普及教育和提高教育并举。

对于没有文化或文化程度较低的职工，以及进入乡镇企业不久的职工，要把启蒙教育作为起点。着重进行以"乡镇企业职工须知"为内容的教育，组织和引导他们补习科学文化知识，了解社会化大生产的特点和规律，以适应社会化大生产，克服传统的愚昧的小生产习气，在实践中培养工人阶级的意识。在此基础上，对全体职工要进行以"工人阶级是国家和企业的主人"为中心的普及教育，让大家了解工人阶级的优良传统、光荣历史和新时期工人阶级的责任，引导大家在建设社会主义物质文明和精神文明、在发展社会主义商品经济、在加强企业的民主管理等方面发挥工人阶级的主人翁作用。对于广大党员、团员、干部和管理人员的要求应严一些，标准高一些，按照革命导师关于全面发展的要求，灌输工人阶级的先进意识，以提高他们的思想道德素质和科学文化素质。

（2）瞬间教育、经常教育和系统教育并举。

所谓瞬间教育，就是紧紧抓住职工身边的人与事，包括典型的事迹、苗头性的问题、倾向性议论以及思想火花，以事论理、寓于事理，不失时机地进行教育。这种教育，着眼于积少成多、集腋成裘。提倡什么、反对什么，具有鲜明的倾向性。它注重实际，不搞空泛说教；它又不占用多少时间，有时仅需三言两语，略加点拨，就能使人们领悟出一两个道理，这对启示职工的觉悟能起到潜移默化的作用。所谓经常性教育，包括社会主义理想教育、形势政策教育、正确处理二者关系的教育、主人翁责任感教育、移风易俗教育、"始终不放松农业"的教育，等等。这类教育，具有鲜明的针对性，是职工经常遇到、比较关心，又是不能回避的问题，能否正确处理这些内在矛盾和关系，往往直接影响到两个文明建设的顺利进行。因此，对于这种教育，要力求经常化，以形成一股舆论力量，使大家明白应该干什么，不应该干什么，应该怎么干，不应该怎么干。所谓系统教育，就是从提高根本觉悟和基本素质出发，利用乡镇党校、政校、文化技术学校以及委托培训等形式，对职工尤其是骨干职工进行有计划的、分期分批的、系统的政治理论灌输、文化技术培训。瞬间教育、经常教育和系统教育，在整个教育体系中各自具有不同的地位作用，不同的对象、不同的时机、不同的条件，对教育有着不同的要求，不可顾此失彼、厚此薄彼。

（3）虚实并举。

乡镇企业的思想政治工作尤其要遵循虚实结合的原则。一般来说，从农民脱胎而来的乡镇企业职工最讲实在，他们对社会主义好、共产党好的认识，是从实践中得出的、发自肺腑的心声。因此，我们应当把为民做好事、办实事，把搞好科技文化教育建设、环境建设、公益事业建设作为精神文明建设的重要内容来抓，只有这样，企业才有向心力、凝聚力。但是，办实事必须贯穿思想道德建设，否则，职工中是不可能自发产生共产主义思想的。我们应该坚持以虚带实，就实论虚，实中有虚，将务虚与务实结合起来，不断增强教育的感染力和有效性。

3. 将思想政治教育建立在坚定的思想政治工作的基础上，形成齐抓共管的局面。

思想政治工作有狭义与广义两种理解，前者仅指思想教育和政治教育；

后者则泛指人事组织工作、党风党纪检查工作、安全保卫工作以及工会、妇联、共青团等群众团体的工作。一般来说，把思想政治教育作为思想政治工作的基本部分是正确的。但是，思想政治工作是一项社会系统工程，它不仅仅是哪一个部门、哪一个单位的事，各个方面、各个环节是互相影响、互相联系的，即使是思想政治教育，也涉及各个部门、各个单位。如果仅仅将思想政治工作局限于搞搞教育，容易产生片面性。我们应当树立广义的思想政治工作的观念，把狭义的思想政治教育建立在广义的思想政治工作基础上，互为作用，相得益彰，开创齐抓共管的良好局面。对于乡镇企业内部来说，可以从以下几方面进行探索。

（1）双层渗透。把思想政治工作做到生产建设的全过程中，保证生产建设的顺利进行，这是企业思想政治工作的特点和任务。这里，必须实行两方面渗透：一是"宏观"渗透，即企业党组织从指导思想、工作制度上保证思想政治工作紧紧围绕这个中心来进行。目前，对于大多数乡镇企业来说，首先要着眼于抓好基础工作，如建立行之有效的政治工作制度、编写适当的教材等等。二是"微观"渗透，即把思想政治工作做到生产第一线，渗透到生产、管理、分配各个环节中去。要注意结合职工在生产建设中的实际表现，如劳动态度、劳动纪律、劳动情绪、劳动数量和质量、劳动技术水平和科学文化知识水平等，通过生动有效的工作，吸引职工为建设社会主义新农村建功立业，多作贡献。

（2）双向疏导。疏导的方针，是我们进行思想政治工作的一个基本方针。疏导应当是双向的，如果教育者"居高临下"，被教育者"洗耳恭听"，双方没有"对流"，没有"共鸣"，就很难收到教育的良好效果。应该看到，一方面，乡镇企业职工和干部处在同样的社会环境之中，他们具有共同的理想、共同的利益、共同的生活和社会经历；另一方面，思想政治工作对于大多数乡镇企业干部来说，是一个全新的事业，原先他们熟悉的对农民的思想工作的那一套东西已经不完全适用了，而不少新的事物需要自己去熟悉和掌握，因而不能忘记自己既是教育者，又是被教育者。所谓双向疏导，就是充分发挥干部和职工在思想政治教育中的两个积极性，提倡对话的方式、座谈的方式、讨论的方式，从而在干部和职工之间建立起感情与心灵的交融效应，进行平等的、真诚的、实事求是的思想交流。这样，教育者和被教育者都具有教育人和受教育的双重角色，能获得"同频共振"、共同提高的效果。

（3）双轨管理。乡镇企业职工的生活基础在农村，与农村保持着千丝万缕的联系，他们既是职工又是村民。这就告诉我们，乡镇企业的两个文明建设搞好了，使职工率先成为"四有"新人，就能有效地渗透和影响到整个农村和家庭生活。同时，我们又不能把思想政治工作停留在乡镇企业，而必须扩展到整个农村。因此，实行厂村结合、以厂带村、以村促厂的"双轨制"的思想政治工作模式，对于巩固和发展乡镇企业思想政治工作成果，带动和促进整个农村的思想政治工作，具有十分重要的现实意义。不少地方作出了可贵的探索。张家港市已在全市范围内推广了这种制度，创造了四种形式：一是企业与村队共同建设思想政治工作网络。企业的政工组织与它所联系的村队建立正常联系，定期碰头，使双方都能及时了解和掌握职工和农民的思想动态，一起讨论教育方法，同心协力做好思想政治工作。二是企业与村队共同进行思想政治工作活动，如上级布置的党员教育、五好家庭评选等活动，都实行齐抓共管。三是企业与村队共同交流思想政治工作经验，取长补短，互相促进。四是共同抓好职工教育这个关键。吴江第二水泥厂为了扩大思想政治教育的覆盖面，在本厂建立了双轨的政治工作制度，双轨的岗位责任制度，厂村挂钩制度和工厂、职工家庭联系制度，使厂、村双方都评上了先进单位。

（刊《浙江省委党校学报》1987 年第 3 期，本文获 1988 年中国职工思想政治工作研究会优秀论文一等奖。）

论现代管理科学方法在思想政治工作中的应用

简述：思想政治工作科学化，就是要用正确的思想、观点、立场和科学的方法，引导人们正确地认识世界和改造世界并取得良好效果。现代科学飞速发展，各学科之间互相渗透、互相融合，已成为一个大趋势。既然思想政治工作是一门科学，就应当注重引进、借鉴现代管理科学中的合理部分，这样做，有利于推进思想政治工作科学化，也有利于思想政治工作这门科学的学科建设。

思想政治工作是一门党性、政治性、实践性很强的科学，不断完善和丰富它的科学体系，努力研究和掌握它的内在规律，是确保思想政治工作科学化、提高思想政治工作效率的基础。

思想政治工作科学化，就是要用正确的思想、观点、立场和科学的方法，引导人们正确地认识世界和改造世界并取得良好效果。现代科学飞速发展，各学科之间互相渗透、互相融合，已成为一个大趋势。既然思想政治工作是一门科学，就应当注重引进、借鉴现代管理科学中的合理部分，这样做，有利于推进思想政治工作科学化，也有利于思想政治工作这门科学的学科建设。

我们所说的把现代管理科学原理引进到思想政治工作之中，主要是着眼于应用现代管理科学的一些管理手段和管理手法，作为推进思想政治工作科学化的一种手段。本文为此略作探讨。

思想政治工作目标化——目标管理的应用

目标管理的理论告诉我们，在某一领域取得最佳效果，必须以预定的最终效果作为目标，使各项管理和工作都来围绕目标值的实现而统筹运动，这样才能形成强大的动力，达到最佳效果。在思想政治工作中，我们常常遇到头痛医头、脚痛医脚的现象，结果费力不少，效果却不好。究其原因，就是思想政治工作的目标不明确，处于被动应付的局面。

目标管理是现代企业经营管理的一种新的管理方法，在我国的一般提法是：根据上级和本单位情况制定一定时期的管理目标，并将其展开，落实到各级各部门和每个职工，然后为这一目标开展一系列组织激励和控制等活动。思想政治工作的目标管理，它的基本点就是要使思想政治工作目标化、秩序化，把企业上下左右、各个部门、各个方面、各个环节的思想政治工作，纳入到实现这个目标所规定的轨道。一般经历四个阶段：

一是制定目标。思想政治工作目标的确定，首先要根据党和国家的指示，结合本企业、本单位的实际，把目标建立在充分调查研究的基础上，既不能轻而易举、唾手可得，也不可高不可攀，挫伤单位和职工群众的积极性，力求使目标扎实可行，同时要注意定性与定量的结合。制定目标包括两个方面：一是内容上的目标，如党的十二大要求造就有理想、有道德、有文化、有纪律的社会主义新人，这就是企业思想政治工作的总目标。它有具体的内容，包括对共产主义的信念、对党的信仰、对祖国和民族的感情、对同志间的关系、对工作的责任感等等。二是时间上的目标，可以按时间分为长期、中期和近期目标，什么时间达到什么目的要求，都要列入制定目标的范畴。

二是目标分解。就是把思想政治工作的总目标，层层分解为具体目标，落实到科室（车间）、班组和个人。其步骤是，当上级宣布目标后，下级要根据上级订量目标细分化和保证措施具体化的要求来制定自身的目标，做到层层负责、一环扣一环，要做哪些工作，从哪里入手，应达到什么要求，具体标准是什么，应承担哪些责任，使职责具体化、定量化。在全厂形成一个以党委（支部）书记为首的，包括全体职工在内的多层次的、完整的目标连锁体系，使目标管理建立在扎实的群众基础上，成为群众的自觉行动，使思想政治工作的目标落到实处。

三是目标控制。在目标管理中，目标的制定选择是定向，分解好比撒网，而控制则是收网，控制的过程，应该是组织、指挥、协调、检查、考核、处理的过程。思想政治工作目标的控制，就是要善于发现和了解目标的执行情况，善于处理和解决在各个环节上发生的种种问题，及时地加以督促检查、提供咨询，针对新的情况、新的问题做出新的抉择，采取有效措施，使各个组织环节畅通无阻，如果各部门不能有机配合、相互协调，管理也难以奏效。思想政治工作目标控制的主要办法有：1.实行归口管理，形成控制中心；2.定期分析，形成制度，全面控制目标；3.成立群众性目标活动小组，发挥集体力量，开展目标控制活动；4.做好目标检查。只有这样，才能使思想政治工作的目标转化为现实。

四是目标评定。对目标执行的情况要及时进行检查、考核、评定，赏罚分明，从而推进思想政治工作的开展。

思想政治工作信息化——信息科学的应用

思想政治工作的对象是人，是研究人的思想、观点、立场的形成、发展和变化，以及思想政治工作自身的规律，只有及时掌握确凿的思想信息，才能有的放矢地做好思想政治工作。要做到这点，就要捕捉各种各样的思想信息，保持通畅的信息传输渠道，对各种信息进行摄取和贮存、分析和归类、传递和处理等等，这就是信息论的基本观点。对信息论进行认真的研究和具体的应用，从而掌握完整的、准确的、及时的思想信息，可以增强思想政治工作的针对性，把思想工作做到人们的心坎上，有效地解决职工思想政治工作存在的种种问题。

信息论在思想政治工作中的应用，其着重点是按照信息论处理的科学程序来发现、解决职工的思想问题。思想信息的管理，大致可分为四个程序：

1. 思想信息的摄取和收集，这是做好职工思想政治工作的基础之一。凡是那些对社会治安、家庭生活、企业活动有影响的思想信息，如职工的正当与非正当的要求、对领导和工作的意见、某项事件引起的思想波动、家庭邻里间的矛盾引起的思想纠纷等等，都属于信息收集的范围。收集思想信息的途径，可以通过党、团、工会、车间和各级组织逐级反映；可以通过召开不同类型的职工座谈会、思想分析会或进行家访谈心；可以不定期地举行民意测验，大面积地了解职工中的倾向性问题；可以深入到生产第一线，观察职工思想动向，直接体验群众情绪；可以通过群众的点滴反映，汇总分析，从中找出规律性的东西。摄取和收集思想信息，要力求规律化、制度化。如苏州塑料一厂建立家访谈心制度，做到"五必谈"、"五必访"，即：职工情绪低落时必谈，同事间发生纠纷时必谈，受到批评处分时必谈，遇到困难时必谈，工作调动时必谈，逢年过节、生病住院、家庭纠纷、婚丧喜事、天灾人祸必访。总之，只有对自己的工作对象所表现的各种各样的思想动态心中有数、了如指掌，才能有效地开展工作。

2. 思想信息的分析和归类。大量的思想信息收集上来以后，必须经过由表及里、由此及彼、去粗取精、去伪存真的分析归类过程。思想信息大致可分为两类：一是贮存型信息，如家庭人员结构、经济状况、个人经历、性格、文化、素质等等，这种信息具有相对的稳定性，这就需要通过分析，根据不同的经历、素质、特点，采取不同的思想工作方法，做到"对症下药"；二是规律型信息，在生产任务变化、工作岗位变动、工资调整、发生事故、生活发生困难等情况下，一般会出现一些带共性的思想反映，这就需要通过总结，有预见性地将思想工作做在前面；三是偶发型信息，比如职工突然旷工、上班脸色不正、精神萎靡等等，这就需要从对这种偶发信息的分析中找到必然因素，把握"火候"，不失时机地将要出现的思想问题解决在萌芽状态。对信息的分析归类，要坚持定性分析、定量分析和因果分析相结合。这就是说，要分清是什么性质的问题，是思想问题还是认识问题，是政治问题还是一般问题；要分清是什么程度、什么范围的问题，是全局性的还是局部性的问题；要分清是什么原因的问题，弄清前因后果，力求从根本上采取措施。

3. 思想信息的处理和控制。其任务就是根据已掌握的各种信息，确定相应的思想政治工作对策，研究和提出解决不同思想问题的最佳方案，由各个职能部门去分头落实。如，上棉十七厂针对后进青年转化的四种类型（①正在走下坡路；②想上进，但仍处在下坡路上；③有上进愿望，并有进步表现；④正在上坡路上前进），采取相应的四条对策：①着重晓之以法，导之以理，指明前途，促其猛醒；②着重切断与同伙的关系，帮助建立信心；③加倍关心爱护，及时鼓励；④特别注意做好巩固工作，防止反复，一抓到底。从而使转化工作收到很大成效。所以，思想信息的处理和控制，是做好思想政治工作的重要一环。

4. 思想信息的反馈和贮存。思想信息经过分析、归类和处理控制后，各个职能部门的执行情况如何，党组织的决策指令作出以后，下级党组织贯彻如何，应当及时反馈回来，使党委、政工部门明了情况。如果实践结果与既定目标有差异，就应当分析原因，及时总结经验，采取措施，加以纠正。信息反馈要有畅通的传输渠道，形成群众性的思想政治工作网络。办法之一，就是要充分发挥宣传员、通讯员、报告员、政治工作员、班组长、生产骨干的作用，使他们从不同的角度、从各个不同的方面摄取思想信息，源源不断地输送到党组织。这样，经过几个回合的反馈过程，把思想信息贮存起来，然后进行新的传递运转，无限往复，使政治工作人员和部门处于经常而又有效的工作状态。

思想政治工作系统化——系统论的应用

系统论，是一门崭新的方法性学科，所谓系统，是指由相互作用和相互依赖的若干组成部分结合的具有特定功能的有机整体。我们说思想政治工作就是一个系统，这是由系统论的基本原理和思想政治工作的特征所决定的，系统具有四大特征：

一是整体性。系统的形成，不是各组成部分的简单总和，它是一个整体，思想政治工作也是这样。以思想政治教育为例，它包含了教育的目的、作用、对象、基本特征、内容、原则、方法、过程、队伍、领导等一个完整的科学体系，既有着不同的职责范围和工作任务，但又是为同一个目标服务的，是一个有机的整体。最优化的思想政治工作必须从系统的观点、整体的观念出发来研究事物。

二是相关性。一个系统内部各个要素之间是相互作用、相互依赖的关系，其中一个要素发生变化，必然会影响另一个要素的变化。以思想政治工作机构为例，宣传、组织、纪律检查以及工青妇组织等，它们之间是相互制约、相互作用的，只有坚持各方配合、互相协作，才能提高思想政治工作的效果。

三是层次性。系统内部是由多层次结构组成的，一个大系统可分为若干子系统，子系统又可分为若干分系统，直至分成最基本的单元，思想政治工作这个系统也不例外。从一个企业来说，所属科室、车间、班组就是不同层次的子系统，各子系统间层次清楚、职责分明，才能正常运转，开展工作。

四是适应性。系统必须与内外环境相适应才能生存，但是系统并不是被动地向环境妥协，而是要能动地改造环境，达到与环境融洽协调。思想政治工作是一个开放的动态系统，广大职工群众有着广泛的社会交往和社会联系，对内对外都必须保持和谐的工作状态。

综上所述，引进系统论的基本原理，我们至少可以得到两点借鉴：1. 思想政治工作是个系统，从上到下必须形成强有力的工作机器，并且使它正常运转，使系统在各种约束条件下能达到最合理、最经济、最有效的目标，那种认为工作着重点转移，思想政治工作机构可以削弱的论点，不仅是违背马克思主义科学原理的，也是违背现代科学管理观点的。2. 思想政治工作是个系统，就要求在教育的内容上实行系统化，针对不同对象进行系统灌输，既有以培养人们高尚情操为目标的共产主义思想教育，又有以提高人们建设社会主义积极性和自觉性为目标的现行方针政策教育；既有优良传统教育，又有法制教育。把各种教育渗透到生产、生活、娱乐的各个领域之中，使思想政治工作真正成为鼓舞人民群众开创社会主义现代化建设新局面的强大动力。

（刊《江海学刊》1986 年 1 期）

论弘扬优秀民族传统

简述：任何国家、任何民族都是历史发展的产物，它们的每一个进步，无论是物质文明还是精神文明，都是历史传统的继承、延续和发展。任何传统，作为一种社会历史，是在历史的流淌延伸中形成的，是时代的产物，总是随着社会的发展而发展。

传统，是由历史沿传下来的思想、道德、民俗、艺术、制度等等的总和。江泽民同志在谈到民族精神时指出："任何一个民族都有自己的传统。我们中华民族之所以能在世界上屹立五千年，就是因为我们有着优秀的民族传统和精神。因此，我们要有民族的自豪感，要有民族自信心，要有民族气节。"（1990年3月24日《人民日报》头版）然而，在一段时间里，中华民族的优秀传统却遭到了极大的冷落，甚至被有些人肆无忌惮地加以否定、奚落和亵渎。为什么社会政治生活中会出现否定四项基本原则的逆流？为什么一些人个人主义滋长蔓延，以权谋私横行，金钱拜物教泛滥，一味追求物质享受？忽视乃至摒弃民族的优秀传统和党的优良作风，不能不认为是重要原因之一。弘扬优秀民族传统，让优秀民族传统在新的历史时期大放异彩，这是当前思想政治战线中一个极为迫切的任务。

马克思主义从来认为，任何国家、任何民族都是历史发展的产物，它们的每一个进步，无论是物质文明还是精神文明，都是历史传统的继承、延续和发展。任何传统，作为一种社会历史，是在历史的流淌延伸中形成的，是时代的产物，总是随着社会的发展而发展。马克思说过："人们创造自己的历史，但是他们并不是随心所欲地创造，并不是在他们自己选定的条件下创造，而是在直接碰到的、既定的、从过去继承下来的条件中创造。"马克思、恩格斯还指出："历史不外是各个世代的依次交替。每一代都利用以前各代遗留下来的材料、资金和生产力；由于这个缘故，每一代一方面在完全改变了的条件下继续从事先辈的活动，另一方面又通过完全改变了的活动来改变旧的条件。"（《马克思恩格斯选集》第 1 卷 603 页、51 页）列宁说得更透彻，他指出，"无产阶级文化并不是从天上掉下来的"，"无产阶级文化应当是人类在资本主义社会、地主社会和官僚社会压迫下创造出来的全部知识合乎规律的发展"（《列宁选集》第 4 卷第 367 页）。革命导师的这些论述，至少向人们揭示了这样一个真理：人类的文明史就是一部传统的积累史，人类社会的发展过程就是不断告别传统又渗透着传统的过程。"观古宜鉴今，无古不成今"，离开了传统，社会进步便成了无源之水、无本之木。只有对传统进行认真的分析、审慎的选择、冷静的扬弃、负责任的创新，才能显示出它应有的魅力和旺盛的生命力。

中华民族的优良传统，是我国各族劳动人民在长期改造自然、改造自身的过程中集体智慧的结晶，是劳动人民的伟大创造，经过两千多年的发展演变，已作为一种成熟的观念形态、作为民族的文化动力，延续不断、代代相传，可以说，长期保存在社会文化的序列中的，始终是闪闪发光的成分占主导地位。"民为邦本，本固邦宁"的古训，"修身齐家治国平天下"的政治哲学，"大道之行也，天下为公"的大同思想，以及孟子"富贵不能淫，贫贱不能移，威武不能屈"的精神，诸葛亮"鞠躬尽瘁，死而后已"的精神，范仲淹"先天下之忧而忧，后天下之乐而乐"的精神，文天祥"人生自古谁无死，留取丹心照汗青"的精神，顾炎武"天下兴亡，匹夫有责"的精神，还有勤俭节约、艰苦奋斗的思想，全心全意为人民服务的思想，密切联系群众的思想，大公无私廉洁奉公的思想等等，不论现在还是将来，都是应当保持与发扬的十分宝贵的精神财富。正如毛泽东同志指出的："我们这个民族有数千年的历史，有它的特点，有它的许多珍贵品质。对于这些我们还是小学生。今天的中国是历史的中国的一个发展，我们是马克思主义的历史主义者，我们不应当割断历史。从孔夫子到孙中山，我们应当给以总结，继承这一份珍贵的遗产。"（《毛泽东选集》合订本第 499 页）历史和现实证明，优秀的传统是人民群众创造的，继承与弘扬党与民族的优良传统，理所当然符合党和广大人民群众的根本利益，也是使我们的民族更显示出巨大吸引力、凝聚力和战斗力，从而转化为巨大物质力量的法宝。

马克思主义还认为，世界上任何一个健全民族所具有的历史传统，既有某些优势和特长，同时也不可避免地有自己的某些缺陷和不足。迄今为止，人们还尚未发现有哪一个民族尽是优点而毫无弊病，或遍身缺点而毫无长处。正因为如此，任何简单肯定或否定历史传统的做法，既无益于民族传统文化的进步，也在根本上行不通。摒弃传统文化中的糟粕可以促进社会的进步，背离传统中的精华则会带来社会的倒退。我们讲弘扬民族优秀的传统，从本质上讲正是为了批判地继承、吸取精华，剔除糟粕与落后的成分。毋庸讳言，我们中华民族的历史传统，具有明显的两面性的特征：一方面，中华民族的历史传统毕竟是在"农业—宗法"的社会土壤中生长起来的，传统作为一定的社会经济的反映，表现出明显的阶级意识，必然受到一定的生产方式的制约，打上时代的烙印，无论思想、道德、风俗、艺术等等，都必然存在落后于时代发展的某种局限性。比如，以儒家学说为主流的中国文化，在人类历史上曾经长期闪耀着绚丽多彩的光辉。但是，传统文化中以孔孟之道、三纲五常、君权神授为正统的维护君主专制制度的意识形态，以及相应而生的愚昧、保守、封闭、求同的国民性，不断顽强地在社会生活中表现出来，这种意识形态所起的消极作用是显而易见的，已经适应不了近代以来中国所面临的西方的激烈挑战以及经济政治文化变革的要求。

传统中的糟粕必须摒弃，传统中的精华应当发扬。然而，历史的结论告诉我们，只有无产阶级才能继承全人类的一切优秀成果，并对整个思想文化进行革命性的变革；也只有依靠马克思主义的先进思想，才能使传统的继承和发扬保持正确的方向，才能将其纳入科学的轨道，发挥进步的作用，从而使民族的优良传统熠熠生辉。众所周知，以马克思主义武装起来的中国共产党人，对传统文化与西方文化一贯坚持历史唯物主义的态度，主张坚决摒弃传统中的消极东西，揭示、批判传统中的种种缺陷，而着眼点是进一步继承、弘扬传统文化中的精华。马克思主义在中国的传播过程中，就明显地受到了传统道德观点的影响，早在革命战争时期，毛泽东、刘少奇等人在反复强调"思想改造"和"自我修养"的重要性时，就经常引用"三省吾身"、"先忧后乐"等观点对干部战士进行思想教育。毛泽东思想的形成与发展的过程，就是对东西方文化中的精华进行继承与创造的过程。值得指出的是，传统文化中的消极面固然会通过自然遗传和习俗传播沿袭下来，但只要依靠马克思主义的指导，依靠人民自己的力量，就能够克服；而对传统文化中具有生命力的积极层面，更需要通过以代表广大劳动人民根本利益的一代代人坚持不懈的努力才能继承下来。离开了马克思主义的指导，离开了人民群众的积极参与，传统的继承与发扬都会偏离正确的轨道，而地主阶级、资产阶级，由于其利己主义的天然本性，是无法承担摒弃糟粕、吸取精华这一伟大历史使命的。

在对待传统的问题上，表现出两种倾向：一是不加分析地加以固守，盲目自尊、抱残守缺，不肯吸收外来的优秀文化、优秀传统为我所用，这是国粹主义的论调；二是不加分析地照搬外国的东西，抱着民族自卑心理，认为外国的一切都好，外国的月亮比中国圆，从否定历史传统到否定革命传统，从否定民族文化到否定马克思主义理论，这是彻底的民族虚无主义的论调。国粹主义和民族虚无主义，都不利于我们建设有中国特色的社会主义，都是我们所反对的，正如美籍华人李政道先生所指出的："一个只依赖过去的民族是没有发展的，但是，一个抛弃祖先的民族也是不会有前途的。"（1989年在复旦大学"李政道奖学金"授奖仪式上的讲话）众所周知，新的历史时期思想政治教育的一个根本任务是团结人民、教育人民，为实现社会主义现代化而奋斗。我们要弘扬优秀民族传统，使之成为团结人民、教育人民，把社会主义现代化建设不断推向前进的强大的精神武器。那么，在新的历史时期，应当重点弘扬哪些优秀民族传统呢？就其总体而言，范围极为广泛，内涵也很丰富，但就其主要方面说，可归纳为以下四个方面：

第一，发扬爱国主义的优秀传统，增强民族自尊心、自信心和历史责任感。爱国主义是中华民族优秀传统的精髓。中华民族在历史上形成的"炎黄子孙"、"华夏后裔"等观念的深入人心，曾经一次又一次地克服了民族分裂的危机，促进了民族的繁衍与发展；中华民族几千年的灿烂文化，曾经铸造了一代又一代具有独特气韵风骨的爱国志士和民族英雄，千百年来，他们为民族独立和国家昌盛奔走呼号；中华民族屡经曲折磨难，甚至几临倾覆厄运，却一次再一次地衰而复兴、蹶而复振、转危为安、巍然屹立，爱国主义成了我们这个民族的凝聚力与向心力。历史发展到今天，爱国主义传统洋溢着时代的气息，爱国主义传统被注入了社会主义的生机和活力。在当代中国，爱国主义与爱社会主义，本质上是一致的，所谓爱国，就是爱社会主义祖国，爱社会主义祖国就要有一种振兴中华的历史使命感和强烈的社会责任感。要克服这样两种倾向：要么将爱国之心停留在朴素的感情上，停留在感情直观上；要么将"爱国"抽象化、概念化，不从社会主义的高度来理解和实践社会主义时期的爱国主义。当前，我们弘扬爱国主义传统，最要紧的是增强民族自尊心、自信心，热爱祖国，热爱社会主义制度，坚定社会主义信念，把自己的命运同祖国的命运联系在一起，并自觉为之奋斗。

第二，发扬艰苦奋斗、自强不息的优秀传统。中华民族历来崇尚艰苦奋斗、勤俭节约、自强不息。中国最古老的经典《周易》中就有"天行健，君子以自强不息"的箴言。从历史的情况看，越是在艰难困苦面前，越是在挫折失利情况下，越能激起抗争的勇气与力量。《愚公移山》的寓言中所颂扬的愚公精神就是中华民族精神的生动写照，它永远是中国人民奋发图强、自立于世界民族之林的强大精神动力。当前，我们所面临的是建设具有中国特色的社会主义现代化的伟大历史使命，这既是一个伟大的开创性事业，又是一个充满荆棘坎坷的艰苦创业过程，时代赋予了艰苦奋斗、自强不息以丰富的内涵。它不仅包括生活上的节俭和生产上的节约，更重要的是要求人们勤奋进取，最大限度地创造财富，不断积累社会财富，以保持人类社会的强大活力。这样提出问题，一方面是因为我们是社会主义国家，我们要进行现代化建设，要增强积累、扩大生产，既不能靠对外掠夺，也不能对本国人民剥削，而只能依靠自力更生、艰苦奋斗、勤俭节约来扩大生产、增强国力。另一方面，我们还处在社会主义初级阶段，人口多、底子薄，尽管党的十一届三中全会以来经济实力有了较快增长，1988年国民生产总值达到了 3841 亿美元，总量为世界第 8 位，但人均值仅为300 多美元，处于世界后列；谷物生产总量居世界第一位，而人均占有量只有 340 公斤，相当于世界人均占有量的 95%；钢生产总量占世界第四位，人均占有量只及世界人均量的 23%（据《半月谈》1989 年第 18 期）。这一基本国情决定了我们还必须艰苦奋斗、自强不息。更为重要的是，"历览前贤国与家，成由勤俭败由奢"，我们这一代乃至我们的子孙后代都应记住这一古训，永远保持清醒的认识。

第三，发扬全心全意为人民服务的优秀传统。"民为邦本"的思想在中华民族传统思想中占有重要地位，历来就有"富民"、"养民"、"教民"、"爱民"、"民贵君轻"、"吏为民役"等等的说法，封建士大夫都懂得"民可载舟，亦可覆舟"、"得其民者得天下"、"当官不为民做主，不如回家卖红薯"。诚然，在旧时代，所有关于"民"的思想，都只不过是维护王权统治的一种手段，但即便如此，也反映了历代统治者对"民"的重视。今天，我们继承发扬党的优良传统与作风，当务之急是要教育广大党员和干部牢固树立全心全意为人民服务的思想，要确立人民群众是历史创造者的观点，向人民群众学习的观点，干部的权利是人民赋予的观点，对党负责与对人民负责相一致的观点，党要依靠群众又要教育引导群众前进的观点，做到时刻关心人民的疾苦，切实为人民群众排忧解难。只有这样，才能进一步展示中国共产党的光辉形象，才能团结并带领群众去夺取社会主义革命和社会主义建设的最后胜利。

第四，发扬重礼仪、尚情操、讲道德的优秀传统。中华民族历来以文明古国、礼仪之邦著称于世。处理人际关系历来强调互以对方为重的基本原则，注重个人道德品质的修养，注重培养高尚的人格。人们知道，中国的传统道德以"三纲五常"为核心，以政治、道德、宗教、哲学融汇一体为思维方式，高扬一种绝对的"整体精神"，体现出个体同整体高度一致的使命感、责任感、义务感，这种"整体精神"表现了一定的虚伪性，因为它是以否定人是道德主体为基本特征的。社会主义道德建设吸收了中国传统道德合理的"内核"，既强调了人的道德约束、道德义务，也强调了人在道德建设中的主动性、创造性，使社会主义道德成为调节人与人之间关系、规范人们行为的准则。社会主义道德主张"人人为我，我为人人"，"人人是服务对象，人人又都为他人服务"，社会主义道德倡导助人为乐、见义勇为、拾金不昧，反对损人利己、损公肥私、以权谋私。社会主义道德尤其提倡大公无私、公而忘私、个人利益服从集体利益，这不仅是我们中华民族长期的文化发展孕育而成的传统美德，而且经过中国共产党人长期倡导和身体力行，已积淀在我们民族文化心理的深层结构之中，化为中华民族的灵魂，成为中国共产党的道德理想与道德标准。社会主义现代化建设作为一个历史性的社会革命和社会运动，不单纯是经济运动，它更广泛地更深刻地反映在包括社会结构体制、观念意识、思维方式、风俗习惯、文化心理结构等领域的变革。在这一过程中，以大公无私、集体主义为核心的社会主义道德始终是具有强大凝聚力的精神支柱。

综上所述，中华民族的优秀传统是中华民族的瑰宝，只要我们认真地加以继承、发扬和创新，就能产生巨大的吸引力、凝聚力、战斗力，就能转化为巨大的物质力量。

（刊《苏州大学学报》1990 年第 4 期）

与文字为伴

调查研究之我见

简述：调查研究，是秘书人员的一项经常性工作，它对于领导机关和领导同志科学决策，对于沟通党政机关同人民群众的联系，开辟新的认识领域，具有重要的作用。没有调查就没有发言权，不作正确的调查也没有发言权。会不会调查研究，如何进行调查研究，这不仅是单纯的方法问题，而且是秘书人员思想政策水平、反应能力、综合概括能力、表达能力和工作作风的综合反映。

调查研究，是秘书人员的一项经常性工作，它对于领导机关和领导同志科学决策，对于沟通党政机关同人民群众的联系，开辟新的认识领域，具有重要的作用。没有调查就没有发言权，不作正确的调查也没有发言权。会不会调查研究，如何进行调查研究，这不仅是单纯的方法问题，而且是秘书人员思想政策水平、反应能力、综合概括能力、表达能力和工作作风的综合反映。

调查研究是秘书人员的基本功，秘书人员必须注重调查研究。

那么，在调查研究中，秘书工作人员应当注意哪些问题？这里略加剖析，归纳为"十忌"：

一忌先入为主。所谓先入为主，就是调查者在确定调查主题、选择调查对象时，常常被老框框、老印象束缚住，以至在调查时，带着明确的见解、清晰的结论以及强烈的主观意识去论人论事，调查不过是为了证实自己的思想倾向和思想观点罢了。这是调查研究的一个大忌。调研活动，是探索未知、正确反映客观的实践活动。辩证唯物主义告诉我们，客观事物是第一性的，主观认识是第二性的。人的认识是客观事物的反映，正确的思想只能从实践中来。因此，调查的结论只能建立在客观事实的基础上，正确的认识只能产生在调查的末尾。尊重客观事实，一切从实际出发，坚持唯物论的反映论，这是调查研究的基本要求。这里包括两个方面：一方面，调查者应当力图排除主观片面性，忠于事实，努力按照事物的本来面目反映事物，发现新情况、新经验、新问题，努力从事物的发展变化中去了解和认识事物，努力从事物各个方面的相互联系中去认识事物。另一方面，当调查结果与自己已经形成的思想、观点、印象相背离时，应当果断地否定自己，决不能以个人的先入之见代替客观事实。

二忌厚此薄彼。调研活动具有广泛性、多门类的特点，按范围分，有典型调查、综合调查、专题性调查、地区性调查；按性质分，有总结性调查、揭露性调查、探讨性调查；按内容分，有政策性调查、学术探讨性调查、战略性调查、战术性调查。如此分门别类的调查，各具有不同的地位作用，反映不同事物的规律和特点。不同的部门对调查研究又有不同的要求，不同的调查研究之间又具有内在的本质联系，因而切不可厚此薄彼，失之片面。这就要求我们，在确定调研课题时，要将热线课题与冷线课题相结合，短平快的应用课题与中长期的战略性课题相结合，专题调查与综合调查相结合，总结性调查与探讨性调查相结合，力求做到互为作用、互相渗透。比如说，我们在进行典型调查时，就应着力将典型的人与事摆到更大的范围内进行考察，只有对面上的情况了如指掌，才能把握典型在全局中的地位以及它的时代意义，才能使典型经验经得起面上的检验，最大限度地发掘典型单位、典型人物带有普遍性的指导意义。同样，我们在进行综合调查时，要从各个不同侧面解剖典型，解剖得越具体，认识得越是深刻，就越能抽象出事物间共同的带有规律性的东西，从而去揭示一般。

三忌浅尝辄止。社会存在的客观事物是纷繁复杂的，有现象、本质，有主流、支流，有全局、局部，各种事物不但受到客观因素的干扰，而且受到人们主观因素的干扰，假象是层出不穷的。比如，我们召开的座谈会，由于种种原因，人们的所言所语未必都是心里话，如果就此止步，信以为真，就会以假乱真。又比如，客观存在的某些事物和现象，在局部看来是真实的，但摆到更大的背景加以考察，就失之片面了。因而，局部的真实性不等于全局的真实性。我们的调查研究，不是对客观事物的简单复写和摄影，而是要通过去粗取精、去伪存真的分析综合，来反映事物的本质，反映事物发展的规律性。做到在广度搜集，在深度加工，反对浅尝辄止。为此，要处理好三个关系：一是直接材料与间接材料的关系。调查研究不可能事事亲耳听、亲眼看，需要运用间接材料，但是，重要的还是直接材料。带有关键性的第一手材料，必须亲自调查。对于间接材料也要区别真伪，及时纠正其中虚假的东西。二是向上调查与向下调查的关系。向上调查，注意了解领导的意图，参加上级会议，了解些全局性的东西，是必要的，但我们不能就此而满足，一定要深入到具体事物的具体环境之中，站到实践的前沿阵地发现真知。三是一般与个别的关系。人们认识客观事物，总是从个别到一般，再从一般到个别。因此，我们应当用气力接触个别的具体事物，通过对个别的具体事物的认识，上升到一般的共同认识。有了一般的、共同的、带有规律性的东西，又可以指导我们认识另外的个别，反过来丰富一般的认识，这样不断循环往复，对事物的认识就会越来越深刻。

四忌"一锤定音"。常见这样的情况，有的同志作调查，往往满足于召开几个座谈会，面对小本子上所记载的材料，就感到差不多了；有的同志调查，往往把一项调查的结果视为全部问题的结论，搞所谓"一次完成论"；也有的同志对调查所得的材料，视为固定不变的东西而加以神圣化。这样的调查研究，是取不到真经的。我们知道，实践是一个过程，对事物的认识也有一个过程。一个正确的认识，常常不是一次调查所能完成的，而必须经过实践、认识、再实践、再认识的锻炼过程。只有这样，我们的认识才能不断随着客观事物的发展而发展，也才能真正将感性认识上升到理性认识，才能从本质上揭示事物的内在联系。因此，我们对某一问题、某一领域开展调查研究时，不仅要考察它的过去和现在，还要把握它的发展态势；不仅要从反复出现的现象中研究其必然性，还要善于从发现的新问题、新情况中研究事物的新的特点和规律。实践没有止境，对事物的认识也没有止境，调查研究需要发扬永不满足、勇于探索的精神。

五忌仓促上阵。调查研究犹如作战，切不可打无准备之仗；调查研究又是一件极其严肃的工作，来不得半点虚伪和偷懒，必须用严肃认真的态度对待调查前的准备工作。这对调查的成败具有至关重要的意义，是如实反映客观实际，准确捕捉实践中的情况和信息，提高调查研究的效果和效率的坚实的基础。但是，在实际工作中，有的同志往往不重视这一点，以为调查研究无非是你说我听，你讲我记，开开座谈会，找人谈谈话而已。因此，常常仓促上阵，无所用心。开座谈会时，扯到哪里算哪里，谈到什么程度算什么程度。这是一种不负责任的态度。实践证明，没有必要的案头准备，就没有高质量、高效率的调查研究。秘书人员在调查时，应当把握两个环节：一是明确调查的目的性。为什么要调查，调查什么，怎么调查，达到什么效果，要有一个实施计划，明确责任与分工，以求落实。二是围绕调查主旨，作好案头准备。如，拟定调查提纲、阅读有关文件、熟悉有关政策、查阅有关资料和数据、查阅与主旨有关的其他调研资料等。诚然，案头准备属于主观范围，它的意义在于为我们进行调查提供方便，而不是以自己的主观想象改变实际。只有这样，才能充分发挥案头准备应有的作用。

六忌人云亦云。对同一问题、同一件事物，怀有不同的指导思想，站在不同的立足点上，会得出截然不同的调研结论。比如，同是农村乡镇企业，在有的人看来，它同城市大工业争原料、争市场，发展不得；有的人则认为，它是农民走向富裕之路的重要途径，是我国国民经济的重要力量，是建设有中国特色社会主义的重要内容。又比如，同是对社会主义时期的个体经济，在有的人看来，利少弊多，只能存在，不可发展；有的人则认为它是社会主义国有经济和集体经济的重要补充，不仅允许存在，还要适当发展。如此等等，都是不同思想路线指导的结果。这就告诉我们，调查研究，首先要解决立场观点问题，不可人云亦云。只有坚定不移地贯彻党的十一届三中全会以来的路线、方针、政策，只有站在党和人民的立场上，调查研究所得出的结论，才能反映事物的本质，才能顺应历史发展的潮流。为了做到这些，调查者要敢于从自己固有的思想、意志、观念中解脱出来，坚持真理、服从真理，做到不唯己，一切从实际出发。要正确对待来自上级的指示和意见，一方面努力领会上级指示的基本精神，把领导者的意见作为调查的向导；另一方面注意将领导的个别意见接受实践的检验，做到不唯上，忠于客观实际。要善于从形而上学的表象中把握事物的本质，不被社会流行的观点所左右，做到独立思考，不随大流，正确反映客观实际。

七忌"钦差大臣"。调查研究的过程，是向实践学习的过程，是向人民群众学习的过程。谁想在被调查者那里真正获得一些真知，谁就必须把自己与被调查者摆在平等的地位，融通情感。因而，调查研究应当是同志式的、讨论式的、商量式的。但是，有的人常常放不下架子，总以为自己是调查者，对方是被调查者，于是处处以上级或领导机关代表自居，处处摆出一副"钦差大臣"的姿态，摆出一副居高临下的腔调。调查时，面对面一坐，笔记本一掏，你说我记，这样，人家心里有话也不见得会打开话匣子。有的同志对人家谈的东西不热情，对人家反映的问题无动于衷，没有反应，没有表情，这样，被调查者就油然感到双方没有共鸣，于是对调查者敬而远之。也有的同志本来对某个问题不甚了了，或者一知半解，却在那里高谈阔论，使人们感到调查者是外行而又飘浮，不可信任。还有的同志自以为是，调查时先设下一个"圈套"，引人上钩，以论证自己的主观臆断，以强烈的主观意识代替调查结论。如此等等，不仅违背了马克思主义认识论的基本原则，也是对人民群众不信任、不尊重的表现，这样的调查是不会有好结果的。

八忌偏听偏信。调查应当具体深入，调查的结果应当准确明了，是什么程度就是什么程度，是什么范围就是什么范围，切忌模棱两可，大而化之。现在，我们在调查研究时有一个毛病，就是调查的线条太粗。说一个人、一个单位好，好在哪里，说得清楚；好到什么程度，说不明白。往往只有质的概念而没有量的界限。辩证唯物主义告诉我们，客观存在的一切事物都是质与量的统一体，事物的质、量都表现为一定的数量，没有数量就没有质、量。定性的考察调查，只是完成了认识过程的第一阶段，且往往主观成分较多，带有一定的随意性和偶然性。只有将第一阶段的定性考察调查上升到第二阶段的定量考察调查，才能达到一个较高层次的定性，使这种调查不断深化。因此，我们要充分运用普遍调查与典型调查、统计调查与抽样调查、当面调查与问卷调查以及各种现代化的调查手段，处理好定性材料与定量分析的关系，既要注意事物间质的区别，又要注意量的界限，从大量的数据中研究事物变化的数量界限，防止出现"一人说了听，两人说了算，三人说了下结论"的现象。只有质、量有机统一的材料，才能从根本上反映材料的真实性、代表性和现实性，才能揭示事物的本质。

九忌怕苦怕累。客观事物的复杂性决定了调查研究是一项艰苦细致的工作，要想写出一份有事实、有分析、有说服力、有指导意义的调查报告，不下一番苦功夫是不能成功的。毛泽东著名的《湖南农民运动考察报告》，是他步行1400多里，实地考察5个县的情况以后，才得出农民运动好得很的结论。陈云在1961年对上海市青浦县调查写出的几篇调查报告，也是他深入农村，广泛接触农民群众，经过科学分析得出的结论。现在我们有的同志搞调查，往往"沉"不下去，住的是宾馆、招待所，找的是各级领导干部和部门干部，得到的是"第二手材料"，甚至是"第三手材料"，这样的调查所获得的材料，就难免"失真"、"掺假"。我们应当发扬锲而不舍的精神，不厌其烦，不嫌其累，不怕其苦。在调查前，充分估计可能遇到的困难，下决心以最大的热情和毅力去克服它。在调查中，做到脚勤、脑勤、嘴勤、手勤、多看、多问、多听、多记，只要能获得有价值的材料，吃大苦、耐大劳也在所不辞。对某一问题的调查，不为久久了解不到需要的材料和情况而悲观失望，不为一时获得的某些材料而沾沾自喜，直到找到正确的答案为止。在调查后，要勤于推敲，不怕修改已经形成的调查报告，真正使调查报告正确反映客观事物。

十忌孤陋寡闻。调研人员需要有丰富的知识，没有一定的知识，就没有调查权。在一定程度上，调研人员的马克思主义理论水平的高低，认识和反映事物能力的深浅，对党的路线、方针、政策理解能力的强弱，对客观实际情况掌握了解的多少，直接影响调研工作的开展和调查报告的形成与质量。我们应当把优化调研人员的知识结构作为提高调研质量的基础工作和前提条件来抓。这里所说的知识，包括如下几点：（1）马克思主义的基本理论。这是我们认识问题、观察事物的思想武器，它可以帮助我们运用正确的世界观、方法论来贯彻执行和理解掌握党的路线、方针、政策。（2）党的十一届三中全会以来的路线、方针、政策和各级人大通过的有关法规，各级人民政府制定的有关行政法规、法令，可以使我们保持较强的法制意识和法制观念。（3）与调研课题相关的专业知识和现代管理知识。比如调查企业经济效益，若由一个对企业生产、经营、技术、管理和该行业特点一窍不通，或若明若暗的人来负责，这篇文章是做不好的。（4）一定的文化知识。主要是文、史、地以及语法修辞、逻辑知识，具有较好的文学修养和文字写作基本功。（5）调研方法的知识。此外，调研人员必须努力培养和提高观察问题的能力、分析综合问题的能力以及语言表达能力，善于接近调查对象，同调查对象打成一片，善于从调查对象那里发现新信息、启迪新思维，从而把调查研究工作不断推向新的水平。

县级党委研究室的实践与思考

简述：县（市）、区一级，是宏观与微观的结合部。县（市）、区委的领导工作，既有独立性，又有中介性；既有决策性，又有操作性。作为县级党委参谋助手的政研室（研究室），在社会主义市场经济条件下，如何适应县级这一层次的特点，创造性地开展工作，苏州市所辖各县（市）、区党委的政研室（研究室）用实践作了一些回答。

县（市）、区一级，是宏观与微观的结合部。县（市）、区委的领导工作，既有独立性，又有中介性；既有决策性，又有操作性。作为县级党委参谋助手的政研室（研究室），在社会主义市场经济条件下，如何适应县级这一层次的特点，创造性地开展工作，苏州市所辖各县（市）、区党委的政研室（研究室）用实践作了一些回答。

风格各具特色

苏州市各县（市）、区党委的研究室，是 1983 年实行市管县体制以后陆续建立的。迄今，除一个城区外，均已建立。多年来，这些研究室在实践中已形成了多姿多态的工作风格，创造了不少颇具特色的"专利产品"。

"关起门来当书记"。站在书记的角度思考问题、研究问题，这是苏州各县（市）、区委研究室十分注意把握的一个问题。在这方面比较突出的是张家港市委研究室。近年来，他们力求在参与市委的重大活动中了解领导的意图，掌握工作脉搏，使调研人员与领导之间产生了"共振"效应。比如，张家港市委决定把加快技术改造、推进乡镇企业实现新飞跃作为重大战略措施来抓，研究室则围绕这一问题进行了为期四个月的系列调查，为市委提供了决策依据、对策措施和跟踪解剖。去年，张家港市委把保税区的报批、张杨路经济技术开发区的建设以及外向型经济上新台阶等问题摆上了突出位置，研究室就根据这一意图，在领导决策前和决策后做了大量卓有成效的工作。这种全方位参与以及和党委中心工作紧贴、同步的研究方法，对于领导科学决策，对于推动本地区经济的发展，都起到了积极的作用。在张家港市，研究室已成为市委开展重大活动、组织重大会议的得力助手。目前，紧紧抓住党委关注的问题不放，使自己的工作与党委的战略意图相合拍，已成为苏州各县（市）党委研究室的共识，并逐步转化为具体的工作实践。

"开发区的发言人"。在昆山经济技术开发区的孕育、诞生、成长、发展过程中，昆山市委政策研究室立下了汗马功劳。多年来，他们从自身人手不足的实际出发，突出重点，围绕开发区的建设与发展，承担了调查研究、政策咨询、经验总结、新闻发布、来访接待等任务，先后提出了开发区管委会应当成为服务、协调、管理的办事机构，开发区应在产品配套、技术扩散、项目辐射、管理示范等方面全面推动工业发展，开发区应利用浦东开发时间差、充分发挥资源差、及时调整政策差等决策建议。去年又针对外商独资企业增多的趋势，提出大胆开拓、为外商独资企业服务的思路，逐步成了本地区开发区研究的"权威人士"，被人们誉为"昆山开发区的发言人"，对昆山市委、市政府作出进一步加快经济技术开发区的科学决策起到了重要作用。

"三军主帅"。目前，苏州各级的调研队伍大体由三支力量组成，一称"主力军"，指研究室本身；二称"生力军"，指由各研究室聘请的一批特约调研员；三称"同盟军"，指机关各部门的调研组织。经过多年的努力，苏州各县（市）、区委研究室已逐步走上了调查研究"主帅"、"组织者"的地位。在这方面，吴江市委政策研究室是一个很好的典型。1987年以来，他们在市委领导的倡导下，每年都要组织一次由各部门主要负责人参加的综合性市情调查，借此认识和分析形势，为市委出谋划策。为了提高调研质量，他们把具体参加撰写调查报告的同志集中起来进行培训，从调研课题的选择、调查研究的方法以及调查报告的写作都予以具体指导，保证了每年都有质量较高的调研报告进入市委领导决策。把研究室摆在调查研究"主帅"、"组织者"的位置，不仅改变了以往调研力量各自为战的局面，而且极大地拓宽了研究室的信息渠道和研究视野，推动了领导及各部门调查研究风气的形成。

"政策宝库的开发者"。曾经有人说，研究室是"第二办公室"。然而近年来苏州不少县（市）、区委研究室正在由那种秘书型的作业方式逐步向参谋服务型转变。太仓市委研究室针对一些基层干部"有了政策不知道，有了政策不会用，有了政策用不活"的现象，把学习政策、研究政策、宣传政策、提高基层干部应用政策的能力作为研究室工作的一个重要内容，每年明确一个主题，力图在更高层次和更大范围参助决策。去年他们集中精力和人员，对已经编就的中央和省市及县现行适用的工业经济和外向型经济政策，进行了修订和充实，汇编为包含1500多条政策的《工业经济政策集成》。并且，针对全县"三资"企业出现前所未有的发展势头，及时提出了加强宏观管理的对策建议，直接组织了各乡镇分管"三资"企业的农工商总公司总经理、工业公司经理和全市"三资"企业中方厂长（经理）参加的"政策与管理"培训班。这些措施，为基层用好、用活、用足政策，开发政策"宝库"创造了有利条件。对此，市委领导给予了很高的评价，认为是"振兴太仓经济的好点子"。金阊区委政策研究室花了将近一年时间，围绕城区经济发展，也整理形成了近24万字的政策汇编，内容涉及中央、省、市和区的各种适用政策。区委政研室还专门召开政策汇编发行会和用好政策座谈会，受到了基层和领导的一致好评。

为村级经济办实事的机构。努力承办县（市）、区委领导想办而无暇办、其他部门又不可能去办的实际工作，这是我市县级党委研究室工作的又一特色。这几年，吴县县委为加快发展村级经济发展步伐，要求政策研究室协助县委分管领导重点抓了81个工业先行村和72个集体经济薄弱村的工作。几年来，他们本着"解放思想、规划思路、给政策、办实事"的工作方针，坚持虚实结合，虚功实做，得到了各方面的好评。他们先后为县委起草制定了《关于加快发展村级经济的若干政策措施》等政策性文件，对全县789个村改革开放以后的经济发展情况进行了第一次全面评估，还筹备组织了村级经济上水平现场会，提出了"四加一提高"（加大投入、加强外向、加快开发、加速发展，全面提高总量、规模、装备、管理水平）的指导思想和实现亿元村、千万元村的工作目标；分层次召开座谈会，交流情况、检查促进；组织亿元村外出考察；选派干部对集体经济薄弱村挂职挂钩扶持。1993年，全县村办工业总产值达到76.36亿元，比上年增长80.8%。政研室被这些村称之为"娘家"。

生机来自贴近中心

苏州所辖各县（市）、区委研究室普遍认为，研究室工作这特色、那特色，最根本的特色是贴近中心、围绕中心、服务中心。研究室作为党委的参谋助手，不是简单的办文办事机构，不是专门的学术研究机构，也不是一般意义上的调查研究机构，它必须与党委站在同一层面上，党委的中心工作就是研究室的中心工作，研究室没有也不应该有游离党委中心的所谓"中心"。党委研究室只有在贴近中心、围绕中心、服务中心的过程中，才能使自己的工作富有生机和活力。对此，苏州各市县、区委研究室在实践中作了有效的探索。

在参助决策中当好参谋。作为一个地区的党委，能否正确决策，既取决于自身对宏观环境的理解深度和对本地实际的认识程度，也取决于党委参谋机构对领导决策的参与程度和参与质量。经济建设的发展，离不开科学的领导和决策，而科学的领导和决策离不开参谋部门通过调查研究给予参助服务。苏州各县（市）、区委研究室正是从这两者的内在联系和本质要求出发，找准了自己的工作位置。在实践中，研究室把握调研和参与的结合点，在调研中体现参与，在参与中深化调研，逐步成为县（市）、区一些重大活动的组织者，成为党委许多重要报告的主要起草者，成为领导关注热点问题的"显微镜"。常熟市委研究室的做法具有代表性。几年来，他们围绕市委领导直接布置的任务和要求，围绕为市委领导起草报告，围绕当前工作中的热点、难点、重点问题开展调查研究、参与决策。1993年，他们开展的纺织系统技术改造、经济薄弱村等情况调查，都进入了领导决策或重要文件，取得了很好的效果。吴县县委政策研究室根据县委的要求，直接参与了编制振兴吴县经济的中长期发展战略规划，经过两个多月的调查研究，形成了《吴县县经济发展战略构思与实施纲要》，作为县委、县政府的正式文件下发。可以肯定，在建立社会主义市场经济体制的过程中，新情况、新矛盾纷至沓来，要保证市场经济健康发展，县级研究室参与决策的功能必将进一步加强和深化。

在转换角色中形成特色。曾有人认为，研究室的职能不过是写写文章、搞搞调查，被人们称之为"只研究、不落实"，这种"角色"无疑与客观形势难以协调。事实上，无论从调研工作的内在要求，还是从研究室处在紧靠"司令部"、位居"高层次"、工作"超脱性"的特点分析，还是从适应社会主义市场经济的要求考虑，研究室以参谋部、服务部、人才库的新形象、新角色出现在人们面前，不仅是十分重要的，而且也是完全可能的。我市县级研究室在角色转换过程中，注意处理了这样几个关系：一是虚与实的关系。坚持以虚带实，以实论虚，虚实结合，相互促进。近年来，吴江市委政策研究室在加强与村镇的热线联系中帮助办实事，先后总结推广了"五朵金花"（乡镇在经济发展和科技进步方面的五个标兵）、"双杨工程"（村级经济发展的两个排头兵，即杨扇村、杨坟头村）的经验，为吴江市掀起学先进活动发挥了重要作用。二是内与外的关系。坚持既掌握本地区的情况，也了解更大区域的情况，在比较中提供决策，从而适应经济发展的开放性。这几年，各县（市）、区委研究室都十分注意拓宽调研的深度和广度，每年都要组织外出考察，同时重点关注和把握相同类型经济发展水平的地区、沿海经济开放地区及周边地区情况，丰富提高自己，以形成某一方面的行家里手。三是冷与热的关系。坚持"冷线"部门抓"热点"问题，在抓"热点"问题中提出冷静的对策建议，既体现重点，又体现超前。去年，太仓市兴办的"三资"企业出现了前所未有的发展势头，一时形成热点，市委研究室就此冷静观察研究，花了将近一个月的时间，对"三资"企业的现状作了比较详细的调查，然后，就加强管理、办好现有企业，以发挥其示范、联动和辐射效应等问题形成调研报告，很快被市委采纳，并在全市三级干部会议上作为突出问题予以强调。

在拓展思路中显示活力。实践证明，研究室工作要围绕经济建设这个中心发挥参谋助手作用，只要拓展思路，从实际出发，都会大有可为的。以吴县县委政研室负责抓村级经济为例，起初他们也有思想障碍，认为是"不务正业"。后来在县委领导的支持下，认识到党委的任务就是研究室的任务，县级党委研究室必须务实，从而形成了直接参与办实事是分内事的共识。近年来，他们在工作中始终坚持实际、实用、实效的原则，实行紧靠县委、紧扣中心、既搞研究、又办实事的方针，抓出了成效。随着社会主义市场经济体制的逐步建立，调研部门必须尽快从计划经济体制下形成的运行方式中解放出来，不拘泥于传统的工作思路，更换脑筋，开拓新的路子，是能够有所作为的。从苏州各县（市）、区党委研究室的情况看，拓展思路一要在调研上升华，坚持问题的整体性、指导性和超前性研究；二要在参助上延伸，坚持从发现问题、分析问题开始，一直延续到解决问题；三要在职能上扩展，坚持发挥调研的桥梁作用、参助作用，形成有偿咨询服务的功能，从而更好地为加快建立社会主义市场经济体制提供有效服务，真正成为改革开放的"弄潮儿"和经济发展的"铺路石"。

论苑初入

农业的根本出路在于产业化

简述：农业产业化的实施，标志着乡镇企业结构的重组和优化，一批联结"千家万户"和"广阔市场"的龙头企业将崛起；这类企业，立足农业、促进工业；既是工业项目，又是农业项目；既有农业综合效益，又有乡镇企业的工业效益；既解决了生产力问题，又深化了农村改革。这种龙头企业一旦纷纷兴起，无疑会给我市乡镇企业的发展注入一股清泉，进一步焕发其生机。

笔者没有去过潍坊，然而却被《人民日报》关于山东省潍坊市实施农业产业化的一组系列报道深深吸引，边读边作札记，越读感想越多。

合乎现代意义的第一产业

中国的农村改革和发展，自1978年党的十一届三中全会拉开序幕，已经有了若干个举世瞩目的"单项突破"，如家庭联产承包责任制的成功、乡镇企业的异军突起等等。家庭联产承包责任制解决了长期以来未曾解决的农业生产体制的问题；乡镇企业崛起，找到了农村经济的新的生长点，从而极大地改变了农村和农业的面貌。但是，若干单项的改革如何有机结合、农业与农村经济如何整体推进，依然是面临的突出问题。从农业内部看，当前存在两大突出矛盾：一个是千家万户分散的生产经营方式和越来越连通一气的大市场之间衔接不好，实际情况是，以千家万户分散经营为主的农民，在大市场面前，不是进不去，就是进去吃了亏。一个是农业的劳动生产率低和农业生产的比较效益低，使农业在整个市场竞争中处于不利地位，农业始终是一种弱质产业。这就涉及一个理论问题。通常，人们习惯用第一产业、第二产业、第三产业对国民经济各个部门进行划分，农业被划为第一产业。三个产业划分的方法是从现代西方借鉴而来的，并不是人类历史上任何状态的农业，都是通常所谓的第一产业。而中国农业实际上已处在自然经济状态向着适应市场经济的产业化过渡的渐变过程之中，因此，还不是现代意义上的第一产业。因此，提出农业产业化，加快产业化步伐，就是为寻找将分散的农业生产与广阔的商品市场实行最佳连接的出路，使农业真正成为合乎现代意义的第一产业。

农业产业化是什么样子？《人民日报》记者是这样对潍坊描述的：这里有三多，塑料大棚多、农产品批发市场多、农产品加工龙头企业多。遍地的塑料大棚、960处农副产品及生产资料批发市场、1.8万多家农副产品加工龙头企业，宛似一组强大的变速齿轮，互相咬合在一起运转，推动当地农村经济这辆车。关于农业产业化的内涵，"潍坊经验"是这样表述的：以国内外市场为导向，以提高经济效益为中心，对当地农业的支柱产业和主导产品，实行区域化布局、专业化生产、一体化经营、社会化服务、企业化管理，把产供销、贸工农、经科教紧密结合起来，形成"一条龙"的经营体制。它实际上是按照建立社会主义市场经济体制的要求，全面地、系统地从总体上组织、改造和提高农业和农村经济的战略思想和实际运作。简言之，改造传统的自给半自给的农业和农村经济，使之和市场接轨，在家庭经营的基础上，逐步实现农业生产的专业化、商品化和社会化。

从"贸工农一体化"说开来

潍坊的同志认为,前几年提贸工农一体化,是一大进步,问题是怎么个"化"法?如果贸工农仅仅是板块式的结合,农民卖农副产品,龙头企业来加工销售,大头利益在工、商环节,农民并不是贸工农平均利润分享者,贸工农一体化经营者们关心的还是自己的利益,并没有把保护农民和农业当作公司的经营目标,这种一体化是"化"不起来的。

潍坊有两种传统肉类出口产品:肉兔和肉鸡。早在1975年,该市肉兔出口量就达到68万吨,肉鸡1536万吨。近20年后,肉兔出口量下降为原来的1/3,肉鸡出口量却增加了20倍。家兔生产之所以不断下降,是因为家兔饲养生产没有形成产业,基本上以农户纯自然状态饲养为主。外贸拿到订单,便到市场收购,除此之外对家兔饲养不闻不问。而肉鸡饲养在发展到一定程度后,带动肉鸡生产纳入产业化的生产体系之中,生产能力稳步提高,肉鸡生产能力的提高,又刺激了肉鸡出口的扩张,肉鸡生产和出口由此步入了良性循环。由此,潍坊人得到了启示,他们保留了贸工农一体化的组织框架,打破了贸工农三方利益板块,以多种形式将农业生产与广阔市场实施最佳的连接,从而向农业产业化迈出了实质性的步伐。这种联结的形式主要有:

1. 公司联结农户。如诸城外贸公司,覆盖了潍坊40个乡镇,仅诸城市23万农户就能带动18万户,其肉鸡出口量占全国出口日本总量的1/3。

2. 市场联结农户。这里的批发市场遍及全市,有人说,在寿光蔬菜批发市场没有买不到的菜,也没有卖不出去的菜。

3. 协会联结农户。如诸城的后官庄绿宝蔬菜协会,它不仅向会员提供技术服务,还负责会员生产的农副产品销售。

4. 行业联结农户。如以"一乡一片"、"一村一品"为特征的行业联结。

5. 龙头企业联结农户。这种形式最为普遍。如寒亭区朱里镇的精品蔬菜加工厂，带动了 27 个村 1.6 万家的蔬菜基地，占全镇土地的 1/3。

值得指出的是，随着农业产业化的深化，旧有的联结形式逐步得到了改组、改造和提高，旧有的联结形式是松散的，农户和企业之间基本上是收购和被收购的关系，行情好，多收购些，反之，就少收或不收，市场风险基本上由农民消化和承受。现在，农户和龙头企业之间，通过规范化的契约关系和以股份制形式为主的产权纽带关系，超出了简单的买卖关系，他们在一定程度上形成了新的利益共同体。龙头企业一般都要对联结的农户所生产的农副产品实行最低保价，绝大部分企业还将经营利润的 50% 返回给农民，这理所当然地提高了农业的比较效益、农民的生产积极性和农业生产力。1994 年，潍坊市粮食产量创历史最高纪录，瓜果蔬菜连年翻番，蛋、奶、水产品年增长保持在 50% 以上，肉鸡饲养突破 3 亿只，出口肉鸡 6 万多吨，占山东省的 90%；农副产品总量达到 1000 多万吨，有 700 多万吨进入市场。农业总产值达 153.1 亿元，通过深加工增值 200 多亿元。农民每增收 100 元，其中 60 元来自农业产业化。农业产业化的潜力可见一斑。

潍坊的启示

苏州与潍坊有许多相似之处，它们同属于经济比较发达的地区，乡镇工业发展较快，农业基础较好，农业人口占总人口的 70% 以上。农民问题、农业问题、农村问题，始终是整个经济和社会发展的全局性问题。农业稳，农村稳，全局稳，全国是这样，苏州也是这样。党的十一届三中全会以来，苏州的农业始终保持稳定的发展态势，但是，从实际情况看，人们也注意到，这种稳定和发展，是建立在强有力的行政推动机制的基础上的，是建立在得力的乡镇企业"以工补农"反哺机制的基础上的。正如潍坊人所认识到的，由于中国的农业尚处于自然经济状态向着适应市场经济的产业化过渡的渐变的过程中，因此农业的比较效益低，农民种田的积极性不高，农业的基础地位还是相当脆弱的，所以，发挥农业自身的优势和潜力，走农业产业化之路，让农民搭上产业化这艘大船，顺利地进入市场经济的大海洋，不仅是潍坊，也是苏州农村繁荣发展的必由之路和希望所在。

农业产业化的实施，标志着乡镇企业结构的重组和优化，一批联结"千家万户"和"广阔市场"的龙头企业将崛起；这类企业，立足农业，促进工业；既是工业项目，又是农业项目；既有农业综合效益，又有乡镇企业的工业效益；既解决了生产力问题，又深化了农村改革。这种龙头企业一旦纷纷兴起，无疑会给我市乡镇企业的发展注入一股清泉，进一步焕发其生机。

农业产业化的实施，标志着农业将名副其实地成为农民收入的主要来源。这种农业，理应指大农业，包括种植业，林牧渔业，运输、劳务业和家庭手工业。1994年，苏州市多种经营的收入已突破100亿元，农民纯收入中来自多种经营的部分有1200元，占43%。而随着农业产业化程度的提高和步伐的加快，农民收入中来自包括多种经营在内的农业收入的比重将进一步增加，多年来梦寐以求的"三高"农业将成为现实，它必然大大调动农民务农的积极性，甚至会大幅度出现乡镇企业劳力回归农村、依靠农业致富的趋势。农业产业化的实施，标志着农民的整体素质将上一个新的台阶。农业产业化是农村经济管理组织方式的重大突破，过去那种经验式、随机式的管理方式将向科学化、现代化、法制化、契约化的管理方式转变。农业产业化也带动了农民组织程度的提高，广大农民也不再是分散的农副产品的个体经营者，他们可以依靠群体的力量，在市场经济的竞争中从容地扮演自己的角色，对市场风险的抗击能力也必然会大大增强。

农业产业化的实施，最终还标志着农村改革和发展进入了整体推进、综合配套、协调发展的新阶段。潍坊市的实践已经证明，实施农业产业化，推动了发展乡镇企业和加快小城镇建设的"三位一体"，农业产业化把产加销、贸工农、经科教连为一体，实现了整个农村结构的优化乃至社会结构的进一步优化；以乡镇企业为主导产业和重点产品充当龙头，同时又拉动小城镇扩大规模，加快发展；小城镇建设不仅为乡镇企业的快速发展创造了基础条件，也为区域经济的发展发挥着辐射功能。从而展示了农业产业化、农村工业化、农村城市化的广阔前景。

论苑初入

赴日考察的思考

简述：在八女市，所谓主产业的农业，实际上是效益型的农业，在仅占种植面积1/2的土地上，经济作物所产生的效益是稻麦的6倍。在日本，城市与农村高度分离，农民务农的积极性主要靠经济杠杆来调节，靠农业自身的经济效益来驱动。为了稳定粮食生产，就必须大力发展效益型农业。

应日本八女市政府邀请，苏州市农业考察团一行5人，于1992年4月28日至5月7日对日本进行了考察访问。在短短的10天时间里，所见所闻，倍受感触，不仅使我们领略了超现代化国家的风貌，看到了自己与发达国家的差距，也增强了追赶世界先进水平、加快经济发展的紧迫感与责任感。然而，作为农业经济考察团，更多的还是关注日本的农业，给人印象最深的也是农业。

效益型的种植结构

八女市位于福冈县南端，东北部为丘陵地带，其余为平地，自然条件较好。长期以来，八女市属于以农业为主要产业的地区。可是，在我们所到之处，小麦等主要农作物的长势远不如苏州，"抛荒"现象也时有所见。形成鲜明反差的是，成片成片的茶园、果林、花圃、菜地，却是一派生机盎然，郁郁葱葱，惹人羡慕。

在八女市，所谓主产业的农业，实际上是效益型的农业，在仅占种植面积 1/2 的土地上，经济作物所产生的效益是稻麦的 6 倍。在日本，城市与农村高度分离，农民务农的积极性主要靠经济杠杆来调节，靠农业自身的经济效益来驱动。为了稳定粮食生产，就必须大力发展效益型农业。八女市的忠见地区属丘陵地带，1969 年至 1973 年，该市投资 5.13 亿日元，建成了 103 公顷山林，其中 65 公顷茶园、20 公顷果园，1973 年，又花费 5767 万日元，引进高度机械化茶叶加工技术。1978 年花费 5400 万日元建立了特产经营基地，目前已成为福冈县最大的茶叶生产集团，1979 年在全国农林水产节上获"天皇杯奖"。这个市的花之谷农场位于八女市广川镇，有山林 6.5 公顷。1968 年，5 位年轻人联合投资 4600 万日元，利用改良土地的方法，以快速见效为目的，密植葡萄，由于采用了人工降雨技术进行灌溉，利用快速喷雾除虫，大大提高了葡萄的质量，1976 年在全国农业节上获"天皇杯奖"。正是由于八女市重视开发效益型农业，这里生产的八女茶、电照菊、葡萄，不仅种植面积，而且质量、销售收入都名列福冈前茅，其中八女茶占全国第一位，电照菊销往东京、大阪等地的 135 个市场。

八女市的实践，使我们感触很深，长期以来，在对待农业的问题上，往往存在这样几种倾向：一是把农业生产与粮食生产等同起来，似乎重视粮食才是重视农业，不敢越雷池半步；二是不加区别、不分地区，都必须坚持以农业为基础，把粮食生产摆在首位；三是为了稳定农业，不惜以工补农，农业的维系与发展，很大程度上依赖乡镇工业的反哺与扶持。应该认为，以工补农，在相当一段时间内仍是稳定农业的必要途径。但是，从长远看，农业的稳定、农民务农的积极性，归根结底要通过提高农业的比较效益来实现。因此，必须从传统的农本思想中解放出来，从单一的农业观念逐步向大农业观念转变，从单一的种植结构向效益型的种植结构转变，从以工补农逐步向"以农补农"转变。在服从国家宏观计划的前提下，一部分地区可以腾出一部分土地，调整种植结构，大力发展效益农业，这是苏州农业稳定与发展的必然选择。

从"露天农业"到"大棚农业"

在八女市乃至在整个农村，塑料大棚随处可见，其面积之大、设施之好、普及面之广，令人叹为观止。在八女市去往熊本城的路上，途经一个名叫植木的地方，我们只见一望无际、整齐排列的塑料大棚群，陪同的日本朋友介绍说，这里就是九州有名的西瓜产地，按常规，人们7、8月份才能吃上西瓜，但"大棚西瓜"却早已上市。"大棚农业"已成为日本现代农业的一个鲜明特色。在那里，我们国内堪称上乘的镀锌钢筋塑料大棚已逐步被房屋式铝合金大棚所代替，塑料薄膜陆续换上了明亮的玻璃，自动管理，电脑控温、控光、控湿、控气，也成为寻常事。

多少年来，人们总是摆脱不了"靠天吃饭"的羁绊，"露天农业"向"大棚农业"的转化，使人们战胜大自然的能力登上了一个新的台阶。广大农民可以像组织工业生产那样，自主地按照市场的需要，安排农作物的栽培与收获，可以自主地按照经济利益的大小来调节上市品种和时间，市场需要什么，就栽培什么、上市什么；市场需要何时上市，就何时上市。可以肯定，"大棚农业"一旦形成气候，必将大大加速农业的市场化进程，必将大大提高农业的比较效益。在八女市，我们访问了一家农户，在仅仅4亩面积的塑料大棚里，主人每年种植一季番茄，亩产达9吨，年收入可达1440万日元，另种一季电照菊，年收入500万日元，其"大棚效果"可见一斑。我们谈到塑料大棚成本太高，使一些人可望而不可即。八女市的朋友告诉我们，永久性塑料大棚可以连续使用30年，再说，在日本，干什么都可以贷款，都可以分期付款，尤其像农业用建筑物资金、农机具资金、果树植栽育成资金、土地改良资金等等，都可以享受年息为 3.5%—5% 的低息贷款，偿还期从 5 年至20年，因而，尽管大棚总投资较大，但一次性支付并不多，农户承受得起。从八女市联想到我市大力发展"大棚农业"，把一些经济价值较高的花卉、瓜果、蔬菜移到大棚栽培，可以适应和满足一部分人高消费的需要，是大幅度提高农业比较效益的重要出路。诚然，在我市，要大面积推广塑料大棚，条件还不够成熟，但各县（市）都可以种植一些"试验田"，作为一个方向加以探索，总结经验，待时机成熟，再全面发展和提高。

开发农业与开发人才

八女市的农业，在福冈县乃至日本国都有一定的影响，究其原因，很重要的一个方面是他们十分重视农业技术人才的培养。同世界不少地方一样，日本人口的老龄化现象十分突出，年轻人中弃农思想十分严重，并较多地转向城市就业，留在农村务农的主要是一些中老年人。为了培养农业接班人，建立一支农业现代化的中坚力量，八女市政府和农协设置了农业接班人培养促进会，从 1969 年开始，每年选派 30 人到先进地区学习，其中花卉、果树、蔬菜、茶叶、畜产等各 4 至 6 人。从 1981 年开始，还在八女市农业大学开设讲座，培养农业技术人才。目前，从事上述各项作物专业的年轻人日益增多，为振兴农业作出了贡献。

在八女市，我们还专门访问了两所学校，在那里，实实在在地感触到教师是最受尊敬的职业，感触到他们的教育不仅重视知识的传授，而且重视创造能力的培养。无论是小学还是职业学校，都有着第一流的校舍和教学设施，历任校长的照片整整齐齐地悬挂在现任校长办公室的显著位置，小学校长的月薪要比政府科员高得多，每个学校都有规范师生行为的校训……我们详细地察看了福冈县立农业高等学校，该校建立于 1902 年，迄今已有 90 周年，90 年来，送走了 12000 多名毕业生，八女市以及福冈县农业专业组的骨干大都毕业于该校，被称为农业技术人才的摇篮。近几年来，他们针对青年人择业观念的变化，从长计议，对学科设置进行了一系列改革，不仅着眼于就业指导，培养农业科技人才，而且也考虑青年升学的需要，学校开设了计算机专业和生物工程专业，建立了情报处理室、生物实验室和实验农场，大大拓宽了学生的知识面，增强了学生的动手和创造能力。

从八女看日本，我们感到，日本的现代化，不仅表现在领先于世界的一些经济指标，也不仅表现在那里有四通八达的通讯、纵横交叉的交通、高楼林立的城市、清新优美的环境、井然有序的管理，当今日本的现代化，从根本上说，反映了日本国的整体实力，反映了日本人的国民素质。因此，我们搞现代化建设，不仅要着眼于从经济总量上追赶发达国家，更要着眼于整体实力和国民素质的追赶，而后者要比前者艰巨得多。我们应当明白，教育的投资是最具效益的投资，教育的失误是最大的失误，开发农业首先要开发人才，在任何时候都要把教育摆在战略位置。

外向型经济的新领域

统计数据表明，现在我市累计批准"三资"企业已名列江苏省前茅，这是了不起的成绩。但是，农业领域的"三资"企业迄今却是寥寥无几，这不能不算是一个遗憾。日本之行，给我们提供了一个重要信息，中外合资合作开发苏州的农业资源，发展外向型农业经济，前景广阔。

八女市山下园艺工业株式会社社长江崎辉刀是塑料大棚生产、经营、安装颇有实力的人士，他向我们发表了如下的见解：日本是高度老龄化的国家，劳动力的短缺将成为制约经济发展的严峻的社会问题；日本又是土地资源十分贫乏的国家，到本世纪末，仅东京、大阪每年就将短缺蔬菜

100万吨左右，需要依赖进口。而日本的劣势正是苏州的优势，苏州与日本一衣带水，从张家港、太仓浏河港至日本长崎港，海运2天左右即可到达，从上海虹桥机场至福冈机场，空运只需2小时。江崎表示愿做合资合作的开路先锋，由他提供塑料大棚、蔬菜原种、种植技术、交通运输，由苏州提供土地资源、劳动力等，这样，把日本的蔬菜副食品基地建在苏州，日本市场第三天就可以直接供应苏州的蔬菜、瓜果、花卉。江崎先生的谈话，引起了我们浓厚的兴趣，苏州有着丰富的土地和劳动力资源，有传统的栽培经验，苏州的瓜果、蔬菜、花卉生产有着悠久的历史，苏州农业走向世界，首先走向日本，无疑是可以充满信心的。看来，大面积、有步骤地利用和开发苏州的农业资源，将是发展外向型经济极为广阔的领域。当前，我们应当排出一批具备合资合作基础的较好的乡、镇、村名单，积极创造条件，做好促成工作。如果我们能真正在外向型的农业经济上创出一条新路，那么，苏州的整个经济发展水平又将登上一个新的台阶。

试论"文化苏州"的内涵

简述："文化苏州"的概念首先是一个城市的品牌，反映了苏州的城市个性和品位。文化始终是苏州的"根"，是苏州的本质特征，不管苏州经济发展的规模、水平如何，苏州从本质上说是一个文化城市。文化苏州所具有的鲜明的特色和丰富的内涵，主要是：1.文化脉络；2.文化精神；3.文化氛围；4.文化名人；5.文化载体；6.文经互动。"文化苏州"品牌的形成，是无数个文化知名品牌和文化元素相互渗透、相互作用的产物，更是承前启后、鉴古融今，历经了千锤百炼才得以脱颖而出的结晶。

进入新世纪，苏州市委、市政府提出了高起点推进文化强市建设、高品位打造"文化苏州"品牌的目标和任务。为此，苏州市于 2002 年 2 月制定了《2001—2010 年文化强市建设规划纲要》，2004 年 6 月制定了《"文化苏州"行动计划》，按照苏州市的构想，在未来的几年里，要使苏州城市特色和文化个性进一步凸现，文化发展的主要指标、文化综合实力和竞争力居全国领先地位，形成传统文化与现代文明融为一体的崭新格局。

"文化苏州"的概念首先是一个城市的品牌，反映了苏州的城市个性和品位。苏州历史上就是文化城市，拥有一批文化知名品牌，涵盖物质形态、非物质形态的许多方面。有经历了 2518 年而不变的苏州古城，有"江南园林甲天下，苏州园林甲江南"的古典园林，有排名中国四大名绣之首的苏绣，有"南桃北柳"之称的苏州桃花坞木刻年画，有"人类口述和非物质遗产代表作"的昆曲，有在中国绘画史上留下精彩一笔的吴门画派，还有在文学史上被称为重要文化现象的"苏州作家群落"，等等，可谓举不胜举。党的十一届三中全会以来，尤其是进入新世纪以来，苏州的经济发展崭露头角，也赢得了一系列荣誉称号，比如，国际新兴科技城市、最具活力城市、最热点的制造业基地等，诸如此类，还可以列出一些。在这些荣誉称号的炫目光环之下，有人以为苏州的文化味在淡化，苏州文化不再风光。其实，文化始终是苏州的"根"，是苏州的本质特征，不管苏州经济发展的规模、水平如何，苏州从本质上说是一个文化城市。这是因为，苏州文化自古以来直至今天始终熠熠生辉；苏州经济发展很大程度上得益于文化品牌的影响力和感染力；苏州经济的持续发展有利于打响"文化苏州"品牌，有利于苏州文化的进一步发掘与提升。正是从这个意义上看，打造高品位"文化苏州"品牌，是全面提升苏州综合竞争力、全面提升苏州城市形象的战略性选择。

当前，追求文化发展，抢占文化"制高点"，已成为不少地区的共同价值取向。无论是文化资源相对薄弱的地区，还是文化资源相对丰富的地区，无一不把文化建设摆在突出的位置。深圳、珠海等地提出了"文化立市"的战略举措，没有文化造文化，缺少文化补文化，力争打造"现代化文化名城"，使之成为中外文化交流的窗口、文艺精品与优秀文化教育人才荟萃的中心、现代文化艺术产品生产的基地、文化艺术商品的交易市场。西安、成都等地历史文化相对悠久，近年来高举起文化发展的旗帜，全面振兴"文化大市"，把文化作为实现其腾飞的不竭动力和崭新的经济增长点。与国内一些城市不同的是，苏州始终坚持走一条经济与文化融合发展之路，全力打造高品位的"文化苏州"品牌。这一品牌所具有的鲜明的特色和丰富的内涵，主要是：

1. 文化脉络。苏州传统文化与现代文明一脉相承，千年不衰。一方面，经过了历代先贤和文化精英们的创造与弘扬，今天的苏州文化已经具有深厚的文化底蕴与丰富的文化积淀，这不仅表现为街市古朴的古城名镇、巧夺天工的园林胜迹、粉墙黛瓦的街坊民居，以及技术精湛的丝绸刺绣、缂丝、宋锦、灯彩、苏扇、苏裱、民族乐器、红木雕刻等工艺珍品的物化形态，表现为吴门画派、书法、篆刻、诗文、昆曲、苏剧、评弹等门类齐全、尽领风骚的艺术形态，还表现为重教好学、精细秀美、人文倾向、经世致用、兼容并蓄等文化心理、文化制度所组成的观念形态。另一方面，几千年来，苏州文化的继承与发展从未间断过，苏州文化的演变过程，是一个不断扬弃、不断更新、代代相传、生生不息的过程。走进这块神奇的土地，无论是博大精深的政治信仰、经史艺术，还是丰富多彩的世俗民风、社会思潮，在其历史传承过程中，虽然发生了变异和更新，但仍然保持着苏州文脉所特有的共同属性。比如，在苏州文化体系中至今还充满生机和活力、最具有时代价值和现实意义的，当属尚文重教的文化传统，这一传统延绵千年而不衰退，在官方和民间均形成炽盛之势。从北宋范仲淹设立府学倡导教育，到清朝苏州已有一百多所书院。今天，苏州教育事业的各项指标依然走在全国的前列。再比如，追溯苏州文化的历史，我们还可以感受到一种绵绵不断的开放传统。这一传统突出表现在南北交融的焦点、兼收并蓄的胸怀、走向世界的勇气上，它不仅表现为对外部文明的吸纳，还表现为自身文明向外部世界的辐射，这也是一种富有时代精神的意趣和特性。还比如，苏州文化中的"经世致用"也是一个重要的传统，主张科教兴国，在今天看来，这一传统所放射出来的光彩依然夺目。

2. 文化精神。一个人有人格魅力，一座城市也有城格魅力。城格魅力反映为一座城市的文化品位和精神风貌。苏州的文化精神既从历史文化积淀中来，是城市文化底蕴释放出来的一种张力；又具有强烈的时代特征，由特定时代的城市创造者们的性格特征、心理意识、心理认同和心理状态集中反映。自古以来，温润和谐的吴地山水养育出一代代温柔敦厚、秀气

与文字为伴

灵雅的苏州人，苏州人的文化精神和价值取向，乃至他们待人接物的方式、对待生活的态度都非常精巧细致、雅致空灵。事无巨细，在苏州人的手里头，都一样地做得有条理、有耐心、有韧性，这种文化精神再由人传递到苏州的建筑风格、苏州的城市特色，使它们也一样都浸润着精、细、秀、美。改革开放以来，苏州人又特别注意顺应时代的发展要求，在大力继承和发扬苏州传统文化优秀精神的同时，更注重发现、发掘在市民中隐藏的与时代同步合拍的精神状态。在乡镇企业崛起的年代，创造并弘扬了"张家港精神"；在开发区经济兴起的年代，创造并弘扬了"昆山之路"；在国际资本汇聚苏州的年代，又创造并弘扬了"园区亲商理念"。这就是苏州人通过艰苦的实践过程而得到的"三大法宝"，为从历史承接而来的苏州文化精神赋予了崭新的时代内涵。当前，"三大法宝"中所蕴含的文化精神已经成为苏州人共同的价值观念和行为准则，指导和推动了苏州经济社会快速健康地发展，在未来的经济建设和社会发展中，它所产生的力量和效益将是无比巨大的，也必将为苏州的精神文明、政治文明和物质文明建设提供强大的精神动力。

3. 文化氛围。苏州的文化氛围向来是动静结合的。动静相伴、动静相生、动静相融、动静相宜，形成了苏州得天独厚的文化氛围。从静态的文化氛围来看，苏州水光山色的温软境界、小桥流水的天然意韵，以及城乡空间色彩所呈现出来的黑、白、灰和淡、素、雅的整体形态，给人们一种安然自得、和谐融洽、天人合一的心态效果；当人们置身于一座古典的苏州园林时，那种"虽由人作，宛自天开"的人文气息，无疑丰富了人们认识自然、亲和自然、尊重自然的情趣素养；再请你到一个"老苏州"家里做客，其家具所必须涉及的古玩摆设、盆景花卉等，使你眼前一亮，这就是"苏州"，心里油然而生一片享受生活、享受自然的融融绿意。由此可以看出，无论是田地大自然，还是家庭小天地，给人们的强烈感觉和切身体验就是苏州人的好静。但苏州人骨子里头又是好动的。从动态的文化氛围来看，追求文化、创造文化、享受文化、赞美文化是苏州人的天性，他们能从静态文化美感的沉湎中走出来，参与到各种类型的文化生活中去。据统计，苏州市文联现有 11 个门类的文艺家协会组织，会员总数达 3152 人，其中全国会员有 302 人，省会员有 1173 人，文艺协会门类和会员人数在全国同等规模的城市中首屈一指。他们取材于苏州的文化和自然禀赋，积极开展各类文艺活动，推进苏州精神产品生产，繁荣苏州文化事业，尤其是苏州的滑稽剧、大型舞剧和电视艺术片的创作近年来在全国处于领先地位，连续获得了国家文华大奖和"五个一"工程奖。在高雅文化开展如火如荼的同时，以"金相邻"等为代表的群众文化、社区文化在苏州也开展得异彩纷呈，近几年来，全市涌现出了 4000 余支业余文艺团队，更进一步丰富了广大群众的文化生活，为"文化苏州"建设增添了一份浓浓的民间氛围。

4. 文化名人。人创造文化，同时也创造着人的本身。文化与人及其创造是密不可分的。苏州是一个文化繁荣之地，就是因为有众多的文化名人世世代代生活其间，行吟其间，贡献其间。他们像一座座文化的丰碑，共同支撑起这一座颇具高度的文化圣殿。苏州历代人才辈出，千百年来所涌现的各类人才如满天繁星，熠熠生辉，思想家、政治家、军事家、科学家、文学家层出不穷。从仁人志士这一层面看，有写下千古名句"先天下之忧而忧，后天下之乐而乐"的北宋大政治家范仲淹和"天下兴亡，匹夫有责"的明末大思想家顾炎武；从文人学士这一层面看，有西晋文艺理论家陆机，有唐代诗人陆龟蒙和书法"草圣"张旭，有宋代田园诗人范成大，有明代小说家冯梦龙和吴门四大画家沈周、唐寅、文徵明、仇英等文学艺术家；从能人技士这一层面看，有北宋水利家郑檀，有明初建造北京宫殿的建筑师蒯祥，有清代大数学家王锡阐等卓越的科学家。他们都是苏州历史上文化人才的杰出代表，是苏州在不同历史时期文化的代言人和传播者，他们在苏州文化历史上的贡献不可磨灭。当代苏州，各类人才同样灿若群星。诺贝尔奖获得者李政道、朱棣文，世界著名建筑大师贝聿铭，著名物理学家、美国物理学会第一位华裔女性会长吴健雄，著名物理学家王淦昌、吴仲华，著名教育家叶圣陶等等，都是从苏州走向全国、走向世界的。我们还可以从一道充满神奇色彩的文化景观来领略苏州文化及其文化名人的独特内涵。"自古文盛出状元"，清代的114名状元，江苏得49名，苏州府竟占25名，流传着"江苏几得一半，苏州一府几得一半之半"的美谈。而今，"状元群落"已成历史，在同一地区又出现了"院士群落"。据统计，现在中国科学院、中国工程院两院院士中，苏州籍和在苏州就读或工作过的有104人。这一现象可谓十分罕见，也十分壮观，在中国文化历史上少有，即使在世界范围内也足以称奇。很难想象，没有如此众多流芳千古的文化名人，如何有如此璀璨夺目的"文化苏州"及其高度发展的现代文明。

5. 文化载体。文化载体凝结着文化的精华，延续着文化的生命。苏州文化载体之丰富多彩和独具特色，在国内规模相当的城市中是少见的。苏州文化载体主要有这样的两种形式：其一是物化的文化载体，苏州是国务院首批公布的24个历史文化名城之一，文物古迹遍布全城，现有市级以上文物保护单位487处，其中国家级15处，省级101处，另有列入控保范围的各类建筑300多处。全市的全国重点文保单位占全省总数的四分之一，省级历史文化名镇占全省总数的十分之九。现在，苏州古城保护日臻完善，观前地区整治更新工程、环古城风貌保护工程、山塘历史文化保护性修复等项目已全面完成，古城迎来了新生，焕发出崭新的容颜。今天，城里城外点缀着数量众多的古典园林、古塔寺庙、名人府第、古墓碑刻、民居古宅，无不以其丰富的内涵和精美的艺术成为展示"文化苏州"的重要载体。其二是人们读书学习、修身养性的文化场所，包括博物馆、纪念馆、图书馆、学校和体育卫生等在内的现代文化场所，其数量和质量在全国同等城市中也是罕有匹敌的。以博物馆为例，苏州现有各类博物馆28家，共有馆藏等级文物2万多件，其中已鉴定确认为国宝级的文物有4件，一级文物 280 余件。今天，在众多的文化场馆中，有的是苏州悠久的历史及其丰富的文化传统见证，有的是苏州现代科技文明成果的展台，有的还将深厚的历史文化与繁荣的现代经济集于一身，同时向人们展示苏州具有经济与文化双重特质的形象和魅力。总之，它们都成为向人们传播历史文化知识、提高科学文化素养的重要场所，也是向人们特别是广大青少年进行爱国教育、传统教育和现代教育的重要阵地，在精神文明建设中发挥着不可或缺的作用。

6. 文经互动。物质决定文化，文化离不开物质，物质基础是文化赖以生存的土壤和成长空间。苏州文化的内涵之所以如此丰厚，关键在于苏州的世代都有着强大物质基础的支撑。从这一点上看，物质基础不仅仅是苏州文化繁荣的现象，也是苏州文化繁荣的本身，是"文化苏州"内涵中不可缺少的一个重要元素。2500 多年前吴国的建立，掀起了吴地开发的第一个高潮，也成为了源远流长的苏州文化的滥觞；从三国时期开始，尤其在东晋之后，北人大批南迁，吴地经济有了新的发展，文化随之开始兴盛；隋唐时期，大运河的开凿极大地便利了南北交通，为文化的进一步兴盛打下了坚实的物质基础；宋元时期，北人又一次南迁，又一次极大地促进了江南经济和文化的发展；明朝中叶之后，物质积累已经达到了一个相当的高度，吴文化也厚积薄发，各种文化门类空前繁荣；清初虽大兴"文字狱"，但苏州仍是当时的一二等风流富贵之地，商贾云集，市场繁荣，依然成为文化基础最深厚的地区；一直到鸦片战争以后，苏州经济、文化一度呈现出衰退的迹象，但仍表现出较其他城市更为浓厚的文化气息；新中国成立以后，尤其是改革开放以来，苏州抢抓到了一次又一次的发展机遇，经济实力迅速增强，城乡面貌焕然一新，人民生活显著改善；文化与经济的发展相互依赖，相互渗透，共同促进，共同提高；苏州人民倍加珍惜和爱护文化传统，并站在前人肩头上，取其精华，扬其美好，与时俱进，务实求真，创造出了比过去任何一个时代都更加辉煌、更具特色的现代文明。

如果把"文化苏州"比拟成一个"相貌堂堂"的人，那么，文化脉络是其基因，文化精神是其灵魂，文化氛围是其体肤，文化名人是其骨骼，文化载体是其各种功能器官，文化赖以生存的物质基础就是一个人所站立的土地，它们有机组成了一个完整的"立得起来"的"文化苏州"。

　　应该说，"文化苏州"品牌的形成，是无数个文化知名品牌和文化元素相互渗透、相互作用的产物，更是承前启后、鉴古融今，历经了千锤百炼才得以脱颖而出的结晶。当前，打造高品位的"文化苏州"品牌，必须从整体上把握科学内涵，既要探求与其他城市文化共性的特征，又要从本地实际出发，努力张扬其特殊的个性；既要保护和开发好有形的文化载体，又要从意识的能动作用出发，努力开拓为市民所普遍接受和认同的文化精神象征；既要继承古人留下来的十分珍贵的优秀文化遗产，又要从发展的角度出发，努力促进当代人的文化创造；既要重视文化中物的作用，又要从文化的根本出发，加快引进和培养文化名人；既要大力繁荣文化事业，又要从文化资源与自然资源和物质资本相比有愈来愈强化的趋势出发，发展苏州文化产业，提升文化品位和文化含量。从而，发掘规律性，发扬独特性，发挥开拓性。使"文化苏州"品牌不仅成为苏州城市环境和综合实力的重要标志，还成为推动苏州社会生产力发展的核心要素之一，为实现"两个率先"发挥应有的作用。

　　　　（摘要刊发 2004 年 11 月 14 日《苏州日报》，合作者：蒋忠友）

吴文化的当代性问题研究

简述：吴文化研究要防止进入误区，应当从传统的行政区域的束缚中解放出来，从传统的研究思路和研究定势中解放出来，从厚古薄今、学术唯上等研究方法中解放出来，注重吴文化的当代性、整体性、实践性研究。我们讲文化的当代性，绝不是否定传统，恰恰相反，正是为了更好地将传统文化发扬光大，就是要求当代人用辩证唯物主义和历史唯物主义的观点，重新认识和发掘传统文化的价值；就是要从纯粹的学术理论研究中解放出来，把文化实践研究摆到一个非常重要的位置上；就是要牢牢坚持文化为当代经济社会发展服务，文化的功能要与现代化的经济、城市、科技功能相适应；就是要站在当代经济社会发展的制高点上，努力总结当代文化建设的成功实践和经验教训，努力发现、发掘、发挥当代文化建设的新优势。

近年来，吴文化研究风起云涌、前所未有，吴文化研究成果显著、层出不穷。在苏州，活跃着"吴文化研究会"、"吴都学会"、"历史名城研究会"、"孙子兵法研究会"等一批研究组织；《苏州文化丛书》、《苏州文史论丛》、《苏州传统文化研究》、《中国昆曲艺术研究》、《吴文化与现代化》等一批鸿篇力作先后出笼。无锡市俨然以吴文化的发祥地自居，提出了以吴文化为中心铺开"文化兴市"战略，一部称为"吴文化通史"的巨著，洋洋500万余字，年内行将出版；一个由农民捐资筹建、占地 46.7 公顷的"吴文化公园",历经了 21 年风霜,得到了各界广泛赞扬。上海市拥有一支阵容强大的研究队伍,集中了一大批国内较高层次的研究吴文化的专家学者,他们的研究成果更是不计其数,从《江南风俗》到《园林文化》、从《吴歌研究》到《吴方言词典》等等,囊括方方面面,尤其以《上海史》、《上海通史》(十五卷本)、《上海文化通史》、《上海艺术史》、《上海文学通史》、《上海 700 年》等史学著作最为引人注目。不仅如此,常州、镇江、湖州、嘉兴等地也纷纷大打"吴文化"牌,更是增添了吴文化的无穷魅力,并为吴文化注入了更为丰富的内涵。

然而,什么是吴文化?专家学者的讨论从来没有停止过。从地域文化的角度看,有大吴文化之说,有吴越文化之说,有吴地文化之说;从时间跨度的层面看,有古吴国 650 年狭义之说,也有先吴文化、吴国文化和后吴文化连绵数千年的广义之说。甚至也有学者并不赞成"吴文化"的说法,他们认为,只有从新石器时代开始到秦、汉以前,苏南与现在的浙江部分地区可共同构成"吴越文化",在之后的发展中,通过与华夏文化的交流和融合,吴越文化已成为中华民族传统文化的组成部分,在思想体系上、思维方法上,都具有中华文化所固有的特色,虽然有地方特点,但不再是独立的自成系统的文化类型,所谓"吴文化",只是人们约定俗成的一种认知。但是,不管如何评述,"吴文化"的研究有利于弘扬中华优秀传统文化,有利于创造和形成新的地域文化特色,有利于区域经济和社会的协调发展,只是在"吴文化"研究过程中,有必要防止这样几种现象。

现象之一:厚古薄今。综观当今,从事吴文化研究的人、机构及其出版的成果,涉及古代远远多于当代。这当然有其存在的合理性,就拿吴文化的杰出代表苏州传统文化来说,其文化遗产十分丰厚,文化脉络千年不绝,传统文化品种类别也多姿多彩,也就是说,古代文化的资源禀赋为人们研究提供了一片十分广阔的沃野。当我们欣欣然打开一本本研究吴文化的著作,扑入眼帘的不是评价苏州古城的历史特点,就是论述苏州在历史上的特色；不是反映苏州灿烂的原始文化，就是分析吴国在苏南开发史上的地位；不是介绍苏州历史上的刻书、藏书，就是展现苏州的古桥、古塔、古民宅。我们看到了太多的"古"字、"老"字，而较少看到所谓的"今"字、"新"字。传统的历史文化是当代文化的"源"和"根"，确实值得我们好好发掘、好好发扬，问题是，如果过分地注重过去、偏重历史、看重传统，由此直接造成对当代文化建设思考和研究的轻视，甚至对正在产生的、应该创造的文化成果若无其事，对当代文化研究少有问津，这就需要引起关注与重视了。应该指出，从历史辩证唯物主义的观点看，吴文化的发生、发展是一个长期的历史过程，经历了许多阶段，无论是古代、近代乃至当代，每个阶段都创造了灿烂多姿的成果，呈现了鲜明的文化特色，每个阶段都有值得研究和思考的理论与实践课题。这是不应忽视的。因而，对吴文化的研究，不仅仅是研究吴国时代的文化，也不仅仅是研究传统文化，吴文化研究的范畴应当从有人的先吴开始，一直到当代的苏州文化。当然，突出传统文化的研究无可厚非，但如果厚古薄今、顾古失今、扬古抑今，只偏重传统吴文化的研究而忽视当代苏州文化的研究，则是有失偏颇了，从长远看，也不利于吴文化的传承，更不利于苏州文化的创新和进一步发展。

现象之二：学术至上。专注于考据、埋头于学问，是文化学者们所大力推崇的。环绕太湖的长江下游地区，也是中华文化的发祥地之一，越来越多的考古发现和越来越多的学术研究成果证明，这是一块神奇的"文化富矿"，从河姆渡、马家浜、崧泽到良渚遗址，从渔猎、稻作、印纹陶、玉器、纺织、舟船、丧葬到青铜兵器文化，从春秋战国、秦、汉到唐、宋、元、明、清等诸朝代，一路追踪考察过来，"学术研究"使吴文化的起源及演化"大白天下"，"学术研究"也使吴文化的地位与价值更为灿烂夺目。在吴文化研究中，"学术至上"的重要性不可否认，用考古的方法、用经院式的方式进行研究必须得到尊重，我们也不反对和排斥从具体的历史现象、历史人物、历史事件着手进行细致入微的学术研究。应该肯定，这种研究思想和方法尤其在发掘文物、辨识真伪、溯源探流、穷根竟委上有其特殊作用和重大价值。问题在于吴文化的研究，并不仅仅是学术考证问题，更不能把研究活动看作是为考据而考据、为学问而学问的纯学术研究活动。必须明确的是，学术精神重在义理而不在考据，重在通经致用而不在做学问。用考据这种方法做学问，只是点，不是面；只见树木，不见森林；只能从个别的细微之处窥探史学，而不可能从这种方法中取得对史学的系统知识和对史学深层次的理解和认识。学术研究尤其是文化研究的目的不在于研究本身，更深厚的意义在于以史为鉴、启迪后人。在强化文化建设的当代，吴文化研究应当走出"学术至上"的误区，应该在考据的基础上，把研究的目光更多地投向让考古发现及其学术研究成果更好地为当代文化建设及经济社会发展服务上。

现象之三：虚实分离。文化研究从本质上讲也是一种实践活动，因此，吴文化研究应当坚持理论与实践、虚与实相结合的原则。但在实际过程中，我们也常常发现一种情况，有些文化研究片面追求学术性、理论性，与实践脱节甚远，即使在少数涉及实践的研究中，也往往罗列现象、揭摆问题头头是道，而如果要对当代文化建设提点路径选择、对策思考，常常显得力不从心、苍白无色。有的学者孜孜不倦地在吴文化概念内涵中沉浮，兢兢业业地在吴文化理论体系上求解，更有少数人用繁缛的条文，在原则、定义、特征、定理之间反复论证，唯恐论述不周，定义、定理出现漏洞，几乎忘记了文化研究的责任是寻找问题并为问题提供有效的解决办法。应该说，我们不能没有理论研究，文化研究包含必要的理论研究，但理论与实践的关系从来都是相互依存的，割裂了两者之间天然相连的脐带，必然会造成两败俱伤。尤其像文化研究这类实践性很强的课题，理论不联系实际，从概念到概念，往往就是空泛的理论；理论不指导操作，则难免大为逊色，研究成果的价值也要大打折扣，甚至是没有什么用途的。

现象之四：功利色彩。有媒体报道说，近几年之所以在吴文化的发祥地、吴文化的中心和吴地的概念等问题上争论不休，其背后有一个十分重要的因素，就是隐含着某种"功利色彩"，尤其对于政府来说，他们关注的不仅仅是所谓"发祥地"、"中心"和"吴地"的"名分"和概念，更多关注的是由此而带来的巨大的经济社会效益。应该说，具有一定的功利意识并不是坏事，从某种意义上讲，功利心和进取心是紧密联系在一起的。甚至有些学者说，把我们传统文化的精华用之于为社会主义现代化建设事业服务，即使是做广告，也没有什么可责备的。这话颇有见地，但对于研究来说，却不能带有半点功利色彩。原因很简单，吴文化研究是科学研究，它以辩证唯物主义和历史唯物主义为基本立场，以客观事实为基本依据，功利色彩必然导致短视行为，只顾眼前，忽视未来；只顾一域，忽视其余，这对文化的融合与长远发展，甚至对地方经济社会的长远发展是没有好处的；功利色彩必然导致片面行为，只求现象，不求本质，只求表面热闹，不求内里真实，误解文化的经济功能，最终会伤害老百姓的感情，也伤害了文化的可持续发展；功利色彩必然会导致虚假行为，以至于会写出张冠李戴、违背历史、违反规律的东西来，出现了伪文化现象。科学研究和实践是来不得半点虚假成分的，以功利思想来主导文化研究工作，实在是研究工作的大敌。所以，吴文化研究者必须彻底抛弃"功利心"，认真对待文化在与经济发展互动中的影响，正确认识文化对社会发展起到的支撑、促进和凝聚作用，客观揭示文化在经济社会发展中的一般规律。

现象之五：自我为尊。顽强坚持个人的学术观点、思想倾向，对自己的研究成果具有强烈的个人感情色彩和自我意识，这在理论研究中是一个常见的现象，比如说，对苏州传统文化的瑰宝——昆曲和评弹的保护与创新，就表现出两种截然相反的倾向，有的主张要继续坚持遵循古老的传统方式，演出的一招一式都应该保持其"原汁原味"，对文化的急剧变迁持某种排斥态度，对古老的文化传统表示出特殊的尊重，面对眼前的文化剧变，产生了许许多多困惑，特别是对昆曲和评弹的细微创新也难以认同。也有人认为，要迅速调适新的方式，随时随地寻求新的发展机会，并且认为应借鉴和引进现代科技手段对昆曲和评弹进行新的演绎。很显然，这两种观点都怀有强烈的自我意识，前一种倾向反映了传统文化心理取向，它代表了一种传统的谋求发展的文化策略。而后一种倾向显示出融合新旧文化的巨大适应能力，主动接受新文化，把对传统文化的重整再造和快速适应变迁作为最佳的文化策略。其实，文化倾向的差异，往深处说，反映了人们的认识观、价值观的区别，是见仁见智的差别，只是角度和重点不同而已，我们很难用是与非对此作出判断，即使有是非问题，历史自有公论，实践自然会作出结论。文化研究的过程既是自我发现和创新的过程，也是一个客观存在和印证的过程，是主客观的统一，不宜带有强烈的个人感情色彩，更不应有"众人皆醉我独醒"的味道，由此造成学术研究上的武断性、狭隘性。在对文化和文化行为的研究探讨中，要力求客观性、真实性、科学性，从而防止"个人意识"妨碍文化研究和文化发展的公正。

现象之六：缺乏比较。比较研究，是任何研究活动最基本的方法之一，吴文化研究也不例外。在这方面，我们还有较大的差距。从自身的内部结构来看，我们缺少的是吴文化各个门类的比较研究；从外部的发展环境来看，我们缺少的是把吴文化与越文化、楚文化、鲁文化、齐文化、赵文化等区域文化的比较研究；从纵向的时间上看，我们缺少的是传统与现代的比较研究；从横向的空间上看，我们缺少的是与国外文化的比较研究。没有比较就不可能知己知彼，就不知道向其他优秀文化学习什么、如何学习。但文化又是流动的结果，是融合的产物。任何一种文化在保持其自身特质的同时，都需要借鉴其他文明的优秀成果，而他们之间的优劣与高低，必须通过比较研究才能得出真实的结论。苏州文化古来就善于学习、注重交流、崇尚融合，擅长用比较的方法取长补短、扬长避短。2500 多年前吴国的建立，掀起了吴地开发的第一个高潮，就是学习中原地区先进文化的结果；东晋之后，来自发达地区的北人大批南迁，带来了先进的文化和先进的生产力，吴地人民通过学习、消化，促使经济又有了新的发展；隋唐时期，大运河的开凿极大地便利了南北交通，更为苏州人学习与借鉴其他先进文化提供了便利；宋元时期，北人又一次南迁，又一次为苏州人学习先进文明创造了机遇，又一次极大地促进了江南经济和文化的发展。一直到改革开放的今天，苏州人不仅近学上海、浙江，远学广东、山东，还进一步借鉴新加坡的先进文化理念，抢抓到了一次又一次发展机遇，创造出了比过去任何一个时代都更加辉煌、更具特色的现代文明。苏州传统文化的发展得益于比较与借鉴，苏州当代文化的创新不能不需要我们运用比较的方法，学习其他优秀文化的精华。可以说，比较的方法，是一种科学的研究和学习的方法，在研究当代苏州文化时，应当加以大力提倡。

综上所述，都在提醒我们，吴文化研究要防止进入误区，应当从传统的行政区域的束缚中解放出来，从传统的研究思路和研究定势中解放出来，从厚古薄今、学术唯上等研究方法中解放出来，注重吴文化的当代性、整体性、实践性研究，使吴文化研究为推进传统文化的传承与创新服务，为推进当代文化的创造与振兴服务，从而为推进当代经济社会发展服务，努力进入吴文化研究的新天地。

进入吴文化研究的新天地，说到底就是要强化吴文化的当代性研究。要拓宽吴文化研究的视野，扩大吴文化研究的领域，要把吴地的传统文化与当代文化研究结合起来，要把研究保护、继承、发扬已经创造的文化成果与研究正在进行的当代文化建设结合起来，特别要坚持以当代为重点和中心，面向当代发展的大背景，从当代人文化审美和消费层次的多层次需求出发，从提高当代人文化素质的要求出发，同时为后人创造更多优秀的文化文明成果，弘扬优秀的民族传统文化，推进当代的文化建设和发展。我们认为，这应当是吴文化的当代性的根本要求。

我们讲文化的当代性，绝不是否定传统，恰恰相反，正是为了更好地将传统文化发扬光大。文化当代性最先要回答的一个重要问题，就是当代人如何站在先人的肩膀上将其创造的文明成果予以传承，不断创新，实现可持续发展，而不是割裂传统、忘记过去。文化是历时经年不断接力和累积的产物，每一代人在继承传统的同时，都联系那一代人的生活实际进行着开拓创新，作为当代苏州人当然不能例外，这是时代赋予的责任和历史给予的使命。徜徉于苏州文化历史的长河之中，我们发现，几千年来，正是有了一代又一代的智者、才俊和先贤们的上下求索、传承开拓，凭借其超人的智慧和伟大的创造，才集成了当代苏州文化独具魅力的风格面貌和博大精深的思想内涵。现在，文化的接力棒传到了我们这一代人的手中，我们决不能全盘否定，因为"树的影子拉得再长，也离不开它的根"，与此同时，作为吴文化研究学者，也不能对此只进行简单的总结，必须结合当代人的需求来研究和创造出新时代的文化内涵，将传统文化发扬光大。而且，由于先人们的努力，已经为我们当代人的文化研究与创造奠定了良好的基础，使得当代苏州文化的继续发展成为了可能，使得苏州传统文化的发扬光大成为了必然。更为重要的是，只有站在先人的肩上来研究、创新当代苏州文化，我们才能站得更高、看得更远、想得更深、做得更好，才能抒写出当代苏州人浓墨重彩的一章。传统是源，我们不能失去；未来是流，我们必须开拓；当代是联系传统与未来的重要的桥梁，是不可缺少的中间环节，我们必须立足传统、放眼未来；承前启后、继往开来，注重苏州文化当代性研究与创造，推动苏州文化从一个文明走向另一个更加辉煌的文明。

我们讲文化的当代性，就是要求当代人用辩证唯物主义和历史唯物主义的观点，重新认识和发掘传统文化的价值。传统文化是人类历史创造的集体记忆与精神寄托，苏州具有极其深厚的传统文化，她可能成为我们创造新的文化的扎实基础，也可能给我们创造新文化带来心理羁绊。比如说，"一团和气"是苏州传统文化的价值观念和理想追求，现在看来，它既包括和谐、和睦、和平、和善、祥和等积极的含义，也涉及一些闲情逸致、不与人争的无为心态，少了些走向市场、参与竞争的拼搏心理。所以，有人说传统文化是包袱，有人说传统文化是财富；有人说传统文化是实现现代化的阻力，有人说传统文化是实现现代化的动力。这些说法，都有一定的道理，也都有一定的片面性。在改革开放和现代化建设的新形势下，我们对吴文化必须进行全面的分析、辩证的梳理、有机的扬弃和历史的研究，既不能全盘否定，也不能厚古薄今。正确的态度是根据当今时代发展的需要，注重当代性研究，去除其糟粕，吸收其精华，从博大精深的吴文化体系中把握其历史本质和精髓，发掘其时代精神和价值，从而主动地去改造和吸收传统，使其实现自我更新，以适应新形势、新任务、新要求。我们感到，为改革开放和现代化建设服务，传统绝不会成为包袱，而只能是宝贵的财富；绝不会是阻力，而只能是积极的动力。

我们讲文化的当代性，就是要从纯粹的学术理论研究中解放出来，把文化实践研究摆到一个非常重要的位置上。文化活动从来就不是简单的学术研究活动，文化活动主要是实践活动。因而，文化研究应该侧重于实践的研究，文化研究来源实践、联系实践、指导实践。从本质上讲，我们强调文化当代性，就是要强调文化实践研究，使文化研究既要避免学术至上，也要克服脱离实践。我们的研究人员应当走出狭小的案头，走出拥挤的书斋，走出封闭的舞台，走到现实中来，深入到生活中去，从文化实践的层面上，通过大量深入实际的调查研究，通过"拿来"和反复比较，对吴地语言、行政、人口、人物、经济、社群社区、科技、学术思想、文学艺术、宗教、民俗、社会事业、旅游资源开发等进行深入研究、系统研究、综合研究。比如，研究如何形成一种活跃的文化机制，让老苏州、新苏州、洋苏州更加协调、更加融合；比如，研究如何营造一种活跃的社会氛围，使苏州兴起更多的广场文化、乡镇文化、社区文化；还比如，研究如何构筑一个活跃的交流平台，创建一个开放多元、兼收并蓄、和谐相处的文化格局。这些研究成果必将为繁荣苏州文化事业、发展苏州文化产业，推动现代化建设和社会的全面进步起到重要作用。

我们讲文化的当代性，就是要牢牢坚持文化为当代经济社会发展服务，文化的功能要与现代化的经济、城市、科技功能相适应。文化是扩展现代经济社会活动的重要标志，文化的经济化、城市化、科技化和经济、城市、科技的文化化，使得文化中渗透了经济的、城市的、科技的要素，文化本身已具有了经济力、城市力、科技力。今天，电视、电影、音像出版、文艺演出、工艺美术、体育比赛、广告、信息、传播、娱乐等现代文化要素，已经发展成为庞大的产业，成为文化经济最直接的表现形式，成为国民经济结构中的最重要组成部分，成为展现城市个性魄力的窗口和载体，也成为高新科学技术的化身和象征。与传统文化资源和创造相比，苏州现代文化资源和创作大不如前；与对传统文化研究的热爱和投入相比，对文化的当代性研究的热爱和投入也是十分缺乏的，尤其是对当代文化功能与经济、城市、科技功能的关系的研究，更是少有人问津。我们应该努力改变这一局面，加大文化为经济社会服务的研究力度，苏州具有得天独厚的文化底蕴和丰富多彩的文化发展资源，完全可以抓住机遇，大力发展文化经济，进一步放大文化经济对国民经济的贡献力、文化功能对城市功能的支撑力、文化实力对科技实力的推进力。

我们讲文化的当代性，就是要站在当代经济社会发展的制高点上，努力总结当代文化建设的成功实践和经验教训，努力发现、发掘、发挥当代文化建设的新优势。从苏州经济社会演变和发展脉络来理解和把握文化发展状况及其趋势是极其重要的，也是最得要领的。进入新世纪以来，苏州文化开始进入到一个理性发展的新阶段，"文化苏州"成为高品位的城市品牌，文化发展的整体思路初步显现，文化载体建设形成了战略性布局，文化的保护、传承与发展进入了法制化轨道，优秀文化的保护摆上了突出位置，一批具有苏州风格的文化精品、文化名人走向全国、走向世界，新的苏州精神开始形成。但传统文化继承保护、开发利用的广度和深度还不够，文化产业的规模与效益比较小，组织化程度也比较低，竞争力也不强，文化艺术精品力作的创作和生产与人民群众的需求相比还不够，文化体制改革相对有些滞后等，这些问题的存在，淡化了我们所取得的成绩，也与进入新世纪正在发生新的深刻变化的形势和任务要求不相适应，迫切需要通过加大文化研究和实践的力度，尽快加以改变。从研究角度来说，需要我们加强法制研究，保障苏州文化的健康运行以及与市场经济的协调发展；需要我们加强信息研究，用高新技术改造传统文化产业项目，提高新兴文化产业的科技含量；需要我们加强规模研究，推进支柱性文化产业、综合性文化产业集团的出现；需要我们加强品牌研究，加快占领文化市场，进而不断增强苏州文化经济的竞争力和影响力；还需要我们加强特色研究，这是苏州文化的优势，也是打造文化品牌、形成竞争能力的重要举措。只有把这些问题研究透了、解决好了，我们才更有信心去面对科学技术的迅猛发展和综合实力的激烈竞争，去面对世界范围内各种思想文化的相互激荡，去面对苏州"两个率先"进程中人民群众日益增长的文化需求，实现最大多数人的文化权利，争创新优势，谱写新篇章。

从业之道浅见

简述：职业是谋生之基、安身之道、立命之本。尤其对一名公职人员来说，职业还是行使公权、履行责任、为公众服务的载体，作为从业人员要坚持做到"十忌"：一忌不务正业，二忌不识时务，三忌不学无术，四忌不知所措，五忌不近人情，六忌不求甚解，七忌不教而诛，八忌不劳而获，九忌不自量力，十忌不得人心。

职业是谋生之基、安身之道、立命之本。尤其对一名公职人员来说，职业还是行使公权、履行责任、为公众服务的载体，因此，加强职业修养、优化职业品质、提高职业技能，不仅是从业的基本要求，也是职业成功的必经之路。本文借用成语中的"十个不"，概而言之为"十忌"，作为对从业人员主要是公职人员的某种提醒和警示。

一忌不务正业。所谓正业，就是本职工作。对本职工作要务必全身心投入，来不得虚假和偷懒。一个人可以对自己所从事的职业不感兴趣，但只要选择和从事了这个职业，就要努力地适应它乃至成为"行家里手"，这是一种责任和使命。任何人都可以尽情地发挥和展示自己另一方面的兴趣、特长和偏好，但它又必须以突出主业、服从正业为前提。事实上，在处理主业和"副业"的关系上，把握得好，可以做到"鱼与熊掌"兼得，相得益彰；把握得不好，甚至在注意力、精力、用心程度和时间分配上发生偏差，就会走向事物的反面。不务正业者，不仅本职工作会受到严重影响，正当的兴趣特长爱好也不可能得到领导、同事的尊重和理解。

二忌不识时务。古人有言：识时务者为俊杰。所谓时务，就是当前的形势和潮流。识时务，就是要求人们准确研判当前的形势和潮流，识大体、顾大局，并依据当前的形势和潮流说话办事。而不识时务者，要么不明事理、因循守旧；要么不知变化、胡乱作为。实践证明，一个人要成就一番事业，必须坚持立足本职，胸怀全局，顺应潮流，与时俱进，努力把握方向，把自身成才成长与做好本职工作结合起来，并融入到报效祖国、服务人民的伟大事业中去，恪尽职守，兢兢业业，才会实现自身的人生价值。

三忌不学无术。学是学识、学问，术是技术、技能。这个成语出自东汉班固所著《汉书·霍光传》："然光不学亡（通'无'）术，暗于大理。"意思是说霍光不读书、没学识，因而不明关乎大局的道理。原意指的是没有学问因而没有办法，现在泛指没有学问、没有本领。应该看到，当今时代是一个知识化、信息化、网络化的社会，发展变化快速、竞争十分激烈，只有知识、学问和能力才能真正改变人的自身命运，学习又是长期的、终身的过程，丝毫不可懈怠和满足，没有知识储备和更新，靠小聪明混日子、靠吃老本过日子，就有可能在新一轮竞争中被淘汰，更谈不上有所创造、有所作为、有所建树了。

四忌不知所措。这里的"措"是安置、处理的意思。不知所措，就是不知道怎么办才好，形容一个人的处境为难或心神慌乱。一个人尤其是领导干部，如果面对发展、面临挑战、面对问题缺少思路，没有招数，优柔寡断，无所适从，下不了决心，这是个大忌。思路办法从哪里来？高深莫测，而准确地把握客观实际情况是重要前提，所谓"情况明、方法对、决心大"，就是这个道理。

五忌不近人情。所谓不近人情，就是性情怪异、言行怪僻，不合乎人之常情。不顾全大局做不好事情，不合乎人情也做不了事情。提倡近人情，

与文字为伴

首先是要有一颗同情心，设身处地、将心比心、善解人意。不论面对什么情况，都要尽量从换位思考中寻找解决问题的方案。近人情，是非智力因素的杰出显现，体现了包容、博大的胸怀；近人情，重要的是心地善良、乐于助人、扬善惩恶。这样，才能在自己取得成就的同时帮助他人的事业，在他人取得成就的同时助推自己更大的事业。

六忌不求甚解。所谓不求甚解，就是只求知道大概，不求彻底了解。常指学风不认真、不深入。大凡"不求甚解"者，往往摆弄小聪明，捕风捉影，人云亦云，以至作出一些似是而非、模棱两可的判断，提出一些不当的策略，这对于从业尤其是从政是一大忌。力求甚解，重在调查研究，要努力克服八种现象，即不刻苦的"半瓶子醋"现象、不专注的"小猫钓鱼"现象、不深入的"闭门造车"现象、不全面的"瞎子摸象"现象、不虚心的"夜郎自大"现象、好大喜功的"猴子"现象、喜欢做表面文章的"绣花枕头"现象和说话表态随意的"大喇叭"现象。

七忌不教而诛。从业不可能不与人相交相处，也不可能不与人合作共事。所谓不教而诛，原意是不警告就处死，我们所指的是事先不加教育，一犯错误就加以惩罚。坚持教育为先是我党一贯坚持的干部政策和优良传统。一位领导，如果没有弄清情况，不问青红皂白，开口就批评人、责问人，往往会把情况搞得更糟糕；弄清了情况，如果不进行必要的教育和提醒，马上就加以惩罚，则也于事无补、于己不利。正确的做法是摆事实、讲道理，晓之以理、动之以情，做到教育在前、告知超前，从而避免出现这样那样的错误，才会于单位、于自己、于他人的事业都有好处。屡教而不改，绳之于纪律乃至法律，那是咎由自取。

八忌不劳而获。顾名思义，不劳而获就是不经过自己的诚实劳动而取得或占有别人的劳动成果。在现实生活中，这类人群还屡见不鲜。俗话说，不行春风，难得春雨。自然界的规律告诉了我们，不通过自己的努力劳动是得不到收获的。但凡有不劳而获念头的人都有一些共同的特点：贪婪、自私、放纵、愚昧，正因为如此，党和政府一再要求我们的党员干部克己奉公、清正廉洁，凡是贪赃枉法者，发现一个，查处一个，严惩不贷。实践也充分证明，只有依靠自己的诚实劳动，勤奋努力，才能心安理得地获得并享受到自己应得的果实。

九忌不自量力。所谓不自量力，一般指过高估计自己的实力和能力，做一些无法完成的事情。确立远大的目标和志向，对于事业的成功，无疑是十分重要的，但任何事业的成功都必须脚踏实地，一步一步践行。这就必须对自己有一个正确的估价，一切从自身的实际出发，量力而行，既不要超越自己的能力，也不要超越自己的权利。否则就会无果而终，或者遭到某种"报应"。尤其在自己成长的过程中，切忌急功近利，不可好高骛远，追求形式主义，不要盲目攀比，坚持走自己的路，从容而稳步地走向成功的彼岸。

十忌不得人心。古往今来，多少英雄豪杰，当其得人心时，得道多助，叱咤风云，能改天换地，也能开天辟地；一旦失去人心，便变成孤家寡人，举步维艰，以至身败名裂。我们做具体工作的，小到一个单位的管理，大到一个地区乃至一国的政务民生，人心向背是决定其成败的重要砝码。人心是花钱买不到的，但能够通过做事得到。比如，把经济搞上去就能得人心，为老百姓办实事、办好事也能得人心。相对而言，得人心困难，而失人心容易，失人心后再得人心者，则难上加难。所以，一切从业者，尤其从政者，千做万做，不要做对不起人、对不起人民的事情。

时

评

概

览

劳动力转移的理性思考

简述：近年来，人力资源向沿海地区大城市、特大城市转移显现出愈演愈烈的态势。由于过度集中、过度转移，使这些城市过度膨胀，城市的承载能力出现严重问题，同时，外来人群的就业空间也越来越小，生活成本却越来越大；他们面对的是城市文明成果，而自己的生存环境、生活质量不仅得不到改善，反而与城市文明形成了鲜明的反差。

《现代苏州》杂志作了一项调查和访谈，题目是"生活在苏州的人有多少幸福的感觉"。杂志上公布了十份问卷结果，全部给苏州打了四颗星（满分是五颗星），刊登的照片也是一脸灿烂。我相信这是真实的。

我想到的是生活在这座城市边缘的另一部分人群。他们背井离乡、千里迢迢来到城里就业、打工，他们有多少幸福的感觉？恐怕是另外一种状况了。

近年来，人力资源向沿海地区大城市、特大城市转移显现出愈演愈烈的态势。据报道，有的城市外来人口与本地常住人口已经平分秋色，甚至外来人口超过了本地常住人口。这种状况令人又喜又忧。一方面，随着经济社会快速发展，城市化战略的快速推进，城市扮演了重要角色，为吸纳农村剩余劳动力、扩大就业门路开辟了广阔的天地。与此同时，随着各类人力资源向城市的大跨度转移，也推进了城市的繁荣和发展，外来人群已成为城市人群的重要组成部分，成为城市正常运转不可或缺的重要力量。另一方面，各类人力资源大跨度地向城市，尤其是过度向沿海地区、沿海城市转移，会给人们一种误导，以为这里就是他们脱贫致富的天堂，是改变命运的广阔天地。事实上，对于有的人来说确实如此，对于大多数人来说，沿海地区的城市其实与非沿海地区的城市一样，劳动力的转移仅仅是谋生和改善自身生存质量的出路与手段之一。由于劳动力资源向某些地区、某些城市过度集中、过度转移，使这些城市过度膨胀，城市的承载能力出现严重问题。不仅基础设施、社会事业、城市管理、社会管理等方面出现了许多"城市病"，而且外来人群的就业空间也越来越小，生活成本却越来越大；他们面对的是城市文明成果，而自己的生存环境、生活质量不仅得不到改善，反而与城市文明形成了鲜明的反差。长此以往，必将对社会心理带来巨大影响，甚至进一步加剧社会矛盾、社会问题的形成。近几年，随着科学发展观的贯彻落实，各级党委政府在改善外来人群就业环境、民生保障等方面，尤其是在教育、医疗、公共文化体系建设方面采取了不少重大措施。但面对汹涌的外来人群，当地政府现有的财力和体制无法在社会保障、住房供给等更多方面有更大的作为，难以满足外来人群物质尤其是精神文化生活消费的需求，可以预料，这种局面将长期存在。

　　劳动力资源向城市转移，这是一个大趋势，不会逆转，应当通过加快实施城市化战略，加大城市建设和管理力度，进一步加快劳动力资源向城市的转移步伐。问题是，这种转移应当在有限区域、有限范围内进行，应当是有引守、有调节地开展。这样做的好处是：一、有利于解决全国各个区域间城市发展不平衡的问题。通过在东、中、西部各自做大做优一批大城市、特大城市，发展一批中小城市，形成比较合理的区域城市布局，才能有效促进劳动力的合理流动，从而推进区域经济社会发展。二、有利于降低劳动力转移的成本。当年乡镇企业起步时，著名社会学家费孝通曾提出"离土不离乡"的思路，现在仍然值得借鉴。试想，劳动者长途跋涉、

与文字为伴

背井离乡，家庭成员两地分居，没完没了的"春运"，劳民伤财，既谈不上乐业，更做不到安居，自我价值很难得以实现，有什么幸福感可言呢？

三、有利于落实党中央提出的沿海地区加快发展、西部大开发、中部崛起、东北等老工业基地振兴等重大区域发展的战略，鼓励劳动力在有限区域内流动，更有利于劳动力在转移流动上作理性选择。

务实面对民生保障

简述：中国国家之大、人口之多、地区间发展之不平衡、贫困人群与低收入人群之广泛、国民经济体系之复杂，在全世界绝无仅有。民生问题作为一个庞大的系统工程，有些问题只要有关方面重视，解决起来只是"举手之劳"的事；有些问题只要上下凝心聚力，解决的进程也比较快； 而大量民生问题的解决，牵一发而动全身，还依赖于国力的大幅度增强、政治体制的不断完善、社会管理水平的提升优化，等等。这将是一个漫长的过程，应当务实面对。

近年来，"民生保障"问题已成为各级党委政府关注的热点和重点问题，摆到了前所未有的重要位置。十一届人大两万多字的政府工作报告，"民生"内容占了四分之一，涉及遏制物价上涨、确保药品食品安全、增加中央财政对教育的投入、出台公益卫生医疗方案、加强公共就业服务、逐步提高居民收入在国民收入分配中的比重、建立和完善覆盖城乡的社会保障体系、增加中低价房供给，等等。人们可以深信，随着民生保障问题的不断解决与落实，全面小康的和谐景象将显现在世人面前。

不过，我想得更多的是，我们应如何以更加务实的精神保障民生。

中国国家之大、人口之多、地区间发展之不平衡、贫困人群与低收入人群之广泛、国民经济体系之复杂，在全世界绝无仅有。民生问题作为一个庞大的系统工程，有些问题只要有关方面重视，解决起来只是"举手之劳"的事；有些问题，虽然具有一定难度，但由于关注度高，影响面大，只要上下凝心聚力，真下决心，解决的进程也比较快；有些地区，由于具有较好的基础，民众的意愿变为现实常常可以指日可待；而大量民生问题的解决，牵一发而动全身，还依赖于国力的大幅度增强、政治体制的不断完善、社会管理水平的提升优化，等等。这将是一个漫长的过程，甚至需要一代人、几代人坚持不懈的努力，对此，人们决不能有过高的期望心理。

以民生为本，是党的全部工作的出发点和落脚点。但是，我们也应该清醒地认识到，我们的民生保障工作有些才刚刚破题，有些问题的解决尚处在起步阶段，有些问题只是治标还称不上治本，民生保障水平总体上还处于较低的水平。据国家民政部提供的统计公报显示，2006 年城市居民享受的城市最低生活保障标准仅为每月 169.6 元 / 人，全年发放城市最低生活保障资金 222.1 亿元，人均补差也只有 82.9 元 / 月；而农村人口享受的农村最低生活保障人均补差仅 33.2 元 / 月。又据国家权威部门公布的统计数据，截至 2006 年年底，全国实际享受廉租住房政策的家庭仅 26.8 万户，仅占住房困难家庭的 6.7%，占低收入住房困难家庭的 2.7%，占全国城市家庭的 0.15%（摘自 2008 年 3 月 8 日《姑苏晚报》）。以经济适用房投入最多的 2007 年为例，根据国家统计局的数据，全年完成投资 833.8 亿元，仅占房地产开发投资总量的 3.3%。至于真正建立和完善让老百姓满意的覆盖城乡的医疗保障和社会保障体系，将是长期而艰巨的任务。

重视民生、切实解决民生问题，是贯彻落实科学发展观的根本标志。衡量一个地区民生工作成绩的大小，主要不是看他作了多少承诺，许了多少愿，而是看能否结合当地的实际，真抓实干，创造性地做好工作。在这个问题上，"少说多做"是很好的取向。当然，适当作些宣传，向人民群众作出庄严承诺，是完全必要的，这是尊重人民群众知情权、监督权的体现，可以起到安民告示、鼓舞人心、凝心聚力的作用。问题在于，这种许诺必须适度、适时，留有余地。满足人民群众基本的民生需求，是政府工作题中应有之义，做了哪些？做得怎么样？老百姓自有评判的标准。有些民生问题，从政府的层面看，花了巨大的财力、物力，但由于中国人口多，分解到每个民众身上，只是"杯水车薪"。至于一些长远的、带有根本性的民生问题的解决，大都涉及国力、体制、政策等深层次问题，很多方案还有待反复论证，还要经过一个探索试验的长期过程。过早或过度地"先说后做"或"未做先说"，看起来振奋了人心，其实是刺激了心理需求和期望目标，加上实施周期较长，实施过程中还会出现某些不可预测的因素，其宣传的结果往往适得其反。

保障民生，关键是要坚持发展这个执政兴国的第一要务。在当代中国，发展经济、增强国力始终是解决一切问题的基本前提和基础。当今社会，我们之所以理直气壮地关注民生，有能力、有条件为老百姓办一些多年来想办而一直未办的好事和实事，有能力、有条件着手研究和解决人民群众多年来梦寐以求的社会保障等重大问题，就是因为改革开放三十年来，国民经济快速、健康、持续、协调发展为我们奠定了强大的物质基础。同样，最大限度地满足人民群众关于"民生"的需求，根本出路是必须全面贯彻科学发展观，坚持又好又快地发展经济，提高人民群众受教育程度，为民众提供良好的就业环境，完善发展成果由人民共享的政策与体制。只有这样，才能为保障民生创造强大的依托，才能确保民生的各项目标任务落到实处。

再创开放型经济新优势

　　简述：如果说，苏州经济有什么特色的话，那么苏州选择实施开放带动战略、坚持走外向型经济发展之路，乃是苏州经济的最大特色。外向型经济的崛起和腾飞，在整个苏州经济社会发展进程中扮演了重要的角色。外向型经济发展之路是一条具有时代特征、中国特色、苏州特点的成功之路。

　　熟悉苏州历史的人都知道，党的十一届三中全会以前，苏州地区只是全国重要的商品粮生产基地。据《苏州统计公报》记载，至1983年地市合并之际，年粮食总产量仍达到270万吨左右，亩产650至700公斤。苏州的工业基础十分薄弱，在省内一直列南京、无锡、常州、徐州之后。党的十一届三中全会开辟了苏州改革、开放、发展的新纪元，全市综合经济实力一跃成为全国地级市之首。据《2008年中国城市竞争力蓝皮书》，在我国（包括台湾地区、香港和澳门在内）200个地级以上城市中，苏州综合竞争力排名第8位，在内地仅次于深圳、上海、北京、广州，名列第5位。

　　苏州的发展倍受关注。如果说，苏州经济有什么特色的话，那么苏州选择实施开放带动战略、坚持走外向型经济发展之路，乃是苏州经济的最大特色。外向型经济的崛起和腾飞，在整个苏州经济社会发展进程中扮演了重要的角色。2007 年，苏州市进出口总额、出口额分别突破 2000 亿美元和 1000 亿美元，分别占全省的 60.6% 和 58.4%；实际利用外资 71.7 亿美元，占全省的 32.7%；全市涉外税收达到 474.5 亿元，占全市税收总额的 46.2%；涉外单位新增就业岗位 10 万个，占全市总量的三分之一。苏州的实践证明，外向型经济的突飞猛进，为苏州率先、科学、和谐发展提供了有力的支撑，注入了崭新的理念和管理方式，极大地推动了苏州经济国际化和城市现代化进程，为实现"两个率先"、加快富民强市、构建"和谐苏州"作出了重要贡献。外向型经济发展之路是一条具有时代特征、中国特色、苏州特点的成功之路。

苏州选择走外向型经济发展之路，并坚持一以贯之地走下去，这是历届苏州市委、市政府带领全市各级党政组织、人民群众解放思想、大胆探索、抓住机遇、务实拼搏的结果。外向型经济的成功实践是改革开放、解放思想结出的丰硕成果。

解放思想，就是主观同客观相符合，实事求是，一切从实际出发，使思想适应发展变化的新形势。党的十一届三中全会以来，苏州市自觉打破封闭僵化的思维模式，自觉把思想认识从那些不合时宜的观念、做法和体制中解放出来，从对马克思主义错误的和教条式的理解中解放出来，从主观主义和形而上学的桎梏中解放出来，从陶醉于以往成绩的自满意识中解放出来，审时度势、开拓创新，研究新情况、解决新问题，坚持走自己的路。苏州发展外向型经济，完全是天时、地利、人和三者会聚的产物。1978 年，党的十一届二中全会以后，邓小平同志针对当时全国经济封闭、僵化的局面，提出了创办"经济特区"的思想。之后，中国的对外开放迅速在经济特区、沿海开放城市和沿海开放地区三个层面展开，苏州作为沿海开放地区而得风气之先。1990 年，党中央关于开发、开放上海浦东的重大决策的实施，使作为上海近邻的苏州，一下子被推到了对外开放的前沿，从而为苏州外向型经济的蓬勃发展创造了千载难逢的机遇。与此同时，上世纪

80年代末90年代初，苏州乡镇工业在高速发展之后，机制不活、效益滑坡、资源浪费、环境被损等问题和矛盾开始显现，外向型经济的发展则为开辟新的发展机遇和增长动力提供了最佳的路径。更为重要的是，在解放思想的引领下，大大激发了苏州干部、企业家抓住机遇、加快发展的首创精神，"团结拼搏、负重奋进、自加压力、敢于争先"的张家港精神、"艰苦创业、敢于创新、争先创优"的昆山之路、"借鉴创新、和谐共赢"的"园区经验"，成为苏州人勇往直前、先人一拍、快人一步的不竭精神动力。

20世纪80年代中期，当有些地区还在为外贸体制改革得失成败争论不休时，苏州已争取到了外贸"切块承包"和自营出口的直接经营权，市、县（市）、乡镇全部建立了外贸公司，真正使企业从"五湖四海"走向了"五洲四洋"，促使外向型经济迅速上了一个台阶。80年代末90年代初，当有些地区还在对引进外资、举办外商独资企业"姓社还是姓资"、"会不会引狼入室"、"是不是丧权辱国"等问题争论不休时，苏州人甘当"第一个吃螃蟹的人"，积极推动外商直接投资办企业，昆山市当时曾连续五年获得了五个县级"全省第一"，即第一家办成中外合资企业，第一家办成外商独资企业，第一家有偿出让土地，以及利用外资总量、有偿出让土地总量为全省之最。90年代初，当有些地区还在热衷于"乡乡点火、村村冒烟"的乡镇工业发展模式时，苏州已开始实施生产力布局的理性大调整，走上了集约式发展的新路子，开发区应运而生。1992年，苏州一年被批准4个国家级开发区、9个省级开发区，这些开发区，已成为外向型经济的重要载体、高新技术产业的重要基地和现代化新城的示范区。目前，苏州的国家级、省级开发区实现的GDP和财政收入分别占全市的65.1%和49.1%。进入21世纪，外向型经济在发展过程中出现了一些新情况、新问题，当有些地区质疑"只长骨头不长肉"、"叫好不叫座"时，苏州人一方面坚持不争论、不埋怨，另一方面，自觉转变外向型经济增长方式，切实提高质量水平，实现了"量转质"的根本性提升，使开放型经济成为改革开放以来最快最好的时期。

　　不同时期的解放思想有不同的内涵，不同时期的解放思想有不同的目标任务。如果说以往的解放思想为苏州走上外向型经济发展的腾飞之路提供了强大的精神动力，那么，今后为了再创外向型经济新优势，让外向型经济的发展之路越走越坚定、越走越宽广，我们必须坚持进一步解放思想、开拓创新，努力按照党的十七大精神，全面落实科学发展观，进一步拓展对外开放的广度和深度，提高开放型经济水平，以开放型经济的成功实践检验思想解放的成效。从苏州的实际出发，进一步解放思想、再创开放型经济的新优势，要坚持以下几点：一是要切实转变外贸增长方式，优化外贸出口结构，促进加工贸易转型升级，加快实施出口品牌战略，优化出口市场布局，扩大规模，提高效益。二是要依托已经形成的利用外资先发优势，优化引资结构，创新引资方式，坚持将引进资本与引进智力、引进技术结合起来，尤其要加大对国外先进设备、先进技术和管理经验的消化吸收和再创新，提高企业技术创新能力。三是要优化开放型经济的载体和环境建设，切实强化国家级、省级开发区的综合功能，放大优势，提升能级，着力发挥其辐射带动作用。四是要在更高层次、更大范围内发挥外向型经济与其他经济的互动效应，形成内外联动、互利共赢、安全高效的开放型经济体系，形成经济全球化条件下参与国际经济合作与竞争的新优势。

城乡统筹呼唤新一代职业农民

简述：新一代职业农民与传统农民的本质区别，就在于他们具有现代眼光、职业情感、市场意识、科学知识、先进技能，对于他们来说，农村真正是一块广阔的天地，务农既是一种谋生手段、生产方式，也是一种职业分工、生活方式，献身农业，同样可以大有作为。

农耕时代的农民，以务农为谋生的基本手段，堪称为职业农民。建设社会主义新农村、加快城乡统筹步伐，则要呼唤新一代职业农民的崛起。

众所周知，伴随着工业化、城市化的推进，农村劳动力向二、三产业转移，农村人口向城镇集中，其趋势不可阻挡。然而工业化再发达，城市化再加速，仍将有相当多的人群与农村为伴，以农业为生。尤其地处江南水乡的苏州地区，确保相应的农业种植面积，建设美丽富裕的社会主义新农村，不仅具有经济意义，而且具有政治意义、社会意义、文化意义、生态意义，也是坚持科学发展、和谐发展、走可持续发展之路的题中应有之义。那么，培养、造就立志献身农业、建设农村的现代职业农民，便成了没有办法回避的重大现实问题。

毋庸置疑，在工业化、城市化快速推进的现代社会，农业已演变为弱质产业，农业尤其是种植业，主要是稻、麦生产，不仅效益低、风险高、消耗多、劳动强度大，而且社会对务农人群的尊重程度差。因而，跳出农门、放弃务农已成为多数农民尤其是青年农民的价值取向，"3860"即妇女与老人已成了农业劳动力的主要对象。但据我了解，即便是在苏州这样工业化已成大势的地方，情况也不尽然如此。

张家港市塘桥镇有位30多岁的土生土长的农民，独自经营土地达500亩，其中水稻400多亩，葡萄、草莓、甜瓜等经济作物90亩左右。更为可贵的是，他不仅个人乐于务农，而且还打算让目前才12岁的儿子将来接班也以种田为生。

在苏州各地，还拥有一大批以种植业、养殖业为主要产业的农民企业家，他们创办和依托各种类型的专业合作社、股份合作社以及农业示范园区，演绎出苏州现代农业繁荣发展的生动景象。

应该看到，通过扩大非农产业以减少农民，让农民脱离农村，不仅是农民致富的重要途径，也是城市化发展、城乡一体化发展的必然结果。但同样必须看到的是，培养与造就新一代职业农民群体，是苏州未来经济社会和谐发展、可持续发展的战略选择，决不可漫不经心。而新一代职业农民群体的崛起，需要全社会共同努力。

农民不愿务农，最本质的原因就是农业尤其是以水稻、小麦为主体的种植业给农民收入的贡献率低。因此，提高农业的比较效益是激发涉农创业动力的前提。这里需要明确，政府对此需扮演重要角色。凡是应当而且可以由市场解决的应当交给市场解决，政府的责任主要是更多地让市场配置资源，以更多的措施鼓励和引导农民参与市场竞争，在市场经济的大环境下提升自身的竞争力，提高农副产品和产业的竞争力；凡是市场解决不了的，政府则应当承担责任，如通过政府财政政策等措施，加强城市对农村、工业对农业的反哺或转移支付的力度，尤其对那些经济比较效益明显偏低，而社会政治效益、生态效益很强的稻麦生产，不仅应从规划上控制其面积，而且要利用政策杠杆和经济杠杆提高农民的种田积极性，使他们"有利可图"。

农民不愿务农，还有一个重要原因，就是长期以来农民的政治地位与社会地位不高，"种田无出息"，涉农企业家也得不到社会的普遍尊重。近几年来，随着科学发展观的贯彻落实和城乡统筹步伐的加快推进，在农民民主权益保护、社会保障、公共服务以及农村基础设施建设、土地使用制改革等方面，都有了长足的进步，农民的经济、社会、政治地位明显提升。实践表明，只有让广大农民享有与其他群体同等的社会地位，才可能有更多的人尤其是年轻人投身农业、扎根农业。

应该认识到，分散为主、以户为单位的小农经营、小生产方式造就不出农民企业家，也造就不出新一代职业农民，同时也必将把农业的发展引向"死胡同"。这就告诉我们，加快农业经营方式的转变，加快农业规模经营的步伐，不仅是加快农业现代化的必由之路，也是培养、造就新一代农民企业家和新型农民的重要载体。要通过规划控制、政策调控、体制创新、市场引导、加强服务、领导保障等多种手段，鼓励和推进多种形式的农业规模经营的步伐。

新一代职业农民与传统农民的本质区别，就在于他们具有现代眼光、职业情感、市场意识、科学知识、先进技能，对于他们来说，农村真正是一块广阔的天地，务农既是一种谋生手段、生产方式，也是一种职业分工、生活方式，献身农业，同样可以大有作为。这就需要加强对务农、涉农人群的现代科学知识和技能的武装，需要全社会转变观念，鼓励更多的人关注农业，鼓励更多的企业家投资农业，鼓励更多的青年才俊献身农业，从而为新一代职业农民群体崛起创造良好的社会环境。

见证历史　感受变化

简述：当我们回顾改革开放 30 年所走过的这段历程的时候，有的人缺乏切身体验，自然感受不多；有的人已经开始有些陌生，有的甚至不以为然，因为以今天的眼光审视过去，也许所走过的路并不完美，当今社会还存在许多矛盾和问题。我们纪念改革开放 30 周年，最重要的就是继往开来，开拓未来，把中国特色社会主义事业不断推向前进。

有关部门组织评选"苏州改革开放 30 年来最具影响力的 30 件大事"，邀请一批"过来之人"给予推荐、评点。

这实在不是件易事。30 年，在历史长河中只是一个瞬间，但这个瞬间对于从这个时代一步步走过来的人来说，却是深深地留在脑海中，长久地留在记忆之中，永不消逝。30 年来，具有影响力的大事，值得诉说、值得大书特书的太多太多，很难穷尽。

有的说，作为"文化大革命"的重灾区，粉碎"四人帮"以后，尤其是十一届三中全会以后，苏州按照中央和省委的指示，迅速地拨乱反正，坚决果断地平反冤假错案、纠正历史遗留问题，先后为近 3 万名党员干部、爱国民主人士和其他对象恢复名誉、落实政策，从而为迅速实现全市工作重心转移到经济建设上来，开启社会主义现代化建设新局面奠定了良好的思想政治组织保证。对此，历史应当留下重重的一笔。

有的说，1979 年以后，苏州酝酿探索联产承包责任制，随之关于苏州农村应是种双季稻还是单季稻的大讨论引发了农业耕作制度的改革，这对苏州农业来说是一个破冰之举。正是这个改革，才有可能使苏州农民逐步从繁琐的农业劳动中解放出来，才有可能出现剩余劳动时间，从而为转移农业劳动力进而为发展乡镇工业成为现实。对此，应当书上一笔。

有的说，1983 年以后，作为全国乡镇工业的发祥地之一，乡镇工业以异军突起之势迅速崛起，它需要胆识和勇气，随之形成的"离土不离乡、进厂不进城"、"小城镇、大问题"、"四千四万精神"等诸多经验不仅改变了苏州，也影响了全国，苏州的乡镇工业成为全市经济的"半壁江山"、"三分天下有其二"，成为农村市场经济的开拓者和先行者，更体现了苏州人民的伟大创举，可以说，苏州乡镇工业为苏州的工业化、城市化、现代化奠定了基础。乡镇工业的出现是苏州发展历史上的一个里程碑，当然应当大书一笔。

有的说，1985 年以后，苏州开始探索并全力推动外向型经济，全省第一家中外合资企业在昆山建成投产；1988 年，苏州在全省第一个争取到外贸切块承包和自营出口的直接经营权，乡乡镇镇建立外贸公司；1990 年，在全省第一家兴办海外企业，从此，外向型经济成为苏州的"龙头经济"、"牛鼻子"经济，外资、外贸、外经"三外齐上"的态势不可阻挡，外向型经济发展战略作为苏州的重大战略至今未变，外向型经济已成为苏州经济最重要的特色。自然应当大书特书。

有的说，1986 年 6 月，国务院关于《苏州市城市总体规划》的批复，对苏州的发展和古城保护，为全面保护山城风貌、积极建设现代化新区掀开了新的一页。正是在这个方针的指导下，苏州从发展和保护两方面展开了一系列新的创造性的探索和实践，先是对古城区 54 个街坊作出了保护详规，并着手"退二进三"，提出了"古城新区"、"一体两翼、古城居中"、"五区组团"等新概念，实施环古城风貌保护工程，与此同时，进一步加大城市基础设施建设和改造的力度，完善中心城市的区域布局，强化中心城市功能，使古城保护步入了更加理性、更加科学、更加成熟的轨道，从而使苏州成为物质文化遗产和非物质遗产的"双遗产"保护地。这是苏州作为全国重要的历史文化名城和重点风景旅游城市所作出的重大举措，不能不书上一笔。

有的说，1992 年，是值得铭记的一年。这一年，苏州有昆山经济技术开发区、太湖国家旅游度假区、张家港保税区、苏州高新技术产业开发区等 7 个开发区被国务院批准列入国家级开发区序列，常熟经济技术开发区等 7 个开发区被省政府批准为省级开发区。次年，苏州市人民政府和新加坡劳工基金（国际）公司又签订了合作开发苏州工业园区的原则协议。从此，苏州开始进入"开发区经济"时代，这是苏州生产力布局的一次理性大调整，是经济发展战略的一次质的大飞跃，为实现跨越式发展、推进城市现代化和城乡一体化、走可持续发展之路提供了实践的样本。开发区的发生、发展和成熟是苏州发展史上最具深远意义的事件之一，应当重重地写上一笔。

有的说，从 2002 年至 2005 年的市属国有（集体）企业产权制度改革，是苏州改革史上的大手笔。苏州素以"苏南模式"著称，长期以来，国有（集体）企业成为政府的附属物。然而就在这几年，苏州市属一般竞争性领域的 1018 家国有（集体）中小企业、82 家生产性集体事业单位以及先期改革的 18 家市属应用型科研机构通过规范的改革和产权转让，全面完成了产权制度改革任务，从而为苏州民营经济的腾飞、为苏州工业经济的跨越式发展奠定了重要基础。这堪称为一大壮举，孰是孰非，历史会作出结论，值得好好书上一笔。有的说，2006 年 2 月，是个值得骄傲的月份，时任江苏省委书记的李源潮在苏州市委常委（扩大）会上宣布，对照江苏全面小康指标的经济发展、生活水平、社会发展、生态环境等四大类 18 项 25 个指标，苏州市及其所辖的 5 个县级市于 2005 年底在全省率先全部达标，这标志着实现第一个率先的目标即全面建成小康社会初战告捷，将向第二个率先目标即基本实现现代化而奋斗。苏州的发展更加注重结构、更加注重环境、更加注重民生、更加注重统筹，苏州的城市化、现代化、城乡一体化进入了崭新的阶段，科学发展、和谐发展、可持续发展进入了新的时代。

30 年来的中国发生了翻天覆地的变化。今天，当我们环顾祖国大地的时候，看到的是一片莺歌燕舞、欣欣向荣，国力强大、民生安定，经济、政治、文化、社会和谐发展，成就感油然而生。但是，当我们回顾改革开放 30 年走过的这段历程的时候，有的人缺乏切身体验，自然感受不多；有的人已经有些开始陌生，有的甚至不以为然，因为以今天的眼光审视过去，也许所走过的路并不完美，当今社会还存在许多矛盾和问题，我们更需要关注现实、展望未来。

然而，马克思主义者从来就是历史唯物主义者，总结过去当然是为了关注现实、展望未来。我们今天的一切成就都是踩在前人的肩膀上取得的，同样，我们今天所做的一切，不仅是为了当代，更是旨在为后人留下珍贵的物质和精神财富。历史的进步本来就是一个过程。30 年来，苏州的发展是踩着中国改革开放的节拍而大踏步前行的，如果说苏州的发展有什么特色的话，那就是党的十一届三中全会以来，历届苏州市委一以贯之地努力践行中央的指示精神，并努力把中央的重大决策同苏州的实际结合起来，创造性又理性地坚持探索和实践，在不同的发展阶段实现新的伟大跨越，以至成为全省乃至全国率先改革、开放、发展的先行地区。我们纪念改革开放 30 周年，最重要的就是继往开来、开拓未来，把中国特色社会主义事业不断推向前进。因此，历史是不能忘却的，忘却意味着背叛。

时评概览

焕发激情

简述：如果说，"激情缺失"作为一种社会现象是客观存在的话，那么，应当进一步认识和分析"激情缺失"所具有的深刻社会因素、文化因素、经济因素以及职业因素。点燃缺失的激情则需要对症下药、综合治理。在一个充满激情的氛围里，每个人都会变得富有朝气，都会充满生机和活力，我们的事业也才能蒸蒸日上。

我发现自己有些"激情缺失"：理智多于冲动，沉稳大于活泼。起初我以为这与年龄、经历和性格有关，后来发现并不尽然。如今缺少激情的大有人在：作家、艺术家缺少体验生活的激情，企业家缺少投资的激情，领导人缺少改革的激情，年轻人缺少创业的激情……当然这仅指一般而言，富有激情的人与事的案例可举成百上千。

你想啊，2008年我们国家发生了多少事情，大悲大喜皆尽有，南方雪灾、汶川大地震、藏独事件、北京奥运、神七上天等等，每一桩、每一件都是那么惊天动地、可歌可泣，可我们并没有看到让民众普遍认同、能够流传的精品力作，哪怕是一首歌、一篇报告文学。是作家、艺术家江郎才尽吗？我看不是，也许是作家、艺术家缺少体验生活、体验实践的激情所致。

发展、投资是企业家的天性。想当年，为了发展，那些乡镇企业家们不畏风险、不惧失败、不怕艰辛，竭尽"四千四万"之能事，心里总是涌动着创业、创新、创优的拼搏激情。而如今，我们所熟悉的那些叱咤风云的企业家，一改当年风采，有的开始缺乏自信，决策时优柔寡断、瞻前顾后；有的开始滋生贪图安逸的念头，靠"吃老本"过日子；有的则已过上了"贵族"生活，尽情享受创业"成果"，挑战、冒险、竞争等昔日耳熟能详的名词逐渐变得陌生。

谁都知道，改革开放 30 年，无论对于中国的过去和未来，都具有里程碑式的历史意义，尽管改革开放为社会群体中每个成员带来的利益并不均等，尽管改革开放进程中面临着和可能出现无穷无尽的问题，但是，改革开放是中国历史滚滚向前的必由之路，这是不能怀疑和动摇的。值得思考的倒是，面对改革，我们当今还有多少人具有那种"敢闯敢试"、"杀出一条血路"、"允许改革犯错误，但不允许不改革"的锐气和勇气。尤其是当改革触及既得利益和分配格局调整时，触及到政治民主等敏感话题时，改革的激情戛然而止。因为谁都知道，改革是有风险的，挑战风险是要付出代价的。

被称为 80 后、90 后的一代，凭借他们在汶川大地震和北京奥运会的卓越表现，全社会对他们刮目相看、予以尊敬。但不得不承认，成长于社会转型时期的这一代人，理想、信念、价值观，在他们身上发生了巨大的变化；上一代人的过度呵护又滋养了他们的依赖心理，压抑了他们的创新、创造能力；衣食无忧的生活环境使他们多少有点"身在福中不知福"。对于他们来说，磨难与挫折、创业与创造，缺乏足够而充分的思想准备，他们中的相当一部分人，仍然在社会和父母的关爱下无忧无虑地生活着。

我的上述观察，也许是一孔之见。因为中国人本来并不缺少激情，且不说在革命战争年代那个被人们称之为"激情燃烧的岁月"，中国人民在抵御外敌入侵，追求民族独立、民族解放的斗争中所表现的英勇气概；也不说改革开放以来，中国人民为冲破以阶级斗争为纲的束缚、向以经济建设为中心的转折过程中，在冲破计划经济体制转向社会主义市场经济体制过程中，在开创中国特色社会主义的伟大实践中，表现出的那种创造精神、拼搏精神；就是在 2008 年，中国人民在抗击四川汶川大地震中那种一方有难、八方支援的伟大精神，在北京奥运会举办中那种万众一心、众志成城的民族精神，着实可以让全世界为之一振。

问题在于，激情不应只发生在波澜壮阔的年代里，不应只发生在如火如荼的日子里。激情作为一种乐观、奋进、向上的精神状态，作为一种活力、智慧的动力和加速器，应当溶化于理念之中，付之于全部实践之中，从而成为经济发展、社会进步、事业兴旺、家庭幸福的保障。

如果说，"激情缺失"作为一种社会现象是客观存在的话，那么，应当进一步认识和分析"激情缺失"所具有的深刻社会因素、文化因素、经济因素以及职业因素。点燃缺失的激情则需要对症下药、综合治理。许多人把"激情缺失"归结为外部原因导致的信心缺失，比如，市场低迷容易使企业家失去投资的激情，过分优越的生活环境会使一部分人失去创业的激情，社会保障不到位会使一部分人失去追求幸福生活的激情，赏罚分明的机制不落实会使员工失去努力工作的激情，失当的税赋政策会使一部分人群对创业失去激情，用人不当会使干部失去做实事、办实事、开拓进取的激情，形式主义、表面文章屡禁不止会使人失去求真务实的激情，等等。应当认为，外部原因的确是"激情缺失"的因素之一，唤起人们的信心，创造良好的外部环境是必不可少的，我们理应按照党和政府的要求、人民的期盼，努力改进自身的工作。但是，应该看到，无论是信心缺失，还是激情缺失，这与主观认识进入误区有很大的关联。人们可以期望外部环境如愿以偿地发展，殊不知，外部环境并不可能完全如愿以偿，因而人们应当顺应和适应外部环境。所谓激情，归根结底是主观对客观的一种认知反映，是个体伴随客体而出现的情感、态度和行为的一种表现。激情缺失，主观对客观随之反映出的是抱怨、倦怠、效率降低、身心疲惫，在这种情况下焕发激情的唯一办法是积极调整心态，正确面对现实，学会适应环境，转移心理压力。从根本上看，焕发激情关键要努力加强马克思主义的理论修养和政治修养，确立正确的世界观、人生观和价值观，养成以辩证唯物主义和历史唯物主义的认识论和方法论去观察、分析、判断问题的习惯，并不断提高能力与水平，多一些开拓创新的勇气，少一些因循守旧的惰性；多一些乐观开放的精神，少一些狭隘短视的意识；多一些社会责任感，少一些贪图安逸的心态。与此同时，越是平静、平和的社会环境，越需要创造浓重的社会舆论环境，越需要唤起奋发向上、开拓进取、创新创优的士气。当然，这种舆论引导必须具有感召力和针对性，必须入情入理、入脑入耳、喜闻乐见。否则，任凭上面讲得口干舌燥，文件发得层层叠叠，媒体不停宣传煽情，激情照样焕发不起来。在一个充满激情的氛围里，每个人都会变得富有朝气，都会充满生机和活力，我们的事业也才能蒸蒸日上。

时
评
概
览

新生代农民工值得关注

　　简述：新生代农民工群体的涌现，是不可避免的一种趋势，必将给政府工作、企业发展、社会管理带来新的课题。处理得好，可以成为城市建设与发展的新的生力军，成为城市的新市民；处理得不好，有可能引发许多新的社会矛盾、社会问题。应从四方面同时入手：一是源头抓起、优化教育；二是政策引导、合理疏导；三是挑战自我、自强不息；四是制度保障、社会关爱。

　　农民工群体的生存状态和职业状态，是党和政府以及社会工作者普遍关注的一个问题。在农民工群体中，新生代现象悄然出现，尤其应当值得关注。他不仅关系到新生代农民工的切身利益和健康成长，也关系到社会的和谐稳定与经济可持续发展。

　　新生代农民工泛指已经和即将走向城市就业的上一代农民工子女，他们一般由两类人群组成：一类是从小跟随父母进城打工，在"城中村"、"棚户区"或其他租住地长大，在民工子弟学校或借读城市其他学校读书，未进入高一级学校而直接在城市打工谋生的群体；一类是从农村成长起来的"留守儿童"，由于未进入高一级学校，他们"子承父业"，或跟随父母进城打工或个人直接进城打工谋生。这类新生代农民工群体有别于他们的父辈，具有许多鲜明的特点。

从打工目的看，上一代农民工多数是为了养家糊口，赚点钱盖个房子、娶个媳妇，或供孩子上学；而新生代农民工则没有更明确的目标，或想进城开开眼界，锻炼锻炼，或赚点钱，学一门技术，或认为农村太落后，想过过城里人的生活。

从职业选择看，上一代农民工普遍受教育程度不高，没有良好的技能，因而对职业的选择期望目标不高，只要能赚钱，干啥都可以，苦点脏点累点都没有关系；而新生代农民工向往城市生活方式，既接受过一定的文化教育，又不具备在城市安身立命的良好职业技能，但他们对职业却比较挑剔，常常是"好"工作找不到，苦脏活不想干，对家政、餐饮服务及劳动强度大的岗位普遍不感兴趣。另外，上一代农民工进退回旋余地比较大，城市里找不到工作，还可以返乡种田务农，打零工谋生；新生代农民工宁愿失业、无业，即便过得很艰辛，也要滞留在城里，普遍不想回到农村。

从心理承受状态看，上一代农民工从农村走向城市，往往面对现实，听天由命，安分守己，忍辱负重，没有"非分之想"；而新生代农民工的心理素质却十分脆弱，面对城市的花花世界、城里人的生活方式，再看看自身生存状态，心理严重失衡，甚至对社会、对富人产生某种莫名的仇恨心态，以至发生违法乱纪的事情。

应该看到，新生代农民工群体的涌现，是不可避免的一种趋势，必将给政府工作、企业发展、社会管理带来新的课题。处理得好，可以成为城市建设与发展的新的生力军，成为城市的新市民；处理得不好，则有可能引发许多新的社会矛盾、社会问题。据上海市青浦区、闵行区调查，近年来青少年犯罪案件中，不满16周岁的外来务工人员子女参与刑事作案的已占6成，新生代农民工犯罪率明显高于上一代农民工犯罪率。关注新生代农民工问题，我觉得应从四方面同时入手：一是源头抓起、优化教育。要将农民工子女的教育真正纳入现代国民教育体系，创造良好的教学环境和公平的教育条件，让大多数农民工子女都能接受良好的教育，使之茁壮成长。切实提高农民工子女的受教育程度和受教育质量，从小开始灌输和引导确立正确的世界观、人生观和价值观，自小确立"知识改变命运"的理念，刻苦学习科学知识和现代劳动技能，进而以从容的姿态走向社会。二是政策引导、合理疏导。其实，农村的确是一个广阔的天地，随着城乡统筹、城乡一体化步伐的加快，农业现代化、农业产业化时代即将到来，农村需要一大批有文化、懂技术、会经营的新型农民，以发挥其在农村的主体作用，而目前农村各类人才后继乏人、青黄不接现象十分突出，新生代农民工大有用武之地，这就需要我们在舆论上引导他们确立责任意识和回归意识，在政策上鼓励新生代农民工向农村流动，到农村创业，在流动和创业中实现其自身的人生价值。三是挑战自我、自强不息。新生代农民工安身立命的基础是职业精神和职业技能，既然选择在城市务工、就业、创业，新生代农民工就要像他们的父辈那样确立务实的就业态度，不畏艰辛，适应新的环境，克服怕吃苦、"爱面子"的就业观，坚信劳动可以改变命运。与此同时，创造条件，把握学习机会，提高职业技能，从而增强就业选择的空间。四是制度保障、社会关爱。要加快建立和完善包括新生代农民工在内的农民工社会保障体系、农民工就业推进机制、农民工社会管理机制、农民工培育与教育机制等等，从制度上切身保障农民工的权益，从整体上提高他们的综合素质，与此同时，应当切实加强对农民工群体的社会管理，加强法治宣传教育，实施综合治理，加强心理疏导，客观看待农民工人群中出现的矛盾和问题，积极为农民工就业、创业、生活创造一个良好的社会环境。

促进就业的几点思考

简述：一个地区、一个城市劳动力的充分就业程度常常是衡量这个地区、这个城市社会安定、经济繁荣、政府工作、民众收入水平的"晴雨表"。保就业、保企业、保增长已成为全社会普遍关注的重大问题。一、促进就业，重在指导，不应有重点与一般之分。二、促进就业，要着力扶持那些对劳动力容量较大的民营企业、中小企业与服务业。三、促进就业，不仅事关民众生活，更关系到提升民族素质。四、促进就业，经济发达地区只拥有"有限空间"。五、促进就业，关键还是要加快改革、推进发展。

劳动创造生活，就业乃民生之本，这是人们普遍明白的道理。但对于中国这样一个拥有十几亿人口的大国来说，实现劳动力的充分就业，绝不是一件简单的事情。因此，一个地区、一个城市劳动力的充分就业程度常常是衡量这个地区、这个城市社会安定、经济繁荣、政府工作、民众收入水平的"晴雨表"。随着国际金融危机对我国的蔓延和影响，我国的就业形势又开始严峻起来，保就业、保企业、保增长已成为全社会普遍关注的重大问题，并正在采取各种积极有效的措施，促进经济的回暖，推进企业的健康成长，降低城镇失业率，提高全社会充分就业程度。对此，我也有几点思考。

一、促进就业，重在指导，不应有重点与一般之分。促进就业，涉及社会各类人群。目前，大学生就业和农民工的再就业已成为全社会较为重视的两大对象，也成为今年召开的"两会"的一个热门话题。与此同时，各级政府相应采取了一系列扶持的措施。问题在于，大学生与农民工的失业固然要高度关注，但据中国社会科学院 2008 年 12 月 16 日发布的《社会蓝皮书》，中国城镇失业率已攀升到 9.4%，已经超过了 7% 的国际警戒线，这就不仅是一个大学生和农民工失业的问题了。对于绝大多数大学生来说，就业难当然是客观事实，但大学生毕竟有知识、有才能，如果真正能转变观念、放下架子、挑战自我，就业之门还比较容易打开；对于农民工来说，尽管他们失去在城镇的就业机会确是无奈之举，但毕竟凭借他们吃苦耐劳的精神，还有"回家种田"或"打短工、干零活"等回旋的空间与余地，一旦经济复苏，仍然可以"重出江湖"。但在城镇，普遍拥有一群低学历、低技能或虽有技能却无用武之地的下岗职工、无业青年和老居民，他们是真正的失业人群，也是城镇最贫困的一类人群。据杭州市调查，目前蓝领工人、原住民家庭幸福指数最低，其中最主要的原因之一是就业不充分、就业压力导致的物质条件下降。现在社会矛盾之所以没有充分显现，主要是这个群体心态的调整、亲友的接济以及政府的相关保障。因此，对于失业对象的扶持，重在分类指导，不应有重点与一般之分。

二、促进就业，要着力扶持那些对劳动力容量较大的民营企业、中小企业与服务业。促进经济增长，关键是促进企业成长，没有一批雨后春笋般应运而生的企业，何来劳动者的就业岗位？问题在于，劳动者的就业需求是多元的，是根据劳动者的素质特征而确定的，不同知识结构、专业技术结构以及心理素质的劳动者，对就业岗位的选择是不同的。应该看到，中小企业、民营企业和服务业是提供劳动力岗位的主力军。据《21 世纪世界经济报道》消息，改革开放 30 年来，中国的中小企业、民营企业吸引劳动力最多、创造岗位最多。一些地方统计数据表明，资产不到国有企业一半的民营企业所提供的就业岗位是国有企业的 5 至 8 倍。因而，在国家实施积极的财政政策和适度宽松的货币政策来促进经济发展时，我们不仅要考虑重点扶持那些国有大中型企业、高新技术产业企业，还要下大力气发展民营经济、发展中小企业，发展那些能更多容纳劳动力的企业。还有专家认为，保就业的有效办法不是基础设施投资，也不是向资本密集型的重型制造业投资，而是开放劳动密集型的服务业，促进资源从制造业向服务业的转移，创造更多的工作机会，吸纳从制造业和农村游离出来的劳动力。

三、促进就业，不仅事关民众生活，更关系到提升民族素质。为解决失业致贫问题，各地政府加强了失业救助、最低生活保障等工作，这是必需的。但应该明白，就业获得的工资、福利、保险等收入与政府、社会机构给予的物质救助、扶持，是两种不同性质的保障和收入，具有不同的心理感受。就业是民生之本，劳动不但创造财富，而且创造智慧、提升素质，人们一旦失去职业，其思维方式、价值观念、生活状态就会随之发生变化。在一些地方，由于征地拆迁等因素，形成了一批失业人群，他们并不缺钱，甚至还比较富裕，吃穿不愁，因为他们手中还有拆迁补偿的房屋出租，或还有其他途径获得的物业收入，但由于没有固定职业，或无事生非，或整天沉浸于"打麻将"、"晒太阳"等无聊的生活状态之中，长此以往，人的思想素质必然衰退甚至影响下一代。正因为如此，促进就业的意义不仅在于增加民众的物质性收入，而且是关系到增强民族素质的根本性方略。

四、促进就业，经济发达地区只拥有"有限空间"。我国东西部经济发展程度差异很大，一大批劳动力包括农村剩余劳动力、城市下岗职工、低学历青年、应届大中专毕业生一窝蜂地涌向东部沿海经济比较发达的地区和一些大中城市，这是很自然的，但在补充这些地区人才与劳动力不足的同时也加剧了这些地区和城市的就业矛盾。据苏州市提供的数据，2009年，苏州户籍高校毕业生有5万多名，外地籍高校毕业生来苏州找工作的有4万人，而可供的岗位是有限的，由此形成了社会问题："招来女婿得罪儿子"。事实上，任何地区与城市的就业空间都是有限的，即便是经济发展处于相对快、相对好的地区也是如此，绝不是人人可以"淘金"的"天堂"。如果一味地涌向少数地区，不仅使这些地区自身的就业矛盾难以消化，而且使涌入这些地区的一部分人群处于城市边缘化状态。所以，无论在政策上还是舆论上，我们都要激发和引导求职者广开就业途径和空间，充分调动自身对于创业与就业的积极性和创造性，寻求最佳出路。

五、促进就业，关键还是要加快改革、推进发展。在促进就业的问题上，政府应当而且可以有所作为，比如，制定相应政策，鼓励企业留人不裁员，保住现有企业员工不流失和少流失，鼓励企业多吸纳员工，给一部分失业员工发放失业补助等等。但是，我们的政府并不是无所不包、无所不能的政府，而是一个"有限政府"。在促进就业的问题上，要充分发挥市场配置资源的作用，尤其对吸纳劳动力最为显著的某些领域，要切实打破垄断，解除过度的管制，降低市场准入门槛，吸引民间资本参与，比如，目前的金融、电信、交通运输、文化教育、医疗卫生、媒体娱乐行业都有坚固的市场准入壁垒，可以设想，如果壁垒一打破，就业的空间无疑就相应扩大。改革出思路，改革促进生产力的发展，这是已被实践证明了的真理。如果没有改革，中国农村几亿剩余劳动力的消化，城市职工长期处于隐性失业的状态的解决，就无法变为现实。同样，解决中国当代就业矛盾，也要靠改革的思路、改革的举措。

"城市化"五题

简述：把中心城市做强、做大、做优、做美，是加快城市化和城市现代化进程的重要任务，"强大优美"是一个辩证统一、互为作用、相得益彰的整体。其中，做强始终是基础，只有经济发展的规模与水平提高了，做强、做大、做优、做美中心城市才有可靠的保证；适度的城市规模、优越的城市功能、美丽的城市容貌，是城市化和城市现代化的重要内涵。"做强、做大、做优、做美"，既是一个目标，也是一个过程。

把中心城市做强、做大、做优、做美，是加快城市化和城市现代化进程的重要任务，是今后一个时期经济社会发展的重要目标。一方面，"强大优美"反映了当今社会城市化和城市现代化发展的一般规律和特征，比较形象地概括了一个城市的综合实力和规模、环境、功能的层次和水平；另一方面，应当把做强、做大、做优、做美中心城市作为加快城市化和城市现代化的切入点和抓手。

1."强大优美"是一个辩证统一、互为作用、相得益彰的整体。其中，做强始终是基础，只有经济发展的规模与水平提高了，做强、做大、做优、做美中心城市才有可靠的保证；同时，适度的城市规模、优越的城市功能、美丽的城市容貌，对做强城市综合实力具有巨大的推动作用，是城市化和城市现代化的重要内涵。"强大优美"是一个相对的概念，必须始终坚持把创造特色、形成个性、增创优势寓于其中，并贯穿始终。"做强、做大、做优、做美"，既是一个目标，也是一个过程，它们之间不是谁先谁后、谁决定谁的关系，应当坚持同步推进、协调发展，在工作的思路上，坚持放眼长远、规划先行、立足当前、抓住重点，积小胜为大胜，从而进入理想的境界。"强大优美"作为城市化和城市现代化的目标，并不仅仅是城市问题，必须正确处理城乡关系，实现"城市现代化，农村城镇化，城乡一体化"的统一，在加快城市现代化的同时，努力加快农业人口向非农人口的转变，促进农村人口向中小城市和小城镇聚集。

2.加快城市化和城市现代化步伐，增强综合经济实力是基础。什么是综合经济实力？其主要标志是：经济总量规模大，人均水平高，城市的聚集辐射功能强，政府财力厚实，社会就业充分，人民生活富裕。具体体现在以下几点：（1）产业发展的竞争能力，比如制造业的先进性、高新技术的比重、知识经济的水平、技术的自主创新能力、第三产业的发展程度等等；（2）政府可支配财政的实力与能力；（3）中心城市对人流、物流、信息流、资本流、技术流的聚集和辐射能力；（4）老百姓的可支配收入水平（购买力）；（5）经济的可持续发展能力；（6）政府对市民的凝聚力和号召力。

做强综合实力的过程，实际上是营造产业的竞争优势，使优势更优、弱势变优的过程。因此，要十分注意挖掘优势、发挥优势、发展优势，形成一种"优势效应"、"强势效应"。增创产业的竞争优势，应当始终不渝地坚持以结构调整和产业升级为主线，坚持技术创新与制度创新、机制创新相结合，以提高苏州的整体竞争力为目标；增创竞争优势，应当正确处理市域与市区的关系，由于现行的行政体制与财政体制，市域经济状况只能反映而不能代表市区经济状况，因此，我们指的综合经济实力，主要是指市区而言；增创竞争优势，应当以实现老百姓的充分就业为出发点和归宿，注意以高技术、高税收、高就业相兼顾的产业发展方向；增创竞争优势应当把民营经济的大发展放在突出位置。如果说 80 年代以来乡镇企业的崛起、外向型的腾飞，成为苏州经济持续发展的两大优势的话，那么，进入 21 世纪，民营经济有可能成为苏州经济的又一大优势。因此，必须放开手脚，加强引导，营造更为宽松的政策环境与市场环境，促进发展。

3. 加快城市化和城市现代化步伐，做大城市规模是一个重要环节。做大规模，就是要从城市的经济社会发展规律和内在要求出发，拉开城市框架，拓宽城市空间，同步推进基础设施建设，从而在更大的空间和范围内优化资源配置，使中心城市在更大范围发挥聚集、辐射和带动作用。

做大规模，首先是个科学规划布局的问题，这就是说，要不要做大、做多大规模，是以科学的规划与布局为前提和依据的。大，并不是越大越好，它必须与城市经济社会发展的内在要求相适应，以实现规模效益为目的；大，不是说把所有城市都做大，主要是把中心城市的规模做大；大，不是一下子做大，而是一个渐进的过程，尤其是对城市内涵的做大，更不可能一蹴而就。从苏州的实际看，做大，必须认真审视自身所处的区位特征：（1）苏州紧靠上海，处于上海大都市圈核心层的边线；（2）苏州地处沿海经济带与长江三角洲经济带的交汇点，地处国际、国内为数不多的苏锡常、杭嘉湖高密度的城市连绵区的中心；（3）苏州市域内的中小城市发展处于较高水平。因此，做大苏州中心城市，必须正确处理苏州与上海的关系，正确处理苏州与长江三角洲地区周边城市的关系，正确处理市域内中小城市的关系。苏州所处的这个区位特征，决定了做大苏州中心城市，既是一个适度扩大规模（人口、用地）的问题，更是增强中心城市集聚力、辐射力和带动力，提高中心城市的发展水平和质量的问题。做大苏州，重在中心城市、中小城市、卫星镇之间形成一种"区域城市"的特大城市形态布局。城市之间、城镇之间用高（快）速通道连接、绿地和农业保护区相连，形成组团、多心、开敞式的网状空间结构布局，与此同时，形成与特大城市相匹配的整体协调、功能分工合理的大交通、大市政、大绿化、大水利体系，以逐步形成市域内交通、通讯、市政、供水排水、供电供热、绿化系统的网络化、一体化。

4.加快城市化和城市现代化步伐，做优城市环境是关键。"优"是一个综合的概念，体现在经济结构、产业布局、生产技术的优化，体现在城市规划、建设和管理水平的档次，体现在城市基础设施、服务功能的完善，体现在不断优化的人居、人文、社会和生态环境。做优环境的实质是提升城市功能。从一般意义上看，城市具有商品生产功能、商品贸易功能、金融流通功能、政治领导功能、信息传输功能、科教文化功能和综合服务功能，不同的城市规模与性质，其功能又是不同的。做优苏州，就要从完善和提升苏州的综合功能出发，全面优化苏州的经济环境、生态环境、人文环境和社会环境。做优环境要处理好两个关系：一是共性与个性的关系，把现代城市对功能环境的普遍性要求和对具体城市的特殊要求结合起来；二是长远与当前的关系，即在坚持科学规划、从长计议的同时，按照先后次序，立足当前，真抓实干；三是重点与一般的关系，即从影响提升功能和优化环境的关键性问题入手，加强环境整治。

提升城市功能，做优环境的重点是完善城市的基础设施。从某种意义上看，城市化就是城市建设的现代化，是城市基础设施的现代化，基本设施的结构、数量、质量以及它的功能和效益，直接制约着城市经济社会的运行，影响着现代城市的形象，影响和决定着一个城市的竞争力。因而，既要按照现代城市的普遍性要求，形成通畅发达的城市道路，便捷舒适的城市交通服务体系，适应经济社会和人民生活需求的水、电、气等公共设施系统，满足现代生活要求的社会公益事业以及人居环境和生活质量。要从苏州的实际出发，抓好具有苏州特色、体现苏州风貌的生态环境和人文环境建设，从而从更大的范围增强苏州对人流、物流、信息、资本和技术的聚集和扩散能力。

5.加快城市化和城市现代化，做美城市特色是灵魂。美，主要是指城市的市容市貌，也就是城市形象问题。美是人们对客观事物的主观感受，大是美，小也是美；精细是美，粗犷也是美。做美城市，最重要的是要在挖掘城市的个性、提升城市的内涵、弘扬城市的特色上下功夫。特色是城市的灵魂。苏州是具有鲜明个性与特色的城市，在中国，既有2500年的悠久历史文化，又有较为发达的现代经济和社会文明的城市为数不多。因此，做美苏州，要努力挖掘苏州传统文化的美学价值，结合现代城市美学的要求，实现古典美与现代美的统一。使苏州在历史文化、区域景观、民情民俗、建筑风格、色彩层次、市民行为等方面的苏州特色更为鲜明，使苏州成为城市布局和谐统一、城市建筑错落有致、色彩淡雅明快、环境清新怡人、市民行为文明儒雅的精品城市。

古城风貌是苏州最重要的特色美。做美苏州，重在保护古城的风貌。根据专家的定位，苏州古城风貌和内涵大致包括：路河平行的双棋盘格局；三横一纵加一环的水系以及小桥流水的小巷特色；古典园林、文物古迹及古建筑；粉墙黛瓦，层高和体量小巧的传统建筑艺术特色。继承和发扬地方传统文化艺术，要从苏州的实际出发，坚持协调美和个体美的统一，从城市美学的高度，构筑人与建筑、水与建筑和人与水的关系。以此确定城市的风格、色彩、线条、高度、密度、容积率及绿地率，规定各类用地内适合建、不适合建或有条件允许建的建筑类型，并要按照做美特色的要求，加强环境整治力度。

水乡是苏州的另一个重要特色。苏州城因水而建、因水而美、因水而秀、因水而名，然而，也是因水而玷污了自己的名声，治水是苏州最为紧迫的任务。绿化，目前尚是苏州的弱项，苏州拥有举世闻名的古典园林，却不是"园林城市"，实在是一件憾事，应加大力度，通过绿化，形成美的景观和色彩；通过绿化，改善生态环境。

灿烂的吴文化是苏州的瑰宝，要着力弘扬和发掘苏州的文化传统和资源，包括丝绸、工艺、刺绣、昆剧、评弹、园艺、建筑、饮食文化等等，与此同时，要探索推陈出新的新路子。要重视城市的标识系统建筑，包括城市理念，雕塑，市徽，市树、市花的命名，标志性建筑物等等，使传统文化与现代文明更加融为一体。

构成城市形象最重要的恐怕是苏州人文明儒雅的举止，要强化苏州人的现代文明意识，包括城市意识、环境意识、服务意识、现代意识。要形成举止文明、温文尔雅、吴侬软语、心灵手巧、淡泊超脱、刚柔相济的群体形象，发掘和利用优秀的民风民俗，丰富城市的文化内涵。

（刊《领导理论与实践》2000 年第 5 期）

与文字为伴

从"后花园"说开来

简述：在区域经济趋向高度一体化的时候，所谓"后花园"，其内涵已发生了很大变化，它不仅仅局限于地理意义上的那一小部分，而更多的则体现在城市与区域之间的功能互补与错位发展，从这个意义上说，上海与苏州应是互为"后花园"。

苏州素称"人间天堂"，上海也有"东方明珠"的美誉。自古以来，苏州就是上海的"后花园"，温润的吴地山水与秀美的古典园林一直是上海人休憩、散心的首选地。而如今，有人表示异议，苏州已成为国内最大的制造业城市之一和境外工业最密集地区之一，每逢周末，一群一群在这里投资创业的"苏州人"纷纷驱车上海，或在华亭伊势丹购物，或去新天地喝茶与咖啡，或到虹桥打高尔夫，或待在衡山路泡泡吧，以卸去一周的紧张与疲惫。在他们眼里，上海俨然是苏州的"后花园"。

其实，在区域经济趋向高度一体化的时候，所谓"后花园"，其内涵已发生了很大变化，它不仅仅局限于地理意义上的那一小部分，而更多的则体现在城市与区域之间的功能互补与错位发展，比如，在产业上的分工协作和功能上的互补互融。可以说，一个城市在特定的历史发展阶段，既不应该承担单一的功能，也不可能、不应该承载所有的功能，从这个意义上说，上海与苏州应是互为"后花园"，推而广之，这也是城市与区域的一种必然。

由此看来，"后花园"之争其实并不重要。关键是一个城市应当拥有什么样的"后花园"和如何建设"后花园"的问题。有人说，上海人到苏州来，带上几百块钱就可以"潇洒走一回"；而苏州的外商们到上海，口袋里不带万把块钱，就会显得非常寒酸。可见，虽然互为"后花园"，其"含金量"却是显而易见的。

从服务业的角度看，苏州旅游的附加值还不高。一是游客停留时间短暂。据旅游部门反映，境外游客去年在苏平均逗留时间是 2.32 天，国内游客仅 1.5 天，而包括上海在内的周边地区游客，在苏州逗留的时间则更短。二是旅游产品比较单调。清明时节，上海人蜂拥而至来扫墓；月到中秋，上海人又摩肩接踵来吃大闸蟹。其他季节里，百看不厌的还是那些园林古镇和太湖山水。三是游客消费支出较少。由于停留时间较短，旅游产品单调，消费支出自然十分有限。更何况周边城市一些游客到苏州来还自备矿泉水、可乐等食品饮料，连赚些小钱的机会也不给苏州。据统计，去年苏州共接待境外旅游者 82 万人次，国内游客 2350 万人次，全年旅游总收入236 亿，占 GDP 的比例为 8.42%，这一指标远远低于上海的水平，与杭州15.57%、南京 15.48% 也相差一大截，甚至落后无锡 1 个多百分点。

苏州是著名的风景旅游城市，苏州的旅游品牌是闻名中外的"金字招牌"。如何从整体上提升苏州旅游产业的附加值，使"金字招牌"产生黄金效益，做好以下三方面的创新非常重要。

第一，观念创新。首先要从传统的"后花园"的内涵中解放出来。随着经济的发展，人们的生产方式、生活方式发生了巨大的变化，审美情趣、消费需求和消费能力也呈现出多样化的特征，旅游业已提升为支柱产业之一，传统"后花园"的内涵已发生了本质的变化，我们的理念自然也要与时俱进。其次是要从狭隘的"景点观"中解放出来。在旅游促销宣传中，人们往往比较重视古城、古镇、古迹、园林、山水等品牌，这无疑是对的。

与文字为伴

但苏州才是最亮丽、含金量最大的一块品牌，从整体上营造和打响苏州品牌，才能从根本上放大苏州旅游效应。要让人家熟知，苏州是充满魅力而又与众不同的城市，苏州不仅拥有优秀的传统文化，而且具有发达的现代文明，是一个可以满足不同人群旅游要求和消费能力的城市。再次是要从充满优越感的思想倾向中解放出来。苏州具有不可多得的优势，但苏州也有许多制约因素和薄弱环节，切不可盲目乐观，我们要致力于发现优势、发掘优势、发挥优势、发展优势，努力将潜在优势转化为现实优势，要善于发现并克服薄弱环节，培育新的优势。

第二，思路创新。重点应当做好三篇文章。其一，以丰富食、住、行、购、娱等要素为重要结点，延长旅游产业链。特别是要推出一批高、中、低档一应俱全的，包括丝绸衣物、首饰珠宝和土特杂产在内的旅游产品，并赋予它们以浓郁的苏州地方特色，让旅游者买得起、带得走、用得上、送得出、记得住。其二，以便捷、安全为主要目的，实现景点之间的"零距离"对接。苏州除古城区景点相对集中且出行比较方便外，其他地区景点多而散，宛如一颗颗闪亮的珍珠镶嵌在吴中大地。用一条交通线把各景点串成"项链"，既能提高游客单位时间内的游览效率，又相应增加了旅游收入，一举两得。其三，以区域旅游一体化为导向，在邻近城市间构建无障碍旅游区。随着旅游供给和需求的不断扩张，游客对目的地的选择越来越趋向于区域的整体形象而非单一产品。苏州与上海的旅游资源各有侧重，互为优势，更应该尽快实现区域旅游一社通，推行统一的"市民待遇"政策，鼓励旅游产业实现连锁经营。

第三，内容创新。内容创新既要讲有特色，又要强调无特色。太有特色，必然弱化其余；而无特色，也可以说处处是特色。江南园林甲天下，苏州园林甲江南，但有些外地游客误把古典园林看成是苏州的全部，只知苏州是"园林之城"，却不知苏州还有太湖，还有近500处文保单位，甚至不知苏州城里城外休闲、娱乐场所密布，度假村、高尔夫球场、夜总会、茶馆、酒吧、购物中心等应有尽有。当前，打响苏州"后花园"品牌，凸显苏州旅游天堂特色，就必须要从现代人的消费心理、消费特点、消费需求出发，把内容创新这个题目做好。比如，为什么有些人周末往上海跑，就是因为我们的消费档次、消费产品还不符合那些"金领"、"白领"等群体的消费需求，金饭碗里装的是"粗茶淡饭"，这就需要我们把现代时尚元素融入传统旅游项目中去，把传统文化因子渗透到现代旅游产品里来，做精、做细、做优、做美，做到以特色留人，以品位留人，以较多的选择留人。

（刊 2004 年 7 月 26 日《苏州日报》，合作者：蒋忠友）

关注另一群新市民

简述：对待这群新市民，唯一正确的态度是，多一点关怀，少一些抱怨；多一点理解，少一些指责；多一点引导，少一些拒绝。只有真诚地欢迎他们，平等地对待他们，切实保障他们的权益，帮助他们提高素质和技能，才能让他们更好地融入城市，并成为热爱城市、服务城市、奉献城市的合格的一员。

自去年 6 月起，苏州广电总台新闻综合频道（电视）和新闻综合频率（广播）联合发起了"寻找新苏州人"大型新闻行动，这一活动得到了市民的广泛关注，共记录了近 30 名"新苏州人"的感人故事，其中不乏"总裁"、"投资人"、"董事长"……他们不仅是"新苏州人"中的精英一族，也为生活在苏州的全体市民所赞赏和骄傲。

由此，我们不禁想到了另一群"新苏州人"。与上述新闻行动中寻找的相比，他们或许没有惊天动地的事迹，可他们在平凡的岗位上默默无闻地参与苏州的建设与发展；他们或许"蓬头垢面"，可他们同样拥有着一颗善良而美好的心灵；他们或许并没有充分享受城市的现代文明成果，可他们每时每刻都在为提高城市文明程度而努力，每时每刻都在渴望成为一名真正的城市居民。他们的身影出现在城市的每一个角落，哪里苦、脏、累，哪里就有他们"流着汗水、带着憨笑"的脸庞。如果有一天，城里面没有了这一群新市民，那么，建筑工地上可能会停止马达的轰鸣，商贸市场可能会失去热闹的吆喝，环卫和家政服务也就会少了些辛劳的背影，城市运转可能在一片宁静中"暂时休克"，居民的生活也将失去往日的便利与快捷。这群新市民已经是每一个城市"多元大家庭"中不可或缺的成员之一。城市市民趋于多元化的特征，是经济社会发展的必然结果，是现代文明的一个重要标志。城市化进程越快，城市外来人口进入的速度就越快，城市居民多元化的特征就越明显。但凡国际化程度较高的城市，无一不是如此。比如，上海是公认的国际化大都市，但它又是典型的移民城市。据有关资料统计，上海人口的85%来自中国的各个地区，目前居住和工作在上海的还有近30万外国人，他们分别来自119个国家和地区。海纳百川，有容乃大，尊重、吸引并综合多方人才、多元文化无疑是上海发展的一个重要因素。

诚然，伴随着外来人口流速的加快，也给城市带来了就业、居住、劳动保障、环境卫生、社会治安等等一系列社会问题。尤其是一部分外来人口来自农村，尽管生存环境、生活方式、生产方式发生了很大变化，但在他们身上刻上的传统农民的印记根深蒂固，长期以来形成的陈规陋习绝不会因为来到城市而自行消除，要想实现从农民到市民的历史性转变，还需经历一个痛苦的过程。他们在对城市作出巨大贡献的同时肯定也会给城市带来某些烦恼，这既是一个客观事实，也是一种客观规律。对待这群新市民，唯一正确的态度是，多一点关怀，少一些抱怨；多一点理解，少一些指责；多一点引导，少一些拒绝。只有真诚地欢迎他们，平等地对待他们，切实保障他们的权益，帮助他们提高素质和技能，才能让他们更好地融入城市，并成为热爱城市、服务城市、奉献城市的合格的一员。

社会固然欢迎精英，同样也少不了普普通通的劳动者。关注另一群新市民，是全社会的共同责任。岗位分工有不同，但并没有高低贵贱之分，谁也离不开谁。在现实生活中，确实有一部分人曾做出了一些与现代文明不和谐的事，但对此应当具体分析，也不应当以此否定新市民的整体形象。外来人口中的绝大多数是怀着美好的理想来到城市的，他们的创业能力有强有弱，创造的财富也有大有小，但创业的艰辛、付出的心血和汗水都是一样的，这应获得普遍的尊重。近年来，随着我国城乡二元结构的变化，那种所谓"城里人"、"乡下人"，"本地人"、"外地人"地域歧视的思维定势已经有所改变，但如何改变岗位歧视，如何平等地对待每一个创业者，特别是普通劳动者，给予他们"同城待遇"，仍然是一个迫切需要解决的问题。比如，作为医生，能否给每一名患者都给予尽心的治疗；作为公交车驾驶员，能否面带微笑招呼每一位乘客；作为一所义务制学校，能否敞开大门，欢迎外来民工子女；走在大街上，当一位"乡下人"向你询问有关事情时，能否耐心细致地进行解答。维护外来人员的合法权益、切实关心他们的生存和生活状况，也是一个十分现实的问题。十分可喜的是，目前各级政府对外来人口问题十分重视，始终把外来人口的管理问题作为改善投资环境、稳定社会治安、促进经济和城市发展的一项重要工作来抓，有关职能部门积极探索、大胆实践，做了大量艰苦细致的工作，形成了许多行之有效的管理办法，为保障好、管理好、使用好外来人口打下了良好的基础，但要真正将这些保障条文和维权政策落到实处，还有大量工作要做。比如，安全生产问题、克扣和拖欠民工工资问题、劳动保护问题、法律援助问题、外来人口的医疗社保及其子女入托和入学等问题，都是亟待研究和解决的问题，需要政府相关部门和组织以及全社会积极伸出援助之手。新年伊始，《苏州日报》开辟"新苏州人"专版，专门为新市民呐喊和服务，为人们提供了良好的典型。"城市，让每一个人生活得更好"，城市是人们共同的家园。城市综合实力与文明程度的提升，取决于置身城市之中所有人的素质和共同行动，而美好的城市生活及城市文明成果也将为所有人共同分享。对广大新市民来说，唯一正确的选择是积极创建城市文明、自觉融入城市文明。只有这样，才能真正成为名副其实的城市市民中的一员，并充分享受城市物质生活和精神文明成果。不管你从事什么工作，都要保持着积极进取的良好心态，化被动等待为主动融入。要努力提高自身的知识和技能水平，掌握在城市中谋生存和求发展的本领，以此改善自己的生存环境、生活质量，实现人生价值。要按城市文明市民的素质要求规范自己的行为，破除那种随心所欲、自由散漫的思想倾向，逐步树立遵纪守法、依法办事的法制观念；破除一切不合时宜的陈规陋习，逐步树立卫生意识、生态意识、文化意识以及城市人际关系意识。只有做到这些，才能得到城市的认可和欢迎，才能不断进步并顺利融入城市，最终实现"双赢"的满意结果。

（刊 2004 年 1 月 14 日《苏州日报》，合作者：蒋忠友）

既要"引得进"，又要"留得住"
——关于创造吸引国际资本良好环境的思考

简述：国际资本的流动和转移是一种正常的社会现象，这是市场法则和竞争规律所决定的，我们当然欢迎国际资本流入，但并不忌讳一定程度的转移，相反，一定程度的流动和转移有利于优胜劣汰，有利于产业结构和布局的调整，有利于改善投资环境。"引得进、留得住"，并不是一种防御性的战术，而是一种积极的方针。

苏州市委书记王珉同志在全市开放型经济工作会议上指出，创造国际资本"引得进、留得住"的良好环境，是保持和发展开放型经济优势的重要工作。这告诉我们，创造良好的国际资本投资环境，不仅有一个"引得进"，而且有一个"留得住"的问题，特别是当"引得进"解决得比较好的情况下，及早考虑"留得住"的问题，显得格外重要。

首先，这是由国际资本流动的规律和特点所决定的。纵看国际资本流动的全过程，我们不难发现两个特点：第一，国际资本不论以何种形式出现，它的根本流向目标都是朝着风险更低、收益更高更稳定、发展潜力更大的产业、领域或地区转移。第二，国际资本的流向与经济发展的区域格局关系十分密切，经济增长往往伴随外资的大量流入，经济衰退则伴随外资大量流出。前者如一战和二战后的欧洲，六七十年代的东亚地区，90

年代的中国，后者如 80 年代的拉美、90 年代的东南亚。国际资本流动的规律与特点还告诉我们，一旦一个地区外资饱和，产业过度集聚，政策优势递减，劳动力及投资成本升高的时候，必将导致外资寻找新的低落差平台。作为外商直接投资比较密集的苏州，我们不能不作出未雨绸缪的思考和准备，以应对国际资本流动可能或即将出现的变化。

其次，这是台商投资重点转移对我们的启迪。近年来，台商对大陆的投资重点出现了从珠江三角洲地区向长江三角洲地区转移的趋势。据统计，2001 年，长江三角洲地区吸引的台资占全国台资总量的 51%，而珠江三角洲地区只占 38%。台资重心转移，固然有其自身的原因，比如初来大陆的台资一般以个人资本和中小资本为主，投资的动机主要是利用大陆的廉价生产成本，从事"二来一补"，因而投资的地点往往靠近国际市场和经济中心，广东、福建当然是首选之地。但随着台资规模的扩大，技术水平的提高，投资战略的改变，在区域投资的选择上必然会瞄准那些经济辐射力更强、市场腹地更广、增长潜力更大的地区。近几年来，苏南地区在亲商理念、人文素质、区位条件、经济基础、居住与创业环境等方面大大改善，受到了外商的普遍好评，成为吸引外资的主要地区。由此也启迪我们，只有创造出比其他地区更加优越、令外商更为满意的投资环境的时候，投资者才能生根落户。

第三，这是周边地区发展对我们发出的呼唤。近年来，苏州的周边地区，包括在上海、浙北、无锡以及苏中地区，招商引资力度不断强化，对苏州构成了巨大的压力，而苏州自身的不少优势也面临着种种挑战，更需注意的是，苏州在发展过程中所蕴含的结构性矛盾日益暴露。比如，中心城市的竞争力不够强、城市化程度较低；比如，产业集聚过程中有时出现了过度竞争的状况；比如，投资成本包括土地、劳动力价格不断上升，在基础设施、区位条件等方面，与兄弟地区没有优势可言。在这种情况下，我们不能不向自己发出警示，如果不创造新的优势，"引不进、留不住"

或"引得进、留不住"将不可避免，这绝不是危言耸听。

第四，这是由苏州开放型经济所承担的特殊的地位与作用所决定的。目前，苏州外资企业对经济增长的贡献份额越来越大，2001年，由外资企业提供的涉外税收占全市财政的比重达到38.6%，涉外税收的年增长率高于同期财政增幅12个百分点。经济发展的这种特点，毫无疑问使苏州经济对外资的依存度越来越大，它既为苏州的发展提供了强劲的支撑，也使苏州的发展存在着很大的风险和不稳定性。从一般意义而言，外资企业分三种类型：一类是研发中心和主力制造都进来的，这种企业一般不会转移；另一类是投资比较大，拥有大型设备，一般不会轻易转移；再一类是投入了简单的生产线的，这种企业最不稳定，人们形象地把它称之为"车轮上"的企业，是一群"候鸟"企业，今天，它们可能会因为条件优厚、气候适宜而落户苏州，明天，他们可能因为某些不尽如人意之处而离开苏州。因此，从苏州长远发展目标出发，对这类"候鸟型"企业应及早作出战略思考和对策，积极创造国际资本"引得进、留得住"的良好环境显得尤为重要。

对"引得进、留得住"应当做辩证思考。国际资本的流动和转移是一种正常的社会现象，这是由市场法则和竞争规律所决定的，我们当然欢迎国际资本流入，但并不忌讳一定程度的转移，相反，一定程度的流动和转移有利于优胜劣汰，有利于产业结构和布局的调整，有利于改善投资环境。因此，"引得进、留得住"并不是一种防御性的战术，而是一项积极的方针。从苏州经济社会的长远发展出发，创造更加优美的环境，真正使国际资本在苏州"引得进、留得住"，这是我们始终追求的目标。目前，各地各部门对"引得进"研究比较多，办法也比较多，但对国际资本如何"留得住"研究得比较少，这应该引起人们重视。

1. 关于体制、机制创新问题。开发区的崛起很大程度得益于新体制、新机制，包括开发区实行"小政府大社会，小机构大服务"的模式，这成为吸引外商投资的一个重要因素，但是，随着开发区区域面积的扩大，开发区职能的变化，开发区的管理模式很容易向旧体制回归，甚至出现机构臃肿、人员膨胀、效率下降等情况。更值得注意的是，随着中国加入WTO，体制与机制将面临着全面与国际接轨的问题，开发区作为改革的先行区和示范区，如果在体制、机制创新上没有新的突破，那么，所谓让国际资本"引得进、留得住"实际上是一句空话。对于苏州来说，我们有得天独厚的优势，苏州工业园区借鉴新加坡经验的成功实践，为开发区的体制机制创新增强了信心。

2. 关于构筑产业发展平台问题。资本的属性就是追求利润，追求投资增值的最大化。而能不能实现利润的最大化，这里有一个产业发展环境的问题。实践证明，当一个区域，产业过度集聚，甚至处于饱和状态，那么，投资商就必然选择和寻求新的投资区域。有的项目跑到无锡、上海、南京、扬州，并不是外商不喜欢苏州，而是人家认为，你这里项目太多了，到你这里投资是锦上添花，多一个少一个无所谓，到别的地方是雪中送炭，所受到的待遇不一样。这个问题值得我们注意，应该看到，从国际资本流动的趋势看，IC产业大规模流入中国的高潮即将过去，而日本、韩国、欧美正在把眼光瞄准中国，这就需要我们好好研究如何为国际资本提供新的更加广阔的发展空间。作为国际新兴科技城市，我们无疑应当把电子信息产业作为优先发展的重点，但我们没有必要跟人家围绕一个产业短兵相接，争得"你死我活"，而应另辟蹊径，让不同的国家地区、不同的国际资本，在苏州都能找到发展的空间。我市根据生产力布局以及各地、各开发区的功能定位，在沿江、沿沪、沿312国道、沿湖，确定不同的产业发展重点，这对外商来说，无疑提供了广阔的发展平台，这是吸引国际资本落户苏州的重要一着。

3. 关于完善协作配套的产业生存发展体系。企业的发展不是孤立的，它必须有一个比较完善的生存发展关系，比如，主体产品的生产必然涉及零部件的配套问题,产品的生产又有一个前道和后道的问题,配套问题、前后道问题解决了,企业就处于良性循环的状态。不少外资企业往往为在本区域找不到一个配套协作企业而烦恼。这不是因为我们做不出来,而是我们内资企业的标准与外资企业的标准不一样,如果主体企业连同它所有的协作配套企业都要一起进来,无疑会增加投资成本。换个角度,如果配套协作达到了相当程度,那么,企业之间就形成了谁也离不开谁的产业链,外资企业想走也不那么容易。还有一个人才问题。外资企业人才的本土化倾向十分明显,一方面,本土人才比较了解中国的国情,包括方针、政策,熟悉中国的文化背景;另一方面,人才本土化可大大节省投资成本,从当地用一个人,年薪几万、十几万人民币可能算是很高了,但从国外用一个,可能需要几万、十几万美元。如果我们要真正让国际资本在苏州留下来,那么就必须很好地解决产品的协作配套问题,就必须解决优秀人才的本土化问题,这是优化投资环境必须考虑的重大课题。

4.关于构造开发区内企业多元经济共同发展的新格局。目前的开发区,基本上是外资企业一统天下,这既是苏州经济的一大优势和特色,又是苏州经济结构亟待完善的重要内容。内资企业,尤其是私营个体企业,是全市区域经济的重要方面军。如果我们在开发区内形成一批创新能力很强、科研水准很高、经济社会效益很优的规模型企业,将大大增强我们发展民族企业的自信心,增强凝聚力和竞争力。因此,在开发区内形成内资企业与外资企业既竞争又合作、共同发展的格局,将有助于将国际资本长久留在苏州。

5.关于打造最适合创业和人居的人间天堂。实事求是地讲,现在各地都十分注重创造环境。有些环境是共性的,比如法制环境、硬环境、政策环境、服务环境,等等,有些环境则是有个性的。王珉同志在全市开放型经济会议上有一段话,他说,我们要考虑依托上海,建成交通最好、服务最佳、环境最美、城市化水平最高的一个地区,这是留住外商的很重要的条件。现在园区、新区道路宽敞，各方面都不错，但有的外商还要看看苏州古城，看看你的小巷，看看你的观前街，看看你有没有好的文化氛围。有的外商看了寒山寺，是寒山寺把他留住的；有的外商看了观前街，是观前街把他留住的。所以我们要把古城建设好，这也是我们苏州的优势。因此，创造环境吸引人才、吸引国际资本，要坚持在特色上做文章，做到人无我有，人有我优，人优我特。这样才能使人们对苏州流连忘返，乐不思蜀，把苏州真正看作是自己的故乡，把资本留在苏州。

（刊 2002 年 11 月江苏省委研究室《参考》49 期）

绿水青山·金山银山

简述："既要金山银山，又要绿水青山"，是人们对破坏环境而产生的恶果进行深刻反思的心得，是老百姓们发自内心地对美好的生态环境热爱和向往的强烈呼唤。良好的自然生态环境，是不可再生的资源，它是人类的产生与发展必不可少的条件之一，是我们安身立命之本，也是一个企业和地区可持续发展的重要基础。

有一句流行语，叫"既要金山银山，又要绿水青山"。意思是说，在招商引资、兴办企业的时候，当某些项目的引进与开发和当地的环境质量发生冲突和矛盾时，我们不要厚此薄彼，更不能顾此失彼，经济与环境应当协调发展。

曾几何时，"只要金山银山，不管绿水青山"，以牺牲环境为代价获取经济一时增长的现象，却并不少见，"村村点火，处处冒烟"的发展模式，小化工、小印染厂的一哄而上，曾让世代受人赞誉的鱼米之乡一度看不到清洁干净的河水，吸不到新鲜的空气。在一些地区，一眼望去，惊心触目的墓穴石碑漫山遍野，再加上大规模开山采石之后留下来的百孔千疮，致使青山改变了往昔绿意葱郁的容颜。老百姓口袋里的钱是多了，但生存的环境则遇到了前所未有的挑战。

很显然，"既要金山银山，又要绿水青山"，是人们对破坏环境而产生的恶果进行深刻反思的心得，是老百姓们发自内心地对美好的生态环境热爱和向往的强烈呼唤。

进入新世纪，我们不难发现一个全新的现象，当人们为一笔笔资金、一个个项目、一串串指标和数据而不懈努力的同时，却在不惜代价恢复和保护曾经毁坏的"绿水青山"，不惜巨资打造最佳人居和创业环境，一些有识之士都不约而同地将良好的生态环境作为吸引外商投资的一个特色品牌和重要砝码。同时，当项目引进和开发与环境质量发生矛盾时，人们会毫不犹豫地选择环境的可持续发展。"绿水青山"得到了空前的尊重和非同一般的礼遇。

这里，不难看出给我们提供了多方面的启示。首先，绿水青山的本身就是永续利用的"金山银山"。不过，这座"富矿"的价值的实现，不是通过开采和发掘，而是在于大规模的保护。因为，一些外商投资企业在苏州落户，不仅是看上了苏州良好的区位条件和人文素质，也是看上了苏州优美的生态环境。良好的自然生态环境，是不可再生的资源，它是人类的产生与发展必不可少的条件之一，是我们安身立命之本，也是一个企业和地区可持续发展的重要基础。可以说，保护绿水青山就是保护"金山银山"；保护生态环境就是保护我们及子孙后代赖以生存的家园。那种将绿水青山与"金山银山"对立起来的观点是有失偏颇的。

创造"金山银山"的最终目的就是拥有绿水青山。为什么发展经济、积累财富？无非是为了让我们的生活过得更美好。如果各类经济指标上去了，人们口袋里的钱也鼓起来了，而人们享受不到清新的空气、充足的阳光和洁净的水；因为创造"金山银山"而致使人们远离绿水青山，那么，这种生活又有什么幸福感可言呢？岂不违背了发展经济的根本目的？1994年7月爆发的淮河污染事件，形成70公里长的污染带，造成30余万人患肠胃病、皮肤病，当地人的生活可谓苦不堪言。所以说，自然环境坏了，再高的"金山银山"也是一座空中楼阁；绿水青山没了，最终受害者还是我们人类自身。仅有赏心悦目的环境而没有充足物质生活的时代一去不复返了，但用环境价值的丧失来换取一时物质极大丰富的日子也已为我们所抛弃。推进经济发展与实现生态良好须臾不可分离，它要求我们在经济发展过程中，必须始终将生态环境作为它的一个重要内容，确立科学的生态价值观和现代化发展理念，通过大力发展有益于生态环境的绿色生产力和绿色科学技术，不断提高资源劳动率，科学地进行人与自然之间的物质变换，悉心支持生态环境系统的发展，建构有利于人和生态环境共存共荣的生产方式和生活方式。做到这一点，不仅"金山银山"常驻，绿水青山也将长存。

十分可喜的是，在苏州新一轮的建设中，热爱绿水青山、保护生态环境已成为全市上下的共识。苏州正在孜孜以求一条"鱼和熊掌"要兼得，环境与经济社会要协调，生产发展、生活富裕和生态良好要一致的文明、健康、持续之路。有专家建议，在大力推进苏州城市化的进程中，应设立非城市化的生态环境保护区，这一观点非常前瞻，影响巨大；城市规划、建设与管理者们认识到，苏州的现代化不仅要在物质上达到极大丰富，还要在提高文明程度、保护生态环境上与时俱进，做到人与自然的高度和谐与统一，于是率先开创环境与发展综合决策的社会经济理论和发展思路。在去年公示苏州西部规划时，老百姓们也纷纷建议，应该根据西部拥有的生态环境和历史文化双重资源的优势，确立休闲度假旅游胜地、现代高效农业基地、轻污染的高科技产业区的"两地一区"战略，新上工业项目绝不允许破坏资源环境，大力发展无公害农业，加大生态苗木的栽培，旅游项目和房地产开发要符合国际先进的环保标准，新的建筑还要有利于太湖山水的一体性和水乡风情的营造。

这样，苏州不仅以独特的园林景观和古朴的水乡风貌作坚实后盾，更以科学规范、运作有序的城市环保网络作知名品牌，以创建最佳人居和创业城市作现代名片，保持良好的自然生态环境质量，招商引资热潮方兴未

时评概览

艾。至 2005 年 6 月，苏州累计实有外商投资企业超 1 万家，合同外资超过 550 亿美元，外商实际投入超过 300 亿美元，其中 88 家世界 500 强企业在苏州投资了 230 个项目，有 15000 多名外国人常驻苏州创业和生活。这样的例子令人信服地说明，绿水青山可以转变成为最先进的生产力，推动苏州的又一次腾飞。

也只有这样，我们不仅倍加珍惜和爱护苏州的绿水青山，而且还通过珍惜与爱护创造出了"金山银山"。在不远的将来，有"人间天堂"之誉的苏州既有金山银山，又有绿水青山。在这一块人杰地灵、山清水秀、物革民富的土地上，经济运行、社会发展也将呈现出诸多新的亮点：每年接待数以千万计的国内外游客，花卉、瓜果、蔬菜、茶叶等在全国叫响，知识、生物和中医药产业也迅速崛起……而所有的这一切，都是保护和改善自然环境、创造和发展生态文明给予我们及子孙后代的丰厚回报。

（刊 2003 年 8 月 19 日《苏州日报》，合作者：蒋忠友）

探索就业与经济协调发展的新路子

简述：解决再就业的根本出路是发展经济，关键是要走出一条就业与经济协调发展的新路子。发展是硬道理，经济的增长必然促进就业的增长；离开经济发展谈就业问题等于空谈。但是经济增长了，就业问题不会也不可能自然而然解决，还要看如何发展经济和发展什么样的经济，必须形成"以经济发展促进广泛就业，以广泛就业促进社会稳定"的就业与经济协调发展的良好局面。

目前，城镇职工过高的失业率和严峻的就业形势已经成为全社会普遍关注的一个热点问题。我认为，解决这一问题的关键是要走就业与经济协调发展的新路子。

对失业问题应当具体分析，现阶段出现的职工失业人数增多，失业比例上升，失业人员结构年轻化、复杂化的社会现象，是多年来经济结构、企业结构矛盾积淀的结果。凡是经营状况不景气的企业，它们有的是本属于应该淘汰的传统生产企业；有的是由于设备老化，工艺落后，产品缺乏竞争力；有的是由于经营管理不善，冗员过多，债务过重；有的是由于产品供大于求，或产品不适销对路，等等。对这类企业，在计划经济的条件下，可以通过财政输血、政策倾斜、行政干预等办法加以扶持，使其维持生机。但随着市场经济体制改革的深入、经济结构的调整和经济增长方式的转变，这类企业从惨淡经营到导致下岗失业是显而易见的事。同时，我们也应该看到，当今社会生活中所出现的下岗失业现象，其实是计划经济条件下的隐性失业在市场经济条件下的显露。长期以来，隐性失业现象相当普遍，据不完全统计，我国工业企业的富余人员一般占企业职工人数的二至三成，只不过在计划经济条件下，为了保证"人人有饭吃，人人有活干"，政府采取企业内部安置的就业政策，巨大的就业压力由企业来承担，因此，所谓较低的失业率是以牺牲企业的效益和效率为代价的。而在市场经济条件下，企业已逐步成为自主经营、自负盈亏、自我发展和自我约束的市场主体，精简冗员、提高效率自然是题中应有之义。可以认为，一部分职工下岗待业乃至失业，是经济转轨变型时期不可避免的问题，也是企业在实现两个根本性转变过程中付出的必要的代价。随着宏观经济状况的改善和企业经营状况的好转，广大待业、失业职工必将找到新的出路。因此，对失业问题不必惊慌失措，无所适从。

现在的问题是，对于具备劳动能力的广大下岗、待业、失业人员来说，劳动是他们的基本权利，也是满足个人和家庭基本物质文化生活需求的前提，为了拥有稳定的收入来源，他们必须就业。不管人们对下岗、待业、失业的必然性阐述得多么充分，求职是劳动者最基本的需要。从政府的角度讲，全心全意为人民服务是为政之要，为失业者提供生活保障和就业机会责无旁贷。失业率过高，失业人数过多，劳动者不能充分就业，不仅直接影响人民群众的切身利益，而且直接危及社会稳定。正因为如此，失业和再就业问题，不仅是个经济问题，而且是一个实实在在的社会问题、政治问题。

解决再就业的根本出路是发展经济，关键是要走出一条就业与经济协调发展的新路子。发展是硬道理，经济的增长必然促进就业的增长；离开经济发展谈就业问题等于空谈。但是经济增长了，就业问题不会也不可能自然而然解决，这还要看如何发展经济和发展什么样的经济，必须形成"以经济发展促进广泛就业，以广泛就业促进社会稳定"的就业与经济协调发

与文字为伴

展的良好局面。从当前的实际出发,我认为应当注意以下三个问题:

1.坚持就业与经济协调发展,必须从经济增长和扩大就业容量的结合上确定经济发展战略。这里要处理三个关系,一是扶优扶强与发展中小企业的关系。企业走集团化发展的道路,无疑是当代各国企业发展的共同趋势,我国在迈向现代化的进程中,通过加大、加快经济结构调整,将有竞争力的产品进行排列,重点扶持一批具有较强竞争力的优势产品和支柱企业,使他们迅速发展,形成规模,形成企业集团,这是增强一个地区综合经济实力,改善一个地区财政状况的重要举措。因此,扶优扶强已为各地广泛接受,但决不能因此而忽视发展中小企业。中小企业投资少、见效快,生存环境较为宽松,只要政策上有所扶持,使中小企业发展和稳定下来,形成中小企业群,它们就是吸纳劳动力的重要力量。这里要纠正一个偏见,就是有些同志把大与小对立起来。其实,中小企业本身也可以成为企业集团实施专业化分工的一部分,可以成为大企业的配套厂,也可以独立生产市场急需而一些大中企业不愿生产或生产不了的产品。大、中、小企业融为一体,相得益彰,不仅可以优化经济结构,也可以更多地消化劳动力。二是鼓励发展高新技术产业与重点扶持劳动密集型企业的关系。发展高新技术产业是我们的既定方针,是我国迈向现代化的基本保证。但是从一个地区的实际情况来看,产业并不是越高越好、越新越好,它必须考虑一个地区包括劳动者素质在内的综合状况。高新技术产业需要高素质的劳动者队伍,而我国的劳动者素质具有多层次的特点,且劳动者素质的提高需要有一个相当长的过程,这就需要从我国劳动者素质的实际出发,从广泛就业的目标出发,在鼓励发展高新技术产业的同时,重点扶持和发展劳动密集型企业。如果条件允许,则要大力提倡发展技术密集型和劳动密集型结合的企业,以广泛吸纳具有不同文化程度和专业技术水准的劳动者。三是发展工业企业与发展第三产业尤其是城市社区服务业的关系。社区服务业具有巨大的就业潜力。社区服务具有薄利性、服务性、便利性的特点,深受城市居民的青睐,这类技术性服务工作,劳动强度不大,对劳动者素质要求不高，是企业大龄富余职工再就业的重要途径，只要提高社区服务的产业化和组织化程度，必将有效地扩大就业容量。

2. 坚持就业和经济协调发展，必须在更大的范围内实施劳动力的有序流动。目前，劳动力流动是一种单向流动的态势，即农村向城镇流动、中小城市向大城市流动，边远地区向沿海地区流动。这种单向流动的结果是，一方面满足了一些地区和城市对劳动力的需求，另一方面则加剧了这些地区和城市劳动力就业的结构性矛盾，加剧了实施再就业工程的难度。值得注意的是，近年来，农村乡镇企业不景气，开工不足，效益下滑，如果这部分职工再涌入城市，将带来更加严峻的就业压力。我国城市化水平很低，城市发展不足，数量少，大中城市容纳劳动力的能力十分有限，劳动力总供给大于总需求的矛盾将长期存在，劳动力的单向流动无疑对城市职工择业是一个严峻的挑战。解决的办法之一，则是通过繁荣、发展大中城市周边的卫星城镇，从而改变劳动力单向流动的趋势，使卫星城镇成为农村剩余劳动力的集散地，使一部分已在城市就业的农村劳动力腾出岗位回流到小城镇，使一部分城市劳动力在城市居住，在小城镇上班。苏南的小城镇已经具有良好的基础，布局合理，交通发达，既具有城市的繁荣又具有农村的清悠。我们应当坚定不移地发展乡镇企业，提高农业产业化的程度，并带出一批三产企业。与此同时，继续加快小城镇基础设施建设，提高小城镇现代化程度，进一步完善小城镇的社会保障体系，小城镇在发展经济、拓宽就业渠道、扩大就业容量方面的潜力将是很大的。

3. 坚持就业和经济协调发展，全社会都有责任。坚持就业和经济的协调发展，必须坚持马克思主义的重点论，从当前情况看，就是要把注意力和着重点放在为更多的下岗待业和失业者创造更多的就业机会上，对此，全社会各个成员都有责任。首先，从下岗待业和失业者本身来看，最重要的是走出观念的误区，比如，有的把社会分工视为高低贵贱，有的总想"工资高一点，工作轻松点，离家近一点"，有的"宁在国有集体企业待业，

与文字为伴

不到私营企业打工", 等等。劳动力总供给大于总需求, 这是事实, 但这是一种结构性矛盾, 只要消除思想障碍, 就业机会总是有的。实施再就业工程, 就要加快对职工的再就业教育, 让他们抛弃长期以来形成的陈旧观念, 勇敢地进入市场, 接受市场对自己的选择。其次, 从企业这个角度看, 应当强化社会责任意识。企业是自主经营的市场主体, 应当根据自身的状况自主地决定用工需求。但社会主义的企业从来就不是单纯的经济实体, 它应当而且必须从整体利益出发, 正确处理改革、发展、稳定的关系。没有安定团结的政治局面, 什么事情都办不成。企业必须站在同党和政府同呼吸、共命运的立场上, 努力从生产经营需要与拓宽就业渠道、扩大就业容量的结合上, 确定企业的发展战略, 真正做到"上为政府挑担, 下为群众办实事"。因此, 只是一味地"消肿"、"裁员", 甚至把职工视为"包袱"、"负担", 往市场、社会一推了事, 这不是社会主义企业家应有的胸怀。再次, 从政府的角度看, 应当充分发挥自身的调控作用。再就业问题既然称之为"工程", 总设计师和组织者理所当然是政府。各级政府要把劳动就业列入国民经济和社会发展的总体规划, 把就业率、失业率的高低作为政府工作业绩的考核内容; 建立畅通的失业信息渠道, 准确地把握失业动态; 制定失业救济政策, 把失业救济金及时送到真正的失业者手中; 加快培育劳动力市场, 把劳动力市场作为配置劳动力资源的基本途径, 起到发布信息、双向选择、引导职业选择的作用; 规范转岗培训, 形成适应就业需要的多层次、多形式、多渠道职业技术培训网络, 使之成为促进就业的重要手段; 制定优惠政策, 鼓励企业拓宽就业渠道, 扩大就业容量, 鼓励下岗职工和待业人员组织起来就业和自谋职业, 等等。各级政府在实施再就业工程中的地位和作用是任何企业和个人所不能替代的。

（刊 1997 年 6 月中共江苏省委研究室《参考》10 期, 本文获苏州市哲学社会科学优秀成果二等奖。）

制定高水平小康社会指标体系需要注意的几个问题

简述：有一个科学的、可信的、操作性较强的指标体系，对于加快率先建成高水平小康社会、加快率先基本实现现代化具有十分重要的意义。需要正确判断自身目前所处的发展阶段，努力把握政府视角与群众感受的结合点，必须防止"平均水平"掩盖弱势群体的倾向，兼顾"家庭性"指标与"公共性"指标，在注重结果研究的同时应当更加注重过程性研究，实现指标体系科学性与创新性的统一。

最近，不少地方都在研究制定高水平小康社会的指标体系，我们感到，有一个科学的、可信的、操作性较强的指标体系，对于加快率先建成高水平小康社会、加快率先基本实现现代化具有十分重要的意义。问题是，指标体系是对发展目标的量化和诠释，指标体系必须具有科学性、权威性和指导性。如何通过指标体系全面、科学地反映高水平小康社会和现代化的目标内涵，如何使这一目标内涵定量化、具体化，是制定指标体系的前提。为此，我们有必要注意以下几个问题：

1.正确判断自身目前所处的发展阶段。对自身所处发展阶段作出正确的判断，是我们制定指标体系的重要依据和基础。什么是高水平小康社会？党的十六大明确指出："全面建设惠及十几亿人口的更高水平的小康社会，使经济更加发展、民主更加健全、科教更加进步、文化更加繁荣、社会更加和谐、人民生活更加殷实。"很显然，这里包括两大基本要件：一是惠及十几亿人口；二是达到"六个更加"。从这个要求来看苏州，我们既要充满信心，又不能盲目乐观。近几年来，苏州经济社会得到了快速发展，经济总量不断扩大，在全国大中城市的位次已跃升至第五位，城乡基础设施建设以及各项社会事业同步发展，可以说，苏州已处于由较高水平向更高水平小康社会迈进的重要阶段。但是，对照十六大的要求，我们追求的小康社会，应该是惠及580万人口的更高水平的小康社会，是质和量高度统一的小康社会。值得注意的是，在全市580万人口中，还有近三分之一的农村劳动力，达到了210万人，其中从事农业劳动的近三分之一，超过60万，提高这部分人的生活水平和生活质量难度还较大。从城镇看，近年来下岗失业人员增多，去年底达到5.4万人，失业率4.08%，今年3月底，全市失业人员达5.8万人，失业率上升到4.38%，如何提高下岗失业人员的再就业率，保障他们的生活水平，也是一个十分严峻的问题。我们感到，只有清醒地看到上述问题，才能对建设高水平小康社会作出正确的决策。

2. 努力把握政府视角与群众感受的结合点。对小康社会和现代化程度的感觉，政府、专家和老百姓是不一样的。在广大群众眼里，更多地表现为一种直接感受。比如，在改革开放初期，广大农民对自己生活水平的提高常常比喻为"楼上楼下，电灯电话"；90年代初，随着城乡居民生活水平的进一步提高，人们又形象地概括为"吃讲营养，穿讲漂亮，住讲宽敞"；有的还说，"小康不小康，关键看住房"，"70年代是草房，80年代翻瓦房，90年代建楼房，21世纪住洋房"。而我们一些政府部门和专家学者，则往往注重一些数据，比较重视统计指标的设定，甚至认为这种指标体系越翔实、覆盖面越广越好，把指标体系的研究看作是学术研究、理论研究的成果，其实，这未必妥当。我们必须把政府视角与群众感受紧密结合起来，使我们的指标体系真正能够充分集中并反映广大群众的意愿，使指标体系让广大老百姓看得见、摸得着、感受得到，并被他们理解和接受，只有这样，我们的指标体系才有吸引力、号召力和凝聚力，广大群众才会自觉投身到建设高水平小康社会的实践中来。在指标体系的研究和设定上，我们要防止两种倾向，一是把简单问题复杂化，二是把复杂问题简单化，要坚持一切从实际出发。

3. 必须防止"平均水平"掩盖弱势群体的倾向。我们认为，在高水平小康社会的各种指标中，"惠及面"是必须考虑的一个极为重要的要求。随着经济社会的发展，在大多数人生活水平提高的同时，我们应该密切关注另一部分低收入群体。这是因为，现有的统计思想往往追求的是"平均水平"，这虽然在总体上是合理的，但不可避免地存在一定的局限性，往往是"大部分人"掩盖了"小部分人"。对于一部分低收入者和弱势群体而言，"平均水平"再漂亮，不可能改变其贫困的本来状况。我们感到，共同富裕不是平均主义，平均主义也不可能实现小康。但世界各国经验也证明，极少数人占有和支配较高比例的社会财富，或者失业率较高、低收入者较多的社会是难以稳定发展的。因此，我们在研究制定指标体系时必须充分关照到"平均水平"下的"不平等"问题，以"效率优先，兼顾公平"为原则，在扩大高水平小康社会的"惠及面"上下功夫，增加对就业率、低失业率以及老有所依、贫有所济、病有所医等社会保障性、福利性和救助性指标的制定。

4. 兼顾"家庭性"指标与"公共性"指标。随着社会的发展，小康和现代化无论在内涵和外延上都发生了深刻的变化，老百姓所享有的物质文化的消费，一部分通过个人所具有的可支配收入来实现，一部分则需要通过政府提供的"公共产品"来实现，老百姓在收入增长的同时，还需要高质量的文化生活、精神生活的享受，还需要有良好的生态环境和有安全保障的社区环境，还需要有便捷舒适的公共交通条件。因此，一方面，我们要通过制定各项政策措施，促进经济的发展，为群众提供更多的就业岗位，从而达到提高他们收入的目的；另一方面，我们还必须加大各项公共产品、公共设施的建设力度，包括公共交通、城乡绿化、文体设施等与群众生活密切相关的领域，让广大人民群众充分享受到公共产品，充分享受到真正意义上的高水平小康社会。高水平小康社会指标体系的设定，应当重视上述因素。

5. 在注重结果研究的同时，应当更加注重过程性研究。某种意义上，高水平小康社会指标体系是一种结果，我们加强这方面的研究是十分必要的。科学、权威的指标体系可以起到引导社会发展、规范社会生活和促进经济增长的作用，但事实上，过程往往比结果更重要，实现高水平小康社会的过程比指标体系所反映的结果来得更复杂、更艰巨，一定程度上，过程决定结果，如果我们花费了大量精力去研究结果，而忽略了对达到结果的过程的研究，那无疑是舍本求末、避重就轻；而且更进一步看，结果是一种预期，也是相对的，我们经常需要根据宏观形势的变化，调整和修正这种预期，使之更符合客观实际。我们感到，过程是连接结果与现实的重要纽带，过程中的对策、措施是实现结果的重要保障。因此，我们对指标体系的研究可以相对宏观一些、粗线条一些，而对于实现高水平小康社会的对策研究则应该具体一些、实在一些，这样才能对我们的工作起到重要的指导作用。

6. 实现指标体系科学性与创新性的统一。科学性是高水平小康社会指标体系设置的一条重要标准，值得注意的是，国家统计局曾经在90年代初制定过小康社会的16项指标。但从现在的角度来看，无论在具体指标的选择和指标的实现程度等方面，同现实需求已经不相适应，从苏州的情况看，有的指标已经大大落后。这表明，指标体系的设置有一个与时俱进的问题，有一个根据新的形势要求创新的问题，可以说，创新是确保指标体系科学性的重要前提，我们必须坚持指标体系科学性与创新性的统一。从这一角度出发，有这样几个问题需要在实践中进行探索。比如人口统计问题，人口是各项统计数据的基础，随着户籍制度改革的深化，以居住地登记人口将是一种大势所趋，这有利于提高一个地区的城市化率，但对人均 GDP 的统计则是一个挑战；比如农民界定问题，随着城市化的推进和农村土地使用制度改革的深化，农民的概念将发生深刻变化，如果仅仅按照传统口径界定，农民的主体将主要是一批年老体病者，在这种界定下，农民增收指标的实现难度很大；比如公众素质统计问题，反映公众素质是高水平小康社会指标体系的一个重要内容，目前我们一般以升学率或每万人中大学生、科技人员的数量等传统指标来衡量，也带有很大的局限性，而面广量大的社会公众尤其是大规模的外来人口缺乏评判指标。

（刊 2003 年 4 月中共苏州市委研究室《调研与参考》增刊第 5 期）

重提"信心比黄金更重要"

简述：信心不仅仅是一种雄心壮志，也是一种务实的心态。在经济社会由长期处于持续高速发展状态回归到以人为本、可持续发展的历史进程中，我们应当赋予信心更加科学、更加完整的内涵，既要保持创业、创新、创优、争先、领先、率先的锐气，也要保持求真务实、砥砺前行、稳中求进、追求卓越的心态。

2008年，金融危机席卷全球，引起了世界经济的急剧动荡，对中国经济发展也带来了巨大的挑战，中国领导人的一句"信心比黄金更重要"，成为当时大家耳熟能详、振聋发聩的至理名言，成为激发万众一心渡过难关的精神力量。

信心为何比黄金更重要？因为信心不仅表示一种意志和决心，更表达了对客观形势的准确分析与判断，表达了实现目标、走向成功的底气和把握，表达了攻坚克难的战略策略和精神状态。

由于商会的缘故，笔者近年来与企业家，主要是中小企业家接触甚密，隐约感觉到其中对企业面临环境忧心忡忡者不乏少数。一方面，从宏观看，世界经济复苏艰难，国内经济下行压力加大，自然灾难频发，多重矛盾交织；另一方面，企业切切实实感受到的情况是，市场低迷，生意难做，餐饮服务业下滑，制造业生存空间受限，房地产在严厉调控下进退两难，企业运营成本剧增，信贷资金紧缩，员工与企业对社会的期望目标越来越高，政府腐败及浪费现象虽有遏制，但办事效率未升反降。由此，一些企业家的信心指数下降，发展动力明显不足、激情缺失，有的无所适从、得过且过，有的处在徘徊之中……

企业是市场经济的主体，企业家是市场经济的主角，而面广量大的中小企业是经济发展、社会稳定的基石，还承载着社会就业的巨大任务。提增企业家尤其是中小企业家的信心指数，是维系整个经济社会健康可持续发展的基本保证。

提增信心，当然寄期望于宏观经济环境景气指数的改善和优化，期望于各级政府努力创造有利于企业发育、成长、壮大的优良的社会环境。作为企业家来说，很重要的一条是要确立科学的信心观。一般来说，在风平浪静的常态下，讲信心信念问题，人们没有切肤之感，只有在身处逆境、面临困难困境的情况下，方显英雄本色。改革开放以来，我们曾经历了近30年的持续高速发展期。30年来，伴随着思想观念大解放，生产力大解放，人们始终处在信心倍增的状态，智慧和创造力得到了充分释放，创业就业、致富发财的机会大大增加，广大企业家自然是改革开放红利的极大受益者，有的还尝到了"一夜暴富"、"快速致富"的甜头。但是，我们也不能否认，持续的高速发展，也使社会付出了不可忽视的代价，结构失衡、产能过剩、分配失调、环境受损，实体经济竞争力下降，改革开放给各地区、各阶层民众带来的红利差距不均，等等，正因为如此，党的十八大把改革作为今年政府工作的首要任务，改革涉及的重要领域多至行政体制、财税体制、金融体制、流通体制、投融资体制、农村、户籍、社会、科技体制、教育医疗、收入分配、社会救助等等，这必将对经济社会发展的多个方面产生重大的影响，并触及到各种利益的重新调整和分配。有专家说，我国经济增速已经进入换档期，经济结构已经进入阵痛期，以往政策已进入消化期，经济社会运行秩序将回归到有序正常的轨道，"暴利"时代将终结，那种连续高速增长、跨越式发展的阶段也将成为过去。其根本目的，就是为了兴利去弊，确保中国经济这艘巨轮能够行稳致远。

长期以来，在经济持续高速增长的状态下，我们的中小企业家习惯于用固有的思维模式去观察分析外部形势，用习以为常的方式去管理、经营自己的企业与项目，虽然历经艰辛，但总的还是如鱼得水，屡屡告捷，年年困难年年过，顺理成章地持续分享了改革开放的成果。与此同时，我们的企业家又始终对自己的发展之路充满信心，并常常陶醉于以往成功实践的喜悦，按部就班地按自己独特的方式小心翼翼调整企业的发展方向、营销策略和产品结构。这是十分可贵的，这也确实是多数中小企业立于不败之地的成功之道。

然而，面对宏观经济环境和经济发展方式的变化，不少企业进入"微利"时代，甚至无利可图，一些中小企业家明显感到思想准备不足，甚至有点措手不及，信心发生动摇，有的开始思考"企业该向何处去"，有的在等待观望，静观其变，伺机调整策略；有的开始吃老本，凭借多年打拼积累的财富，在最需要寻找出路、奋斗拼搏的时候，选择贪图安逸，真正地开始体验和享受"小康生活"、"情调生活"；有的感觉机会渺茫，压力沉重，创业艰难，因而惰性见长、激情缺失，发展没动力，企业没目标，所谓"脚踩西瓜皮，滑到哪里算哪里"。当然，也有一些企业家在为实现自己的理想和目标而不懈地坚持奋斗。

信心也好，信念也罢，是成就事业、追求幸福、百折不挠、坚持不懈的总开关，不论何时何地，都不能磨灭对自己的信心和奋斗的勇气。信心又不仅仅是一种雄心壮志，也是一种务实的心态。在经济社会由长期处于持续高速发展状态回归到以人为本、可持续发展的历史进程中，我们应当赋予信心更加科学、更加完整的内涵，既要保持创业创新创优、争先领先率先的锐气，也要保持求真务实、砥砺前行、稳中求进、追求卓越的心态，有了这种信念和力量，才能正确选择属于自己的可持续发展的方向和道路，才有可能不断创造新的辉煌。

激活民生保障的发展环境

简述：人们切不要忽视一个基本的事实，美丽社会也好，幸福生活也好，前提和基础是要创造更多的社会财富。正因为如此，解放和发展社会生产力，加快社会和个人财富的积累步伐，始终是社会主义初级阶段的根本任务，始终是满足民生需求的根本出路。

伴随着科学发展观的深入人心，人们追求美丽社会、幸福生活的愿望越来越强烈、越现实。与此同时，政府公共财政用于教育、住房、医疗卫生、社会保障、交通出行、精神文化生活等民生领域的支出和投入随之大幅度增长。

于是，人们又不难发现另一个现象，过去是逢会必谈经济发展，现在则是逢会必谈社会民生。无论是政府文件，领导讲话，人大、政协提案，媒体报道，网民建言，民众关注，纷纷聚焦民生。至于如何创造和形成民生保障的发展环境，似乎并不关心。有一个数据佐证，去年市政协收到提案 328 件，其中经济建设类仅 70 件，占 21%；今年收到提案 426 件，其中经济建设类仅 85 件，占 19.9%。

这应该是件好事，它表明全社会都逐步明白了一个道理：社会主义的根本任务是发展社会生产力，而发展生产力的根本目的是满足人民群众日益增长的物质和精神文化消费的需求，发展就是为了让国家富强，让人民幸福。如果只谈发展，而民众得不到相应的公共福利，过不上应有的幸福生活，这种发展还有什么意义？

可是，话还得说回来，人们切不要忽视一个基本的事实，美丽社会也好，幸福生活也好，前提和基础是要创造更多的社会财富。如果时光倒退到30年前，那时生产力极不发达，谁要是讨论当前人们所热议的那些社会民生需求，简直就是天方夜谭。正因为如此，解放和发展社会生产力，加快社会和个人财富的积累步伐，始终是社会主义初级阶段的根本任务，始终是满足民生需求的根本出路。

处理经济发展与民生保障的关系，首先要纠正"非此即彼"的思维定势。"非此即彼"的结果是"厚此薄彼"、"顾此失彼"。社会民生与经济发展是唇齿相依、休戚与共的关系，互为作用、相得益彰。社会民生项目的资金投入来源无非来自两个方面，一是政府公共财力的再次分配，二是市场化资源配置和市场化运作。实践证明，民生保障所需的充足财力支撑仅依赖政府出让包括土地在内的资源不可能是上策；依赖金融机构支持也不是长远之计；依赖发放债券基金或向民众借债也不可取；"寅吃卯粮"、"债台高筑"，用明天的钱办今天的事，让民众提前进入"福利社会"，这种民生保障不可持续。唯有经济发展了，财力雄厚了，老百姓口袋里的钱多了，民生的改善才有取之不竭的活水源头。当然，人们不是不懂发展的重要性，而是面对低迷和趋紧的宏观和微观经济环境，我们该发展什么？该怎么发展？对于民生保障来说，这里仍然有一个思维方式问题。比如，在发展的状态上，改革开放初期的那种精气神在一些领导干部身上明显缺失，理性多于激情。稳中求进，更多求的是稳；好中求快，更多想的是不要出差错，既担忧发展不当为环境、资源付出代价，也顾虑会不会招来人们不必要的误解；比如，在投资领域和方向上，从过去以生产性为主的实体经济转向以城建交通为重点的基础设施建设、城市综合体为重点的服务业以及文化教育、卫生、公共社会事业等非生产性领域；在发展的依靠力量上，经历了国有集体经济一统天下到转制改革、国有资本逐步从竞争性领域退出，又回归到"国进民退"、国有资本加快进入竞争性领域；从发展的舆论引导上，从过去的以"强势推进经济，一心一意谋发展"为主旋律，到现在向社会民生宣传一面倒，讲发展羞羞答答、不痛不痒，讲民生大张旗鼓、理直气壮。似乎讲多了发展就是不关注民生。

　　第二，处理经济发展与民生保障的关系，重在激活民间创业和就业的进取性、创造力和意志品质。人民群众生活质量的改善和优化，一靠政府公共财力重点更多地向民生倾斜，二靠民众创业和就业的广度和质量。推进发展，最根本的就是为广大民众扩大创业就业面，提供空间和舞台。企业作为市场经济的主体，不仅要为追求利润、实现效益最大化奋力拼搏，也要为实现自身价值，形成更多的创业与就业岗位，为社会多创造财富，承担更多的社会责任，为建设和谐社会多作贡献。近几年来，有的企业特别是一些中小企业面对经营成本攀升，企业利润空间不断被挤压，亏损面扩大、上升的局面，发展信心指数大幅度下降；有的制造业企业、生产型企业，对自身的生产经营产生了厌倦情绪，产生了浮躁心理，开始不务正业，有的对自身的发展方向无所适从，在"转型"与"升级"、"坚守"还是"调整"等重大战略和策略上摇摆不定，失去了不少良机；有的民众虽有创业的欲望，但缺资金、缺技能、缺门路，又没有改革开放初期那种创业的精神，心有余而力不足，大量的人寻求就业空间，又四途碰壁；也有事业有成的企业家，凭借已经积累的财富，脚踩西瓜皮，走到哪里算哪里，提前过上了"安逸"、"惬意"的生活，有的还拖儿携女带着财富移居国外。试想，如果在一个有利于激活民生保障的发展环境下，民众的智慧、创造力和活力得到了充分的释放，民众创业和就业的空间得到了充分的展示，社会财富和个人财富得到相应的积累，我们还有什么新的幸福生活不能创造？

　　处理经济发展和民生保障的关系，关键要创造有利于两者相得益彰的舆论环境、政策环境和体制机制环境。必须明确，贯彻落实科学发展观，建设和谐社会，必须把关注民生摆在突出位置；同时也必须明确，贯彻落实科学发展观，第一要务是发展。要防止一种倾向，讲发展似乎有点不识时务，唯有讲民生才能顺乎民意，即便讲发展，也总是把全社会的兴奋点和关注点引导到大干快上一些很长时间都不必上、用不上的基础设施、社会事业以及所谓大大小小的CBD等重大项目上来，引导到一些发达资本主义国家都没有完全做到的环境享受和福利服务上来，等等。显然，这种导向发生了偏差，其结果是不仅把人们的期望目标不断攀升，随之，期望目标越大，失望指数越高，对政府的满意度反而下降，而且还导致社会资源浪费。当务之急，最务实的还是通过发展，激励人们充分就业和创业，为民众提供和解决最基本、最实际的社会保障和社会服务，关注和解决那些人们普遍关心、应该解决、迫切需要解决的难事和实事。作为企业家和那些具有创业冲动的民众，应当很好地调整心态，随着社会主义市场体制机制的日益成熟，市场秩序的完善和规范，市场供需关系的日益调整，那种"暴利"时代已成为过去，那种以"抓机遇，求发展"的概率越来越有限，唯有诚实劳动，凭借智慧、实力、创新，形成自身的特色和优势，才能创造新的辉煌。要研究如何创造和形成"做大蛋糕"的生财之道、科学发展之道、美丽社会建设之道、和谐社会建设之道的统筹协调的社会环境。特别在落实政府公共财力继续重点向民生保障转移的同时，一方面要探索"阳光普照"的"普惠体制"，另一方面要坚持分类指导的方针，多研究出台、到位一些"养鸡孵蛋"、"雪中送炭"、"关爱弱势群体"、"激活民间经济"、"扶持小微企业"等有针对性的政策规定，更大面积提高民生质量。体制机制改革是绕不过的话题，我们还是要进一步解放思想，坚持国有资本从竞争性领域退出来，与其他社会资本形成百舸争流、公开、公平、公正的竞争局面，从而为民生快速改善提供积极的社会财富保障。

企业是转变发展方式的主体

简述：企业是转变发展方式的主体，企业家是转型升级的主角。如果企业和企业家对转型升级缺乏激情和动力，如果企业和企业家在转型升级面前无所适从、四处受挫，如果企业和企业家在转型升级面前找不到切入点和突破口，那么，加快经济发展方式的转变只能是一种美好的愿望。

以"转型升级"、"转变发展方式"为主题的会议、文件、文章、论坛不绝于耳。说实在话，中国经济发展到今天这个阶段，内外环境发生了重大的变化，转变发展方式确实迫在眉睫、刻不容缓，那种以牺牲资源为代价的粗放型发展模式，那种单纯依赖机遇求发展、依靠敢想敢干的精神走致富取胜之道，那种曾经轻车熟路的成功经验好像已经不再显灵了。

可是，到底如何转变发展方式，层层级级的专家学者开出了多种"药方"，似乎条条有理，似乎又雾里看花；似乎成效很大，似乎又见效甚微。原因在哪里？我以为有一点是肯定的,那就是企业是转变发展方式的主体,企业家是转型升级的主角。如果企业和企业家对转型升级缺乏激情和动力,如果企业和企业家在转型升级面前无所适从、四处受挫,如果企业和企业家在转型升级面前找不到切入点和突破口，如此等等，那么，加快经济发展方式的转变只能是一种美好的愿望。

企业和企业家是转变发展方式的主体，但转型升级和转变发展方式又是一个系统工程。涉及政府、社会、企业多个环节，涉及宏观的大环境和微观的小气候，涉及政策、体制、机制、科技、人才、资源等多种要素，涉及战略抉择、路径选择、危机应对和现场处置等实际问题。作为系统工程，转型升级需要多个方面密切配合，凝心聚力，作为系统工程的每一道环节，又应该强化自己的角色定位，耕种好自己那几分"责任田"。比如政府做政府自己该做的事，企业做企业自己该做的事，如果越俎代庖，坐而论道，那么，要么隔靴搔痒，要么事倍功半，要么"种别人的田，荒自己的地"，转型升级和转变发展方式不可能取得好的效果。

笔者常常接触一些企业家，面对当前的宏观环境，他们的心情很复杂。一方面，他们何尝不想转型升级，何尝不想寻求可持续的发展方式和路径。他们深知，如果说在过去的从计划经济向市场经济转型的那些年，人们只要敢想敢干、吃苦耐劳、善于抓机遇，"在大宾馆面前摆个粥摊，也能混出个模样"，那么在现代经济已经进入国际化、高科技、信息化的发展新阶段，市场体制机制日趋规范，资源利用空间有限，各类成本增加，在这种情况下，企业家要是没有足够的知识和技术储备，没有充分的资本积累，没有充足驾驭市场经济的能力，让他们转型升级和转变发展方式将是一件十分苛求的事。另一方面，经过改革开放三十余年来的磨炼和长期的拼搏，大多数企业家已经完成了原始积累阶段，衣食无忧，但有些人也或多或少产生了疲惫之感，甚至滋生了求稳守摊子心理，尤其面对日益激烈的市场竞争，"大钱难赚，小钱又不想赚"，于是有的开始选择"撤退"，追求安逸的生活方式。

也许这仅仅是个案，也许这只是反映了一部分企业家的心理状态。但是，毋庸置疑，转型升级也好，转变发展方式也好，关键要激发广大企业家创业创新创优的动力，尤其是要有一大批新生代企业家群体脱颖而出并逐步成为主体。全社会都应当明白一个道理，一个地区之所以强，一定是这个地区综合经济实力强；经济之所以强，一定是有一批企业群体强；企业群体强，一定是有一大批企业家强。正因为如此，说一千、道一万，转型升级也好，转变发展方式也好，首要的不是各级政府如何"授人以渔"，迫切需要做的是如何让企业家脱颖而出，为做强做大企业、激发民众中的创业投资动力，引导产业发展更为和谐、更为健康营造优良的社会环境。

作为企业和企业家，当自己充分享受国家改革开放政策成果，收获个人劳动果实的同时，别忘了自己应该承担的社会责任，应当不断发扬创业时的那种拼搏精神，为国家建设和谐社会、谋求科学发展作些应有的贡献。

寒山寺的"和合文化"

简述：寒山寺的文化特征大体表现在这样几个方面：一、和合文化的典型代表；二、中华佛教文化的精华浓缩；三、吴文化的重要组成部分；四、当代苏州文化的一朵奇葩；五、创新文化的积极实践者。发扬光大寒山寺文化有基础，也有空间，重在把握这样几个环节：一是深度发掘"和合"内涵，努力做好佛理转化工作；二是强化文化特色，努力打响寒山寺品牌；三是进一步融入"吴文化"，努力提升寒山寺品位；四是广泛参与教育、文化、慈善等活动，努力为构建和谐社会服务。

世界大小佛教寺庙多若繁星，数不胜数。据《中国佛教寺院名录》记载，至2007年，中国合法佛教寺院有两万余家。在这些佛教寺庙中，论规模、历史、景观，苏州寒山寺并不占多少优势。然而，在当代中国，却很少有一所寺庙能像苏州寒山寺那样家喻户晓、引人注目，前往寒山寺参观、游览、进香者摩肩接踵、络绎不绝。寒山寺的魅力固然与一座古桥（枫桥）、一首唐诗（张继的《枫桥夜泊》）、一位高僧（寒山）、一首流行歌曲（《涛声依旧》）有关，其实，归根到底正是文化在起着交流、影响、凝聚、熏陶、传承、服务的功能和作用。寒山寺在人们心目中的永恒魅力是文化的魅力，它已经更多地成为一个文化象征，跳出了唯僧的佛教，外化为文人墨客的心灵驿站；跳出了地区的佛寺，外化为海外友人的寻访胜地；跳出了经忏的佛法，外化为"文化苏州"的一张靓丽名片。

寒山寺的文化特征大体表现在这样几个方面：一、和合文化的典型代表。和合文化有两个基本要义：一是客观地承认不同，比如阴阳、天人、男女、父子、上下等，相互不同；二是把不同的事物有机地结合为一体，如阴阳和合、天人合一、五教和合、五行和合等。一直以来，寒山寺被人们认为是中华和合文化象征之地，寒山、拾得"和合二仙"的形象成为中华和合文化的一对典型人物，和合文化成为维系寒山寺文化深厚底蕴的根本基石，寒山寺文化成为解读和合文化深刻内涵的典型代表。二、中华佛教文化的精华浓缩。寒山寺是中国十大名寺之一，在创建与发展过程中，寒山寺僧人传承佛事、严守戒律、诵经超度、弘法利生从未中断，而且不断光大，以精湛的学术弘扬佛法，以高尚的品德率先垂范，以良好的设施和优质的服务接待僧俗，既是高僧大德探讨佛理的学术重地，也是市民进香、礼佛的首选场所。三、吴文化的重要组成部分。寒山寺文化由于长期融入吴文化，具有厚重的吴文化特征。从硬件看，妙利普明塔带有明显的吴地风格；寺院整体建筑融合了许多苏州园林的建筑元素，亦寺亦园，更显含蓄隽永，富于江南风情。从软件看，内容涵盖更多，尤其是寒山寺以诗闻名，寺以诗传，可谓相得益彰，唐张继、韦应物、张祐、皎然，宋元陆游、范成大、顾瑛，明高启、沈周、唐伯虎，清朱彝尊、陈维崧、王士祯、沈德潜、叶昌炽等等，这些在中国诗歌史上有着突出成绩的大诗人，在各自的朝代里都歌咏过寒山寺，留下了大量名篇佳作，为吴文化增添了绚丽的光彩。四、当代苏州文化的一朵奇葩。在当代苏州文化这个大家庭中，寒山寺也积极投身到实现"文化苏州"大发展大繁荣之中，与苏州经济社会的迅猛发展互相适应、一体相连，并且展现出其独树一帜的文化风采，形成了一道道迷人的文化风景线。五、创新文化的积极实践者。改革开放以来，以寒山寺两代方丈性空、秋爽为代表的僧人，崇尚开放，追求卓越，坚持不作保守的、玄想的文化，而作进步的、实在的文化，稳稳地踩在每一个时代脉动的节拍上，不断探索新思路、新方法、新途径，致力于把山林文化变成社会文化，把静态文化变成动态文化，把法会文化变成活动文化，把唯僧文化变成大众文化，从而使寒山寺成为了创新文化的积极实践者、开拓者。

发扬光大寒山寺文化有基础，也有空间，很必要，也很迫切，重点在把握这样几个环节：一是深度发掘"和合"内涵，努力做好佛理转化工作。二是强化文化特色，努力打响寒山寺品牌。三是进一步融入"吴文化"，努力提升寒山寺品位。四是广泛参与教育、文化、慈善等活动，努力为构建和谐社会服务。要发挥寒山寺的文化价值，努力把它转化为骨肉情深的"家庭和合"，祈祷和气传家；把它转化为情逾骨肉的"朋友和合"，持久患难与共；把它转化为喜结秦晋的"夫妻和合"，祈求夫妇百年；把它转化为深入广泛的"人际和合"，永远和睦相处；把它转化为协调持续的"社会和合"，实现科学发展；把它转化为全球一体的"世界和合"，赢得共同发展；把它转化为人与自然的"生态和合"，达到人与各种生物和睦相处的美好境界。

现代化的文化认知

简述：现代化既是一个发展过程，也是人们普遍追求的理想和目标。由于文化认知的差异，必然导致现代化的实现手段和实现方式存在很大区别，而文化认知一旦进入误区，现代化建设则有可能走向反面。一种是浮躁的现代化，表现为急于求成的文化心态；另一种是指标的现代化，表现为把现代化简单化、数字化的文化心态；还有一种是扭曲的现代化，表现为本末倒置的文化心态。未来苏州现代化的那一天，鸟瞰城市应该是：山水相依，林茂草萋，城郭隐约，车船迤逦；置身城区应该是：花香鸟鸣，欢声笑语，楼台错落，装点新奇；徜徉街巷应该是：绿树成荫，小桥流水，流光溢彩，满目生辉。

现代化既是一个发展过程，也是人们普遍追求的理想和目标。在当今社会，现代化已成为使用最高的词汇之一。什么是现代化？一些人描绘了这样的一幅景象：鳞次栉比的摩天大楼、宽广通畅的立交高架、连绵不断的企业集团、雄伟气派的主题广场、琳琅满目的时尚商品……

而中国台湾知名作家龙应台曾带着现代化的想象访问欧洲，看到的则是这样一派风光："田野依依，江山如画。树林与麦田尽处，就是村落。村落的红瓦白墙，起落有致，衬着教堂尖塔的沉静。斜阳钟声，鸡犬相闻，绵延数百里，竟然像中古世纪的图片。"

谁也不会否认我们正在进行着的是现代化建设，当然，谁也不会认为欧式现代化不是现代化。由此可见，现代化有个文化认知的问题。就像有两位先生赞美自己的家乡。一位说，我的家乡变化真大，一年一个样，三年大变样，出版的地图跟不上城市变化的节奏；一位则说，我的家乡真好，隔了这么多年都没有什么变化，故地重游，风貌依然，童年记忆，涛声依旧。

　　一样的赞美，不一样的心声；一样的追求，不一样的结果。由于文化认知的差异，必然导致现代化的实现手段和实现方式存在很大区别，而文化认知一旦进入误区，现代化建设有可能走向反面。

　　一种是浮躁的现代化，表现为急于求成的文化心态。比如，本应由一代人乃至几代人完成的目标，却恨不得用几年时间就加以实现，本应为后人留下一点发展空间，却恨不得一口气就把"好事"全都做完，真可谓"一万年太久，只争朝夕"，结果是违背客观规律，速度越快，为后人留下的遗憾越多。比如，城市建筑上的粗制滥造也是这种文化心态的真实写照。法国有句谚语：巴黎不是一个晚上建起来的。说的就是不能急于求成、欲速则不达的道理。文艺复兴时期的欧洲，常常是几个文学艺术大师用几十年的时间设计一座教堂，也是这一至理名言的最佳注解。当然，我们不能简单地认为，慢工就一定能够做出细活、好活。但现在有的"建筑规划师"可以用一个晚上的时间在电脑上设计出一幢大楼来，难道会有丰富的文化理念和内涵？这确实有点匪夷所思。以至于清一色的幕墙玻璃、类同相似的大理石贴面、似曾相识的城市广场、令人窒息的钢筋水泥森林……难怪人们会发出诘问——这就是现代化？这就是人类苦苦追求、向往已久的美好生活吗？

　　另一种是指标的现代化，表现为把现代化简单化、数字化的文化心态。现在稍大一点的城市都有一套属于自己的现代化指标体系，各个城市则"照葫芦画瓢"，大同而小异，只看重数量指标而忽视质量要求已是当今时弊。我们知道，现代化确实需要有套指标体系，无论是研究还是考核，都要对样本的指标进行收集、加工和数据处理，中外概莫能外。但我们的一些领导、部门和专家学者，则往往过分注重数据的确立，过分重视统计指标的设定，甚至以为这种指标体系越翔实、覆盖面越广越好，把指标体系的研究看作是学术研究、理论创造的成果。其实，现代化的表现形式是丰富多彩的，现代化很大程度上是人们对客观世界和自身生存环境、生活质量的一种切身感受，很难用那些简单的数字符号予以量化，如果仅从一大堆数据、指标出发，而不注重实际问题的解决，不能为最广大人民群众谋取看得见、摸得着、感受得到的根本利益，这些看似科学的、漂亮的、系统的指标体系是毫无意义的，对人们是没有吸引力、号召力和凝聚力的。

还有一种是扭曲的现代化，表现为本末倒置的文化心态。也就是不着眼于以人为本、不尊重自然生态、不坚持全面协调可持续发展。比如，实行土地集中，实现集约发展，是千真万确的。但眼瞅着历史文化十分悠久的自然村落一个个消失，硬是把那些过惯了"在希望的田野上"生活的农民爷爷、伯伯们统统赶到城市或社区，统一过那种所谓"现代化"的生活，对于他们来说，没有了"台痕上阶绿"，没有了"草色入帘青"，没有了土地，没有了活干，甚至没有了人际交流，可想而知，这种"现代化"的感受是十分痛苦的，甚至是绝望的。为此，国内外都有一些专家尖锐地指出，现代化决不能以牺牲环境、浪费资源，乃至不考虑人们生活的实际情感为成本和代价，那是一种被扭曲了的现代化。

人类社会的发展有一个客观规律，对于现代化发展的认识也有一个规律，世界上从来没有先知先觉，我们决不能苛求现代化建设的进程按照规律所设计的路径一下子进入理想境界，在发展进程中，肯定有失误、有教训，关键是人们要自觉地探寻、服从客观规律，尊重、崇尚科学实践，既要解放思想、大胆探索，又要不断总结、小心求证，正确的就要坚持，错误的就要及时纠正。在这方面，苏州应是较为成功的一个案例。近年来，凡是到过苏州的人，普遍反映苏州的经济发展与生态环境、现代文明与传统文化比较和谐。其实，苏州也经历了一个对现代化较为长期、逐步深化的文化认知过程。

早在上世纪80年代，随着苏州乡镇企业的崛起，"村村点火、处处冒烟"的发展模式，使得一些小化工、小印染一哄而上，也让世代受人赞誉的鱼米之乡一度看不到清洁干净的河水，吸不到新鲜的空气。老百姓口袋里的钱是多了，但生存的环境则遇到了前所未有的挑战。此时，苏州及时调整思路，调整产业结构，开始走上了一条以集中力量建设国家级、省级开发区为特征的集约式发展的路子，终止了以牺牲环境、浪费资源为代价获取经济一时增长的现象，同时也拉开了苏州集约发展、和谐发展、可持续发展的帷幕。

苏州古城具有2500多年的历史，但到上世纪90年代初，人们对"发展还是保护"还是争论不休。1992年，苏州果断作出了"保护古城，建设新区；依托古城，开发新区"的重大决策，从而从根本上解决了保护和发展的关系问题，苏州高新技术开发区和苏州新加坡工业园区应运而生。从此，苏州逐渐形成了"一体两翼、东园西区"的全新的现代城市格局，苏州古城风貌犹存，小桥流水与昆曲评弹依旧如故，古城之外瞬间变成现代的"世界工厂"；古城中的建筑依然是古典园林特色，现代建筑集中在古城之外，但也融入了苏州的园林元素。

进入新世纪，苏州对现代化的文化认知进入了全新的境界，文化被认为是苏州的最大魅力，"文化苏州"被认为是苏州的第一品牌，彰显苏州的文化特色成为了苏州人的自觉追求。现在展示在人们眼前的苏州是这样的一座城市——青山与绿水相伴，古韵与今风合鸣；现代而不失传统，前卫又蕴含典雅，正沿着富民与强市协调发展、城市与乡村协调发展、经济与社会协调发展、人与自然协调发展、三个文明协调发展的现代化道路奋勇前进。

说现代化是一个过程，既指不断建设的过程，也指人们的文化认知得以不断修正和完善的过程。如果做到了这一点，我们有理由相信，未来苏州现代化的那一天，鸟瞰城市应该是：山水相依，林茂草萋，城郭隐约，车船迤逦；置身城区应该是：花香鸟鸣，欢声笑语，楼台错落，装点新奇；徜徉街巷应该是：绿树成荫，小桥流水，流光溢彩，满目生辉。

（合作者：蒋忠友）

无锡吴文化节给我们的启示

简述：关于吴文化，学术上素有吴国文化、大吴文化、吴越文化、吴地文化等等流派，在我们看来，在这些广袤的区域里，谁都有依据举办当代吴文化节，谁都有资格围绕吴文化谱写出新时期的历史篇章。这正是吴文化博大精深、源远流长的特质体现，也是吴文化值得后人为之骄傲、更需要我们继承发扬的时代要求。

4月10日，无锡市政府与中国文联、国家文物局联袂主办了2008年中国（无锡）吴文化节，还投资1亿元，建成了总建筑面积9139平方米的鸿山遗址博物馆和中国吴文化博物馆，同时挂牌国内领先的大遗址保护研究基地。对此，苏州学界有些想不通了——苏州是吴文化的核心地区，怎么让无锡拔得了头筹？

其实，苏南诸市、上海以及湖州、嘉兴等地均与吴文化有着千丝万缕的联系，谁都可以在吴文化形态的形成、发展、归属上占有一席之地，只是由于行政区划的调整与变化，这种归属感也发生了变化。比如，无锡学界提出了无锡是吴文化的发祥地，理由是今无锡梅村乃是泰伯奔吴建立吴都的所在地，泰伯死后也葬在梅村。但人们大可不必多虑，因为1983年前的梅村一直属苏州地区管辖，梅村作为泰伯建吴所在地，也并不完全意味着无锡就是吴文化的发祥地。

关于吴文化，学术上素有吴国文化、大吴文化、吴越文化、吴地文化等等流派，在我们看来，在这些广袤的区域里，谁都有依据举办当代吴文化节，谁都有资格围绕吴文化谱写出新时期的历史篇章。这正是吴文化博大精深、源远流长的特质体现，也是吴文化值得后人为之骄傲、更需要我们继承发扬的时代要求。因此，无锡的举措实在是值得我们学习，也势必会引发我们的反思。

商末，泰伯、仲雍南奔，于现属无锡市的梅里建勾吴国。但到了春秋后期，吴王阖闾授权伍子胥筑阖闾城，后勾吴国迁都于此，吴国的一些著名人物，其纪念地大多在苏州，以这些历史人物命名的地名、建筑名，如干将路、莫邪路、伍子胥弄、专诸巷、孙武亭、孙武桥等等，更是不计其数。值得一提的是，宋元以后，尤其是明清以后，以苏州为中心的吴地文化突飞猛进、大放异彩、连绵不断，不仅产生了丰富多样的物质形态文化，还拥有与之相匹配的非物质形态文化；不仅形成了完整的文化结构体系，还彰显出独特的文化个性和锋芒。苏州作为吴文化的核心地区，既是历史的定论，也是客观的反映，这是一个不具争议的问题。值得我们深入思考的则是，为什么无锡会举全市之力举办吴文化节？而作为吴文化核心地区的苏州则"生在宗中不知宝"，甚至有点不以为然。两地对比，无锡的可贵之处就在于清醒与自觉，这种清醒与自觉，既表现在他们对吴文化品牌的认同、理解和尊重，更表现在他们发掘吴文化资源的敏锐性和传承创新吴文化的责任意识，正因为如此，才敢于借"吴文化节"这一平台协调各方、集结优势、整合资源、借题发挥，从而形成了"一加一大于二"的整体效果。

应该看到，苏州文化资源的最大优势是"多"，可谓处处是"珍珠"；而苏州文化资源的最大不足是"散"，可谓处处是散落的"珍珠"。借鉴无锡的成功实践，苏州最需要做的是要把散落的"珍珠"串起来，大放异彩，在"整合"上做文章。

一是文化资源的整合。苏州的文化资源分属于各地区、各部门管理，包括七区五市和文化、园林、宗教、旅游等部门，还涉及国有、民营、混合等多种体制。目前的现状是条与块、条与条、块与块等各个主体之间互相封闭运行，自成体系，各自为政，没有形成整体合力，难以形成综合竞争优势。比如，太湖岸线目前实际上已形成了吴中区、度假区、高新区和相城区共4家行政主体，如果再把吴江东太湖岸线算在内，则苏州不到200公里的太湖岸线就有5个行政主体。面对这种格局，必须强化规划、强化统筹、强化联动、强化管理，从而放大效应，拉长链条，在一盘棋中形成关联互补、错位竞争的新优势，努力实现各方共赢。

二是文化研究力量的整合。苏州素以人才济济著称，当前研究苏州文化的更是大有人在。仅民间研究，就活跃着吴文化研究会、吴都研究会、孙子兵法研究会、历史文化名城研究会等一批学术团队；仅在苏州大学，近年来先后成立了吴文化国际研究中心、昆曲研究中心、非物质文化遗产研究中心、园林文化研究室、苏州园林遗产保护研究所等一批学术组织，出版的著作、形成的成果不计其数。可惜的是，无论是组织还是研究者，大多处于单兵作战状态，要么交叉兼职，要么少有往来。近年出版的研究成果虽然不少，但分量重、叫得响的精品力作并不多。整合文化研究力量，形成苏州文化研究的综合优势，集成文化研究领域的苏州品牌，势在必行。

三是文化人的整合。苏州拥有丝绸之府、园林之城、工艺之市、书法名城等诸多闪光的城市名片，自然是书画家、技艺家、建筑家、艺术家等各类文化人才的荟萃之地。他们之中，有的力量整合得比较好，成效突出；有的类别还处于游兵散勇状态。以苏州传统工艺美术为例，上世纪八九十年代，这个行业的生产企业遍布苏州城乡，在全国工艺美术产品24个大类中，苏州占有22个大类，各类花色超过3000个，可以说在全国绝无仅有。虽然现在这一行业的盛况不再，但苏州地区从事这一行业的人员仍达13万之众，其中不乏工艺大师、美术大师、高级技工，这支队伍整合好了，重振苏州工艺美术雄风指日可待。这就需要在政府有关部门的指导下，更大地发挥行业协会的作用，以期整合行业在市场营销、人才培育、产品设计创新、技术改造、资金融通等方面的资源要素。

四是文化项目与文化活动的整合。文化项目与活动尤其是大型项目与活动是推动一个城市文化大发展、大繁荣的巨大动力。但其推动力的大小既在于数量，更在于它们的集聚效应。无锡市是通过举办吴文化节，把祭祀典礼、文化庙会、文艺晚会演出、文化遗产保护论坛、国际研讨会、全国大遗址保护现场会、吴文化研究学术活动、美术书画摄影联展等20多个文化项目有机整合在一起，达到了充分挖掘无锡文化底蕴、集中展示国家历史文化名城魅力的效果。为打造苏州作为吴文化核心地区的城市品牌，苏州有必要强化这方面的整合，尤其要把市级优势与各地区、各部门、各企业的积极性、创造性进行优化组合、强强联合，通过"文化苏州"这一平台，整体包装、整体营销、整体运作、整体发力。整合需要有新的理念、大的思路、好的策划、铁的手腕，还要有体制、机制和政策作保障。只有这样，才能进一步提升苏州文化的综合竞争优势。

关于社会新闻宣传报道的几个问题

　　简述：社会类新闻报道开始多了起来，中国媒体一扫以往板起面孔、高高在上的说教形象，而变得更为贴近实际、贴近百姓、贴近生活，这是一种历史性的进步。然而，作为一名有责任感的新闻工作者，必须作出这样的理性思考：我们应当为受众提供什么样的社会新闻？新闻工作者的社会责任感应当如何体现在社会新闻的宣传报道上？

　　最近几年，社会类新闻报道开始多了起来，中国媒体一扫以往板起面孔、高高在上的说教形象，而变得更为贴近实际、贴近百姓、贴近生活，这是一种历史性的进步。然而，人们也不难发现另外一些社会现象：有的媒体从一个极端走向另一个极端，将社会新闻作为争夺受众眼球从而占领市场的唯一"卖点"；有的媒体不在社会新闻选材的价值与质量上下功夫，而是千方百计取悦、迎合、讨好读者，片面追求"收视率"、"阅读率"；有的则在社会新闻宣传报道中以次充好、以假乱真、哗众取宠，以致使社会新闻过多、过滥、过乱、格调不高，等等。这些问题，有的已经产生了不良影响，也引起了人们的高度关注。作为一名有责任感的新闻工作者，必须作出这样的理性思考：我们应当为受众提供什么样的社会新闻？新闻工作者的社会责任感应当如何体现在社会新闻的宣传报道上？

一

什么是社会新闻？业界和学界历来众说纷纭，但有一点是约定俗成的，那就是，社会新闻的报道是对社会现象、社会风貌、社会生活、社会动态、社会事件、社会趋势、社会问题等方面的报道，因而，它具有报道范围广、题材内容丰富、与公众生活有密切联系的特点。近些年来，社会新闻呈现出日益繁荣的景象，各类媒体普遍重视社会新闻，报道量大、可读性大，吸引了越来越多的读者。可以说，社会新闻已经成为各类媒体不可或缺的、令人瞩目的一个组成部分，或者说，社会新闻确实已经成为各类媒体争夺受众眼球从而占领市场的"卖点"，成为人们街谈巷议的一个重要的信息渠道。人民群众需要社会新闻，这是毫无疑问的。

按新闻社会学的观点，读者是分层次的，什么样的媒体争取什么类型的读者，但随着市场经济的不断发展壮大，各类媒体都在努力拓展一个新读者群体，即市民读者群，这是一个分布最广、数量最多的群体。从某种意义上说，除一些行业性、专业性很强的媒体外，其他媒体都是普及型媒体，应该尽可能多地考虑普通市民群体的需要，为他们提供全方位的信息服务。而市民群体关心的往往是与他们切身利益相关的实际问题，即便是谈论时事政治问题，他们也往往关注是否会影响到自身。而社会新闻恰恰是这两者的最佳结合点。这个"点"就是媒体的"卖点"。

当然，社会新闻的特征和作用远远不止如此，我们的新闻工作者只要用心捕捉、精心编辑，其中不少报道将起到强烈的教育意义和引导功能。由于它引导舆论的方式更通俗，更符合受众的需要，也更易于为受众所接受。特别是正面社会新闻的传播，不论是宣传反腐倡廉、抨击社会丑恶现象、颂扬人间真情、叙述奇闻趣事，都有助于正确引导社会舆论，丰富人们的精神生活，树立高尚的道德情操，启迪人生，彰显责任。从我市各家媒体的实际运作情况来看，应该说无论是收视（阅读）率、广告效应，还是市民反映，也都应证了社会新闻对媒体的重要性以及广大群众对它的需求。

二

　　无需赘述，我们所讨论的不是要不要社会新闻，而是什么样的社会新闻才能真正满足消费者的需求。

　　我们不妨先看看当前媒体在社会新闻报道中存在的一些问题。有专家指出，我国媒体目前有"三大害"，其中一害是低俗之风，这一点很大程度体现在社会新闻的宣传报道上。有些媒体对社会新闻的选择过多地偏重于社会偶发事件，特别是灾祸、事故、犯罪、丑闻等负面消息这类报道，不是引导读者注意整个社会或社会的重大问题，而是以耸人听闻的手法把读者吸引到社会问题中的具有低级趣味的那一面。例如，在报道犯罪问题时，不去分析犯罪产生的根源，也不去启发受众思考怎样防止犯罪，而是津津有味地描写凶杀、色情、抢劫之类的细节，绘声绘色，以刺激受众的感官乃至情欲。又如，一些媒体为满足受众的猎奇心理，社会新闻的记者、编辑竞相追逐、猎取一些明星大腕们的花边琐事、奇闻异情、绯闻丑态。

　　从我市的情况看，总的来说，报纸、电视、电台对社会新闻报道把握得比较好，普遍加强了责任意识、创新意识和品牌意识，在改进报道方式、丰富报道内容等方面做了不少有益的探索，有些报道引起了强烈的社会反响，如广电总台的《生命 20 小时》、《姑苏晚报》的"助贫困学子圆读书梦"系列报道等等就是其中的代表。当然好的新闻远远不止这些。但是，应该看到，在社会新闻的宣传报道上，同样存在一些值得注意的问题，突出的有：1. 在内容上格调不够高。报纸上转载的负面、花边、绯闻等新闻的内容偏多，电视上犯罪案件、意外伤亡、事故灾害、邻里纠纷等内容较多。2. 在节奏上缺少分寸。上述一些东西在版面、时段上有时过于密集，连篇累牍，甚至给人一种视觉轰炸的感觉。3. 在报道方式上惯用自然主义的手法，一通热线电话，记者奔赴现场，然后渲染、描述一番了事。这些格调不高的新闻连续集中地传播，会造成人们对苏州整个社会印象的偏差，使人产生疑虑、猜测，甚至使人沮丧、消沉，丧失信心，其对社会心理造成的危害是不能忽视的。这里涉及个体真实与总体真实的关系问题。单个的真实报道如果不恰当地层层叠加，带给人们的印象就会是一个失真的社会整体。这样的社会新闻报道，无论是人民群众还是党和政府都是不想要的。

其实，社会新闻的内容非常宽泛，它不仅包括反映社会道德风尚的公共生活、人际关系、社会秩序、环境保护、民情民俗和生活情趣等等内容，有的社会新闻还与经济、政治、文化等新闻相互交叉。其报道领域相当广阔，可以涵盖社会生活的方方面面，包括市民生活的衣、食、住、行、生、老、病、死等等。人民群众需要的是丰富多彩、喜闻乐见的社会新闻，社会新闻也完全可以而且应该进行多元化报道。

特别需要关注的是，我们目前缺少的是那些反映崇高的思想行为、道德情操、人格力量，感人肺腑、具有轰动效应的优秀的正面社会新闻报道。实际上，多彩的社会生活阳光面是主流，社会新闻阳光面自然也应占主体。我们提倡社会新闻的宣传报道坚持以正面报道为主，只有这样，才能体现社会主流的价值观、审美观和道德标准，才能启迪人生感悟，彰显社会责任，体现人文关怀。

三

应当看到，一个媒体、一档节目、一则新闻，它所负责的对象不仅是经济效益和收视率，更应当自觉承担起对整个社会的责任感。通过报道社会新闻来吸引读者占领竞争激烈的传媒市场，无疑是正确的；但如果只追求这一点而不顾产生的社会效益好不好，那是错误的，也是不允许的。胡锦涛同志在 2003 年 12 月讲话时强调，坚持把社会效益放在首位，认真严肃地考虑精神文化产品的社会效果，在这一前提下实现社会效益和经济效益的统一。社会新闻不管怎么做，有一条必须牢记：社会新闻是通过大、小具体事件的报道反映社会本质现象，揭示社会问题，归根结底是要唱响主旋律，歌颂真善美，抨击假丑恶。对于苏州媒体工作者来说，还应该增加一层责任，那就是作为一座历史文化名城精神文化传播者应具有的更高要求，具体地说，我们做的社会新闻应与我们这座城市的性质与地位相匹配，我们需要高品位的社会新闻，需要为城市增添亮丽的社会新闻，这也是由姑苏市民较高的文化素质、较高的欣赏水平决定的。所以，我们新闻工作者的责任不在于提供了多少社会新闻，而要看他提供的产品是否高雅、健康，老百姓是否真的满意。所谓"收视率"、"订阅率"，只能说明有多少人在看电视、读报纸，而不能说明这些人对新闻的满意程度，媒体工作者应当确定这样的自觉意识：要下功夫报道丰富多彩的社会新闻，让社会新闻更加丰富多彩起来。当前要重点解决好四个问题：

1. 关于社会新闻的正确定位。首先是价值取向的定位。价值取向是媒体社会形象的集中表现。我们媒体在价值取向上至少要注意三个方面：坚持新闻真实性原则，保证报道的客观公正，以正面报道为主，从整体上真实反映苏州社会风貌。坚持理性、建设性的报道原则，在领导关注、老百姓关心的结合点上找到社会新闻的亮点。坚持高格调，把握社会新闻的典型性、多样性、广泛性的统一，不媚俗、不偏激、不冲动。总而言之，社会新闻要全面准确地反映社会生活，关注民生，反映民意，用健康的趣味引导读者。其次是不同类型的媒体要正确定位。不同报纸、不同电视频道的宗旨不同，对社会新闻报道自然应该有不同的侧重。作为主流媒体，更应该注重自身的公信力、权威性。在这方面，《苏州日报》表现出了应有的风范，特别是在把时政新闻解读为关注民生的社会新闻方面有其独到的地方。

2. 关于内容和节奏的正确把握。在内容上，社会新闻急需厚重起来，以摆脱目前单一、表面肤浅的不良现象。这就要求拓展社会新闻领域，发掘有深度的内容，注重新闻的思想内涵和古城特有的内涵，弘扬高尚的社会道德风尚。要善于深化社会新闻主题，提升社会新闻价值，从看似平常的事件中挖掘出具有重大意义的东西。要正确处理正面报道与负面报道的关系，揭露与引导的关系，舆论监督类报道与民生类报道的关系。应该看到，在群众日常生活中，有很多题材、素材可以作为社会新闻的报道，比如做好为百姓排忧解难的服务性、实用性社会新闻的报道。要讲求报道方式，选准报道切入点，学会将负面报道正面做，化消极因素为积极因素。即使是负面报道也要注重思辨色彩，比如灾难性新闻，不能仅仅停留在白描式的"现场直播"，而要努力发掘灾难中的人性光芒，在版面、画面、声音等新闻语言的运用上体现人文关怀和审美关照，防止"血淋淋"的刺激元素大行其道。在节奏上，要避免雷同的社会新闻量过大、密度过分集中，以避免造成报道整体上的严重失真。

3. 关于社会新闻报道的机制保证。要确立社会新闻策划机制。要像重大题材的宣传报道那样，搞好一个阶段社会新闻报道的前期策划，只有这样，社会新闻才能好看、耐读。要建立完善的监管机制。社会新闻报道当然要突出新闻编导人员作为传播主体的主动性和创造性，但同样离不开严密的制度保证，以免出现差错、失误。要有评价考核机制。对优秀的社会新闻报道进行表扬奖励，对出现问题的社会新闻报道进行批评惩罚。

4. 关于社会新闻报道的队伍建设。让社会新闻更加丰富多彩，关键在人。喜闻乐见的社会新闻需要高素质的记者去编采、发掘，只有平庸的、自然主义的社会新闻报道才不需下功夫。这就要求我们新闻工作者进一步增强政治意识、全局意识和媒体意识，准确理解党的路线和方针政策，准确理解市委、市政府各项决策意图，准确反映人民群众的根本意愿，不断增强新闻采编的基本功，远离浮躁、甘于寂寞、志高存远、潜心研究，更好地履行一个新闻工作者的义务和职责，为苏州市的经济社会发展贡献更多力量。

（2004 年 9 月在苏州广电座谈会上的发言）

与文字为伴

创造让一切科教资源涌流的良好环境

简述：科教兴市，关键要努力创造一个让一切科教资源充分涌流的社会氛围，只有这样，才能实现党的十六大指出的"让一切劳动、知识、技术、管理和资本的活力竞相迸发，让一切创造社会财富的源泉充分涌流"。要让一切科教资源充分涌流，一是要让本地科教资源充分涌出。二是苏州以外的国际、国内科教资源充分流入。三是内、外两种科教资源的有效融合和促进。

党的十一届三中全会以来，"科教兴市"已成为全国各大城市共同的战略取向，尤其是十六大以来，各地更加认识到把科技与教育作为寻求新的发展模式和新的增长点的重要性，力争闯出一条科教兴市的新路。去年底，上海以市委全会的形式通过了《上海实施科教兴市战略行动纲要》，在全市大力倡导走通"华山天险一条路"；今年年初，深圳出台了一号文件，其主要内容是完善区域创新体系，推动高新技术产业持续快速发展，明确要求把发展高新技术的旗帜举得更高。时代所向，形势所需，苏州围绕打造国际新兴科技城市的目标，今年全面启动"十大工程"，以更加积极的姿态应对全球范围内科教的迅猛发展和严峻挑战。

科教兴市，关键要努力创造一个让一切科教资源充分涌流的社会氛围，只有这样，才能实现党的十六大指出的"让一切劳动、知识、技术、管理和资本的活力竞相迸发，让一切创造社会财富的源泉充分涌流。"

对苏州而言，让一切科教资源充分涌流主要表现在这样三个方面。一是苏州本地的科教资源充分涌出。要让一切科教资源充分涌流，首先是要让本地科教资源充分涌出。苏州自古有崇尚文化教育、注重科技创新的好传统，是国家首批24个历史文化名城之一。改革开放以来，苏州教育、科技资源得到了进一步发展、整合、壮大。全市现有1100多所普通中小学、71所中等职业学校、16所普通高等学校，教职工总数达6.3万人，已形成了多层次、多功能、多元化的教育网络；全市国家级高新技术特色产业基地累计有6家，省级以上高新技术企业和产品总数达555家和1221个，全市技术贸易机构近千家。可以说，苏州本地的科教资源十分丰富，为苏州的快速协调发展作出了重要贡献，也为下一步发展创造充分涌流的局面提供坚实的基础。二是苏州以外的国际、国内科教资源充分流入。在本地的科教资源充分涌出的同时，要让苏州以外的科教资源充分流入。事实上，苏州在引进国际、国内科教资源上已取得一定的成效。比如，至今已有30多家著名跨国公司在苏州设立研发中心和研发机构；去年，苏州企业与84所高校、科研所新签合作协议144项；今年上半年，苏州引进在职人员和应届毕业生人才2万余人，其中办理特聘工作证或人才绿卡8978人。苏州正在成为一方创业的热土，吸引着海内外人才竞相流入。但面对经济快速发展的需求，苏州的科教支撑与拉动作用还存在不小差距，科教人才短缺依然是新一轮发展的一大"瓶颈"，必须要进一步加大国际、国内科教资源充分流入的力度。三是内外两种科教资源的有效融合和促进。科教资源的来源虽有内外之分，但在苏州充分涌流过程中，内外两种资源要相辅相成，相得益彰。外部优质资源的进入不仅要弥补本地不足，而且要带动苏州本地资源的优化和升级；本地资源不仅因外部资源的到来而激活，还要在更高的平台上形成加速外部资源涌入的优势和集聚效应。总之，要让它们恰如其分地融为一体，形成合力，真正把苏州建设成为科教创新创业的新天堂。

要实现内外两种科教资源的充分涌出、流入和融合，必须着力做好以下三件事。

形成让一切科教资源涌流的良好社会环境。一段时间以来，苏州大力弘扬尊重知识、尊重劳动、尊重人才、尊重创造，特别是给予留学回国高水平人员、民营企业高层次科技人才、社会高技能人才优厚待遇，进一步提高他们的社会地位，不断优化社会环境，为科教资源涌流创造条件。但毋庸讳言，让苏州科教资源涌流的环境还存在一些不尽如人意之处。比如，有的在生活、社会保障以及子女就学等问题上未能得到妥善解决，一些科教人才深怀后顾之忧；有的因苦于应付"内耗"，或因人际关系复杂，一些科教人才在分心"谋人"时痛感身心疲惫；一些海归派建议加大对海外人才本土化培训力度，使之与国内市场更快、更有效地接轨。这些都提醒我们，要让苏州成为海纳百川、人才荟萃的创业天堂，归根结底，还是要在创造最优的社会环境上下大功夫。必须意识到，真正让一切科教资源的活力竞相迸发，对于大力推进科教兴市战略、全面提高城市综合创新能力、落实科学发展观的要求和实现"两个率先"的目标，具有极其深远而巨大的意义。因此，有必要在全市推进新一轮思想解放，革除一切不尊重知识、不尊重劳动、不尊重人才、不尊重创造的做法，扫除一切不利于科教、创新、创业的思想障碍，把创新、创业的理念和思维进一步融入经济和社会生活的各个领域，把创新、创业作为各行各业、全市人民的共同文化意识加以倡导。

完善让一切科教资源涌流的体制机制和制度。让一切科教资源涌流的活力取决于体制机制和制度。体制机制灵活，则科教资源如源头活水；体制机制僵化，则科教资源似死水一潭。今年以来，苏州积极推行人才柔性流动机制，鼓励各类高层次人才不变身份，不转户口、工资、档案，来苏创业或从事科学研究、技术推广、产品开发和提供专业服务，甚至对暂不符合进苏落户的人员，通过办理特聘工作证，享受苏州市民待遇，工作期满后可转为苏州户口。这一灵活的机制已初显成效，目前全市已办理特聘工作证或人才绿卡 2.3 万张。但必须引起重视的是，影响苏州科教资源充分涌流的体制机制障碍还十分突出，比如，资源部门垄断、市场化程度低、政策激励作用不强和不落实等，对释放科教能量，增强人才、知识和资本的内在结合力，调动方方面面的创新积极性产生了一定的制约作用。当前应该在这两个方面寻求重点突破：一是健全激励机制，坚持以鼓励劳动和创造为根本目的，建立现代科研制度，完善科研资源配置方式，建立健全各种奖励和产权奖励制度，搞活企事业单位的分配制度，努力实现一流人才、一流贡献、一流报酬，让拔尖人才特别是非义务教育阶段的科教人才脱颖而出。二是建设更先进、更合理的制度，特别是要完善和健全市场经济的法律体系，完善知识产权保护体系，要让科教人员和企业看到，只有通过科技和管理的创新，而不是靠歪门邪道，才能创造更多的价值，从而激发和保障科教资源竞相涌流。

建立让一切科教资源涌流的载体。载体建设是龙头，有载体，才能筑巢引凤，吸纳和承载国内外高层次人才、研发机构和知名企业；有载体，才能形成让一切科教资源充分涌流的有效途径和生动局面。目前，苏州人才载体建设呈现良好发展态势。全市共有留学生创业园 6 家，科技企业孵化器 16 家，企业博士后科研工作站 13 家，博士后技术创新中心 7 家。苏州研究生城作为教育部特批的中国第一家研究生城，已与北京大学、西安交大等一批海内外知名品牌大学正式签订项目。苏州国际教育园南区首期 6 万平方米的新校区已于去年 9 月建成开学，按计划今年有十所高等职业院校同时进园。但值得关注的是，当前苏州各类载体间还缺乏有机的联系，有的为一个区域服务，有的为一种所有制服务，有的甚至为一家企业服务，缺少为大市服务的衔接和配合，在一定程度上造成资源浪费。因此，在继续增加载体数量和密度的同时，有必要整合各类载体，重点打造一个品牌，形成整体优势，在"苏州科教创新中心"的统一品牌下组建若干功能分区，加快构筑研发创新、创业投资、信息服务和知识产权等公共平台，形成官、产、学、研、商、资、中介相结合的多元化服务体系，从而使重点实验室、博士后工作站、企业孵化器、创业园等多种优势进一步放大，促进创业集群和高新技术产业集群，那么，一切科教资源必将得以进一步涌流。

（摘要刊发 2004 年第 10 期《苏南科技开发》，合作者：蒋忠友）

时评概览

为率先发展注入强大的精神动力

简述：在加强和改进精神文明建设的过程中，苏州市积累了许多重要体会，概括起来是八个坚持：坚持把精神文明建设纳入全市经济社会发展的总体布局；坚持以塑造城市品牌为抓手，把精神文明建设与各项创建活动结合起来；坚持围绕中心、服务大局，在三个文明协调发展中寻找切入点；坚持彰显苏州的文化个性，不断丰富苏州精神文明建设的文化内涵；坚持以满足群众精神文化需求为出发点和落脚点，使群众在精神文明建设中得到实惠；坚持市县（区）互动、城乡联动，充分调动和发挥各方面建设精神文明的积极性；坚持以人为本，把提高人的素质作为精神文明建设的第一要务；坚持与时俱进，在创新观念、创新思路、创新办法中不断增强群众参与精神文明建设的认同感和感染力。

2004 年 11 月，苏州市在央视举行的评比活动中，一举荣膺"2004 年中国最具经济活力城市"和"年度城市"两项大奖。颁奖词是这样说的："一座东方水城让世界读了 2500 年，一个现代工业园用 10 年时间磨砺出超越传统的利剑。她用古典园林的精巧，布局出现代经济的版图；她用双面刺绣的绝活，实现了东方与西方的对接。"

这不仅是对苏州经济发展活力的褒奖，也是对苏州经济与社会、环境、文化协调发展状况的真实写照。党的十一届三中全会以来，尤其是进入新世纪以来，苏州市委坚持以邓小平理论和"三个代表"重要思想为指导，坚持"两手抓，两手都要硬"、"以人为本，重在建设"的方针，从更高层次、更高水平上推进精神文明建设。党的十六届四中全会以来，苏州市委又从加强执政能力建设的高度，按照科学发展观的要求，进一步加强对建设社会主义精神文明建设的领导，不断提高建设社会主义先进文化的能力。全市呈现出物质文明与精神文明共同发展、经济建设与社会事业相得益彰、传统文化与现代文明交相辉映的良好态势。精神文明建设的成功实践，为加快率先全面建成高水平小康社会、率先基本实现现代化注入了强大的精神动力。在加强和改进精神文明建设的过程中，苏州市积累了许多重要体会，概括起来是八个坚持：

体会之一：坚持把精神文明建设纳入全市经济社会发展的总体布局。一是在制定经济社会发展规划和年度及阶段性工作计划时，注重把精神文明建设与物质文明、政治文明作为一个有机的整体，列入市委、市政府的总体部署，做到同步规划、同步实施、同步推进，并通过召开重要会议、颁发重要文件，加强现场指导，加强督查力度，切实加以贯彻落实。二是将精神文明建设尤其是公益性教科文卫体载体建设，列入全市经济社会发展规划和政府实事工程。几年来，先后兴建和在建苏州市体育中心、苏州市图书馆、规划展示馆、苏州博物馆新馆、苏州市国际博览中心、苏州科技文化艺术中心、苏州市中心血站、苏州市母子保健中心、苏州疾病控制中心等一批标志性社会事业设施，总投资达数十亿元，还新建和扩建了一批社区文体活动场所。三是将精神文明的硬环境建设纳入推进城市化进程的总体布局，与日益加快的城市化步伐相适应，并与改善城乡基础设施、"绿化、美化、亮化、净化"城市环境结合起来，使苏州的城乡面貌和道路交通状况焕然一新。四是将人民群众普遍关注的问题作为实事工程，列入市委、市政府的工作目标，从而将精神文明建设与实际问题解决结合起来，让精神文明建设的成果惠及全体人民群众。

体会之二：坚持以塑造城市品牌为抓手，把精神文明建设与各项创建活动结合起来。城市品牌，集中反映了城市的形象，涵盖了精神文明的内容和特征。近年来，苏州的精神文明建设，紧密围绕提高城乡文明程度、提高市民文明素质展开，以精心塑造城市品牌和周密部署各项创建活动为重要抓手，使创建活动目标化、形象化、具体化。一是通过提出综合性目标，全面提升城市品牌的内涵。2003年召开的苏州市第九次党代会提出，要把苏州建设成为"国际新兴科技城市"、"社会主义法治城市"、"社会主义文化强市"、"最适宜人居创业的城市"、"国家园林城市"、"健康城市"等战略目标，之后，市委、市政府先后具体化为诚信苏州、文化苏州、法治苏州、平安苏州、绿色苏州、学习型城市等一系列城市品牌，先后制定和出台了一系列规范性文件，进行全员思想发动，形成了强烈的工作氛围。二是把精神文明建设寓于群众性、规范化的创建活动之中。特别是积极参与国家部委组织的各项创建活动，收到了很好的效果。如市和各县（市）先后获得国家卫生城市、国家环境保护模范城市、全国社会治安综合治理工作优秀地区、国家双拥模范城市、全国创建文明城市工作先进市、全国文化模范市、中国优秀旅游城市、全国科技工作先进市等荣誉称号，苏州市、常熟市还获得了"国际花园城市"称号，苏州市获得了"十大最具经济活力城市"、"年度城市大奖"，昆山市入选2004年度"最佳中国魅力城市"等，大大提升了苏州的文明形象。三是通过举办或承办具有国际影响的会议和活动，如第28届世界遗产会议、世界经合组织财长会议、国际知名旅游城市市长论坛、中国电子信息博览会等，全面加强市民的礼仪、礼节、礼貌教育，加强场馆设施、交通道路、市容市貌、绿化种植建设和管理，进而推进精神文明建设上大台阶。四是通过举办具有地方特色的节庆活动打造和巩固城市品牌，如中国苏州国际旅游节已举办六届，中国苏州国际丝绸节已举办九届，各县市也充分发挥自身特色，举办服装节、旅游节、金秋洽谈会等重要活动，这些节庆活动，已经成为展示苏州城市形象和对外交往的经典"名片"。

体会之三：坚持围绕中心、服务大局，在"三个文明"协调发展中寻找切入点。精神文明只有牢牢坚持党的基本路线，围绕中心，服务大局，贯穿和渗透到经济社会的各个方面，才能更好地焕发其生机和活力，才能体现其自身的价值。"率先全面建设高水平小康社会，率先基本实现现代化"，这是中共苏州市委作出的重要决定，全市紧紧围绕"争当'两个率先'的先行军，争当全国率先发展的排头兵"的目标，引导干部群众积极投身改革开放和现代化建设。全市统一组织了"学习'三个代表'，力争'两个率先'"主题活动，各县（市）、区通过举办报告会、宣讲会、学习会、座谈会、党校培训等多种形式的教育宣传活动，为改革与发展营造良好的氛围。开放型经济是苏州的特色和优势，仅外商投资企业就有1万多家。市和各县（市）将精神文明建设与为开放型经济服务结合起来，使精神文明建设成为完善投资环境的重要组成部分，如连续三年开展"情系苏州——外国人才艺大赛"，开展"十佳优秀外来务工人员"、"百名文明新市民"、"荣誉市民"评选活动等等，增强了外来投资者的吸引力。为适应加快城市化步伐的新形势，苏州市精神文明建设坚持以围绕和服务于提升城市文明程度为出发点和落脚点，张家港市还在全市率先提出"坚持以城市的标准建农村，以市民的理念育农民，努力构建城乡一体文明"的思路，使全市进入了经济社会全面进步、人的素质全面发展的新阶段。

体会之四：坚持彰显苏州的文化个性，不断丰富苏州精神文明建设的文化内涵。苏州是一个具有2500多年历史的文化名城，文化底蕴十分深厚，同时，又是开放度较高的现代化城市，努力发掘和弘扬苏州悠久的文化资源和现代文明资源，并将鲜明的文化元素注入精神文明建设之中，不仅有利于繁荣苏州文化，而且将使苏州的精神文明建设更具文化特质。近年来，苏州市在制定《文化强市建设规划纲要》和《"文化苏州"行动计划》的基础上，紧紧抓住文化体制改革和文化产业发展的机遇，抓住第28届世界遗产会议在苏州召开，古城古镇"申遗"和苏州被文化部、财政部列为中国民族、民间文化保护工程综合性试点城市等契机，以打造"文化苏州"品牌为己任，以改革为动力，既抓公益性文化事业又抓文化产业，既抓繁荣又抓管理，呈现出传统文化与现代文明共同发展的崭新格局。《一二三，起步走》、《干将与莫邪》、《苏园六记》、《苏州水》、《大脚皇后》等一批精品力作被评为"文华奖"、"星光奖"、"五个一工程奖"等国家级大奖；昆剧《长生殿》、青春版《牡丹亭》等一批优秀传统剧目得到弘扬、创新，誉满海内外；桃花坞木刻、缂丝、刺绣、吴门画派、红木雕刻等传统工艺得到保护；市级以上文保单位的完好率达到80%以上，200多处古建筑被列为控保对象，历史街区的保护性修复和环境整治初见成效，古城古镇申遗进入实质性阶段。与此同时，苏州市大力弘扬以"张家港精神"、"昆山之路"和"亲商理念"为代表的苏州精神，积极推出张家港市的秦振华、常熟市的常德盛、相城区的李荣法等一批重大典型，"精神文明建设十佳新人和十大新事"评选活动已连续举行十三届，这类活动，已成为推动苏州经济社会发展强大的精神动力。

体会之五：坚持以满足群众精神文化需求为出发点和落脚点，使群众在精神文明建设中得到实惠。群众是精神文明的建设主体，也是精神文明建设的受益主体。精神文明建设要具有活力和生命力，得到人民群众的真正拥护和欢迎，就必须从人民群众的根本利益出发，真正做到权为民所用、情为民所系、利为民所谋，不断满足人民群众日益增长的物质文化需求，切实保障人民群众的经济、政治和文化权益。一是努力关注民生、民情、民意，及时梳理人民群众阶段性和长远关注的重点、热点、难点问题，适应群众"求富、求美、求乐、求安、求助"的新需求，把关心和解决老百姓的急事、难事、愁事作为精神文明创建的切入点。如针对群众反映较为集中的"食品安全"、"出行难"等问题，全市开展"365食品安全行"、"一百放心早餐"、"爱心车队"、"文明交通工程"等活动；针对社区脏乱差、死角较多、公益性设施残缺等老大难问题，全市进行集中整治；针对市民反映的"文体活动场所不足"等问题，全市统一规划建设了几十家"小游园"，大大方便了群众生活。二是重点关注弱势人群，尤其是老年人、残疾人、下岗失业人员，把党和政府的温暖送到他们的心坎上。比如，通过完善市、区、街道、社区居委会四级网络，健全城乡养老医疗制度；在创建无障碍设施示范城活动中，苏州建成了182条城市无障碍道路，盲道长达360公里，占道路总长的三分之一，无障碍坡道4000多处；针对因失地、失业、失居而产生的城乡困难群众的生活问题，全市作出了一系列政策性规定，以解决他们的后顾之忧。三是充分发挥社区的基础性作用，倡导"人人为我，我为人人"的社会主义精神文明新风尚。社区是精神文明建设最基本的单元，也是老百姓日常生活的基地。苏州市以创建文明社区（村镇）为突破口，普遍开展"道德规范、科技教育、文化体育、法律法规、卫生保健、环保绿化、婚育新风进社区"活动，既进一步提高了文明社区和文明村镇的创建水平，也满足了群众对物质、精神文化的需求。

　　体会之六：坚持市县（区）互动、城乡联动，充分调动和发挥各方面建设精神文明的积极性。以苏州市为龙头，所辖各市、区为主体，整体推进、同步共建，这是苏州市精神文明建设的一大特色。从苏州的情况看，主要把握三条：一是确立"区域苏州"的意识和群落的理念，即要争创文明城市和各种荣誉称号，涵盖一市五县（市），城乡联动、整体推进的概念，做到指导思想一致、目标任务一致、部署步调一致、考核标准一致，从而使全市上下形成了创建合力。二是鼓励争先创优，充分发挥各地、各部门、各单位精神文明创建的积极性、主动性和创造性。全市定期召开专题创建经验交流和表彰活动，会议地点通常放在创建活动先行一步、推进较快的地区，以发挥示范推动作用，观念的相互影响、经验的及时共享、精神的彼此感染、荣誉的强烈驱动、友善的良性竞争，成为苏州市县联动、整体推进的思想基础和动力所在。目前，在市、县（市）普遍荣获"国家卫生城市"、"国家环保模范市"等称号的基础上，普遍瞄准"含金量"更高、难度更大的"国家生态城市"、"国家健康城市"、"国家文明城市"等目标。三是努力创造特色，包括进一步凸显文化特色、生态特色、现代开放特色，融精神文明的共性于个性之中，使苏州的精神文明与形态文明、功能文明、生态文明协调发展。如张家港市坚持与时俱进，把弘扬"张家港精神"贯穿创建活动的全过程；常熟市大力推进山水城市建设，倡导"争先、开放、和谐、人文"的常熟城市精神；沧浪区坚持"文化立区"方针，以文化建设推动精神文明建设等等，都引起了较好的社会反响。

体会之七：坚持以人为本，把提高人的素质作为精神文明建设的第一要务。促进人的全面发展，是落实科学发展观的本质要求，苏州市在精神文明建设过程中，坚持以人为本，重点抓好未成年人、外来人员、弱势人群和党员干部的素质教育。对未成年人重点抓好思想道德教育。今天的未成年人，就是明天的接班人，他们的素质如何，直接关系到国家的兴亡和民族的素质，市委、市政府对此高度重视，将它看作为"战略工程、希望工程、民心工程和基础工程"来抓。苏州市有120多万未成年人，市委、市政府在调查研究的基础上，制定了未成年人思想道德建设行动计划，从家庭、学校、社会三个关键环节入手，围绕"增强爱国情感、确立远大理想、规范行为习惯、提高基本素质"四项任务，提出了集中力量办好50件实事，并责成有关部门逐项抓好落实。对外来务工人员重点加强法制道德教育。随着苏州经济的发展，来苏务工人员日益增多。据不完全统计，有近300万人，其中86%的人员文化程度在初中以下。他们中的相当部分将成为苏州的新市民。这部分人员素质如何，将不仅影响到自身的生存质量和生活前景，也关系到苏州经济社会的可持续发展，关系到苏州的城市素质。因此，加强对外来务工人员的法制和道德素质教育，并渗透到管理、服务、保护等多个环节之中，将成为苏州市精神文明建设的重要课题。对下岗失业人员和失地农民重点加强技能素质教育。政府把新增就业岗位列入实事项目，对下岗失业人员实行免费技能培训、免费职业指导，仅市区向下岗失业人员免费开放的就业机构就达 30 多家。对党员领导干部重点加强执政能力教育。在县处级干部中开展"科学发展观和正确政绩观"主题活动，在科级干部中开展学习"三个代表"、加强党的执政能力等专题教育，对公务员进行轮训，通过教育不断提高党的领导干部的政治理论素养、法制素养和业务能力。

体会之八：坚持与时俱进，在创新观念、创新思路、创新办法中不断增强群众参与精神文明建设的认同感和感染力。苏州人认为，在改革开放和发展的新时期，精神文明建设必须从观念、思路、方法上与时俱进，用新观念研究新情况，用新思路解决新问题，用新举措开创新局面。一是要从"小"精神文明建设向"大"精神文明建设转变。所谓"小"，就是拘泥于或满足于一些群众性的精神文明建设活动；所谓"大"，就是我们所思考的精神文明建设应当与物质文明、政治文明相衔接、相融合，这样，视野才能更宽，起点才能更高，才能做到经常化、制度化、规范化。二是要把工作的基点始终立足于社会主义初级阶段这个最大的实际，工作视点始终对准改革开放和现代化建设的火热生活。精神文明建设不仅要遵循自身的规律，也要与社会主义市场经济的规律相适应。三是要充分发挥新闻媒体的舆论导向作用，牢牢把握舆论的主导权，尤其要注意发挥互联网、手机短信等新兴媒体的作用，拓宽精神文明建设的渠道和空间，不断扩大其影响力和感染力。四要区分不同人群的不同需求和素质特征，有的放矢，分类指导，坚持综合运用教育、法律、行政、舆论等手段，引导人们提高思想道德素质，弘扬社会正气。

（刊 2004 年 12 月中共江苏省委研究室《调查与研究》第 71 期）

苏州·苏州人·苏州精神

简述：何谓城市精神？一般理解是：它是一个城市的市民在一定历史阶段集中表现出来的主导性精神风貌。我们讨论和培育苏州精神，其主要目的就是要塑造和弘扬现阶段的主导性精神风貌，使之成为苏州率先发展的座右铭，成为苏州"构筑更高平台，始终走在前列"的不竭动力，从而调动一切积极因素，让一切财富之源充分涌流。

一

作为一座现代化的文明城市，文化和精神愈来愈成为其中一个重要的内容。目前，不少城市正在为已经到来的新一轮竞争精心地打造城市精神。深圳将其城市精神概括为"开拓创新、诚信守法、务实高效、团结奉献"，南京将其城市精神概括为"开明开放、诚朴诚信、博爱博雅、创业创新"，杭州的人文精神是"精致和谐、大气开放"，上海将"申博精神"概括为"胸怀祖国、不负使命，万众一心、顽强拼搏，顾全大局、团结协作，精益求精、追求卓越，自信从容、博采众长"。人们越来越意识到，一个国家、一座城市之所以能够不断发展，就是有一种与时俱进的精神力量在起着推动作用。那么，苏州、苏州人、苏州精神有什么样的关联？如何培育为苏州市民普遍接受的行为准则和共同的价值取向？怎么样把苏州精神打造成实现"两个率先"发展的座右铭？这些都是值得我们深入思考的。

二

　　讨论和培育苏州精神，有必要对苏州这座有着2500多年历史的城市作一番时间的透视。千百年来，在这块物华天宝的土地上，先辈们在创造灿烂的物质文明的同时，也创造了极其丰富的精神文明。其表现在三个方面：一类是它的物质具象，如典雅精致的苏州古典园林、小桥水巷民居和清新秀美的太湖人文风光等；一类是它的语言文化形态，如温软婉转的吴歌昆曲、评书弹词和缜密细腻的经史之学、吴地诗文等；一类是它的思想意识形态，如苏州民众深挚激昂的爱国爱乡信念和敦厚朴实的尊师重教传统等。在深厚的传统文明基础上，在时代精神催化下，改革开放以来，苏州这座城市又孕育出了崭新的生机，迸发出现代文明的火花。上世纪80年代乡镇企业异军突起，90年代外向型经济蓬勃兴起。至2004年底，全市累计引进合同外资857亿美元，实际到账外资400亿美元，世界500强企业中已有100家进驻，有3万多名外国人常驻苏州创业和生活，苏州综合实力不仅远超同等城市，也超过了不少规模较大的城市，古老的历史文化名城正在变为现代化的"新天堂"。现在，如果我们在苏州这张城市名片上要印点什么，那么，园林苏州、文化苏州、创业苏州、活力苏州、开放苏州……均实至名归。

三

　　恩格斯说过："人创造环境，同样环境也创造人。"苏州人滋生蓄养了温柔敦厚、独一无二的苏州；同样，苏州也潜移默化出智、仁、秀、灵、雅的苏州人。时代沧海桑田，苏州城市环境和苏州人的精神面貌都随之变迁。在自给自足的小生产社会，苏州民众养成了勤恳朴素、精细秀美、诚实守信、含蓄恬淡、尚文崇教的优秀传统。但是，正如任何事物有正反两面一样，小生产社会也带给了苏州人一些弱点，在不少人的眼里，苏州人精细有余，而失之大气；柔和有余，而缺乏刚劲；雅致有余，而洒脱不够；空灵有余，而厚实不足。改革开放以来，尤其是在社会主义市场经济体制的确立和不断完善中，苏州人特别注意顺应时代的发展要求，对在传统消费城市基础上形成的城市文明进行了理智的扬弃，在继承的同时又有所突破、有所创新，形成了具有当代特色的勇于开拓创新、善于学习钻研、乐于求真务实、敢于与时俱进的人情风貌和城市风韵。苏州人把自身的一些缺点克服掉了，人的精神风貌随之升华，并发生了深刻的变化，人们的气质中少了自给自足、小富即安的小生产观念，而多了抢抓机遇、加快发展的进取观念；少了封闭自守、缩手缩脚的束缚心理，而多了敢于创新、再创新路的开放心理；少了闲情逸致、不与人争的无为心态，而多了走向市场、参与竞争的拼搏心态；少了安安稳稳过好小日子的传统意识，而多了自主、忧患、公平、效率等现代意识。

何谓城市精神？一般理解是：它是一个城市的市民在一定历史阶段集中表现出来的主导性精神风貌。我们讨论和培育苏州精神，其主要目的就是要塑造和弘扬现阶段的主导性精神风貌，使之成为苏州率先发展的座右铭，成为苏州"构筑更高平台，始终走在前列"的不竭动力，从而调动一切积极因素，让一切财富之源充分涌流。为此，我们在发扬苏州传统文化中优秀精神的同时，更要发现、发掘在市民中隐藏的与时代同步合拍的精神状态。今日的苏州是历史苏州的继续和发展，"罗马不是一天建成的"，苏州及苏州精神的形成与发展也是一个历史的过程。苏州具有极其深厚的传统文化和精神，她可能成为我们形成新的精神文化的扎实根基，她也可能给我们形成新的文化精神带来心理羁绊。所以，我们既要发现、发掘、发扬苏州传统文化优秀精神，特别是其中与我们目前需要大力倡导的那一部分，又必须根据实践发展的需要，赋予它更新颖、更丰富、更深刻的内容，并使它更好地体现苏州人的精神风貌。这就要求我们调查与研究苏州还缺少哪些精神风貌，还有哪些精神风貌不足，缺什么缺多少，从而使苏州传统文化中的优秀精神在新的历史时期发扬光大。我们既要从历史承接中来把握苏州精神，更要在时代潮流中来创造新的苏州精神。现在我们讨论苏州精神，不只是进行总结和继承，更在于根据实现"两个率先"的时代要求来进行塑造和培育。计划经济时代形成的"四千四万"精神、乡镇企业时期形成的"张家港精神"、开发区建设中形成的"昆山之路"，就是苏州根据发展需要不断培育出来的烙着那个时代印痕的精神风貌，这些精神特征既生动形象，又鲜明准确，它们是苏州人自觉性和主动性的伟大创举，是我们当前培育新的苏州精神中一个重要的组成部分。随着苏州的进一步开放和外向型经济的飞速发展，尊重、吸收、接纳并综合多元文化的精华也已经成为苏州城市精神的另一个重要组成部分。现代城市是不同民族、不同文化背景人们的聚集体，每一个民族、每一种文化都可以在城市中展现他们丰富的想象力和独特的创造力。目前有数百万外籍人士在苏州生活和创业，他们正用智慧和文化融入苏州，用勤劳和汗水为苏州经济和社会的发展作出贡献。对此，苏州人应该更开放、更宽容、更大气，以海纳百川的博大胸怀，引进和理解多元文化，丰富和培育苏州文化精神的内涵和形式，为自身的发展奠定更加厚实的人文基础和精神营养。我们大力宣传和推广苏州精神，更深层的原因应当是使之成为苏州人共同的价值观念和行为准则。城市精神只有为群众所普遍接受和认同，才能真正转化为精神动力。大连、深圳和苏州相比，都是比较年轻的城市，前者经过百年风雨洗礼，而后者却只有二十多年的成长历程。总结改革开放以来大连和深圳的城市发展实践，可以得出一条重要结论，塑造和弘扬为市民所喜闻乐见的现代城市精神是建设现代化国际城市的重要精神动力。一说到大连，人们不由地就想到了服装、广场和足球。一提到深圳，我们眼前就会浮现出"拓荒牛"的形象。两座城市在创建文明城市过程中，都是把开放的时代特征和浓郁的地域特色结合起来，通过与普通市民生活联系密切的服装、广场、足球和象征着"开拓奉献、任劳任怨"的"拓荒牛"的形象，把广大市民团结在了一起、凝聚在了一处，并从中陶冶情操，坚定信念，产生对城市的认同感，有了认同感就有了责任感、归宿感和自豪感，并逐步提炼出富有哲理、超前意识和鲜明个性的城市精神理念，推动城市建设不断前进。对苏州而言，培育苏州精神，也要准确找到为群众所普遍接受和认同的象征或载体，并发挥其导向功能、激励功能、凝聚功能，当每一位市民都以苏州精神作为共同的价值取向和行为准则时，它所产生的力量和效益将是无比巨大的，也必将为城市的精神文明、政治文明和物质文明建设提供精神动力，推进"两个率先"的伟大目标早日实现。

丿

随感拾录

寻贾穗

简述：贾穗是个小人物，在苏州，能叫得上他名字的人为数不多。但在红学界，贾穗也算得上一位知名人士了。贾穗走了，走得那么突然，到底是怎么走的，走到哪里去了，谁也不知道。也许是他对《红楼梦》读得太多了，他也想给人们留下一个"谜"。我只是仍然惋惜，总觉得他的这种行为方式留给人们更多的是遗憾。

1998年12月的某一天，苏州市文化局的老局长周文祥给我打来电话，说贾穗出走一个多月了，问我知道不知道。还说，他出走时只穿一件羊毛衫，没有带身份证，也没带多少钱，根据他当时的身体状况，不可能走远，但生还的可能性几乎没有了。我很纳闷。因为就在贾穗出事的前几天，我得知他在家养病，还登门探望过，并与他作了一次长谈，当时并无不祥之感。听到这一消息，惋惜之情难以言表。

贾穗是个小人物，在苏州，能叫得上他名字的人为数不多。但在红学界，贾穗也算得上一位知名人士了。著名红学家、上海作家协会研究员魏绍昌言，贾穗"无愧于中国红学研究的新秀"，"在江苏红学界的作用，已有走上全国以及国际讲坛的地位"，"他对红学的贡献堪称为当代一流专家"。著名文学评论家、海南省作家协会副主席陈剑辉先生称："在我们看来，贾先生有关红学研究的文章，其学术水平已经达到了国内这方面研究的前沿，是红学研究的代表人物之一。"著名红学家、湖北大学中文系教授张国光说："作为业余红学研究者，像这样能够取得如此之多的成果，在全国是少见的。"当代红学研究大师、中国红学会会长冯其庸对其更是倍加赏识，多次称赞，曾十几次与他书信往来。

我认识贾穗，是上世纪80年代初的事情。1979年底，我从部队转业，分配到苏州市人事局工作，开始同"人"打交道，兼管人民来信来访等一些具体事务。我从大量的来信来访中发现，有一些颇有作为、自学成才的年轻人，由于种种原因，有的用非所长、大材小用，有的还闲散在社会上。在人事局领导的支持下，我们几位热心人才学与人才问题研究的干部发起成立了苏州市人才学会，并把目标重点瞄准那些自学成才的年轻人，重点为他们施展才华、大显身手做些铺路搭桥的工作。目前在苏州已小有成就的女作家、苏州市文联副主席吕锦华，古吴轩出版社副总编辑张维明，科技情报检索人员屠学懋等人，均是被人才学会发现，并推荐给人事部门吸收录用为国家干部、调动工作单位并逐步走向成功的。贾穗的发现，十分偶然。由于工作的原因，我常到苏州钟表元件厂去，与厂办主任沈建洪成了朋友。大约是1982年的某一天，老沈对我说，他们厂有个小伙子，刚30岁，对《红楼梦》问题颇有研究，已写出了好几篇论文，得到了专家的肯定，今天到南京参加江苏省红学会成立大会去了。我对"红学"缺乏研究，但也深知其中的深奥，一个只有初中文化的年轻工人，居然涉足红学研究领域，并有所作为，绝非等闲之辈。我执意要认识贾穗，有一个晚上，在他平江路的陋室里，我们进行了一次长长的交谈，从红学研究的流派，红楼梦的版本、人物，谈到红楼梦作者的家世等等，也谈到了他的自学经历。这天晚上，就像是他在给我上课。我感触到了他对红学研究的深度，我为他孜孜不倦的自学精神深深折服。自此，我记住了贾穗这一名字，也偶尔邀请他参加一些人才学会举办的活动。

贾穗是个非常内向的人。1983年，随着我的工作调动，很长一段时间没有同他联络，他也没有来找过我，但每年都要给我寄一张贺年卡，每当成果发表，也总会寄上一本刊有论文的杂志。而我只是时常向熟悉他的同志问起一些情况，对于他的身体、生活很少关心，以致像魏绍昌先生在纪念文章中讲到的贾穗在 1990 年开过胆囊、1994 年割掉左叶肝脏的事，全然不知。现在想起来，真是惭愧。

重新与贾穗接上联系，始于 1994 年 10 月底。已调任苏州人民广播电台记者多年的沈建洪先生告诉我，贾穗的红学研究十分艰难，由于企业经营状况很差，他快下岗了，我们能不能帮他一个忙……沈先生的一席话，一下子点燃了我的热情之火，这不是帮忙，应该是对人才的一种尊重。但这件事太难了，贾穗只有初中文化学历，属工人编制，除了红学研究，少有其他专长，谁肯接收他呢？我带着这个想法，找到了文化局周文祥局长，当我把贾穗的情况向他介绍以后，一向爱才惜才的周局长立即表态，如果人事部门同意，我们可以考虑他到文化单位工作，为他业余研究红学创造较好的条件。有了这句话，我于 1994 年 11 月 10 日给人事局写了一份长达 3000 字的推荐书，其中几段是这样写的：

贾穗，男，1951 年出生，中共党员。该同志自小酷爱文学，1982 年后，先后加入江苏省红楼梦学会、中国红楼梦学会、中国曹雪芹研究会，并当选为江苏省红楼梦学会理事，12 次应邀参加各种全国性和省级的学术讨论会，在全国和省级的有关刊物上发表 20 余篇共 20 余万字的学术论文。

关于贾穗的红学研究，从开始就得到了不少著名专家、学者的重视和好评，并给予了很多提携和帮助……他被应邀参加了自 1982 年以来的历次全国性和省级红学学术讨论会。

特别是 1988 年以来，贾穗所参加的分别由几个不同方面组织举行的学术会议，基本上都安排他作大会发言，并将他的发言

259

随感拾录

内容刊登在会议简报等材料上。10余年来，贾穗所发表的一系列论文，均被红学权威刊物和有关高校学报全文刊用，且被作为重点文章列入封面要目。

江苏为人文荟萃之地，江苏的红学研究在全国起步早、起点高，力量雄厚，人才济济，但大都集中在省城南京的高校和科研机构，而1991年在省红学会第5次年会上，一个来自苏州企业的青年却被推选为理事。值得说明的是，贾穗的红学研究是业余的，他多次被评为厂先进工作者。

《红楼梦》是一部内蕴极为丰厚、百科全书式的巨著；"红学"则是一门"实学"，进入90年代后，"红学"研究更呈不断扩大之势。《红楼梦》和其作者曹雪芹，与苏州都有着密切的联系。小说第一回正文，便是从苏州阊门落笔写起的，引出了甄士隐和贾雨村。"金陵十二钗"内的林黛玉和妙玉，原籍便属苏州。此外，作品中曾多次写到苏州的地名和物产等。而从曹雪芹家世考察，直接具有密切关系的，是以下几处：苏州、南京、扬州、北京。其中，曹雪芹的祖父曹寅、舅祖李煦，先后担任苏州织造30余年。据现有资料看，尚不能排除苏州为曹雪芹诞生地的可能；至少可以确定的是，曹雪芹在幼年至少年时，经常由其祖母携带到苏州居住，故而他对苏州才显得那么熟悉和珍视。现苏州尚保存有一些和当年曹家有关的文物材料，显得异常珍贵。中国红楼梦学会、中央电视台、中国曹雪芹研究会、北京电视台等单位，都曾来苏州拍摄过专题电视和录像资料。此外，近年由大陆和台湾的红学界与旅游业联合组织开辟的"红楼梦之旅"游览线，其起端在苏州，经南京、扬州直到北京，从1991年起，每年都有一批台湾的文化界人士来此探古旅游。《红楼梦》及其作者之与苏州，其泽之深。为了给贾穗业余研究《红楼梦》创造一些有利条件，进一步发挥他在这方面的作用，特推荐贾穗到文化部门工作，并报请人事部门吸收录用为干部。

没有想到的是，苏州市人事局领导对这份推荐书极为重视，立即进行了考察调研，作为特殊人才，很快将贾穗吸收录用为国家干部，并从钟表元件厂调至市文化系统工作，从而为贾穗的红学研究创造了一个良好的环境。在以后的几年里，贾穗又发表了多篇学术价值更高的红学研究论文，其中两篇具有独到见解的论文被《新华文摘》全文转载，题目列入封面重点文章目录。

具有戏剧性的是，对于贾穗的研究成果，虽然专家学者倍为推崇，但在1998年申报评定技术职称时，贾穗遇到了小小的麻烦。专家认为，贾穗不仅可以申报评定相当于中级技术职称的助理研究员，甚至可以申报评定为副研究员这一高级职称。但按有关规定，贾穗既无学历又无技术职称的经历，顶多只能评个初级职称。为此事，他又找到我，在市人事局职称办和市文化局领导的关心协调下，这事得到了圆满的解决。听说省里评议投票时全票通过。人事部门的同志说，一个只有初中文化的人，被评上了中级技术职称，确实是个特例。大家都感到十分高兴。

贾穗走了，走得那么突然，到底是怎么走的，走到哪里去了，谁也不知道。也许是他对《红楼梦》读得太多了，他也想给人们留下一个"谜"。魏绍昌先生发表的"虎年吞我三红友"（《苏州杂志》1999年4期），也算是对这个"谜底"作了某种注解。我只是仍然惋惜，总觉得他的这种行为方式留给人们更多的是遗憾。他首先愧对了与他长期相依为命的妻子。尽管他在给妻子的留言中写道："现我身患多种难以治愈的疾病，身心都因此痛苦不堪，且每次重病，都要妻子和亲戚护理；尤其是妻子有被我拖垮的可能。长此下去，如何了得，不堪设想。"在他看来，一走了之是对妻子的爱。但从他妻子撕心裂肺的状态，走火入魔地拼命寻找，还四处求人，想把贾穗留下的 30 万字的研究成果汇编成书的举动，他不该走。其次，贾穗也有点愧对自己。50 岁的年龄，正是做学问、出成果的最佳时机，他患的胃癌已切除，只是由于先天性胆道狭窄，造成多次胆结石的原因，加上由于反复手术后留下的后遗症导致了难以穷尽的疼痛，虽然这种痛苦常人难以体会，但他毕竟过早地对生命失去信念，过早地与自己心爱的事业永别，太可惜了。再次，贾穗也有点愧对所有关心他的前辈、专家、领导和同事们。亲情、友情与感情，谅解、友谊和支持，尊重知识、尊重人才始终是我们这个社会的主导方面，人生难免会有委屈、失意、失败，重要的是应当确立坚定的信念，努力把握社会的真谛。

贾穗走了，一去不复返了，他把"谜"和遗憾一并留给了我们。

道德文章　贤者为上

——追忆邬大千先生

简述：一个部门如何赢得领导的信任，一个领导如何赢得人们的尊重，关键靠人格的力量，看自己是否有所为。古人曰："贤者为上，智者为侧。"我向来崇拜贤者，也崇拜那种有气度、有思想、有本事的智者，总觉得在这种领导手下工作，不仅心情舒畅，还能够长见识、有进步。

人的一生中，总有几个不容易让人忘记甚至终生难忘的人物。几年前，我住进了带有一个微型小院的新居，给小院取了个名字叫"憶园"，表达的就是这个感受。时年98岁的苏州著名书法家瓦翁先生还为此释义，称："憶，合起来叫心意，拆开来是感恩、记住。"对于我来说，邬大千先生就是始终放在心里的人物之一。

1988年12月，一纸任命，我担任苏州市委政策研究室副主任。我长期从事文字工作，也许是浪得虚名，总被人们划入"笔杆子"、"秀才"这个行列，欣慰之余，也有点无奈，言下之意，不言自明。不过邬大千先生对我的任命显得异常兴奋。那时，他是市委副秘书长兼政研室主任，人未报到，先打电话表示欢迎。我的心情是十分复杂的，一方面，政研室这个岗位十分重要，按照业内的说法，政研室是参助市委决策的部门，政研室的领导要具有"站在参谋长位置思考司令员问题"、"关起门来当书记"的意识和素质，而我当时主要联系、宣传思想文化方面的工作，对经济工作并不热悉，知识结构也不尽合理，宏观思维能力也不够。另一方面，政研室又是一个藏在"深闺"的部门，少有人了解，默默无闻、清苦、单调，整天"爬格子"，有人说道："青灯孤影苦思寻，字斟句酌撰公文。暑寒饥渴顾不得，错把晨曦当黄昏。"那时，改革开放已进入如火如荼的阶段，社会经济发展大转型，商品市场经济具有极大的诱惑力，包括在政研室工作的同志都有点坐不住，一有机会就想脱离"苦海"，放弃这个岗位。

不过，我又十分满意在邬大千先生领导下工作。那时，大千先生在机关大院是出了名的好人、大笔杆子。报到时，他坦诚地跟我说，政研室的领导，职级不低，岗位很重要，但起草文稿，不过是个主笔；搞调查研究，不过是个课题负责人，一个部门如何赢得领导的信任，一个领导如何赢得人们的尊重，关键靠人格的力量，看自己是否有所为。古人曰："贤者为上，智者为侧。"我向来崇拜贤者，也崇拜那种有气度、有思想、有本事的智者，总觉得在这种领导手下工作，不仅心情舒畅，还能够长见识、有进步，因此，我是以一种晚辈和学生的心态去报到的。在之后五年的相处中，我跟着学、学着干，边干边学，始终被他那种强大的气场所笼罩。我在一篇文章中写道："与大千先生共事，使我懂得了什么叫'德高望重'，什么叫'道德文章'，懂得了如何才能赢得人们的尊重。他人缘好、人品好、水平高，顾全大局，为人忠厚，做事低调，文字造诣很深。多年来，我以他为楷模，加强自身修养，在许多方面，无论是待人还是处事风格，都深深地刻着他的印记……"

政研室的主业是为市委决策提供依据，因此，搞调查研究、撰写调查研究报告是政研室每个工作人员的基本功，这方面过不去，就很难有立足之地。在我的印象中，每次调查研究、撰写调研报告，邬大千先生总是"事必躬亲"，甚至有点"固执"，从调查课题的确定、调研活动的实施到调查报告的撰写，非他"拍板"决定不可，非他修改定稿不能发出。尤其是起草调研报告，从标题、观点、框架，甚至遣字造句，都身先士卒、亲历亲为，有时一篇文章，要改上十余遍方可送到领导那里去。记得有一次市委召开城区工作会议，政研室承担这个会议主体报告的起草工作，数易其稿，市委主要领导目睹全过程，作了一个批示："写得好，改得也好！"事后，我认真研究了这份报告从首稿到定稿的全部原始材料，对他把握文字的精湛功力敬佩之极。说实话，如果说自己以后几年在文字上有些长进的话，与和大千先生相处这几年奠定的良好基础是分不开的。

辛弃疾有词："道德文章传几世，到君合上三台位。"我对大千先生的尊敬，不仅因为他丰富的学识、学问，更因为伴之学识、学问的品德和品质。我长期在领导身边工作，有时多少滋生某种优越感，到政研室任职后，虽然也是领导助手，但按照老一辈领导人的说法，这是"好行当、苦差事"，虽在"阳光"下，但较少得到"阳光照耀"。然而，我敬佩大千先生那种淡泊名利的心态和价值观，敬佩那种敬业、低调、务实的处事风格，敬佩那种"与人为善、与世无争"的人生态度。从苏州地委到苏州市委，他几乎干的是同一件事，任的是同一个职，始终任劳任怨，从未见到他为自己的升迁、待遇有过一点点牢骚，宣泄过一点点意见，所追求的完全是一种平静、平和、平淡的学习状态、生活状态、交往状态。"人家进步我高兴，人家升职我祝贺，人家发财我恭喜"，个人要做的就是倾其所能，把本职工作踏踏实实做好，做得圆满，以严谨、勤奋的劳动获得应有的回报。邬大千先生寡言少语，少到有时半天不与你交流一句话；然而他又语出惊人，幽默而诙谐，他平易近人，只是对同事的爱、对部属的关心、对朋友的信赖、对工作的理解，常常埋在心里，挂在脸上，很少用言语表达。尽管如此，在他身边，人们明显感觉到有一种无形的温暖在感染着你，使你不得不努力工作，不得不抛弃不应有的私心杂念。记得在90年代初，市委政策研究室组织各市区赴黑龙江边境城市黑河市暨俄罗斯布拉戈维申斯克考察，由于刚刚开放，那里条件极差，为了签证，一行人在招待所多待了两天，汽车在崎岖不平的公路上整整走了一天，还像"文化大革命"那样在站台上从窗外爬进车厢，所住的招待所三人一小间，没有卫生间，没有电视，没有空调，每个人像做生意那样，背着蛇皮袋过了海关，还遭到俄罗斯小偷的哄抢，工作人员急得团团转，担心领导批评组织工作不善，秋后算账，大千先生却是满不在乎，丝毫没有怨言。多少年以后，还说这是一次难忘的、值得回味的旅行。在大千先生精神的感染下，我一直认为多年来政研室是最为和谐、最能受益、最能锻炼成长的团队之一。1983年地市合并以来，据初步匡算，从这个仅15名编制的机构提拔或出去的处级以上干部达25名之多。

大千先生退休已18年，熟悉他的人越来越少了。2012年12月16日早晨7时半，他与世长辞，记住他的人可能更少了。但大千先生将永远活在我的心里。

书有别才

简述：一幅书法作品，如果看上去舒服、入眼，无论篆、隶、碑、楷、行、草，也无论是隽秀工整，还是飘逸洒脱，无论是大家风范，还是小家碧玉，我都以为是佳作。在我眼里，李向东的书法经看耐读，雅致、平和、流畅、从容、不浮躁。

苏州不愧为书法名城，近年来崭露头角、冠以"中国"头衔的书法名家辈出，其实，与这些名家相比而毫不逊色的后起之秀也不胜枚举。常熟籍青年书法家李向东堪称是其中的一位。

我不研究书法，也较少习字。所谓"内行看门道，外行看热闹"，欣赏作品与观察人一样，我相信的是"眼缘"，一幅书法作品，如果看上去舒服、入眼，无论篆、隶、碑、楷、行、草，也无论是隽秀工整，还是飘逸洒脱，无论是大家风范，还是小家碧玉，我都以为是佳作。在我眼里，李向东的书法经看耐读，雅致、平和、流畅、从容、不浮躁，点线之间，既具扎实的书写功底，又有独到的表现风格，无不渗透着书家对中国传统文化艺术的深刻理解和效法先人的求索精神。可书法讲究的是法、是道，尤其是中华书法，从秦篆、汉隶、魏碑到唐楷、宋行，乃至明人小楷等等，多姿多彩，凸显中华传统文化艺术的博大精深；透过一幅作品的点画、用墨、结构、体貌等等，均可窥见作者的气质、韵致和风格，非我等俗人所能领悟，非内行往往不得其解。对李向东的书法，行家是这样评价的："行草清丽雅逸，饶有韵味；隶书简静平和，别具意趣"，"行书出手便有'江左风流'的意蕴，流丽婉转中，散发出清新雅逸的气质，流淌着潇洒风流的韵味"，"他擅长行草，用笔轻松散淡、妥帖自然，于不拘不泥中自由书写，笔下的线条无一不是其心迹的自然流露，颇具书卷气"，"他的隶书，用笔刚柔相间，方圆兼施，以润而不滑、涩而不枯的线条，在偃仰平直中，力追汉隶高古静穆之气象和简静平和之意趣，别具个性"。

古人云："诗有别才。"说的是诗写得好，需要有一种特别的才能。书法也是如此，书家如果进入较高的境界，那么肯定与其天赋有关，肯定需要一种特殊的才华，但这只是一个方面，没有超常的勤学苦练精神和锲而不舍的研究与领悟，习字是很难达到成功彼岸的。作为书家，李向东具有良好的天赋，对习字、读碑、临帖有着与生俱来的灵感和情趣，只要有与字和书法相关的人与事，他便会陶醉其中，向东身上那种独有的灵气和悟性是他成功的催化剂；但作为一名公务员，李向东无法像职业书家那样，拥有足够的时间和广泛的交际圈，也不可能自由地投入创作。他深知，书法是一门综合艺术，既要有文学修养的滋润，又要靠艺术功力的积累，为了使自己的书法创作既具有扎实的基础又能够独树一帜，他必须加倍地付出。每当夜深人静时，李向东躲在书房，孜孜不倦地研修，读名著，读碑帖，用心体会古今书法家的艺术造诣；坚持不懈地临帖摹字，在师法名家的基础上发现和发掘自己的个性，力求形成自己的风格特色，十几年如一日从不间断。我想，天赋加勤奋，这也许就是李向东的"别才"。

关于"天道酬勤"的故事

简述：有人坎坎坷坷，有人一路坦途；有人年少得志，有人大器晚成；有人昙花一现，有人青史留名。形形色色的人才现象，透视出人才成长的普遍规律与特殊规律。当今社会，人才济济、群英辈出，不乏真才实学者、德艺双馨者，但真正浮出水面、崭露头角、充满幸运的，毕竟少之又少。

如果只关注如何将"每一步走得特别踏实"，"获奖只是命运对自己的奖励和回报"，那么，矛盾和问题就迎刃而解。

凭借在影片《白日焰火》中的出色表演，廖凡一举获得第 64 届柏林电影节影帝桂冠。这是第一位获得该奖项的华人演员。这一天，廖凡刚过40 周岁生日。

40 岁成名，在演艺圈里，可称为"大器晚成"了。

有人坎坎坷坷，有人一路坦途；有人年少得志，有人大器晚成；有人昙花一现，有人青史留名。形形色色的人才现象，透视出人才成长的普遍规律与特殊规律。

对于演艺圈和影迷而言，廖凡说不上默默无闻，他于上海戏剧学院1993 届表演系本科班毕业后，在《集结号》、《让子弹飞》、《非诚勿扰 2》、《建国伟业》等一批影视作品中都有过不俗的表现，然而，他始终没有"红"，人们对他的评价只是"最佳配角"、"金牌绿叶"，他给人的印象也总是那么"不温不火"。

柏林电影节影帝这个桂冠，使廖凡一下子"红"了。

我很惭愧，至今还未看到《白日焰火》，当然也不清楚廖凡在这部影片中的出色表现，不过，对他在媒体的一席访谈却产生了浓厚的兴趣。

笔者对此作了些大致的回忆与整理：

有人问：你在"上戏"的不少同学，与你合作过的不少朋友，如李冰冰、任泉、周迅、陈坤、孙红雷、小宋佳、陆毅，不少人早就"红"了，你想过"红"吗？

廖凡说：谁不想"红"？谁不想当"影帝"？可是，能不能"红"，什么时候"红"，我是左右不了的，我缺的只是机会，我能做的就是坚持，就是等待。

有人问：你说的等待，是等待什么？就是等待做"影帝"？

廖凡说：等待不需要理由，等待是一种心态，等待就是让自己每一步都走得特别踏实。我期待的等待，只是外界对自己的一种肯定、一种认可。在我们这一行，最难以承受的就是坚持，就是等待。因为他不知道有没有结果，所以有人会放弃、会迷路、会彷徨，有的人演戏演得非常好，可从来没有得过什么奖，但始终保持对生活的热爱和热情，你可以选择把演戏当做一件很有意义的事业；你也可以选择把演戏当做一件自己的爱好去愉快地完成，只有这样，等待和坚持才不会那么惨烈、那么枯燥，才会觉得有意义。

有人问：你怎么理解"红"？

廖凡说：红不红，成功不成功，每个人的标准不同，我从来没觉得自己不红，只要有付出，就会有回报，就算命运没有垂青你，也许有人认为你永远不会成功，我也要笑着面对，把这件事情做好，只要相信自己而不是怀疑自己，勇敢地走下去。一个人演过许多作品，付出很多而且期望很高，又特别希望得到大家的肯定，恰恰没有达到某种预期结果，产生失落情绪是必然的，这就需要抛弃杂念，还是要坚持。等待的过程，实际上就是坚持的过程。

有人说：你在成名之前，往往用80%的汗水才能换来20%的回报；在成名之后，也许只需用20%的汗水就可以换来80%的回报。你怎么看这个问题？

廖凡说：在演艺圈，有一批科班出身，有演技、有潜力，演过不少戏，就是不"红"的人，被称为"潜伏者"，能潜出水面的毕竟是少数，正是这种"潜伏者"，才是演艺圈的中坚力量，才是演艺事业的希望。我从来不认为自己过去是配角，我觉得自己所演的每一个角色都是"主角"，获奖多少带有一点运气，是命运对自己的奖励和回报，如此而已。

不知什么缘故，我对廖凡的回答产生了强烈的共鸣。当今社会，人才济济、群英辈出，不乏真才实学者、德艺双馨者，但真正浮出水面、崭露头角、充满幸运的，毕竟少之又少，这是一种十分正常又无法回避的社会现象。古人云："千里马常有，而伯乐不常有。"应该看到，在一个风清气正的环境下，在一种健康价值观的主导下，人们往往会以一种平和淡然的心态予以面对，正如廖凡所言，如果只关注如何将"每一步走得特别踏实"，"获奖只是命运对自己的奖励和回报"，那么，矛盾和问题就迎刃而解。反之，在一个充满浮躁、追求功利，缺乏公平公正的环境下，在一个主流价值缺失、多元价值紊乱以及物欲横流的状态下，保持所谓的淡然的心态谈何容易。

从"金牌绿叶"到"柏林影帝"，从等待坚持到"一举成名"，廖凡的成功，给我们讲述的是一个关于"天道酬勤的故事"，对于他来说，则是"水到渠成"的事情。人才学讲到，人才成功应当具备三个要素，即"勤奋、智慧和机会"，人才成功对智慧的要求是有个性差异的，人才成功在机会面前有时是不均等的，甚至是可遇而不可求的；而勤奋对人才成功来说，则是必不可缺的。我相信"天道酬勤"，也一直以为自己就是"笨鸟

随感拾录

先飞"的受益者。正因为如此，我一直以为人们不必琢磨那类形形色色的"关系术"，不要陷入与滑进那种庸俗不堪的 "潜规则"，不要羡慕那种毫无意义的"光环"，洁身自好、好自为之。多多学习、关注、践行那种关于"天道酬勤"的故事，踏踏实实走好每一步，老老实实地去积极追求属于自己的现实梦想，做学问如此，干事业如此，从政做官也应如此。

从 "偶尔美丽" 想到的

简述：每一位社会人，都应该保持一种积极进取和乐观向上的精神，把德行、学识、能力、心态、涵养、境界打造得优美一些，更优美一些，机遇和幸福总会降临到那些属于真正美丽的人。

有一部新书，书名为 "偶尔美丽"。细细读来，颇具文笔细腻、文风清新、条理清晰、琅琅上口之感，看得出作者是有一定文字功力的。我也算是半个读书人，对这类纸质的读物格外偏爱。如果说，该书堪称是美丽的作品，那么，人到中年有新著问世，难免会产生一种别样的成就感，作者着实被 "偶尔美丽" 了一回。甚为欣喜。

何为 "偶尔美丽"？释文解义，也许是作者的一种自我定位、自我解读。我想，这里的美丽，当然不是指人的容貌和外表，比如天生丽质、妩媚多姿。美丽，主要是指一个人的德行、气质、涵养、聪慧、学识、才华以及岗位能力等等。

人的美丽，孰多孰少、孰轻孰厚，这是客观存在的，但只要用心发现、善于观察，哪怕是点点滴滴，又是无处不在、无时不在的。只是美丽的裸露程度、表现方式差异很大，有的人喜欢尽情展示，毫不掩饰；有的人往往内敛含蓄，深藏不露；有的人只是难得显现，偶尔绽放；当然也有的人善于矫揉造作，自以为是，刻意张扬，唯恐他人弄不明白。

随感拾录

"美丽"为何要用"偶尔"表达？我没有与作者进行讨论。不过，我曾研究过人才学，按己之见，至少包含三方面的涵义：首先，每个人的美丽都是相对的、有限的。一个人不管多么美丽，总是有缺陷和不足，不可能尽善尽美，能力也好，才华也好，智商也好，情商也好，大凡有点自知之明的人都有同感；美丽之所以能够绽放，不仅来源个人的因素，还源自种种外部环境，人们常说，天时、地利、人和，就是这个道理。有人认为，"金子总会发亮"，这个话既正确又不准确，金子只有被人们发现利用，才能真正实现其价值。事实上，每个人都不能或无法光芒四射，随时随地绽放美丽的人，那一定是个超人，偶尔绽放一下足矣。其次，"偶尔美丽"表达了一种自信。任何事物的发展都有一个从量变到质变的过程，无数个偶尔就可能成为必然，任何偶尔，都是从偶尔走向必然、从量变走向质变过程中的一种阶段性成果，一种精彩的亮相，做人是这样，做事、做学问也一样，偶尔的美丽越多，"含金量"越高，美丽的可信度越高。所谓"给我一个舞台，还你一个惊喜"，"是马是骡，牵出去遛遛"，就是这个道理。再次，"偶尔美丽"反映了一种心态、一种生活方式和价值认知。"偶尔美丽"既是对自我价值的一种尊重和认可，从某种程度看，也是收获劳动成果的一种自我陶醉，是"自娱自乐"的一种外露，这种带有"自恋"色彩的心态常常可带来愉悦、带来窃喜，而易于满足的人往往容易带来幸福感。当圆满完成组织上交办的某项使命，当出色实现了岗位所赋予的某种职责和任务，当面对一轮一轮挑战而不被失望，欣喜油然而生。这时，外界如何评价已经不重要了，淡然处之，权当偶尔发生，愉悦后回归平静，走自己的路，我行我素，继续前行。

　　识别美丽、发现美丽、发掘美丽、品味美丽，其实是一门很深的学问，不仅需要慧眼、需要缘分、需要机遇，更需要胸襟。不懂"美丽"的人，要么对美熟视无睹、视而不见，要么美丑不分、好恶难辨；缺乏胸怀的人，要么对美妒贤嫉能、陷入褊狭，要么以个人喜好论长道短，或者被所谓的

"美丽"迷惑。发现、品味美丽，更需要公平正义、风清气正的社会环境。如果把选人、用人作为发现美丽的过程，其实没有真经，在制度保证的前提下，有三条足够：一是出于公心，事业为重；二是善于识人，爱才惜才；三是适才适用，用其所长。

当今社会人才济济，正因为如此，每一位社会人，都应该保持一种积极进取和乐观向上的精神，把德行、学识、能力、心态、涵养、境界打造得优美一些，更优美一些，不管是有志追求随时绽放美丽的，还是满足偶尔美丽的，或者愿意掩饰美丽的，甚至刻意佯装美丽的，那是各自的选择，路径不同，结果也可以不同，只是应当深信，机遇和幸福总会降临到那些属于真正美丽的人。

随
感
拾
录

真情练达　诗化演绎

——读詹刚先生《天堂苏记》有感

简述：人们眼中的天堂苏州，应该是这样一种情景：名城风采依旧，更加熠熠生辉，文脉延续、薪火相传，传统文化和现代文明相得益彰、相映生辉，社会风清气正、风物清嘉、商贾云集，人民安居乐业，生活更加富有"苏州情调"，山温水软、蓝天白云、晶莹柔情、静谧唯美、柔婉清新。这不是"坐而论道"，而是天堂苏州的必然选择。

有一种感觉叫心有灵犀、不谋而合，有一种文字叫真情练达、诗化演绎。读完詹刚先生的新著《天堂苏记》，我油然产生了如此感叹。

还是许多年前，一群专家欲为苏州这座城市撰条广告语，我滥于其中，发表陋见。大意是，我们大可不必标新立异、另起炉灶，外人和先人对此早有定论，有位叫马可·波罗的意大利旅行家早就说过，苏州美得惊人，是"东方威尼斯"；而我们的先人在宋朝就开始流传，称"上有天堂，下有苏杭"，我们何不就打"东方威尼斯，人间新天堂"的品牌？但人们众说纷纭，并不苟同，我也就无语了。

詹刚先生说苏州是水做的天堂，与我当初的想法真有点不谋而合，不禁使我又想到了威尼斯。知名学者余秋雨先生说，当年威尼斯还是荒原一片的时候，苏州已经是河道船楫如流，看来苏州要比威尼斯"资深"，但凡是到过威尼斯的人，无不为她后来的美丽所折服，威尼斯是一座真正"飘"在水上的城市，她就如一座精雕细刻的海市蜃楼，五彩缤纷的各色建筑，美丽、神奇而又别致，错落有序地布局在亚德里亚海滨，风光旖旎。早在1980年，就与苏州结为姐妹城市。客观地说，从感官上讲，与威尼斯比水与建筑的景致，苏州还有不小的差距。但是，苏州与威尼斯又有异曲同工之美，苏州所辖8488平方公里土地，水域面积占42.5%，大小湖泊400多个，河道2万多条，总长度1457公里，既有波光粼粼的湖泊，又有纵横交错的水巷，这是威尼斯无法比拟的，称苏州为"水天堂"一点也不过分。早在2000年，詹刚先生就主持策划了一部大型电视艺术片《苏州水》，邀请文化大师陆文夫为总顾问，知名文化学者刘郎撰稿，用电视艺术的手段，对苏州的水文化作了淋漓尽致、声情并茂的形象论证，获得了国家大奖，成为享誉国内外的经典之作。在詹刚看来，苏州之水，贵在她是天堂之源，"鱼米之乡缘于水，物产丰富来于水，城镇繁华归于水，四通八达得于水，景色秀丽浸于水，女人优雅润于水，人之聪明灵于水"。天堂之水又是文化之水，她孕育了苏州和苏州人的性格和风格。无处不在的文化光影：崇文重教、知书达理、隽美精致、融合包容、委婉风雅、吴门工艺，乃至小桥流水人家的筑城风貌，水是灵魂。看来，作者对水的理解、关注和思考是连续的、深入的、真诚的。阅读詹刚的《天堂苏记》，从威尼斯的"水"到苏州的"水"，使我对"水"产生了更多的敬畏之感。

苏州为什么称为"天堂"？苏州该不该打"天堂"牌？看起来平淡无奇，其实，理直气壮地为之呐喊，是需要智慧和勇气的。对于"天堂"，历来见仁见智。曾有人认为，所谓"天堂"，那是宗教意义的专属称谓，是那种虚无缥渺、至高无尚的极乐世界，以及人们期盼的灵魂永远归宿的地方。说说可以，打"品牌"难。但是唯物主义者都认为，"天堂"不应该也决不只属于宗教意义。"天堂"是什么？"天堂"说到底是人类对美好生活、美丽家园和环境的向往和追求，苏州是现实版的"天堂"，"天堂"则是对苏州美誉度的最佳表述。推而广之，古往今来，任何美好的地方皆可称为"天堂"，诸如，购物天堂、游乐天堂、美食天堂、乐居天堂等等。这与我们目前常讲的"梦想"一样，"梦"已不是"生理学"和"心理学"的专属名词一样，现今，"中国梦"已外化为中华民族的奋斗目标和精神力量。我想，正因为如此，詹刚先生以新闻工作者特有的开阔视野和深邃眼光，以文化学者特有的理性思辨和诗化语言，以一名"生于斯、长于斯"的苏州人对家乡的真情实感和感恩崇敬，对"天堂苏州"作了精彩阐释。唱响"天堂"品牌，不需要浓墨重彩，不需要面面俱到，《天堂苏记》从"苏州是水做的"切入，围绕自然地理、历史传承、千年古城、教育传统、古典园林、昆曲源流这些较具代表性的苏州元素，一一娓娓道来，起到了纲举目张、画龙点睛、事半功倍的效果，为人们浏览天堂苏州、感知天堂苏州、体验天堂苏州，发现天堂苏州蕴含的更多的魅力和风采，当了一次别样的"向导"。

阅读《天堂苏记》，应当努力聚焦全书提出的发人深省的三个问题，即"为什么专讲天堂"、"天堂是什么"、"明日天堂向何方"。"上帝"给了我们这块称为"天堂"的风水宝地，这是苏州人的幸运；经过代代薪火相传、承前启后、鉴古融今，历经千锤百炼，才有了当今的"人间新天堂"，这是苏州人的骄傲；如今，历史打开了新的一页，苏州也迈上了新的进程。此时此刻，作为一名苏州人，"明日天堂向何方"是不能不回答的重大课题，《天堂苏记》虽写了一回，但这是坚劲有力的"豹尾"。

踏着前人的足迹，和衷共济，求真务实，谱写"天堂"新篇章，每个苏州人责无旁贷。"人间新天堂"既是一种理想和目标，也是一个没有休止符号、与时俱进的历史过程。我们正处在全球化、现代化、城市化快速发展的新阶段，我想，人们眼中的天堂苏州，应该是这样一种情景：名城风采依旧，更加熠熠生辉，文脉延续、薪火相传，传统文化和现代文明相得益彰、相映生辉，社会风清气正、风物清嘉、商贾云集，人民安居乐业，生活更加富有"苏州情调"，山温水软、蓝天白云、晶莹柔情、静谧唯美、柔婉清新。这不是"坐而论道"，而是天堂苏州的必然选择。

丿

职业军人的华丽转身

——读《园耕——苏州园林10年记》有感

简述：我向来崇拜那些想干事、能干事的人，更崇拜那些在理性指导下想干事、能干事、干成事，既有宏观洞察力，又有微观穿透力的人。两者的差异就在于学习，在于学习的程度、深度和效果。对于热爱学习的人，我从来就有一种亲近感。

摆在我面前的是一部洋洋洒洒50万字、题为"园耕"的鸿著。我国文物界元老和著名世界遗产保护专家罗哲文先生在该书的序言中写道："作者衣学领同志交出了一份从职业军人到学者型领导华丽转身的漂亮答卷。"

我不敢说衣学领现在就是一名学者型领导，但我以为，称他完成了从职业军人到学者型领导或者说学习型领导的华丽转身，倒是一点也不过分。

初次与衣学领相识，还是在2002年夏天。那次，我奉命陪同接待来自安徽省淮南市的党政代表团。淮南是时任市委书记王珉同志的家乡，陪同时自然也格外认真细致。代表团中有位成员特别引人注目，鞍前马后，忙上忙下，不停地给淮南市领导介绍苏州情况。他是谁？怎么会这样熟悉苏州？接待办的同志告诉我，他原是苏州北兵营坦克师的政委，现在担任淮南市委常委、军分区政委。由于我也有军旅经历，很快就熟了起来。没想到，第二年他转业了，还担任园林局的党委书记，不久又任局长。

熟悉苏州的人都知道，古典园林可说是苏州最亮丽、最厚重的一张名片，是集人文历史、规划、建筑、设计、工艺、园艺、文学、美学于一体的综合性的环境艺术，为了把祖先留下的这份珍贵的历史文化遗产保护好、管理好、利用好，苏州自新中国成立以来就设有园林专门管理机构，成为这个机构的掌门人，一般都需要有些学问，而对于有着30年戎马生涯的衣学领，作出如此大跨度的转折，能适应吗？

当我读完《园耕》这部著作后，再仔细体味罗哲文老先生所评价的"华丽转身"的含义时，答案就不言自明了。

《园耕》所追忆的十年，是苏州经济社会大发展、大繁荣的十年，也是城市生态环境建设，包括园林与绿化事业大跨越、大提升的十年。作为主管部门的主要领导，参与和经历了苏州古典园林申报世界文化遗产以及具有历史性意义的在苏州承办的第28届世界遗产大会，参与和经历了苏州创建国家生态园林城市的组织领导工作，承担了市委、市政府确定的石湖滨湖区域环境建设、虎丘地区环境综合整治、三角嘴湿地公园建设以及古城墙修复重建等重大工程项目的组织协调工作，与此同时，园林主管部门在指导思想、管理理念、体制机制、工作职能、领导方式等方面实现了一系列重大转折。摆在人们面前的这部《园耕》，正是衣学领在园林与绿化管理局任职期间的所思所想、所作所为之集成，也是他和园林人共同智慧与劳动结晶的生动写照。尽管作者坦诚说明，"这些文章，有的是我亲自写出的，有的是集体研究写出的，有的是别人按照我的思想写出并经我审定后发表的"，但透过字里行间，并不妨碍人们清晰地感受到作者学习、思考、研究问题的深邃、高远，领导工作中所体现的创新与务实以及收获劳动成果的喜悦。全书分"绿色回响"、"山水文章"、"庭院散叶"、"鸿爪泥痕"四个章节，比较全面、系统、完整地记录了他十年来履职的历程和感受。作为读者，我为之肃然起敬。

学领同志的经历很特别，踏上工作岗位，大部分时间都在做领导，而

281

随感拾录

且总是做一把手领导。在部队，从营教导员到团政治处主任、团政委、师政治部主任、师政委、军分区政委。应该说，军旅生涯的30年，这是他人生中十分辉煌的30年。2003年以后，他进入了全新的领域，现在，又10年过去了，伴随着《园耕》的正式出版，我以为，这不仅仅是一本书，而且是他向组织和人民，向他的同事、家人、战友和朋友交出的一份满意的答卷。

我向来崇拜那些想干事、能干事的人，更崇拜那些在理性指导下想干事、能干事、干成事，既有宏观洞察力，又有微观穿透力的人。两者的差异就在于学习，在于学习的程度、深度和效果。对于热爱学习的人，我从来就有一种亲近感。透过《园耕》，我对学习又有了新的理解，它给我传递的信息也是多方面的。

转业、改行，其实都是新的学习的开始，从外行到内行，只有一步之遥。可以一小步，也可以一大步，但这一步只属于那些勤于学习、善于思考、敢于实践和创新的人。

任何工作，无论是纷繁复杂，还是看似简单，其实都有精深的学问，都有规律可循，只有注重学习的人，只有把工作当学问来做的人，才能发现规律、研究规律、把握规律，从而取得主动权，从"必然王国"走向"自由王国"。军队工作是这样，地方工作也是这样；这个方面是这样，那个方面也是这样。

学习的过程，实际上就是实践、认识、再实践、再认识的过程，也是一个总结、完善、不断创新、不断提高的过程，聪明与糊涂的差异就在于，有的总是自以为是，有的常有自知之明；有的是坐而论道，有的是求真务实。

所谓学习，是全方位、多层次、立体化的。有条件的当然可以进入高等院校和专门机构深造，边工作、边思考、边研究，但静下心来写一些随感笔记，也不失为一种学习；有计划、有系统、有重点地在工作之余读一些书，是一种学习；广泛听取和吸收各方面的意见和智慧，为我所用，也是一种学习。

学习是一个人永恒的主题。建设学习型社会，我们多么需要学习型领导人才乃至学者型领导人才的群起，尤其是在快餐文化泛滥、社会心态较为浮躁的状况下，透过《园耕》这本书，好好悟一下职业军人"华丽转身"的学习之道，不无益处。

丿

随感拾录

推陈出新　彩墨人生

简述：时代在发展，当代社会高度开放，全球化趋势日趋明显，各种文化相互渗透，不管人们喜欢不喜欢，终将是个客观存在，没有创新和兼容的态度，传统文化的保护和传承就没有出路。坚持与时俱进、兼容并蓄、博采众长，善于接受新事物，接受健康的生活方式，是创新出成效、出成果的真谛。

学兄沈民义，我只知道他是苏州知名版画家，前些日子，无意中发现了他一部题为"花花世界"的彩墨画集，他的画大气、飘逸、洒脱、时尚，既好看，又耐看，引人入胜，很难想象这出自一位1941年生辰的画家之手。

有一天，我们父女俩闯进他的画室，只见他正在聚精会神地听流行音乐，给我们各泡一杯龙井茶后，开始谈话。他说，他那里有红茶、绿茶、白茶，不同爱好的客人可以喝不同的茶；他不仅听流行音乐，也喜爱交响音乐、传统戏曲；他搞过版画，也搞过油画、国画，还搞过工艺美术装潢设计……我们豁然开朗，难怪沈民义的画如此推陈出新，既传统又超越传统，传统与现代如此融会贯通。

由此，我想起了苏州文化。围绕是保护还是发展、是传承还是创新的争论一直没有停止过。这种争论在昆曲问题上表现得尤为突出。一种观点认为，时代在前进，作为观念形态的文艺不可能一成不变，昆曲必须创新，引入现代舞美艺术、现代表现手段。另一种观点则认为，昆曲的魅力就在于"原汁原味"，昆曲传承，就必须坚持不能话剧化，不能轻易改动曲牌，不能以分幕代替分场，不能毫不相关地增添群舞，等等。其实，传承与创新并不是相互排斥的，传承是创新的前提，没有传承就谈不上创新；传承本质上也是一种创新，真正的传承必然伴随着一系列创新；创新又是传承的深化和延伸，可以使传承进入一个新的境界。传承与创新不是对立的，可以相得益彰。千百年来，我们生活的这座历史文化名城，蕴藏了灿烂的文化、丰厚的遗产，其丰厚性不仅表现在园林古镇民居、丝绸刺绣珍品等物质形态上，也表现在吴歌昆曲评弹、书法绘画以及经史诗文等门类齐全的语言文艺形态上。经过代代相传，吴地文化不仅依然保持了精细秀美的吴地风格和特征，而且随着时代的发展又形成了新的特色，至今仍在祖国文化的大家园中占有重要的一席之地。

时代在发展，当代社会高度开放，全球化趋势日趋明显，各种文化相互渗透，不管人们喜欢不喜欢，终将是个客观存在，没有创新和兼容的态度，传统文化的保护和传承就没有出路。当代社会人群结构和社会结构发生了重大变化，人们的审美差异很大，尤其是随着生活节奏、工作节奏的加快，对艺术的欣赏方式也发生了重大变化。满足和实现不同人群对文化消费的需求和权利，既是传统文化获得新生的保证，也是文化大发展、大繁荣的根本目的。

欣赏沈民义先生的作品，还给我提供一个了重要启示，艺术作品的创新，关键是艺术家的创新。沈民义知名的是版画，超凡脱俗的却是彩墨画。看来，坚持与时俱进、兼容并蓄、博采众长，善于接受新事物，接受健康的生活方式，是创新出成效、出成果的真谛。

说"雅"

简述：雅，首先是一种价值观、一种生活态度。真正追求雅致的人，必然是拒绝浮躁、反对低俗、用心做事、力求完美的人；真正具有雅致品质的人，必然是文化积累深厚、文化技艺精深的人；真正称之为雅致的作品，必然是经得起时间考验、经得起实践检验、为人民大众看好接受的作品。

有一本杂志，一刊在手，一种异样的文雅之气扑面夺目而来，那风范、那装帧、那版式、那色彩、那文字、那插图……无不浸透着出刊人创意的用心良苦，折射出出刊人特具的某种文化气息、气质和追求。

自古以来，社会普遍存在的、为人民群众提供的物质和精神文化产品，具有一定的多元性和广泛性，有的面向大众服务，有的似乎是专为"小众"打造的；有的虽为大众喜闻乐见，但"小众"并不看好；有的虽为"小众"喜欢若狂，大众却并不认同，当然，两者兼具的也并不少见。而满足人民群众多层次物质和精神文化消费的需求，则是社会主义生产的根本目的。因而，无论是大众所爱的文化产品，还是小众所推崇的精神食粮，都无可厚非。

雅是什么？在中国的文字组合中，雅从来就有一种与生俱来的高贵属性，人以类聚，物以群分，字词也是如此。与"雅"搭配的文字总是让人

与文字为伴

另眼相看：高雅、典雅、文雅、幽雅、风雅、儒雅、雅致、雅观、雅安……但对大众来说，这个"雅"总是有一点高高在上、不好亲近、过于清高的感觉。于是，有人对"雅"不以为然，有人表示不可思议，有人对此敬而远之，有人甚至不屑一顾。

其实，这是对雅的一种误读。人类社会进步、发展到今天这个阶段，随着生产力水平的不断提高和人们科学文化素质的普遍提升，人们需要精致而又有尊严的生活，社会需要雅致。尤其是面对浮躁盛行、低俗之风泛滥的现状，我们确实需要用"雅"来引领社会风尚。雅，首先是一种价值观、一种生活态度。真正追求雅致的人，必然是拒绝浮躁、反对低俗、用心做事、力求完美的人；真正具有雅致品质的人，必然是文化积累深厚、文化技艺精深的人；真正称之为雅致的作品，必然是经得起时间考验、经得起实践检验、为人民大众看好接受的作品。雅致不应该是少数人群自我陶醉、自我欣赏、自我体味的佳作。有些作品做到了"雅俗共赏"甚至俗到极致，说不定进入了另一种"雅"的更高层次的境界。举一个例子，莫言是迄今为止唯一获得诺贝尔文学奖的中国作家。众所周知，他善于运用"讲故事"的技巧，所表现的题材可谓"俗不可耐"，作品风格多以大胆新奇著称，激情澎湃、想像诡异、语言肆虐。其成名作《红高粱家族》，在不断出现的"血腥场面"中充满了强烈的感情控诉，在"屎尿横飞"的场景之间，演绎出一段令人难忘的故事。那么，他的作品是"大俗之作"还是"大雅之作"呢？诺贝尔奖评奖委员会的颁奖词说他"用魔幻般的现实主义将民间故事、历史和现代融为一体"。毫不过分地说，莫言的作品登上了诺贝尔奖的"大雅之堂"。

雅，说到底是一种审美方式、生产方式、生活方式，是文化积累、文化表现水准达到一定阶段的结果。小时候进城到亲戚家做客用饭，使用的是那种漂漂亮亮的金边小碗，浅浅地盛着一些米饭，而我总埋怨亲戚太小气，后来进城了，才明白那是城里人"雅致"，乡下人"俗气"、"落后"；

前些年，陪客人欣赏昆曲，那可是世界级非物质文化遗产，高雅无比，可客人在场内似睡非睡了两个多小时，还不敢说自己听不懂，唯恐人们说他"没文化"。雅致，无疑是个好东西，雅的内涵、雅的表现形态，有时并不能为所有人理解和欣赏，雅致的文化产品有时也仅仅掌握在少数社会精英手中。但不管如何，大凡社会存在的精神文化产品，尤其是那些传世之作，包括那些非物质文化遗产，文学、艺术、美术、戏剧、曲艺、技艺、舞蹈等等，都是满足不同人群消费需求的文化创造，是社会进步不可或缺的精神财富。

由此，我想到一串问题，应当如何赋予"雅"以含义。雅是否仅仅是那类高不可攀的艺术创造？雅是否只属于小众人群自娱自乐、自我体味、自我陶醉的精神享受？雅能否进入寻常人的心灵空间？雅能否成为大众的普遍生活方式？雅俗共赏能否成为可能？

有一种现象值得注意。因为雅致是个好东西，于是开始玩弄风雅之风，从创意景观、规划设计、建筑装饰，到艺术创作乃至书刊印刷、出版等等，总是充斥那种大众看不懂、不认同，小众自我陶醉、津津乐道的东西。毫不过分地说，这是文化自信的缺失、文化底气不足的浮躁心态的表现。这里想到一个成语叫"东施效颦"，说的是中国古代有个美女叫西施，有心痛的毛病，犯病时手捂着胸口皱着眉头，比平时更加美丽，同村女孩东施学着西施的样子捂住胸口，皱着眉头，本来长得丑，加上她刻意模仿西施的动作，显得更加丑陋。同一个道理，所谓雅致是由内而外渗透出来的美，具有强烈的穿透力，是形式与内容、艺术与技术、对象与场合的和谐结合体。刻意地效仿、打造，必然会弄巧成拙。

雅致，需要务实的心态，需要持续修炼的功力，需要不懈的追求。

花 45 元钱上 "EMBA"
——读书札记

简述：每个有一定阅历的人，都在一定的社会空间生活，都有自己的思考。读书的过程，常常是检验自己认知能力和认知状况的过程，如果心里想的与书上写的是那样的吻合，自然而然会产生一种从未有过的满足感，似乎找到了"知音"。学然后知不足，书读得越多，就越觉得自己无知、渺小，越会激励自己奋发读书，掌握新的东西。

我一直以为经济学是一门异常晦涩难懂的学问，只有将经济学的原理付诸实践或用它解释某种经济社会现象时，才会变得十分神奇；我一直以为攻读所谓 EMBA 的经济学是一件高不可攀而又十分昂贵的事，只有那些被称为"白领"、"金领"或那些可以为之买单的人们才敢于问津。

可是，我发现这种认识有点偏颇。原来经济学也可以深入浅出、通俗易懂、引人入胜；原来花 45 元钱，不进课堂，也可以读 EMBA 的经济学。这是我读了一部名曰"大道至简——讲给 EMBA 的经济学"（作者陈淮，定价 45 元）的著作后的启示。

培根说："读书可以作为消遣，可以作为装饰，也可以增长才干。""孤独寂寞时，阅读可以消遣；高谈阔论时，知识可供装饰；处世行事时，正确运用知识意味着才干。"我不是属于那种见书就爱不释手的人，我只喜爱我以为对我"胃口"的书。

对"胃口"的书，读起来感觉特别奇妙。首先是可以印证自己的认知。每个有一定阅历的人，都在一定的社会空间生活，都有自己的思考。读书的过程，常常是检验自己认知能力和认知状况的过程，如果心里想的与书上写的是那样的吻合，自然而然会产生一种从未有过的满足感，似乎找到了"知音"。其次是解惑。人生在途，有很多的困惑，经济的、文化的、社会的、政治的等等，所谓困惑，多半是若明若暗、似懂非懂的东西，读到一本对路的书，大有恍然大悟、茅塞顿开之感。三是求知。古人云，"书中自有黄金屋"，"学然后知不足"，书读得越多，就越觉得自己无知、渺小，越会激励自己奋发读书，掌握新的东西。

由于职业的因素，我比较关注经济学的最新研究成果，比较关注经济社会发展进程中的一些重要信息，选择这方面的读书篇目，属题中应有之义。我所推崇的这本书，据作者介绍，原名叫做"思考经济，对话中国"，是在给上海交通大学 2003 级 EMBA 班讲授"社会主义经济理论与实践"学分课程基础上，根据课堂录音整理而成的。既然是讲给 EMBA 学员们听的，我是带着某种神秘色彩和虔诚的心态认真拜读这部著作的。渐渐地，我觉得自己融入了作者的论述之中，进入了作者的思维空间，有时会产生共鸣，有时又有点纳闷，有时随之思索，有时顿觉过瘾，似乎感受到了经济学的魅力，似乎发现了研究经济学的路径。

作者开宗明义，所有近、现代经济学理论，我们所要讨论的实践中所面临的经济发展难题，都是和工业化这个进程密切联系在一起的。没有工业化，我们用不着讨论失业、下岗、城市化、资源、可持续发展、基础设施、外来竞争、市场游戏规则、知识产权、WTO、政府公共职能等等一切问题，不必讨论为实现资源最优配置的总量与结构问题、宏观调控和微观调控主体问题，以及人类苦苦思索而不得其解的种种难题。然而，人类绝不会因为工业化所带来的种种问题而延缓工业化的进程，恰恰相反，只有加快推进工业化的步伐，人类社会才能不断进步。在过去的20余年中，我们积累了很多值得认真总结的成功经验，例如特区经济、乡镇企业、浦东开发、恶性通货膨胀后的"软着陆"、非公经济的大发展等。但我们也有许多值得吸取的教训。一个时期，人们曾经为计划经济与市场经济、市场经济姓社还是姓资争论不休，但邓小平说，贫穷不是社会主义，社会主义也可以搞市场经济，他用了两句最朴实无华、最通俗易懂的话，就把人们争论了上百年的很尖锐、很深刻的问题给总结了，我们就要循着这样一个思路向前探索社会主义经济学。

《讲给 EMBA 的经济学》涵盖了经济学的许多重大问题，比如，什么是市场经济、中国为什么需要社会主义市场经济、市场经济的基本矛盾是什么、关于中国的就业战略、关于中国的结构战略、关于中国的资源战略、关于中国的区域战略、关于全面建设小康社会、关于经济体制改革，等等。这些看似十分宏观的课题，其实与每一位身处微观的人们息息相关。我特别赞同"中国就业战略"中的一些观点。在中国经济发展面临的种种重大难题中，不论以怎样的顺序排列，就业都应当排在第一位。就业的主要压力已经不在城镇，而在于农村剩余劳动力向城镇的转移。由于文化水平、技能素质等方面的差异，现阶段农村进城务工经商人员和城镇劳动力在就业岗位的选择上有明显差异，对劳动岗位的直接竞争并不十分普遍，但随着时间的推移，一部分城市劳动力正在不断降低选择就业岗位的条件，而另一方面，农村进城人员正在通过种种途径努力提高对就业岗位的竞争能力，城乡劳动力对有限就业岗位的直接竞争态势已经明显出现。这就是说，我们面对的不仅是就业岗位的供不应求，形势的严峻性还在于，我们还将面对协调社会群体间的利益矛盾问题。在当今的经济全球化竞争中，什么资源最稀缺？不是资本，不是技术，而是就业岗位。中国成为世界制造业中心的内在含义之一，就在于中国正在参与到对全球有限就业岗位的竞争中来，让更多的就业岗位配置到中国来，流动到中国来，转移到中国来。我也十分赞同"经济体制改革与政府职能转变"的一些观点。作者指出，就经济职能而言，政府应当主要做好四件事：一是建立公共财政框架；二是调控经济运行；三是维护经济运行秩序；四是承担转轨成本与完善社保体系。我们面临的问题不是没有改革的具体思路，而是有些问题我们是想得比较明白了，既知道如何改，也知道改革的方向是什么，但我们面临一个在过去一段时期中人们有意无意地回避而至今也没有找到好办法的难题，这就是经济体制改革中的转轨成本问题。在我看来，类似的真知灼见贯穿全书，颇为权威、精辟，甚至经典。

"严肃的学者应当用事实说话，用理性的分析说话，不能以表面现象耸人听闻。"这是本书的又一大特色，这里举几个例子，一是说有些人认为，中国不应当成为制造中心，因为那是没有竞争力的表现。还有人说 OEM 方式，也就是"贴牌生产"，是给别人打工。这些意见认为，中国应当集中力量发展高科技产业，要是 13 亿人都写软件、搞技术创新，那我们中国赚多少钱呀。作者坚定地认为，我看这样的专家是"伪专家"，至少是书生误国。全世界写软件的就业岗位一共才有多少？ 13 亿人都写软件卖给谁呢？二是说，在市场经济体制下，政府在就业方面应当做什么呢？有的地方有就业岗位，但欠发工资的问题应当如何解决呢？作者说，"减员"是出资人、老板维护自己利益的行为，政府无论什么时候都不应当鼓励"减员"，为什么维护政府利益的税收制度越来越严格，而维护劳动者利益的工资制度则明显松弛以致懈怠呢？欠税违法而欠工资不违法，或者不那么明显地违法；欠银行钱有可能被法律力量强制偿还而欠职工工资则不会受到法律惩罚，所有这些，都需要我们通过加强制度建设来维护劳动者利益。还有一点特别有同感，作者认为，政府应当做到的是促进经济建设，而不是自己成为投资"搞建设"的主体，政府不以发展和壮大公有制、国有制为第一经济职能，而以提供公共产品为第一职能。什么是公共产品？国家领土完整、国防安全、社会稳定等是公共产品，必要的政府行政职能是公共产品，警察、法院等维护各方面社会秩序的国家机器是公共产品，义务教育也是人们公认的公共产品，这些领域的开支都没有异议地由政府提供。但这不够，还包括为调整和维护社会公平中应当由政府提供的公共产品，如社会特困群体的救助、建立最低生活费保障制度、维护必要的社会保障体系和福利制度、救灾防灾等，还包括单纯依靠市场机制也不能得到足够的资源配置、而对社会发展和经济发展又非常必要的产品，称之为准公共产品，包括公共交通、城市基础设施、医疗体系、体育事业等。这才是政府的"责任田"。作者说，这都是一些经济学的常识，可是回顾我们走过的历程，在这类常识性问题上犯错误的事情难道还少吗？

众所周知，EMBA 是给高级工商管理人员讲授的课程，但对我这等知识浅薄的人们来说，似乎也没有多少枯涩无味之感，这就是作者的成功之处。原因在哪里？我想到一个问题，人们常说，理论之树常青，之所以常青，是因为理论植根于实践，作用于实践；之所以常青，是因为理论能够为我所用，为我所接受。理论研究如何从经院中走出来，如何更加贴近实际，这是学者和专家普遍需要解决的问题。在日常生活中，我们时常可以看到，许多在老百姓看来十分普遍明白的道理，如果用理论语言来表述，就变得"云里雾里"，显得十分复杂和繁琐；同样，在一些专家学者看来十分高深透彻的理论观点，如果不转化成具体的实例，就难以让大众入耳入脑，为人们所接受。该书第二讲，作者为了说明市场经济的活动、魅力、魔力和创造力，讲了一个故事，说上世纪 80 年代初期，有个著名专家给中央提建议，认为中国不能提倡穿皮鞋，因而也不宜发展制革业，因为要是 10 多亿中国人都穿皮鞋，要杀多少头牛啊，专家用数学模型计算，把中国的牛都杀掉也不够，何况牛还是重要的农业生产资料。可是今天我们看到人们普遍穿上了皮鞋，每人不只一双，而是十几双、几十双，牛不仅没杀光，反而比以前更多了。于是作者引出了一个话题，是谁创造出了这个按计划经济的思维、人们怎么算也算不出来的奇迹呢？是市场。市场经济为什么会造就出那么多"牛"？这就是作者紧接着阐述的基本思想，真是渐入佳境。

　　既然讲给 EMBA 的学生们的经济学能够深入浅出，那么讲给其他人更应当通俗易懂，期待更多深入浅出、引人入胜的经济学著作问世。

（摘要刊发《中国出版报》）

一花一世界

简述：每个人心中都拥有一个属于自己的世界。它是包括心态、心境、心情、心声、心理在内的内心世界的独白，是人的经历、阅历、修养乃至人生观、价值观、世界观的集中体现。

孔老夫子曰："知之为知之，不知为不知，是知也。"友人发来一条短信，有两句这样说道："一花一世界，远随流水香。"我自知才疏学浅，但对哲学问题又颇感兴趣。总觉望文生义、一知半解有点纠结，不如借助工具寻根问源，权当一次学习良机。

"一花一世界，一叶一菩提"，本是佛教经典。据说，佛学上有个故事，说的是佛在灵山，众在问法。佛不说话，只是摘一朵花，示之。众弟子不解，唯迦叶尊者破颜微笑。悟出了其中的"道"，宇宙间的奥秘，不过在寻常的花中，"道"在日常的生活中，在寻常的事物中。世界在哪里，就在那一枝一叶之中。

中国的传统文化可谓博大精深，表达的方式也可以大相径庭，有的直率，有的委婉，有的外露，有的含蓄，有的张扬，有的隐晦，有的一目了然，有的不下功夫悟一下则不明其道，不同的表达还有不同的涵义，意义各不相同，结果也完全不一样。所谓"一花一世界"，可以作为一个例证。

世界，本来是一个时空概念。"古往今来曰世，上下四方为界。"世界又是一种组织形式，有宏观世界、中观世界、微观世界。世界还可理解为一种哲学概念，指的是物的本源、本体、规律和原理，如主观世界、客观世界，如此等等。

“花”何以与“世界”扯上关系，我想这并不是高人的随心所欲，应该是“花”与“世界”之间客观上存在着某种关联。佛学说道：“一花一世界，一木一浮生，一草一天堂，一叶一如来，一砂一极乐，一方一净土，一笑一尘缘，一念一清净。”说的就是这个道理。“花”与“世界”的这种联系是多方面的。

一花一草就可悟出整个世界。世界无限大，而一花可见春，一叶可知春，一滴水可见沧海。有诗人言，“一粒沙里藏着一个世界，一滴水里拥有一片海洋，所有的树叶并没有不同，整个大地是一朵花”，便是指的这种境界。小中见大，任何一件小事、一个细节，均可隐含很大的道理；任何一件平常的举姿，常常可窥见其内心的奥秘；任何一个细微之物，均是大千世界折射出的一个缩影。由此告诉人们，在这个世界，应当警惕细节，注重点滴，切勿因小失大。

花即世界，世界即花。世界上任何一种物体，都无法做到像花那样包罗万象、千姿百态、五彩缤纷；世界上也没有一样东西，能像花那样饱含深远的寓意。牡丹象征富贵吉祥，梅花象征坚强不屈，荷花象征洁白无瑕，水仙象征优雅纯洁，菊花象征不畏风霜，垂柳象征依依相恋，青竹象征两袖清风，玫瑰花象征爱情……同一品种的花，还有不同的含义，康乃馨象征伟大神圣慈祥的母爱，而白色则象征对母亲的纯洁真情，黄色象征对母亲的感恩，红色象征祝福母亲健康长寿，粉色象征祝愿母亲永远年轻美丽；郁金香是告白之花，然而据说红色表示正式求爱，紫色表示永不湮灭的爱情，白色表示纯洁的友谊；百合花表示百年好合，万事顺利，而白色表示纯洁纯情，红色表示热烈的爱，黄色表示尊贵、荣誉、胜利。如此等等，不一而足。正是花的这种灵动和多样性，才使人们对花、对世界肃然起敬，充满爱意。可人们切勿忘记，在这个世界上，还有许许多多无名的小花，也有许多不大讨人喜欢的花儿，但正是由于它们的存在，世界才变得更加多姿多彩，更加美丽而鲜活，人们也绝不会因它的某种弱点乃至丑陋而冷落它们。这既是花的魅力、世界的魅力，也是对待花的态度、对待世界的态度。

"一花一世界"，更多的则是"一人一世界"的拟人化艺术表述。每个人在浩瀚的宇宙中，宛如恒沙微尘，但即便这样，每个人也都自成一个世界。一方面，每个人都在自觉不自觉、有意无意地观察和审视世界，观察和审视世界存在着的每个事物。每个人对世界的认识可以是相同的、相似的，也可以是不同的，甚至是形形色色的。与此同时，每个人心中都拥有一个属于自己的世界。它是包括心态、心境、心情、心声、心理在内的内心世界的独白，是人的经历、阅历、修养乃至人生观、价值观、世界观的集中体现。人的内心世界，有些深藏不露、深不可测，是很难打开心扉的；有些变化莫测、起伏无常，是不易被人揣摩的；有些带有明显的夸张色彩，喜怒哀乐，溢于言表，但容易诱惑，有时难以辨别；有些人心扉是对外敞开着的，坦诚相见，可君子之交。明白了这些，所谓一花一世界、一人一世界，时有花落至、远随流水香，就不难解释了。

有人喜爱小中见大，有人着眼大中见小；有人喜爱浪漫主义，有人注重现实追求；有人喜爱简单的问题复杂化，有人习惯复杂的问题简单做。世界本来就是这样，条条道路通罗马，路径本无对错。"一花一世界，一人一世界"，作为心灵深处的一种状态，作为观察思维问题的一种方式，那是很自然的事。

听姚教授讲 "老子智慧"

简述：寻日里我们常常夸夸其谈的那种认识、观点、见解，我们的先人其实在2000多年前早有告诫；我们今天众多耳熟能详的熟语、名言，其实都可以在中国传统经典著作中寻根溯源，找到出处；我们今天一再倡导的那些处世哲学、行为规则，其实不过是在重复先人的教诲而已。这就是中国优秀传统文化的魅力所在。

苏州市2008级秘书培训班请江南大学姚淦铭教授上课，他讲授的题目是"老子智慧"。我记得自己还是30来岁的时候读过《老子》，当时给人印象最深的是，这部书艰深、抽象、难读、高深莫测。没想到姚教授这次将《老子》哲理用诗化的语言，深入浅出地娓娓道来，引人入胜，竟然引发我对传统经典作品的阅读兴趣，然后重新打开了《老子》、《庄子》、《孟子》、《论语》、《菜根谭》等名著。不读不要紧，越读越羞愧，越读越觉得自己才疏学浅、无知无为。寻日里我们常常夸夸其谈的那种认识、观点、见解，我们的先人其实在2000多年前早有告诫；我们今天众多耳熟能详的熟语、名言，其实都可以在中国传统经典著作中寻根溯源，找到出处；我们今天一再倡导的那些处世哲学、行为规则，其实不过是在重复先人的教诲而已。我想，这也许就是中国优秀传统文化的魅力所在。

举些例子说明吧。

今人常说："有所为，有所不为。"《老子》则曰："无为而无不为。"今人常说："千里之行，始于足下。"《老子》则曰："天下大事，必作于细"，"合抱之木，生于毫末；九层之台，始于累土；千里之行，始于足下"。今人常说："知足常乐。"《老子》则曰："知足者富"，"知足不辱，知足不殆，可以长久"。今人常说："自知之明。"《老子》则曰："知人者智，自知者明。"今人常说："法网恢恢，疏而不漏。"《老子》则曰："天网恢恢，疏而不失。"至于"道可道，非常道。名可名，非常名"，"人法地，地法天，天法道，道法自然"，"大器晚成"、"上善若水"、"宠辱不惊"、"和光同尘"、"出生入死"、"鸡犬之声相闻，民至老死不相往来"，等等，早已是人们普遍熟知、广泛运用的至理名言。难怪姚淦铭教授发出这样的感慨：老子活着，栩栩如生，与我们同在。

一部《论语》，更是了得。一位名叫于丹的教授，在中央电视台的一席演讲，不仅创造了她个人"7小时内签名售书7000册"的奇迹，而且使《论语》这部尘封许久的旧书再次成了人们修身、养性、治学的必读之作，成了当今广大领导干部和企业管理人员汲取中国传统文化智慧和精髓的国学读本，甚至称之为"一本不可不读的经营管理、领导学著作"。其实，仅有1.2万字左右的《论语》，作为孔子的语录，几乎一问世就受到人们的尊崇；汉代以后，它几乎是每个读书人的必读之书；到南宋，经过朱熹的注解以后，便一直成为科举考试的最重要的教科书；宋元明清几朝的做官人、读书人无不受其影响；即使在科举废除以后，《论语》仍是读书人经常诵读的书。可以说，《论语》自其问世以来的2000余年间，对中国的思想、教育、伦理等多方面无不产生了巨大的影响。

洪应明撰于明代万历年间的《菜根谭》，似乎至今也是活力四射。这部数百年前集古典名句、先哲格言、佛家警句之大成的巨作，自它一问世，便经久不衰，流传至今。"栖守道德者，寂寞一时；依阿权势者，凄凉万古。达人观物外之物，思身后之身，宁受一时之寂寞，毋取万古之凄凉。"

随感拾录

这是《菜根谭》的开篇之言。难道不是吗？一个能够坚守道德准则的人，也许会寂寞一时；一个依附权贵的人，却永远的孤独。心胸豁达宽广的人，考虑到死后的千古名誉，所以宁可坚守道德准则，忍受一时的寂寞，也绝不会因依附权贵而遭受万世的凄凉。《菜根谭》又说："君子之心事，天青月白，不可使人不知；君子之才华，玉韫珠藏，不可使人易知。"用今天的话则是说，有道德有修养的正人君子，他的思想行为应该像青天白日一样光明磊落，没有什么需要隐藏的阴暗；而他的才智和能力应该像珍贵的美玉和珠宝一样不浅浮外露，从不轻易向外炫耀。在我看来，这又是精辟之极。此类妙义高见，不是一条两条，而是 536 条，毫不过分地说，这是一部囊括了中国几千年处世智慧的经典之作。毛泽东曾说过，嚼得菜根者事事可做。我想，如果每个人，无论是成功者，还是失意者；无论是居官者，还是老百姓；无论是生意人，还是管理者；无论是文人雅士，还是一介军人，如果能真正读懂《菜根谭》，其心智、其悟性、其品质将越来越高，套用《菜根谭》的话，那就是："风斜雨急处，立得脚定；花浓柳艳处，着得眼高；路危径险处，回得头早。"

中国的优秀传统文化源远流长，浩瀚辽阔，博大精深。我们正处在现代科学技术和信息化、国际化程度高度发达的时代，将祖国的优秀文化予以学习继承和现代诠释，充分吸收其精华和精髓，融会贯通，服务发展，这是我们这一代人的责任。经典杰作之所以经久不衰，代代相传，不仅在于它自身的张力，而且还在于它的这种张力和生命力在每一个时代都给予人们新的触动、新的启示，并融入时代的创新成果，从而不断延续着经典的生命。《老子》不过短短 5000 字，但在中国浩如烟海的书籍中，在国外被人广泛翻译和阅读的，恰恰就是这部书，据说有 40 种译本，除《圣经》外，任何书籍在数量上无法与它匹敌。《论语》自其行世以来，仅历代学者为之注释疏证的已逾 3000 多种，书中许多词语即使在当今白话文时代也常常使用。在日本，《菜根谭》被称为一部奇书，日本的企业认为《企业管理》可以不读，《菜根谭》不可不读，被称之为企业经营管理的"指南"、业务推销的"参谋"、企业家修身养性的"教材"。我特别欣赏姚淦铭教授的一段话，他说，妙悟大道，作为现代人，应当亲近传统文化，让文化的、智慧的琼浆直接灌溉人们的心田，滋润人们的血脉，澡雪听众的精神，丰美听众的灵魂，从而转换生成新的现代心智。

随感拾录

旧文重提

　　简述：2008 年是改革开放 30 周年。30 年前一场关于真理标准问题的大讨论，为党的十一届三中全会的召开作了思想上、理论上的准备。作为一名身处基层、学识浅薄的部队政治工作者，我曾以自己的视野和方式，远距离关注着这场大讨论，从一开始就间接地介入了这次讨论，可以说，是它使我较早地打开了自己思想解放的"大门"。

　　2008 年是改革开放 30 周年。30 年前一场关于真理标准问题的大讨论，为党的十一届三中全会的召开作了思想上、理论上的准备。伴随着讨论的不断深入，人们的思想空前解放，"两个凡是"的思想禁锢得到了突破，"左"的思想观念受到了有力的冲击，以经济建设为中心代替了以阶级斗争为纲，被林彪、"四人帮"颠倒的是非被重新拨正，从此，以十一届三中全会为里程碑，中国开始重新走上了伟大的复兴之路。

　　1978 年，我在空军某部政治机关从事宣传教育工作。当时，虽然"四人帮"已经被粉碎，但国家并未真正走出危机，由于"两个凡是"的禁锢，党内的个人迷信、个人崇拜依然存在，大量的历史冤假错案尚未得到清理，所谓"无产阶级专政下继续革命的理论"仍然被大肆渲染。正是在这样的背景下，"真理标准大讨论"开始孕育、发生，以至成为吹响中国历史改革与发展新篇章的冲锋号。作为一名身处基层、学识浅薄的部队政治工作者，我曾以自己的视野和方式，远距离关注着这场大讨论，虽然当时并不能真正认识和全部领会这场讨论的重大意义，但凭着职业的敏感和直觉，意识到这次讨论的非同寻常，因而，从一开始就间接地介入了这次讨论，可以说，是它使我较早地打开了自己思想解放的"大门"。

有文为证。这是发表在1978年9月26日《空军报》的一篇题为"谈谈我对'真理标准'的认识过程"的文章，全文如下：

今年3月26日，我翻阅《人民日报》，发现张成的文章《标准只有一个》，论述实践是检验真理的唯一标准，接连读了五遍。我边读边思索，产生了些疑问，于是给《人民日报》编辑部写了一封信，谈了自己的想法。主要是：（一）检验真理的标准只能是社会实践，但马克思主义是经过社会实践检验了的真理，可否作为一种间接的标准？（二）凡事都要实践检验后才能判明正确与否，那么检验前的党的路线、方针、政策，怎么坚信不疑地贯彻执行？

现在，半年过去了。报刊上发表了一系列关于真理标准问题的文章，我经过阅读、研究，并反复学习了有关著作，认识不断深化，解除了思想上的疙瘩。我体会到：

第一个问题主要的症结在于把真理与真理的标准、实践的检验作用与革命理论的指导作用搞混了、弄颠倒了。所谓真理，就是人们对客观事物及其规律性的正确认识，换句话说就是主观同客观相符合。那么，怎样才算符合呢？不是谁人能说了算的，而必须有一个标准来检验，有一把尺度来衡量，这就是实践。因为它最铁面无私、公正无情，既不袒护多数人也不歧视少数人。一切认识、学说、理论都必须由它来评判。凡合乎客观事物规律的才能赋予真理的美名。我们说马列主义、毛泽东思想是放之四海而皆准的普遍真理，并不是说它是检验真理的标准，而是说它对实践有巨大的反作用，是指导我们思想的理论基础，是行动的指南。因为革命理论即使很正确，也毕竟是属于人的认识范围。人的认识不能去检验认识。判定认识是否符合实际，不到实践中去找答案是不行的。这说明承认真理的指导作用和承认实践的检验作用不是一回事。如果用真理来代替真理的标准、用真理的指导作用代替实践的检验作用，把指导作用误认为间接标准，就成了头足倒置，陷入了唯心论的泥坑。

第二个问题主要是对检验真理的循环往复过程认识不清。党的各项方针和政治措施不是天上掉下来的，也不是凭空想出来的，而是建立在实践基础上的，集中了全党和全国人民的经验和智慧才提出来的，应该说已经受到过实践的检验。但是，这种检验只是真理检验过程中的开始，还必须经过实践—认识—再实践—再认识的循环往复的检验过程。对于党的路线、方针、政策，首先要真心实意地拥护，坚定不移地贯彻。在执行过程中，又要根据实际情况给予必要的修改、补充，使之更加完善，更加反映人民群众的意愿、反映事物的客观规律。因此，在贯彻执行党的路线、方针和政策中，是实事求是，一切从实际出发，坚持理论和实践相结合的革命学风，还是照抄照转，搞"本本"主义，这是区分辩证法和形而上学、唯物主义和唯心主义的一个重要标志。

与三轮车师傅聊天

简述：中国的老百姓是全世界最淳朴、最善良、最可爱、最可敬的人群，面对生活的艰辛和烦恼，他们没有太多的抱怨，面对社会的急剧变化，他们对自己的利益没有太多的奢望，他们最懂得感恩，投桃报李，"你敬他一尺，他还你一丈"，作为同一个蓝天下的人们，是否有必要作些换位思考，为那些普通百姓的生存和发展尽些微薄之力。

总听到一种关于取缔三轮车的声音，对此，我则始终持不同意见。三轮车是"绿色"行业，走街串巷，便捷灵活，既是一种代步工具，又可视为旅游项目，甚至可成为一道独特的城市流动"风景"，至于这个行业发生的一些不良现象，那是管理的问题，与三轮车本身没有多大关联。

我偶尔也坐坐三轮车，不过每次乘坐之后，都有别样的感受。

有一次我和夫人等候公共汽车，久等不来，正好驶过一辆三轮车，两人一问价钱觉得十分公道，心血来潮便上了车。主人是位老者，看上去气度不凡，一路坐车，一路便与他聊了起来。

我问他：多大年龄？是否退休？有没有退休金？每天可挣多少钱？为什么还要出来上班？

老师傅告诉我，他是属鸡的，1945 年出生，早就过了退休的年龄，蹬三轮车完全是为了宝贝孙子。

说起他的孙子，老人布满沧桑的脸上露出了一种自豪、满意的喜悦。他说，自己是"文革"前就入学的中专生，父亲还是个老干部，"文革"中全家下放到苏北，在那里娶妻生子，入了党，当了干部，"文革"结束后返城回到苏州，职务就没有了，工作也没了着落，生活并不好过。妻子是同班同学，感情很好，可是患先天性心脏病，34岁时去世，留下一个儿子，又因先天性心脏病去世，去世时孙子才3个月，媳妇在孙子不足24个月时改嫁出走。从此，他与孙子相依为命，他把全部的希望、全部的爱都给了孙子，为了孙子的心理感受，他一直没有考虑自己成家再婚的事，为了孙子的成长，他身体力行，坚持诚实劳动，做出好样子。如今，孙子在一所重点高中读高三，考个重点大学很有把握，孙子既懂事又聪明，知道自强、节俭、感恩。他说，蹬三轮车是个苦力活，交掉各种费用，每天收入不多，这种活还不大被人尊重，但想到孙子，苦些累些心里也舒坦，总觉得有一种力量在支撑自己。

　　老人讲的内容很多，讲到了他的不近人情的父亲，讲到了他的生母、后妈，讲到了他如何给他的前辈与妻儿操办后事，讲到他的脾气缺陷和种种遭遇，听起来全是委屈，但听得出又是十分坦诚和自信的。我由衷地对他产生了一种崇敬之情，还庆幸自己上车时没有与他讨价还价。

　　还有一次是假日，按照事先的约定，由我做东邀请一群战友聚餐，本想打的前往就餐地点，不料一辆辆出租车在我跟前满载而过，等了近半个小时未能成行，眼瞅着会耽误时间失信于战友，此时看到路对面停了一辆三轮车，不由分说就上了车。我对师傅说，我有急事，这段路比较长，速度要快些。这位师傅技艺好像很娴熟，在大街小巷穿梭，轻松自如。

　　他问我：为什么这么急？是否是喝喜酒？城里人要出多少礼？我说至少要五百、一千。他说："还是你们城里人有钱啊！在我们老家出个五十、一百就可以了，不过，我们也是沾了你们城里的光，可以出来打工赚钱。"看上去他很知足。

我问他：是哪里人？家里还有什么人？都干些什么？

他告诉我，他是连云港人，夫妻两人都在苏州打工，妻子做家政，每月收入有1000多元，自己每月也有1000多元，两个孩子都在老家读书。我问他，老家的田谁种呢？他说种田不赚钱，就让父母打理打理，收多少算多少。我问他苏州怎么样，苏州人怎么样。他说苏州好，苏州人也好，只是苏州园林从来没有去过，价钱太贵，舍不得。苏州人和气，对我们这些外地人也很友善。我问他以后打算干什么，会不会在苏州安家落户。他说，城里再好，也不是我们待的地方，我们迟早是要回去的，现在想的就是多赚点钱，供孩子读个好一点的学校，以后让他们过上像城里人一样的生活……

两次坐车，竟有这么多收获，这是我始料未及的。平常的交流、随意的交谈、平等的沟通，好像进入了另外一个情感天地，又隐约感到自己在惭愧。我们这些农村走出来的城里人，其实当初与他们一样，也做过"短工"，那时我年龄还小，只是跟在大人后面，也进城交过公粮、卖过余粮、收过垃圾、跑过运输，甚至拉过黄粪，如今进城久了，尽管职务不高，身边的亲朋好友多是基本群众，但自己身上的平民意识还是有些淡薄，真正自觉地、经常地与那些生活在最底层的平民百姓推心置腹地唠家常、谈心里话，了解民情民意，其实做得很不够。我且如此，更不用说那些身居高位的领导人了，不知他们会有多少条件、有多少时间能同普通百姓待在一起。我一直认为，中国的老百姓是全世界最淳朴、最善良、最可爱、最可敬的人群，面对生活的艰辛和烦恼，他们没有太多的抱怨，面对社会的急剧变化，他们对自己的利益没有太多的奢望，他们最懂得感恩，投桃报李，"你敬他一尺，他还你一丈"，他们的责任过于沉重，他们的义务又无休无止，他们任劳任怨、忍辱负重、兢兢业业，以自己的诚实、勤劳创造生活。我想，作为同一个蓝天下的人们，是否有必要作些换位思考，为那些普通百姓的生存和发展尽些微薄之力。我们一直在讲以人为本、为人民服务，其实最需关注的恰恰是那些普通百姓的喜怒哀乐和利益诉求，尽管这种诉求不一定都是合理的，即使合理的诉求也不一定都能马上照办，但一定要关注、要倾听、要化解。党中央反复告诫我们，要真心实意地倾听人民群众的呼声，细心地体察人民群众的愿望和利益诉求的变化，竭尽全力为老百姓办实事、解难事、做好事，这理应贯彻落实到各级党政组织和党员干部的决策与实践之中。

谈"比较"

简述：比较是确定事物间同异关系的方法。人们只要观察、思考问题，就会进行各种各样的比较。不是自觉地、科学地进行比较，就是自发地、盲目地进行比较。进行比较是为了判明是非、分清正误；而不作正确的比较，就不能判明是非、分清正误，甚至还会引向歧途。

比较是确定事物间同异关系的方法。人们只要观察、思考问题，就会进行各种各样的比较。不是自觉地、科学地进行比较，就是自发地、盲目地进行比较。进行比较是为了判明是非、分清正误；而不作正确的比较，就不能判明是非、分清正误，甚至还会引向歧途。

比较的办法名目繁多，如总体比较、平行比较、交叉比较、纵向比较、范畴比较等等。然而，不管何种方法，都必须把握一些基本规则。

首先，应当是在同一关系下所进行的比较。这就是说，讨论和分析问题，要把客观事物摆在大体相同的范围内、相同的前提下进行比较，否则就失去了可比性。比如，我们比较沿海开放地区与内地的国民生产总值，以此来评价两个地区领导经济工作的成绩大小，就缺少现实意义，因为两者地域环境不同、基础不同、干部群众素质不同。同理，将一个底子薄、人口多、耕地少，曾长期深受三座大山压迫，社会主义建设只有40多年历史的发展中国家，同一个战前就有雄厚物质、科技和人才基础，已有两三百年建设历史的资本主义国家比较经济发展水平，并以此来断言社会主义不如资本主义，也是不科学的。

其次，应当把能够反映不同事物的本质的东西拿来进行比较。本质是事物的内在联系，是事物中保持相对稳定的东西，也是区别一事物与它事物最根本的特征。把握不住事物的本质，就无法反映事物的客观实在性，也就无法比较不同事物间的联系和质的区别。比如，比较社会主义和资本主义的优劣，有决定意义的是根本社会制度，抓住这个质的区别，就抓住了关键。资本主义是以生产资料私有制为基础的，资本主义的生产目的是为资本家攫取最大限度的利润，劳动人民是生产资料—无所有的、只有靠出卖劳动力谋生的雇佣劳动者。资本主义制度既不能摆脱其深刻的基本矛盾和经济危机，也不能摆脱对内剥削、对外掠夺和各种尔虞我诈、道德败坏、犯罪堕落等社会危机。社会主义则是以生产资料公有制为基础，劳动人民当家作主，社会主义的生产目的是为了最大限度地满足人民的物质文化生活需要。由于社会主义制度的这些特点，使我国人民能有共同的政治、经济、社会理想，共同的道德标准。这些是资本主义社会永远不可能有的。我们只有这样认识问题，才能从根本上认识社会主义制度的优越性。如果停留在事物的表面现象，或被事物的假象迷惑，或在一些枝节问题上纠缠不清，就歪曲了事物的本来面目。

第三，应当对不同的客观事物，或对客观事物间不同的关系，进行整体的、立体的、多方位的考察。任何事物，都有其发生、发展、灭亡的过程，我们在分析比较事物时，不仅要在空间上作横的比较，而且要在时间上作纵的比较；不仅要从事物的这一方面加以比较，也要从事物的另一方面加以比较；不仅要从事物发展的某一阶段进行比较，还要联系事物发展的全过程作比较。比如，资本主义作为人类历史发展到一定阶段的产物，有其进步、先进的一面。但全面考察其政治制度、经济制度、意识形态、发展趋势，就足以证明局部的进步不等于全局的进步，资本主义制度在本质上已经是落后、腐朽的了，它必然为社会主义所代替。又如，有人以党在某些方面的失误为借口，否定党的领导。然而，我们以全面的态度、历史的眼光、辩证的方法作一考察，就可以看出：自鸦片战争以来，中国有多少人幻想改变国家贫穷落后状况，但最终只落得个半封建、半殖民地的结局，只有中国共产党的领导，才真正给中国人民带来了光明；在中国这样一个有 12 亿人口而且比较贫困的大国搞现代化，在探索和前进中出现某些失误是难以避免的；问题和失误有其复杂的原因，它不代表党的本质和主流；党在某些方面的和党内的不正之风，都是可以经过自己的力量纠正的，没有一个其他的政党具有这样的勇气和胆略。通过这种整体的、立体的、多方位的分析比较，才能把握事物的发展方向。

随
感
拾
录

说“文化”

简述：文化是一个外延非常宽泛的范畴。它主要有三种形态：一是物质形态，是有形的，如古典园林建筑；二是观念形态，是无形的，主要指精神和制度层面，如当前苏州发展的三大法宝——张家港精神、昆山之路和亲商理念；三是艺术形态，是有形与无形的结合体，如吴门书画和昆曲评弹等。

文化是当今点击率最高的词汇，2005年9月20日，在google上搜索“文化”，刹那间出现了5940个符合要求的查询结果，分别超过了“经济”（4750万个查询结果）、“政治”（2370万个查询结果）1190万个和3570个；文化也是当代最时髦的谈话主题，在人们习惯思维中，开口文化、闭口文化往往是有文化的证明，而不谈文化或谈不出“文化”则是没文化的表现，说一个人没什么文化则是一种最为严厉的批评和警示。所以人们在一起，不论是什么场合，言必称“文化”。

探讨文化的本义往往是个吃力不讨好的课题。据查，仅“文化”的定义就有近万种之多，可见，文化是一个外延非常宽泛的范畴。它主要有三种形态：一是物质形态，是有形的，如古典园林建筑；二是观念形态，是无形的，主要指精神和制度层面，如当前苏州发展的三大法宝——张家港精神、昆山之路和亲商理念；三是艺术形态，是有形与无形的结合体，如吴门书画和昆曲评弹等。但不论如何定义，也不论是怎样的一个形态，只有把"文化"与创造它的人联系在一起，并放在人的素质层面上来考察，才能容易并准确地提炼出它的内涵来。

对一个人来说，在文化落后的年代，读过几年书、认识几个字就算是文化人；到了文化高度发达的时代，读过几年书、认识几个字就不足以称为文化人了。这时候，文化不只是一个文化程度的问题，还包括一个人的学历阅历、仪表气质、道德修养等。进一步说，更多地表现在一个人是否掌握和尊重社会、经济、文化艺术等客观发展规律，以及对客观世界的正确认识与科学把握程度上。

经济和社会越发达，文化的作用和地位就越突出。当前，科学发展观对发展先进文化提出了强烈的呼唤，也提出了更高的要求。但在实际生活中，正流行着一些值得警惕的怪现象，它们给人们的普遍感觉好像是在表明有文化，但却做了许多没文化、反文化的事情。主要有这样几种，现列举如下。

一是文化的"乱真"化。就是以假乱真，实际上是不懂文化、装懂文化，或利用野史流言，或凭借一纸传说，捕风捉影，制假充真，以假遗迹冒充真历史，以假古董冒充真文物，以假建筑冒充真遗产。总之一句话，以假文化来冒充真文化，吸引观众的眼球，混淆人们的视听。这样一来，《水浒传》的作者施耐庵有那么多的出生地就不足为怪了，而关于"梁祝"故里的"口诛笔伐"也是顺理成章的。

二是文化的功利化。"文化搭台，经济唱戏"是不能一概而论的。文化有产业和事业之分，属于产业的那一部分文化，可以搭台唱戏。但不分青红皂白，也不论子丑寅卯，每搞一次活动都打着文化旗号，背后却带有强烈的创收色彩。一旦以获取经济效益为主要目的，文化就不可能不走样，老百姓就不可能满意和欢喜，结果既害了文化，也损害了老百姓的利益，最终得不偿失。

三是文化的低俗化。"低俗"与"通俗"都有一个俗字，但在格调品位上却是泾渭分明的。通俗文化适应大众的文化需求，为老百姓们所喜闻乐见，而低俗文化却将肉麻当有趣，如蝇逐臭，为绝大多数的人们所厌恶。一些媒体只为了迎合少数受众，把格调不高、内容低俗的文化产品和资讯与所谓的提高可读性、收视率和点击率画上了等号。一时间，报刊上凶杀、魔法之声相闻，屏幕中污秽、神功之像常见，把文化氛围搞得乌烟瘴气，不堪入目。

四是文化的"克隆"化。美容能使千人一面，文化克隆与模仿却使千城一面。这儿有亭台楼阁，那儿也克隆楼阁亭台；此地有牌坊，彼地也模仿出一个更高更大的牌坊；前山上有一个寺，后山上也打造一个庙来；大城市有时代大道或广场，中小城市也要新建世纪大道或广场。总之，不求创造，乐于因袭，你有我也有，你闹初一我闹十五，你有十八罗汉，我有五百罗汉，如此而已，滥竽充数，令人啼笑皆非。在文学艺术界，好作品一旦问世，"跟风作业"如雨后春笋，致使不少作品语言平庸乏味、主题苍白无力、情节似曾相识、人物毫无特色、结构千篇一律……所有这一切，都反映了原创作品的缺失，导致文化发展停滞和自我克隆的尴尬局面。

五是文化的泡沫化。以文化冠名，冠冕而堂皇，名正而言顺，借此抬高身价，可以大大方方地登堂入室了。所以，不管什么东西都后缀一个"文化"的词根，致使"某某文化"大有泛滥成灾之势。比如，食文化、性文化、茶文化、烟文化、酒文化、花鸟文化等等，可以装好几大箩筐，真是不胜枚举。

六是文化的形式化。就是不求内涵。比如，建筑形态好大喜高，追求奇形异状、光怪陆离，给人一种感官上的冲击，而不因地制宜、不以人为本、不按功能和需要进行布局和构筑。再比如，如今企业都时兴"企业文化"，这本是件好事，然而在漫天飞舞的企业口号中，所用之词大多是"求实"、"敬业"、"开拓"、"进取"等等。当然从字面上看，这些无疑都是很有必要的，但如果只是在形式上做文章，而不能运用到企业实践之中，打造出内涵和品牌来，或者人云亦云，不顾自身的实际，让华丽的企业文化词句掩盖了企业面临的真正危机，那么企业文化就只能给企业帮倒忙，形式主义就要害死企业了。

七是文化的"洋"化。打开国门后，国外先进生产力可以"拿来"，先进的文化也可以"拿来"。但在景观设计中追求"洋气"成了通病，就不乏"文化垃圾"。比如说，凯旋门、罗马柱、骑士像、维纳斯式雕塑、城堡造型……这些西洋的景观元素被国内越来越多的市民广场、街心游园、步行商业街所大量引用，甚至在普通的住宅小区里也不鲜见，越来越多的文化景观设计与开发企业正在大肆炒作欧陆风格和南美、东南亚乃至地中海风情。殊不知，舍弃传统文化之根，又忽略当地审美特征，一切唯"洋"是瞻，是很难产生亲和力与归宿感的。

文化的异化现象实质上是人的异化现象的产物。凡此种种，都是"文化人"的文化素质不高所致。因此，必须在提高素质上狠下一番功夫，要从努力掌握和遵循社会、经济、文化艺术等客观发展规律出发，全面提升文化人的学历阅历、仪表气质和道德修养。最为重要的是，当前，要在科学发展观指导下推动文化产业的发展和文化事业的繁荣，不要哗众取宠，不可急功近利，不做表面文章，切实避免创作上的主观化、泡沫化倾向，彻底摒弃艺术风格的模式化、低俗化，从而不断满足人们日益增长的精神文化需求，为创造先进文化、统筹经济社会发展、实现人的全面发展营造一个良好的社会环境。

（合作者：蒋忠友）

五行性格

简述：中国有五千年灿烂辉煌的传统文化，受儒家思想的影响，本质上是一种十足的中庸文化，其精华说起来就是一种追求和谐的文化。性格属水的人，天生精通中庸思想的精髓，他们恪守中庸之道，稳定低调，偏激永远和他们无缘，总是显得平静和坦然自若，对任何事情都很有耐心，对任何情况都很自如地适应，就像是自然中的变色生物。

常有人说，性格决定命运，心态决定状态。那么，什么是性格？它与命运之间的关联度真有这么大吗？

最近读一本书，书名叫"性格化领导"，读后颇有豁然开朗之感。

关于性格，西方学者是这样定义的：一个人相对稳定的心理状态以及与之相适应的行为模式，它是人平时对人、对事和对自己所表现出来的行为特征，是人与人之间相互区别的主要方面。判断一个人的性格特征，往往先从他的外表入手，但外在表现本身不等于性格，人的性格是由多种因素熔炼和整合的结果，在人的性格结构中往往有一个核心因素成为性格的主调。性格的形成是从遗传开始的，但除了先天因素的作用外，更多的是在后天的生活环境中逐渐形成的，环境因素包括家庭、自然、社会因素等，它们无一不对人的性格的形成起着重要的作用。不同特征的性格使为人处事具有不同的状态、不同的方式，正是这种不同，影响到各人的命运结局。

俗话说："江山易改，本性难移。"自古至今，由于性格缺陷使得许多人留下终身遗憾，这类事例不胜枚举。性格尤其是基础的性格是很难改变的，但性格是可以改善、改良、调整和优化的，也可以随着环境的变化而发生变化，关键是能否发现和正视自己性格中的弱点，肯不肯下功夫，对症下药、扬长避短，重塑新的形象。

中国人对性格的研究早在《黄帝内经》里就有记载。《黄帝内经》中把人分为太阴、太阳、少阴、少阳、阴阳平和五种性格。后来人们发现，宇宙的形成是由五种物质所组成的，即金、木、水、火、土，并且五者之间还有相互依存的规律，这就是五行。按照传统的五行学说，大至茫茫宇宙，小至昆虫，都不能离开五行。金、木、水、火、土相生相克，使世界变化无穷。

人的性格具有五行属性，一个人不可能只具有单一的性格特征，其中成为核心因素的性格特征被称为主体性格。

金之为物，属性冷硬，火中炼，水中淬，百炼而成，钢铁可铸剑成器，所向披靡；金银则价值连城，光耀日月，无比辉煌。性格属金的人精力充沛，充满自信，他们有明确的目标和追求，不达目的不罢休，喜欢竞争，并有强烈的获胜欲望；独立性强，不愿意依赖他人；追求荣誉或成就感，常因工作而不知疲倦，有强烈的领导欲、支配欲；率直，有意见或看法时直接表达，执行力强，讲究效率，并能调动他人；自信，从来不怀疑自己的能力，大无畏，不怕挫折，越挫越勇，果敢、不畏强权并敢于冒险。但性格属金的人，情感大于理性，说话语气强硬，缺乏亲和力，自我意识很强，争强好胜，易与人争辩，领导欲、支配欲过于强烈，脾气倔强，容易发怒，批评人时态度严厉，当别人达不到自己的要求时，易感到不耐烦，缺少对别人的欣赏，吝于赞美，注重实际效果，对别人的感受考虑较少。

木乃生命之物，可立身山谷，或挺拔巅峰，吸大地之养分，得日月之精华，无风则静，遇风而动，层次分明，生生不息。性格属木的人，对自己要求严格，有责任心，追求完美，追求高标准；对数字和细节特别关注，讲究精确；富有创造力，喜欢研究，思维缜密，善于逻辑分别，有艺术才华和欣赏能力；注重承诺，感情专一，待人忠诚，行事沉稳，三思而后行，富有很强的团队精神，做事有耐力，能始终如一。但性格属木的人，待人待己过于追求完美，受到伤害时，需要很长时间才能恢复；过分敏感，容易受到伤害，容易从负面看待事情，感情脆弱，有自怜倾向；有事总藏在心里，不喜欢和陌生人接触，事必亲为，总认为自己做得最好，患得患失，行动缓慢，墨守成规，缺乏生活乐趣。

水之为物，性无常形，上天成雨，下地为露，或为清泉，或为飞瀑，河湖江海，变化万端，滋养世间万物，润泽天地苍生。性格属水的人，具有和善的天性，和谐的人际关系，善于接纳他人的意见；不愿张扬，喜欢平静而坦然自若地面对事物，对自己和对他人从不苛刻，体谅他人，怕给别人添麻烦；面对压力能保持稳定性，对环境适应能力强，有耐心，能宽恕他人对自己的伤害，团队观念强，能顾全大局，富有同情心，关心他人。但性格属水的人，容易为外界的干预而改变自己的观点，缺乏热情，行动较慢；不正面与人冲突，但内心坚持自己的想法；懒散且能原谅自己，按照惯性做事，拒绝改变；遇事容易妥协，有目标，但缺少计划，不愿承担责任；有时过于中立，没有自己的立场，容易满足现状。

火为气，亦性无常形，劲烈凌锋，气势如虹；可化寒冰于水，送人万分温暖；能助铁成金，化物之成光，照亮黑暗。性格属火的人，善于和不同的人相处，交际广，善于表达，喜欢调侃，有幽默感；情感丰富，富有浪漫主义情怀，对新事物很有兴趣，有童心趣味，热情开朗，有乐观和积极心态；容易接纳别人，也乐于助人；才思敏捷，富有创意，富有激情活力，有鼓动性；关注别人的感受，喜欢赞美别人，有错就能道歉，并能原谅他人。但性格属火的兴趣来时，不在意别人的感受，喜欢夺人话题，话语太多；粗心大意，不太注意礼节；情绪常波动，容易大起大落，做事耐力不够，过度热情和爱开玩笑；想法多，不愿做具体的琐事，先承诺，后思考，难以兑现，藏不住话，很难保守秘密，随意性强，计划不如变化快。

土乃深厚博大，包罗万象，怀纳世间生灵，孕育无限生机，万物出于土而归于地，沉静而不失活力。性格属土的人具有包含性和综合性，沉着、冷静，不易冲动，有大局观念；踏实与勤奋，不拖沓，通情达理，做事有条理，善于逻辑分析，考虑周全，追求整体和谐，做事坚持不懈，有始有终；坚忍，能屈能伸，刚柔相济，处理事情慎重，会给自己留退路，居安思危，顺境中不会得意忘形；思维敏捷，懂得用最现实的方法去做事。但性格属土的人，冒险性、开拓性不足；自我封闭，难以完全相信一个人，寡言少语，让人难以接近；双重性格，常常为此矛盾、敏感，容易消极，很难原谅冒犯自己的人，戒备心重，有做出不可思议之事的可能性，过于谨慎，常丧失许多机会，过于注重别人对自己的看法。

上述这些都是《性格化领导》的作者赵菊春先生根据五行学说对人的性格特征所作的分类和描述。根据他的这种描述，我发现自己具有典型的水性格特征，水性格所表现的优点和弱点均不同程度地在我身上体现出来。赵先生的研究还认为，中国有五千年灿烂辉煌的传统文化，受儒家思想的影响，本质上是一种十足的中庸文化，其精华说起来就是一种追求和谐的文化。性格属水的人，天生精通中庸思想的精髓，他们恪守中庸之道，稳定低调，偏激永远和他们无缘，总是显得平静和坦然自若，对任何事情很有耐心，对任何情况都很自如地适应，就像是自然中的变色生物。在儒家思想熏陶下，性格属水的人随和、闲适、半静、有耐心、不侵犯他人，并且心情愉快，是所有人中最伟大的朋友，他们有很多朋友，关心朋友，又永远是提供帮助的一方，喜欢旁观，能给处于劣境中的朋友中肯的建议；他们善于协调关系，有一定的行政能力，不是雷厉风行的领导者，但绝对是给人亲切感的、可信任的领导；性格属水的父母绝对是好父母，他们对待孩子很有耐心，对于孩子的错误也很宽容，仁慈善良，善于克制自己内

随感拾录

心的情绪。根据赵先生的研究，性格属水的人最大的缺点是没有主见，他们经常说"随便，你们决定吧"，由于他们避免对抗与争吵，自然会保留自我的感受，很少对他人坦诚地说出来，总是学不会对自己身边的人说"不"，他们对新鲜事物缺乏热情，对伟大目标一点也不热衷，实在使人心馁。

　　读完这些高论，不由有些感慨，中国的传统文化真是博大精深，赵先生的研究与"画像"也占之成理，读来对"五行性格"尤其对"水性格"有了一种重新认识的感觉，努力放大自身性格的正面效应，积极克服其不足的方面，无疑有助于事业的成功。当然，传统的"五行"学说肯定有其唯心主义的成分，人的命运前途的走向也决非仅靠"五行性格"所能左右。如果说"性格决定命运"，那最多也只能说，性格是决定命运诸要素中的一个因素，每个人真正要成就一番事业，还得靠智慧、勤奋、德行、机遇等一系列要素的组合。但尽管如此，努力修改完善自身的性格，有助于确立人的正确的世界观、价值观和人生观，确立正确的人生奋斗坐标和实践路径，从而逐步走向成熟、走向成功。

话说 "城市精神"

简述：人们心目中的城市精神，应当不仅具有个性，有正能量，有导向性，还需要简约、为多数人喜闻乐见，让人耳熟能详。所谓城市精神，说到底就是为了在一个城市区域倡导一种共同的理想信念、价值取向和行为规范准则，使之衍化为促进经济繁荣、社会和谐、人民幸福的思想动力。

给一座城市提炼、定义和表述一种精神，实在是一件十分纠结而又为难的事，而恰恰全国各地几乎每座城市都有自己的 "城市精神"。

人如其面，城市也是如此。无论是人，还是城，都有其区别于他人的个性，这是毫无疑问的。但一定要用文字逐个为之画像，就难免会有些力不从心、"理缺词穷" 的感觉。

还是 2007 年的时候，省里要求各市都要有城市精神，苏州当然必须积极响应，迅速在全社会广泛征集，据说消息发布后仅 22 天，收到来自各方面的 "表述" 达 9853 条，经过一群专家的 "论证"，最后确定 "崇文、融和、创新、致远" 为苏州城市精神。与此同时，苏州当时五个市、七个区纷纷都确定了自己的城市精神，虽五花八门，却又大同小异。现在看来，那完全是少数人的一种 "文字游戏"，没有多少老百姓记得住、当回事，当然也不可能让当局者的这种 "用心良苦" 真正发热发光。

精神是客观存在的，古代哲学家把精神称之为 "精灵之气"。大到一个国家、一个民族，小到一个单位、一个人，概莫能外。我们中华民族自古以来就有"天下兴亡，匹夫有责"以及"团结统一、爱好和平、勤劳勇敢、自强不息"等优秀的民族精神，就有"忠、孝、仁、义、信、礼、智"等优秀的文化传统，并成为中华民族的骄傲，代代相传。作为国家和民族的一个单元，如地区、城市、机关、学校、企业等等，当然也需要与此相融会贯通的那种鲜活的"精灵之气"。我常常敬佩那种学校，尤其是那些名校，同样是教书育人，它们用校训的方式，把自己的"精灵之气"表达得那么贴切、那么明了、那么简洁、那么栩栩如生。比如，作为时代的产物，北大的校训是：爱国进步、民主科学；清华大学：自强不息、厚德载物；浙江大学：求是创新；山东大学：气有浩然、学无止境；北师大：学为人师、学无止境；北京舞蹈学院：文舞相融、德艺双馨；暨南大学：忠信笃教；苏州大学：养天地正气，法古今完人……不过，相比国际名校，我们的校训似乎又有点逊色了，比如哈佛大学：与亚里士多德为友，与柏拉图为友，更与真理为友；杜尔大学：自由地接受，自由地给予；斯坦福大学：愿自由学术之风劲吹；麻省理工大学：既学会动脑，也学会动手；华盛顿大学：力量借助于真理；普林斯顿大学：普林斯顿——为国家服务，为世界服务；剑桥大学：求知学习的理想之地……

人们心目中的城市精神，应当不仅具有个性，有正能量，有导向性，还需要简约，为多数人喜闻乐见，让人耳熟能详。曾经得到人们广泛认同，比较有代表性的恐怕要算张家港精神了，16个字："团结拼搏、负重奋进、自加压力、敢于争先。"全是大白话，通俗易明、铿锵有力、朗朗上口，把长江边上的张家港人的气魄和个性与那个时代的特征要求表达得惟妙惟肖、淋漓尽致，有一阶段，在张家港几乎是家喻户晓、人人皆知，并成为苏州可持续发展的"三大精神法宝"之一。后来，也有人提出这个精神有点落伍了，应当与时俱进，要有所修正，但讨论来讨论去，多数人还是认为，可以赋予张家港精神新的内涵，但具体表述不必修改。就像我们的国歌，尽管是一首创作于抗战时期的《义勇军进行曲》，但其精髓是永存的。还有一些城市精神，也属上乘。比如上海，最早的表述为"海纳百川、追求卓越"，笔者以为，作为一个移民特征十分鲜明的国际大都市，这8个字足够了，以后又加了8个字叫"开明睿智、大气谦和"，反而有点画蛇添足了。江苏精神，后来称"三创三先"，其实当初的"三创"也足够了，"创业、创先、创优"，虽然个性不够，但不管怎样，易记、易懂，具有号召力。许多文字表达越想全面、完整，其实越说不清楚。现在，我们又有了自己新的苏州精神表述，叫"崇文睿智、开放包容、争先创优、和谐致远"。不知它是否可算苏州的"精灵之气"，能否被广大民众认同，说不清楚。但我认为，与先前8个字的城市精神相比，似乎进了一大步。首先，它是处在大城市时代和城市化、城市一体化发展阶段的苏州的统一精神，可以成为全市人民共同的价值取向和不懈追求；其次，它在一定程度上体现了苏州的城市特色和个性，将苏州的历史文化传统、现实精神状态和未来发展要求比较好地实现了有机结合。第三，作为苏州人，以苏州精神为镜子，有可能辩证地进行对照比较，调整个人的心理状态、思维活动和行为质量，成为激发自身的思想动力，我就曾对照"苏州精神"自找差距，结论是"崇文尚可，睿智不足；包容尚可，开放不足；创优尚可，争先不足；和谐尚可，致远不足"，于是有了努力的目标。我想，作为城市，同样也可以从整体上聚焦践行，"16个字"成为这座城市最显著的特征。

不过，我还是有些疑虑，每一座城市，是否都有必要费尽脑筋去提炼描述一种所谓的城市精神。什么是精神？精神说到底是观念形态，是一种理想信念、价值取向和行为规范准则；所谓城市精神，说到底就是为了在一个城市区域倡导一种共同的理想信念、价值取向和行为规范准则，使之衍化为促进经济繁荣、社会和谐、人民幸福的思想动力。中华民族历来具有优秀的文化传统，博大精深、弥之高远。在自然经济和经济极不发达的时代，由于交通不便、信息闭塞，人际生存和生产环境、地理环境差异极大，

随感拾录

区域之间的交往受到限制，人群既集聚又封闭的双重影响等原因，孕育了中原文化、楚汉文化、吴越文化、关东文化、海派文化等区域性特征十分明显、千姿百态的文化门类，并相应外化为城市形态、建筑风貌、人群性格、处事风格等等，然而即使如此，中华民族共同的优秀传统和文明始终处于核心地位。现在，我们正处在经济社会快速发展的现代信息社会，交通、通讯、信息发达，人群自由流动，各类文化，包括东西方文化，传统与现代文化，文化与文化之间互相渗透，越来越兼容并蓄，城市形态的个性可谓千姿百态，但城市精神则越来越呈现出高度融合的特征，可以说，不论何种城市精神的表述，都无法背离和超越中华民族的优秀传统和推进社会进步的时代要求，即便"苏州精神"，作为其他城市精神的表述也未尝不可。难怪目前看到的各地城市精神，其表述无一例外地是在爱国、敬业、创新、争优、开拓、开放、改革、和谐、崇文、诚信、友善、文明、致远、精致、大气、厚德、求实、融合、卓越此类同义或近义的主题词中作出选择，这不是文化人的笨拙，而是客观事物的必然。当今时期，不论哪个城市，我们倡导的城市精神，都应当涵盖中国特色的共同理想、以爱国主义为核心的民族精神、以改革创新为核心的时代精神、社会主义的荣辱感。尤其是当前，我们更需要的是全社会共同的理想追求、价值取向和行为规范准则，至于何种具体表述，只要能让老百姓入耳入脑，化为实践足矣。

"苏州精神"新解

简述："苏州精神"隆重出炉，这是件大好事，关键在践行。尽管有人认为它过于全面，缺少个性，"放至各地皆可"，但我还是认为，苏州精神使苏州历史文化传统、现实精神状态和未来发展要求基本上得到了融合和体现，应当真正外化为这座城市和全体人民普遍追求的价值准则和思想动力。

苏州人不知是否都知道有个"苏州精神"，她的表述为：崇文睿智、开放包容、争先创优、和谐致远。

苏州人不知是否都能记住"苏州精神"，"过来之人"都知道，当年有个"张家港精神"，有16个字，叫"团结拼搏、负重奋进、自加压力、敢于争先"，在张家港可谓家喻户晓，尽人皆知。而苏州曾经有个"城市精神"，只有8个字，叫"崇文、融和、创新、致远"，可不少人都说没记住。

不过笔者以为，苏州人应该记住"苏州精神"；不仅应该记住，更应当践行。因为它的确反映了苏州的特质，反映了苏州人的风范。

先说崇文睿智。什么叫崇文，顾名思义，即崇尚文化。苏州本来就是人文荟萃之地，崇文当然是天经地义的事情。文化这东西，博大精深，意味深长，很难一下子说得清楚。可以说的是，文化不仅涵盖了物质、精神、艺术等诸个层面，文化不仅是表达一个人受教育的程度，文化更多则是反映一座城市、一个人的观念形态、审美行为、思维方式、生活方式乃至生产方式。一座被称为有文化的城市，必定是耐看、乐居、雅致的城市；一个被称为有文化的人，必定是知书达理、知书达礼，具有文明品质的人。什么是睿智？按辞典的解释，睿智表示极度聪明而且有智慧，是可以让人在任何场合都能信任的人，见多识广、通达果断、鉴貌辨色，富有洞察力，善于抉择。对于多数人来说，这睿智一定是可望不可求的东西，是一种理想追求和努力方向。但苏州精神倡导的睿智，就其实质而言，我想主要是期望这座城市和这里的人们善于正确观察和把握客观实际，抓住机遇，扬长避短，与时俱进，从而充分释放自我的智慧和能量。

再说开放包容。这是一个辩证的统一体。坦率地讲，苏州人素来包容有余，开放不足，甚至还有点传统和保守。表现之一是，得天独厚的自然地理人文环境所孕育的鱼米之乡、丝绸之府、宜居生活，使得大部分苏州人对家乡过于"自恋"，即便守在那小巷深处吃的是粗茶淡饭，也是优哉游哉，无怨无悔，让他远离家乡，创业拼搏改变命运，是很难的事。这既是一种优点，叫与世无争，知足常乐，也是一种弱点，叫矜持封闭，自我陶醉。但改革开放30多年，大大改变了苏州人的性格，苏州人不仅更包容，而且也显得很开放。苏州所经历的农转工、内转外、低转高等几次大的产业转移，乡镇企业、民营经济迅速崛起，几十万家外资企业、境外企业和外地企业瞄准苏州，几百万名外地居民落户苏州，使苏州成为中国最大的移民城市之一。不论何方人士在苏州从政，不论哪方神仙在苏州经商发财，苏州人一概真诚地敞开胸怀予以欢迎。开放包容已经成为苏州这座城市最重要的特质之一，扩大开放，强化包容，当然也是"苏州精神"的题中应有之义，理应大力弘扬。

再说说争先创优。自古以来，苏州人是注重创优的，否则，无法解释苏州拥有如此精美的古城、古典园林、古建筑、工艺美术、昆曲艺术等数

与文字为伴

不胜数的物质和非物质文化遗产。但苏州又不大刻意去争先，相比楚汉文化，吴文化比较内敛，不够霸气、张扬，所谓"上有天堂，下有苏杭"、"东方威尼斯"之类的美誉全是他人的感叹。而改革开放以来，苏州发生了一个个令人刮目相看的奇迹，尤其是苏州从一个历史上典型的"消费城市"、"商品粮生产基地"跃身成为全国综合经济实力最强的地级城市，而推动这一华丽转身的，正是包括以"张家港精神"、"昆山之路"、"园区经验"为代表的"创先争优"精神，这是苏州可持续快速健康发展的不竭动力。当今社会，百舸争流，"不进则退"，"慢进也是退"，特别需要奋发有为、积极向上、开拓进取的拼搏精神。

最后说说和谐致远。和谐不必解读，民主法治、公平正义、诚信友爱、充满活力、安定有序、人与自然和谐相处，这是任何地区都普遍追求的共同目标。"致远"出自诸葛亮"非淡泊无以明志，非宁静无以致远"，后人常将"致远"含义引伸为"实现远大理想、成就事业抱负、追求卓越境界"等。我想，和谐致远，登高望远，确实应当成为谱写"中国梦"的苏州篇章的方向和目标。

"苏州精神"隆重出炉，这是件大好事，关键在践行。尽管有人认为它过于全面，缺少个性，"放至各地皆可"，但我还是认为，苏州精神使苏州历史文化传统、现实精神状态和未来发展要求基本上得到了融合和体现，如果"苏州精神"真正外化为这座城市和全体人民普遍追求的价值准则和思想动力，那么，呈现在人们面前的一定是"人间新天堂，美丽新苏州"。

有感于倾向基层的用人导向

简述：熟悉农村工作的同志都清楚，目前基层干部精神状态不够理想，这是公开的秘密。湖南省施行倾向基层的用人导向，并渐趋制度化、常规化，在干部任用上提出"不能让综合素质高的人吃亏，不能让干事的人吃亏，不能让老实人吃亏，要把合适的人放在合适的位置上"。

近读一则报道，说的是湖南省打破常规选拔任用干部，先是将一批县甚至乡镇的基层干部从僻远的乡郊之地选拔到省级机关担任实职，再是宣布5名厅级干部下派担任县委书记，其中包括两名正厅级干部。湖南省有关部门说，这是针对基层难题、改变基层干部的现状而采取的具体措施。它不是简单的干部交流，而是选人方向的调整。

熟悉农村工作的同志都清楚，目前基层干部精神状态不够理想，这是公开的秘密。据湖南省调查，在现行干部提拔体系中，上级机关下派干部任职的概率在增加，县以下一级的基层干部总体上的提升空间有限，"基层事务难处理，基层工作难做好，基层干部难提拔"，加上社会舆论的不断渲染，基层干部的整体形象不好，"上面的经都是好的，一到下面就被念歪了"。如果谁挺身而出为基层干部说几句好话，反而会受到各方的反驳。一些基层干部则颇有苦衷地说，上面只要讲一句话，不管对不对，思想通不通，事情都要下边做。原交通部部长张春贤2005年担任湖南省委书记以后，为改变这种状况，施行倾向基层的用人导向，并渐趋制度化、常规化，在干部任用上，他提出"不能让综合素质高的人吃亏，不能让干事的人吃亏，不能让老实人吃亏，要把合适的人放在合适的位置上"。

湖南省是农业大省，在国内属于经济欠发达省份，包括县委书记在内的基层干部升职空间不大，这也许是个事实。而江苏省尤其是苏南，作为经济发达地区，基层干部尤其是县委书记的升职空间历来较大，两地缺乏可比性。但湖南省在选人用人理念和思路上的这种调整，值得我们借鉴和思考。

江苏省历来重视从基层选拔任用干部，以苏州市为例，党的十一届三中全会以来，不少市级领导都有乡镇党委书记、县（市、区）委书记的任职经历，不少县（市、区）委书记，都有乡镇党委书记甚至村书记的任职经历，历任县（市、区）委书记被提拔任用为市级领导乃至省级领导的也不在少数。这里有一个基本事实就是，县（市、区）和乡镇政权，麻雀虽小，五脏俱全，涉及一个区域政治、经济、社会、文化发展的全部问题，关联到一个区域人民群众生老病死养的全部事项。凡是经过基层长期实践磨炼成长起来的干部，一般都具有比较丰富的领导工作经验，都具有较强的驾驭复杂局面的能力，都具有开明开放和求真务实的领导工作作风，他们从群众中来，与人民群众保持血肉联系，所思所想以及所作的决策常常从人民群众的基本利益出发，比较符合客观实际。任用他们担当更上一级职务，一般来说适应得比较快。当然，由于工作区域有限、接触特定的群体，他们中有的人可能缺少全局和宏观思维的视野，可能缺乏理论的修养，这一方面与他们的工作职能、工作范围、工作对象有较大的关系，因为对于老百姓和基层干部来说，最有说服力的是实际行动，空洞说教显得苍白无力；另一方面，只要为这类干部创造良好的空间，为他们提供适宜的舞台，并根据他们的知识结构补短、补软、补缺，他们所积累的领导经验必定会转化为系统化、理性化的领导科学，从而转化为更大的创造力。正是从这个基本认识出发，我认为湖南省转变选官导向，重视在基层实践岗位选拔任用干部，不失为一个高明之举。

近年来，人们发现一个现象，从家门到学校门、到机关门，缺少实践磨炼的干部越来越多，因而对基层情况若明若暗、处理问题似是而非的情况屡见不鲜，上级部门颁发的文件越来越多，而官话空话套话不少，像十一届三中全会以后群众普遍叫好、贴近实际的文件却是少之又少，许多貌似正确的政策规定其实毫无操作性可言，其中有一个很重要的原因是，对客观实际的认识处于表层化、概念化。如果文件制定者、起草者缺乏县以下工作的经验，与人民群众接触较少，又缺乏全面深入的调查研究，对国情就可能缺乏准确而透彻的了解，这样，对客观实际情况就不能作出正确的判断和把握。正是从这个基本认识出发，我以为，湖南省把县乡级优秀干部选拔到省级机关任职，并逐步形成制度化、规范化，确实为一个高明之举。两者结合起来，坚持倾向基层的用人导向，不仅有利于加强和夯实基层政权建设，也有利于干部的成长和成熟。

优秀的人才能否脱颖而出，优秀的人才从哪来、到哪去，这不仅考验执政党选才用才的智慧，也关系到党和国家能否长治久安的战略问题。人们不仅期望创造一个"风清气正"的选才用人环境，也期望涌现符合中国国情的、党员干部认可的、老百姓满意的选才用才方略，为真正实现国家和地区的科学发展、和谐发展和可持续发展提供强有力的组织保证。

人才群起的"大气候"与"小气候"

简述：一个历史时代能否出现人才，达到何种境界，往往是由社会的宏观气候、总的历史条件，包括生产力的发展水平和社会发展的需要所决定的。我们称之为人才成长的"大气候"。但是，人才出在哪里，具体出什么人才，是由个人的素质和微观气候所决定的。我们称之为人才成长的"小气候"。

江苏省南通市有户被人们誉为"人才摇篮"的普通人家，兄妹八人中，有大学生七名，中专生一名，而且个个很有作为。他们中有高等学府的校级领导人，有蜚声中外的艺术家、画家，有大学教授、林业规划专家，还有工程师、翻译、教师。这种人才团聚的社会现象，在人才学中被称为"人才群"、"人才团"。

人才成群地在一个区域、一个领域、一个时期、一个单位乃至一个家庭涌现出来，古往今来，并不少见。在国外，著名的卡文迪许实验室，曾形成了威震四海的人才群，其中获得诺贝尔奖金的就有 17 人。在中国历史上，更是不胜枚举。孔夫子三千弟子七十二贤人；魏晋间的相与友善、游于竹林的七个文人名士，人称"竹林七贤"；东晋时三位去职归田、隐居不仕的文人，陶渊明、周续之、刘遗民，被称为"浔阳三隐"，这就是一种人才团聚现象。文学流派中"建安七子"即汉末建安时期作家孔融、陈琳、王粲、徐幹、阮瑀、应场和刘祯七人，形成骏爽刚健的"建安风骨"。清代乾隆年间自诩清高、自成一派的"扬州八怪"即汪士慎、黄慎、金农、李方膺、高翔、李鱓、郑燮、罗聘等八个代表画家，由于他们能诗会画，与当时所谓的"正统"画派有所不同，被视为画坛上的"偏师"、"怪物"。现代文坛上以孙犁为代表的"荷花淀派"，以赵树理、马峰为代表的"山药蛋"派，都可以说是一个人才集群。

考察人才的成长规律，人们还很容易发现"人才链"这样一种重要现象，就是说，具有同一特殊才能的人才，有时会像链条一样，一代接一代。这种"人才链"，大体有两种类型：一是血缘型人才链。如居里夫人和她的女儿、女婿四人，累计获得三次诺贝尔奖金；南北朝的祖朔子、祖冲之、祖暅祖孙三代，人称"科学世家"；东晋王羲之和他的儿子王献之齐名，并称"二王"；三国时曹操和他的两个儿子曹丕、曹植，被称为"三曹"，奠定了"建安文学"的基础；宋朝的苏洵和他的儿子苏轼、苏辙，俱被列为"唐宋八大家"；京剧界的"谭氏梨园世家"先由谭鑫培创业，后由谭小培承下，接着谭富英继之，再由谭元寿相承，创造而继续发扬了一种悠扬婉转而略带感伤的唱腔，形成了自己的艺术风格，世称"谭派"。有人统计，现代全国著名中医师有 48 名，其中 19 名出身中医世家，有的已经是 11 代相传了。二是师徒型人才链，突出表现为名师出高徒。诺贝尔奖获得者师徒相承最长历史延续了五代，福楼拜是 19 世纪中叶法国最伟大的作家之一，他的学生莫泊桑也是法国历史上最优秀的作家之一。在我国，诸如熊庆来—华罗庚—陈景润，苏步青—谷超豪—李大潜，就是这种师承关系。

人类社会的这种"人才群"、"人才链"的重要现象是怎样形成的？辩证唯物主义和历史唯物主义告诉我们，任何一种事物的存在和发展，都是按照自身的规律进行的。人才的成长也不例外。

法国史学家丹纳认为，与大自然的气候相类比，人类社会也有一种"精神气候",这种"气候"本身并不产生人才,但它无时无刻不在顽强地影响人才。考察古今中外的人才群起的规律,为什么有时人才辈出,群星灿烂,有时以至"世无英雄,遂使竖子成名"?呈现出人才的波峰和波谷两种社会现象,无不同一定的社会"精神气候"有关。人才研究成果表明,一个历史时代能否出现人才,达到何种境界,往往是由社会的宏观气候、总的历史条件,包括生产力的发展水平和社会发展的需要所决定的。我们称之为人才成长的"大气候"。但是,人才出在哪里,具体出什么人才,是由个人的素质和微观气候所决定的。我们称之为人才成长的"小气候"。这种"小气候"的特征主要表现为:和谐的群体意识、志趣的一致、才能的互补以及精神的关怀、品质的熏陶、学业的诱导等等。"大气候"作用于"小气候","小气候"反作用于"大气候"。没有滋润的"小气候","人才群"、"人才链"同样不可能出现、巩固和延续。现在,我们所处的"大气候很好,在党的十一届三中全会路线的正确指引下,政治上安定团结,经济上欣欣向荣,人民安居乐业,一个尊重知识、尊重人才的社会风气正在逐步形成,这就为各类人才的健康成长,为拔尖人才的脱颖而出,创造了最佳的社会环境,这是人才群起的大前提。但是各个社会细胞,包括家庭、邻里、学校、机关、工矿企业,都要从自身做起,创造出与宏观环境相协调的、有利于人才成长的"小气候"。这种"小气候"常常需要从家庭做起,需要高尚的家教之风和良好的家庭影响。居里夫人及她的丈夫皮埃尔·居里、女儿艾琳娜·约里奥·居里、女婿费雷德里·约里奥·居里这条人才链的继续,是与居里夫人正确的家庭教育分不开的,她不谋私利,坚持把制镭秘密公开,不把捐赠给她的一公分镭作为私有财产留给女儿,而捐给了她的实验室,这种模范行动给家属们以深刻的影响。有人对体育界81名优秀运动员作过统计,有5人出身于体育世家,有63人得到家庭的支持,有70人在读书时就得到学校的支持和培养。父母的才能、经济条件的优越,固然能为立志成长者提供更多的便利,但也并不尽然。

我们前面说的南通八兄妹，既非经济上的富户，又非政治上的名门，他们的父亲是一位长期从事中学教务工作的职员，母亲是一位终身操持家务又颇有素养的劳动妇女。由于具有良好的家风，兄妹间产生了互相帮助、互相竞争、奋发向上的自信心。他们体会到，远大的抱负是成才者砥砺磨锋的精神支柱，而子女的抱负则是父母志向的投影；特殊的兴趣爱好是成才者勤奋钻研的原始动力，而子女的兴趣爱好则来自父母合理的启蒙；高度发展的智力水平是成才者创造能力的基础，而子女的智力发展得益于父母的早期诱导；优良的个性品质是成才者不可缺少的心理素质，而子女的个性品质是父母言传身教的结晶。由此可见，只有在良好的"小气候"下，成才者的远大抱负才会得以升华，智慧的火花才会得以点燃，正当的兴趣爱好才会得以保护，创造性才会得以释放，良好的群体意识、互补效应才会得以巩固，高尚的心理品质才会得以发扬光大！

人尽其才即是才

——从袁勤生的人才观谈起

简述：袁勤生认为，一个人不能尽其所能，不能算是真正的人才，而一个人，只要能够尽其所能，勤勤恳恳地在本职岗位上工作，并胜任自己所担当的职责，有所创新，即是人才。

自从诞生了人才学，人才的定义便成了各家争论不休的话题。有人说，人才是以其创造性劳动为社会发展和人类进步作出较大贡献的人；有人说，人才是人群中比较精华、先进的一部分；有人说，人才就是能够集中注意力从事学问、事业，并取得相当成就的人。有人表达得更直观，称凡是具有大学文凭和中高级技术职称的人均可称为人才。据说有些部门确是以学历和职称论人才的。真是众说纷纭。

然而，江苏省常熟江南仪表厂厂长、优秀乡镇企业家袁勤生却有自己的人才观，他认为人尽其才即是才。按照他的观点，一个人不能尽其所能，不能算是真正的人才，而一个人，只要能够尽其所能，勤勤恳恳地在本职岗位上工作，并胜任自己所担当的职责，有所创新，即是人才。前些日子，笔者聆听了袁勤生的一次演讲，发现他又对自己的人才观作了不少注解，细细听来，觉得具有丰富的内涵和值得回味的真谛。

——袁勤生认为，世上没有绝对的人才，"骏马能奔驰，耕田不如牛"；

世上也没有绝对的不才，"垃圾是放错了地方的资源"；人才有大才与小才之分，有专才与通才之分，不同的人才只有放在不同的岗位上才能发挥最佳作用。作为企业家，就要坚持立足于用好企业的每一名职工。

——袁勤生认为，在一些单位，缺乏的不是所谓的人才，而是具有高度事业心、责任感和创造精神的人。因此，人才问题，至关重要的是如何发展和正确引导每个人的才干，如何激发人的献身精神。

——袁勤生认为，人尽其才要坚持"三不"，即不凭资历、不唯学历、不看关系。资历表明的是过去经验的积累，这种经验，只是一根拐杖，只能利用，不能依赖；学历高低并不等于才能的高低，片面注重学历，就会埋没有真才实学的人。企业用人，应该讲文凭更重水平，讲年龄更重干劲，讲能力更重实效。

——袁勤生认为，一个人只有在最能发挥其才能的岗位上，他才会干得更好。因而，人尽其才的关键是用人所长，量才使用。

如此等等，不一而足。其实，关于人尽其才的思想，自古以来，历代政治家、思想家都十分崇尚。中国民主革命的先驱孙中山先生曾从教育、使用和管理的角度，对人尽其才作过全面论述。他指出，"所谓人能尽其才者，在教育有道、鼓励有方、任使得法也"，又说，"斯三者不失其序，则人能尽其才矣"。至于量才录用，才尽其用，古人说得更多、更透彻。《明鉴》中说："人主之用人犹工师之审木，宜为亲，宜为桷，或中斤，或中斧，量其才以用之，则各得其宜而无栋桡之患。"在高明的木匠那里，没有什么材料不可以派用场，宜做栋梁的做栋梁，宜做椽子的做椽子，各得其宜。而袁勤生人才观的一个重要意义在于，他把人尽其才作为选才用才的出发点和归宿，并将此思想转化为实践。熟悉江南仪表厂的人们都知道，他确实是这样说的，也是这样做的。这对于我们培养、选拔和造就跨世纪人才，具有时代意义和现实意义。这对我们的启发是多方面的，我想至少有以下几点：

其一，一个企业、一个机关、一个学校、一个地区等等，都是一个个人才资源地。在当今社会，人才不是有没有的问题，而是识不识、用不用的问题。有一些单位，一方面呼吁人才不足，另一方面对现有的各类人才视而不见；一方面高价引进人才，另一方面对现有的人才不好好用。按照人尽其才的观点，领导者首先要盘活、用好现有的人才资源，使现有的各级各类人才得其位、司其职、尽其才、酬其志，各得其所、各展其长。换句话来说，如果一个领导者，连现有的人才资源都盘不活、用不好，那么，不管下多大的决心广网人才也是事倍功半，甚至无济于事。

其二，社会需要各类人才，这个人才，是多类别、多层次的群体概念。我们的社会，不仅需要"状元"，也需要"进士"、"举人"、"秀才"；不仅需要"巨匠"、"大师"，也需要"能工"、"巧匠"；不仅需要中高级知识分子，也需要普通劳动者。按照人尽其才的观点，不同的人才具有不同的功能特征，需要适当的社会分工，谁也离不开谁，这好比一部机器上的各种部件、各个螺丝钉，各有各的用途，错位了就不能正常运转。一个社会也是这样。从这个道理出发，尊重人才是一个全方位的概念，其着眼点和立足点是用好每一个人才。

其三，人才资源的浪费是最严重的资源浪费，大才小用、学非所用、用非所长都是人才浪费的具体表现。人才，或者说有才的人，几乎没有不愿意把自己的才能贡献给社会的，但实际上这个人能不能把自己的学识、技术贡献给社会，还在于有没有舞台和条件。这个道理古人早已懂得，所以他们说："千里马常有，而伯乐不常有。"按照人尽其才的人才观，如何进入人尽其才的最高境界，一方面在于人才主体的自身素质以及主观能动作用，包括积极性、主动性和创造性；另一方面还必须创造一个人尽其才的社会环境。这不仅是人事制度改革的目标所在，也是中华民族振兴的希望所在。

民营企业家的发展动力

简述：国家之所以强，一定是因为企业家强。而企业的持续发展动力，不仅来自企业家本身，也来自全社会对企业家的理解、尊重和关爱，来自国家对企业家的引导、鼓励和扶持，对国有企业如此，对民营企业尤其应当如此。

我有位老邻居，十几年前从国有企业"下海"创业，早就拥有千万以上资产，也算是位不小的民营企业家了。前些日子遇见他询问近况，他说不准备再干了，还说自己年岁大了，又没有儿子，对于发展已经缺乏动力。

这种现象是否具有普遍性，我缺少数据分析，但企业家如何增强发展的动力，倒是十分现实的一个话题。

对于绝大多数中小企业家来说，他们并不缺少发展的动力，他们需要养家糊口，他们需要买车、买房、读书、娶媳妇等等，他们希望把日子过得更好一些，他们对自我价值的实现也有很大的空间。因此，当他们在个人及家庭物质和精神文化消费需求并没有得到充分满足时，发展动力是强劲的。可是，当企业发展到一定规模乃至相当规模的时候，他们能不能持续保持旺盛的发展动力呢？

在我们身边，不乏具有伟大情怀的杰出企业家，他们已经把个人的命运、企业的命运与社会的命运、国家的命运紧紧连在一起，做大做强做优

与文字为伴

企业成为他们的理想和信念。孔子曰："道者，令民与上同意也，故可以与之死，可以为之生，而不畏危。"道，是一种至高无上的精神力量。在这些企业家的眼中，企业创造的财富看起来属于自己，实际却属于社会，办好企业并不是个人行为，更是一种社会责任、一种历史使命，"没有最大，只有更大；没有最强，只有更强"，发展不仅成为他们生命中不可或缺的一部分，而且是全部生活的精神支柱，他们已完完整整地把个人、企业与事业、社会融合在一起。海尔集团的张瑞敏、联想集团的柳传志都是其中的杰出代表。江苏沙钢集团董事局主席沈文荣也堪称为这样的人物。这个企业从40万元起家，由小变大、由大变强，任凭宏观经济环境变幻，从不停止前行的脚步，始终执市场之牛耳，如今，在全球钢铁王国里，沙钢和沈文荣已经响当当——钢产量名列中国第三、全球第七，在行业中拥有越来越多的"话语权"。更为难能可贵的是，在席卷全球的经济危机中，沙钢依然稳健发展，沈文荣用他那种全球化的眼界和思维，用全球的优势来弥补自身天生的弱质，倾心全力打造中国的钢铁工业的比较优势和航空母舰，成为中国民族钢铁企业的一面旗帜。

然而，企业家的发展动力是客观的和主观的，是阅历经验和基因性格、外力推动和内力激发多种因素相互作用的结果，具有复杂的时代背景、家庭背景和人文背景，考虑企业家的发展动力的表现方式和动因堪称千姿百态。

有些企业家具有天然的发展基因。他们具有远大的理想和明确的目标，不达目的决不罢休；他们敢于冒险，喜欢竞争，敢于挑战，具有强烈的求胜欲望和求胜信心，执着、勤奋、务实、永不满足、不知疲倦、不怕挫折、充满活力，在这种性格的支配下，没有机会，他们能够寻找机会，一有机会，就会创造奇迹，并不断出现新的追求。具备这种气质的企业家，具有不竭的发展动力，任何艰难险阻都阻挡不了发展的欲望。史玉柱无疑是一位传奇人物。1989年，他以4000元借债起家，短短5年间便位居福布斯"大陆富豪排行榜"第8位。1997年，因一连串盲目扩张和失误，沦落为"全国最穷的人"，欠下2.5亿的债务。1998年重新创业，东山再起，他做的产品"脑白金"在短短两年内，成为中国著名品牌。2000年创造了年销售10亿元的奇迹。2001年还清全部债务，当选为"CCTV中国经济年度人物"。2006年，史玉柱又斥资亿元开发网络游戏《征途》，在一片争议声中大获成功，月度利润高达700万美元，名列"2006胡润百富榜"第30名，个人财富达55亿。

有些企业家，其发展动力不仅为了追逐利润，更重要的是为了追求自身价值的实现，为了满足精神世界的需求。江苏黄浦投资有限公司董事长陈光标具有典型意义。这位出生于苏北贫困农家的企业家，从1968年出生至1978年，几乎没吃过肉，甚至没吃过一片完整的馍和饼，辛勤创业、改变命运成为自己不懈努力和追求的动力，而回报社会、投身公益、济困扶贫又成为了他另一个发展的动力。2008年5月12日，陈光标的惊人之举感动了全国，他在汶川强震发生仅两个小时后，亲自率领60辆挖掘机、吊车等大型工程机械组成救灾队伍，浩浩荡荡开往四川抗震救灾，这一年他以1.81亿元的年度捐助被评为"中国首善"。在此之前，他就是远近闻名的慈善家。1996年，当企业赢利不到20万的时候，就拿出3万捐助一位患者，接着又多次被评为"中国诚信企业家"、"中国热心公益杰出人物"、"中国公益事业十大慈善大使"、"2006中国大陆慈善家排行榜"前十位等称号。2002年以后，每年捐款、捐物从数百万元至数千万元不等，至2006年累计达1.26亿元。陈光标说：做善事会产生动力，做了善事，帮助了需要帮助的人，就感到自己活得更有价值。一个企业家做了善事，并且长期行善，合作伙伴和政府或者社会大众都会提高对这个企业家的认可度，合作将更加愉快。正因如此，陈光标的企业越做越大，企业销售产值达到了70亿元人民币。

更多企业家的发展动力则来源于对财富和利润叠加的满足，来源于对物质和精神文化消费需求的最大化。根据马斯洛的需求理论，人的需求分为五个层次，最低的是生理的需要，依次是安全需求、人际交往需求、尊重需求，最高层次是实现自我的需求，而企业家的身价、财富积累的程度不仅关系到企业家的物质消费水平和生存质量，更关系到企业家的安全需求、人际交往，直接影响到其自身的经济地位、政治地位和社会地位，关系到自我价值的实现程度。大凡成功的企业家都深深懂得，市场如战场，没有"常胜将军"；逆水行舟，不进则退，慢进也是退，唯有不断地拼搏，不断地创造，才能进入新的更高的境界。"皮之不存，毛将焉附？"

当然，我们也确实看到有一些企业家，当他们的事业达到一定高度以后，就戛然止步了，有的开始贪图安逸，"吃老本"，尽情享受奢侈的甚至畸形的消费；有的"改换门庭"，尤其开始厌倦曾经熟悉的实业，开始实践新的"赢利模式"或生活方式；有的在市场竞争中举棋不定、节节败退，昔日光辉荡然无存，等等。这里的原因是多种多样的。"大浪淘沙，泥沙俱下"，习以为常。作为具有较高层次的、有品质的企业家固然应当反思如何努力增强社会责任感，如何完善自身的人格结构，如何锤炼自身的职业修养。但全社会尤其应当思考，国家之所以强一定是因为企业家强，而企业的持续发展动力，不仅来自企业家本身，也来自全社会对企业家的理解、尊重和关爱，来自国家对企业家的引导、鼓励和扶持，对国有企业如此，对民营企业也应当如此。当今中国，民族的振兴、国家的繁荣、社会的安定、人民的幸福早就与企业的发展状况融汇一体，紧紧连在一起，我们多么需要涌现一批批具有伟大胸怀、更高追求、不竭发展动力的企业家，共同创造中国民族企业的品牌和实力，共同创造美好的未来。

农民的定义

简述：所谓农民，至少有四种定义：一是职业意义上的农民；二是户籍意义上的农民；三是法律意义上的农民；四是文化意义上的农民。许多学者的研究都表明，在当代发达国家，农民完全是个职业的概念，而在我国，农民不仅是一种职业，而且是一种身份或准身份、一种生存状态、一种社会乃至社会的组织方式、一种文化模式乃至心理结构。随着农民定义的准确界定，作为身份的农民将成为终结。

如果要给农民下个定义，恐怕远比想象的来得复杂。从常人理解，农民不就是以农为生的种田人吗？其实不然，这话既对又不完整。据我理解分析，所谓农民，至少有四种定义。

一是职业意义上的农民。按照教科书的解释，农民是指占有或部分占有生产资料，靠从事农业劳动为生的人。农民也可解释为农户，主要是指在农村从事种植业、畜牧养殖业等农业劳动的社会人群的集合，泛指农村劳动力。

二是户籍意义上的农民。根据中国的户籍制度政策，全国人口分城镇居民户口和农村人口两类，这是我国特定的城乡二元结构形成的产物。在这种制度框架下，如果农村户籍不改变，无论是那些腰缠万贯、拥有千万元以上资产的企业家，还是已走出校门进城就业，甚至一天农活也未干过的年轻人，或者早已脱离农业长期居住城市、在城市谋生的人们，包括已经担任镇村两级的领导干部，他们的"身份"依然是一位"农民"。所谓"农民工"、"农民企业家"、"乡镇企业"的称谓也由此而来，他们与户籍有着重要的内在联系。

三是法律意义上的农民。宪法第一条规定，中华人民共和国是以工人阶级领导的，以工农联盟为基础的人民民主专政的社会主义国家。因此，不论是工人还是农民，都是中华人民共和国公民。这种性质不会随着人们生存环境、生活方式以及居住地的变化而变化。目前在发达地区，农村与城市的边界已在淡化，不论是城市居民还是农民，又都是市民，对于这点，两者之间没有等级差别。

四是文化意义上的农民。在传统社会，农民是地位低下的象征，农民常常成为贫穷、自私、保守、愚昧、落后的代名词；在当今社会，谁要是有些缺点毛病，称其有"农民意识"恐怕是一种很严厉的批评。而工人阶级则是大公无私、纪律严明的象征，工人是大哥，农民是兄弟。而在另一些人眼中，农民又是最为勤劳、朴实的人群。

从苏州的现状看，还有一种特殊的农民人群，主要是指上世纪八九十年代因拆迁征地进城、子女就业入学等原因"买户口"进城或因城市扩大现居住在"城中村"的那部分人。说他们是农民，他们却具有城镇户籍，同时又不享有政府关于农民的某些政策规定；说他们是城市居民，他们又深深打着传统农民生存状态的印记，同时又不纳入城市公共财政保障体系。他们具有浓厚的"亦城亦乡"的人群特征。

许多学者的研究都表明，在当代发达国家，农民完全是个职业的概念，指的是经营农场、农业的劳动者，他与渔民、工匠、商人等职业并列，而所有这些职业的就业者都具有同样的公民权利；而在我国，农民不仅仅是一种职业，而且是一种身份或准身份、一种生存状态、一种社会乃至社会的组织方式、一种文化模式乃至心理结构。由此可见，在我国，农民具有职业和身份的双重特征，其身份不仅包括社会身份，还包括政治身份和文化身份，尽管中国尤其是中国的经济发达地区城市化进程加快，城乡一体化、城乡统筹力度加大，务农人口在大幅减少，但以户籍为基本准则的农民身份并没有发生大的变化。以我市为例，1983年，全市农村户籍人口为423万左右，其中以农业为生的约164万左右；2008年，全市农村户籍人口为350万左右，其中真正以农业为生的职业农民仅33万左右。但不论是33万左右的职业农民还是350万左右的户籍农民，都属于"农民"范畴。

探讨农民的定义有什么价值呢？西方学术界早从20纪60年代开始，就兴起了一场关于"农民"定义的论战，著名英国人类学家M·布洛克曾说，学术界"在议论究竟什么是农民时面临巨大困难"。国际上权威的工具书《新帕尔格雷大经济学大辞典》的"农民"词条也疑惑地写道："很少有哪个名词像'农民'这样给农村社会学家、人类学家和经济学家造成这么多困难。"以至不少人抱怨讨论这种定义纯属浪费时间和精力。但即便这样，不少学者还是认为，这一论战事关农民研究的未来，讨论仍在继续。现在，随着我国经济发展加速和社会结构变迁加快，20世纪西方社会关于"农民"定义的讨论有可能在我国重演，同样有可能事关农民研究的未来。因为对于农村人口众多、社会经济结构处于转型阶段、东西部发展极不平衡的我国来说，农民定义的不确定性，将给政策制定、制度设计带来一系列困惑和障碍，对农民的生存、发展也将带来重大影响。换句话说，准确地把握关于农民的定义，将有助于全面完整贯彻落实党的农村政策，妥善处理农村、农业、农民问题，有助于坚持城乡一体发展、统筹城乡协调发展、促进人的全面发展。

农民定义研究与以下几个问题息息相关：（1）城市化、工业化的快速推进常常以牺牲农民的利益为成本和代价，城市反哺农村、工业反哺农业、全社会关注农民，作为政策取向，应当长期坚持，落到实处。（2）土地问题历来是农民赖以生存和发展的根本问题。集体土地在法律上是集体所有，本质上属农民所有。在城市化和工业化快速推进的同时，土地快速增值，农民作为集体土地的所有者，理应分享土地增值带来的好处。（3）失地人群的攀升和剩余劳动力的扩大，随之形成了一个无业农民人群，关注他们的职业去向、关爱他们的生活状态、关心他们的物质与精神追求、切实保障这部分人群的切身权益，是国家政策设计必须解决的重大课题。（4）农民集群方式社区化、农民组织结构多样化、农民观念形态复杂化、农民收入结构多元化，这是农村现状的基本面，分类指导、实现差别化指导方针，这是必须把握的工作方向。（5）坚持将农民纳入城乡统一的社会保障体系，使农民享有与城市市民一致的、公平的社会保障，这是作为发达地区坚持城乡统筹、实现农民身份职业化首先需要研究与解决的问题。（6）占有或部分占有生产资料是职业农民的本质特征，确保农民尤其是职业农民拥有土地经营权，创造良好的政策环境，是党和政府在农村工作中应当始终关注的重点问题。可以相信，随着农民定义的准确界定，作为身份的农民将成为终结，上述问题的研究与解决也终将迎刃而解。

淡化"排名"

简述：近年来，苏州各项经济社会发展指标，尤其是经济指标的排名在全国越来越靠前。对待排名要始终保持客观、冷静、清醒的头脑。这些排名，只能反映苏州作为一个行政区域的整体发展水平，并不能真实反映苏州作为一个中心城市的综合实力和发展水平。在这样高度发达的都市圈里，苏州只能扮演长三角"副中心"的角色，"决不挑头"、"韬光养晦"、"埋头苦干"、"大树底下种好碧螺春"这类"主题词"用在苏州和苏州人身上最合适不过了。

近年来，苏州的名气越来越大，各项经济社会发展指标，尤其是经济指标的排名在全国越来越靠前。有些指标，如工业生产总值、实际利用外资居然仅次于中国经济最发达的上海市，各项主要经济指标，除社会消费品零售总额之外，均在省内居第一位。

对此，我建议，对待排名要始终保持客观、冷静、清醒的头脑。这些排名，只能反映苏州作为一个行政区域的整体发展水平，并不能真实反映苏州作为一个中心城市的综合实力和发展水平。众所周知，我们虽然目前实行的是市管县的领导体制，但事实上，市与县实行的是财政"分灶吃饭"的体制，县级市与省财政直接结算。所谓的经济总量，仅仅是苏州5个县级市、7个区经济实绩叠加的结果，它只是统计学上的概念。就中心城区而言，一方面，其各项经济指标大体上仅占全市的 50% 左右；另一方面，即便这50%，由于吴中区、相城区享受部分县级经济管理权限，苏州新加坡工业园区、苏州高新技术开发区享受某些特殊政策，因而市级经济管理权限和调控手段十分有限。且不说与那些直辖市、计划单列市相比，那是不可同日而语的；就是与一些省会城市、部分地级市相比，也没有多少优势。就地方财政可支配能力而言，只能与一些发达的县级市比比高低。在科技、教育等软实力方面，苏州与不少省会城市、大城市的差距也是显而易见的。

中国有句古话，叫"树大招风"。苏州发展之快、之好，这是毫无疑问的，在发展过程中形成了不少鲜明的特色，这也是难能可贵的。如果我们沉浸在苏州大市在全国的排名，而忽视了苏州中心城区在全国的排名，那就进入了一个误区。在前几年国家统计局以市区指标评定的百强城市中，苏州仅列第20位，排在济南、无锡、长沙、武汉、宁波、长春等城市之后，其中人口与劳动力指标居第49位，社会指标居第41位，基础设施指标居第12位。这在一定程度上反映了苏州市区的实际水平。如果将苏州大市的整体水平与中心城区混为一谈，这不仅不符合现状，也将使我们陷入"自我陶醉"的境地。

苏州东部的上海是中国最大的经济中心、金融中心、贸易中心、航运中心，苏州西部的南京是六朝古都、中国最发达的科教城市之一、江苏省省会，苏州南部的杭州是另一个"天堂"城市，其自然、生态、文化之美，综合实力之强，令人刮目相看。与此同时，我们周边还环抱一群实力不凡的大中城市。在这样高度发达的都市圈里，苏州只能扮演长三角"副中心"的角色，"决不挑头"、"韬光养晦"、"埋头苦干"、"大树底下种好碧螺春"这类"主题词"用在苏州和苏州人身上最合适不过了。当然，淡化排名，并不意味着我们可以无所作为，不求上进。相反，我们要增强忧患意识，激发创业、创新的动力，更加努力地按照科学发展观的要求，求真务实地做好各项工作，把"不求最全，只求最佳"作为苏州城市最重要的发展方向，创造一流的业绩，建设一流的城市。

颇具书生气的"三与"哲学

简述：其实，我所说的"与人为善"，主要是指人应当拥有一颗善良的心，拥有一种健康的心态。所谓与世无争，所追求的是一种平静、平和、平淡的生活状态、学习状态、交往状态。与时俱进，实际上是指每个人不仅要拥有健康的心态，而且要拥有年轻的心态。人的思维不能老化，人的思想不能老化，墨守成规、循规蹈矩，就无法顺应时代的潮流，无法与时代的发展合拍，甚至无法与人交流、沟通。

我从来不认为自己是书生，却与不少书生们一样，颇有"书生气"。其中，信奉"与人为善、与世无争、与时俱进"的人生态度就是一例。

人生态度说到底是一种人生哲学。人到底应该不应该与人为善？能不能做到与人为善？自古以来就有"性本善"与"性本恶"之争。孔老夫子主张的"中庸之道"是一种与人为善。《孟子》中说："取诸人以为善，是与人为善者也，故君子莫大乎与人为善。"可见，古人是把与人为善者视作为一种"君子"行为的。当今社会倡导和谐，其内核和"与人为善"一脉相承。然而在过去，尤其是在"文化大革命"期间，谁讲与人为善，那是犯大忌的，因为那时盛行的是"斗争哲学"，所谓"与天斗其乐无穷，与地斗其乐无穷，与人斗其乐无穷"，谁要是与人为善，那真是吃了豹子胆，一定是敌友不分、是非不分，革命立场不坚定，对敌人心慈手软。当然，也有的人认为，只有"软弱无能"的人才可能与人为善，人善是要吃亏的，所谓"人善被人欺，马善被人骑"。还有人认为，"与人为善"不现实，遇到"坏人"怎么办？遇到"小人"怎么办？看来我真是"书生气"太足了。其实，我所说的"与人为善"，主要是指人应当拥有一颗善良的心，拥有一种健康的心态。对于位高权重的人来说，与人为善就是倡导体察民情，关注民生，化解民众之忧苦，多为民众办实事、办好事。对于凡人来说，与人为善就是与己为善，只要有一颗行善的心，尽一份行善的力。由此，强者要同情弱者，得势的不要过分咄咄逼人，得意时不要过于势利与张扬，衣食无忧者要多想想社会上还有苦难民众。人与人之间应乐于施助，互相伸出关爱、理解之手，以善意的心态对待存在的客观现象，这个社会才能真正和谐发展。

在现代社会讲"与世无争"，好像有点不识时务，过于迂腐。一般人认为，现代社会是个竞争的社会，竞争产生压力，竞争产生动力，竞争产生活力，竞争可以优胜劣汰。但事物就是这样，不同的道德观与价值观并存，有时会显得精彩纷呈。有的喜爱张扬、渲染，有的比较内敛、委婉；有的选择抗争、申辩，有的选择认命、沉默。只要在纪律、法律与道德的框架内，每个人都允许有自己的人生态度与治学风格，很难判断出对错，与世无争和软弱无能、委曲求全不是同义词。我所理解的"与世无争"是这样一些类型：如果有一个升职的机会，而这个机会又需要通过竞选来取得，那么我会选择放弃，不会为此"急吼吼"，因为我认为，能不能升迁、够不够格升职，这是自己以外的组织与人的事；如果有一份好处等待处置，但这种好处又是"僧多粥少"，那么我会选择沉默，因为我觉得不应该以争抢共同的利益来满足自身的欲望；如果有一份劳动成果或一份荣誉等待分享，而这份成果、这个荣誉又需要个人"想方设法"去争取，那么我会选择顺其自然，不会张口表白索取，因为我觉得张口获得的名利不够"干净"；如果有一个议案需要决定，而这份决定似乎并不符合个人的想法，我会选择尊重服从，随遇而安，不会固执己见，因为我觉得个人的意见可以保留，但个人的认识与能力总是有限的，应该以大局为重，如此等等。我认为，所谓与世无争，所追求的是一种平静、平和、平淡的生活状态、学习状态、交往状态。人家进步，我高兴；人家升职，我祝贺；人家发财，我不眼红。个人要做的就是把自己该做的事踏踏实实做好，做得圆满，以诚实勤奋的劳动获得应有的回报，我想，这种"不求进取"也许就是最大的进取。

现在，人们对与时俱进已经没有异议了。我所指的与时俱进，实际上是指每个人不仅要拥有健康的心态，而且要拥有年轻的心态。人的思维不能老化，人的思想不能老化，墨守成规、循规蹈矩，就无法顺应时代的潮流，无法与时代的发展合拍，甚至无法与人交流、沟通。事实上，做到这点并不容易，其中最重要的是应当保持良好的学习状态，要注重研究新情况，善于关注新的思想、新的观点，善于接受新事物，善于借鉴和运用新的学习方式和手段，为我所用，这样才不至于碌碌无为。我想，唯有与时俱进者，才可能进入良性循环的境界，如果坚持与人为善、与世无争、与时俱进的结合，人的胸襟将更加开阔，心态将更加平静，其生存、生活状态也许会变得更加祥和、充实和美好。

辩证思维二题

简述：我们主张多做少说。但凡多做少说者，均有这样的特点：不图虚名，不计得失，宣传上低姿态，工作上高要求，一步一个脚印，鼓实劲，不鼓虚劲，实事求是，凡事留有余地。实践证明，少说多做，对于推动经济建设和各项工作健康协调发展显得格外重要。在社会生活中，"度"无处不在，无时不有。无视事物的"度"，或主观地超越"度"，都会受到客观规律的惩罚。用心地研究决定事物性质的数量界限，正确地把握事物的"度"，对于避免曲折、减少失误，做好各方面工作至关重要。

提倡"少说多做"

说话办事，有几种情况：一是只说不做；二是多说少做；三是只做不说；四是多做少说。只说不做，只有唱功，没有做功，糊弄上级，迷惑群众，虽有时也能博得一阵喝彩，但终究会露馅，"聪明反被聪明误"；多说少做者，把九分工作说成十分，添枝加叶，夸大其辞，这是一种不良作风；只做不说也不好，相互封锁，缺少交流，不能相互学习，取长补短。

我们主张多做少说。但凡多做少说者，均有这样的特点：不图虚名，不计得失，宣传上低姿态，工作上高要求，一步一个脚印，鼓实劲，不鼓虚劲，实事求是，凡事留有余地。实践证明，少说多做，对于推动经济建设和各项工作健康协调发展显得格外重要。

苏州算是出名了。工农业总产值名列全国第 4 位，外向型经济名列全国第 3 位，城市综合实力名列全国第 15 位，还有什么全国环境综合整治十佳城市、全国卫生先进城市……无疑，这些成绩都是靠干出来的，而不是说出来的。问题是，现在一顶顶桂冠已经把苏州压得喘不过气来，一顶顶桂冠又使苏州成为"众矢之的"。鞭打快牛的、取经学习的、琢磨经济情报的、强拉客户的，以至暗地较量的、竞相攀比的、说三道四的，真是形形色色，无奇不有。看来，苏州需要"休养生息"，养精蓄锐，需要沉默一番。唯物辩证法告诉我们，越是形势大好，越要保持清醒的头脑，越要注意研究新情况、解决新问题。同时，我们的工作，肯定还有"盛名之下，其实难副"之处，不尽如人意的地方不少，多做少说是上策。把功夫花在研究新情况、解决新问题上，那么我们就能发展得更快更好。

诚然，提倡少说多做，并不是说在一切时间、一切情况下都是唯"少说"为正确，更不是只做不说。相反，在某种情况下，对某些事，不仅应当多说，而且要舆论先行，甚至大声疾呼，这与只说不做，或多说少做是风马牛不相及的事。譬如，宣传十几年来改革开放的成就，宣传大好形势，岁末年初总结一年来的工作成绩，当然需要说，不仅会上"说"，还要通过新闻媒介"说"，以激励斗志，再上新台阶，再夺新胜利。但这种"说"（或曰宣传），应是实事求是的，留有余地的，不可说空话、说大话、说虚话，更不能搞数字游戏，为夺数字"冠军"弄虚作假，那是万万使不得的。每一位领导者要牢记江泽民同志最近的重要讲话：1993 年的经济工作，总的是要积极、全面、正确地贯彻十四大精神，继续推进改革开放和现代化建设。要抓住时机，加快发展，同时要保持清醒的头脑，及时解决突出的矛盾和问题，努力把群众的积极性保护好、引导好、发挥好，使国民经济既快又好地向前发展。

实干兴邦，空谈误国。做实事者可贵，多做少说者更可贵。

说 "度"

　　"度"，是个哲学名词，指的是一定事物保持自己的质的稳定性的数量界限。"度"反映了质与量的统一，在这种界限内，量的增减不会改变事物的性质，越出了这个界限，性质就发生了变化。

　　在社会生活中，"度"无处不在，无时不有。比如，农业上有个适度规模经营，一位种田专业户，承包多少耕地最上算，经济效益最佳，里面就有一个"度"的问题。包多了，种不了也种不好；包少了，形不成规模，剩余劳动力得不到利用，是一种浪费。又如，在市场经济的大潮下，一些在职职工涌向街市、店铺、第三产业，做生意、搞咨询，从事技术性或劳务性活动，在第二职业中显身手，其积极意义无可厚非，对增加社会财富，发挥自己的才能，改善个人生活，都有好处，而这里也有一个"度"。假如从事第二职业到了影响、冲击第一职业的程度，就会带来很多消极作用。

　　"度"，是客观的。无视事物的"度"，或主观地超越"度"，都会受到客观规律的惩罚。规模经营失度，会导致经济效益下降；第二职业失度，会影响动摇第一职业；当家理财失度，会造成"寅吃卯粮"，如此等等。辩证唯物主义的基本原理告诉我们，当事物在其一定的量的界限内，应当努力维护和保持其内在质的规定性；当在一定条件的情况下，一事物将超越原有的度，转化为另外的事物的时候，应当保持清醒的头脑，具体分析当下这是一种什么样的质变，是好事还是坏事，是进步还是倒退，从而采取相应的促进或稳定的措施。

　　用心地研究决定事物性质的数量界限，正确地把握事物的度，对于避免曲折、减少失误，做好各方面工作至关重要。社会是多姿多彩的，又是纷繁复杂的，客观事物的发生、发展均有一定的规律，来不得半点轻率与作假。正确的选择应当是确立辩证唯物主义的世界观和方法论，把敢于进取的创造精神同实事求是的科学态度结合起来，以创造健康和谐的良好局面。

从贾谊不能自用其才说起

简述：知识分子要施展自己的才能，既要有"志"有"才"，还要有"量"有"识"。如果没有宽阔的胸怀和审时度势的能力，即便有才能，也不可能得到充分的发挥。

史载：西汉时的贾谊，知识渊博，才华出众。20 岁出头就被汉文帝征召为博士，议论朝廷政事，提出不少革新主张，不到一年，又被破格提升为太中大夫。后来，由于他触犯了一些官僚贵族们的利益，被调离中央，贬为长沙王太傅。为此，贾谊一度十分悲观消沉。不久，文帝又把贾谊调到梁国，给他最喜欢的小儿子梁王做太傅。梁王不幸骑马摔死，贾谊担心文帝从此不再重用他，自己的才能得不到发挥，陷入了绝望境地。经常哭哭啼啼，一年后，年方 33 岁的贾谊，就"自伤哭泣"而死。

对于贾谊的评论，后人众说纷纭。李白说"汉朝公卿忌贾生"，为他鸣不平，指责汉文帝不用贾谊之才；王安石认为贾谊谋议已被文帝采用，只是爵位不高，不能说未受重用；苏轼则在《贾谊论》中批评贾谊，说他不能"自用其才"，"志大而量小，才有余而识不足"，终因经不起挫折，抑郁而死。

苏轼对贾谊的批评，给我们提出一个问题：知识分子要施展自己的才能，既要有"志"有"才"，还要有"量"有"识"。如果没有宽阔的胸怀和审时度势的能力，即便有才能，也不可能得到充分的发挥。

社会主义制度的建立，为知识分子大显身手创造了良好的条件。特别是党的十一届三中全会以来，党中央批判了对待知识分子问题上的"左"的错误，一再重申知识分子是工人阶级的一部分，同工人、农民一样，都是我们建设社会主义的依靠力量。这是任何时代、任何社会制度所不可比拟的。从这个意义上说，贾谊怀才不遇这样的现象将成为过去。然而，由于长期以来"左"的思想影响和小生产观念的束缚，那种轻视教育科学文化和歧视知识分子的错误观念，并不是一下子就可以消除的。因此，认真落实党的关于知识分子的政策，克服对知识分子的偏见，让知识分子充分地展其所长，仍然是我们党的一项重要工作。

但是，这只是问题的一个方面。实际生活中也见到这样的情况，有的知识分子很有学识、很有干劲，按他的才能完全有可能干出一番事业，但由于不善于利用外界条件，不善于正确处理与领导、群众之间的关系，结果心情不畅，影响了自己积极性的发挥。对此，领导固然有责任，但从个人来说，不会自用其才，不能不说是一个重要的因素。有知识、有才能，是一回事；知识的运用、才能的施展，又是一回事。这里，最重要的是要加强思想的修养。

一是要有谦德，要有革命者的宽阔胸怀。西汉刘向说："高上尊贤，无以骄人；聪明圣智，无以穷人；资给疾速，无以先人；刚毅勇猛，无以胜人；不知则问，不能则学；虽智必质，然后辩之；虽能必让，然后为之。"这就是说，身居高位而能尊重有才德的人，不因此而看不起人；聪明有才智的人，不要因此而苛难知识贫乏的人；智力反应敏捷的人，不要逞能在先；坚强勇敢的人，不要向别人逞强；不明白的事要向人请教，不会做的事要虚心学习；虽然才智很高，但要弄清事情的本质，然后才能与人争辩；虽然很有本事，但要谦让，然后再自己去做。有了这种谦德，不仅能在事业上不断进取，而且能有效地争取领导和群众的支持。这就要正确地自我评价，不可自命不凡。而且要尊重他人，善于与他人合作，才能获得他人的尊重。

二是要有虽身处逆境而意志愈坚的品德。一个人在现实生活中，既有顺利的一面，也难免会有这样那样的曲折和不顺心的事情，即使在社会主义社会里，也会有逆境。在处于逆境时，如果像贾谊那样"志大而量小，才有余而识不足"，就必然会消沉，使自己的所长不能得到充分发挥。因此，对于每一个有远见、有理想的知识分子来说，在身处逆境时，要有革命者的宽阔胸怀，既要纵观大局、审时度势、坚持真理、修正错误；也要能顶住某种"左"的偏见和嫉妒而带来的压力，不为一时的失望而放弃未来的希望，不因眼前的挫折和困难而忘记党和人民的强大力量。只有这样，才能处理好各种矛盾，充分发挥自己的能动作用，把全部聪明才智献给祖国的四化事业。

农民的"剩余时间"

简述：中国的农民就是这样，劳动不仅是谋生的手段，也是全部生活的组成部分。一旦失去了土地，失去了维系生活方式的根，他们的生存状态也就随之发生了根本变化。这种变化带来的困惑、不适，并不会随着物质生活条件的改善而消除。随着城市化步伐的加快，失地农民群体将不断扩大，如果认为只要给他们足够的经济补偿，住进住宅小区，辅之社会保障，农民们一定会心满意足，那可是一种天真的想法。

我突然发现，打发"剩余时间"，对不少农民来说，还真是值得关注和研究的一个问题。

不久前的一个周末，我约了几个朋友光顾时下流行的"农家乐"。我们还未开饭，房东大妈已蹲在自家门口开始吃起晚饭来，看着她碗里的饭菜，我忍不住过去与她聊了起来。

"晚饭还不错嘛！日子还好吧？"

"马马虎虎。"

"您今年多大了？"

"51岁。"

"做些什么呀？"

"没生活做。白相相，晒晒太阳，搓搓麻将。"

"那钞票哪里来？"

"钞票倒不是问题，过去在太湖围网养鱼、养蟹，少的时候收入有五六万，多的时候有一二十万，现在禁止围网养殖后政府补了二十几万。"

"还有什么其他收入？"

"房屋出租，每年有两万多，还有每个月的失地补助。"

"那您是可以白相相、歇歇了呀！"

"您阿知道，歇着比干活更难受。"

"您阿有宅基地、自留地？自己找些事情做做嘛。"

"过去是有，现在就是没有了呀，不然也不会天天搓麻将了。"

"人家也都这样吗？"

"都一样。"

……

我突然联想到自己的父母亲。我记得，那时他们已有七十多岁了，就是因为屋前屋后有那么一点点自留地和宅基地，虽然粗茶淡饭，但日子好像蛮充实，一天到晚总有干不完的事。如今两老乡下的邻居，也是七十岁开外，只是因为屋前屋后有块宅基地，为之耕耘，乐此不疲，身体是那样硬朗。51岁的农妇如果没有事做，肯定是非常难熬的事。我又联想到自己亲历的一件事，有一次我带一批外地客人参观考察一个高档的农民住宅小区，客人对此无不啧啧称赞，只是一大群农民围着花坛，坐的坐、站的站，东倒西歪，一副懒懒散散的样子，大煞风景。突然有位农民还冒出了一句话："有什么好看的！我们难过死了！"

中国的农民就是这样。劳动不仅是谋生的手段，也是全部生活的组成部分。一旦失去了土地，失去了维系生活方式的根，他们的生存状态也就随之发生了根本变化。这种变化带来的困惑、不适，并不会随着物质生活条件的改善而消除。随着城市化步伐的加快，失地农民群体将不断扩大，但如果我们认为，只要给他们足够的经济补偿，让他们住进连城市人都向往的住宅小区，辅之各类充分的社会保障，农民们一定会谢天谢地、心满意足，那可是一种天真的想法。对于广人农民来说，安居乐业、衣食住行、社会保障，当然是他们最为关注的，然而，劳动是他们的权利和本能，且不说劳动是创造财富的途径，如果失去了劳动的机会，连精神生活也会变得空虚。正因为如此，我十分理解这位51岁的农妇。51岁，一个多么尴尬的年龄，她并不缺钱，也不少社会保障，她可以像城里人一样退休享受天伦之乐，然而，她是一个具有很强劳动能力、很强劳动欲望的农民，离开了劳动，她的"剩余时间"无法合理安排，其结果将是食之无味、无所事事，心情也会变得郁闷和烦躁不安。带着这个问题，我请教了一位村党委书记。他认为，城市化，中国的农民必定是牺牲和奉献的一个群体，生存方式必须随着生产方式的转变而逐步转变；城市化作为一种趋势已不可逆转，让农民通过普遍拥有"宅基地"、"自留地"并成为农民尤其是年长农民打发"剩余时间"的载体，已不再可能，而作为村级组织，尊重农民的劳动权利，满足农民的劳动需求，合理安排农民的"剩余时间"，应当成为一种新的责任和义务，并可以有所作为。可从三方面入手：一是要创造条件提供些农民力所能及的劳动岗位，如物业保安、保洁、绿化以及承接外发加工等岗位；二是引导农民培养和接受新的生活方式，学习城里人如何"过日子"，自我调适，丰富生活内容，提高生活质量；三是创造条件加强农村文化建设，多开展一些适合农民特点的文化活动。

随感拾录

"微笑"是什么?

简述：微笑是社会和谐的"催化剂"，微笑也是需要社会环境滋润的，微笑是相互的，是互动的，是对人的，更是对己的。微笑所折射的文明、礼仪是全社会共同作用的结果，在一个缺乏信任、缺乏友善、缺乏宽容、缺乏公正的氛围里，在一种唯利是图、纷争烦恼的环境下，在一种充满敌意、剑拔弩张的情况下，哪有微笑可言。

写下这个题目，忽然觉得自己太幼稚、太单纯了。话"微笑"，那应该是中学生的作文啊！

其实不然。今天，5月8日，是"世界微笑日"，"微笑"居然成为全球性的节日，而且是世界唯一一个庆祝人类行为表情的节日，可见意义非同小可。1948年，国际红十字会规定，将国际红十字会创始人亨利·杜南的生日——5月8日作为世界红十字日，同时，世界精神卫生组织把这一天确定为"世界微笑日"。

我想，这至少传递了这样一层信息：微笑是个好东西，人类离不开微笑，人类欢迎微笑，微笑的重要犹如阳光、空气、水分一样，否则，生活就会显得乏味。与此同时也可以说明，人类还需要多一些微笑，才能让世界变得更加美好。

多年前，有一部名不见经传的电影，片名叫"你的微笑"，因为讲的是苏州的事，编剧是大名鼎鼎的作家张天民，我又与张天民先生相识，故对影片情有独钟，竟久久未忘。故事讲的是一名苏州女导游，日复一日，年复一年，重复带游客游览苏州的几个景点，每天重复那些在游客看来异常新鲜受益，而对她来说是十分枯燥乏味的讲解词，然而她用那真挚、善良、友好的微笑，打动了人心；助人为乐，不厌其烦，赢得了人们的尊敬。前不久，我到新加坡旅游，搭乘的是新航的班机，只见每位乘务员的眼宇间、嘴角旁，无不洋溢着灿烂的微笑，顿时给人一种温馨感、愉悦感。

　　微笑是什么？有人认为，沉默和微笑是两把利器，沉默避免许多问题，微笑解决许多问题。应该说，微笑既是个人行为又是公共行为，作为个体，有些人的微笑行为是先天而作，只要眼角一舒展，肌肉一放松，就会露出微笑，有些则是由内而外的自然流露。但对于多数人来说，微笑无不是自身心理状态、生活状态、事业状态的外在表现，或者是客观对主观的条件反射。如果幸福，包括对事业的热爱、家庭的和谐、身体的爽朗，就没有理由不保持微笑状态；如果不幸福，包括事业总是不如意、工作上总是面临曲折和挫折，家庭生活常常遭到莫名的烦恼，出门在外总有一种不安全感，等等，那么想微笑也难。但假如能调整心态，微笑可以放松皱紧的眉宇，舒缓绷紧的脸庞，打开锁紧的心结，从而乐观面对人生，坦然化解各种矛盾。微笑作为一种公共行为，就不再仅仅是个人的某种意愿，而是人际间的互动和尊重，是社会文明的标志。每个人都存在于一定的社会关系之中，无时无刻不在与不同的人群交往，同事之间、朋友之间、亲人之间、陌生人之间，单位内部、公共场合，无不如此。对职业而言，尤其是对服务行业的从业人员而言，微笑，不仅是必备的规范性要求，也是职业训练有素程度、自我心理成熟程度的展示。据说，奥运会礼仪小姐都要接受严格的微笑训练，甚至天天嘴咬竹筷，按规定的数据开启樱唇，露出牙齿，咧开嘴角。人们不必去判断这是由衷的、由内而外的微笑，还是纯属职业所需的机械的微笑，因为，她展示的是一种文明的礼仪。把微笑写在脸上，对个人是一种修炼、自信，对他人是一种信任、一种温暖、一种友善、一种无形的问候。

微笑是社会和谐的"催化剂"，微笑也是需要社会环境滋润的，微笑是相互的，是互动的，是对人的，更是对己的。微笑所折射的文明、礼仪是全社会共同作用的结果，在一个缺乏信任、缺乏友善、缺乏宽容、缺乏公正的氛围里，在一种唯利是图、纷争烦恼的环境下，在一种充满敌意、剑拔弩张的情况下，哪有微笑可言。不过，有一种微笑也应该注意，有人说，这是"蒙娜丽莎的微笑"，那微笑的背后所隐蔽的内涵，一般人是难以理解的。

少一点烦恼，多一点微笑，用微笑化解烦恼，传递友善，增进信任，促进社会和谐，让世界更加美好。

爱心精神的微思考

简述：人们的爱心，可以发生在人与人之间、人与社会之间，也可以发生在人类与异类之间，只是取向不同、侧重点不同、对象不同、行为方式不同，有时足以折射出不同的价值观、思维方式、生存状态和心理诉求。于是，爱与被爱显得既丰富多彩，又形形色色。

孔夫子言："人之初，性本善。"一个人的良知与爱心，可能是与生俱来的，或多或少，或强或弱，只要有这颗心，就应该给予肯定，给予鼓励。

人们的爱心，可以发生在人与人之间、人与社会之间，也可以发生在人类与异类之间，只是取向不同、侧重点不同、对象不同、行为方式不同，有时足以折射出不同的价值观、思维方式、生存状态和心理诉求。于是，爱与被爱显得既丰富多彩，又形形色色。

曾收阅一条微信，全文如下："如果您家附近有流浪猫狗，如果您被它们尾随，在这个冬天，麻烦您可怜可怜它们，给它们口温水和吃的，有条件的话，加点糖，水会结冰得慢点，给它们的食物不要太咸。如喵汪们在您附近的屋檐下取暖，即使您不喜欢它们，请别伤害它们！我们有暖暖的被窝，它们只能靠地灯来取暖……求转发响应！爱心传递。下一站就是你。"

也读到《苏州日报》曾编发的另一个故事，讲的是2013年中秋节晚上，一位 93 岁的老人走失在苏州街头，独自一人枯坐在苏州南园路 25 号小区门口，仿佛在寻找回家的方向，一脸疲惫、神情恍惚，期盼求助，一群好心的市民投上关切的眼光。晚 19 时 45 分，被记者发现；19 时 50 分，两名警官赶到现场，但没有找到任何可以确认其身份的东西，于是不断有市民安慰阿婆，送上月饼、香蕉、矿泉水；21 时，热心市民分别发出求助信息，媒体、官方微博同时迅速发出"帮走失老人回家"的号召；21 时 17 分，派出所接到老人走失报案，家属迅速赶到现场。人们分享了爱的暖流，见证了爱的力量。

这两则案例，我无意评判谁是谁非，也无意评价谁人崇高、谁人平凡。不论是对待人类自身，还是对待异类，都不乏一种爱心善举，甚至因为这种爱心传递的心情和方式，我真的还被感动了。你想呀，猫狗在街头流浪，牵挂了那么多人的心，简直是体贴入微，不仅呼吁路人可怜可怜它们，还得拿出实际行动，给口水喝，水中还得加点糖，食物不能太咸。这是一颗多么善良的心！不过，我的回复多少让微信圈的朋友有些失望，我说，对"流浪汉"怎样？假如也一样体贴入微，那就更好了！

当然，我说的"流浪汉"，是泛指人世间需要帮助的那些弱势人群。值得欣喜的是，在我们周围，大大小小的爱心善举其实并不少见。《苏州日报》的报道便是一例。

什么是爱心？说到底是一种境界、一种精神。这种精神可外化为彼此之间对人格和生命的尊重和热爱，对他人尤其是对弱者的同情和帮助，对不同个性和行为方式的包容和理解，包括对美的欣赏乃至发扬光大，对社会正能量的推动和传递，或添砖加瓦，或锦上添花，或雪中送炭。事实上，每个人，在一定的社会关系中存在，每个人，都需要爱和被爱，当他人需要帮助时，义无反顾地伸出德善之手，不管付出多少，就是一个应当受到尊敬的人。

毫无疑问，在我们身边，一方面每天都在发生那种催人泪下、感人肺腑的真情故事，一方面又时常出现那些冷漠悲情的无良事端。在当代社会，物质财富显然是大大增加了，物质和精神文化生活也得到了有效的改善。但也应该看到，在物质增长的同时，一些新的社会现象随之充斥：主流价值取向的缺失乃至扭曲，多元价值观念的良莠不齐，使社会意识形态显得无序紊乱，表现在对奉献、责任、义务、爱心等中华优秀传统的认知上产生了诸多异化，对爱心的倾注对象、奉献形态、感情投入、传递方式也发生某种偏差；经济社会发展的初始性，制度设计的某些缺陷，市场竞争的无情与残酷，公平正义的社会环境的建立尚需很长的时间，使人与人之间的亲情、友情、爱情有时变得功利、脆弱、势利和浮躁，有一些人的内心世界空虚、乏味、焦虑、孤独、紧张、寂寞，以至在人群之外寻求带来欢乐、慰藉精神的对象；一部分人群可以衣食无忧，甚至可以尽情地享受社会财富，但还有相当多的一些弱势人群，由于失业、失地、失独、疾病、低技能、低收入、遭受天灾人祸以及社会保障程度受限等等，仍在贫困的边缘徘徊，需要社会的关爱和救助。正因为如此，每个人的爱心，尤其是人与人之间的相亲、相爱、相助，对于这个社会的和谐与社会成员的幸福，显得格外重要。可以说，任何人，不论职位高低，不论富贵贫贱，谁也离不开被爱，谁也不可以缺失爱心。爱心是没有界限的，扶贫济困是一种爱心，助人成长也是一种爱心；心理援助是一种爱心，理解、尊重也是一种爱心；履行社会责任是一种爱心，乐于奉献、敬业诚信也是一种爱心；友善是一种爱心，敬畏也是一种爱心；善待人类自身是一种爱心，善待人类赖以生存的环境以及人类以外的成员也是一种爱心。如此等等，不一而足。总之，一方有难，八方相助，应当成为每个社会成员的习惯和自觉意识。国家有责任为此从制度上保障、从舆论上引导、从实践中推动，从而使全社会形成"乐善好施、互帮互助"的环境和氛围。2014年春节前，我又收到一则短信，很温馨，也很感人，它是这样说的："别总去大润发、家乐福、沃尔玛，也给路边摊留点生意，他们比它们更需要你。天冷了，你是否注意过这些寒风中在路边摆摊的老人？他们家可能有病人，或者无儿无女，甚至身有残疾……他们没有伸手讨要，而是用辛勤劳动换取微薄收益。东西不差，能买就买一点吧，生活不易，也许我们一个小小的举动，就能让他们早一点回家，让他们在新的一年也舍得为自己买件厚点的衣服。"我想，这正如一首歌唱得好："只要人人都献出一份爱，世界将变成美好的人间。"

爱心传递，从你我做起，从现在做起，从一点一滴做起，从身边做起，从善待人类自身做起。

闲人札记

腾冲归来话审美

简述：有一种美，那是由内而外散发的气息，拥有极大的气场，给人愉悦，它会像磁场一般深深吸引着人们；有一种美，那是大众美，称不上有什么特色，但符合多数人的审美情趣与习惯，具有普遍的认同感；有一种美，则是人们需要用心品味、需要仔细感悟才能领略得到的。

去腾冲旅游，缘自两院院士周干峙先生的一句话。去年的一天，我与周老先生共进晚餐，席间我问："周老，祖国各地您跑了无数，您觉得哪个地方最该去？"他稍加思索了一下，说："我以为腾冲应该去。"接着又补充了一句："当然苏州也是不能不来的。"

对腾冲这个地方，其实说不上陌生，印象最深的恐怕是两个。凡是懂点那段历史的人都知道，腾冲是抗战时期中国远征军和中国驻印度与美英盟军歼灭日本侵略者的战场，是中国近代历史上第一次将侵略者赶出国门的浴血奋战的地方；靠近腾冲4公里左右的和顺古镇，2005年被CCTV评为中国十大魅力名镇榜首，并获得唯一的年度大奖。一批有影响的电视大片，如《中国远征军》、《我的团长我的团》、《北京爱情故事》等都以腾冲为背景。然而，腾冲到底什么模样？我并没有切身感受。

7月的一天，我们三人结伴而行，踏上了去腾冲的路。7月的云南正是雨季，在昆明机场，刚换上去腾冲的登机牌，便听到广播，说是由于天气原因，当地无法降落，为了稳妥起见，我们在昆明住了一夜，隔日改乘去芒市的飞机，绕道驱车2小时再赴腾冲。踏上腾冲的土地，映入眼帘的是极具气魄和意味深长的八个大字："天下腾冲，世界和顺。"腾冲真是个神奇的地方，按照官方的表述，腾冲的特色主要体现在"六个一"：一是有一座世界名山，即高黎贡山，它的著名在于这座山所具有的文化属性、自然属性和经济属性，高黎贡山是宝贵的物种基因库，被联合国教科文组织列为"生物多样性保护圈"，被世界野生动物基金会评为A级保护区。二是有一个独特的地热奇观，腾冲是中国内地唯一的火山地热并存地区，火山地热规模庞大，据说有90座火山、80处温泉，著名景点神柱谷、樱花谷、腾冲湿地、热海、叠水河瀑布都是火山活动的产物。三是有一条走向南亚的通道，这里曾经是2400年前中国先民开辟的南方丝绸之路，经缅甸抵达印度、阿富汗等南亚国家。腾冲被徐霞客誉为"极边第一城"，1899年英国就在这里设立领事馆，1902年清政府设立腾越海关，目前，在腾冲境内有国家一类口岸，两条国际公路通往缅甸克钦邦。四是有一块百看不厌的翡翠，翡翠原产于缅甸，但是腾冲人最早发现了翡翠的商业价值，翡翠加工已有600年历史，2005年，腾冲被亚洲珠宝联合会授予"中国翡翠第一城"称号，目前，大大小小的翡翠商行遍及全城。五是有一段荡气回肠的历史。1942年5月，日军侵入缅甸，切断滇缅公路，占领了怒江以西包括腾冲在内的大片国土，腾冲成为滇西抗战的主战场。1944年9月14日，远征军经过127天血战，全歼日军，成为全国沦陷区中第一个光复的县城。为缅怀英烈，1945年7月7日，腾冲人民修建了国殇墓园，现成为全国文物保护单位。六是有一部边地的汉书。腾冲与国内许多边境县份最大的不同之处，就是汉文化始终处于主导地位，中原文化与边地少数民族文化、异域文化相融合，形成了以和谐、和顺为核心内容和以开放性、包容性为基础特征的腾冲文化，涌现了国民党元老李根源、马克思主义哲学家艾思奇等一批知名人物。腾冲总人口不过60多万，而腾冲籍华侨华人、港澳知名同胞达35万人，分布在23个国家和地区。

凡此种种，足以说明腾冲之博大精深。然而，所谓期望越大，失望越大。腾冲归来的路上，我一直在思考一个问题，该如何读懂腾冲？如何欣赏腾冲的美？在腾冲，尽管秀美的自然景观深深吸引着我们，天空高远辽阔，湛蓝如洗，山峦起伏，绿树环抱，尤其那和顺古镇，魅力无限，全镇住宅从东到西，环山而建，渐渐递升，绵延两三公里，一座座古刹、祠堂、明清古建疏疏落落围绕着这块小坝子。乡前一马平川，清溪绕村，垂柳拂岸，夏荷映日，金桂飘香，足以让人流连忘返。美是客观的，又是十分主观的。有一种美，具有强烈的个性，仁者见仁，智者见智，那完全是主观对客观的一种感受和理解；有一种美，那是由内而外散发的气息，拥有极大的气场，给人愉悦，它会像磁场一般深深吸引着人们；有一种美，那是大众美，称不上有什么特色，但符合多数人的审美情趣与习惯，具有普遍的认同感；有一种美，则是人们需要用心品味、需要仔细感悟才能领略得到的。腾冲就是这样。初看腾冲，并不觉得它有什么过人之处，祖国之大，名山大川、江河湖海、名镇古村、名胜古迹，真是星罗棋布、各具千秋、目不暇接。腾冲的自然景观虽美，然终究抵不过黄山、张家界、九寨沟，小桥流水也未必赶得上江南的周庄、同里、角直，边城风情与丽江、凤凰相比也逊色许多。尤为缺憾的是，腾冲有自然之长，却也有人工之短；虽有历史的辉煌，却不乏现实的差距，粗放的旅游经营模式，吃、住、行、游、购、娱，短缺不全的旅游要素；起伏不平、低效不便的交通网络，相形见绌的城市建设，使得这座城市有点让人缺憾。

我想，欣赏腾冲、品味腾冲，不必急躁、不要浮躁，如果将它当作一部书来慢慢阅读，也许更有感觉。以我之见，腾冲之美，就在于不同的人群都可以在那里找到可供自己欣赏、仰望甚至感动的场景，生态、地质、丝路、翡翠、抗战、乡村等等，各有所归。腾冲之美是一种质朴之美、和谐之美、内涵之美、文化之美。腾冲之美，体现在它还没来得及被人任意摆弄，堪比一块尚未雕琢的天然翡翠，如果遇到大师，必将创造价值连城的精品。腾冲之美，体现在它的和谐、和顺，少有在商品社会那种常有的喧闹和浮躁，天地人之间、自然与文化之间、人际之间，共生共存、和谐相处。这在现代社会是难得的景象。

腾冲之美固然视而可见，但更体现在它的内涵和深邃，这种美需要人们用心去发现发掘。比如，对于有"一路沿溪花覆水，数家深树碧藏楼"迷人景致的和顺小巷，对于堪称中国文化界乡村图书馆第一的和顺图书馆，对于作为边城腾冲数百年所出现的人才辈出的社会现象，不作一番深入的探究和品味，是很难发现其中真谛的。腾冲的美是一种文化之美，就像赏景与看人一样，自然山水景观往往展示的是外露的美貌，文化底蕴展示的则是它内在的气质和高雅。谁想读懂腾冲，谁就应当先读懂腾冲的文化。

走进汉中

简述：与其说去汉中旅行，不如说到汉中去寻访那些曾经发生在那里的可歌可泣的故事，不如说到那里去重温和回顾那段曾经反复阅读的史书。像汉中这类在中华民族发展史上非常重要的地方，到那里走一走、看一看，将脑海中的记忆与现实的模样"对号入座"，激发出强烈的"现场感"和"自豪感"。

到汉中看看，是向往已久的事了。苏州人都知道，2004年和2006年苏州曾被中央电视台评为"中国最具经济活力城市"和"中国魅力城市"，评委会给予的颁奖词也是耳熟能详："一座东方水城让人们读了2500年，一个现代园区用10年时间磨砺出超越传统的利剑。她用古典园林的精巧，布局出现代经济版图；她用双面绣的绝活，实现了东方与西方的对接。"然而同时，陕西省的汉中荣获的是"中国最具历史文化魅力城市"，评委会的颁奖词同样颇具魅力："汉中位于中国版图的中心，历经秦汉唐宋三筑两迁，却从来都是卧虎藏龙；这里的每一块砖石，都记录着历史的沧海桑田，这里的每一个细节，都印证着民族的成竹在胸。"著名学者余秋雨对汉中的感慨更是直截了当，他说："我是汉族，我讲汉语，我写汉字，这是因为我们曾经有一个伟大的王朝——汉朝。而汉中是汉朝的一个重要地方。汉中这样的地方不来，那就非常遗憾了。"

真可谓诱惑挡不住。2013 年 5 月 17 日，我们踏上了汉中之旅。从地图上看，汉中北依秦岭，南屏巴山，地貌复杂，地形多变，四周均为高山、亚高山，中部乃丘陵和盆地，横亘于北部的秦岭山脉，构成了北方黄河流域与南方长江流域的地理分界线，南部的巴山山脉在四川盆地与汉中盆地之间建起了一道屏障，长江最大支流汉江在秦巴之间贯穿而过，形成了大片冲积平原，构成了狭长的盆地。很难想象，大自然如此鬼斧神工地孕育了这块神奇的土地，我们的祖先是怎样在这里繁衍生息、薪火相传的。从春秋时起，面对群山环围、四塞险固的地形，先民们由内向外开辟、修凿、修建了通往域外的条条古道，竟然有了"栈道北来连陇蜀，汉川东去控荆吴"、"万叠云峰趋广汉，千帆秋水下襄樊"的说法，但这终究是文人们的艺术夸张，事实上，人们要进出这块土地并非易事。而如今，天堑变通途，我们从西安出发，踏上赴成都的高速公路，穿越秦岭山脉大大小小数十条隧道，只需差不多两个多小时的车程，便进入了那块被誉为"金瓯玉盆"的冲积平原，那块素有"西北江南"之称、山清水秀、风光旖旎的广袤土地。说真的，在这里，就好像置身于自己的家乡，难以置信，这就是西北的一隅。

与其说去汉中旅行，不如说到汉中去寻访那些曾经发生在那里的可歌可泣的故事，不如说到那里去重温和回顾那段曾经反复阅读的史书。据《史记·秦本纪》载，公元前 312 年，秦惠王曾取天汉之意设汉中郡，汉中一词从此出现；公元前 206 年，刘邦攻取关中，项羽背弃约定封刘邦为汉王，统汉蜀、汉中之地。刘邦对此极为不满，萧何以"语曰天汉，其称甚美"为理由，说服刘邦偏居汉中，后来刘邦在汉中期间韬光养晦，采用张良"明修栈道，暗度陈仓"的策略，拜韩信为大将，逐鹿中原，完成统一大业，特以"汉"为号，建立西汉王朝。三国时期，蜀汉丞相诸葛亮在汉中屯兵八年，六出祁山，鞠躬尽瘁，遵命归葬定军山下……

汉中作为中华汉人称号的古发源地，留下了大量汉朝时期的文物古迹，但历史久远，在汉中，我们努力地寻找着先祖留下的足迹和印记，时而兴奋，时而遗憾。褒斜道、石门及其摩崖石刻等一批遗址、遗迹已冠以"国家级重点文物保护单位"的称号，尤其那定军山下的武侯诸葛亮的墓地冈峦起伏，历经千年风霜，四季如春，20余株汉柏双桂与古建文物相映成道，相映生辉……只是相传当年刘邦驻骅汉中的行宫汉台，目前在遗址上建起了陈列史迹的博物馆；传说中的规模恢宏的汉中城郡目前仅残留少量城垣，作为"历史文化名城纪念地"；史称汉高祖"饮马池"为八景之一，有"东塔西影"之说，目前虽是汉中文物保护单位，但汉中人说，由于城市高层建筑，"东塔西影"的景色从未有过；当年汉高祖刘邦拜韩信为大将的拜将台，遗址上出现了仿古建筑群与园林景观配置的旅游景区；历史上著名的"明修栈道、暗度陈仓"故事中的"栈道"早已由于水库兴建而淹没，被后人复原了3公里的仿古栈道和一个四星级景区；至于因三国时魏、蜀两军交战的古战场而誉满古今的定军山，只能让人们留下浮想和回忆。

对于这次旅行，已经了却了多年的夙愿，尽管浅尝辄止，走马观花，却仿佛穿越到达了那个曾经"引无数英雄竞折腰"的岁月，使我们不得不对在这块众多英雄成就盖世功业的土地，乃至孕育我们这个伟大民族的地方肃然起敬。尽管来去匆匆，浮光掠影，却让我们实实在在地触摸到了西北江南所特有的山水之美、人文之美、和谐之美，这一切已经足够了。每个人都有自己的旅游观。有的人把旅游作为审美，领略和享受自然的美、人文之美；有的是习惯于"品"，对大千世界普遍存在的自然文化景观，习惯于慢慢地"品读"，慢慢地欣赏，立足于琢磨，认真探究其"真谛"，在品读、琢磨、探求、欣赏中寻找美和快乐；有的把旅游作为谋求新需求的一种体验，包括吃、住、行、游、购、娱六要素，每一次旅游都成为对需求的新的体验和尝试；有的已经把旅游作为完善生活方式，彰显生活态度的组成部分，或健身强体，或挑战自我，或放慢生活节奏、陶冶情操、休养生息以恢复脑力、精力与体力；有的则作为增强阅历的一种实践和旅程，所谓"读万卷书，行万里路"，等等。有的旅游其实是一种工作、一种职业，具有很强的被动性，等等。我的旅游观很简单，且不说大千世界，就是自己的祖国，名山大川、人文景观、历史遗迹星罗棋布，作为一个普通人，如果有条件尽其所能选择其中的一些"到此一游"，足矣。像汉中这类在中华民族发展史上非常重要的地方，到那里走一走、看一看，将脑海中的记忆与现实的模样"对号入座"，激发出强烈的"现场感"和"自豪感"，定能找到一种不一样的感觉。

　　我赞成余秋雨先生的一个建议，把汉中当做自己的家，每次回汉中当作回一次老家。

"奉国寺" 掠影

简述：人们总是习惯到中原、楚汉、山西、吴越等地去寻访和欣赏那些中华文化的历史遗存。事实上，中华文化博大精深，是取之不尽的宝库，我们应当更多地发现、关注边远地区的文化遗产，让更多的中华优秀传统文化"闪亮登场"。

　　"奉国寺"在辽宁省锦州市所辖的义县，到那里去参拜，完全是意料之外的决定。

　　今年盛夏时节，锦州市的领导微服私访位于苏州耦园的世界遗产研究中心，说是向我们讨教关于申报世界文化遗产方面的事。对于奉国寺，当时在座不少人对此还真的一无所知。一交流才知道，早在 1961 年，奉国寺就被列入全国第一批重点文物保护单位，而且与辽代木构建筑——山西省的应县木塔一起，于 2012 年 11 月被国家文物局列入《中国世界文化遗产预备名单》，排列还十分靠前。

　　也许是近几年与联合国教科文组织沾上了边，我对文物、古建筑和世界遗产开始关注起来，并日久生情。我还固执地认为，凡是能成为"第一批"的，一般都是货真价实的东西，含金量都比较高。比如，苏州是全国第一批国家历史文化名城之一，是全国第一批四大重点风景旅游城市之一，苏州姑苏区是全国唯一的历史文化名城保护区。地处东北边陲的"奉国寺"

居然也是全国第一批重点文物保护单位，而且还列入世界文化遗产预备名单，我不禁肃然起敬。锦州市领导对我们的介绍十分满意，称"不虚此行"，并一再邀请去参观、"指导"。

耳闻不如一见，恭敬不如从命。我们一行踏上了去往"奉国寺"之路。

真是不去不知道，一去才更加体会到中华文化之璀璨遍布全国，是没有地域之分的；才体会到一个人的知识和阅历是多么有限。

奉国寺所在地——义县，有着悠久的历史，自西汉设县，东汉立郡，至今已有 2000 多年历史。奉国寺创建于辽开泰九年（1020），初名咸熙寺，金代改为奉国寺，至今已近 1000 年历史。据资料显示，列入全国第一批重点文物保护单位的古建筑及历史纪念建筑物不过 77 处，其中包括苏州的云岩寺塔和拙政园、留园，其价值可见一斑。走进奉国寺，第一印象是这里与一般的名寺古刹不同，它虽是佛教信众心中的圣地，但并不是宗教活动场所，没有僧人，没有香火，显得庄严而肃穆。陪同我们的县文物局专家向我们娓娓道来奉国寺的前世今生。

奉国寺是辽朝自称释迦牟尼转世的圣宗皇帝——耶律隆绪在母亲萧太后（萧绰）故里所建的皇家寺院。在相当一段时期内，这里算不上是中华文化的中心，但它以独特的文化个性和完整的文化遗存，给人们展现了美的享受，作为国内仅存的辽代建筑，奉国寺创造了多项"全国之最"。

大雄殿是中国古代佛教寺院最古老、最大的宝殿，也是中国古代建筑中最大的单层木结构建筑。已故建筑学家梁思成称，辽代寺院为"千年国宝、无上国宝、罕有的宝物。奉国寺盖辽代佛殿最大者也"。建筑学家还评价，大雄殿是中国古代辽（宋）以前，保存至今最为宏大和最为完整的单檐四阿顶木构建筑，是中国第一大雄宝殿。走进大雄殿，一种壮丽宏伟之感扑面而来，据介绍，殿面阔 9 间达 55.6 米，进深 5 间 32.8 米，高 24 米，建筑面积近 2000 平方。与其相比，一直为苏州人啧啧称道的玄妙观三清殿，不免有点略为逊色了。

7尊高达9.5米的大佛是我国目前保存最古老、最大的一组彩塑佛像群。大雄宝殿内的"过去七佛"，东西排列，正中为毗婆尸佛，其东依次为尸弃佛、拘留孙佛、迦叶佛，其西依次为毗舍婆佛、拘那含佛、释迦牟尼佛，个个法相庄严、神态各异、端庄安宁、仪态慈祥、令人叹为观止。

美轮美奂的彩画又是奉国寺的一绝。大殿梁枋和斗拱上及梁架底面上的辽代彩画，四壁的元代壁画，历经近千年，为世人留下了极为罕见的辽代建筑彩画实例，宝殿的内墙全是壁画，至今保留着飞天、荷花、牡丹等彩绘数十幅，四周墙上各绘有 5 尊 3.5 米高佛像，8 尊菩萨像，18 尊罗汉像和千眼千手佛像，色彩绚丽，技法精湛。大凡研究学者，无不赞叹不已，就连我等外行，也顿觉惊奇叫绝。

奉国寺是玄秘而神圣之地。在那儿，佛祖道场、佛祖显圣地、七佛法力无边的故事不绝于耳，成为旅游文化的佳话。历经千年，中国古代著名的佛教寺院原始建筑无一不遭受破坏毁灭，唯独供奉列尊佛祖的奉国寺，历经劫难，从金灭辽、元灭金、元代大地震，到辽沈战役义县攻坚战，乃至"文化大革命"劫难，奉国寺依然雄姿不减。最神奇的据说是 1948 年 10 月 1 日，奉国寺大雄殿殿顶被一枚炸弹击穿，炮弹落在佛祖释迦牟尼佛双手之中，有惊无险的是炮弹成哑弹，没能爆炸，只是损伤了佛像的右手。这也许就是奉国寺的文化魅力，是佛教文化心态的现实报因。

奉国寺之行，给我一个启迪，长期以来，人们总是习惯到中原、楚汉、山西、吴越等地去寻访和欣赏那些中华文化的历史遗存，把抢救、修复、保护的注意力和着重点也放在那些历史遗存的密集地区。事实上，中华文化博大精深，是取之不尽的宝库，我们应当更多地发现挖掘、关注观赏、着力保护的是像奉国寺这类在常人看来默默无闻，但集佛教、古建筑、雕塑、绘画、考古等历史、科学、文化、艺术价值于一体的文化遗产，让更多的中华优秀传统文化"闪亮登场"。奉国寺以它鲜明的特色和遗存，向人们展现了一个惊叹的完美和一种独特的文化现象。

安仁纪事

简述：时光流逝，刘氏家族当年辉煌不再，但历史又似乎给后人开了一个大大的玩笑。不经意间，刘氏家族又以遗存的建筑形式镌刻了当年眩人的"风范"，为后人留下了一份极为珍贵的、不可复制的文化瑰宝、文化创造和文化结晶。我们为遍布祖国各地的优秀文化瑰宝而骄傲，为安仁古镇喝彩。

安仁是一个古镇，始建于唐朝，地名取"仁者安仁"之意而命之，出成都西行40公里便是，隶属四川省大邑县。2005年被国家建设部、国家文物局命名为中国历史文化名镇。

年轻一点的人对大邑县，尤其是安仁古镇也许鲜为知晓，但从那个时代走过来的人，因为那里出了一个名叫刘文彩的人物，可谓家喻户晓、尽人皆知。

现在到安仁古镇考察旅游的人们，常带有明显的倾向差异，有的纯属是选择一个没有去过的地方，体验一种新的感受；有的则是为了追寻当年发生在那里的一段段带有传奇色彩的历史和故事；有的则是试图打开那段尘封多年的记忆，回味某种不堪回首的经历；有的则是为着尽情地领略和欣赏川西地区别具特色的风土人情和美轮美奂的建筑文化。

因为筹备"新型城镇化与古镇古村落保护修复"高层论坛，经成都文旅集团隆重推荐，我们亚太世遗中心古建筑保护联盟秘书处一行开始了安仁之旅。

安仁古镇本来名不见经传，自从当年出了一个刘氏家族，小镇开始被世人熟知。刘氏家族本来亦非名门望族，200年间未出过什么显赫的人物，史上并无什么口碑，孰料到了民国初期，风云突变，群雄迭起，枭雄辈出，一个氏族竟涌现了刘文辉、刘湘、刘文彩等令国人震撼的人物，给小镇平添了万种风情。其中，刘文辉曾任"西康省主席"10年之久，为国民革命军二级陆军上将，1949年12月率部起义，建国后曾出任国家林业部部长；刘湘乃刘文辉之侄，是四川近代一世枭雄、川军首领，去世后被国民政府追认一级上将；刘文彩本是"大地主、土老帽"，可在阶级斗争的年代被宣传为"中国地主阶级压迫平民阶级的无恶不作的总典型"，以他的"事迹"撰写的《收租院》一文被收入了小学教材，其中一段是这样写的："斗啊斗，你在刘文彩的手，你是地主的嘴，你是豺狼的口；你喝尽了我们穷人的血，你刮尽了我们穷人的肉，可是，你装不完地主的罪，你量不尽我们穷人的仇……"这个刘氏家族还出了3位军长、8位师长、15位旅长，县团级以上军官近50名，被称为"3军9旅18团"，营长、连长数不清。刘氏势力之大可见一斑。

在安仁古镇旅游考察，应当是用"心"去聆听导游或地陪成员讲述的传说、故事、历史、文化。对于我们这个时代的人来说，一路听来，感受最深的是，就像在回放历史镜头：那刘文彩，死于1949年，却在建国后"活跃"于政治舞台近30年，任人利用，从今天的眼光看，按放在他头上的那些滔天大罪，多数没有人证物证，或者"张冠李戴"，或者"合理想象"，或者"无中生有"，尤其那位在"文化大革命"时到处痛哭流涕作"忆苦思甜"报告的"冷妈妈"，活脱脱就是为政治服务，被人摆布的"托"，难怪当地人会情不自禁为刘文彩"翻案"，说他除了一般大地主都有的特征外，是很有人情味的，还不失为"仁者义士"，有一事为例。

我们来到刘文彩于 1941 年捐资 200 万美元建造的公益学校原址，现称为“安仁中学”，那气度之宏大、环境之隽美，就是在当代大城市也少见，令人叹为观止。最抢眼的是，校区分成各片区，由许多矮墙、花窗和不同风格的 8 个拱门分开，拱门两侧题写了 8 副对联，如：“同德门”，对联为“玉石皆成器，桃李尽吐香”；“致远门”，对联为“挟风云于翰墨，罗经纬在心胸”；“至善门”，对联为“勿以善小而不为，勿以恶小而为之”；“集雅门”，对联为“以正气为天地，有大功于国家”；“励志门”，对联为“栽培心上地，涵养性中天”；“修身门”，对联为“书山峥嵘甘为人梯搭乘攀路，学海浩瀚愿作舟楫架渡桥”；“树德门”，对联为“与有肝胆人共事，从无字句处读书”；“博撷门”，对联为“读书先在虚心，求学将以致用”。据说，为了建这所学校，一个将近 60 岁的老人——刘文彩花了 3 年时间，几乎都在工地，学校建成之时，他宣布：刘家对此不再拥有所有权和使用权，子女不得占有，更不得继承，并把自己的训示刻在石碑上，向天下告知，防后裔隐匿篡改，可见其用心良苦。

其实，时光流逝，刘氏家族当年辉煌不再，但历史又似乎给后人开了一个大大的玩笑。不经意间，刘氏家族又以遗存的建筑形式镌刻了当年眩人的“风范”，为后人留下了一份极为珍贵的、不可复制的文化瑰宝、文化创造和文化结晶。走进安仁古镇，现在的人们多数不会去追忆那些已经逝去的年代和岁月所发生的叱咤风云，却毫不犹豫地会去细细地品赏那些将川西民居风格与西洋建筑风格巧妙融为一体，庄重而典雅、美丽而大方的一道道精美绝伦的风景线。我们惊奇地发现，在那里，历史街区、古街、古道、古巷、古建筑，特别是拥有号称中国罕见的地主庄园公馆建筑群落，保存得竟如此完整、完好、完美。据介绍，安仁古镇目前尚有住宅古建筑群多达 30 万平方米，庄园公馆多达 27 座。树仁街、裕人街、红星街三条老街连成一线，树仁街是当年权势人群的一条“官街”，有 8 位军政要员在此修建有公馆或者铺面，独门独户、两进院落、中西合璧、风格迥异。

刘氏庄园占地面积达7万平方米，建筑面积2.1万平方米，房间共545间，由5座公馆和1处刘氏祖居构成。如今，当人们在老街上悠闲游走，踩在青石板路，随时会被路旁那种错落有致的建筑样式所吸引。高大的门楼，显示出轩昂庄重的伟岸气质；驼峰形、猫拱形、三角形等，各式烽火墙又凸现出别样气质；青瓦灰墙、黑漆大门、深栗色的柱窗、点缀成金的色彩、精致的雕刻，无不展现其川西民居的特有风格，人们无不为此神韵和魅力而啧啧称道。

　　安仁古镇的过去、现在和未来给我们留下了太多的遐想，收获了意外的惊喜，作为以保护世界遗产与古建筑为己任的社会组织，我们为遍布祖国各地的优秀文化瑰宝而骄傲，为安仁古镇喝彩。

闲人札记

怀旧哈尔滨

简述：夜幕下的哈尔滨露出种种动人之美：那座典型的索菲亚东正教教堂显示了一股神秘色彩；那鳞次栉比的独具俄罗斯风情的建筑在荧光灯的折射下，洋溢着欧式气质；那独具个性的店招店牌，要不是有中文标识，一定被人们误认为进入了异国他乡。

单位组织赴哈尔滨旅游，我毫不犹豫地报了名。说是旅游，对我来说是一种怀旧、一个还愿。

1969年3月，怀着一个并不十分高尚却又十分现实即"当兵改变命运"的梦想，我应征入伍了。当时，一方面，中苏关系处在白热化状态，"珍宝岛事件"爆发，军队大量补充兵源；另一方面，"文化大革命"呈现一片乱象，全国高校停止招生，我们这批"老三届"高中毕业生普遍存在迷茫的心情。参军入伍自然是一种不错的选择。

农村的孩子见识少，幼稚无知。接兵的首长告诉我们，即将去的是沈阳军区空军。可当时多数人并不清楚沈空管辖辽宁、吉林、黑龙江三个省份所有的空军部队。运载我们这群江南小伙的交通工具，是一种平时主要用来载货，只有春运紧张时才载人的"闷罐列车"，列车走走停停，经过两天两夜，过了沈阳又走了将近一天，才到达目的地哈尔滨。3月的哈尔滨，一片冰天雪地，白茫茫一片，银装素裹，似乎看不出有什么"美感"，伙伴们一片茫然。

军营在哈尔滨市郊，是个雷达兵团部机关所在地。到达当天是上午，第一顿端上来的是热气腾腾的白米稀饭外加白馒头，大伙儿喜出望外，十分满意。但从第二顿开始，一种谁也没见过的高粱米饭端上来了。老战友们说，以后我们要常吃这种东西，基本上每天一顿粗粮、一顿细粮，粗粮就是高粱米，细粮是大米饭和面食交替供应，想想日后要面对这种难以咽下的粗粮，大家又一下子傻眼了。

第二天，我们继续坐车，到达几百公里以外的新兵训练营地，这时大家基本清楚，我们的兵种叫雷达兵，这次新兵集训后还要再分配至多个雷达站，这个部队的雷达站基本上分散在全省各地，大多位于深山老林或各地区最高处的山峰上。第三天，新兵连连长挑选了包括我在内的十余名身强力壮的新战士，说让大家先去看看自己的"家"，其实，当时新营房还未建起，我们在连长的带领下，冒着零下二十多度的低温，戴着大皮帽和口罩，只露出两只眼睛，脚穿大头鞋，身上裹着十几斤重的皮大衣，站在形似坦克的履带式大卡车上，沿着地处深山老林的一条防火山路向上爬行。路上的积雪足足有半米厚，两侧则是参天的红松，爬行了2个多小时，还不足十公里，汽车戛然停止，连长宣布积雪太厚，车上不去了，让大家在森林里找点木头下山烤火用。就这样，战友们连抬带扛，把倒在路两侧的树木抬上车，待我们回到营地，每个人的眼睛、眉毛、鼻子全都挂满了霜，大头鞋里的袜子与红肿的脚已经黏住了。不过，尽管如此，谁也没有叫苦怕累，因为大家都明白，"一不怕苦，二不怕死"是军人的本色，今后的日子还长着哩！军旅生涯就这样开始了。

高中毕业生，那时算是"知识分子"了，新兵集训四个月后，我被分配到了团部机关，来到了从此伴我起步、成长的哈尔滨，入党、提干，直至调至上一级政治机关，我在哈尔滨生活、战斗了将近6年，不过，真的是当兵改变了命运。

哈尔滨当时就是全国十大城市之一，素有"东方莫斯科"之称。对于我们这些来自农村的孩子来说，营地在大城市，可说是一种幸运，许多年过去了，我总是视哈尔滨为"第二故乡"。

曾经的太阳岛，在我的印象中是貌不惊人，灌木丛生，不过是松花江中的一个冲积岛，也是令我不堪回首的一个地方，因为曾身患结核性胸膜炎，我在那里的空军医院住院四个半月，对那里的一草一木似乎格外熟悉。

曾经的"动力之乡"，我时常路过，也常常对家人、对朋友炫耀，那1.5公里的长街，并排坐落着哈尔滨电机厂、锅炉厂、汽轮机厂三家国家大型装备工业企业，每逢上班时刻，上万名身穿蓝色服装的工人，从沿街不同的大门齐刷刷地涌进厂区，场面颇为壮观。

值得肃然起敬的还有那个哈尔滨军事工程学院，校园之大、气势之恢宏，令我们这群求学无门的士兵们羡慕不已，总是带人去参观。哈军工被称为全世界最大的军校，汇集了陆、海、空、核、导弹等诸多兵种，被称之为"将门相国之后"专门学校，十大元帅的七位子女、十位大将中的六位子女就读于该校，中央正部长、军队将军以上、地方省长以上高级干部的子女在该校就读的有200多名，令人叹为观止。

最抹不去印记的要数那些散落在哈尔滨大街小巷的教堂、建筑物和那条中央大街，所谓"东方莫斯科"、"东方小巴黎"的称号可能就来源于那种浪漫欧式风情及欧式建筑风格……

可是，40年过去了，时过境迁，旧时的状况怎样了，曾经的记忆还在吗？这是哈尔滨之行我急切想知道的。

一切都在意料之中，一切都在意料之外。踏上哈尔滨的土地，第一感觉显然是它变大了、变美了、变得更有风情了。那个不曾为我心动过的太阳岛现在已经被打造成哈尔滨唯一的，也是游客们必去的5A级景区。只是那个曾经为哈尔滨人自豪的"三大动力"，虽然仍是全国重要的装备工业企业，已合并为哈尔滨电站集团，但似乎早就藏在"深闺"，少有人关注，更没有多少人为之津津乐道。那个曾经为人仰慕的"哈军工"现在也已成了哈尔滨工程大学校址，只是全国众多重点高等学校中的一所，风光不再。倒是那条中央大街，更加浪漫、更具风情、更有魅力，令人流连忘返。华灯初上，我们步入了那条被人们称之为"中国第一步行街"的大街，夜幕下的哈尔滨露出种种动人之美：那座典型的索菲亚东正教教堂显示了一股神秘色彩；那鳞次栉比的独具俄罗斯风情的建筑在荧光灯的折射下，洋溢着欧式气质；那独具个性的店招店牌，要不是有中文标识，一定被人们误认为进入了异国他乡；脚下的那种长宽各约十余厘米、排列整整齐齐、面包形状的花岗石被磨得溜光跌滑；随处可见的哈尔滨啤酒大排档更使这条大街显示了青春、浪漫与活力。行走在这条街上，即使不带钱包，也是一种享受，令人心旷神怡。

当然，重返哈尔滨，最牵挂的还是那个曾经生活、战斗了近 6 年的部队。汽车还未进入营区，我已感受到昔日的市郊已完完全全融入了城市，刚进入营区，就有一种今非昔比的感觉，旧时的印象荡然无存。我试图寻访曾经朝夕相处的机关办公楼以及小礼堂、指挥连、警卫排、卫生队、干部灶、大食堂、汽车队、家属宿舍等等，竟找不到一点影踪。原先一排排的小平房已被错落有致的楼房所代替。整个营区花丛草木茂盛，绿树成荫，当年栽下的那些行道松树格外挺拔，我们仿佛置身于公园之中，又显得格外宁静、简洁，格外精致、美丽……

时光荏苒，岁月流逝。哈尔滨之旅，算是还了我一个小小的心愿。我为自己的军旅生涯而骄傲，为曾经战斗过的部队而骄傲。

南华寺与禅宗六祖

简述：尽管真正懂得佛教所隐含的哲学思想和精髓的人少之又少；尽管多数民众感知佛教的信号不外乎来自寺庙黄墙、佛殿，和尚、法师，袈裟、佛号，对佛理知其然不知其所以然；尽管一些信众在持戒修行、求神拜佛方面存有某些功利特征，但它并不妨碍中华佛教惊人的生命力和美好的憧憬。期望它在现代市场经济社会，继续成为利益人生、开导人心、积德行善、排除私心、避免恶性冲突的一种精神利器。

到广东有必要去一下韶关，远离发达地区的喧闹，体验欠发达地区的幽静，会有一种别样的感受；而到韶关，不能不去地处曹溪河畔的南华寺，那可是佛教禅宗六祖慧能弘扬"南宗禅法"的道场，广东省首屈一指的佛教圣地。

初知南华寺，是那则流传已久的佛教故事和那首千古绝句。据说，唐代初年，南华寺五祖弘忍准备传宗，要众弟子作一首超脱生死苦海的偈，谁若悟意，就将衣钵传给谁。大弟子神秀博学多才，人品也高尚，深受五祖和众弟子喜爱和尊重，他率先在门前写了一偈，曰："身是菩提树，心如明镜台。时时勤拂拭，勿使惹尘埃。"按现在的意思是说，众生的身体就是一颗觉悟的智慧树，众生的心灵就像一座明亮的台镜，要时时不断地将它掸拂擦拭，切不要让它被尘埃玷污而失去了光明的本性。众弟子齐声称好，开始念诵起来，当时的慧能尚在跟随众生作些杂务活，又不识字，别人朗诵后，他知道神秀的偈虽然写得不错，但并没有真正悟出佛性，便请人代他也写了一偈，曰："菩提本无树，明镜亦非台。本来无一物，何处惹尘埃。"他的意思是说，菩提原本就没有树，明亮的镜子也不是什么台，本来就是虚无没有一物，哪里会染上什么尘埃。弘忍看后大喜，认定慧能悟出了佛性，当晚向慧能密授真传《金刚经》，并传衣钵，告回岭南继续修炼。后来慧能成了真正的佛教禅宗祖师。神秀也为此失去了弘忍的继承人的资格，却成了北宗一派的开山祖。这是后话。

这首千古绝句，曾经让笔者反复吟思过。南华寺作为佛教禅宗六祖慧能弘扬"南宗禅法"的发祥地，慧能在此传授佛法 37 年之久，法眼宗远，传承世界各地。如今已有 1500 多年历史，1983 年，南华寺最早一批被国务院列入国家重点寺院，并在 2001 年被列为第五批全国重点文物保护单位，也让人仰慕。

南华寺一行，仿佛将那段尘封已久的故事和千古绝句又重新过了一下电影。对于今人来说，也许神秀的偈语更有道理，"时时勤拂拭"方可"勿使惹尘埃"，这是唯物主义的观点。人世间的诱惑太多，如果不主动地保持清醒的头脑，保持洁身自好的心灵，不随时洗拂各种尘埃和杂念，是很难保持洁净的肌体的。毛泽东同志不早就说过，扫帚不到，灰尘不会自己跑掉。然而，佛教作为一种哲学思想，博大精深，见仁见智。在慧能看来，"本来无一物，何处惹尘埃"，众生皆有佛性。"心地无非自成戒，心地无痴自性慧，心地无乱自性定"，"心平何劳持戒，行直何用修禅"，他所开创的禅宗讲究的是明心见性，顿悟成佛。修行方式也是无念、无住、无相，佛法无处不在、人心皆有，无须到处寻觅，人的本心即是佛教里所谓的性，是清明无碍的，如受尘识蒙蔽，就见不到性。慧能开创的禅宗还认为，"愚人"和"智人"，"善人"与"恶人"，他们与"佛"之间没有不可逾越的鸿沟，从"迷"到"悟"，仅在一念之间。这无疑带有强烈的主观唯心主义色彩，过于"玄秘"，而正是这种"见性成佛"的思想，对中国佛教的演变产生了影响。

　　说实话，尽管拜谒了南华寺，其实真正理解慧能法师的那个佛教精髓，不是一件容易的事。中国的佛教，源远流长，派别众多，择其要者，就有性、相、台、贤、禅、净、律、密等8大宗派，佛教信众更是多得惊人。佛教之魅力，无疑是人们劝善救难、修身善心、规范德行的精神信仰和导向。尽管真正懂得佛教所隐含的哲学思想和精髓的人少之又少；尽管多数民众感知佛教的信号不外乎来自寺庙黄墙、佛殿，和尚、法师，袈裟、佛号，对佛理知其然不知其所以然；尽管一些信众在持戒修行、求神拜佛方面，存有某些功利特征，尚违背佛教之本质，但它并不妨碍中华佛教的惊人生命力和美好的憧憬。可喜的是，如今佛教已有走向现实人间、走向世界之趋势，期望它在现代市场经济社会，继续成为利益人生、开导人心、积德行善、排除私心、避免恶性冲突的一种精神利器。

重释"辛庄"

简述：辛庄，是常熟市下属的一个镇；辛庄，又是一种品牌、一种标识、一种符号、一种地域的属性。正如阳澄湖是一个湖，阳澄湖又是一个镇，阳澄湖更是一种品牌、一种文化标识，注册"阳澄湖"商标的络绎不绝。对于大多数苏州人来说，辛庄镇还只是个地域的概念。作为品牌，辛庄虽然目前还不能与虎丘、阳澄湖、沙家浜、桃花坞之类媲美，但事物的发展常常是这样：一切皆有可能。

辛庄，是常熟市下属的一个镇；辛庄，又是一种品牌、一种标识、一种符号、一种地域的属性。

正如阳澄湖是一个湖，阳澄湖又是一个镇，阳澄湖更是一种品牌、一种文化标识，注册"阳澄湖"商标的络绎不绝。诸如此类，不一而足。江南、太湖、虎丘、洞庭、沙家浜、桃花坞……无一例外。

2010年8月，苏州市民政局根据国家社团登记条例的规定，批准苏州市总商会辛庄商会变更为苏州市辛庄企业家商会，使辛庄商会成为一级法人社团组织，这不仅在辛庄商会的历史上翻开了新的一页，而且赋予了"辛庄"更深邃的内涵。

对于大多数苏州人来说，辛庄镇还只是个地域的概念，说不上有很高的知名度；即便在常熟市，辛庄镇目前的综合经济实力也仅仅排在虞山、海虞、古里、梅里之后。其实，辛庄自古以来就是一块福地，且不说历史上孕育了无数文人雅士，近现代从那里走出来的成功企业家也是不计其数，只是鲜为人知而已。2009年9月20日，一群从辛庄镇走向苏州市中心城区投资创业的企业家发起成立了苏州市总商会辛庄商会，此举一出，人们对辛庄有些刮目相看了。哇！原来辛庄是块藏龙卧虎之地。据粗略统计，辛庄籍在苏的企业中，上些规模的就有60多家，小有成就的辛庄籍企业家更有百余名以上，其涉足的领域遍及房地产，建筑装饰，纺织、医药、电子等制造业，文化，宾馆、餐饮、投资等服务业，难怪有人坦言，如果把辛庄籍企业家在苏州市区创造的成果计算在辛庄镇的综合经济实力之中，辛庄镇在常熟市的排列就要靠前了。

辛庄商会诞生的意义不仅在于它为辛庄在外打拼的企业家提供了合作交流的平台，提供了沟通各方的桥梁，提供了畅叙友情的"家"。它更深厚的意义是，这个商会跳出了乡镇这一行政级别、地域区划的概念，而演化为一种属性、一种品牌。作为属性，商会会员由出生地辛庄在苏的企业家组成；作为品牌，辛庄虽然目前还不能与虎丘、阳澄湖、沙家浜、桃花坞之类媲美，但事物的发展常常是这样：一切皆有可能。

于是，辛庄商会的企业家们多了一份责任，多了一种使命：我们不仅要把自己的企业发展好，要把商会这个团队建设好，还要以更加辉煌的业绩，为打响辛庄这个品牌、这个标识、这个文化符号作出不懈的努力。

小商会要有大作为

　　简述：与大多数省级、市级异地商会相比，辛庄商会只是一个"小兄弟"。商会不在大小，只要我们高举团结、奋进的旗帜，牢记社会责任，坚持办会宗旨，开拓创新，努力借鉴学习他人之先进经验和成功实践，小商会照样可以有大作为。

　　苏州市总商会辛庄商会作为新生事物，从诞生起就受到了社会的广泛关注。九个月来，商会以其自身的魅力、活力赢得了人们的尊敬。商会各项制度健全完善，商会的凝聚力和影响力不断扩大，商会"会员之家"的功能初步体现，商会开展的一系列活动受到了会员的普遍欢迎。

　　与大多数省级、市级异地商会相比，辛庄商会只是一个"小兄弟"，如何在"强手之林"中"独树一帜"，走出一条具有辛庄商会自身特色的健康之路、可持续发展之路，这是总商会领导所期待的，也是辛庄商会全体会员共同追求的目标。我们始终认为，商会不在大小，只要高举团结、奋进的旗帜，牢记社会责任，坚持办会宗旨，开拓创新，努力借鉴学习他人之先进经验和成功实践，小商会照样可以办大事情，小商会照样可以有大作为。值得骄傲的是，作为中心城区以外以乡镇为地域在苏企业家组成的"异地"商会，我们具有强劲的综合竞争力，无论是企业的数量、规模与质量，都具有其他乡镇无法比拟的优势，辛庄商会应当而且可以创造更大的业绩。

正是出于这种考虑，2010 年 6 月 24 日，苏州市总商会辛庄商会召开了会长、常务副会长会议。这次会议的创新之处在于，学习借鉴中共党内开展"务虚会"和"民主生活会"的方式，对商会成立以来九个月的工作进行了认真的总结分析，既充分肯定成绩，又分析存在的不足，研究探讨了未来的发展方向、工作思路和工作重点。这次会议，有三个突出成果：一是强调思想建设。思想建设对于任何社团组织来说都是凝心聚力的精神支柱。与会共识，对于大多数会员企业家来说，已经初步完成原始积累阶段，钱赚多赚少固然重要，但最主要的是我们要为构建和谐社会和苏州市的创新发展多作贡献，每个企业家都应保持自己的良好风范，保持创业创新的锐气，讲奉献，讲社会责任，多做社会公益事业，努力回报社会。在商会内部要精诚团结、顾全大局，尤其是会长、副会长，要牢固确立全局意识、责任意识、自律意识，凡是有利于商会团结发展的事多做，凡是不利于商会团结发展的事不做。要关注会员企业尤其是有困难的企业的发展情况，努力形成商会互帮互助的崭新形象。二是创新领导体制和决策机制。为了保证商会领导班子的决策质量和效率，与会共识，借鉴学习中共党内实行常委会制度的做法，商会领导班子实行民主集中制，会长是班长，会长、常务副会长为领导和决策的核心层，重大问题先由会长、常务副会长集体讨论，在广泛征求意见、充分发扬民主的基础上，按照少数服从多数的原则，形成统一的意见。一旦形成决议，就要坚决执行。对于一般性事务则由会长或值班会长、秘书长决定。毫无疑问，这种决策体制和机制的形成，避免了难以形成统一意见和决策过程冗长的弊端。三是为经济协作探索新路。利用商会的平台开展经济合作一直是广大会员普遍关心的问题。会议达成共识，采用三种途径：一是会员有合适的项目，可通过商会内部会议、商会秘书处、商会网站等途径通报信息，按照自愿的原则进行合作，必要时由商会出面牵线搭桥；二是在必要或可行时，由商会出面协调，组建规范的投资公司，并实行会企分开；三是鼓励会员之间优化组合、分散协作、自愿合作。可以预料，这种合作的途径是可行的、现实的，从已有的实践看也是有效的。

我们已经迈出了坚实的一步，我们还在积极、务实地探索，我们的前途充满着阳光。我们坚信，有各级领导的关爱，有总商会和各级组织的支持，有全体会员的共同努力，只要脚踏实地，努力争先创优，苏州总商会辛庄商会的明天一定会更加美好。

团队的力量

简述：社会组织的力量，说到底是团队的力量。它的显著特点就是，为着一个共同的目标和明确的宗旨，调动多方面的优势，整合多方面的资源，从而将分散的力量凝聚为整体力量。古人曰：没有规矩，不成方圆。团队的力量归根结底要靠制度和机制的保障，要靠自觉尊重、接受制度和机制约束的成员来实现。

据不完全统计，经苏州市民政部门登记注册的合法社会组织已达到3100多家。何为组织？按照词典解释，是将分散的人或事物按一定宗旨、方式或系统结合而形成的机构或集体。毫无疑问，社会组织在推进经济与社会发展、构建和谐社会中是一股不可替代的重要力量。

社会组织的力量，说到底是团队的力量。它的显著特点就是，为着一个共同的目标和明确的宗旨，调动多方面的优势，整合多方面的资源，从而将分散的力量凝聚为整体力量。管理学上有个理论，即若干相互联系、相互作用的要素，按照层次结构和系统功能科学形成的统一整体，其整体功能往往可出现1+1大于2的状况，即整体功能大于多个孤立部分之和。反之，如果处置不当，则会出现1+1小于2的现象。

团队的这种整体性特征，决定了团队的每个成员必须具有整体意识，保持统一行动，从而形成整体作战能力。这也是任何组织、任何团队可持续健康发展的前提和保证。

为此，苏州市辛庄企业家商会在今年召开的二届一次全体会议上提出了商会建设的十六字方针，那就是"顾全大局、尊重个性、求同存异、和睦和谐"。

同其他社会组织不同，商会是以企业家为对象的联合性组织。对企业家个体而言，追求利润和效益最大化是他们最重要的目标；企业家又是一个具有强烈个性特征及个性差异相对较大的群体。而作为社会组织，则是一个非营利性的法人社团。如何在赢利目标和非营利目标之间寻求结合点、在个性差异迥然不同的群体内把握共同点，凝心聚力，这就需要有一个可行而有效的理念和路径。

全局观念对于团队形成步伐一致、整体合力是关键的因素。许多道理、许多想法、许多做法，对于每个团队成员而言，也许都是合理的，甚至都是正确的，但是，如果摆到一个团队的角度，或者摆到更大的背景下考量，有的就未必合理、未必正确，甚至是有失偏颇，这就要求每个成员将个人利益服从整体利益，局部利益服从全局利益，少数人的利益服从多数人的利益，必要时还得为形成整体合力作出一定的个人利益牺牲。团队合作，最忌各自为政、我行我素。

尊重个性，对于整体的协同作战同样十分重要。每个人都有长处和优点，同样，每个人又都有缺点和弱点。企业家之间的个性迥然不同是正常的。并且，越是成功的企业家，个性特征越鲜明，尊重个性才能扬长避短。正因为如此，在强调服从整体利益的同时，必须兼顾个人利益；强调整体意识的同时，又必须尊重个人意愿。不仅如此，而且还要允许差异、容忍弱点、宽容过错、理解过失，从而形成说真话、讲实话、畅所欲言、取长补短的氛围。

求同存异，最重要的就是要通过开展积极的批评和自我批评，广泛发扬民主，从而集中正确的主张，搁置不必要的争议。大事讲原则，小事讲风格。应该看到，任何一个团队内部，对同一个问题、同一个做法，由于经历、职业、学识、利益及心理特征的差异，每个人的感受、理解及主张都会有差异，这是必然的。求同存异不失为一个良方。

和睦和谐不仅是一个团队应当始终不渝追求的目标，又是一个团队提升自身凝聚力、向心力、战斗力的保证。一个团队就是一个家，在这个家，既有亲情，又有友情；既有民主，又有集中；既有矛盾，又相互包容；既允许个性张扬，又强调自我约束；既有积极的批评，又有坦诚的自我批评；既鼓励个人争先创优，又坚持相互精诚合作。在一个充满和睦和谐的团队里，就没有战胜不了的困难，就必然形成旺盛的生机和活力。

古人曰：没有规矩，不成方圆。团队的力量归根结底要靠制度和机制的保障，要靠自觉尊重、接受制度和机制约束的成员来实现。只有这样，作为每一个有志为创新特色、打响品牌的商会组织成员，一定能在实现自身价值、在推进社会现代化建设的伟大实践中，有新的作为。

商会创新之我见

简述：所谓创新，是以新思维、新发明和新描述为特征的一种概念性过程，它原意有三层意思：一是更新；二是创造新的东西；三是改变。创新是人类特有的一种认识能力和实践能力。但是，只有符合客观规律和事物本质特征的思维活动和实践行动才是真正意义的创新。

成立商会干什么？参加商会为什么？许多商会会员都会提出这样的问题。有人说，商会不赚钱，要商会干什么？有人说，在商会无利可图，又何必加入商会。

依我之见，这种想法既有道理又不完整。一方面，作为商会，它的法定属性是民间性的、非营利性的社会组织，与经济实体有着本质的区别，它不应该也不可能为会员谋取直接的利润；另一方面，商会作为企业与企业家按照共同目标、统一意志建立起来的法人社团，它可以承担政府做不到、做不好以及不方便做的事，可以办成许多单个企业或企业家想办又难以办成的事，可以在经济发展和社会管理中为会员和会员企业发挥重要的作用。正因为如此，商会的意义和作用是多方面的，创新商会工作的理念和实践显得十分必要。

众所周知，所谓创新，是以新思维、新发明和新描述为特征的一种概念性过程，它原意有三层意思：一是更新；二是创造新的东西；三是改变。

创新是人类特有的一种认识能力和实践能力。但是，只有符合客观规律和事物本质特征的思维活动和实践行动才是真正意义的创新，商会工作的创新也不例外。

辛庄企业家商会是创新的产物。它坚持在规范中创新、在创新中发展的规律，不断丰富、完善、延伸和创新商会的功能，努力塑造年轻、亲和、有活力的商会形象。为此，我们需要在以下几个方面积极探索：

1. 探索商会生存和发展的理念和精神。作为商会，最重要的是要对会员和会员企业倡导和构建一种全新的、具有积极意义的以及较强凝聚力和号召力的理念和精神。重点包括两个方面：首先，商会是一个"家"，是一个"团队"，作为"家"，商会是一个温暖的港湾，应该是为人们遮风挡雨的地方，在这个家里，彼此之间懂得友爱，相互谦让，可以倾诉，也可以发泄，彼此依赖、互相帮助。作为"团队"，商会倡导全局观念，强调整体意识，鼓励团结、协作、创新，既竞争又包容。同时，商会要成为"精神总部"，商会要通过多种途径，在会员中大力弘扬创业、创新、创优的精神风貌，大力弘扬善待员工、遵纪守法、努力履行社会责任等企业家必备的良好素质。

2. 探索商会惠及会员发展和回报社会的经济支撑模式。应当指出，作为社会组织，不论服务会员，还是回报社会，如果想要有所作为，就必须有一定的经济实力来支撑；同时，作为商会组织，也应该找到一个惠及会员、有利会员企业赢利和发展的路径。商会应当在服务企业的过程中获得正当的经济收益。从辛庄企业家商会的实践看，凡是由商会提供的咨询服务，凡是利用商会品牌举行有关经济活动所得到的收益，商会可从受惠企业收益中提取一定比例，以充实自身的经济基础。同时，商会也鼓励会员，尤其是会长们发扬奉献精神，为夯实商会经济基础添砖加瓦。

3. 探索商会服务会员和会员企业的工作机制。如何使商会具有较强的凝聚力、向心力、号召力和归属感，建立以下三方面的工作机制是必不可少的：一是会长、秘书长、秘书处和会员之间的联动机制。会长的坚定信念、博大胸怀、人格魅力、民主作风和统率能力具有决定作用；秘书长和秘书处的服务意识、运筹能力和不厌其烦的工作精神是基本保证；激发和调动会员广泛参与热情必须贯穿商会工作始终。二是规范有序的运行机制。商会作为社会组织，"没有规矩，不成方圆"，既要防止行政化倾向，又要防止无序、散乱的状况，因此，借鉴党委政府机关的一些工作制度十分必要。三是彰显有特色的活动机制。商会的活力在于活动，对活动要精心策划，做到经常化、多样性、有特色，坚持寓教于乐、丰富多彩。

4. 探索商会会员之间求同存异、相谐共处的良好环境。商会会员之间作为朋友、同乡，有的还是同行，既是合作伙伴，又是竞争对手，创造和谐的合作竞争环境十分重要。一要鼓励商会会员利用商会品牌的无形资产，扩大企业的影响力，加强团队合作；二要通过商会平台，及时掌握信息和动向，及时传递给会员及会员企业，既可以优势互补、错位竞争，也可以按照市场经济规律和法则，诚信经营，公开公平竞争；三要以项目为纽带，发挥骨干企业和领办人的作用，带动会员企业共同发展。

重谈"机遇"

简述：作为一名成熟的企业家，不仅要观察、关注和发现各种变化，还要在诸多变化中迅速实现与自身的有机链接融合，实施准确定位，确定适合自身的发展思路、发展模式、发展路径。发现变化并适时调整自身战略策略的过程，就是抢抓机遇的过程。

关于机遇，曾经是一个时期的热门词汇，逢会必讲、逢文必论、逢人必议。正是由于党的十一届三中全会以来所发生了历史性机遇，正是抓住了由此次生的各种机遇，从此改变了一个时代的命运，改变了一个国家、一个地区乃至千千万万人们的命运。

今天中国所发生的所有历史性伟大变化，都与人们的抢抓机遇有关，联产承包责任制的出现，大大解放了农村大量的劳动生产力；乡镇企业的崛起，实现了农转工的第一次转移，诞生了改革开放以来第一代产业工人和经营管理人才；沿海开发开放战略的确定和实施，对外开放被演化成为基本国策，不仅诞生了一个又一个经济特区、经济技术开发区和对外开放地区，开放的国门也随之打开；城市化、城乡一体化步伐的加快，推动了房地产、道路、交通等基础产业以及服务业、信息产业的跨越式发展，随之也创造了无限的商机，如此等等。实践证明，谁抢抓住了机遇，谁就获得了率先发展的机会。中国企业家阶层的形成，也很大程度上归结于他们在"机遇"问题上所显现的那种与众不同的慧眼和胆识，无论是在农村劳动力向城市大规模转移的浪潮中，无论是在计划经济向市场经济并轨、转轨的交替运行中，无论是集体经济、国有经济在改制改革的探索实践中，无论是各行各业在推进产业机构、产品结构调整乃至转型升级的过程中，无论是在大跨度推进城市化的进程中，都有一批企业家，凭借自己犀利的眼光、超常的嗅觉、开拓创新的精神以及巧于利用自己所拥有的资源，在市场竞争的舞台上大显身手，创造了一个又一个财富神话。

可是，当宏观环境趋紧、市场出现低迷、企业发展处于重重障碍的状况下，还有机遇吗？还能抢抓机遇吗？

一种观点认为，那种单纯依赖抢抓机遇谋发展的想法不可取，那种依赖抢抓机遇获取暴利的时代已经成为过去。

一种观点认为，机遇是一种客观存在，关键在于能否识别机遇，捕捉机遇，进而抓住机遇。

不同的机遇观，呈现出不同的表现方式：有的开始麻木不仁，漠不关注；有的变得烦躁不安，怨天尤人；有的会随遇而安，得过且过；有点开始滋长惰性，创业时期的那种开拓创新的精神已经荡然无存。当然，更多的企业家则始终如一，保持清醒的头脑，从不放弃寻找机遇、抢抓机遇，谋求新的发展和跨越。

在对待机遇的问题上，有几个观点需要再讨论一番。

首先，什么是机遇？所谓"机"，可以理解为机会、机缘；"遇"，表示可以遇到的机会、机缘；没有"机"就谈不上"遇"。但机遇具有几个特点：一是普遍性，可以说无处不在，无时不在，大到一个国家的振兴，中到一个区域的崛起，小到一个人的进步，都伴随着机遇的因素。对于企业来说，无论是宏观环境趋紧还是宽松，无论是市场看好还是低迷，无论是转型升级还是平稳发展，总是有普遍存在或尚未发现的机遇伴随。二是不确定性，机缘是客观的，但它在什么时间发生，什么情况下发生，什么地点发生，以何种方式发生，没有固定的变现方式。三是稍纵即逝性，所谓机不可失，时不再来。而且，多数情况下，机遇具有隐蔽性特征，不仅不会唾手可得，而且得到了还有可能失去。正因为如此，不管机遇是隐蔽的还是显现的，都有规律可循，有原因可查。

其次，企业家应当如何观察机遇、发现机遇、捕捉机遇？机遇的形成是宏观与微观、客观与主观、必然与偶然等多种因素共同作用的综合产物。捕捉机遇首先要观察机遇、发现机遇。对于一个企业和企业家来说，最重要的是要把企业的发展摆到宏观背景、市场环境的大格局中审视，知己知彼，图谋远虑。为此，有几点是必不可少的：一是要仔细观察和分析国家宏观经济政策环境发生的各种变化，哪怕是极其细微的变化；二是要关注企业及相关的产品、产业等环节的生存环境和发展环境；三是要研究总结、经常反思他人和企业自身发展进程中的成功实践及教训的案例，积极发掘并不断放大企业优势、亮点，打造新的优势与亮点，以新应变；四是要努力夯实企业的基础和实力，提升企业的综合竞争力，包括人才储备、管理体制、运行机制等等。比如，结构调整、转型升级、发展创新，是国家今后一个时期经济工作的主基调，无疑隐藏了巨大的机遇空间。它由此会引起发展战略、产业导向、区域布局、政策扶持、重点领域等多个方面发生一系列变化，作为一名成熟的企业家，不仅要观察、关注和发现各种变化，还要在诸多变化中迅速实现与自身的有机链接融合，实施准确定位，确定适合自身的发展思路、发展模式、发展路径。发现变化并适时调整自身战略策略的过程，就是抢抓机遇的过程。

第三，抢抓机遇重在克服浮躁心态，强化创新能力。俗话说："天上不会掉馅饼。"抓机遇不是碰运气，那种"靠运气，一夜暴富"的事可能会发生，但只能理解为是一种个案和偶然的事情。"碰运气"这种心态不可有。机遇只青睐那些勤奋、务实、创新、有智慧、有准备的人。作为一个企业家，最重要的还是要发扬邓小平同志当年倡导的那种敢闯敢冒的精神，强化创新意识和创新能力，在努力提升企业的核心竞争力上下功夫，只有这样，一旦机遇降临，便可从容不迫地迎接挑战，从而实现新的跨越。

大气候·小环境

简述：作为企业负责人，要努力完成从生意人、老板到企业家的转变，善于观察宏观大势，善于把握企业发展节奏，善于分析企业运行细节，善于掌控企业关键环节，识时务、有胆识、善决策、会用人、敢担当，守法、合规，大度、诚信，调动和激发企业成员的积极性和创造力，企业才能谋求长远健康发展。

上世纪 80 年代，笔者研究人才学，曾提过一个观点：人才的脱颖而出离不开大气候，也同样需要小环境，作为个体而言，从某种程度看，大气候是可遇不可求的，但小环境是可以自我营造的。环境创造人才，既指大气候，更包括小环境。

其实，不仅是人才成长，经济发展也是同一番道理。

与企业家聊天，尤其与那些中小企业、民营企业家聊天，不经意间就会感受到他们的所思所想、所忧所虑，就会聊到企业成长的气候和环境问题。不少企业家对企业的生存环境并不满意，比如，一些国有企业的企业家感觉束手束脚，有时做事费力不讨好；一些曾经依赖改制获得过"红利"、掘得"第一桶金"的人们，还有被"秋后算帐"的疑虑，缺乏"安全感"；一些民营企业总觉得自己比国有企业"矮人一截"，市场竞争并不平等、并不公平；一些民营企业隐约感觉政府对自己有"双重标准"，自己为社会所作的贡献、在创业过程中所付出的心血和甜酸苦辣，并没有被社会和政府理解，相反，"仇富心理"有增无减，总在担心"出头橼子先烂"，于是低调、低调又低调，唯恐发生什么乱子。相当一些企业感觉发展越来越难，环境资源约束、宏观调控力度加大、产能过剩、资金紧缺、成本剧增、市场竞争激烈、机遇空间越来越小，于是信心指数下降，迷茫焦虑心理重重，面对企业前景，无所适从，转型无门、升级无道，脚踩西瓜皮，滑到哪里算哪里，创业创新激情和动力明显不足。有企业家还觉得目前对企业尤其对民营企业的生产、生存、成长、发展乃至做强做大缺乏尊重、信任、宽容和理解的心态和环境，稍有不慎，就疑似异己，或曰"偷逃税款"，或曰"官商勾结"，或曰"唯利是图"，或曰"腐蚀国家公职人员"，于是有的企业家干脆带着财富一走了事，出国移民去了，云云。

诚然，这也许是少数企业家的"片言只语"，并不一定代表企业家的普遍认知。但也不可否认，企业成长的社会环境中确有一些不尽如人意和值得深思的地方。

应该指出，我国经济发展的大气候是乐观的。尤其是党的十八届三中全会强调指出："市场在资源配置中起决定性作用"，"公有制经济和非公有制经济都是社会主义市场经济的重要组成部分，都是我国经济、社会发展的重要基础"，"必须毫不动摇地鼓励、支持、引导非公有制经济发展，激发非公有制经济活力和创造力"。这就是促进国民经济持续健康发展的总基调和"大气候"。问题是，如何在各地、各部门、各领域，把与大气候相对应的小环境真正落到实处，让广大企业家切切实实得到这种感受，还需付出艰苦卓绝的努力。因为，对于企业的经营管理人员来说，他们最直接的往往就是从自己所处的小环境，即他们遇到的每一件事、每一个细节来观察和判断大气候的。

但是，话说回来，企业自身也有一个如何进一步营造有利于健康可持续发展的小环境的问题。所谓小环境，不仅是外部，也包括内在。我们常说"外因是决定的条件，内因是决定的关键"、"打铁先得自身硬"，就是这个道理。同样的气候、同样的环境，企业发展状况大不相同，这种差异，说到底是自身实力、素质的差异。换句话说，如果我们自身各方面过得硬，不论何种气候和环境，都可能打开一条血路，无往而不胜。对企业家朋友来说，营造有利于企业自身发展的小环境。有几个方面值得注意：一是信念和理念。首先是坚定信念，随着国家基本经济制度和现代化市场体系的坚持、加快与完善，随着改革开放步伐的加快，随着政府职能的加快转变，随着社会主义法治建设的推进和完善，随着权力运行制约和监督的完善，企业的生存环境必将优化。对此，我们应当充满信心，坚定信念。作为企业家，也应当清楚地认识到，时至今日，那种仅靠机遇谋求大发展、靠勤奋和小聪明谋求大跨越的时代也已经过去，那种投入产出的"一夜暴富"、"暴利时代"更已过去。每位企业家都要认真研究如何遵循和适应改革开放和社会主义市场经济运行的法则和规则，规范运作，稳中求进，不仅要有争先创优的创业精神，也应确立平和、求实的回报心态。二是发展模式和路径。每个企业都有各自的特点。因此，营造小环境，很重要的是选择一条符合自身特点的健康可持续发展的思路，对于多数企业而言，其中最重要的是要围绕专业、合适、熟悉、擅长的项目、产业、事业做强、做优、做大。有的东西，看人挑担不吃力，但并不属于自己；有的领域，既要知难而进，也要知难而退；有的项目，既要大胆创新，又要小心求证。三是重视企业文化精神建设。一个企业就是一个团队。企业不管大小，都有文化精神，文化是企业的根基，是企业的灵魂，是企业的核心竞争力所在。关键是建立什么样的文化。作为企业负责人，要努力完成从生意人、老板到企业家的转变，善于观察宏观大势，善于把握企业发展节奏，善于分析企业运行细节，善于掌控企业关键环节，识时务、有胆识、善决策、会用人、敢担当，守法、合规，大度、诚信，调动和激发企业成员的积极性和创造力，对员工量才录用、适才适用，最大限度地凝心聚力，企业才有希望，才能谋求长远健康发展。

与文字为伴

勇往直前　走向成熟

——2014 年遐想

　　简述：商会的宗旨：团结、协作、创新；定位："家"、"港湾"、"组织"、"纽带"和"平台"；决心："小商会，大作为"；原则：顾全大局、尊重个性、求同存异、和睦和谐；意识：奉献意识、责任意识、规矩意识、自律意识；口号：不求"百年老店"，但求"健康长寿"。

　　2014 年，对于苏州市辛庄企业家商会来说，是关键的一年。

　　2014 年，商会即将五周岁。有人说，婚姻生活会有"七年之痒"；对于社会组织，可能用不了七年，"五年之痒"就差不多。此话也许有些道理，不过，对我们来说，让它成为一种警示吧。

　　想当年，在一些热心人的倡导下，一群在苏州打拼数十年的辛庄籍企业家，热血沸腾，志同道合，苏州总商会辛庄商会开始登台亮相，崭露头角，引起了人们的广泛关注。

　　几年后，我们骄傲地看到，商会成立以来，会员之间的亲情、乡情、友情得到了很好的发扬；互通信息、互助合作的平台作用得到了初步显现；回报父老乡亲，履行社会责任的群体风采得到了展示；辛庄暨商会的品牌效应得到了较好的张扬。原来老死不相往来的同乡人成为商会大家庭的成员，会员之间、会员企业与政府部门之间及社会相关层面间架起了桥梁和纽带，与此同时，商会也为会员企业的交往和发展提供了精神支柱、有限服务和品牌支撑。

我们也不可否认,同任何事物的发生、发展、成长一样,那种所谓"五年之痒"的现象也开始表露出来:"成立商会干什么?参加商会为什么?"成了一些会员的新的思考,见仁见智;成立商会时的那种新鲜感、神秘感变得乏味、陌生,诚如新婚时"花前月下"的浪漫时刻到"油盐酱醋"的寻常生活;伴随时间前移,会员对商会的期盼感和需求也在发生种种变化,尤其是多元的入会愿景与现实的回报之间产生突出的矛盾;商会对会员的服务产生了新的障碍,开始心有余而力不足,使得一些会员在对社会组织的组织形态、路径选择、活动方式、发展方向上发生了疑虑,甚至对承担责任义务及参与商会活动的积极性产生了微妙的变化。当然,更多的会员对商会始终保持着一颗执着和赤诚的心。

这就是磨合,这就是阵痛。"七年之痒"也好,"五年之痒"也好,结果只有两种:一种是分道扬镳,走向分裂;一种是走向成熟,天长地久。辛庄商会选择的当然是后者。

众人拾柴火焰高,兴旺发达靠大家。只要有人群的地方,就会有不同意见,甚至会有分歧和矛盾。化解矛盾、消除分歧、达成共识,是成长、成熟的前提。我们正处在有利于民营经济发展的改革、发展、开放、创新的社会环境,我们有一个坚强的领导集体和一群富有责任、敢于担当、乐于奉献、志同道合的朋友、兄弟,我们有坚定的信念、统一的意志,我们有一套正确的发展理念和成功的探索实践。

值此 2014 年新年伊始,商会庄严重申:

我们的宗旨:团结、协作、创新。

我们的定位:商会是辛庄籍在苏州创业的企业家共同的"家",是倾诉亲情、友情、乡情的"港湾",是反映诉求、畅谈心声的"组织",是合作交流、联络各方的"纽带"和"平台"。

我们的决心:"小商会,大作为。"

我们的原则：顾全大局、尊重个性、求同存异、和睦和谐。

我们的意识：奉献意识、责任意识、规矩意识、自律意识。

我们的口号：不求"百年老店"，但求"健康长寿"。

我们的目标：打响品牌，创建五星级社会组织。

我们有理由深信不疑：只要大家精诚合作、凝心聚力，苏州市辛庄企业家商会的明天将更加美好！

苏州民企的文化张力与动力

简述：一个人如果有了文化，便会知书达理、温文尔雅；一个地区如果有了文化，便会充满人文气息、温润和谐；同样，一个企业如果有了文化，便会彰显其无穷的魅力和发展的活力与动力。文化是无形的，文化又是有形的。文化是人类精神物质生活的综合体现。只有具有博大文化理念的企业家，才可能成为具有社会责任感和博大胸怀的企业家。

一个人如果有了文化，便会知书达理、温文尔雅；一个地区如果有了文化，便会充满人文气息、温润和谐；同样，一个企业如果有了文化，便会彰显其无穷的魅力和发展的活力与动力。这是笔者前不久观摩苏州一家以实木地板、木门为主导产品的民营企业举办的木文化节引发的启示。

木文化节的内容可谓丰富多彩，有木文化精品展示，最让人叫绝的是一幅选用数十种木材、由 144 个"木"字偏旁部首拼成的宽 2 米、高 3 层楼的巨大木版印刷体竖匾；有众多专家、设计师参加的，"以居家木业在生活中的应用与延展"为主题的木文化论坛；有广大市民参与的以"推广木文化、感受木文化"、"亲近自然、了解自然、善待自然"为主题的科普宣传活动；还有校企合作跨国联办高校的签约仪式，真正大开眼界。策划这次木文化节的主人公是苏州先锋木业公司的董事长俞雪元。30 年前，他是土生土长、走村串户的"木匠"；25 年前，他开始筹建自己的木器厂和家具厂；15年前，他进入家庭装饰行业并崭露头角，成为实木一体化精装的倡导者。现在，他已经在老挝拥有自己的原木生产和供应基地。在几十年的木业生涯中，他被木文化"浸润"，对木的认识从物质层面上升到精神层面，从感性层面上升到理性层面，乃至融化为企业的发展理念，贯穿到企业的实践之中，于是，企业的物质生产过程已衍化为物质和文化融为一体的生产过程。

笔者对媒体的报道作了一些大体的梳理，看主人公对木文化是如何感悟的：

何为木文化？木文化是生活中与木相关的人文教义及对木材价值观和木材利用方式的研究，体现了人与自然和谐共生的哲理。

东方文化以中国文化为代表，是"木"的文化。纵观历史，从雄奇伟岸的木建筑，到舒适典雅的木装饰，从优美质感的木家具，到轻巧别致的木器具，饮食起居中无处不在。木文化是美的化身。

金木水火土，五行事万象，木及人以仁，其性直，其情和。年分四时，木表春，意谓生机盎然从而极富生命力。道生一，一生二，二生三，三生万物；木生林，林生森，森生万物。

走近木，我们变得渊博；聆听木，我们静心慧智；体悟木，我们返璞归真，懂得平凡可贵。

……

从中国木质工艺的历史，到中国木业出口贸易的追溯；从西方石文化与中国木文化的传统文化的比较，到《易经》中对五行"木"的深刻理解；从苏州响当当的"香山帮"工匠挖掘，到亚马逊河流域、阿根廷红松林、印尼"马腊豆维"林场的考察，俞雪元接触木、了解木、使用木、爱上木、研究木乃至对木文化有了难以割舍的情怀，进而凝结为"盛木为怀、以木为生"的理想，外化成企业的发展规划。这就是文化的魅力和吸引力。正因为如此，十几年来，企业产品的品质越来越好，几乎成为苏州装饰行业和市民家喻户晓的知名品牌。与此同时，更为重要的是，2006年，他做出了惊人一举，在邻国老挝举办中国首家独资企业，在建立木材加工基地的同时，投资近5000万元，取得了一块57平方公里、具有50年使用权的土地，按照"伐一植三"的思想，准备花30年时间，在这里种植30万株柚木苗，形成良性循环的生态系统，目前已栽种10万株，老挝地方政府称之为"一个负责任的企业"。恐怕这也是"木文化"理念的具体实践。

文化是无形的，文化又是有形的。文化是人类精神物质生活的综合体现。我一直认为，只有具有博大文化理念的企业家，才可能成为具有社会责任感和博大胸怀的企业家。有些企业之所以能够长期给人与众不同的认识和了解，关键是企业有与众不同的理念，换句话说就是企业的文化。海尔的"真诚到永远"，说到底是一种文化，它支撑着海尔与众不同的服务质量；中国移动的"我能"，说到底也是一种文化，它决定了移动通讯在全行业的地位。透过从木业制造到举办木文化节这个案例，从一个侧面反映了苏州民营企业的文化进步，也反映了苏州民营企业家的文化追求。可以深信，俞雪元必将与他的企业随着文化的成熟而不断发展壮大，演绎出更加华美的乐章。

从"添砖加瓦"说开来

简述：每个人、每个企业、每个机构，都在一定的社会关系中生活，为了创造幸福生活，为了建设美丽家园，为了安居乐业和我们生活的这座城市乃至我们赖以生存和发展的整个社会，每个人、每个企业、每个机构无不都在以不同的方式"添砖加瓦"，作出各自的努力和奉献。

作为苏州市辛庄企业家商会的会员企业——苏州市吴中区东吴建筑有限责任公司已经走过了 30 年历程，《苏州日报》为此做了专题报道，题目是"为南苏州添砖加瓦 30 年"。

"添砖加瓦"这个说法好。好在哪里？首先，作为一家以建筑与房地产投资开发为主的企业，一定程度上就是与砖呀、瓦呀之类打交道，添砖加瓦是题中应有之义；二是所谓"添砖加瓦"，既表明企业只是为南苏州的建设尽了一些力量、做了一些事情，又表达了一种恰如其分、实事求是的态度。

其实，每个人、每个企业、每个机构，都在一定的社会关系中生活，为了创造幸福生活，为了建设美丽家园，为了安居乐业和我们生活的这座城市乃至我们赖以生存和发展的整个社会，每个人、每个企业、每个机构无不都在以不同的方式"添砖加瓦"，作出各自的努力和奉献。企业创造税收、机构提供服务、政府依法行政、官员勤政亲民、公众遵纪守法、员工勤奋工作、企业家履行社会责任、社会成员和谐相处等等，都是一种"添砖加瓦"。一个人能力有大小，社会分工有不同，所处的位置有差异，添的"砖"与加的"瓦"有多少，但只要有这颗心，只要肯出这份力，只要努力地做好一些事，他就是一个有责任感的人，就是一个应该受到尊敬的人。

"添砖加瓦"的精神宣示的是一种人生的态度。在一个相对比较浮躁的社会环境，人们已经不需要什么豪言壮语，人们所渴望的只是求真务实的实际行动。但凡"添砖加瓦"的人，必定不在乎、也不会去追求那些轰轰烈烈的宏伟目标，他们想的通常是如何为国家、社会做点有益的事；如何为实现自身的价值目标，包括事业、家庭、生活做点积极努力的付出；如何为组织、团队、企业所设定的共同目标尽其所能、倾其所力，默默无闻地奉献，脚踏实地地工作，一步一个脚印地前行，恪尽职守、低调处事、不事张扬，甘当绿叶和配角。

"添砖加瓦"讲究的是一种境界、一种唯物辩证法。一个人的付出再艰辛，一个人成就的事业再辉煌，一个人所作的贡献再巨大，对于历史长河来说都只是沧海一粟，对于构建这座社会大厦而言，也就是一"砖"一"瓦"而已，更何况，前有古人，后有来者，它不应该成为骄傲与自豪的资本。但是，如果一个人尽力了、努力了，发挥的力量是正面的，即使微不足道，也是可敬可亲的。事不分大小，人没有贵贱，"众人拾柴火焰高"，围绕共同的正确目标，凝心聚力、抱成一团，其产生的能量是任何外力所不能抵挡的。

添砖加瓦，看似平常，然而做到并非易事。或者说，说说容易，真正融合在灵魂里、落实在行动上并不容易。在我们这个社会，不乏这样的人物，有的对外部"给予"的利益十分计较，对自身应当"付出"的事情则漠不关心；有的常常热衷于"坐而论道"，抛出一些脱离实际、超越阶段、貌似有理的极端主张，不经意间把人们引入歧途；有的习惯于当"评论员"，总是喜欢用"审视"的眼光对待周边的人与事，就拿对待"献爱心"之类的公益活动来说吧，捐多了，说人家是"作秀"，捐少了，说人家"太小气"，自己不捐，又说不是不想参与，而是对那些组织机构信不过；有的则是一副"局外人"、与己无关的样子。比如，人人都期望有一个好的环境，但有的企业偏要接根管子，把污水偷排到河道，有的企业却直接把烟囱的废气排到空中；人人都希望有一个良好的交通秩序，可乱停乱放、乱闯红灯却总是屡禁不止，如此等等，不一而足。

"添砖加瓦"说到底是正能量的集聚。事业的延续需要天长日久，社会的发展需要代代相传，团队的建设需要强有力的凝聚力与战斗力，我们要发扬万众一心、群策群力、"添砖加瓦"的精神，共同建设美好的家园。

感悟创新

简述：企业家的创新动力来自何方？依我看，一是由市场经济的本质属性所决定的，所谓市场似战场，唯有创新才能化险为夷、转危为安、新陈代谢、乘风破浪；二是由企业家的"悟性"所决定的，这就是说，要不要创新、如何创新，完全是企业家从自身发展的实践中"悟"出来的，它既可以表现为长期的自觉认识和实践，也可表现为由某种灵感的引发而"开窍"。

我一直十分崇拜这样一类人，他们并没有显赫的背景，没有被人们羡慕的学历，但他们却能干出很大的事业，大到可以令人们刮目相看。在苏州这片土地上，孕育了无数这样可歌可泣的人物：沈文荣、高德康、钱月宝、陈建华……

苏州市总商会下属有个辛庄商会。这是由一群从我的家乡常熟市辛庄镇走到苏州城里创业的企业家们组成的社团组织，他们的业绩也足以让人们刮目相看。

你听说过南苏州生活广场吗？听说过苏州工业园区星海国际广场吗？听说过先锋木地板吗？听说过月星家具广场吗？听说过小羚羊电动车吗？等等。那么，告诉大家，这仅仅是辛庄在苏企业家的部分作品案例。

他们有什么过人之处呢？其实，他们多数少有文化，多数是从田埂上走出来的"农民";不少人都有木匠、泥水匠、漆匠等"手艺人"的经历，可是，他们都以创业、创新、创优为毕生追求。前不久，辛庄商会组织了一次"家乡行"活动，这些小有成就的企业家，拜访了常熟市辛庄镇另一位大名鼎鼎的人物徐之伟。

同大多数辛庄籍企业家一样，徐之伟没有显赫的身份，他也是地地道道的农民出身；他虽然常常给大学生、研究生上课，可他并没有学历，只上了几年小学。目前，他领导的隆力奇集团已经成为国内规模最大、技术力量最先进的日化产品和养生保健研究开发和产销基地，隆力奇品牌价值已达到近百亿元。近年来，企业把研发机构办到了上海、北京和美国、日本，世界级的日化顶尖专家加盟隆力奇。不仅如此，徐之伟还把世界最先进的企业管理和营销模式与中国传统文化结合起来，创造了一套适合企业实际的现代经营管理新模式。

我们常常谈论创新，可是，企业家的创新动力来自何方？依我看，一是由市场经济的本质属性所决定的，所谓市场似战场，唯有创新才能化险为夷、转危为安、新陈代谢、乘风破浪；二是由企业家的"悟性"所决定的，这就是说，要不要创新、如何创新，完全是企业家从自身发展的实践中"悟"出来的，它既可以表现为长期的自觉认识和实践，也可表现为由某种灵感引发而"开窍"。

徐之伟的成功之处就在于他对创新的一以贯之，持之以恒。熟悉徐之伟的人都知道，他曾经是一名走村串巷的"土木匠"，是一名捕蛇贩蛇的"个体户"，改革开放后，从依赖外贸公司出口蛇皮、办厂生产蛇皮革制品和生产低档次的纯蛇粉之类的护肤品，到跻身中国日化企业行列，瞄准世界一流水平，直至成为中国日化企业领军人物，他所依靠的主要是对民族日化产品研究的痴迷，依靠那种永不满足、不断创新的态度。但是，应该看到，能像徐之伟这样具有大智慧、进入大境界的企业家毕竟是少数，多数企业的成功恐怕在于他们在新生事物、新鲜经验、新的机遇、新的趋势面前所体现的与众不同的感悟和所具有的天然的灵感。只要有机会，只要给舞台，他们就可以创造奇迹。

也许可以从辛庄商会会长平小发在参观考察隆力奇公司后的一席话中得到印证。他说："徐之伟是木匠出身，我是泥水匠出身，徐之伟只有小学文化，我只读了几年书，我们是同乡、同龄人。我们一直在讲创新、讲转型升级，看了隆力奇公司，听了徐之伟的介绍，我感到惭愧，需要好好反思。我们总以为自己也是成功的企业，原始积累已经完成，企业在平稳发展，可我们很少考虑这种以消耗资源为主要代价的企业发展之路还可以走多久，从徐之伟这里我们得出一个结论，要确立强烈的忧患意识和进取意识，向现代化进军、向高科技进军、向国际化进军，真正提升企业品质，培育优秀企业文化，提升企业的竞争力。"我想，一次考察可以引发一番感悟，可以引发创新创优的激情，显示出了企业家的睿智和成熟，也正是这种感性和悟性，才得以激发企业不断发展的活力和动力。

对于企业来说，创新是一个全方位的课题，它不仅仅是科技创新的问题，从根本上说，还伴随企业的发展理念、发展战略、发展策略、运行机制、文化建设的一系列创新过程，还涉及对企业面临的宏观环境、微观状况的判断与决策等一系列重大问题，体现在企业的新品开发、结构调整、品牌战略、营销策略、资源整合、人才利用、精细化管理、技改投入等一系列实践活动之中。无论是隆力奇集团董事长徐之伟，还是苏州市总商会辛庄商会的企业家们，他们之所以能够干出一番大事业，都足以证明一个真理：创新在企业发展中常常具有主导性、战略性作用，创新是企业成功之本。我们已经进入了知识经济时代，如果说，上一代缺文化、少知识的企业家凭借着自己的感性悟性和拼搏精神，步入了改革开放创业创新之路，干出了一番事业，那么新的时代呼唤更多有文化、有知识的创新型人才涌动，这无疑将为经济的腾飞和时代的进步提供不竭的动力。

拒绝浮躁　追求卓越

——聆听吴林元演讲有感

简述：听吴林元演讲，给我传递的最强的信息是：心态是成功的基石。只有具备正确的心态，才能告诫自己"我是谁"、"我能做什么"；才能引导自己"我该做什么"、"我不该做什么"、"我能够做好什么"。吴林元从热衷于所谓的"股权投资"到"我们只专注临床护理产品及服务"，说到底是自己对"拒绝浮躁、追求卓越"的世界观和财富观、价值观的一种深刻反思，是对企业成长和发展普遍规律的一种深刻认识。

2013年6月22日下午，上海四季饭店。苏州林华医疗器械有限公司在那里举行了一个题为"创建民族品牌，实现共作共赢"的论坛，论坛的主讲人是这个公司的董事长、苏州市辛庄企业家商会副会长吴林元。

演讲整整三个小时，会场虽然不算大，但座无虚席，没有发现有人中途离场。

我也算是半个"学者"，形形色色的论坛、会议并不少见，大同小异的演讲内容也屡见不鲜。不客气地说，论坛的主题并没有多少新意，但我对演讲人说，像今天这样，我老老实实聆听3个小时，不起身，没开小差，以前还真不多。

这不是恭维，而是我被演讲人所感染了。俗话说："外行看热闹，内行听门道。"对于做生意、搞企业之类，我没有感觉，绝对是外行；而透过做生意、搞企业，剖析和发现其中一些奥秘，悟出一些道理，做点"纸上谈兵"的东西，我可能还不算是个"外行"。

作为论坛的主题，创建品牌也好，合作共赢也好，这些都是企业成长发展实践中老生常谈的课题，令我感兴趣的是演讲者对创建品牌、合作共赢所娓娓道来的那些理念和故事。其中最入耳入脑的观点是：做企业和做任何事业一样，应当拒绝浮躁、追求卓越。

浮躁是当今社会的常见病。市场经济的大发展给社会带来了生机与活力，市场经济也给人们带来了诱惑，使人变得浮躁，诸如急功近利、见异思迁、贪图名利、朝三暮四、不懂满足等等，诱惑和浮躁渗透到各个层面，包括企业界。

吴林元对自己的亲身经历和感悟作了严肃的解读。同许多企业家一样，吴林元的发展带有一点传奇色彩，他做过生意，当过厂长，早在上世纪八九十年代，他的企业和生意就做得非常成功。1996 年，他用数百万元资金收购了当时吴县第一家中外合资企业，即原苏州意华塑料制品有限公司，后更名为苏州林华医疗器械有限公司，从此专注于研发、生产、销售以一次性注射器为主的医疗器材，2010 年，企业移至苏州工业园区。这期间，企业越做越好，公司发明了安全正压留置针，数十项产品获国家专利，成为国内该行业的领军企业，每年上交国家的税收就有数千万元，个人也积累了一些财富。有了钱，按照吴林元的说法，他开始有点不安分了。当时，企业界流行股权投资，流行多元化经营，所谓"鸡生蛋，蛋生鸡"、"东方不亮西方亮"、"鸡蛋不能放在一个篮里"，他于是到处走南闯北，四处寻找商机。先是与朋友一起设想投资矿业开发；后来又到贵州投资旅游地产；还打算投资全国最大的抗衰老中心，投资生产"羊胎素"保健品……那段时间，吴林元热血沸腾，信心百倍，把三分之一时间放在香港，在那里注册了一个投资公司，三分之一时间四处考察，只有三分之一时间的精力放在苏州企业，结果一年下来，近千万资金打了"水漂"。

痛定思痛，吴林元明白了一个道理，只有做企业、做临床护理产品，才是自己的强项；只有先成为专家，才有可能成为赢家；只有专注，才更有可能获得成功。2012年元月8日，吴林元主持召开了企业年会，在会上，他发聋振聩地提出了企业的发展理念和品牌定位，即：林华企业，一家人、一辈子、一件事，我们只专注于临床护理产品及其服务。

按照他的理念，林华的出路，赢在品牌、成在临床、共创未来。林华的方向是"专业＋品牌＋资本"。林华的品牌涵盖三大目标：一是使企业成为可持续发展的上市公司；二是小产品要成为大品牌，即"林华＝留置针"，"林华＝防堵管"，"林华＝医院系列护理产品"；三是作为董事长的吴林元也要有所作为，成为一个品牌。从此，吴林元不再浮躁，一心只追求企业和产品的卓越，只关注提升企业品牌的影响力，向品牌要附加值，向品牌要竞争优势。他说："作为董事长，目前我只做三件事，一是给企业的经营管理层开会灌输，强化'一家人、一辈子、一件事'的理念，凝心聚力，形成共同意志，分解落实工作任务；二是批阅属于企业法人职责范围内应当把握和决定的相关文书；三是到各大地区和城市传经授道演讲，传播林华理念，宣讲林华品牌，听讲者多是大医院的护理主管、经销商、渠道商和科技、金融相关人员代表。"吴林元十分感慨，作为产品，如果成为一个高端品牌，其影响力和附加值无限，当年他曾开发生产了一个替代日本、美国技术的一次性注射器针帽，市场占有率达到90%以上，自己曾被国内业界称为"针座护帽大王"，产品质量可以达到国外先进水平，但产品缺乏品牌影响力，其价格只值人家的十分之一。对医疗器械品牌，全球都认日本的尼普洛。中国企业品牌影响力十分落后，世界最知名企业的品牌前10名，9家在美国，1家在德国；排名前100位的，没有一家是中国企业。这就是差距，差距就意味着发展的潜力和空间巨大。吴林元的梦想就是做大企业、做强产品、做优品牌，以品牌的影响力，提升产品的附加值和企业的综合实力，"那时候，我就不再是生意人，不再是商人，而是既能创造财富，又拥有具有自主知识产权的知名品牌的企业家"。

企业的成长发展有多种模式、多种路径，"条条道路通罗马"，很难用一种标准来判断正确与否；发展的成功有时还带有某种偶然和机遇，个案的成功有时没有太大的推广和借鉴意义，但无数个偶然和机遇可揭示出共同的规律。听吴林元演讲，给我传递的最强的信息是：心态是成功的基石。只有具备正确的心态，才能告诫自己"我是谁"、"我能做什么"；才能引导自己"我该做什么"、"我不该做什么"、"我能够做好什么"。吴林元从热衷于所谓"股权投资"到"我们只专注临床护理产品及服务"，看起来是企业发展思路的一种调整，说到底是自己对"拒绝浮躁、追求卓越"的世界观和财富观、价值观的一种深刻反思，是对企业成长和发展普遍规律的一种深刻认识。在我们周围，有一批企业家，有的怀有一种平和的心态，耕耘着自己钟爱而又熟悉的行当，暴利也好、微利也好，坦然处之，务实前行，锲而不舍，他们成功了；也有的总是对社会、对他人不服气，常常有点"看人挑担不吃力"、"这山望着那山高"的味道，于是"东施效颦"，期望"快速致富"，涉足那些自己并不熟悉，甚至十分陌生的领域，结果盲目投资，以至于血本无归，"辛辛苦苦十几年，一夜回到创业前"，这种案例并不少见，令人惋惜。

正因为如此，我欣赏那种企业家，以务实的心态，努力发现和发掘自己的优势，努力去专注、关注一件事、一个项目、一个系列产品的研究和开发，把它做到极致、做到更好。我相信，幸运之神是会向你招手的。

企业家的"低调"与"张扬"

简述：我们理解的"张扬"，彰显的是一种积极的人生态度，是正大光明、胸襟坦荡的人格魅力。与那种习惯于夸夸其谈、咄咄逼人、得意忘形、狂妄自大、恃才傲物、故弄玄虚、夸大其词的人，风马牛不相及；同样，我们理解的"低调"，彰显的是一种平和的人生态度。

有人说，苏州的企业家普遍比较低调。语不惊人，貌不过人，不露声色，难辨深浅。我认识一位企业家，论身价，估计已经过亿了，可住的是普通公寓，坐的是一般轿车，穿着的是平常服饰。问起他的业绩，更是一副漫不经心、惨淡经营的样子。而圈内人都知道，该人不缺豪宅，不少名车，事业如日中天。有一次我与他闲聊，问及缘由，为何如此低调？

他大致给我讲了这样几层意思：一是苏州人的文化个性就是不喜欢张扬，大智若愚、举重若轻、易于满足、富有内涵，人言道，"天外有天，山外有山"，一个人作为再大也不值得炫耀；二是自己的致富之道多少带点偶然性，个人的奋斗固然不可否认，但政策的因素、机遇的成分很大，张扬容易惹来是非；三是当今社会分配不均，贫富差异现象还比较严重，人们的仇富心理在一定程度上也比较严重，有钱人应当自重，学会"夹着尾巴做人"，过分地张扬只能自寻烦恼；四是张扬是要付出代价的，企业家在成长过程中难免会出错，外界始终在盯着你，那些执法、监督和经济管理部门也在"严阵以待"，低调其实是出于一种无奈。

我颇为佩服这位企业家的智慧，可是，从他的言谈中，又不时地给我传递出这样的信息：在"低调"的背后折射的是企业家的种种矛盾心态，他们对当今宏观环境和社会现象还心有余悸，至少是心存疑惑。这倒应该值得有关部门引起重视。

企业家的个性本质上都是张扬的，这种张扬实际反映在他们对事业的执着追求、拼搏精神和不服输的态度；反映在他们对渴望成功的不惜付出和满腔热情；反映在他们永不满足，寻求新一轮发展的渴望和努力。但凡张扬的人，往往勇于创新、敢冒风险、大胆进取、不怕艰难困苦，不达目的，不肯罢休。有些企业家看起来十分"低调"，但这只是其外在表现方式，其实内心深处还是"张扬"的，否则，就很难解读成功企业家所取得的种种辉煌业绩。人们说的低调，常常指这样一种人群：知书达理、谦卑处世、平和待人、务实行事、知足常乐、宠辱不惊，凡事留有余地，始终保持一种平常的心态，这在一定程度上反映了一个人的品质、风度、修养和智慧。正因为如此，我欣赏低调的人，但我也赞成张扬的人。低调也好，张扬也罢，其实这只是人的性格特征的某种差异而已，没有正确与否之分，由于"在何时、对何人、因何故、在何地"等状态的变化，"低调"与"张扬"的结果事实上确实会随之发生变化。

按照中国传统的五行学说，人的性格具有"金木水火土"五行属性，喜"张扬"者属于"金"，喜"低调"者属于"水"，性格一旦形成使极难改变。不同属性的性格与职业分工有很大关联。为什么有些成功的企业家对自己长期形成的"张扬"的个性缺乏自信，甚至刻意去改变或压抑呢？这里当然有外部因素，但我想，企业家对"低调"和"张扬"消除误解、走出误区同样至关重要。

比如一些企业家担心"树大招风"、"出头椽子先烂"、社会仇富心态加剧。这多少有些极端。其实，社会从来不会排斥富人，不仅不会排斥，而且十分尊敬那些富有爱心、同情心和社会责任感的富人，为人们所不齿的是那些为富不仁、违反道德的富人，这不仅包括不洁和不法商人，也包括被不断披露出来的那些贪污腐败、行贿受贿、黑金交易、挥金如土的贪官污吏以及其他人物，"君子坦荡荡，小人常戚戚"，"坐得正，行得端"，"君子爱财，取之有道"，张扬一点又有何妨？

我们理解的"张扬"，彰显的是一种积极的人生态度，是正大光明、胸襟坦荡的人格魅力，与那种习惯于夸夸其谈、咄咄逼人、得意忘形、狂妄自大、恃才傲物、故弄玄虚、夸大其词的人，风马牛不相及；同样，我们理解的"低调"，彰显的是一种平和的人生态度，与那种热衷于遇事装憨卖乖、模棱两可、处事圆滑、似真似假、城府很深之说，也是南辕北辙。刻意地压抑个性或者片面地理解个性差异，其结果只能是弄巧成拙、欲盖弥彰。

"低调"和"张扬"作为人之个性，优势与缺陷并存，长与短互补，以为只要"低调"就是自我保护的手段，其实有失偏颇。同样，只要"张扬"就把客观事物放大化、复杂化，这是没有必要的，说到底还是要小聪明。因为客观事实是掩盖不了的，事物的本来面目也并不会随着一个人的张扬或低调而放大或缩小，功过是非曲直自有公论。需要强调的是，我们的社会既需要行事"低调"的企业家，也需要处事"张扬"的企业家，要努力创造激励奋斗、鼓励坦荡、允许犯错、宽容失败的政策环境，让那些真正具有创业、创新、创优精神的，又具有创业、创新、创优才能的企业家，勇敢地张扬自己的个性，为实现经济的转型升级和社会的和谐发展，作出应有的贡献。

"就职"感言

简述：为什么承诺出任会长，最重要的还是世界遗产和古建筑保护这件事的诱惑力太强，它是一个功德无量的公益事业。世界遗产和古建筑保护是一个系统工程，面广量大，这个课题太大了，需要全社会各个层面的共同努力，研究会作为一个社会组织，能够发挥的作用是有限的，只能做些"添砖加瓦"的事。

非常感谢各位选举我担任苏州世界遗产和古建筑保护研究会会长，此时此刻，我有些激动，也有些忐忑。因为在几个月之前，我不曾想过当会长。在我的生涯中，我还没有当会长的经历，也没有关于世界遗产和古建筑保护的经验，对此研究也甚少。我问自己：我为什么当这个会长？我能不能当好这个会长？我该如何当好这个会长？

说起当会长。应该说，这是在座各位厚爱的结果，是朋友们将我推上马的。我的经历非常简单，我自诩是个职业秘书，自己参加工作以来，一直在做秘书，做各种类型的秘书，只是秘书做长了，才成了秘书长。在这次研究会成立登记注册的过程中，由于它是法人社团的缘故，还必须有法人代表。大家提议我担任，这就有点不踏实了。因为在此以前，我一共只做过三次法人代表，第一次是担任市委政策研究室主任；第二次是担任主任期间，我们曾发起成立了苏州市经济技术开发区研究会，会长不是我，但因为这个研究会的全部工作由政研室承担，我自然而然成了法人代表，对此我是心里有底的，应该说，这个研究会对于当时开发区的理论研究和实践推动功不可没，影响很大；第三次是担任市委办公室主任，其实，在市委办，上有常委秘书长，下有健全的工作班子，这种法人代表属组织决定，责权利明确，心里是踏实的。而这次不一样，它的责任、义务和权利是不配套的，我明显感觉到的是一种强烈的责任和义务，这是没有想到的。我这个人，心肠软，经不起诱惑，兄弟们几句好话一说，心里一激动，便被拉下了水。但是话说回来，为什么承诺出任会长，最重要的还是世界遗产和古建筑保护这件事的诱惑力太强，它是一个功德无量的公益事业。我十分热爱这座城市，热爱这个事业，十分信赖周边这群朋友，大家如此信任我，我也不能"不识抬举"。我在市委工作近三十年，对名利本来看得很淡，现在更不会去图名求利，如果能为这座城市做些事，能够通过研究会这个平台多结交些新老朋友，我十分高兴，理应积极而为。所以我真诚地感谢各位朋友的抬爱。

能不能当好这个会长，我既没有信心，又充满信心。为什么这么说呢？世界遗产和古建筑保护是一个系统工程，面广量大，这个课题太大了，需要全社会各个层面的共同努力，研究会作为一个社会组织，能够发挥的作用是有限的，只能做些"添砖加瓦"的事。正因为如此，我有些忐忑，但我有个特点，对任何工作的定位，不求最高，只求更好。如果我们尽力了，即使留点遗憾，对上对下都好交代，如果现实的目标达到了，还能创造新的亮点，那么肯定会激发新的活力和动力。所以我建议，在研究会成立之际，我们先不急于设计宏伟目标，大家脚踏实地，一步一个脚印，逐步到达新的理想境界。与此同时，我对做好研究会的工作又充满信心。首先，我们这个研究会，成立的时机特别好，姑苏区和历史文化名城示范区的设立，为我们开展工作和活动提供了广阔的舞台和机遇，我们的前景十分光明。第二，苏州的工作基础好，这几年来，市委、市政府越来越重视世界遗产和古城、古建筑保护，而且思路创新，手笔越来越大，各部门和全社会对世界遗产和古建筑保护的意识越来越鲜明，这是苏州人民的福祉，我们理应为此高兴。尽管面前还有不少困难，还有许多不尽如人意的地方，但这都是前进中、发展中的问题。我们对苏州的未来充满信心。第三，苏州人文荟萃，世界遗产和古建筑保护力量雄厚。就拿我们这支队伍来说，无论是政府主管部门还是设计研究机构，无论是修复保护施工企业还是社会各阶层，都拥有一批让人们刮目相看的队伍和人物。有这样的会员作基础，我们就有了底气。第四，研究会拥有一个得力的领导班子，各副会长、常务理事都是分管领导和某一方面的专家、学者、精英，只要我们精诚合作、凝心聚力，应该而且能够干出一番事业。第五，研究会拥有一笔其他社会组织所不具备的无形资产，这就是我们研究会不仅是个法人社团，而且是联合国教科文组织亚太世遗中心的苏州工作机构，研究会与亚太世遗中心一体化运行，具有完备的组织系统和工作班子，我们还可以借助亚太世遗中心这个无形资产，借助这块"金字招牌"，应该说完全可以有所作为。第六，最重要的是，领导对我们这个研究会相当重视。蒋宏坤书记对亚太世遗中心古建筑保护联盟成立大会专门发贺词，市财政局、市园林局给予一定资助，这都是很难得的一件事，研究会挂靠园林局，无论是老局长，还是新任局长，都一如既往给予关心，这也是很难得的，因此，我们没有理由不把研究会建设好、发展好。

　　至于如何当好会长、搞好研究会工作，我想是否先做几件事：1.我准备和中心的同志逐个走访各家会员单位，充分听取各位会员意见，尤其在座各位同志的意见和建议，在此基础上，提出明年工作的思路、目标、工作重点。2.建章立制，从基础工作做起，强化组织建设。我们设想，苏州研究会作为亚太世遗中心的苏州工作机构，首先要加强领导班子建设，并重点考虑好建立若干专业委员会，比如学术研究委员会、专家顾问委员会、项目合作委员会、遗产教育委员会、联络委员会等等。在此基础上确定专

门的负责人，今后有的活动可以通过各个专业委员会来组织，发挥各个积极性，把责任分解落实到各个方面。3.完善基地建设。我们已经建立了古建培训、遗产教育等基地，研究会成立以后，我们可以扩大基地，提高联盟和研究会的品牌效应。4.要高举联盟的旗帜，充分运用联盟的品牌，加强研究会与姑苏区和市各主管部门的对接和联系，争取姑苏区和市各主管部门对研究会的支持，争取在项目合作、事业推动方面有所作为。5.加强活动和交流，使研究会真正成为"会员之家"。

各位会员、各位朋友，在研究会的发展进程中，我们已经走出了第一步，应该说，这一步走得是好的。我们将按照既定的目标，坚定、务实、创新，为苏州世界遗产和古建筑保护事业做出我们应有的贡献。

（2012年12月26日苏州世界遗产与古建筑保护研究会成立大会发言）

闲人札记

《世界遗产与古建筑保护》卷首语（共六篇）

简述：2012 年 12 月 26 日，经中国联合国教科文组织全委会秘书处和苏州市民政局同意，亚太地区世遗中心古建筑保护联盟及苏州世界遗产与古建筑保护研究会成立，内部刊物《世界遗产与古建筑》由此诞生，为季刊。作为执行主席、会长和主编，至 2014 年底，先后撰写了六篇"卷首语"，分别是《责任与使命》、《古城保护与复兴的世界性课题》、《世界眼光与现实路径》、《让文化遗产"活"在当代》、《地方经验与国家标准》、《世遗中心的品牌影响力》。

责任与使命

八年前的 2004 年 6 月，联合国教科文组织第 28 届世界遗产大会在苏州召开。这次会议的重要成果之一，是决定在苏州建立亚太地区世界遗产培训与研究中心。这是国际组织对苏州世界遗产保护事业的充分认可，也是国际组织对苏州寄予了厚重而意义深远的希望。而对苏州来说，这是一个新的机遇，因为，一个城市国际化程度高不高，国际机构的入驻是重要标志之一。联合国教科文组织的二类国际机构落地苏州，无疑是这个城市的一个无形资产、金字招牌。

然而，挑战随之而来。如何发挥亚太地区世界遗产培训与研究中心的作用? 苏州的一批有识之士一直在苦苦寻索着。经过两年多的反复讨论、研究，一个清晰的思路逐步成型，这就是：要充分利用联合国教科文组织的国际影响力，结合苏州在历史文化保护，特别是古城、古建筑、古典园林保护方面的成果，汇聚各方面的人才和技术优势，通过总结、提炼苏州经验，形成标准和规范，为全国、亚太地区乃至世界所共享，同时也通过国际机构这个平台的不断交流，不断吸收国内外的经验，为人类的文化遗产保护事业不断做出贡献。于是，成立亚太地区世界遗产培训中心古建筑保护联盟的动议逐步走上现实，并得到了国内外业界的积极响应以及国家和地方政府的充分肯定。2012年5月，联合国教科文组织总干事博科娃女士专程来苏州视察，为古建联盟揭牌，寄语"让苏州经验与世界共享"。12月26日，联合国教科文组织亚太地区世界遗产培训与研究中心古建筑保护联盟正式成立，中国教科文组织全委会秘书长杜越，中国文物学会名誉会长、中国文物界泰斗谢辰生，苏州市政府副市长王鸿声等在会上作重要讲话，江苏省委常委、苏州市委书记蒋宏坤为古建联盟发来热情鼓励和高度评价的贺词。这一切都向我们展示了2012年12月是值得记住的年月，正如杜越先生所说：古建筑保护联盟的成立是联合国教科文《世界遗产公约》诞辰40周年全球纪念活动中最后一个精彩的节目。

　　尽管我们在处理发展与保护的关系方面已取得诸多公认的成果，但依然任重而道远。在全球化、城市化、现代化高速发展的今天，世界文化遗产与古建筑保护将面临一系列影响和威胁，文化遗产保护管理、理论研究、古建筑修复技术和人才培养、保护法规和规章制度的建立等问题都迫在眉睫，稍有不慎，文化遗产就可能遭受毁灭性破坏，一旦消失，将成为我们这一代和世世代代永远的遗憾！因此，保护世界遗产和古建筑，既是全社会的共同责任，又是全社会的共同使命。古建筑保护联盟这艘大船将扬帆启航，我们将与联盟的全体同仁们精诚合作，全力以赴，劈风斩浪，在无私、团结、坚韧、奋斗中驶向胜利的彼岸！

在《世界遗产与古建筑》创刊号刊发时，谨以此与同仁共勉之。

（刊 2013 年"特刊"）

古城保护与复兴的世界性课题

1982 年，国务院批准 24 个城市为首批国家历史文化名城，同年 11 月，又颁布了《文物保护法》，至今已过去 31 年。这三十余年间，国家历史文化名城已增至 121 个，同时，《历史文化名城名镇名村保护条例》等法规文件相继出台，历史文化名城保护体系逐步建立起来，古城保护与复兴成为一代又一代人的梦想。

然而，名城保护任重而道远，特别是近几年来，随着现代化进程的加快，一些历史文化名城被"改造"的负面消息此地刚平，彼地又起，大规模复建"古城"的消息也是屡见报端。今年年初，山东聊城、河北邯郸等 8 县、市历史文化名城被国家有关部门通报批评，更是凸显了名城保护现状的困境。

在现代化进程中，古城如何保护与复兴，已是当今中国许多城市建设中普遍遇到的问题，成为城市规划和发展中的重点、难点。

中国是具有几千年发展史的文明古国，悠久的历史形成了许多古都重镇，遍及全国各地，其中的文物建筑、历史遗迹更是星罗棋布，民间、民俗传统文化无处不在，而城市建设开发的过程中总是会涉及大面积的旧城改造、新区建设，这就不可避免地会遇到古城、古建筑、传统文化的存留以及如何保护的问题。

就城市而言，保护古城传统风貌，与其说是关系到城市的物质文明建设，不如说是关系到城市精神的传承和扩大。这是一种城市哲学。一个城市的精神是历史积淀而生的，古城、古建筑、历史遗存等都是城市精神的来源和根基，带给市民深深的文化认同感和自豪感。这种情感上的吸引和协同，是整个城市生命力与凝聚力的重要来源，在当代强调城市人文属性、以人为本的精神建设中起到重要而不可替代的作用。当人们物质生活得到一定满足后，精神层面的东西必然凸显，必然对"我从何处来"这一问题报以深切关注，城市中的历史文化就成为人们去思索、去追溯、去探寻宝藏的金钥匙。因此，如何保护和利用历史文化是城市建设中不可忽视的重点问题。

相对新城和现代化建设，古城保护面临的问题要复杂得多。古城保护与现代生活之间往往矛盾重重，文物古迹与交通、市政、居住、商贸、文教、医疗、绿化等城市功能如何布局和相辅相成、相得益彰？找到合理而有效的办法，处理好保护与利用的关系，具有相当的难度，堪称是世界性的难题。

在当今全球化、一体化的浪潮席卷而来的时候，发扬本土文化，保持文化多样性，对一个城市的可持续发展至关重要。在构筑过去、现在和将来这一幅城市发展史的画卷中，历史和传统让我们理解自身存在的意义，充实多层面知识，扩大感知范围，从而提高对现实和将来的理解力——这是现代社会和当代世界所有行动力和判断力的先决条件——这也正是我们为什么要保护古城历史文化的原因。

如何实现保护与复兴的"双赢"——在全球化、现代化的今天已经成为世界性的课题。

出于以上考虑，本期特别推荐《在现代化进程中的古城保护与复兴——苏州古城保护 30 年调查报告》一文，期望苏州的实践与体会与多地共享，同期编辑了近期在古城保护方面的一些重要文章，如国家文物局局长谈古建再利用《老房子不能没有人气炊烟》、苏州市文物局尹占群等撰写的《苏州建筑遗产的保护与利用》以及《意大利公众参与保护的启示》等相关的论文、信息和不同观点，希望能对读者有所裨益。

（刊 2013 年 2 期）

世界眼光与现实路径

对于文化遗产与优秀古建筑的保护，既要有高瞻远瞩的世界眼光和国际视野，又要有切实可行的现实路径选择。

我们正处在全球化、国际化时代，坚持用世界眼光、国际视野海纳百川，是保护人类共同遗产的题中应有之义。纵观世界，我们看到，文化遗产与古建筑本身就是属于全人类的，它是人类自身发展中必不可少的一种思维方式、生活方式和行为方式的结晶，保护工作就必然需要有世界眼光和国际视野，不管何时何地，如果有了这种眼光和视野，就会自觉地学习借鉴不同国家、不同民族、不同制度的一切先进经验，分享他们的成功实践。反之，如果没有这种眼光和视野，就必然成为井底之蛙，在自鸣得意中逐渐消亡。

世界眼光和国际视野的内涵极为丰富，其中最重要的是历史观、技术标准、行为规则。历史观承载着人类文明发展的历史记忆，是今人对祖先的敬仰和敬畏；技术标准体现了人类社会创造者深邃的智慧和丰富的情感，是理性思考的结晶；行为规则代表了人类社会共同发展的共识和原则，自觉与自由兼容的集体道德意识。三者有着密切的内在联系，既是后人不可或缺的精神家园，更是推动人类社会不断向前发展的原动力。

然而，强调国际视野，还有个路径选择问题。这就是如何坚持站在全球化、国际化的大背景下，用国际视野、国际理念乃至国际标准和行为准则来观察、审视人类共同的遗产保护，从身边的人与事做起，不断提升自身的水平，这里既包涵如何努力分享他人经验与实践，又包涵自身经验与实践如何为他人共享等等。

2004 年 6 月，第 28 届世界遗产大会在苏州召开，给苏州人带来了一系列全新的保护利用世界遗产的国际理念和先进范例；之后，联合国教科文组织亚太地区遗产保护与研究中心在北京、上海、苏州宣告成立；2012年12月，亚太中心世界遗产与古建筑保护联盟、苏州世界遗产与古建筑保护研究会又宣告成立，这对我们进一步拓宽视野、学习借鉴先进经验、将自身的世界遗产保护融入全球，寻到了一条切实可行的路径。我们深知，立足自身、纵向比较，苏州在城市化、现代化发展进程中的世界遗产与古建筑保护成绩斐然、成果累累，但站在更高、更大的平台上，就会发现，我们既有值得自我称道、与他人分享的成功实践，也有应当深刻反思的种种缺憾；既有某些不尽如人意的种种差距，又有在保护利用弥足珍贵遗产的巨大潜力空间和灿烂前景。

2012年5月，联合国教科文组织总干事博科娃来苏视察亚太世遗中心时提出"让苏州经验与世界共享"，这是她用世界眼光和国际视野对我们的期盼，也是苏州人的骄傲。什么是"苏州经验"？如何真正创造世界文化遗产保护的"苏州样本"？需要我们共同去发掘、去开创、去提升，也是我们共同的历史责任和使命，"关键在人"显然是其中之一。

出于这个目的，本期重点推出首届苏州古建筑营造修复师寻访和评比活动专辑，并围绕"留住技艺，关键在人"这一主题，编辑了相关文章，以供读者更广泛深入的思考和研究。

（刊 2014 年 1 期）

让文化遗产"活"在当代

2014年是一个注定要载入史册的日子，这一年有太多的事件让我们铭记，文化遗产事业正在蓬勃发展，彰显出它在现代人类社会经济文化发展中的巨大作用。

这一年5月，习近平总书记访问联合国教科文组织巴黎总部，发表了重要演讲，这是中国国家领导人第一次在教科文总部向全世界宣誓自己的文化主张，具有划时代意义！

6月，联合国教科文组织第28届世界遗产大会在中国苏州召开10周年，这10年，是中国文化遗产事业走向国际的一个重要标志、一个里程碑。特别是中国大运河、丝绸之路申遗成功，更具有划时代意义，是一次史无前例的文化遗产保护国家行为，影响深远。

今年还是《中国文物古迹保护准则》实施10年、国际古建筑保护通用准则《威尼斯宪章》颁布50周年。

对于苏州来说，还有一件事情特别值得骄傲，3月，苏州因经济发展和古城保护获得平衡、成为宜居且充满活力的城市而获得"李光耀世界城市奖"，这是全球第三个城市获得此项国际大奖；苏州有四条运河古道、七个点段被列入中国大运河申遗名录。

当然，与我们密切相关和亟待思考的是，前不久，住建部、文化部、国家文物局、财政部联合发出了《关于切实加强中国传统村落保护的指导意见》，提出了新型城镇化建设中的文化遗产保护原则和方向。今年6月，中国文化遗产日的主题是"让文化遗产活起来"，新型城镇化建设中的文化遗产，是最具有"活"形态的遗产。无数经验和教训告诉我们，在古城古镇古村落中，文化遗产不能束之高阁、秘不示人，而应融入社会、惠及民生，努力展示文化遗产的独特魅力，只有活起来，才有生命力。

作为志在为世界遗产和古建筑保护的我们更感责任和挑战，不能不作深度思考。一方面，我们不必否认，在以往发展过程中，文化遗产曾经遭受了许多不应有的破坏，留下了诸多缺憾；另一方面，我们也应当承认，经济健康、快速、协调发展，为文化遗产保护和复兴提供了雄厚的物质基础；发展中有很多教训，需要总结，但总结的目的是为了更好地发展，所以就必须理性地思考和分析，提出解决问题的办法和勇于探索未知的领域，在保护为主、抢救为先的前提下，与时俱进，结合民生，让历史记忆活在当代民众生活中，成为当代生活的一部分。

这是一个新的命题，也是一个值得我们去探索的领域。由此，本期重点围绕这个主题，聚焦成都安仁，编辑了一组专稿，希望读者能通过这些文字，对"安仁样本"有一个全面的了解和深刻的解读，并从中获得启发。

（刊 2014 年 2 期）

地方经验与国家标准

文化遗产保护需要经验，更需要标准。

中国不缺经验。几千年文明史为人类留下了丰富的遗产，其中不乏经验之谈。远的不谈，就以我们目前最为关注的古建筑技艺为例，古人就留下了大量的经过无数次验证而至臻至善的"传家宝"，甚而达到极美的境地。传至今日，人们在现代化条件下的古城古镇古村落保护与利用的时代大背景下，许多地方不断摸索和创新，形成了颇具价值的样本、模式和经验，随之而声名鹊起，为各地效仿，如今年9月在成都安仁召开的"新型城镇化古镇古村落保护与复兴高层论坛"上，为各地专家学者所推崇的安仁样本、苏州经验、丽江模式，即是成功的案例。

然而，经验往往有其局限。经验，即便是成功的经验，由于它是从一地一事出发的，有的可以广泛移植，有的一旦被移植到他地，就会水土不服，"南橘北枳"就是这个道理。这就给我们提出一个命题，地方经验如何可为他地复制？所谓复制，必定需要相同的模板，而模板必定是标准化的。但是，在传统概念中，我们基因中似乎就缺乏严谨的"标准化"，形象思维大于理性思维，于是几乎所有精美的技艺只有口口相传而少有传书，更谈不上"标配"。当然，有许多传统工艺一旦"标配"，就失去了灵性，失去了艺术美。

无论是上一个层次讲，还是换一个视角看，当下的文化遗产保护实践中，有很多带有普遍性的问题缺乏规范，亟待解决的正是标准化的问题。保护样本也好，经验也好，能不能推广和复制，关键就在于能不能把样本经验通过梳理总结，上升到理论高度。反之，如果不把各地丰富的样本经验总结出来，提升上去，也就失去了样本经验的价值，甚至淹没在时代的步伐之中，更多的人还因此失去借鉴的机会，重复别人已经走过的路子，造成巨大的浪费。因此，如何把地方经验上升到国家层面而成为中国样本、中国经验、中国标准、中国规范，就不仅是可有可无的问题，而是当务之急，更是整体提升中国在亚太地区甚至全球文化遗产保护事业上的影响力和话语权的关键之举。由此看，在成都安仁论坛上，中国文物保护基金会理事长张柏先生提出了这个命题，可谓一语千钧。

这是一种挑战，也是一种机遇，值得我们去探索、实践、深思和研究，本刊这一期特地编辑了一组成都安仁论坛的专稿和苏州文旅集团的实践报告，希望能为这一话题提供助力。我们相信，行动和努力始于足下，不断耕耘，必有收获！

（刊 2014 年 3 期）

世遗中心的品牌影响力

2008 年 7 月 23 日，联合国教科文组织亚太地区世界遗产培训与研究中心正式宣告成立，中心分别在北京大学、上海同济大学和苏州市设立分支机构。这是设在发展中国家的唯一专事世界遗产培训与研究的教科文组织国际二类机构，自此，苏州成为全国地级市中唯一拥有国际组织的城市。

亚太遗产中心在苏州落地，传递了多方面的信息。首先表明苏州市人民政府对国际社会在保护世界文化遗产上的庄严承诺和高度自信；二是表明国际组织对苏州世界文化遗产的资源和遗产保护方面成就的充分认可并寄予了厚望；三是表明苏州在扩大对外开放、提升国际化程度乃至参与国际事务方面，增添了一笔含金量很高的无形资产和亮丽的名片；四是表明苏州由此获得一个国际化的平台，能够分享各地乃至世界的成功实践，能够让苏州经验为世界分享，为推动世界遗产保护，实现历史文化名城的复兴，开辟了新的天地。

苏州是著名的历史文化名城，是我国重要的世界遗产地。自苏州9处古典园林被列入世界文化遗产名录后，在今年第38届世界遗产大会上，伴随着中国大运河申遗成功，苏州又有四条运河古道、七个点段被列入世界文化遗产，此外，苏州还有昆曲、古琴等一批被列入人类口述和非物质遗产代表作，可以说，苏州已经成为中国拥有世界文化遗产最多的城市之一。

世界遗产属于全人类，保护世界遗产，人人责无旁贷。亚太世遗苏州中心成立以来，坚持高举联合国教科文组织的旗帜，用国际化的视野和眼光，以苏州为样本，积极打造世遗中心的品牌影响力，逐步丰富、完善、延伸和创新教科文组织赋予的职能。

一是搭建起人才培养和交流的国际平台。针对亚太地区古建筑保护修复技术后继者日益减少、古建筑传统手艺面临失传的现状，苏州中心专门开设了"亚太地区古建筑保护与修复技术高级人才培训班"，先后举办了6期，为20多个国家160多名中外高级古建筑专业人员提供培训。还承办了"世界遗产监测管理国际培训班"、"亚洲地区世界遗产咨询机构培训班"、"世界遗产保护论坛"、"建筑遗产预防性保护国际研讨会"等国际交流活动，为亚太地区专家、学者提供了一个互相交流的平台。

二是世界遗产监测体系建设起到标杆作用。苏州中心在全国率先建立世界遗产苏州古典园林监测预警系统的基础上，又在标准化建设上下功夫，通过多年努力，在国家文物局的支持下，为全国世界文化遗产提供监测预警体系样本；结合遗产地实际需要，通过不断摸索和创新，编制了"监测管理工作规则"、"遗产监测年度报告制度"，已为国内多处遗产地管理部门借鉴使用。

三是社会资源整合参与面逐步扩大。在教科文组织和中国有关部门的支持下，成立了亚太世遗中心古建筑保护联盟，教科文组织总干事博科娃为联盟揭牌。通过两年多的努力，已初步形成了一个由政府部门、大专院校、企事业单位和专家学者等专业人士组成的"NGO"，建立了若干基地，开展了一系列社会活动，如"寻访苏州古建筑修复师暨优秀人才评选"、"我与世界遗产征文"、"最美古建筑摄影赛"等大型公益活动；与四川成都文旅集团合作在安仁召开"新型城镇化下的古镇古村落保护与复兴高层论坛"，发布了具有行业引领意义的《安仁宣言》。

四是重大课题研究发挥了理论先行作用。围绕世界遗产保护的发展趋势，苏州中心先后完成了《世界文化遗产——苏州古典园林定期报告（2003—2008）》、《中国世界文化遗产管理动态信息系统和监测预警系统（试点项目）》、《核心价值观视阈下的世界遗产教育（子课题）》、《苏州历史传统建筑保护与利用的实践与探索》、《苏州古城保护30年调研》、《苏州生态园林城市研究》等重大课题，这些课题，有的被国家级刊物采用，有的获得国家部级和省级科学研究奖。

五是面向未来的世界遗产青少年教育结硕果。苏州中心秉承教科文组织关于世界遗产的未来在年轻人的理念，长期坚持开展丰富多彩的世界遗产青少年教育活动，在全国40所学校建立了世界遗产教育基地，举办了3届"模拟教科文组织世界遗产委员会会议"、4届中国世界遗产教育联席会议，在全国开展"'我与世界遗产'中国校际作文征集活动"，特别是先后举办的11届"中国世界遗产国际青少年夏令营"，有20余个国家以及国内十几个省市的900多名中学生获得"世界遗产青年保卫者"国际证书，有20余名中学生走进教科文总部（法国巴黎）；多年坚持在中小学生中开展"我心中的世界遗产"画信活动。2011年组织中国学生参加教科文组织的"世界遗产动漫绘画"活动，在43个参与国作品中，中国2名学生的作品获入围奖，是中国学生在教科文组织大家庭中的突破。

（刊 2014 年 4 期）

闲人札记

留住技艺，关键在人
——寻访传统建筑营造修复师活动的公益性意义

古建筑作为一种"历史的记忆"，是向后人传递一个民族、一个国家历史文化的精神领地，而作为建造和维护它们的古建技艺则是使这一领地得以延年益寿的法宝。世上任何一座伟大、精美的建筑，工匠都是主角，只有通过他们心与物的交流、手与物的交汇，把他们的智慧融入到建筑的每一个部位和细节之中，才会产生伟大、精美的建筑。没有工匠的智慧和劳动，任何高明的愿景、设想、设计都是空中楼阁。

翻开中华五千年文明史，秦皇霸业、汉武强国、唐宗伟业、宋祖江山、永乐盛典、康乾盛世，都如大江东去，一去不返。然而，秦皇之陵、汉武高坟、宋塔元庙、明清宫殿却依然巍巍屹立。各式各样的中华建筑，浓缩了数千年的历史，从城市与建筑的布局、台基的高低、梁柱的多寡、构件的比例、兽吻的种类，甚至彩画、着色的规格，门簪、户对的设置等等，都包含了社会制度、经济发展和文化内涵。当我们看到蜿蜒巍峨的万里长城、金碧辉煌的故宫、高崇壮丽的宝塔、玲珑剔透的园林之时，必然会想到一段历史、一种文化。故此，人们把建筑称之为"石头的史书"、"凝固的乐章"。建筑不愧为一个国家、一个民族历史文化的标志。

一、问题

当我们在赞叹那些无与伦比的古代建筑时，往往只看到那些有形的精美外观，极少关注，甚至根本想不到那些为建筑付出心血和汗水的工匠。这也许是我们身在此山中不识真面目，也许是潜藏在我们血液里的文化基因——中国历史上就"重士轻工"，对技术不加重视，工匠地位低下，得不到社会普遍尊重，历史上皇帝建陵后残杀工匠似乎已成为一种惯例而被载入史册。甚至进入近代，西方工业革命科技大发展时期，清廷却把技术类《天工开物》列为禁书。明末清初，一本世界最古造园专著《园冶》，因所谓政治问题，被扼杀在摇篮中！直至清末民初才被有识之士从日本觅回！工匠留给世人无与伦比的手工艺术作品，也留给世人卑贱的地位、凄凄的人生，"匠户"成为贬义词，"重士轻工"成为陋习，在一代一代人心目中种下了轻视手工工匠的种子——何不是我们这个民族的一种劣根性？！

即使在当代人人平等的时代，我们依然没有根除自身的"劣根性"！以致当我们突然发现传统工匠后继乏人时，也往往是从修复古建筑需求出发，一旦完成修复工程，工匠何去何从，几乎就没了下文，更缺乏现代意义的保护法规和强有力的保障措施，基本处于自生自灭的状态。

我们不难看到，古建筑也好，古城也好，古镇古村落也好，无论是保护和修复，还是利用和复兴，关键在人，这个"人"，当然离不开决策者、规划师、建筑师，但更少不了工匠。当代社会讲究"执行力"，工匠就是古建筑保护修复的执行力。如果没有高超的工匠，再高水平的决策、规划、设计，都是一句空话！

年轮转动，斗转星移，现代化飞速发展，全球化带来文化趋同，承载传统文化的历史建筑遭遇越来越严峻的挑战。在保护与发展的一轮又一轮的碰撞中，越来越多的人逐步意识到传统的重要，历史建筑的珍贵。越来越多的人开始关注、认识、热爱历史建筑，从那些斑驳的墙体、空灵的窗棂、飞起的翘角中品赏出越来越浓的韵味，解读出人生、社会、国家、政治、经济、文化的种种历史谜底，感悟出昨天的追求、今天的目标、未来的希望……人们开始懂得"越是传统的越是世界的"，历史建筑正是一个城市走向世界、走向未来不可或缺的重要标志，如果一个城市没有历史建筑，那么这个城市一定是苍白的！于是，如何保护和修复历史建筑、如何让它们延年益寿等等问题，想的人多了，讲的人多了，开工的保护修复工程也多了。

然而，在古建修复工程中谁是主力军？我们听到最多的是古建行业人才缺乏，后继无人。在兴盛起来的古城、古镇、古村落、古建筑保护与复兴的大潮中，我们看到的似乎也多是人才缺乏、技术水平参差不齐，亦有质量不高之作混迹于世。各种担忧随之而来，关于抢救古建人才的呼声从各种渠道发出……我们也在思考人才问题。

二、缘起

一条新闻引起我们注意。《苏州日报》2013年4月9日刊载了一篇题为《"成龙古建"苏州修复记》的专稿，讲述了世界著名影星成龙在安徽、浙江等地收集了大量古建筑，在捐出之前均委托苏州一个名不见经传的名叫"朱华明"的木工负责修复的故事。消息一出，立刻引起全国的广泛关注。

朱华明何许人也？询问古建行业的权威人士，竟然没有几人知道这个年仅40余岁的"小木匠"。

于是这条新闻背后的故事就引起我们的极大兴趣。"小木匠为成龙修复古建筑"起码说明两个问题：一是苏州的古建工匠受到世人认可；二是古建行业后继乏人确实客观存在，但民间一定藏龙卧虎，大有人在。那么，这些人在哪里？他们的现状如何？技术如何？

略加搜索，不难发现，前人留下无数精美绝伦的古建筑，闻名遐迩，流芳于世，却少有留下工匠姓名的，根本找不到创建之人，如列入世界文化遗产的拙政园、留园、网师园，列入全国文保单位的文庙、双塔、无梁殿、玄妙观、雕花楼不下数十处，列入省级、市级的潘宅、丁宅、唐寅庙等不下数百处，列入控制保护单位的建筑更是遍布古城内外，甚至具有诗意的新古典主义居住建筑（或称仿古建筑）更是成千上万——那精美的木构屋架、木雕门窗、砖雕门楼、泥塑戗角、花街铺地，无不凝聚了古建筑工匠的智慧和辛劳，正是朱华明式的一群默默无闻的能工巧匠造就了令人赞叹不已的传统建筑艺术品，使苏州城市风貌极具古典韵味。然而，哪一座建筑留下了营造修复者的名字？没有！若能把这些藏于民间的高手挖掘出来，让他们走向前台，让他们发挥更大的作用，岂不是一件对古建保护事业极有意义的事情吗？

三、寻访

坐而论道，不如有所行动。一个旨在寻访和发现苏州传统建筑营造修复师的活动紧锣密鼓地启动了。

亚太世界遗产中心古建保护联盟成为这次活动的发起机构，这个致力于亚太地区世界遗产古建筑保护、研究的 NGO 公益性社团，汇集了一批志同道合的专家学者和古建筑专业人才，当他们获知这次活动后都举双手赞成，他们有一个共识：苏州在古城、古建筑保护上取得了很大成绩，在全国走在前列，也应该在古建筑人才的保护和培养上有所突破，取得实效，使这个活动在全国起到示范作用。为此，他们一边积极出人、出财、出物支持活动，一边商讨和制定活动的原则、规则、标准，以确保活动的公平、公正和质量。

《姑苏晚报》，一份在华东地区颇有影响的社会生活类报纸，却有着深深的历史责任感和文化情结，翻开报纸你就会发现，在轻松的阅读中，那蕴含着的文化气息滋润心脾，潜移默化读者，不难体会到总编和所有编辑记者的良苦用心。当古建联盟向他们寻求帮助时，詹刚总编辑不仅一拍即合，而且带领一个精干的采编小组参与到活动之中，每周拿出一个整版报道寻访活动和能工巧匠，一办就是三个月！

这个相对冷门的行业第一次热起来！我们原以为报名参与的工匠会寥寥无几，没想到报纸上一刊登消息，第二天就有工匠打来电话，写来自荐信，报名十分踊跃！一些古建公司如园林古建、太湖古建、蒯祥古建、穹窿古建、环太湖生态游投资开发等公司更是集体报名，积极推荐他们的大师傅和领军人物。木工、瓦工、假山工、雕刻工、油漆工、花街工、匾额工……一百多位能工巧匠各显身手，好不热闹！

四、真容

传统建筑营造修复师这个渐渐被人淡忘的行当，被我们寻访小组一层一层撩起了神秘的面纱，这个古老的行业在现代社会中再次向人们展示出了真容。

采访不是简单的问答和记录。采访组冒着酷暑，走街串巷，走进偏远的村镇，询问他们的经历，察看他们的工坊，鉴赏他们的作品，研究他们的工具和工序，倾听他们简朴而具有特殊涵义的"行话"，在与木、石、砖、沙、铁等自然之物的心性交流磨合中，他们特有的智慧、功夫、喜乐、哀愁都倾注在手下的物件中……

通过寻访，我们欣喜地发现，吴地历来名匠辈出，是藏龙卧虎之地，民间深藏着一批古建筑修复方面的能工巧匠，他们在这一行干了十几年，甚至几十年，掌握着精湛的技艺。他们中间，有香山帮传统建筑营造技艺传人，有全国、省的技术能手，有在本行业中独领风骚的技术尖子，通过他们的智慧和双手，完成了一件件堪称艺术精品的古建筑作品。例如，有"顾大师"名号的顾建明，一把斧头祖传三代，勤奋苦学入选"明轩"、修缮艺圃主厅博雅堂；有"循规蹈矩"的冯留荣，一丝不苟学艺做人，在海内外留下众多精品佳作；有"小木匠"美名的朱明华，因修复成龙捐助新加坡古建筑而闻名，在卫道观修缮工程中又再立新功；有"张家泥塑"传承人"小和尚"之称的张喜平，不仅自己有一手绝活，还把衣钵传给更多匠人；有"凌家山"美誉的凌新生，胸有丘壑，修复水假山"小林屋洞"；有被称为"当代苏州叠山第一人"的袁荣富，其作品从环秀山庄、虎丘西溪环翠，到波特兰"兰苏园"、温哥华"逸园"，屡屡获奖，备受赞誉；有被称为"神刀"的戈春南，园林碑刻洋洋洒洒，蔚为大观；有从小学艺到技艺传承人的杨根兴，有古建"铁军"之称，名扬大江南北；有一笔一画堆刻文采风流的张福康，其匾额楹联成为古建画龙点睛之笔；有用心铺筑满地锦绣风情的徐福民，为故宫花街修复立下了大功。此外还有木匠活榫卯连接零误差的郁文贤、红木雕刻中"年轻老将"韩建贤、古建油漆好手朱风良等都是古建行当中的优秀匠人。通过寻访，我们不仅领略到这些匠人不同寻常的经历和作品，也为苏州众多的古建人才而感到骄傲。

我们还欣喜地看到，苏州作为中国传统营造技术的主要发祥地，不仅有着悠久的历史、精湛的技艺、丰厚的论著，而且辈有传人，他们是苏州古建筑行业不可多得的宝贵财富。众多古建营造修复师，大多数都有师承关系，有的是祖传，有的是拜师，他们都通过严格的学徒生活，经过十几年、数十年的艰苦努力，逐步成为行业内的骨干和尖子，独领风骚。同时，他们还十分重视后继相传，有的传给了儿孙辈（如凌鸿之子，韩良顺、韩良源子女，顾建明之子，朱明华之子，薛福鑫子孙，张富康之子之媳，杨根兴之婿，戈春男之子），有的传给了弟兄辈（杨根兴之弟之婿、戈春男之弟），有的传给了徒弟（现代社会多为单位安排的传帮带，多数为这种形式）。从一个侧面体现了苏州古建行业人才的整体实力和成就。

五、结果

通过寻访和评选，一批优秀的传统建筑营造修复师从报名的120余名能工巧匠中脱颖而出，10人获得首届优秀奖，20人获得首届入围奖。同时，此项活动得到苏州市政府部门的大力支持，主管世界文化遗产保护管理的市园林和绿化管理局、市文物局给予人力和政策上的大力支持；主管技术人才管理的市人社保障局亦给予人才政策和培训资质上的帮助和支持，将古建人才纳入市技术人才库，与古建联盟合作举办"苏州传统建筑高级研修班"，对这些工匠进行理论提升，旨在逐步改变传统工匠"只会做，不会说"的局限，帮助他们逐步跟上新时代的发展步伐。

消息不胫而走，传到北京，京城的古建师傅也跃跃欲试，要求参加苏州的活动；一个文化机构专门来电希望联合举办全国的寻访活动。一些专家学者大为赞赏，认为这个活动已经超出了本身的社会意义和价值，让人们更多地思考自己的祖辈、自己的现在、自己需要的到底是什么……很多老师傅更是激动地说："过去很少有人关注我们，为我们说话，不知道古建筑这一行的辛苦！你们来到工坊，关注我们这些默默无闻的人，让我们心里无比欣慰！无比骄傲！"很多读者告诉编辑和记者，这个活动很有意义，过去只知道古建筑艺术的精美，不知道这个背后还有这么多感人的故事，每期都很有可读性，很感人！希望能汇编成册，成为很好的正能量读物，也希望这个活动能够常办常新，通过发掘、宣传、总结、提高，不断促进传统技艺的弘扬和发展。反响之热烈，真正出乎我们意料！

六、启示

这次公益性活动，给我们最大的欣慰是圆满完成了最初的既定目标，而最大的收获则是给了我们几点重要的启示：

启示之一：我们需要意识到，能工巧匠是传统建筑保护利用的生力军。

任何高明的决策和设计都需要有人执行才能得到落实，才算是完美。在当代，对古建筑的保护利用在坚持历史原真性的前提下，能工巧匠就成为古建筑保护利用是否成功的关键。实践也一再证明，凡是成功的古建筑营造修复工程，都有能工巧匠挑大梁；反之，就可能成为粗制滥造、不伦不类之作。古建筑作为一种"历史的记忆"，是向后人传递一个民族、一个国家历史文化的精神领地，而作为建造和维护它们的古建技艺则是使这一领地得以延年益寿的法宝。世上任何一座伟大、精美的建筑，工匠都是主角，只有通过他们心与物的交流、手与物的交汇，把他们的智慧融入到建筑的每一个部位和细节之中，才会产生伟大、精美的建筑。没有工匠的智慧和劳动，任何高明的愿景、设想、设计都是空中楼阁。毫无疑问，我们必须把能工巧匠视为古建筑保护利用的生力军。

启示之二：我们需要制定制度，给予匠人应有的社会名分和地位。

工匠是人类社会和科学技术发展的产物，建筑作为一个时代的标志和"活的标本"，工匠地位的高低，是一个社会文明程度的标志之一。罗马帝国在公元前1世纪，就对建筑设计、建造等进行了规范，制定了相关的规章，对建造者给予相当的尊重，重大建筑工程都将工匠姓名刻石立碑留世。这一传统一直延续至今，使罗马成为当今世界的古迹遗址修复中心。日本古代建筑工匠的理论和技术多受中国影响，进而逐步发展成为本民族的优秀文化，工匠受到社会相当的重视和尊重，大师级的工匠被视为国宝，即使在现代化高速发展的当代，也有相应的法规从政策、制度、财政等多方面给予工匠实际的保护。我国自改革开放以来，在传统技术人才保护方面做了大量工作，特别是近年来的非遗传承人的评定，在一定程度上保护了传统工匠。但是总体上看，还没有形成有效的制度，除了少数被评为"非遗"传承人的工匠有一定的名分和地位外，绝大多数传统工匠的名分、地位还很低，严重挫伤了他们从事工匠的热情和信心，也不利于后辈选择工匠职业。我们应该从社会制度上给予工匠应有的比较高的名分和地位，在全社会形成一种只要有一技之长者，都应尊之为师的良好风尚。

启示之三：我们需要创造条件，让能工巧匠脱颖而出。

传统工匠是社会生活的产物，社会的需求造就了工匠。因此，有什么样的社会条件，就有什么样的工匠；有多高的生活、生产标准，就有多高的工匠技艺。如果没有一定的社会条件、社会需求和标准，工匠，特别是高超的工匠都必然消亡，或者只能有极少数人被"养在博物馆"内，成为真正的"活化石"。因此，保护古建筑的决策、规划、设计、施工、验收，都须严格把关，才可能创造应有的条件，使工匠脱颖而出。首先要高标准保护，按照原真性、完整性的原则，毫不走样，完完整整。其次要高标准规划设计，俗话说，有多高的理念就有多高的行动，规划设计是行动的先导，是否真实完整地保护古建筑，先决条件之一是设计。其三是高标准施工，按照传统的原材料、原形制、原工艺施工，同时按照"三原"原则实施监理、监测。通过这些措施，使大量古建筑的保护、修复、利用场所，成为能工巧匠施展才华的用武之地。

启示之四：我们需要加强教育，培养更多能工能文的新型高级人才。

由于中国旧传统的束缚，长期以来，传统工匠文化水平多不高，技术传承主要是靠"身教"，徒弟常年跟在师傅后面边看、边干、边学。长此以往，工匠们绝大多数是会干不会说。同时，由于我国教育制度和方式的影响，学校培养的建筑、土木、工程类的学生基本上不懂不会操作。上世纪40年代，我国著名建筑学家梁思成、刘敦桢等人提出要重视古建筑工匠技术的教学，希望解决我国长期以来建筑人才上的"文工分离"状况；此后几十年，罗哲文等一代人前赴后继，有识之士不断努力，著书立说，办班设坛，学人工匠共勉。2008年建立联合国教科文组织亚太地区世界遗产中心时，有关领导和专家再次提出这一议题，希望通过努力，能使大批能工巧匠成为具有一定理论知识和学养的高级技术人才。然而，这一愿景距离实现还有一段漫长而艰苦的路，还须全社会关心和支持，亟须政府大力扶持，亟须学校与企业积极参与，亟须教研与实践紧密结合。这既是最好的保护，也是最好的创新，如果我们现在不努力改变旧的传承模式，几十年后，不但新的教学传承模式建立不起来，优秀的传统建筑技艺也将随着能工巧匠的逝去而逐渐消失殆尽，那时，将是传统建筑真正危机时刻的到来！那时，我们将悔之晚矣！

被动等待，不如主动思考；坐而论道，不如付诸行动。在现代化进程中，古建筑如何保护与利用这个大课题，其实是一个大的社会工程，需要全社会共同意识、共同行动、共同努力。我们希望通过这次寻访传统建筑营造修复师的公益活动，把这一事业、这群工匠从默默无闻的后台推向前台，让他们发挥更大的作用，为子孙后代留下中国博大精深的古代建筑文化记忆，留下优秀高超的传统建筑营造修复技艺。

（合作者：周苏宁）

新型城镇化与古镇古村落的保护利用

简述：以人为本的新型城镇化建设已经成为当下一个热词。到2012年，中国的城镇化率已达51%，但历史文化和自然景观保护如何与城镇化同步推进，以往没有提到应有日程上来。在推进新型城镇化中，更好地保护利用古镇古村落，充分展示其独特的历史、社会、人文和生态魅力，惠及民生，使其延年益寿，有很多问题需要深度思考：1.新型城镇化与古镇古村落保护的辩证关系，须客观面对现实；2.正确把握国际理念、国家规范、地方经验的关系，分享成功实践；3.正确处理技术层面与非技术层面的关系，选择正确的保护路径；4.正确处理保护、更新、利用的关系，既要对历史负责，也要对当代和后人负责；5.正确处理好群落特色与城镇空间布局的关系。

党的十八大提出新型城镇化的建设目标，成为中国梦的重要内容。2014年3月5日，国务院总理李克强在《政府工作报告》中指出："推进以人为核心的新型城镇化。坚持走以人为本、四化同步、优化布局、生态文明、传承文化的新型城镇化道路。"2014年5月，住建部、文化部、国家文物局、财政部联合发出了《关于切实加强中国传统村落保护的指导意见》，又提出了新型城镇化建设中的文化遗产保护原则、方向和相关政策。

以人为本的新型城镇化建设已经成为当下的一个热词。到2012年，中国的城镇化率已达51%，但历史文化和自然景观的保护如何与城镇化同步推进，以往没有提到应有日程上来。当我们奔向新型城镇化建设时，蓦然回首，故乡已今非昔比。由于相当一个时期内，缺乏保护、盲目建设、拆古建新、过度商业开发等，一些传统村落已经消失，一些传统古镇古村落遭受严重毁坏，乡愁难寻。伴随着村镇消失的历史文化遗产，历史记忆已成残片，令人痛惜。

如何在推进新型城镇化中，更好地保护利用古镇古村落，充分展示其独特的历史、社会、人文和生态魅力，惠及民生，使其延年益寿，有很多问题需要深度思考。

一、新型城镇化与古镇古村落保护的辩证关系，须客观面对现实

我国改革开放30年来，伴随着工业化、现代化、城镇化、城乡一体化的加快与推进，经济、社会发生了翻天覆地的变化。在这个过程中，也遇到了各种各样的挑战，遇到了一系列问题，其中之一就是在加快推进的城镇化过程中出现了过度开发、粗放建设的现象，带来大量古镇古村落的迅速消失。

据湖南大学中国村落文化研究中心在田野调查中发现，在长江、黄河流域，颇具历史、民族、地域文化和建筑艺术研究价值的传统村落，2004年总数为9707个，到2010年锐减至5709个，平均每年递减7.3%，每天消亡1.6个。据住房和城乡建设部统计数据，在过去几十年的工业化、城镇化过程中，传统村落大量消失，现存数量仅占全国行政村总数的1.9%。专家估计，有较高保护价值的传统村落现存不到5000个。

随着传统村落的消失，传统村落原来所具有的代代相继、传承至今的文化形态正在发生急剧裂变，古老的建筑拆毁了，独特的民俗民风、传统手工艺、传统戏曲等等文化遗产支离破碎，逐渐消失殆尽。

这是一个无法挽回的遗憾，又是走向新生和复兴的起点。须充分而辩证地认识这一点。

任何事物的发展都有一个从量变到质变的过程，有一个认识、实践、再认识、再实践的过程，从而由初级阶段逐步向高级阶段发展。对古镇古村落的保护与利用也正是这样。

对任何事物的认识和实践都必须辩证思维。

改革开放以来，我国的古镇古村落经历了三种命运：一是"建设性破坏"。由于新中国成立以来相当一段时间生产力不发达，农村又较落后，改革开放大大解放了生产力，但由于以GDP为主导"村村点火、镇镇冒烟"的工业发展模式之偏差，不可避免地对古镇古村落带来"建设性破坏"。二是"探索性破坏"。随着现代化的不断发展，从加快发展、跨越式发展到科学发展、可持续发展，人们逐步意识到保护包括古镇古村落在内的传统历史文化的重要性，但由于理念、方法、财力等种种限制，做了许多"好心办坏事"的事，如大量的"拆古建新"、"形象工程"等，造成历史遗迹毁灭、历史文脉断裂，古镇古村落遭到了不应有的破坏。三是"人为破坏"。通常表现在不遵循客观规律、社会规律、自然规律，不尊重人民群众的意愿，导致不应有的决策失误。

总结过去，是为了面对现实，展望和开拓未来。处理新型城镇化建设和保护古镇古村落的关系，最重要的就是要用历史唯物主义和辩证主义的思想指导我们当前和今后的实践，既要汲取教训，又要不纠缠于已经发生的事物，积极按照新型城镇化的要求，理清思路，坚持以民为本，张扬特色，留住历史与文化的记忆，促进社会经济文化的可持续发展。

当前亟待解决的难题是，如何以民为本、活态保护、具有特色？如何走出一条保护与利用、传承与发展并举的现代化之路？这正是当下我们需要深入探讨的问题。

二、正确把握国际理念、国家规范、地方经验的关系，分享成功实践

保护古镇古村落，说到底是保护历史文化遗产，但在实践中常常出现两难境地，即：一"保"就"死"、一"放"就"假"。一味强调"保护"为主，文物古迹往往年久失修，不论是仍然在使用的还是空置的古旧建筑，其基本功能和基础设施远远不能满足现代人的基本生活需求，保护修复也就得不到有效的社会支持和保证；一味鼓励"创新"，无法摆脱市场经济逐利性羁绊，不经意间使历史文化湮灭在新形式中，走形变味，失去传统文化原有的内涵和气质。

可喜的是，在文化遗产保护上，国际社会和国家部门都有明确的规范，各地也摸索出不少成功经验，这里最重要的是正确把握好国际理念、国家规范和地方经验的关系，为人们共享。

——国际理念是国际社会经过长期实践和研究得出的普遍共识，具有普遍指导意义。当我们认真深入了解国际理念后看到，许多我们曾经争论不休的问题，其实国际上早有共识，关键是我们没有好好学习和借鉴。如《世界遗产保护公约》及操作指南、《威尼斯宪章》、《佛罗伦萨宪章》、《内罗毕建议》、《奈良共识》等，这些国际文件既有普遍意义的指导原则，也有对文化遗产保护真实性、完整性的规定，还有对鉴定、保护、修复、修缮、维护、复原和保存、展示、利用等各方面的指导意见，还有对文化遗产与环境的相互关系问题的认识、新开发区与历史街区的和谐发展等等。国际先进理念是人类智慧的结晶，我们应该充分地借鉴和吸收。

——国家规范是国家有针对性地制定相关的法规，具有很强的刚性。我国通过多年建设和管理，先后出台了一系列国家规范，应该说，已经在逐步形成规范体系。同时，由于中国地大物博，各地差异性极大，因此，国家规范又具有一定的柔性，须有地方法规与之相配套。同时，国家规范制定和修改的周期比较长，往往跟不上日新月异的发展，滞后情况时有发

生。面对国家规范和新的形势，如何在不违背国家规范原则的前提下，结合各地实际，尽快研究和制定出地方配套规范，这是必须解决的问题。

——地方经验是各地勇于实践、勇于创新的结果，有浓郁的地方特色。地方经验中，有一些具有国际理念、国家规范；有一些则是在国际理念、国家规范框架下，有所突破有所创新，适合这一地区的实际需要；还有一些可能是完全创新，一时还找不到相应的国际理念、国家规范，还需要实践的检验。

正确把握这三者的关系，把分享各地成功的经验落到实处，以达到互相促进的作用。

三、正确处理技术层面与非技术层面的关系，选择正确的保护路径

保护古镇古村落，既有技术层面的问题，也有非技术层面的问题，从实际情况看，技术层面之外的问题可能更为突出，对仅存的古镇古村落来说，当前不是解决要不要保护、保护什么的问题，而是要解决如何保护即保护的路径问题。

技术层面应该主要由学者和工匠组成的专家咨询委员会来决定，广泛听取多方面的意见。值得指出的是，在专家内部，也应充分发表不同意见，允许不同观点、不同建议，博采众长，专家委员会既不能少数人说了算，也不能迎合个别领导的意见。许多地方的实践证明，古镇、古村落、古建筑保护中，有的项目成了"保护性破坏"，拆了真文物，建了假文物，规划趋同，设计仿真，甚至造成新一轮的"千城一面"。这个问题，既有领导决策的问题，也有专家咨询、论证、规划、设计不到位的问题，这应当引起足够的重视。

非技术层面是保护中绕不过的话题，实践证明，非技术层面的问题比技术层面的问题更重要，非技术层面的问题不解决，技术层面的问题也难

以落实。这里面要集中破解三大难题：

其一，谁是保护主体，即产权问题。在国有、集体、个人不同产权所有制度下，文保单位以及有文化价值的历史建筑的产权能否转移？如何转移？如何制定不同产权状态下保护利用的政策规定？

其二，钱从哪里来，即资金问题。保护利用需要大量的资金投入，政府如何配置和利用市场资源，如何拓展融资渠道等等。

其三，人往哪里去，即利用问题。由于历史原因，凡是需要保护的地方几乎都是人口密集、环境脏乱差、生产生活质量差的地区，保护利用古镇古村落，人口转移问题，切实解决他们的生活和生产问题，是必须面对的实际问题。

技术问题与非技术问题综合起来，还有一个综合思考、统筹协调的问题，技术专家与非技术专家应共同研究。否则，就可能出现误区和偏差，解决了技术问题，而非技术问题滞后，迟迟缺乏有效的办法，保护也不可持续；反之，忽略技术问题，不安技术规则办事，保护则落入空谈。

四、正确处理保护、更新、利用的关系，既要对历史负责，也要对当代和后人负责

实践中，往往有几种情况，值得注意和思考。一是重保护轻利用，不考虑今后如何利用，是一种为保护而保护的僵化思维和陈旧行为，往往由于可操作性不强，保护行动本身也受到种种条件限制，举步维艰。二是重更新轻保护，简单以更新代之，不尊重历史本质特征和面貌，以"假"乱"真"，以"新"代"旧"，貌似"古迹"而无历史内涵，这是一种不负责任的"历史虚无主义"，大量赝品不仅给当代人，更给后人留下毫无历史价值的东西，极易误导人们的历史文化观。三是保护与利用紧密结合，加以必要的更新，这是一种正确对待历史文化的态度和行为。

保护、更新与利用是一个完整的体系，相得益彰，互为作用，三者不可偏废。正确处理好三者关系，要把握三个关键词，即：原则、前提、理念。

原则——保护第一的原则。在文化遗产领域，不论是国际社会还是国家部门，不论是专家学者还是研究机构，都把文化遗产最重要的价值定位在真实性、完整性上，无一例外都强调"原真性"、"原汁原味"保护。一旦失去原真性，文化遗产将毫无价值可言。在当今快速变化的现代化建设中，保护历史文化已成为当务之急，稍不留神，稍一放松，历史文化就会从我们眼前消失，无法挽回！教训不可谓不深刻。然而，人之弱点是健忘。特别是在有形的利益驱动下，在城市化快速发展和新型城镇化全面展开的今天，保护一旦退居二线，"建设性破坏"将重蹈覆辙。保护第一实际上是一种价值观、世界观，背离这一原则，缺乏价值取向和思想内涵，都将与古镇古村落保护、复兴与利用背道而驰。因此，必须在思想上筑起保护第一的屏障。

前提——规划为先的前提。在我国，由于种种原因，规划始终没有上升到应有的重要位置，几乎所有规划都赶不上变化，规划总是成为玻璃窗里的"摆设"。这里面不外乎两个问题，一是规划本身不科学，缺乏前瞻性；二是规划总是被人为破坏。在新型城镇化背景下，保护、更新与利用要坚持规划为先，这是必要前提，没有科学的规划，盲目、冲动上马，或草率规划，千篇一律，便会失去特色；或不按规划行事，长官意志为是，随意修改规划；或以仿古代替保护，以建新代替更新，失去历史价值等等，这些问题都是当前保护、更新与利用的大敌。保护规划的核心是"保护"，而不是"建设"，因此，保护规划首当其冲需要解决保什么、如何保、如何更新与利用等一系列问题，必须科学论证，使规划真正成为古镇古村落保护的法规和科学依据，任何人、任何一届领导者都不能随意更改和破坏。

理念——使用性保护的理念。从一切事物都是发展的观点出发，针对古镇古村落保护的实际，在保护的原则和前提下作必要的更新，为最大限度地使用提供物质条件，是符合实际的积极保护态度和有效手段。不容怀疑，保护古镇古村落的目的是为了更有效地为当代和后人服务，是真正的"以人为本"。古镇古村落的产生和存在是因人而生，为人所用，离开人的有效利用，保护将成无本之木、无源之水。新型城镇化中的古镇古村落保护不应排除更新和利用，国际先进理念和国内先进样本经验也都一再证明，有效利用是为了更好地保护。关键是如何更新、如何利用，在更新和利用中不是破坏历史文化，而是严谨、完整地延续历史文脉，有效地为当代服务，实现活态保护，达到民生为本的目标。

保护、更新与利用，三者关系可归纳为：保护是龙头，是根本，决定行动方向；更新是中轴，是机制，重在实践，为保护与利用服务，起到平衡作用；利用是车轮，是动力，确立既定目标，三者缺一不可。

五、正确处理好群落特色与城镇空间布局的关系

我国有 123 个国家级历史文化名城、数百个古镇、数千个古村落，一区一地的新型城镇化，既要考虑它们自身的特点特色，又要把古镇古村落摆在大的空间布局中整体安排，尤其是规划、业态、功能以及个性特点等方面，达到完整性和独特性的和谐统一。我们认为其重点有三个要素。

一是保留个性和独特性。

国家四部局颁布的《关于切实加强中国传统村落保护的指导意见》，要求切实加强中国传统村落保护，禁止没有依据的重建和仿制，避免"插花"混建、照搬抄袭，防止一味娱乐化等现象。今年全国人大、政协会议上，关于新型城镇化中的文化遗产保护成为"两会"代表、委员热议的话题，许多专家提出了很多很好的建议和意见。全国已相继开展了几次全国性的古镇古村落保护方面的研讨会，共谋"留住乡村记忆"的大事。可以看出，我国在新型城镇化建设中必将更加注重保留个性，凸显独特性。

同时要特别强调，不仅是形态上的个性，而且要在挖掘地方文化基因的基础上，形成满足现代市场需求的"一镇一业"、"一村一品"地方特色产业体系。发展以本地特色主题文化为核心的创意设计、文化旅游等新业态，吸引年轻血液，鼓励创业带动就业的自我造血模式。

二是保护准则。

建设具有文化魅力的个性化城镇，应确定四条准则：第一，循序渐进。城镇化应遵循逐步发展、有序推进的科学理念，不能搞"大跃进"，割断历史文脉。第二，多元发展。城镇化应重视业态的多元化，在信息、科技为主体的当代社会发展结构当中，亟须留下文化产业发展空间，切忌采用现今千篇一律的"旅游发展"为主的业态。第三，原汁原味。保留当地文化传统，特别是原生态的民风民俗、手工艺和民间艺人，创造性地用好当地文化遗产资源，打造有文化特色的城镇。第四，造福于民。要落实整体保护原则，生态、生活、生产与文化遗产保护紧密结合，人民群众在此安居乐业。

三是群落间布局。

单个古镇古村落在一个区域一个地方之中，与其他群落之间、与新型城镇之间，既有文化的共性，又具有自身的独特性。这种独特性是历史文化长期积累的结果。保护自身文化的独特性才可能"留住乡愁"。城镇空间布局，受到各种因素的影响，比如地理形态、自然环境的影响，是形成自身特色必不可少的生态环境。保护好自身的生态环境，才可能"望得见山，看得到水"。比如区域空间内的传统产业和现代产业以及交通、通讯等。再比如区域内的生活方式、文化形态等。这些因素无不相互影响、相互作用，局部的保护就势必要思考群落空间大局，进行整合思维，必须考虑一区一地的产业布局和定位，努力避免面貌雷同，形式空洞。

细微之处见特色，彰显个性有魅力。在新型城镇化过程中，古镇古村落保护与利用，一定要在区域大空间布局中找到自身的个性，在细微之处下功夫，做到"人无我有、人有我精"，使保护与利用达到极致。

以江苏省苏州市黎里镇为例，黎里是一个具有千年历史的古镇，其风貌特征与江南其他古镇存有相似之处，由于种种原因，黎里镇的保护修复刚刚起步，随之却使其形成了后发优势，在江南水乡古镇集群这个大的空间背景下，他们找到了自身的个性：即以古镇"弄堂文化"为龙头，挖掘宋代文化、饮食文化、休闲文化、手工艺文化以及雅士文化（清末民初文化）等，在留住乡愁上动足脑筋，得到本地民众的认可。同时，注意区域化空间布局，集中力量建设新区，确保古镇整体保护和生态保护，通过几年努力，逐步使古镇保护与开发区建设同步发展，互相促进，实实在在留住个性、突出特色，在传承中发展，在发展中复兴，成为江南古镇保护与利用的新样本。

城镇化是工业化的伴侣，是任何国家由贫穷落后走向发达繁荣的必由之路。在此过程中，中国文化的大发展大繁荣必将和城镇化互为促进，彼此激发。一个现代化生活方式与传统文化交相辉映的新型城镇化，必将拥有更加灿烂迷人的魅力。留住乡愁的关键，就是要特别强调责任感和使命感，放慢节奏，多斟酌、多调研、多积累，与历史、文化作必要的对话，作相应的探索，多一点担当，少一点遗憾。

（合作者：周苏宁，刊《中国文物研究》）

后 记

2014年12月12日，当我打开邮箱，收阅王通讯先生发来的"序言"的那一刻，喜悦之情油然而生，这不仅是因为我再一次被誉为"中国人才学研究第一人"的通讯先生的厚爱所感动；更是因为此时此刻我更加信服，大师就是大师，只需寥寥数言，便深入浅出、言简意赅，把人生价值的真谛揭示得淋漓尽致。

应当承认，每个人都有自身的理想追求和价值取向，不同的职业、岗位、身份对这种追求和取向又有不同的认知，但从某种程度看，所谓的追求和取向，有时又无法以个人的意志为转移，于是便有了所谓"心态"的说法。然而，不管什么人，从事什么职业，身处什么地位和环境，都有责任、有义务尽其所能，为我们所共同生存的这个家园、这片土地、这个国家作些有益的贡献，尽可能多地释放自己的正能量；每个人都应该让自己所拥有的一生活得更具价值、更有尊严、更加精彩。努力把工作当作事业，做得更好、更出色，就不至于虚度光阴。《与文字为伴》即是个人职业生涯、业余公暇的一种收获。

这部自选集的出版，从打印、校对、整理、策划、设计到交付印刷，是各方面鼎力相助的结果，同仁、同事，师长、学生，企业家、文化人，老朋友、新知己。对于我来说，一切带有感谢性的话语都显得苍白无力，

"此时无声胜有声"，让我铭记在心吧。我将继续用真诚、善良、务实的方式完善自身价值。

汪长根

2015 年 1 月于"三知斋"书屋

与文学为伴

汪长根文论自选集

下卷（调研报告卷）

汪长根　著

文匯出版社

序

人生是个立方体

王通讯

与长根相识相知已经三十多年。据我所知，他上过学，当过兵，做过组织人事干部，又写有一手好文章。从苏州市委副秘书长的位子上退下来之后，投身到文化事业中，具体说是担任了联合国教科文组织亚太地区世界遗产培训与研究中心苏州分中心的名誉主任。

看着他干了那么多的事，我好生羡慕。自愧才浅，不敢向其看齐，只能跟在后面。前些年知道他写了几本书，没想到最近又要新出一本。有幸翻看他即将付印的书稿，包罗了政治、经济、文化、人事、人才诸多方面，不禁令我浮想联翩。

想到了什么呢？想到人生。

人生在世，匆匆犹如草木一秋。那么，怎样度过自己的人生才算有价值，或者说才算没白过呢？人们恐怕没有不想长寿的。但是，活的岁数长一些能成为唯一追求吗？看来还不行，那仅仅是个生命的时间长度而已，不能短缺质量。比方说，是否对社会做出了较大的贡献，包括官员的政绩、企业家的创新、学者的智慧等等。有位哲学教授说得好："生命的价值，常常不是以她的长度而是以她的宽度与厚度来衡量的。"

假设厚度就是对社会、对百姓的奉献，那么宽度是什么呢？我想大概就是其一生中曾经思考、实践的领域。

人与人在自然禀赋上是不同的，后天努力程度也不一样，因此才能的多少及大小也会不一样。如果一个人在既定的个人禀赋的基础上，加倍努力，又善于开发自己的潜能，那么他就可以将自己的生命宽度拓展得更加宽阔一些，好处在于能够获得多方面的生命体验。我想，西方人所谓的"丰富化的人生"，意思大抵如此。如此看来，能不能这样说：人生是个立方体，有长，有宽，有深（厚度）。有价值的人生，是三个尺度的乘积。具体到每一个人来说，情况会各不相同。有宽度的人，应该说是那些具备多种才能、能够在众多领域显示出过人才干的人。我为我的友人能够在这么多的领域都做出名堂而由衷地高兴。

细读长根的文稿，我认为最能代表其思想境界的是那篇题为"颇具书生气的'三与'哲学"的文章。

见其文如见其人。

长根说，他信奉的是一种"与人为善、与世无争、与时俱进"的"三与"人生哲学。"与人为善"、"与时俱进"比较好理解，"与世无争"呢？难道他是在提倡做个遇事"不争不抢"的"老好人"吗？非也。

且看他如何道来。

他说："与世无争和软弱无能、委曲求全不是同义词。我所理解的'与世无争'是：如果有一个升职的机会，而这个机会又需要通过竞选来取得，那么我会选择放弃，不会为此'急吼吼'，因为我认为，能不能升迁、够不够格升职，这是组织的事；如果有一份好处等待处置，但这种好处又是'僧多粥少'，那么我会选择沉默，因为我觉得不应该以争抢共同的利益来满足自身的欲望；如果有一份劳动成果或一份荣誉等待分享，而这份成果、这个荣誉又需要个人'想方设法'去争取，那么我会选择顺其自然，不会张口表白索取，因为我觉得张口获得的名利不够'干净'；如果有一个议案需要决定，而这份决定似乎并不符合个人的想法，我不会固执己见，因为我觉得个人的意见可以保留，但应该以大局为重。"如此等等。

长根进一步总结道："我以为，所谓与世无争，所追求的乃是一种平静、平和、平淡的生活状态、学习状态、交往状态。人家进步，我高兴；人家升职，我祝贺；人家发财，我不眼红。个人要做的就是把自己该做的事踏踏实实做好，做得圆满，以诚实勤奋的劳动获得应有的回报，我想，这种'不求进取'也许就是最大的进取。"

读到这里，我已经把长根读懂了。有了这般境界，他肯定是一个天高地阔的人、心无挂碍的人、幸福快乐的人。

至于我所说的深度，就必在其中了。

是为序。

2014 年 12 月 18 日

于海棠在望书屋

（作者系原中国人事科学研究院院长兼人事与人才研究所所长。）

前　言

与文字为伴，是我的人生追求，也是职业使然，而逐步演化成为自己生活内容与生活方式不可或缺的组成部分。与文字为伴，尤其是与公文为伴，那是一件寂寞而枯燥的事，然我乐在其中、乐此不疲。

一个非常偶然的机会，我踏上了一条与文字相伴的人生之路，先是在部队政治机关从事宣传教育、新闻报道，与文字打交道十余年；转业后从事过组织人事、机关文秘、政策研究等工作，从此与文字结下了不解之缘。

我不清楚该如何准确地定位自己。有人认为，我应算是一名"文人"，对此我未予否定。因为我一辈子就是以舞文弄墨为生，习惯与文职人员打交道，与"文人圈"不仅交往多，人缘也不错；可我从未接受过系统的高等院校的学历教育，比起那些"博士"、"硕士"自感惭愧，对博大精深的"文化"也自感一知半解，因而归在"文人"一类，甚为牵强，如果一定要算，只能称得上"半个文化人"。有人认为我是领导，我也不好有异议，毕竟尚有"一官半职"，但我确实从未做过真正意义上的"官"，一辈子一直在领导身边做点参谋和服务性工作而已。我始终认为自己只是一个"职业秘书"。正因为有了这种心态，才造就了自己"与世无争、与人为善、与时俱进"的特质，造就了"知书达理、知恩图报、知足常乐"的品行。

职业秘书应当是一名"幕后人物"、"无名英雄"。任劳任怨、无私奉献、淡泊名利、不计得失，这是秘书必须具备的品德。尤其以文字为职业的秘书，更应该以"默默无闻"为荣。作为一名在党政机关从事文字工作的秘书，一生中书写的文字也许不计其数、无法统计，但它并不属于个人；可以署名的少之又少，可以署名并能回味的文字更是少之又少，有时还会闹出某种"误会"。收集在题名"与文字为伴"的这些文稿，主要是三种类型：一是本属于工作性成果，如直接为领导决策参考及决策落实服务的调研报告、建议；二是结合工作及工作之余学习、研究、观察与思考问题的衍生产品，是工作成果的一种转化、延伸和再现，如时评类的文字；三是作为调节文字写作节奏、丰富业余生活方式的一种补充，如有感而发而撰写的一些随笔、杂文、游记、读书札记等。我的体会，择时练习一些与公文风格有所差异的文章，对于提高公文写作的情趣，是很有帮助的。

2014 年 5 月 12 日，我因左眼黄斑前膜接受了手术，这已经是我的第二次眼科手术了。2007 年年初，我突感右眼视物变形，经确诊为黄斑变性裂孔，这是一种少见又很麻烦的疾病，上海的专家对此作了业内都认为"成功"的手术，而我却感觉很不理想，视力不升反降，甚至基本丧失了阅读和书写文字的功能，幸好左眼基本正常，没有太多影响生活与工作质量。但今年 4 月，已经成为朋友的另一位眼科专家遗憾地告诉我，左眼出问题了，黄斑前膜已经形成，必须尽快手术，并耐心给我分析利害关系。这次我虽然犹豫，但很快决定听从建议，又一次施行手术，幸好恢复正常。

现在，我不得不面对这样一个现实问题：一方面，文字对于我来说，与生俱来就有一种割舍不去的情感，水准如何，那是另外一件事，离开了"与文字为伴"，我的生活可能显得枯燥乏味；另一方面，眼睛作为人体最重要的器官之一，应当尽可能地让它"延年益寿"，必须痛下决心，从现在起转变用眼方式，调整与文字为伴的节奏。于是，我对改革开放以来主要是上世纪 90 年代以来自己撰写的一些文稿进行了梳理、整理，遴选出自以为还有些"可读性"的东西，形成了这部《与文字为伴》，既是对已经走过的这段人生作一个小结，也是个人"自娱自乐"的一种方式，当然也是与已经离开和正在从事这行工作的同仁们、朋友们的一种互动与交流。我的想法很简单，这是最后一次以"著书"的方式"立说"。

本书分为上下两卷。上卷为独著，下卷为合著。

上卷："通论卷"。1979年年底，我从部队转业回地方工作后，正式成为一名公务员，行文写作自然是必修课和基本功。凭着在部队初步积累的文字写作基础，开始了新的人生征途。对于文字工作，我有自己的理解，我认为，"任何平凡或纷繁的事务，都有内在的规律可循，发掘、发现、梳理规律的过程就是文字写作过程"，"把实践中观察到的问题和经验上升到理性层面分析思考，用掌握到的理论和知识去回答、说明、解决实际问题，这是公文写作的基本要求"，"文字写作不是某种技术，文字写作能力对于公务人员来说，是第一能力，是学习能力、研究能力、逻辑思维能力、表达能力等各种能力的集中体现"，等等。正是出于上述考虑，勤于笔耕，"与文字为伴"，并以此提升修养、陶冶情操、提高工作质量，成为自己的一种习惯。

本卷所称的"通论"泛指论文、杂文、时评、随感、读书札记、书评、游记等等，收集时只作了大致的分类。由于时间跨度大，水平有限，现在读来，有的略感浅显。

论苑初入。重点收集了上世纪80年代至90年代初撰写的一些论文，主要涉及人才问题和党的宣传思想政治工作。当时，全国人才学研究风起云涌，思想政治工作研究也风生水起，由于我先在组织人事部门工作，之后又分管联系宣传思想战线，一不小心成为人才学和思想政治战线的一名"非职业研究人员"，期间出版了《人才行知录》、《苏南农民企业家研究》等著作，发表了多篇在全国具有一定影响的论文。自担任政研室主任后，工作职能发生了重要变化，公文写作任务很重，篇幅较长的论文就很少去涉及了，这里遴选的几篇，算是其中的代表作。

时评概览。《苏州日报》有一个专栏，现在称"新苏时评"，实际上是该报的言论专栏。收集在这里的 25 篇文稿，大多在该专栏上发表过。这类文稿，诚如前面所言，基本上是学习研究和观察思考的"衍生物"，一事一议，深入浅出。

随感拾录。收集在这个栏目的文稿来自有感而发，包括几种类型，书评、读书札记、随想等。不一定很成熟、很完整，零零碎碎，但体现的是真实感受。

闲人札记。退出领导岗位，尤其是退休以后，应该属于"闲人"之类了，有时外出旅游，顺手写些笔记，数量不多，属于自得其乐，不过也有朋友颇为赞赏，给予好评。退休后，总觉得有些闲不住，期间陆陆续续写过一些文稿，结集出版的有《三知斋随想》，同时，受领导和朋友推荐、厚爱，我兼任了两个很有意思的公益性职位，一是受聘担任联合国教科文组织亚太地区世界遗产培训与研究中心（苏州）名誉主任，牵头组建了亚太世遗中心古建筑保护联盟和苏州世界遗产与古建筑保护研究会，出版了内部刊物《世界遗产与古建筑》，并出任主编，为此，我选择于 2014 年底前撰写的"卷首语"6 篇，以及与该项工作相关的 2 篇文稿，作为留念；二是受聘担任苏州市辛庄企业家商会"秘书长"，这是一个小商会，我主要为来自家乡的企业家组成的这个社会组织做些服务性工作，并编辑出版内部刊物《辛庄商会通讯》，量身定做，我先后撰写了一些短文，这里遴选了其中的 10 余篇，作为这段人生的小小记录。

下卷："调研报告卷"。1988 年 12 月，我出任苏州市委政策研究室负责人，长达近 15 年。实施调查研究、撰写调研报告，为市委和市委领导决策服务，成为我的主业。之所以称为"合著"，是因为这里收集的部分调查报告是我在任研究室负责人及之后任市委办公室负责人期间，与我的同事们合作撰写的，应该说这是集体智慧的结晶，我只是"课题负责人"或"主笔"。需要说明的是，凡是我署名在前的，不仅仅是因为职务的原因，主要还是撰写过程中实际扮演的角色的因素。时任市委研究室副处长的蒋忠友同志曾经是我忠实的合作伙伴,他在《苏州文化与文化苏州》一书的跋中写道:"所有文稿在成文前都是汪长根副秘书长面授主要观点,他甚至把一些观点一条一条地写在稿纸上,工工整整地排列出来,并就写出的观点和思路逐个给我讲解。一些文章在他细心的讲解之后,基本上已经成形了","针对所写文章的体裁和种类,在串讲写作内容之外,他还为我分析此类文稿的写作方法、写作技巧和需要注意的一些问题,让我触类旁通","在写作过程中,结合所写文章的主旨和大意,他又精心地为我找来大量的书籍和资料,并指导我读书和学习","文章初稿草成后,大多数文稿都要经过他细致的反复的修改。有的文章甚至需要几易其稿,最终才能成文,回过头来再对照初稿,已是面目全非了"。蒋忠友同志目前已是市委研究室的主要笔杆子,他的话语谦虚而诚恳,但大体从一个侧面反映了我与同事们合作的模式。"调研报告"反映的是当时的时代背景,这次编辑时保留了原来的提法和数据,体现了"原真性",也在一定程度上反映了苏州发展过程中的一些"足迹"。

从1983年3月苏州地市合并,我进入市委办公室、市委政策研究室,再回到市委办公室,到2010年5月退休,先后达27年。期间,市委主要领导更迭了9任。我亲眼见证了苏州所发生的翻天覆地的巨大变化,亲眼见证了历届市委,尤其是市委领导、市委主要领导的高瞻远瞩、睿智大气、务实奋进,亲身感受到了苏州人的人格魅力和苏州文化的博大精深,在这样的氛围下工作,洋溢的是一种幸福感,是人生的一大幸运,也成为激发自己淡泊明志、努力工作、有所作为的动力。我的这本"自选集",说到底,是一种真情流露。

汪长根

2014 年 12 月

目 录

城市篇

后　记

、

文
化
篇

苏州城市定位的若干思考

简述：不管经济如何发展，规模有多大，水平有多高，苏州首先是座文化城市。这是由它的地位和影响所决定的。第一，强化"文化苏州"定位，并不是要淡化苏州成为"经济强市"的定位。第二，强化"文化苏州"定位，是因为苏州的经济深深地打上了文化的印迹。第三，强化"文化苏州"定位，是由文化遗产的特质所决定的。第四，强化"文化苏州"定位，是我们当前不能回避的一个重要问题。打造"文化苏州"的城市品牌，必须处理好以下几对关系：一是战略与战术的关系；二是整体与局部的关系；三是个性与融合的关系；四是硬件与软件的关系；五是管理与教育的关系。

让"文化苏州"熠熠生辉

进入新世纪以来，苏州有两组数据足以让世人刮目相看：在经济建设方面，2004 年苏州完成 GDP 达 3450 亿元，列全国大中城市第 4 位；进出口总额达 1032 亿美元，占全国近十分之一；实际利用外资额 50.3 亿美元，累计利用外资总额超 400 亿美元，占全国九分之一；地方财政一般预算收入 219.6 亿元，列江苏省第一位。在历史文化方面，苏州建城已有 2500 多年，有 9 处园林被联合国教科文组织遗产委员会列入《世界遗产名录》，起源于苏州的昆曲被列入"人类口述和非物质遗产代表作"，苏州拥有的国家级和省级文保单位占全省的五分之一。

对苏州经济方面的贡献,有人表示钦佩、赞叹,有人则不以为然。乡镇企业异军突起也好,外向型经济蓬勃发展也好,似乎顺理成章,甚至有人撰文"不再看好苏州",指出"苏州患了外资依赖症"云云。更有甚者,说苏州之所以有这样的经济业绩,无非是因为占据了一块风水宝地。

然而,对于苏州文化上的辉煌,人们却不敢小视,就连一些十分挑剔的专家学者也不得不给予充分的肯定。他们认为,苏州文化综合实力在全国占有十分明显的优势。原因何在?在于苏州文化和"文化苏州"的地位,在于苏州深厚文化底蕴和独特文化个性所共同凝成的非凡魅力。

一、苏州首先是个文化城市

上个世纪 80 年代,国务院对苏州城市总体规划有个《批复》,对城市是这样定位的:"苏州是我国重要的历史文化名城和风景旅游城市";90 年代,国务院对苏州城市总体规划又有个《批复》,对城市定位加了一段话,即"是长江三角洲重要的中心城市之一"。两个《批复》不仅是对苏州在区域经济中重要作用的一种认可,更是对苏州文化重要地位的确认。

党的十一届三中全会以来,苏州经济发展突飞猛进,2004 年人均GDP 超过 7000 美元,从 1978 年以来的 26 年中,平均 4 年就实现一次翻番,经济的实绩居然可与一些资深的大城市竞比高低。这时,有人开始逐渐忘记苏州的本色,以为苏州是工业城市,是经济大市。其实,应当明白:不管经济如何发展,规模有多大,水平有多高,苏州首先是座文化城市。这是由它的地位和影响所决定的:

一根文脉千年延续。苏州历史悠久,文化源远流长,文脉延续不断。从三山岛发现哺乳动物化石和旧石器,揭开苏州历史文化发展的帷幕起,至今已有万年以上的历程,其间虽经沧桑巨变,但苏州文化绵延不绝。一方面，经过历代先贤和文化精英们的创造、保护与弘扬，今天的苏州文化保持了深厚的文化底蕴与丰富的文化积淀；另一方面，这种底蕴与积淀是一个不断扬弃、不断更新、代代相传、生生不息的过程。

一座古城风采依旧。建于公元前514年的苏州古城，在它2500多年的生命历程中，和我国的其他城市一样，经历了无数灾难。但和其他城市有所区别的是，她经过了历次重修，仍能保持原有的轮廓，仍在原来的位置上，并且还在发展，至今风采依旧。这种情况在中国是唯一的，在国际上也罕有匹敌。现在，春秋建城"背山面水"的城址一直未变；唐代定型的三横三直加一环的骨干水系、贯通古城内外的水网体系及唐诗中呈现的小桥流水的水城特色基本未变；宋代《平江图》上路、河并行的双棋盘城市格局和河道、街巷、道路景观基本未变；兴建于历代的百余个古典园林及古建筑等文物古迹、5个历史文化保护区、3个传统风貌地区、3个历史地段的风物市情也基本保存完好。

一个文化宝库满目生辉。苏州人杰地灵，先辈们在这里留下了丰厚的文化遗产，遍及物质形态、非物质形态的许多方面，前者如古城名镇、园林胜迹、街坊民居以及刺绣、缂丝、宋锦、灯彩、苏扇、苏裱、民族乐器、红木雕刻等；后者如吴门画派、书法、篆刻、诗文、昆曲、苏剧、评弹等，其门类之齐全，技艺之精湛，至今仍璀璨夺目、尽领风骚。人们说，整个苏州就是一座精美的园林，就是一所深厚的博物馆，就是一个满目生辉的文化宝库。

一种风格独树一帜。苏州自古是"鱼米之乡"，精细的生产方式作为一种最基本而又最强有力的文化塑造力量，对于苏州人及苏州文化的影响极为深远。汉字的"精"从"米"，它的本义就是优质纯净的米。米不仅本身极为精细，而且还是精耕细作所培育出来的精华。由米之精引申出苏州人的精巧、精干、精练、精致、精明、精诚等个性和心态，乃至影响到苏州的特产繁复、饮膳精良、表演细腻，无不讲究精细秀美、工巧雅致，构成了"富庶之乡"的苏式、苏派风格，尤其显得别出心裁，独树一帜。

一城市民风雅礼仪。苏州"三山六水一分田"，"山温水软似名姝"，自然环境赏心悦目；苏州街巷临水，人家枕河，粉墙黛瓦，简静雅洁，城市风貌风情万种；苏州世代崇儒弘学、尊师重教。苏州尚文好学之风在改革开放后更加兴旺发达。1992年，苏州市成为了全国第一个全面实施九年义务教育的省辖市；2004年，苏州市的高等院校毛入学率已达50.14%，成为全国少数几个高等教育普及化程度最高的地区之一。置身于这样的自然环境和城市风貌中的苏州人，经过了长时间的涵化、陶冶、滋润、调适，最终凝成了特有的文化气质和文化风范，一城市民吴侬软语，淳朴风雅，温文敦厚，友善好客。

一种文化精神生生不息。苏州自唐代始，就成为冠盖东南的商业都会；明代中叶以后，苏州地区又率先出现了稀疏的资本主义萌芽；具有现代特征的工商业也最早在太湖地区生根开花。历代苏州人不断创新观念发展商品经济，商业经济的发展必然又激活了一代又一代苏州人，进而形成了苏州人生生不息的文化精神。可以说，一部苏州物质文化史就是一部不断创新的历史。改革开放以来，苏州人开创并弘扬了"四千四万"精神以及"张家港精神"、"昆山之路"和"园区经验"三大法宝，为从历史承接而来的苏州文化精神赋予了崭新的时代内涵，成为新时期苏州文化精神的自觉行动。

一幅"双面绣"和谐协调。"文化苏州"的一个重要特征还体现在：从20世纪的最后十年起，苏州人用双面绣的绝活与精巧布局出城市和经济的现代版图。1992年作出了"依托古城，开发新区"的重大决策，1994年，中、新两国政府决定在苏州合作建设苏州工业园区。东园、西区的迅速崛起，使得苏州跳出了古城的圈子，实现了自身扩容增量的蜕变，既有保护，又有发展，既有继承，又有创新，形成了"一体两翼"的独特而全新的城市格局。如今的苏州，古城区粉墙黛瓦，传统风貌依旧，新城区高楼林立，现代气息洋溢，给人一种传统文化与现代文明和谐交融、古城风貌与现代都市协调连贯的美好感受和强烈震撼。

二、强化"文化苏州"的城市定位

苏州首先是个文化城市，苏州的城市定位首先要强化"文化苏州"的定位。

第一，强化"文化苏州"定位，并不是要淡化苏州成为"经济强市"的定位。经济与文化是联动发展的，"文化强市"与"经济强市"两个定位是一体化的。自古以来，苏州就是经济富庶之地。在农耕时代，苏州是鱼米之乡。唐代的苏州"甲郡标天下"，繁荣的程度仅次于国都长安。元代的苏州被誉为商业和工艺十分繁盛的名贵大城。明、清的苏州，在曹雪芹的笔下"最是红尘中一、二等富贵风流之地"。解放后，苏州是全国著名的商品粮基地。改革开放以来，苏州又成为乡镇企业的发祥地，成为全国最大的制造业基地和最活跃的进出口地区之一。纵观苏州的历史，是在发达的经济基础上培育出灿烂的苏州文化，而灿烂的苏州文化又促进了经济的繁荣。经济与文化的相互促进，才使得这座名城绚丽多彩。其实，从远古到现代，苏州都在演绎着一幅幅经济与文化共同发展、繁荣的"双面绣"。苏州"文化强市"和"经济强市"的功能定位和发展取向的一致性，还表现为处在社会主义初级阶段这一特定时期的当代中国，发展是主线，解决一切问题的关键要靠发展。要害之处不是要不要发展经济，而是在于发展什么和怎么发展的问题。因为强化"文化苏州"的定位而延误经济发展，这是大错特错的。如果是这样，不仅文化发展不起来，文化苏州的定位也成为无本之木，其他一切都将无从谈起。只有在追求经济发展和人民生活殷富的过程中，强化"文化苏州"的定位，才能发挥文化作为经济发展动力和精神支柱的特殊作用，进一步促进经济和社会的繁荣。

第二，强化"文化苏州"定位，是因为苏州的经济深深地打上了文化的印迹。苏州经济具有很强的文化特质，这与苏州人心灵手巧、精工细作、温文尔雅的个性和特点密切相关。从历史上看，苏州的传统手工产业向来发达，丝绸、刺绣、纺织、钟表、雕刻、铸造、刻书、文房用具、造船、冶金等行业在全国都占有重要的地位。苏州可以说是手工业之都，手工行业之多、技术之精、声誉之隆，蜚声海内外。据1949年统计，直到那时苏州还有250个行业，11000多个品种，其产品工艺之精细深受国内外市场的欢迎，以至人们常说："破虽破，苏州货。"从现代IT产业来看，其大量落户苏州及在苏州的迅猛发展也绝不是偶然的。据说早期来苏州投资IT产业的一位客商曾说过这样的一句话："苏州人能生产如此精美的刺绣品，还怕不能做好IT产品？"目前，世界500强企业中近五分之一的跨国公司落户苏州，构筑了规模实力雄厚、产业配套齐全的IT产业链，全球60%以上的鼠标、25%的主机板、18%的显示器、15%的扫描仪、30%的吸尘器均产自苏州，即是苏州人的精巧最适合IT产业的精细工艺、苏州的经济打上了文化印迹的最好证明。苏州的企业具有文化性，苏州的产品同样具有文化性，至于在经营方面，苏州人也表现出十分亲和的人文优势。苏州经济的发展，文化的推动力显示出了强大的作用。苏州现代经济的发展以及在全球化经济中的影响和地位，以苏州文化为底蕴的人文环境成为一个至关重要的因素。

第三，强化"文化苏州"定位，是由文化遗产的特质所决定的。经济可以复苏，经济奇迹可以创造，人类物质财富易得，但文化遗产难求，历史文化一旦失去则不可再生。苏州的传统文化是积淀了2500年的历史遗产，是中华民族灿烂历史文化的重要载体，具有很高的历史价值和艺术价值，在中国文化发展史上也占有着极其重要的地位。在21世纪的今天，我们依然可以从两千五百年前吴越之争的"卧薪尝胆"、"十年生聚，十年教训"中得到新的启迪，从一千年前宋代苏州知府范仲淹抒写的"先天下之忧而忧，后天下之乐而乐"中汲取新的营养。应该说，苏州既是唯一的苏州，也是世界的苏州。保护文化，就是继承优秀的传统；保护苏州，就是保护我们的生命之根。这是一份沉重的历史责任。因此，强化"文化苏州"的定位，对于进一步认识苏州文化的历史价值，大力保护与发扬我国历史文化遗产，切实加强社会主义精神文明、政治文明乃至物质文明建设，加快构建社会主义和谐社会，促进国际交往和文化交流，都具有积极而深远的意义。

第四，强化"文化苏州"定位，是我们当前不能回避的一个重要问题。进入新的世纪，苏州推进经济与文化的协调发展，全面落实科学发展观，出台并组织实施了关于民族民间传统文化保护，传统工艺美术保护等一批法规性文件，各级财政也加大了对文化事业的投入，历史文化遗产的重视和保护工作不断加强，保护、继承和弘扬民族优秀文化取得了可喜的成绩。但对照历史遗存与实际情况，苏州物质和非物质文化遗产的保护力度仍需加大，尤其是濒危历史文化遗产的挖掘、保护工作任重道远。随着我国工业化、城市化的快速推进，历史文化的传承、创新又遇到了前所未有的新矛盾、新问题，苏州也不例外。以古建筑保护为例，目前，苏州市级以上文物保护单位的完好率也只有 80%，市区还有 200 处古建筑仅被列为控制保护对象，山塘街历史文化街区保护性修复的试验段工程才刚刚完成，环古城风貌带保护的二期工程也才稍现端倪。根据我市《紫线管理办法》，已经完成了古城区范围内文保单位、控保建筑、古构筑物和 5 个历史街区的城市紫线划定工作，但大量具体的、事务性的工作还未展开，且实施难度越来越大。建筑是城市文化及其品位的重要载体，仅从这一意义上看，要做好古建筑的发掘和保护工作，"文化苏州"的定位也是亟待强化的。这些面广量大的保护工作既需要人们思想观念上的高度重视，也需要大量的物质和资金鼎力支持。总之，需要我们从"文化苏州"城市定位的强化上正确处理好发展与保护两者之间的关系。

三、打造"文化苏州"人人有责

强化"文化苏州"的城市定位，打造"文化苏州"的城市品牌，确立科学的城市发展观是十分重要的。在当前的实践中，我们感到必须处理好以下几对关系：

一是战略与战术的关系。战略针对整体性、长期性、根本性问题，战术应对的是局部性、短期性、具体性问题。打造"文化苏州"，既要明确大的战略，如经济强市、科教兴市、文化立市"三位一体"的推进战略，打造文化强市、实施"文化苏州"品牌战略，经济与文化协调发展战略等等。但只有战略是不够的，也是行不通的，还须有一整套使战略步骤化、细分化、具体化而付诸实施的战术。战略解决了人们头脑中"干什么"的疑问、树立了"为什么干"的信心，而"怎么干"、"如何干"则是路径问题，需要围绕战略来分步骤、分阶段实施和操作。只有在实践中把战略与战术结合起来，既有明确的目标、方向和思路，也寻求到了实施的切入点和具体办法，才能取得最终的成功。相对而言，战术上的问题对我们当前打造"文化苏州"更是一种考验。很多时候，我们不是没有明确的目标和一致的方向，而是缺乏细化的路径和具体的操作办法。

二是整体与局部的关系。苏州文化在全国占有优势，不仅表现在较多的单个文化品牌，也表现在文化的全方位发展及其综合实力；苏州的美，不仅表现在整体上，也表现在局部细微之处。近年来，我们在文化品牌的总体开发上、在城市总体规划修编上、在营造"文化苏州"总体形象上，均投入了大量的人力、物力，尤其强调在整体上把握好城市风格、风貌的协调与统一。比如，城市功能上遵循的古城居中、东园西区的"一体两翼"；建筑色彩上追求的黑白灰与淡素雅；布局体量上表现的小桥流水和水陆并行、河街相临等。而在实际操作中，往往不重视或淡化了一些细微之美。例如，十分重要的城市设计在我市基本没有编制，使得规划的深度和具体

010

与文字为伴

化不够，必然影响到城市建设的细部操作，给统一的风格、整体的风貌带来了一些不和谐的败笔，虽说是白玉微瑕，却难免使整体美感打上了一丝折扣。整体和局部是辩证的、相对的，在当前"文化苏州"的打造上必须正确处理好两者的关系，注重加强城市设计这一环节，尤其是影响整体的重点地段，包括布局、结构、高度、色彩等，应严格按照整体风格加以具体化、可操作化，做精、做细、做优、做美，总之做出高质量。

三是个性与融合的关系。个性和特色就是生命，苏州的文化价值和"文化苏州"定位必然涵盖和体现在它的个性特色上。打造个性特色，绝不是孤芳自赏，也不能一劳永逸。文化个性的力量从来就在于不断的交融与创新。我们既要打造特色，也要充分汲取其他文明的优秀成果，更要在与其他优秀文化的融合中强化自己的个性魅力和独特风采。其实，苏州文化的特点之一就是具有兼收并蓄的品格，同时又能始终保持自身独具的个性和风采。苏州文化之所以一脉相传、不断发展进而形成自己的特色，也正是由于它具有融会贯通的文化品质。苏州文化在引进和吸纳外来文化的过程中，一方面使自身获得了新的发展；另一方面，原本所具有的个性并没有消失，经过消化、吸收和创新，反而得到了进一步的张扬，使自身的魅力愈发凸现出来。值得注意的是，在势不可挡的世界一体化浪潮中，我们更应该保持和弘扬这一优势，做到既不媚洋，也不排外，正确处理好个性与融合的辩证关系。

四是硬件与软件的关系。打造"文化苏州"是一个系统工程，包括硬件建设与软件建设。硬件与软件，好比城市的筋骨和灵魂，相互影响，内在统一，不可分割。硬件建设是城市的基础设施建设。近年来，我市的道路、广场、住宅、商业和文化体育设施建设不断取得了新的进展，目前全市文化馆、图书馆、城乡文化站总面积已超过 52 万平方米，比"九五"初期增长了 122%；市体育中心、市图书馆等一批文化标志性建筑投入使用，集中展示了我市城市建设的水平和特征。同时，加强重点文物与建筑维修和环境整治工作，历史文化名城、名镇和文物保护工作也走在全省前列。我们既要建好载体、保护好载体，也要提高人的文化素养。软件建设就是人的建设，包括精通文化业务的各类人才培养、市民的思想道德建设、教育科学文化建设等内容，其核心是思想道德建设。当前，打造"文化苏州"，重点是要培养既懂得意识形态工作规律又懂得经营管理的复合型管理人才、文化产业的领军人物和德艺双馨的文艺人才。

五是管理与教育的关系。要树立打造"文化苏州"人人有责的时代观念。人是文化发展的主体，是社会生产力的基本要素和社会发展中最活跃、最积极的因素，也是一切社会关系（包括文化关系）的担当者。因此，打造"文化苏州"，关键在于人的素质。市民素质的提高既要靠管理，又要靠教育；既要靠硬约束，又要靠软约束。也就是说，既要加快文化事业、文化产业的立法工作，实施依法行政、依法管理，又要体现文化本身所具有的社会道德和精神文明的教育功能，发挥文化和道德的规范力量。教育是关键，管理是保障，两者必须相辅相成，相互配合，相得益彰。教育离不开管理，否则不免单薄无力，流于形式；管理也离不开教育，否则就会人心不齐，管不胜管。对于当前的苏州来说，由于新市民和流动人口比较多，素质差异性状况十分突出，加强管理和教育就显得尤为必要。

不求最大　只求最佳

弹指一挥间，苏州忽然变大了。人们知道，苏州古城 14.2 平方公里，这种格局保持了 1000 多年。至 1978 年，苏州建成区不过 26.6 平方公里；1982 年，苏州在外城河以西开辟了一块面积为 22 平方公里的新城区，开始了自身扩容增量；随后，1992 年，苏州在运河之西创建了国家高新技术产业开发；1994 年，中新两国政府在苏州城东合作建设了工业园区；到 2000 年，苏州建成区面积达到 86.5 平方公里，中心城区的行政面积达到 392.3 平方公里；2001 年，吴县撤市设区，苏州建成区一下子扩大到 129.4 平方公里，中心城区的行政面积也增至 1649 平方公里；近年来，苏州确定的城市规划区范围一举达到了 2014 平方公里左右。与此同时，苏州经济规模也不断做大，进入新世纪来，渐次成为中国最大的外商投资区域之一、中国最大的制造业城市之一、中国最大的外贸进出口地区之一。

于是，酷爱苏州的人们开始热血沸腾，渴望把苏州定性为大城市。有的同志甚至忘记了城市的身份，动辄与天津、深圳、广州比高低，甚至与上海论上下。结果比来比去，除在少数经济指标上略占上风外，其他层面难免底气不足。这就告诉我们，确定苏州的城市定位，应当保持清醒的头脑，不管经济建设和发展的速度如何之快、规模如何之大、水平如何之高、影响力如何之强，苏州本质上依然是个中等城市。不求最大，只求最佳，应成为苏州城市定位的明确取向。

一、说"大"论"小"

大城市不一定什么都大，同样，小城市也不见得样样都小。大的一面有小的处境，小的地方也不乏大的手笔；同时，大中可以看小，小中也能见大。这就是辩证法。苏州有大的一面，也有小的地方，应当具体分析。

从行政级别上看，中国是个崇尚行政级别的国度，行政区域或城市具备相应的行政级别。同样，行政区域或城市的负责人也被冠以对应的行政级别。城市作为行政区域，一般可划分为省级市、副省级市、地级市和县级市。苏州作为地级市，当然只能算个中等城市。

从立法层面上看，在我国，城市的"大"与"小"还是一个法律的概念。《中华人民共和国立法法》规定：较大的市具有制定地方性法规的立法权；而在国家尚未制定法律或者行政法规的情况下，较大的市还可以根据实际需要先行制定地方性法规。1993 年，苏州被国务院批准为"较大的市"，和副省级城市一样拥有了半个立法权，是一个拥有设定行政处罚权的城市，法律意义上的"较大"由此可见一斑。

从经济规模上看，苏州堪称为大城市了。2004 年，苏州的协议利用外资、工业总产值、进出口总额、固定资产投资、地区生产总值、地方财政一般预算收入等主要经济指标分别居全国大中城市第一、二、三、四、四、六位，可与上海、北京、广州、深圳、天津等国内顶级城市相提并论。苏州的经济规模之大还表现为它在省内的比重大，比如地区生产总值、固定资产投资、地方财政一般预算收入等均占江苏省的五分之一以上，协议利用外资和实际投入外资均占五分之二以上，进出口总额更是占到了五分之三以上。

从城市在区域的地位看，不论是现在还是将来，苏州只能成为上海的副中心。国家对上海未来发展的"四个国际中心"（经济、金融、贸易、航运）的功能定位，决定了上海是长三角包括苏州在内的诸城市的核心。改革开放以来，从苏州乃至江苏省发展的历程看，可以说，无论是乡镇企业的异军突起还是开放型经济的迅猛发展，都得益于上海的辐射。学习上海、依托上海、接轨上海、服务上海，始终是苏州的一个重要价值取向。在上海面前，苏州只能是个中等城市。

从城市的功能看，经过多年的积聚，苏州已经具有一定的综合经济实力，但还称不上是区域的经济、贸易、金融、交通中心，集聚力、辐射力、带动力较弱，对区域经济的支撑力和影响力并不强。苏州虽然具有很高的经济开放度，在一些领域甚至通行国际惯例，也可称得上是新思想、新技术、新体制的创新基地，但生产性服务业，尤其是通讯、信息、科教、咨询、商业、市政公用业等方面还不十分发达，也不具有方便快捷的高速市际和市内交通系统。更需指出的是，"强市弱心"的现象在苏州十分明显。在中国社科院发布的 2004 年《中国城市竞争力报告 NO.2》中，苏州市综合竞争力排名较 2003 年上升一位，列第 5 位；而在国家统计局以市区指标评定的中国百强城市中，苏州仅列第 20 位，排在济南、无锡、长沙、武汉、宁波、长春等城市之后，其中，人口与劳动力指标居第 49 位，社会指标居第 41 位，基础设施指标居第 23 位，环境指标居第 12 位。综上所述，苏州中心城市综合竞争力还不够强。

从体制这个更深层的因素来看，苏州只能算财力小市。按现行财政体制，苏州是由 5 个县级市和 7 个城区组成的"大家庭"，5 个县级市与市本级实行分灶吃饭，省与市实行财政分成。2004 年，苏州域内创造财政收入达 800 多亿元，一般预算收入也达到 219 多亿元，但市本级可用财力杯水车薪，与一些省会城市、副省级城市更无法相比，甚至还比不上其属下的一些县级市的盘子。

从城市面积与人口规模来说，苏州又大又小。苏州行政区域面积达到 8488 平方公里，超过上海、南京近 2000 平方公里，不可谓不大；未来都市区的总体规划面积超过 2000 平方公里，也不可谓不大；而 2004 年底中心城市建成区的面积只有 149 平方公里，真正的苏州古城区才 14.2 平方公里，就不能算大。苏州的人口 599 万，也超过了南京，还有 300 多万外来人口，不可谓不大；但中心城区的人口仅 220 万，不足南京的二分之一，苏州的"底板"就是中等城市。

二、大树底下种好"碧螺春"

苏州在处理与大上海的关系时，曾经有个十分著名的口号，那就是"大树底下种好碧螺春"。这是苏州城市发展的定位。这一定位可包含这样几层意思：①学人之长，借题发挥；②错位发展，以我为主；③张扬个性，创造特色；④不求最大，只求最佳。应该看到，苏州经济的发展速度、发展水平、发展特色的形成，无疑有多种因素，但有一个重要的原因，就是在接轨上海、借力上海的过程中，正确地把握和实施了这一发展定位。这同样可为苏州城市发展定位时借鉴。

那么，在城市定位上如何种好自己的"碧螺春"？我们感到，以下七个方面值得深入思考。

一是认真编制、执行规划。规划对于城市定位和建设的重要性不言而喻，它直接关系到城市的有序发展，关系到区域范围内经济、社会与人口、资源、环境的协调发展。近年来，人们对规划重要性的认识不断提高，普遍意识到规划是法，具有稳定性的特点，不可随着领导的变动而随意变动。正因为如此，我市投入了大量的人力、物力、财力对城市进行了全方位的规划，近年来，我市城市建设之所以突飞猛进，无疑得益于规划的科学引导。但是，我们也应该客观地看到，经济社会发展的速度和程度有时具有不可预测性，规划必须适度超前，但由于规划在一定程度上也具有时代的局限性和人的局限性，因此有必要对规划加以完善和修编。更为重要的是，规划要形成体系，不仅要有总体规划，要有详规，还要注重大大小小各类规划的紧密衔接，更要有铁的手腕保证规划的有效执行和实施。

二是培育、壮大经济实力。苏州知名度的提升，不仅仅因为它是历史文化名城，更因为它快速发展的经济及实力。经济实力决定城市实力，经济竞争力决定城市竞争力。从这一意义上看，苏州经济发展不能停步，而要快进，实力和竞争力还要在原有的基础上再跨一个台阶。改革开放以来，苏州创造并运用了"张家港精神"、"昆山之路"、"园区经验"三大法宝，制定并实施了科教兴市、经济国际化、城市化和可持续发展四大战略，部署和开展了"三足鼎立"、"四沿生产力布局"、"五区组团"、"六大经济板块"等协同配套的发展路径和战术。所有这些，历史证明是正确的，实践证明是成功的，应按照既定的目标一如既往地加以推进，必须充分体现在"十一五"规划中，体现在实现"两个率先"和构建社会主义和谐社会的进程中，以此进一步培育和壮大经济实力和竞争力，从而壮大城市整体实力和综合竞争力。

三是加大接轨上海的力度。上海与苏州的关系，是中心城市与副中心城市的关系，是主角与配角的关系，是"大树"与"碧螺春"的关系。经济发展上接轨上海，就是借力上海，实现自己的飞跃。城市发展接轨上海，也要做好借力上海、发展自身的文章。近年来，上海在城市建设和管理方面创造了许多的先进经验，在优化城市空间布局、生产力布局、基础设施布局和人居环境布局上，在工业向园区集中、人口向城镇集中、居住向社区集中上，在高标准推进城市基础设施建设和突出抓好功能性、枢纽性城市化重点工程上，都有值得我们学习和借鉴的地方。更为重要的是，我们应该在上海先进理念的背后借鉴国际理念，在上海优势资本的背后引进国际资本，在上海高新技术的背后接轨国际技术，在上海主导市场的背后拓展国际市场，使这些理念、资本、技术、市场参与到我们的城市建设与管理当中来，尽快提升苏州城市建设的层次和水平。

四是切实优化城市功能。种好自己的"碧螺春"，真正成为创业与人居的天堂，还要清楚地知道苏州作为一个现代化程度较高的城市应当具备什么功能，尤其要清醒地认识到在城市功能上还有哪些差距。在 2004 年中国百强城市评比中，苏州市区落后于无锡市区 5 位。在其评比的 50 个三级指标中，我市好于无锡的有 21 项，主要分布在外向型经济、投资、财政、能耗、人口素质、居民生活和保障、生态环境等方面；而差于无锡的有 27 项，主要分布在人口规模、产业结构、就业水平、交通运输、医疗、公用设施、科教等方面。仅就这一点已经能够看出，苏州与兄弟城市相比，只有比较优势，没有绝对优势。苏州的城市功能无论从其在全国的经济地位来看，从其与周边城市的竞争态势来看，还是从一个现代化城市的根本要求来看，它所存在的问题和差距都是十分明显的，进一步完善和全方位优化城市功能是十分迫切的，做佳城市的任务也是相当繁重的。

五是做优、放大城市特色。特色就是优势，特色就是灵魂，特色就是生命。改革开放以来，苏州在自身的发展过程中形成了鲜明的城市特色。一是形成了中心城市与 5 个县级市各展所长、各有特色的城乡协调发展格局；二是形成了苏州经济开发区"新产业集聚、新经济增长、新理念试验、新城区延伸"四位一体的格局；三是形成了以电子信息产业为主导的高新技术产业、以新兴技术配置下的重化工业、以纺织服装业为代表的传统产业相结合的轻与重、新兴与传统共同发展的城市产业格局。更让苏州人引以为豪的是，苏州传统文化与现代文明融为一体、相得益彰的城市品质和个性风貌，是其他城市所不具备的特点，这才是苏州城市"碧螺春"品牌的核心价值所在。苏州没有必要与别人比大小，应当更多地比特色、比优势，从特色与优势上进一步提升竞争力。

六是努力做美城市环境。名茶"碧螺春"之所以是苏州的一个品牌产品，主要成因于它所生成的良好环境。城市品牌也要重视环境问题。城市环境是个大的概念，它涵盖人、城市、社会、自然等诸方面。城市环境也是个关键的问题，它关乎苏州的全面协调可持续发展。多年来，苏州在经济快速增长的同时，精神文明建设、教育、文化、环保等许多工作在全国也处于领先地位，先后获得了国家卫生城市、全国环保模范城市、国际花园城市等一系列荣誉称号。但我们也要清醒地意识到，苏州的整体环境也存在着一些不容忽视的问题，有的还是十分突出的。仅以江苏省建设小康社会的 4 类 18 项 25 个指标而言，到 2004 年底，我市还有 11 个指标尚未完全达标，其中生态环境类的三个指标均未达标。据初步分析，其中森林覆盖率和环境质量综合指数到今年底达标的难度还比较大。这就告诉我们，必须加大对城市环境问题的重视程度和解决力度，要通过不懈和扎实的工作，在人与城市关系方面，努力形成优雅的城市环境；在人与自然关系方面，努力形成和谐的生态环境；在人与人关系方面，努力形成融洽的诚信环境。

七是全面提高人的素质。城市是人的城市，人是城市的主体。没有高素质的人，就不会有高素质的城市。人才资源是第一资源，打造出苏州城市的"碧螺春"品牌，第一需要的是高素质的人才，当务之急是要全面提高人的素质。目前，苏州高层次人才严重不足，全市拥有研究生学历人才

5455 人，仅占人才总量的 0.9%；从事研究和实验发展活动的科学家与工程师本地占有量 6000 余人，仅占专技人员总量的 1.8%；新兴产业人才紧缺，民营企业家和高技能人才十分匮乏，高级技工以上的人才只能满足企业需求的十分之一。为此，在"十一五"期间，应该通过实施人才工作体制机制创新工程、人才培养工程、人才创新创业载体建设工程，确保人才满足经济和城市发展的需要。苏州目前有 300 多万"新苏州人"，进一步使他们融入苏州、不断提升素质显得十分紧迫而必要，因为城市综合实力与文明程度的提升，取决于置身城市之中所有人的素质和共同行动，而美好的城市生活及城市文明成果也将为所有人共同分享。

三、大的气魄，小的心态

苏州在历史上曾经是中国十大城市之一，但这毕竟是远去的历史。目前苏州已经成为令人瞩目的城市，但这也不能等同于城市整体的发展水平。之所以在城市定位时把"不求最大，只求最佳"作为发展取向，这是因为：①近年来，在我国的城市发展中，贪大求快现象已十分普遍，有一些城市已经产生了不良后果，应该引起我们的重视；②自古以来，树大易招风，一般来说，低调要比高调好；③更重要的原因是，不求最大，只求最佳，这一定位符合苏州的实际情况。

不求最大，要求我们在城市建设上致力于以人为本，做美环境，做好功能，做强实力，做出特色；要求我们在经济发展上，致力于坚持创业创新，富民优先，提高经济运行质量，释放经济发展活力，提高经济综合效益。这是认真落实科学发展观的根本要求，是加快构建社会主义和谐社会的必然结果，更是努力实现我市"两个率先"目标的题中应有之义。

不求最大，这并不是说苏州要无所作为。苏州人自古以来外柔内刚，刚柔相济，在经济、文化等方面创造了许多奇迹，留下了许多珍贵的历史遗产。改革开放以来，苏州人的作为更是有目共睹，苏州经济社会发展

文化篇

不仅谱写出了一个个壮丽篇章，还造就了不少的全国首创，如全国第一家自费建设的国家级开发区——昆山经济技术开发区，全国第一家内河港保税区——张家港保税区，全国第一个由两国政府合作开发建立的工业园区——中新合作苏州工业园区，全国第一家出口加工区——昆山出口加工区等。苏州人有句话叫做："要有小苏州的心态、大苏州的气魄。"这句话非常辩证，也十分耐人寻味。要践行"不求最大，只求最佳"的城市发展定位和取向，必须要把"小苏州的心态和大苏州的气魄"完美地结合在一起。如何统一？我们感到应把握好三个"主题词"。

一是要奋进。因为在成绩面前保持了清醒和理智，所以要奋进。成绩只能说明过去，我们绝不能陶醉其中。苏州尽管在个别指标上超过了国内一些大城市，但在很多方面差距仍然很大，我们必须能够正确认识过去、总结经验、发扬成绩、弥补不足，还必须克服"小进即安"、"小富即满"的情绪，振奋精神，继续前进。因为本世纪前 20 年是我们必须紧紧抓住并且可以大有作为的重要战略机遇期，所以要奋进。对于一切立志于创业的人、一切致力于发展的城市来说，应当百倍珍惜这一历史机遇，为了实现中华民族的伟大复兴，苏州理应发展快一些，理应为全国、全省多作贡献。因为争先创优是时代发展的主旋律，所以要奋进。在区域竞争日趋激烈的今天，我们稍一停顿，就将落后于人，不进则退，慢进也是退。因为新形势催人、新任务重大、新要求高远，所以要奋进。苏州实现"两个率先"的目标，是两任中央总书记对我们的殷切希望，现在我们离中央领导和省委要求还有较大差距，离争当全省"两个率先"先行军和全国率先发展排头兵的要求还有较大差距。因为苏州的发展目前还存在着一些不能回避的矛盾和问题，所以要奋进。这些矛盾和问题只有在不断发展、加快发展中才能得到解决，为此我们必须励精图治、奋进直追。

二是要务实。务实，就是要像胡锦涛总书记指出的那样，要务坚持长期艰苦奋斗之实，务抓好发展这个党执政兴国的第一要务之实，务发展最广大人民的根本利益之实，务全面加强和改革党的建设之实。务实，就是注重从苏州的实际出发，不蛮干，不做出头椽子，按客观实际办事，按经济和社会发展规律办事，按老百姓的承受能力和赞成程度办事，立足于快，服从于好，着眼于新，致力于本，努力实现科学发展。务实，就是讲究多做少说，反对只说不做；就是讲求实用，反对"花法"。所谓"花法"，就是"耍花枪"，拿今天的话来说就是搞"花架子"和"作秀"。搞形式主义，做表面文章，是"作秀"者惯用的手法，而这必然是广大务实者所反对和摒弃的，是广大人民所不拥护、不赞成、不答应的。总之，务实，就是在苏州实现"两个率先"的进程中，以扎扎实实的作风，兴实实在在的事业。从而一步迈出一个脚印，一步跨上一个台阶。

三是要和谐。苏州传统文化的一大特色在于注重和谐，苏州经济发展的一大特色在于协调并进。结合苏州自身发展实际，我们必须明确地把构建社会主义和谐社会作为一项重大的战略任务来实施，努力把社会主义三大文明建设落实在和谐社会这个载体之上，以科学发展来促进和谐、以改革开放来推进和谐、以先进文化来打造和谐、以道德素质的提高来孕育和谐、以激发全社会创造活力来建设和谐、以平安创建来维护和谐、以生态立市来构筑和谐、以党的先进性来引领和谐，通过积极推进"活力苏州"、"开放苏州"、"文化苏州"、"诚信苏州"、"法治苏州"、"平安苏州"、"绿色苏州"等创建活动，全方位构建"和谐苏州"，努力实现经济、社会、文化、生态的全面进步，努力实现城乡、古城新区和各个产业的协同发展，努力实现全体人民的共同富裕，努力实现人与自然的和谐、人与人的和谐、人与社会的和谐。这是实现"两个率先"的重要目标，也是实现这一目标的必要条件和根本途径。

重绘现代《姑苏繁华图》

据统计公报，在 2004 年中国 20 城市经济发展情况排名中，苏州规模以上工业总产值达 7307.54 亿元，比上年增长 37.1%，绝对值和增幅均居第 2 位，苏州已成为仅次于上海的最大制造业基地之一。与此形成鲜明对照的是，苏州社会消费品零售总额只有 625.10 亿元，排名第 13 位，与广州、深圳不可同日而语，甚至与武汉（960.58 亿元，列第 5 位）、成都（875.28 亿元，列第 8 位）等中、西部城市也有明显的差距。而在一些投资者和旅游者的眼中，这些枯燥的数字便化作现实中一幅幅城市素描。他们感到，苏州城市街上人气不旺，晚上灯光不亮，商业业态不多，服务功能不全。总之，与强大的制造业声势相比，苏州缺乏浓厚的商业气息；工业与商业，一条腿过长，一条腿太短，很不匹配。

马克思说："商业依赖于城市的发展，而城市的发展也要以商业为条件。"伴随着苏州城市化步伐的加快和制造业的高度发展，苏州的商业发展已到了寻求突破口的关键时期。公元 1759 年前后，苏州画家徐扬创作了一幅《盛世滋生图》，即《姑苏繁华图》，惟妙惟肖地描绘出当时苏州市面繁荣、工商发达的盛景，令人叹为观止。250 年后的今天，如何把苏州建成一座现代工商城市，重绘现代版的《姑苏繁华图》，这是我们进行城市定位时必须认真思考的问题。

一、姑苏自古工商繁华

苏州得天独厚的生态环境和优越的人文条件，使一切有利于农业经济发展的因素都转变为经济繁荣的现实。而农业的长足发展，又有力地促进了手工业、城乡商业的日益兴盛。史载，苏州城建立在古"吴市"的基础之上，商品交换一开始就是苏州城市机体的重要组成部分。正是由于这样的一个城市特性，在苏州建城后的 2000 余年间，其工商业的逐渐兴旺和城市的日益繁荣相互依赖、互相促进，虽有过政治地位的转换，也有过兵灾战乱的冲击，但商业中心地位及作用始终居于我国东南前列。从小范围的"吴市"开始，到东南区域的商业中心，再发展为全国最大的商业都会之一，风头最盛的时候，其凝聚和辐射范围已达全国甚至海外，可谓自古繁华。

春秋后期，苏州是吴国的经济中心，经济职能十分显著，城内外有畜牧业生产基地和数量较多的手工业作坊、市场、仓库等。从有关记载来分析，吴国青铜冶铸业发达，著名工匠干将、莫邪的作坊，相传设在匠门；吴国造船业也很有名，城外的木丽溪城就是造船之所；胥门西南 3 里之外有酒醋城，其他如丝织、制玉、陶瓷等作坊大多分布于城内或城郊；吴国的商业相当发达，市场可能坐落在今白塔西路与皮市街交界处，也有一定的规模。

秦、汉、六朝时有"江东一都会"的称誉，出现了"其野沃，其民练，其财丰、其器利"的局面。其时，丝织业逐步发展起来，政府建立了"织络"作为专门的官营织造工场，在此基础上还出现了刺绣工艺；青瓷器的烧造是这一时期手工业的重大贡献，从考古发掘的成品来看，青瓷烧造已成专业，水平和规模在全国处于领先地位；造船业在继承传统的基础上有了更大的发展，政府专门设置了负责造船的官吏，称典船都尉，并开始与海外开展联系。农业、手工业的发展，促进了城市商业的繁荣，《隋书·地理志》称南朝时的吴郡等地川泽沃衍，有海陆之饶，珍异所聚，故商贾并凑。商业景况由此可见一斑。

唐代时，苏州是江南地区唯一的雄州，《新唐书·地理志》等史书所记上贡的手工业品种达数十种之多，包括丝葛、丝锦、衫缎、折皂布、白角簟、草席等，其中最为突出的是丝织业。运河的通航更加推动了城市商业的兴盛，唐诗中有大量的商业活动的记载。白居易诗"人稠过扬府，坊闹半长安"，说明了城市人口和商业活动的喧闹；杜荀鹤诗"夜市卖菱藕，春船载绮罗"，说明了城内夜市的情景；皮日休诗"吴中铜臭户，七万沸如罹"，更说明了市场的扩张和经营者的众多；而刘禹锡诗"家家竹楼临广陌，下有连墙多估客"，则说明本土商人与从事贩运贸易的商人、苏州市场与外地市场的诸多联系。

宋代时开始流传"上有天堂，下有苏杭"的俗语，其时，农业"苏湖熟，天下足"，并且内部结构发生了变化，经济作物的数量增多，出现了茶叶、蚕桑业等商品性农业，尤其是蚕桑业后来居上，逐渐成为蚕桑业中心。除传统手工业不断壮大外，也出现了一些新的部门，成为丝织品生产最为发达的地区之一，金银制作业成就非凡，有"造作局"专门制造牙、角、玉等制品。商业发展"冠盖东南"，城中商业交易频繁，市场分工日趋细致，城乡经济联系更为加强，以至于朱长文在《吴郡图经续记》中描写："冠盖之多，人物之盛，为东南冠。"

元代时"苏州城漂亮得惊人"，是江南地区的中心城市，城市中有河道堙塞，"人皆聚闾而居，开凿为难"的说法，不难想象人口多、密度大的盛况。丝织业有了进一步发展，以至政府设立了"织染局"，作为专门的织染机构。另外，民间协调和管理丝织业的行会组织也开始出现，说明了商业活动的数量之大和范围之广。

明代时，苏州是"江南一大都会"，对其工商业盛况的记载，在文献中引不胜引。其中最为著名的是苏州文人唐伯虎的《阊门即事》："世间乐土是吴中，中有阊门更擅雄。翠袖三千楼上下，黄金百万水西东。五更市买何曾绝，四远方言总不同。若使画师描作画，画师应道画难工。"在他的笔下，苏州阊门一带楼阁林立，翠袖飞舞，店肆众多，市场繁荣，枫江之舳舻衔尾，南濠之货物如山，来自全国各地的商贾操着南腔北调，通宵达旦地进行着大宗交易。作为吴门画派中的优秀一员，面对现实中的繁华市井，他也不得不慨叹，真是一幅难以描摹的立体画卷。明代末期，到过苏州的意大利传教士利玛窦也说，经由澳门的大量葡萄牙商品以及其他国家的商品都经过这个河港，足见其也有了相当的国际影响力。

清代时，苏州是"红尘中一二等风流富贵之地"，城市经济呈现出前所未有的繁荣景象。孙嘉淦在《南游记》中记下了他游历苏州时的见闻："阊门内外，居货山积，行人水流，列肆招牌，灿若云锦，语其繁华，都门不逮。"一位没有留下姓名的诗人，通过对汉口、扬州、苏州和北京等城市的对比，也作了这样的描述："繁而不华汉川口，华而不繁广陵阜。人间都会最繁华，除是京师吴下有。"徐扬的《盛世滋生图》不过是描绘当时苏州的一个侧面，但我们也可从中具体看到城市风貌和工商盛景。有人统计，画面上人物熙来攘往，摩肩接踵，约有12000多人；河上运粮船、货船等船只拥挤不堪，穿梭往来，约有400只；街道上店坊林立，市招繁多，可辨认的有230余家，涉及丝绸、棉布、蜡烛、烟草、染作、杂货、饭馆、医药、珠宝、典当、洋货、会馆等50多个行业；经营的商品，除本地所产外，不少是来自京、川、云、贵等省的名、特产品。仅从林林总总的店铺来看，与人民生活密切相关的工商行业占绝大多数，而一些为四方商贾提供服务保障的行业也较为齐备，足见其时苏州是我国江南最大、最繁华的中心城市。

二、苏州应该是一座工商之城

纵观苏州的发展历史，商业自古繁华的成因一般可归结为这样几个方面：①自然禀赋十分优越，社会环境比较安定，人民生活相对富足；②河网密布，通江达海，京杭运河贯通南北，航运交通极为便利；③农业基础优势明显，手工行业特别发达，农、工、商协调并进。今天，要做强、做优苏州，必须强化苏州成为现代工商城市的定位，尤其要进一步做强、做优苏州商业。而进一步做强、做优苏州商业，延续发展脉络、借鉴历史经验是大有裨益的，但更要着眼于当前的实际情况，尤其是把握好我市发展商业所具备的历史机遇和有利条件。苏州工业经济基础雄厚，人文历史底蕴深厚，自然和区域环境也极为优越，理应成为，也最有条件成为现代商业城市。

那么，把苏州打造为现代商业城市的突破口和抓手在哪儿？比较优势又是什么？如何将潜在优势转化为现实优势？如何将现有优势进一步放大？这些都是我们必须思考和回答的重大问题。我们感到，以下六篇文章值得认真去做。

一是做旅游名城文章。当前，国际旅游持续快速增长，国内旅游随着小康社会的稳步推进，也开始进入了新一轮的快速发展期。苏州是全国重点旅游城市之一，旅游业是我们的"金字招牌"，在全国具有重要地位和影响。旅游业具有游、购、娱、吃、住、行等6大要素，涉及诸多的商贸行业，渗透力和带动作用十分巨大。打造现代商业城市，发展苏州旅游业无疑是一篇大文章，这方面的优势十分明显。主要有：①品牌优势。苏州是一座历史文化名城，又是一座国际著名的东方水城。②实力优势。苏州的旅游A级景点占有量和旅行社、旅游饭店的数量在全省名列前茅，2004年旅游经济指标在全省排名第一，在全国排名第七。③特色优势。苏州旅游以"山、水、园、城"为特征，人文与自然生态相互依存，功能结构比较齐全。尤其是"三古一湖"的旅游精品项目在世界范围内具有非替代性，在国内乃至世界旅游市场有着巨大的吸引力。另外，苏州快速的工业化进程又诞生了崭新的旅游资源，利用现代产业来发展工业旅游、农业旅游的市场也十分看好。可见，苏州旅游业的发展前景非常广阔，对苏州商业繁荣的推动作用也可以预期。

二是做宗教文化文章。人们越来越清楚地认识到，宗教文化及民间信仰，是一笔丰富而珍贵的历史文化遗产，它对当时、当地的社会、经济、文化和文学艺术都产生过重大影响，乃至对现代社会人们的精神影响也不可忽视，并能成为发展商业的一个极其有利的优势和条件。比如，1996年，为保存古迹、弘扬文化，同时也为吸纳人流、推动当地商贸旅游的发展，无锡在小灵山兴建了 80 多米高的露天青铜佛像，被人们称为灵山大佛，列中华五方大佛之东，一时游人纷至沓来，集聚和带动效益十分明显。灵山大佛的效应无疑给苏州人提了一个醒。其实在文化发达的苏州，作为其中一个品类和内涵的宗教文化及民间信仰也是十分发达的。苏州不仅有道教文化、兵法文化、伊斯兰文化等，而且拥有极为丰厚的佛教文化及历史遗存。苏州灵岩山寺最早建于南朝，至民国作为专修净土十方道场，名扬全国；寒山寺以唐代诗人张继一首《枫桥夜泊》名垂千古，蜚声海外；西园寺更是以其"黄墙青瓦滚龙脊，红桂彩绘佛装金"的独特景况，让人赞不绝口。尤其要指出的是，苏州古寺院建筑还与苏州园林融为一体，绿茵曲水，亭台轩榭，亦寺亦园，更显含蓄隽永，富于文化色彩，令海内外游人心驰之、神往之。发挥宗教文化在苏州商业发展中的作用，优势显而易见，是可以有所作为的。

三是做物流服务文章。物流服务是生产性服务业最重要也是最基本的环节，是发展现代商贸业不可或缺的重要组成部分。苏州做物流服务文章的优势也是比较突出的。我们有处于长三角中心、临近上海的区位条件，有比较便捷的水陆交通网络，还有扎实的产业基础条件。除上述之外，在改革开放 20 多年发展中，我们更形成了一定的载体优势。比如说，在专业批发市场上，苏州丝绸、服装、家具、化工等大型市场在省内领先，在国内也能叫得响。吴江的中国东方丝绸市场辐射全国 31 个省市，由 20 多个专业商场组成的常熟招商城带动了周边相关产业的兴旺，为 20 多万人提供了就业。尤其是在最近几年，苏州加快了批发市场群的建设步伐，吸引了众多国内外有影响的代理商落户苏州。还比如说，在现代物流配送上，苏州工业园区已建成全国首家保税物流中心，张家港保税区也成为全国第二批"区港联动"物流园的试点，这些载体的建成，已经有一大批中外物流企业纷纷进驻。据专家分析，如果把已经建成的物流园区和金阊区、高新区、常熟、昆山、太仓等地规划中的物流中心整合起来，苏州的水运、铁路、通关等多种优势将得到重组放大，其优势更加不可限量，对繁荣商业的作用也不可估量。

四是做会展商务文章。会展商务就是以大规模、高层次、有特色的会议和展览为载体的商业活动，它集聚了物流、人流、资金流、信息流，形成了巨大的商流，带动系数为 1 比 9，即展馆收入是 1，相关产业收入可达到 9，对推动城市商业繁荣的作用十分明显。有专家为此还打了一个形象的比喻，如果有城市正在举办一个知名会展，那么该城市的上空就有一架直升机在撒钱。我们感到，把苏州建成中国会展名城具有较大优势。主要体现在：①会展商务是经济繁荣的伴生物，苏州目前人均 GDP 已超过7000 美元，财政总收入超过 600 亿元，现代制造业基地初步形成，具有明显的经济优势和产业优势。②苏州素以历史文化名城和著名风景旅游城市闻名遐迩，十分适宜发展会展商务，具有明显的人文优势。③连续三届电博会的成功举办，使这一展会跃居中国大陆规模最大的 IT 展会，成为苏州新的城市名片，具有一定的品牌优势。④占地面积 32 万平方米、总体建筑面积达 25.5 万平方米的苏州国际博览中心一期已经竣工，其中室内展厅面积 12 万平方米，尤其是会场馆二层为 7 万平方米的无柱式连续展厅，集装箱货车可直接进入展厅装卸货品，在长三角地区是很少见的，具有明显的硬件优势。我们有理由相信，围绕着国际博览中心，若干年后有望逐步成为集展览、会议、酒店、娱乐、餐饮、购物于一体的高品质商务区。而高品质商务区的形成和大型会展的不断举办，也将使苏州呈现出一个集经贸洽谈、商务采购、产品展示、专业论坛、文化交流于一体的会展商务业发展的良好态势。

五是做生态山水文章。随着我国人均收入的逐年递增，人们的需求也在发生着变化，从吃饱到吃好，再到吃绿色食品；从衣食无忧到旅游观光，再到"回归自然、天人合一"的休闲体验，这是一个必然的趋势。现在，以良好的生态山水为重要条件的休闲、度假、健身等高档行业开始为人们所接受和喜好。苏州工业园区经过 10 年发展，在成为高新技术产业高地的同时，商业发展的高潮也如期而至。让人欣喜的是，园区没有走"克隆"老城区的道路，而是利用苏州城东金鸡湖、阳澄湖、独墅湖等众多的天然湖荡，选择发展休闲商业，构筑起新型的商业高地。苏州文化之根堪称"山水文化"，苏州城西的太湖之滨更是一个生态山水与文化融合的首善之区。可以说，苏州的太湖文章还没有破题。有关专家指出，这里不仅是太湖岸线最曲折、山丘峰坞最密集、林木花果生长最茂盛、空气和水质最好的区域，而且是中国甚至世界上历史遗存最悠久、最集中、最丰厚的文化资源宝库之一，其最大的特色就在于具有较大容量的湖光山色，并融悠远的吴越文化遗址和江南特色花果物产于一体，自然景观、人文景观和民间风情三大资源的丰富性、多样性、系统性和完整性，在长江三角洲地区首屈一指。我们感到，山岭、湖荡、水田、沼泽、河流与四季分明的气候，构成了苏州青山秀水的自然生态体系，也形成了休闲商业独占鳌头的品质。长期以来，苏州"山温水软似名姝"，是人们心驰神往的"人间天堂"，做足苏州生态山水文章，必将在更大程度上拉动商业的蓬勃兴起和快速发展。

　　六是做文化产业文章。如前所述，苏州本质上是一个文化城市，苏州的经济深深地打上了文化的印迹，所以文化产业具有明显的优势和极大的发展空间，演艺、娱乐、传媒、书刊、信息、体育健身的市场前景十分广阔。更值得指出的是，近年来，苏州软件、动漫等科技含量较高的新兴文化产业开始崛起，一些产业基地也已初具雏形，并呈现出一定的优势和竞争力，势必成为极具看点和潜力的现代商业重地。比如，苏州软件研发水平不断提升。经国家认定的软件企业近 80 家，被认定的软件产品 230 多个，在江苏名列前茅。软件从业人员 2001 年不足千人，现各类软件人才达万人，人才总量猛增了 10 倍多。去年，苏州软件园已被认定为国家级软件产业基地，并被国家列为"中国软件欧美出口工程"试点基地9个候补基地之一。再比如，苏州动漫产业也初具规模。目前，苏州有规模较大的台资及国内民营动漫企业4家，年产值已超亿元。此外，苏州市多所大专院校都设立了动漫专业，年培养人才200多名，初步形成了动漫人才培养体系。

三、打开商业繁荣大门

发现优势，发掘优势，发挥优势，发展优势，是建设现代工商城市的必然选择。如何打开商业繁荣大门？我们感到，在实践中有必要把握以下四点。

首先，要统一思想。统一思想，达成共识，才能振奋精神，明确目标，凝聚力量，狠抓落实。苏州作为一个重要的制造业基地，同时又力争成为重要的商业城市，最终成为一个繁华的现代工商城市。在向这一城市定位迈进中，如何认清和把握工、商两者的关系至关重要。我们强调发展商业，既不是淡化工业的发展，更不是阻碍现代制造业的进一步壮大。工、商之间的关系，既不是非此即彼，也不是厚此薄彼，更不是扬此抑彼，而是彼此兼顾、彼此协调、彼此融合、共同推进的关系和状况。我们还应该看到，苏州制造业发展到今天，需要并呼唤着服务业的支持；苏州作为工业大市，同样需要并呼唤着商业的繁荣。苏州制造业的强大，也在客观上为服务业、商业的发展提供了现实可能和巨大的市场需求；同时，苏州服务业、商业发展的内在优势和条件也已经箭在弦上、蓄势待发。更为重要的是，根据苏州生产力的布局，制造业主要集中在沿江、沿沪、沿沪宁线一带和东园西区，这为中心城市成为商业繁华地带奠定了基础，更为古城成为商业繁华内核创造了条件。从某种意义看，当前及今后一个时期，是苏州实现繁华的工商城市定位的战略机遇期、黄金发展期，我们务必要克服自我陶醉思想，确立危机忧患意识，增强紧迫感和责任感，把思想统一到市委对发展服务业形势、任务的正确分析和判断上来，统一到市委加快服务业发展、

与文字为伴

实施服务业发展跨越计划的战略定位和工作要求上来，统一到加快服务业发展创新和改革攻坚上来，抓住机遇，勇于实践，为建设工商繁华的苏州而不懈努力。

其次，要合理布局。在城市总体规划中，与经贸、交通、基建、生态、房产等分类规划相比，商业只是规划"大家族"中的"小兄弟"。但发展与繁荣商业，精心规划布局的重要性和科学性也是不言而喻的。有关专家认为，商业是城市的"脸面"，其规划是打开商贸繁华大门的一把"金钥匙"。正因为这样，今年年初，苏州市首个《市区商业网点布局规划》在规划展示馆向社会公示，包括商业功能区总体布局规划、商业形态布局规划、大型零售网点布局规划、商业街布局规划、批发市场布局规划等全面推出，广泛征求意见和建议。应该说，这是一项务实之举，更是一项创新之举，旨在探索和建构最合理的商业布局。也就是说，在向工商城市的发展进程中，既要强调商业规划和建设标准"几十年不落后"，又要强调节约和合理利用资源，尤其是要留有一定的发展空间，照顾到商业区的升级与换代；既要强调建设好"国际一流的CBD"，又要强调处理好区域协调发展的关系，坚持区域统筹的原则，积极构建市级、区域级、社区级三级体系；既要强调形成"一个板块二新二轴四带"的标志性商业格局，又要强调商业的繁荣是城市发展建设整体中的一部分，商业规划与其他城市分类规划，如交通规划、房产规划必须保持高度的协调同步。另外，商业受市场的作用很大，带有一定的波动性；而商业繁荣程度又是人们根据地理情况和经济预期来"规划"的，它又有一定的自由度，人们都希望"有心栽花花鲜艳"，但我们也不排斥"无心插柳柳成荫"。

第三，要以人为本。以人为本，是时代发展的要求、历史进步的结论。人生在世，离不开吃穿用度、安居出行、旅游娱乐、精神享受，乃至一定的政治、经济、文化、社会环境等。因人的种种需要，各行各业才由此催生，为人们提供直接或间接的服务。另一方面，人又是一切劳动成果最终的和最有资格的评价者，在人的满意不满意、赞成不赞成中，世界与社会不断地向更高、更深、更广的层次迈进，人类幸福生活的境界也不断得到提升。因此，不论是思考还是行动，人既是其主角，又是其最终目标，以人为本是一切思考和行动的关键。相比而言，商业与人的关系最为密切，最直接地为人服务。所以，以人为本更是发展商业的关键。商业以人为本，就是其产品和服务从人们的需要出发，适应和满足多层次消费群体的心理需求。然而，我们看到，在苏州商业发展中还存在一些突出的矛盾和问题。比如，当人们的需要呈现丰富性和多元化趋势的时候，商业上的许多思考和行动却明显滞后，还停留在过去的需求层次上，难以满足现在人们的种种需求。比如，掌握了一定商业资源的人，有的是从个人或小部门、小集体的角度出发，为了眼前利益而牺牲长远利益，为了局部利益而牺牲全局利益。凡此种种都不符合以人为本的要求。坚持以人为本的商业理念，说到底就是让所有不同消费需求、消费能力的人群，都有合适的消费环境和消费内容。

第四，要弘扬特色。没有特色就没有生命力，没有特色也就没有竞争力。对城市的发展来说是这样，对商业发展来说，特色项目和特色产品也是人们的兴奋点和消费点。苏州是一个特色鲜明的城市，古代是，现在也是。苏州的商业也不乏许多特色鲜明的物质与非物质资源和产品。苏州商业发展要弘扬特色，当前的关键在于要与时俱进，着手解决两个问题。一是就个体项目和产品来说，要具体分析，在特色上做到进一步弘扬与创新，让没有地域特色的尽快形成特色，让特色不甚鲜明的尽快鲜明起来，让富有特色的尽快打响自己的品牌。二是就整体商业特色来说，要在发展商业的实践中，努力冲破为配套而配套、为建设而建设的樊篱，充分利用苏州的风景名胜、历史古迹、河湖水系、农田绿野、城市景观，打造融自然与人文、传统与现代、古城与新区于一体的独具江南风情的商业城市品牌和特色，基本思路是"四个以"，即苏州是一座水城，以"水"凸现商业城市的灵性；苏州是一座园林之城，以"园"展示商业城市的精美；苏州是历史文化名城，以"文"提升商业城市的品位；苏州又是一座高开放度的现代城市，以"和"挖掘和打造商业城市的内涵与底蕴。

（合作者：蒋忠友，成文于 2005 年）

文
化
篇

苏州文化传承与创新的研究和思考

简述：在文化传承和创新的问题上，必须确立以下几个基本认识：1.保护是创新的前提条件；2.保护本质上也是创新；3.创新是保护的深化和延续；4.保护与创新不是对立的；5.保护和创新可以相得益彰。苏州不能没有传统文化，也不能没有现代文化；苏州必须保护和传承传统文化，也必须创造和发展现代文化。保护与传承苏州传统文化，与时俱进地创造与发展苏州当代文化，加强传统文化与现代文化的结合与交融，催生出丰富灿烂的苏州新文化，这是历史赋予我们这一代人的崇高使命，是构建社会主义和谐社会的必然要求，也是大力发展先进文化、满足广大群众不断增长的文化需求的根本保证。

上篇：苏州的文化与文化的苏州

讲到苏州的文化与文化的苏州，人们往往从不同层面、不同角度、不同视点予以点评：

有的人对苏州的文化一往情深，如痴如醉，如数家珍。他们说，苏州文化是独一无二的，苏州古城迄今有着 2519 年的历史，苏州古典园林甲天下，是世界的物质文化遗产，苏州昆曲旋律悠扬舒缓、唱腔圆润流转，是世界的非物质文化遗产，苏州评弹是"中国最美的声音"，苏州人温文尔雅，苏州话既软且糯，苏州文化的综合实力位居全国前列……

有的人则不以为然。他们认为，苏州历史文化悠久深厚、独树一帜、延续不断，这是不争的事实。可那是先人们留下来的文化遗产，是前辈们创造的文明成果，而当代苏州人创造的文化未必具有优势，苏州的现代文化氛围不够浓郁，苏州的现代文化生活不够丰富，苏州的现代文化设施数量不足，档次也不高。

有的人不无自豪地说，特色是苏州及其文化之灵魂。苏州城市布局古有"龟负仙岛"的造型和水陆"双棋盘格局"，近有"一体两翼"、"五区组团"；苏州城市风貌的"枕河人家"、"前街后河，河街并行"，苏州城市色彩的"素淡雅"与"黑白灰"，苏州城市肌理的"小街小巷"、"小桥流水"，以及反映苏州城市格调的古镇、古寺、古桥、古塔等，体现苏州城市个性的吴歌、吴门医派、吴门画派等，展示苏州城市风格的苏式糕点、苏帮菜、苏式盆景、苏绣等……

有的人对此也有不同看法。他们认为，与上海比，苏州不够洋气；与南京、北京等城市比，苏州则不太大气；与杭州比，苏州略欠秀气；与丽江比，苏州又缺乏一些灵气；与成都比，苏州则显现出不足的人气；与西安比，又缺少一丝应有的霸气。所以，苏州人不必自恋于特色与个性。

有的人对苏州优秀传统文化的传承赞不绝口。他们表示，苏州在古城、古镇、古典园林等的保护上，均作出了有益的探索和积极的实践，取得了较大的进展和明显的成效，值得其他地区学习和借鉴。他们进而认为，保护与传承既是苏州文脉延续的要求，也是苏州文化的特色与优势之所在，因而，保护与传承应当成为当前及今后很长的一段时间内"文化苏州"建设的主题……

有的人对此持有异议。他们认为，对苏州文化传承与保护不宜评价过高，苏州古城墙消逝了，10个古城门被拆毁掉了7个，古村落、古街巷、古民居也毁坏了不少，民间工艺濒临困境。更值得警示的是，创新是繁荣和发展苏州文化的唯一出路。不创新，苏州文化不但不能与时俱进、有所发展，就是想传承也传承不下去。

在苏州文化的保护与发展、传承与创新过程中，这些不同看法与观点虽是各家之言，仁者见仁，智者见智，但确实给我们提出了一系列重要问题。比如，如何正确估价当代苏州文化的现状，如何正确把握苏州传统文化和现代文化的关系，如何正确选择苏州文化发展的战略定位和工作重点，如何确立当代苏州人文化建设的责任感和使命感，等等，这些都是我们不能回避且亟待回答并要着力做好的。

我们说苏州拥有灿烂的文化、丰厚的遗产，这是毋庸置疑的。其灿烂性和丰厚性不仅表现在典雅精致的园林古镇民居、清新秀美的太湖人文风光和技艺精湛的丝绸刺绣珍品等丰富多彩的物质生活形态上，表现在温软婉转的吴歌昆曲评弹、意境悠远的吴门书法绘画和缜密细腻的吴地经史诗文等门类齐全的语言文艺形态上，还表现在深挚激昂的爱国爱乡信念、敦厚朴实的尊师重教传统和绵绵不断的开放融合心理等成熟浓重的思想意识形态上。

我们还说苏州是"文化苏州"，这也是毋庸置疑的。自古至今，苏州商贾云集，经济繁荣。春秋后期，在"吴市"基础上建城，成为了吴国的经济中心；秦汉六朝时，"其野沃、其民练、其财丰、其器利"，有"江东一都会"的称誉；唐代时，"人稠过扬府，坊闹半长安"，是江南地区唯一的雄州；宋代时，"冠盖之多，人物之盛，为东南冠"，开始流传着"上有天堂，下有苏杭"的俗语；元代时，"苏州城漂亮得惊人"，是江南地区的中心城市；明代时，"世间乐土是吴中"，成为江南一大都会；清代时，"人间都会最繁华"，是"红尘中一二等风流富贵之地"。新中国建立以来，苏州先后成为全国著名的商品粮生产基地、乡镇工业的发祥地，现在是中国最大的制造业生产基地、外贸进出口地区和外资投资密集地区之一。但是，文化的魅力始终是苏州最大的魅力，"文化苏州"始终是苏州的第一品牌。提起苏州，人们就想到了文化；提到文化，人们也情不自禁地想起了苏州。可以说，文化渗透于苏州城市的方方面面、里里外外、角角落落。

然而，文化是历史延伸的产物，也是一定地域的结晶，任何文化既有灿烂夺目的一面，也总有某种局限性。比如，齐鲁文化凝重厚沉、博大精深，但相对来说缺少一份激情与浪漫、宽松与民主的氛围；湖湘文化追求骨中狂野、热情恣意，但相比之下就失之精巧玲珑、俊秀清雅；荆楚文化的特点是诡秘飘忽、雄浑磅礴，可谓动感十足，但从另一面来看，就没有了静美和细腻；巴蜀文化侧重于才华恣肆、闲散虚浮，但在人们看来又丢失了深沉与伟岸；燕赵文化以"慷慨悲歌"为基调，最为显著的特点是勇武任侠、刚直忠信，但似乎缺乏昂扬向上、灵活善变的一面；融合与交流是岭南文化形成的两大基石，在很大程度上属于世俗文化、市民文化、商品文化，难免少了一些政治文化、精英文化和高雅文化的成分。这就告诉我们一个道理，对待任何一种文化，既不能因其灿烂无比而妄自尊大，更不能因其带有一些局限而妄自菲薄。

同样，现在的苏州文化，甚至是苏州所在的长三角地区的吴越文化，它们作为一种地域文化，在长期的积累过程中，既形成了丰富的内涵和鲜明的特色，当然也伴随着自身的弱点和局限，需要用辩证的观点进行理性的思考。

——苏州文化从本质上看是一种文人文化，大众市民的参与和认知程度明显不够。苏州山水宜人、气候宜人、物产宜人，又长期避开战乱纷争，历来的文人士大夫或以此地为退耕之所隐，或以此地为吟咏之所寄，久而久之，另开一方自我调息的文人文化天地，绣织成一幅神清气爽的江南乐壤图。比如，向世界展示苏州城市的两张文化名片——古典园林和昆曲，它们都是文人士大夫们的雅玩。前者的名称及其厅堂的命名、匾额、楹联、雕刻、装饰，以及花木寓意、叠石寄情等，都存储着大量的历史、文化信息，非普通百姓所能赏识；后者被称为百曲之祖、万戏之宗，它更是文人雅士们玩弄的"小众艺术"，复杂的昆曲曲牌就已经让人匪夷所思，更勿论那雅致华丽、曲折委婉的曲词，这些舒缓的曲调和严谨的格律都让一般老百姓难解其意。文人文化极具艺术情调，富有高雅品质，这是值得肯定的。但正因为苏州文化的文人情结，造成了文人雅士既是苏州文化的创作者，也是文化消费的主要对象。有人就提出，玩文化需要三大前提：一是有钱；二是有闲；三是有文化。凡此三者，对普通市民来说，都是可望而不可即的，他们对苏州文化的创造、传播与消费都是相当单薄的。一直到当代，虽然我们竭力宣传和弘扬苏州传统文化，大力培育青年一代的传统文化素养和情趣，可多数苏州市民并不欣赏昆曲，也不喜爱评弹，尤其是向往时尚、追求现代的年轻人更不知昆曲、评弹为何物，既没有参与热情，也缺乏认知意趣，真正光顾戏院并静下心来听上一曲的人是少之又少。

——苏州文化的优势是传统文化，当代文化建设的差距十分明显。苏州传统文化博大精深。近年来，有关宣传和研究苏州传统文化的论文和著作汗牛充栋，探讨和交流苏州传统文化的论坛也时有耳闻，苏州传统文化的研究和弘扬取得了丰硕的成果。其中，一套"苏州文化丛书"已经出版三辑，共二十一册，涉及物质文化与非物质文化的方方面面，可谓集苏州传统文化研究之大成。还有专家曾建议创立"苏州学"，进一步系统研究苏州传统文化，深入研究苏州人和苏州人的精神，全面研究苏州文化与经济的互动发展，揭示苏州经济社会发展的内在规律。但是，与绚丽多彩的传统文化相比，满足当代人审美情趣和消费要求的当代文化不免有些黯然失色。当前，苏州既没有像样的文化中心、大剧院、音乐厅、科技馆，也没有与经济文化水平和城市建设相匹配的电视中心、青少年活动中心、图书大厦等大型文化设施。在每一处公园，祖国未来的花朵——儿童们玩耍的天地少之又少；在每一个社区，无限好的夕阳——老人们的活动场所也极为简陋。仅以现代文化设施中图书馆的数量来看，苏州在国内也毫无优势可言。北京有市、区两级公共图书馆25座，上海有31座，广州和武汉都有15座，苏州中心城区有1座，县市一级有8座。再从人均公共藏书量来看，北京有2.8册，上海有4.6册，苏州实际不足1册。可见，苏州当代文化与传统文化比、与其他城市比，劣势与差距都十分明显。

——苏州文化保护工作取得了公认的成就，但文化创造无法超越古人。当代苏州在总结历史教训的基础上，正确认识文化遗产的历史价值，把文化遗产保护作为城市现代化建设的重要内容和特色，作为实现苏州全面、协调、可持续发展的重要方面和条件。尤其是近几年，苏州各级在保护文化遗产，使之传于后世、永续利用方面做了大量的工作，初步探索出一条历史文化保护与弘扬之路。有专家说，苏州古城布局完好，风貌宛在，保护工作持续、深入，卓有成效，是全国做得最好的；而且，苏州对物质和非物质文化的保护也是做得很好的，其做法与经验值得推广。与文化的保护相比较，当代苏州文化创新任重道远，甚至还没有真正破题。一方面，苏州优秀的传统文化，更多的时候仅仅作为一种遗产形式，或藏之深闺，或束之高阁，仅为少数人关注、研究，也仅为少数人所陶醉、欣赏；另一方面，且不说真正能超越前人的作品，无论是物质的，还是非物质的，也无论是文学的，还是艺术的，都还拿不出来，就是真正达到当代国内先进水准的作品也是凤毛麟角。苏州历来以精细秀美自居，但无论是城市建筑，还是艺术创作，现在的粗制滥造之作也屡见不鲜；苏州古代城市规划为中国规划史上的经典，然而当代苏州的城市规划如何尚需经过历史的检验。

——苏州文化的精髓和品质在于特色，但也反映了它局限的一面和需要努力的方向。特色具有两面性：一方面，特色体现了个性差异；另一方面，特色并不代表综合竞争水平。人们常说，苏州可以与人家比特色，不可与人家比强、比大、比优，这也反映了苏州的某种局限。苏州文化美在特色，美在精细、柔和、雅致、秀美、宽容、闲适、古典等方面，这是毫无疑义的。那么，可不可以说，苏州文化又亏在特色上。因为，说苏州文化精细有余，其实是失之大气；说苏州文化柔和有余，其实是缺乏刚毅；说苏州文化雅致有余，其实是不够洒脱；说苏州文化秀美空灵，其实是厚实不足；说苏州文化宽容开放，其实是妩媚讨巧；说苏州文化闲情逸兴，其实那又是无为不争的心理反映……换句话说，称苏州文化古典和底蕴深厚，则又说明苏州现代文化气息并不浓烈。这就是辩证法。

——苏州历代名人辈出，而当代人才的优势并不明显。文化名人创造文化名城，文化名城孕育文化名人。历史上，苏州文化名人灿若繁星，涉及文化的各个门类。在书法、绘画方面，唐代出现了有中国书法"草圣"之称的张旭，明清时期的苏州，著名的吴门书派和吴门画派于此形成，其中的沈周、文徵明、唐伯虎、仇英等书画艺术家在中国艺术史上占据着举足轻重的地位，而当代苏州也拥有着一支庞大的书画从业者、爱好者队伍，但真正在全国叫得响的却寥寥无几。在民间工艺方面，历史上苏州的能工巧匠层出不穷，其代表人物有铸剑名匠干将、莫邪，有唐代著名雕塑家杨惠之，有宋代泥塑家袁遇昌，有明初建造北京宫殿的建筑师蒯祥，有清代玉雕家谢士枋、木雕家杜士元，还有使苏绣名扬中外的刺绣艺术大师沈寿等等，相比之下，当代苏州在全国堪称一流的能工巧匠也相形见绌。在医术、医学方面，吴中古来多名医，历史上将苏州地区的医学习惯称作"吴中医学"，苏州的中医就称"吴门中医"，他们"以儒为医"，从医之外，大多精通文墨，今人所编的《吴中名医录》中，仅元代部分就收录了17位名医，其中苏州的葛氏在全国享有盛誉，到了今天，当代苏州能够享誉全国的名医已然乏人。在文学创作方面，苏州历代都出现过有影响、有地位的大家，春秋时期贤而有才的季札是吴地文学史上开端之初的一位重要人物，此后，又涌现出"太康之英"的陆机和陆云，思乡念鲈的张翰，隐逸和休闲文化的代表陆龟蒙，"先忧后乐"的范仲淹，骨子里风雅得让人艳羡的范石湖和姜白石，传奇似的唐伯虎和沈三白，狂放不羁的高青丘和金圣叹，浪荡过的冯梦龙和寂寞着的吴梅村……他们或以一腔情怀之意生发，或以高屋建瓴之势评点，显示出苏州文学创作与理论批评互相并重、交相辉映的协调格局，在中国文学史上留下了辉煌的笔触，作出了不灭的贡献。可是时至当代，能被称文学创作大家的恐怕只有陆文夫先生，而在文艺评论界更是少有人有所建树。总的来看，当代苏州虽人才济济，但最多的只是一处人才高地，而成不了人才高原，更难见人才的高峰。当然，杰出人才的脱颖而出，与苏州现在的城市规模和地位密切相关，但这并不影响苏州依然是培养和造就人才的一片沃土，一些真才实学的人才，一旦离开苏州发展，便能载誉全国，乃至走向世界。

——苏州文化的传承有成绩、有经验，可是也有遗憾、有教训、有问题。毋庸置疑，苏州文化的保护和传承在整体上固然取得了不小的成绩，但应该看到，对于古城的保护和传统文化价值的认识，也经历了一个相当长的痛苦的转变过程，文化传承和保护中伴随着太多的辛酸，也留下了太多的缺憾。如果保护得早一点、多一点，保护得科学一些、仔细一些，包括古城在内的历史文化遗产的价值会更高、更丰厚。当前，从横向看，业绩骄人，功劳不少，但纵向比，与历史上原汁原味的苏州进行比较，则差距难以逾越，令人担忧。而且，事实上，传承与保护的前景也并不十分乐观。从东方水城的河道来看，古城在宋代时有河道82公里，现存河道35公里，即使这样，苏州依然是全国河道最长的水乡城市，但河填了，水流不畅，生活污水排放总量上升且太多，古城水质被严重污染，常年处于劣五类；从古文物建筑来看，不少古建筑、古文物处在濒危状态，有的已经遭到毁坏，据统计，宋代古城内有桥梁314座，而今只有168座，减少了一半之多；从古城西部的山水资源来看，同样遭到了人为的破坏，房地产的开发过度，围湖造田、围网养鱼屡禁不止，人文景观遭到建设性破坏，开山采石问题并没有得到彻底有效解决，而且填土复绿工作十分艰巨和繁重；从民间工艺美术来看，现状更令人担忧，改制前的工艺系统44家企业已有一半完全停产，原有的79个品种仅有11个正常生产，受省保护的市区20个品种已有部分失散，大量的民间工艺美术后继乏人……以上这些都需要我们投入大量的人力、物力和财力。辩证地分析和思考苏州文化的现状，有利于我们保持清醒的头脑，有利于我们增强对于当代苏州文化工作的责任感和事业心，更有利于明确前进的方向、做出正确的选择。十分可喜的是，改革开放以来，尤其是进入 21 世纪以来，伴随着经济社会的快速发展，苏州文化发展已经成为城市的标志性特征，苏州文化的传承与创新也开始进入到一个理性发展的新阶段。其主要标志有以下七点。

一、"文化苏州"成为高品位的城市品牌。2002 年，苏州市把切实发展文化事业、壮大文化产业作为增强苏州综合竞争力的重要组成部分，纳入经济社会发展的全局，制定并出台了《文化强市建设规划纲要》。在此基础上，2004 年，苏州市又出台了《"文化苏州"行动计划》，提出了建设高品位文化强市的总体目标，即：以提升城市文明程度、公民文明素质和满足人们日益增长的精神文化消费需要为出发点和落脚点，以建立健全布局合理、功能完善的公共文化服务体系为载体，以整合文化资源、创新文化体制为动力，一手抓文化事业，一手抓文化产业，打造"文化苏州"知名品牌，使苏州的城市特色和文化个性进一步凸现，文化发展的主要指标、文化综合实力和竞争力居全国领先地位，形成优秀传统文化与现代文明融为一体的崭新格局，把苏州建设成为国际知名的长江三角洲地区重要文化中心之一。应当指出，"文化苏州"首先是一个城市品牌，努力打造高品位的"文化苏州"品牌，意在充分发挥苏州文化优势，高起点推进苏州文化强市建设，全面提升苏州的综合竞争力和城市形象，加快实现富民强市、全面建设小康社会的前进步伐。

二、文化发展整体思路初步显现。建设"文化苏州"，内容丰富，涉及的范围十分广泛，但整体思路清晰缜密。其一，明确了五大行动原则。一是正确导向的原则，牢固确立马克思主义在意识形态领域的指导地位，以"为社会服务、对历史负责"为基本准则；二是以人为本的原则，紧紧围绕以提高广大群众的思想道德素质和科学文化水平这一核心，不断满足人民群众日益增长的精神文化需求；三是协调发展的原则，牢牢把握改革、发展、稳定的大局，正确处理好城市与农村、专业与大众、高雅与通俗等文化关系；四是注重特色的原则，把保持苏州特色、张扬鲜明独特的个性作为最大的"名牌"；五是与时俱进的原则，致力于解放思想，开拓创新，与现代化建设的进程同步。其二，明确了七大行动目标。即"七个一批"：打造一批知名文化品牌，建设一批现代文化设施，挖掘和利用一批历史文化资源，培植一批竞争力强的文化产业集团，发展一批具有较强辐射力的文化市场，树立一批社会文化先进典型，培育一批优秀文化人才。其三，明确了七大行动任务。即：加快现代文化设施建设，不断提升苏州文化形象；大力发展文化产业，增强苏州文化的综合竞争力；积极培育文化市场，增强文化的集聚辐射功能；保护、利用和弘扬优秀历史文化，凸现历史文化名城优势；加强基层公益性文化阵地建设，进一步丰富城乡群众文化生活；实施精品工程，繁荣精神产品生产；拓展对外文化交流，扩大苏州文化在国内外的影响力和辐射力。其四，明确了十条保证措施。包括：把文化建设摆上党委和政府的重要议事日程，建立健全文化工作考核制度，转变政府文化管理职能，加强文化资源的优化整合，探索多元化的文化投资体制，推进文化事业单位内部改革，全面落实文化经济政策，加强文化立法和执法，培养和引进优秀文化人才，完善人才激励政策。

三、文化载体建设形成了战略性布局。按照优秀传统文化与现代文化融为一体、文化事业与文化产业相得益彰的要求，构建文化载体的战略性布局，是繁荣苏州文化的基础性工程。从文化载体的功能空间来看，苏州正在呈现"一城、四廊、五大基地"的美好前景。"一城"是指全面保护苏州古城，形成彰显传统文化的中心区域。"四廊"是指加快建设四个"水文化长廊"，形成文化产业和文化服务体系。即：打造环古城河并串联历史文化街区、以保护古城风貌和优秀传统文化为目标的"传统文化水廊"，打造金鸡湖畔以现代文化为标志的"现代文化水廊"，打造沿太湖"生态和休闲旅游文化水廊"，打造古运河"观赏与游乐特色文化水廊"。"五大基地"是指着力建设五大传统文化和产业基地。在古城区东北街一带，建成以园林和博物馆群落为特色的文化旅游基地；在古城东部，建成以民俗风情和戏曲文化为特色的旅游展示区；在桃花坞地区，建成苏州传统丝绸、工艺和昆曲访古旅游带；在环古城河一带，建成民族民间工艺文化保护和产业开发区；在观前和石路地区，建成现代文化与地方传统文化特色相融合的旅游线路。

四、文化的保护、传承与发展进入了法制化轨道。随着社会主义市场经济体系的发展与完善，文化的保护、传承与发展已经成为一项政策性很强的工作，需要依法实施、依法开展、依法行政。早在1986年，苏州就编制了《历史文化名城保护规划》，确定了古城保护的原则、内容和范围。为了保证这一规划的实施，上世纪90年代中期以来，苏州先后出台了一系列相应的地方性文化法规和规章。1995年4月，苏州市人大通过了《苏州市城市规划条例》，明确"市区应当保护古城风貌"；1996年10月，制定了《苏州园林保护和管理条例》；1997年4月，制定了《苏州市市区河道保护条例》；2001年12月，制定了《苏州市古树名木保护管理条例》；2002年9月，制定了《苏州市古建筑保护条例》，这是针对控制、保护古建筑遗存而制定的，是苏州第一部文物保护地方性法规；2003年5月，颁布了《苏州市历史文化名城名镇保护办法》；同年12月，印发了《苏州市城市紫线管理办法（试行）》，主要目的在于把文物保护纳入城市规划的强制性内容，强化文物保护的权威地位。此外，还出台了《苏州市文物保护管理办法》、《苏州市古建筑抢修保护实施细则》、《关于进一步加强历史文化名城名镇和文物保护工作的意见》、《苏州市城市规划若干强制性内容的暂行规定》、《苏州市民族民间工艺保护办法》、《苏州市古村落保护办法》等规章和规范性文件。今年，新的《苏州市实施〈中华人民共和国文物保护法〉办法》经由市人大审议结束，《苏州市古村落保护管理办法》也于 6 月制定出台。另外，《苏州历史文化名城名镇保护办法》、《苏州市昆曲保护条例》等一批新增、新修法规已被列入苏州市立法预备项目和政府规章项目。这些法规和规章的出台，在古典园林、古树名木、古文物建筑、历史文化名城名镇、城市历史文化遗存和历史街区等各个方面予以全方位的保障，构建出苏州物质和非物质遗产保护的法规性文件体系，在推进文化可持续繁荣发展中起到了重要的保障作用。

五、优秀文化的保护摆上了突出位置。作为中国古代名城，苏州既有众多的物质文化遗产，也有着昆曲等非物质文化遗产，在一座城市中，用固化的和活的形式同时向我们勾勒出历史文明的现实轮廓，因而，文化价值不可比并，尤其是文化遗产不可再生，保护优秀历史文化及其遗产，是文化工作者，也是包括各级领导者在内的全社会的共同责任。在这方面，苏州坚持保护物质文化遗产与非物质文化遗产双管齐下、一以贯之的方针。一是认真开展古城、古镇"申遗"和文物保护工作。以 2004 年在苏州召开的第 28 届世遗会为契机，开展古城、古镇保护的宣传教育工作，充分调动了全市人民支持"申遗"的热情；确立了古城旅游、文化的主要功能定位；通过努力，使古城区内 200 处控制保护古建筑得到根本改善；积极开展古城、古建筑保护科研工作；认真做好太湖申报世界自然、文化"双遗产"可行性研究。二是继续加大对昆曲遗产及民族民间文化保护工作的力度。全面开展昆曲遗产的保护、传承和振兴工作；以苏州被列为"中国民族民间文化保护工程综合性试点"城市为契机，坚持立法保护与政策保障、政府保护与民间保护、财政投入与社会资金"三个相结合"，扎实推进民族民间传统文化保护工作；进一步搞好民族民间文化资源普查，构建凸现苏州独特文化特色的文化区域框架；对口述、表演艺术和民间工艺绝技等采取"活保护"措施，使之得以有效传承。现在，苏州全市文物完好率达 80% 以上，周庄、同里、甪直被列入首批"中国十大历史文化名镇"，山塘街历史文化街区保护修复工程试验段完成，平江路历史文化街区整治工作加快推进，环古城河风貌保护成效明显，中国昆曲博物馆一期工程竣工。苏州在恢复了历史人文景观的同时，又添构了新的文化景点，展现了古韵与今风、现代与传统协调一致的美好印象。

六、一批具有苏州风格的文化精品、文化名人走向全国，走向世界。近几年来，苏州文艺精品迭现，呈现出群芳争艳的繁荣局面。其中，《一二三，齐步走》等剧目囊括了文化部文华大奖、中宣部"五个一工程"奖等奖项，并被列入"国家舞台艺术精品工程十大剧目"，连演3500场，经久不衰；《苏园六记》、《苏州水》等电视系列片获得了全国"星光奖"一等奖；《长生殿》、青春版《牡丹亭》等昆曲在日本，中国台湾、香港演出，引起轰动，前者还获得中国台湾文艺最高奖"金钟奖"。"文化苏州"品牌随着昆曲的幽雅旋律、苏绣的精美技艺、园林的古典内涵而飘香海之内外，成为苏州最为闪亮的三张"文化名片"。"九五"以来，以顾芗、王芳为代表，全市还涌现了一批全国"五一"劳动奖章、全国文化系统先进个人以及文华奖、梅花奖获得者。同时，一批中青年文艺骨干在重大艺术活动中脱颖而出，一批掌握高科技的文化带头人逐步挑起了文艺圣殿的大梁。

七、新苏州精神开始形成。苏州作为一座历史文化名城，文化脉络延续千年不绝，文化精神沉积十分深厚。在改革开放的实践中，苏州人民顺应时代发展的要求，与时俱进地赋予这些人文精神以新的时代内涵和新的苏州特征，融成一种昂扬斗志、催人奋进的新苏州精神，为改革发展注入了不竭的动力和永恒的活力。上世纪80年代，随着乡镇企业在苏州的"异军突起"，"吃尽千辛万苦，说尽千言万语，跋涉千山万水，历经千难万险"的"四千四万"精神，曾经成为推进苏州经济发展的强大力量。90年代以来，随着工业化、城市化和经济国际化进程的加快，苏州形成和发展了"团结拼搏、负重前进、自加压力、敢于争先"的张家港精神、"不等不靠、埋头苦干、抢抓机遇、开拓创新"的昆山之路、"引商、安商、富商、留商"

的亲商理念。今天，"张家港精神"已经不仅仅是张家港的"精神"，"昆山之路"也不只是昆山的"路"，"亲商理念"也不为园区人所独有的"理念"，这"三大法宝"所凝成的精神在全市城乡大地全面开花，已经是全体苏州人共同的宝贵财富，成为苏州的无形资产和无价之宝，成为抢抓机遇、率先发展的强大精神支柱。

下篇：文化自觉与当代苏州人的责任

　　21世纪是一个城市竞争的世纪，也是一个文化竞争的世纪，苏州文化的传承与创新面临着前所未有的机遇和挑战。一方面，作为中华文化重要分支的吴文化，作为具有2500多年历史文化底蕴的名城，越是久远，越是能勃发其灿烂的光芒，越是能凸显其无上的价值；另一方面，新的时代背景、新的发展形势强烈呼唤着新的文化形式、新的文化载体、新的文化传播手段的形成与出现。所以，如何在当前坚实的基础上，以更高的标准、更丰富的内涵、更积极的姿态来认真审视和谋划苏州新一轮的文化建设与发展，做好文化的传承与创新工作，这是当代苏州人不能回避的一个战略问题。

　　对于当代苏州文化建设中的传承与创新、保护与发展，有两种代表性的观点十分鲜明。

　　一是说，弘扬与发展苏州文化，首先要解决的问题是保护、是传承。理由十分简单。①苏州传统文化是根、是本，是当代苏州文化乃至整个苏州经济社会发展的源头活水。当代文化和经济建设是站在传统文化的肩膀上发展、壮大起来的，传统文化是当代文化和苏州城市现代化建设的营养基，对当代文化和经济社会发展具有巨大的影响力和推动力。中新合作苏州工业园区和第28届世界遗产大会之所以选择在苏州，深厚的历史文化力量功不可没。"问渠哪得清如许，为有源头活水来。"所以，本末不能倒置，源头不能隔断，否则没有活水，一切都将难以为继，更何谈文化的创新。②这是由文化遗产的特质决定的。它表现在两个方面：一是文化遗产并不只是属于当代社会、当代人，也属于子孙后代；二是文化遗产不同于一般的经济资源，它具有脆弱性、不可替代性和不可再生性等特点，一旦遭受破坏，就会造成不可逆转的结局，不仅损害当代的利益，对不起祖先，也损害了子孙后代的利益。③在苏州文化的综合实力和竞争力中，传统文化占有着相当大的分量。当前，苏州文化的主体部分和主要特色都体现在传统文化上，传统文化一旦因保护不力和传承不当而出了问题，苏州文化的影响力必将大打折扣。④苏州传统文化保护中的问题还较为严重，不尽如人意的地方很多。所以，不仅是保护的问题，从急切性上看，还是一个抢救的问题。比如，诞生于 14 世纪的民族艺术昆曲，在 20 世纪又被一群热衷者延续了生命，先是 1921 年的昆剧传习所有 44 名"传字辈"演员，后是 1953 年的民锋苏剧团有 43 名"继字辈"演员，无论是"传字辈"的"传"，还是"继字辈"的"继"，都是寄予以美好的复兴愿望。现在，"传字辈"艺人活在人世的已是凤毛麟角，"继字辈"也已进入夕阳晚年，传统剧目的一言一行、一举一动、一招一式就在他们的脑海里，若不加以"抢救"，失去一人，一些昆曲遗产就将随之消逝。还比如，一些苏州工艺美术品面临着后继无人、行当失传，部分古建筑因年久失修已处于残破不堪的境地，市级文保建筑完好率只有 80%，市级控保建筑更不容乐观，完好率只有 50%，另外，太湖周边山体破损、水质污染也较为严重，尤其是有的传统文化受到市场经济的影响，已经发生了异化，失缺了本来的面目和精神。一言以蔽之，不保护，就谈不上创新与发展，目前首要的任务是保护与传承。

二是说，苏州文化的弘扬与发展，关键问题是要不断开拓创新、与时俱进。理由也十分充分。任何文化都是时代的产物、历史的结晶，苏州文化也无不打上时代的印记。将苏州文化保护、传承乃至发扬光大，并不表示我们不应当与时俱进。而且，当今社会经济、文化迅猛发展，我们面临着这样的一些背景，必须引起人们重视：①社会日趋高度开放，经济一体化日趋突出明显。目前，有 1.5 万多家外资企业、台资企业入驻苏州，世界 500 强跨国公司中已有 98 家落户苏州，来自"五洲四洋"的数万名外籍人士在苏州创业安家，苏州还与意大利、日本等 10 多个国家的 33 个城市建立了友好和姐妹城市关系，苏州作为一个开放程度很高、与外界联系广泛的城市，外来文化的渗透已无时不在、无处不有，不管人们喜欢不喜欢，这将对苏州文化建设产生较大的影响。如果你不坚持创新，别人会占领你的文化市场、潜移默化地改变你的意识乃至物质形态。②苏州人群结构、社会结构出现了多元并存的状况。现在，苏州地区外来人口已高达 320 多万，大街上每 3 个行人中就至少有一个外地人，文化来源的多样化，文化层次的多样化，文化消费需求的多样化，无不对本土文化发出了挑战。③人们生活节奏、工作节奏的加快，对艺术表演、艺术创作的形式与内容要求发生了重大变化。最为明显的是，过去穿趿哒鞋、踱四方步、挎着菜篮在街巷中悠然地谈天说地的景象，已经如昨日的烟尘一样，消散在丽日朗照之下，代之而起的是急匆匆的快餐文化；昔日，一出昆曲、一出评弹，可连演数天、数十天，而现在人们几乎不可能坐在剧场里连续数天、数十天去不厌其烦地品味昆曲或评弹的咿咿呀呀表演了。④大众传媒技术的高度发达和传播手段现代化，使得大部分人，尤其是年轻人对快速旋转的机轴文化表现出极其的渴望，对快捷而方便的网络生活表现出十分的欣赏，相反，对传统文化的传统手段表现得相当平淡和毫无兴趣。⑤文化的商品属性越发明显，文化产业的发展越发看好。苏州传统食品、传统工艺往往无法标准化生产，无法形成规模，因而难以产生出大的经济效益，这也要求我们不断推出新的艺术想象力和创造力，大胆借鉴先进的生产经营方式和科技手段，丰富文化商品的内涵与形式。⑥城市现代化对人们的物质生活、精神生活和文化生活都有了新的提升。在对待传统文化的保护和传承等问题上，人们疑问最多的是，总不能提着马桶进入新的世纪，总不能唱着慢慢悠悠的昆曲闯荡全世界吧。因此，传统文化必须创新，而且首先是创新，不创新就没有出路，更谈不上保护与传承。

应当指出，这两种观点听起来针锋相对，其实都有一定的道理，反映着苏州人"文化自觉"的素质与意识。辩证唯物主义和历史唯物主义告诉我们，社会不是凝固不变的，而是不断运动、变化和发展的；但各种社会现象也不是随意的偶然的堆积，而是具有复杂的内在联系，是一个发展着的活的有机体。所以，社会的发展依然是一个自然的历史的过程。对于苏州文化传承与创新的研究与思考，我们必须坚持辩证唯物主义和历史唯物主义的观点，着眼于大局，着眼于发展，着眼于未来。

为什么不少地方的灿烂文化随着时光的流逝而黯然失色，而苏州文化至今仍保持着特殊的魅力和较强的活力，尽管谈不上历久弥新，但至少能够绵延不绝。原因固然是多方面的，但可以肯定地说，这与一代又一代的苏州人辩证思索、正确处理、不断传承、开拓创新有着重要的关系。在饱受毁坏、劫难的痛苦和辛酸，同时也经历成功的喜悦之后，当代苏州人投身文化建设与发展更加自觉，文化自觉已逐步成为我们的共同追求；在经济高速发展、人们生活比较殷实的今天，当代苏州人已经有基础、也有实力把这一问题回答得更好、实践得更美满。我们感到，在文化传承和创新的问题上，必须确立以下几个基本认识。

1. 保护是创新的前提条件。苏州文化是苏州的城市灵魂和血脉，是苏州城市的精神记忆。苏州丰厚的传统文化积淀是从这个城市古老的祖先那里传承下来的，随着历史的发展而不断发展，又始终保存着祖先的基因和特质，由此而形成苏州人民共有的认同感、归属感和凝聚力，这是一笔极其宝贵的精神和物质财富，是当代苏州文化发展、创新的坚实基础，我们必须倍加呵护、格外珍惜。

2. 保护本质上也是创新。保护的过程中必须坚持创新，保护的过程中必然伴随着一系列创新。一方面，传统文化的保护需要用创新的理念、思路来引导；另一方面，也要用创新的机制、创新的实践来规范和保证。可以说，苏州历代传统文化保护的过程，也是苏州文化不断推陈出新的过程。置身于苏州古城，人们总是说2500多年来风貌未变，但现在真正拥有2500多年年龄的文物已经屈指可数了。苏州有全国重点文保单位13处，其中有7处是明清以后的或是明清以后重建的；有省级文保单位57处，其中有38处是明清以后的或是明清以后重建的；有市级文保单位178处，其中有145处是明清以后的或是明清以后重建的。另外，200处控保单位几乎都是清代以后的建筑。可以说，苏州明清以后的文保和控保单位的数量，占到其总量的90%，但人们还是在感觉上存储着古城几千年风貌未变的信息，其主要原因就在于古城历经唐宋元明清，每一个朝代都在保护和继承，也都在发展和创新。保护就是创新，使得古城风貌宛在的事实得到了人们的肯定和赞赏。当代香山帮工匠们也认为，目前苏州古宅的修复，只要工程资金充裕，完全可以做到修旧如旧，做到与古人相媲美，甚至是做出超越古人的活儿来。原因也在于新的建筑技术的进步、新的机械手段的运用。因为创新，古宅修复和保护已不存在太大的技术障碍。

3.创新是保护的深化和延续。保护是静止的，无法深化与延续，只有创新才能让传统文化的保护得以深化与延续。应该看到，传统文化从来是精华与糟粕并存，即使是优秀的传统文化，也需要适应时代的发展，不断地改造和更新，同时赋予其新的内涵和活力。翻看苏绣的发展史，就能看到不断创新是苏绣艺术保护及其深化和延续的轨迹。从精致的日用绣品到精美的苏绣艺术欣赏品，从针法细腻的单面绣到争奇斗艳的双面绣，从常用的平绣到逼真传神的乱针绣，从手工绣到开出科技艺术之新花的长针机绣，这一系列的创新，使得苏绣艺术之树蕊吐花放，枝繁叶茂。我们说，丢弃传统，必然丧失自我，迷失方向，但固步自封，也必然落后于时代，不但无益于传统文化的深化、延续与发展，连传统文化自身也将难以保全。

所以，在某种程度上讲，只有创新，才能使传统文化得以发扬光大。甚至可以说，创新就是最好的保护，发展就是最好的继承。

4. 保护与创新不是对立的。在昆曲的传承与创新问题上，也曾有过十分激烈的争论。一些人认为，时代在前进，作为观念形态的文艺不可能不变、不可能不改，昆曲也可以引入现代舞美艺术、现代表现手段；另一些人的看法与其截然相反，他们强调昆曲必须"原汁原味"，坚持昆曲不能话剧化、不能削弱观众欣赏的"再创造"能力、不能轻易改动曲牌、不能以分幕代替分场、不能毫不相关地增添群舞，等等。其实，传承与创新不是对立的关系，也无冲突的必然性。提出对昆曲传统剧目要抢救、要保护、要"原汁原味"，体现了对传统文化遗产和古典艺术慎重、负责和科学的态度，应该得到支持；同时，"与时代同步，与群众同心"的戏曲艺术和现代艺术的创新，自然也应该得到支持和鼓励。也就是说，我们赞成抢救、继承，但我们也不能排斥革新、创新。

5. 保护和创新可以相得益彰。保护和创新其实是一个问题的两个方面，不能人为地分隔开来，必须把这两个方面的工作都做好，我们的文化建设与发展才是取得实效的。也就是说，让保存者去精心研讨保存的好传统、好方法，也让创新者去努力创造新剧目、新艺术，两者不仅可以各得其所，而且还可以相互依存、相互作用、相得益彰。但我们必须强调，一方面，保护是有效的保护，任何保护都是不断扬弃的过程，保护不是守旧；另一方面，我们说的创新，也是合理的创新，创新必须遵循客观规律，遵守运行法则。

苏州不能没有传统文化，苏州也不能没有现代文化；苏州必须保护和传承传统文化，苏州也必须创造和发展现代文化。保护与传承苏州传统文化，与时俱进创造与发展苏州当代文化，加强传统文化与现代文化的结合与交融，催生出丰富灿烂的苏州新文化，这是历史赋予我们这一代人的崇高使命，是构建社会主义和谐社会的必然要求，也是大力发展先进文化、满足广大群众不断增长的文化需求的根本保证。我们必须脚踏实地，开拓进取，迎难而上，积极作为。

第一，从加快推进苏州城市现代化的高度上把握"文化苏州"建设的战略定位。

城市之间的竞争说到底是文化的竞争，城市现代化建设的竞争也是文化建设的竞争。随着苏州改革开放和现代化建设的进一步深入，包括文化在内的城市综合实力的竞争日趋激烈，各种思想文化的相互交流、激荡日益加剧，文化的影响力和竞争力，不仅反映在文化的本身，而且越来越广泛地反映在物质产品的文化内涵上，渗透在社会生活的各个方面；随着现代科学技术的发展，特别是信息技术革命的兴起，文化产品的生产、传播和接受更加科技化、现代化，文化的普及比以往任何时候都要广泛而快捷，凭借科技和市场的力量，文化产业作为一种新兴产业，日益显示其强劲的势头和巨大的潜力；随着社会主义市场经济体制的更加完善，人民群众多层次、多样化的文化需求将主要通过市场来实现，市场在繁荣文化艺术、满足人民群众精神文化需求方面的功能和作用将得到进一步增强；随着苏州全面建设小康社会的完成，人们实现自身全面发展的意识更加自觉，文化需求日益增长，需求总量越来越大，质量要求越来越高，选择性也越来越强。因此，我们必须从加快推进苏州城市现代化的高度，从提升城市竞争力与文化竞争力的重要关系中把握文化建设的战略定位。

从苏州的实际出发，我们认为，在城市现代化建设中打造"文化苏州"品牌，不仅要看是否拥有丰富的文化资源，而且要看对这些文化资源保护弘扬、开发利用的程度与水平；要看文化基础设施和文化发展水平是否与现代化建设的进程相适应，并基本满足群众对文化消费的需求；要看文化产业增加值是否有较大幅度的增长，并在国内生产总值中占有相当的比重；要看是否拥有一批在全国乃至在世界堪称一流的文化精品和文化拔尖人才；要看文化作为城市品牌的地位是否真正确立，并在苏州城市现代化建设中发挥出积极而重要的作用。总之，作为"文化苏州"，必须是，文化强项十分突出，精神文化产品优势十分明显；城乡社会文化繁荣，文化产业成为重要的支柱产业之一；文化的竞争力、辐射力及其产生的经济、社会效益非常可观，在世界范围内具有一定的影响。因此，"文化苏州"建设总的定位应该是：打造传统文化与现代文明融为一体，经济、社会与文化发展协调一致，具有国际水准的文化强市。

我们感到，"文化苏州"品牌建设所具有的特征应该是"两个统一"，即：坚持本色、弘扬特色、发展花色的统一和世界眼光、中国气派、苏州风格的统一。具体地说，就是要坚持从苏州作为历史文化名城、著名风景旅游城市和对外开放程度较高的实际出发，在古城风貌和历史文化遗产的保护过程中，在现代文艺精品的创作和生产过程中，在标志性场馆和文化设施等的建设过程中，不仅要具备苏州风格，还要展现中国气派，乃至达到世界眼光，不仅要让苏州本色更加深刻，还要让个性特色更加鲜明，让品种花色更加丰富宜人。

第二，从弘扬苏州传统文化的历史责任感上进一步强化"文化苏州"的保护工作。

特色与个性是苏州及其文化的灵魂，展现苏州文化的特色与个性的主体是传统文化。"水陆并行，河街相邻"的双棋盘格局，"三纵三横一环"的河道水系，数量众多的古典园林、古塔寺庙、名人府第、古墓碑刻，遍布全城的小巷深院、民居古宅、粉墙黛瓦、小桥流水，无不以其精美的艺术成为展现苏州传统文化特色与个性的重要载体。在新的历史时期推进苏州文化的传承与创新，我们应该把对传统文化的全面保护、对传统文化的大力弘扬摆在十分突出的位置抓紧抓好，努力将国务院对苏州城市建设总体规划批复的要求落在实处。

把传统文化的保护与弘扬在"文化苏州"建设中突出出来，这不仅是因为苏州文化独具特色与极富个性的问题，还是历史和时代共同赋予我们当代苏州人的一项重大责任。我们感到，当前，苏州固然是经济强市，也固然是全国最大的制造业城市、最大的外商投资城市、最大的外贸进出口城市之一，然而 GDP 数量再大、制造业水平再高、外商投资和外贸进出口金额再多，放在全球，也只是九牛一毛、沧海一粟。但是，世界上只有一个苏州，苏州是唯一的；千年古城是苏州最宝贵的历史文化遗产，古城也是唯一的。经济社会越发展，古城的历史文化价值就越宝贵；经济社会越交融，苏州传统文化的光芒就越绚丽夺目。而且，苏州不仅是苏州人的苏州，也是全中国的苏州，全世界的苏州。保护苏州传统文化、传承苏州传统文化，我们深切地感受到自己的肩上有着一份沉甸甸的担子。

苏州传统文化的传承与保护包含许多含义，内容也非常广泛。①全面保护古城风貌。继续按照"重点保护、合理保留、普遍改善、局部改造"的原则，加快对古城分期分批进行保护性修缮和改造的步伐，加快古城古镇申遗工作步伐。②全面保护物质文化遗产。高度重视对各类文物古迹的维修保护，根据轻重缓急，确定先后次序，分类指导，精心组织，对那些文物价值高、危险程度大的要先行抢修，对建筑群体比较完整的要按照文物原样修旧如旧。注重对修复后的古建筑的利用，努力开辟多种途径，有的可新设旅游景点，有的可兼作社区活动场所，有的可租借机构团体成为办公用房，有的可通过市场的机制转让使用权，有的还可在明确权利与义务的前提下供居民使用，以完整保持文物的个性风貌。③全面保护非物质文化遗产。以"保护为主、抢救第一、合理利用、传承发展"为工作方针，采取积极有效的措施，保护和扶持戏剧、音乐、曲艺、民间文学、工艺美术、民俗风情等 6 大类，包括昆曲艺术、古琴艺术、评弹艺术、吴歌、桃花坞木刻年画、刺绣技艺、缂丝技艺、宋锦制作技艺、江南丝竹、苏滩苏剧艺术、甪直水乡妇女服饰、苏州道教音乐等 12 种代表作的文化遗产。④全面保护传统文化精神。苏州传统文化精神既表现在小桥流水、简静雅洁的城市风貌上面，又表现在崇儒弘学、尊师重教的一城市民的身上，无论是物的风格，还是人的气质，以及人们说出的吴侬软语，都是既风雅，又礼仪。这种历经长期的陶冶、涵养而形成的特有的文化精神和文化风范，值得我们爱护和继承。以上四个方面的苏州传统文化传承与保护工作做好了，就是一件功在当代、利及千秋的历史功绩。

第三，从满足当代苏州人的审美情趣和消费需求上加快建设"文化苏州"的现代内涵。

如果说，保护和传承传统文化是"文化苏州"建设的重点，那么，发展和繁荣现代文化则是"文化苏州"建设的中心。大力繁荣现代文化事业，大力发展现代文化产业，维护和实现当代人的文化权利，为人民群众提供良好的文化服务，进一步增强苏州的整体实力和国际竞争力，这也是我们义不容辞的责任。

如何加快建设"文化苏州"的现代内涵，以满足当代人的审美情趣和消费需求，我们感到，达到"四个形成"的目标至关重要。

形成与现代化城市相匹配的文化布局。按照文化发展与经济发展相协调、与社会需要相适应并适当超前的原则，对文化发展的长远规划与近期建设重点进行充分论证、科学规划，建成多层次、多样化的文化设施网络。一是在中心城市规划建设一批现代化的文化标志性建筑，增强集聚和辐射的能力；二是在县级市新建、改建或扩建一批重点文化设施，每个城区都拥有一定规模和水平的文化活动场所；三是加强社区和乡镇文化活动中心的建设力度，全方位为群众提供优质的文化服务。

形成与现代经济相匹配的文化产业。文化产业是朝阳产业，具有高技术、高智力、高收益和低消耗、低污染的特点。目前，我市的文化产业还处于起步阶段，巨大的市场潜力尚未开发激活，文化产品的生产能力、文化服务的提供能力都还远远不能满足市场的需求。我们应该立足资源优势，把握市场需要，优先发展做大文化旅游业、现代传媒业和休闲娱乐业，使之成为苏州的支柱产业。

形成与苏州城市人口结构、社会结构相协调的文化活动方式。满足多层次消费需要，实质是体现"以人为本"的科学发展观的要求，做到既有面向白领的精英文化活动，也有服务基本群众的社会文化节目；既有"老苏州"欣赏的"古董文化"，也有"新苏州"、"洋苏州"所追求的"快餐文化"、"时尚文化"；既做强、做优"文化人"所青睐的高雅文化，也做大、做活人民大众所喜闻乐见的民俗文化，普遍实现广大消费者的文化权利。

　　形成与城市层次、风格相一致的文化品位。苏州是中国历史文化名城，风格儒雅，层次卓越，这就要求我们在现代文化创作、交流、演出、传播中，不可哗众取宠，不能急功近利，不做表面文章，切实避免创作上的主观化、泡沫化倾向，彻底摒弃艺术风格的模式化、低俗化趋势，打造出具有配得上苏州城市品位的文化精品，让更多的人因苏州文化的品质而热爱苏州，因苏州的格调而愈发热爱苏州的文化。做好了上述的工作，在创造"文化苏州"的现代内涵上，就做到了既满足了当代人的文化需求，又为下一代人积累了丰富的文明成果，让"文化苏州"熠熠生辉，让苏州文化延续不断。

　　第四，从苏州传统文化与当代文化的结合点上继续张扬"文化苏州"的个性风采。

　　没有了个性风采，苏州也就不成为苏州了。所以在"文化苏州"传承与创新的过程中，无论是保护传统文化，还是发展现代文化，出发点和归宿都必须是张扬苏州的城市个性，而张扬个性的最佳途径就是实现传统文化与当代文化的高度融合。如何使传统文化走出深闺，不再孤芳自赏，让更多的人了解熟悉，让更多的人懂得欣赏，让更多的人学会参与，让更多的人能够消费；同时，如何使当代文化更好地延续苏州文化脉络、突出苏州文化特色、传承苏州文化精神，这都需要一个体现传统与现代结合、融合的载体，使之发扬光大、永续利用。假如说当代苏州在文化上有什么杰出创造的话，最主要的是应当在以下两个方面下苦功夫，并实现突破。

一方面，用现代科技手段和形式武装传统文化。苏州传统文化中有很多闪光的因子，它们要传承下去、发扬下去，仅靠传统的形式和手段是办不到的，而且当代人也不一定认可。所以，要着力探索和创造苏州文化建设的新举措、新方法。集艺术家和科学家于一身的达·芬奇说过："艺术借助科技的翅膀才能高飞。"历史悠久的苏州文化从来都是胸襟开阔与时俱进的，也从来不排斥科技手段的辅助。当前，坚持现代科技手段和形式武装传统文化，其中最需要探索的，就是信息与文化的结合，推动苏州文化事业的变革和信息文化产业的迅速崛起。一是科学技术应用于公益的传统文化事业，加速公共文化服务体系的建设，使传统文化的普及与传播更加迅速和便捷，大大满足人们的文化需求。二是科学技术应用于传统文化产业，为其插上腾飞的翅膀。用先进科技传播、再造传统文化，不断提高科学技术对于苏州文化的贡献率，实现高科技与传统文化的和谐发展，应是我们打造"文化苏州"的必然选择。

另一方面，将传统文化基因融入到现代文化建设中。苏州当代文化，如果离开了优秀传统的文化创新，只能是赶时髦，赶时髦必然媚俗，媚俗必然浮浅，最终必然失去了苏州的个性风采。理性的做法应该是：在古城区所建设的新的文化设施，其建筑风格、色彩、高度，必须与古城风貌相协调一致。比如，已建成投入使用的苏州图书馆就是融园林元素于现代设施中，受到了专家和群众的好评；还比如，正在建设的由世界建筑大师贝聿铭担纲设计的苏州博物馆新馆，也是崇尚园林风格的，它所遵守的建筑理念就是"中而新"、"苏而新"，93%以上的市民赞成这一建筑方案。而纯粹的现代化的文化设施，则一定要建在古城区外。虽然是现代建筑，但也要充分体现苏州传统文化的基因。比如，已经建成的国际会展中心和正在建设的苏州科技文化中心都在工业园区，前者在造型上好像一把打开的苏式折扇，当你从金鸡湖面上看过来时，后者就仿佛是一座古老的宫殿，旁边依偎着一枚水乡的珍珠。

总之，在苏州文化传承与创新的问题上，我们要老老实实地做到：既坚持文化传统，又学习借鉴现代文明成果；既保持文化本色，又兼顾当代人的文化情趣和消费层次；既珍爱历史文化遗产，又注重崭新的文化生活创造；既发扬古老的文化精神，又张扬现代城市文化个性，追求"文化苏州"新的卓越、新的辉煌。凡此种种，我们坚信，苏州文化综合实力在全国范围内将进一步增强，"文化苏州"城市品牌在世界范围内将进一步打响。

（合作者：蒋忠友，成文于 2005 年）

文
化
篇

苏州文化产业的发展战略与路径选择

简述：文化综合实力是一个城市、一个地区综合竞争力的重要组成部分，而文化产业的发育程度和发展状况又是文化综合竞争力的显著标志，也是决定一个城市、一个地区综合竞争力和发展特色的重要因素。没有文化产业的长足发展，就不可能有文化事业的长期繁荣；没有文化产业的长足发展，也不可能把苏州真正建成文化教育名市。尽管人们对文化产业的内涵和外延赋予了多种解读，但普遍认为，文化具有产业的属性，具有产业属性的文化有可能做大乃至做强，成为一个城市、一个地区的支柱产业。对于苏州来说，文化产业发展具有极大的潜力和空间。

上篇：一个极具发展潜力的支柱产业

苏州市第十次党代会指出，要努力把苏州建成在国内外具有较强竞争力和较大影响力的文化教育名市。并要求，积极培育文化市场主体，发展壮大文化产业。国际和国内的经验与实践都证明，文化综合实力是一个城市、一个地区综合竞争力的重要组成部分，而文化产业的发育程度和发展状况，又是文化综合竞争力的显著标志，也是决定一个城市、一个地区综合竞争力和发展特色的重要因素。没有文化产业的长足发展就不可能有文化事业的长期繁荣；没有文化产业的长足发展，也不可能把苏州真正建成文化教育名市。尽管人们对文化产业的内涵和外延赋予了多种解读，但普遍认为，文化具有产业的属性，具有产业属性的文化有可能做大乃至做强，成为一个城市、一个地区的支柱产业。对于苏州来说，文化产业发展具有极大的潜力和空间，做大做强文化产业，具有特殊的重大意义。为此，我们就苏州文化产业发展战略与路径选择这一课题进行了专门的调研，形成了一些初步的认识。

通过调研，我们认为，改革开放以来，尤其是新世纪以来，苏州文化产业发展呈现出以下几个方面的基本特征。

1. 文化产业的发展地位得到确认。这种地位突出体现在市委、市政府对文化建设与发展的几次重大决策上。一是 2002 年市委、市政府转发《苏州市 2001—2010 年文化强市建设规划纲要》，在发展目标中，提出要培植一批竞争力强的文化产业集团，发展一批具有较强辐射力的文化市场，在发展任务中，提出要大力发展文化产业，增强苏州文化的综合竞争力；二是 2004 年市委、市政府印发《"文化苏州"行动计划》，提出要加快推进文化产业化进程，形成以企业集团为支柱、各类中小企业互补的文化产业格局，苏州文化产业地位得到进一步提升，并进而被确定为苏州服务业跨越计划中的一个优势产业来大力发展；三是今年十次党代会提出了建设文化教育名市的目标，将通过深化文化体制改革，鼓励社会力量参与建设文化设施，积极培育文化市场主体，发展壮大文化产业，重点发展动画影视业、出版印刷业、广告演艺业、文化会展业和传统产业，推进文化与经济的融合，文化产业的地位又一次得到提升。因此，从总体上看，人们对发展文化产业重要性、必要性的认识更加强烈，对做大做强苏州文化产业比以往任何时候更为迫切。

2. 文化产业与文化事业互动发展。文化事业与文化产业是文化建设与发展的两个轮子。近几年来，一方面，我市在保护优秀传统文化、完善公共文化设施建设、构建公共文化服务网络、满足人民群众基本文化权益等文化事业的发展上，迈出了实质性步伐，跨上了一个台阶，新建和在建图书馆、博物馆、体育中心、科技文化艺术中心等一批重大文体项目。与此同时，积极引导文化设施尤其是大型文化设施的经营向产业化方向发展，以此推进文化事业的繁荣。另一方面，政府在加大对文化事业投入的同时，大力推进文化产业发展，根据2004年国家统计局正式颁布的《文化及相关产业分类》标准，对照2004年的经济普查情况，我市已基本形成文化产业核心层、外围层和相关服务层三个文化产业圈层体系，并在所有文化产业领域，都形成一定的产业基础和较完备的产业形态。全市文化产业企业法人单位5576家，从业人数17.9万人，营业收入685.44亿元，拥有资产685亿元，分别占到全市企业的7.61%、4.95%、5.33%、4.01%，苏州文化产业已初步储备了加快发展的后劲和条件。

3. 文化产业发展呈现出新的亮点。一是印刷业发展一枝独秀。到2005年，苏州拥有印刷企业2256家，占全省的23%，其中外商投资企业142家，占全省的61%；印刷业的销售额突破185亿元，占全省的57%；年销售额1亿元以上的有31家，占总量的44.4%；印刷企业从业人员达8.3万人。在2006年"中国印刷企业百强"中，苏州上榜企业有10家，苏州印刷业基本形成了门类齐全、装备先进、管理规范的产业体系，在技术设备、印刷质量、经营管理、产业规模、配套服务等方面都具备了相当的竞争力，在全省乃至全国处于较领先的地位。二是会展业发展迅速崛起。苏州真正意义上的会展经济，是从2002年起连续成功举办五届的电子信息博览会，5年来，电博会参展展位数、跨国公司参展数、台资企业参展数大幅提升，展会规模一直保持年均20%的增长速度，各项指标均列全国第一，已跻身目前中国规模最大、层次最高的信息产业专业展会。受此带动，苏州会展业迅速崛起。据苏州国际博览中心介绍，该中心今年举办会议约120场，参加会议人数约2万人；举办各种大型活动和展览约30场，约100万人参与。三是影视业发展实现零的突破。由于拥有保存完好的江南水乡风貌和古典园林等优美景色，长期以来，苏州成为多部中外影视片的外景拍摄地，而本土影视拍摄则一直是空白。这一境况到了2005年，为江苏亚细亚集团投资一千万元摄制《后代》所打破，此片成为第一部全部在苏州实景拍摄、第一部由苏州人独家投资和独立拍摄的电视剧。今年由该集团筹资千万元投拍的第二部本土大戏《谍战古山塘》也正在紧锣密鼓地进行之中，以该集团董事长龚国钧为代表的苏州企业家积极关注并投资文化产业的发展态势有望形成。

4. 文化产业集聚发展和基地建设迈出可喜步伐。文化产业的发展方向是规模化、集约化、基地化，在这方面，苏州三年迈出了三大步。2004年，胥口镇被文化部命名为"全国文化（美术）产业示范基地"。现全镇从事书画产业的人数超过2000人，年销售书画超过3000万元，集聚了来自全国的50多间画廊和工作室，形成了一个较具规模的绘画、裱画、制画、制框以及与此相关的一条龙产业链。2005年，苏州工业园区动漫产业园被国家广电总局命名为"国家动画产业基地"。目前，基地入驻动漫、游戏企业17家，其中有泰山动画、宏广动画、神游电子、蜗牛电子等一批具有一定规模的动漫游戏企业，这些企业在国内外动漫游戏界均有较高的知名度。基地内现在动漫游戏从业人员超过1500人，年生产能力可达600集，时长12000分钟，大致占到全国市场的二十分之一，年产值超过亿元。2005年，由宏广动画投资的动画电影大片《红孩儿大话火焰山》荣获第11届电影华表奖；由蜗牛电子开发的网络游戏《航海世纪》，打进有"世界网游"强国之称的韩国市场，签约金额达15亿韩元，吹响了中国网络游戏进军世界市场的冲锋号。2006年，我市的苏绣文化产业群成为文化部命名的第二批文化产业基地之一。其中值得指出的是，镇湖现有刺绣从业人员8000人，号称"八千绣娘"，另有3000人从事绣品的销售、设计等经营，占该镇全部劳动力的65%；2005年该镇刺绣实现销售收入4.98亿元，占全镇经济总量的65%，农民刺绣收入约占个人收入的70%

以上；当地不但形成了设计、生产、销售的产业链，还建成了"绣品一条街"、刺绣艺术馆，规划建设中的镇湖刺绣展示中心也将于明年投入使用。

5. 文化产业发展活力得到了一定的释放。文化体制改革是文化产业发展的重要动因，进入新世纪后，我市文化体制改革主要分为三种类型：一是市属宣传文化系统 17 个经营性单位全部按照"四基本一到位"的要求实现了政企分开、产权明晰；二是以转换机制为核心，通过深化内部干部、人事、分配三项制度改革，全面推进新闻媒体、图书馆、博物馆、文化馆等公益性事业单位改革；三是采取"一团一策"的方式深化文艺院团改革，实施岗位管理、绩效挂钩及剧组责任制改革措施，确立以繁荣创作为基础，提高演出效益为中心的生产、营销、分配、激励机制。与此同时，2002 年，我市组建了苏州广电总台；2003 年，组建了苏州报业集团。从而调动了文化工作者的积极性，推动了文化创新，激发了产业活力，初步形成了规模化、品牌化、集团化的发展优势。需要强调的是，在从计划经济向市场经济转型的阵痛中，苏州滑稽剧团得风气之先，市场意识的觉醒、观念的转变，总是快人一步，他们以一流的创作和演出，打磨了精品，打造了品牌，打动了观众，更赢得了市场。现在，他们的足迹不仅跑遍江、浙、沪等滑稽戏流行地区，而且向全国十多个省、市、自治区的城镇、乡村拓展和延伸，仅《一二三，齐步走》就已演出 3600 余场，囊括了中宣部"五个一工程"奖、文化部文华大奖等重要奖项，既实现了社会效益，又实现了经济效益。

6. 文化产业与其他产业融合发展态势初步形成。苏州自古就形成了文化与经济发展的互动格局，现在，文化和文化产业在苏州的三次产业发展中依然起着支撑、拉动、整合、共生的作用。在一产方面，渭塘珍珠业的发展是一个典型的例子。目前，中国珍珠宝石城年销售额已超过 10 亿元，珍珠产业的这种贡献，与苏州人钟爱珠宝的民俗和擅长珍珠养殖、加工的技艺密切相关。在二产方面，动漫产业的兴起是一个突出的代表，深厚的文化资源和快速发展的 IT 产业的高度融合，苏州的动画漫画制作、网络游戏、影视加工和光盘复制等动漫产业，已成为全市文化产业的一个增长点。另外，我们根据2004年的经济普查数据，苏州文化产业相关层中的文化用品、设备及相关文化产品的生产所产生的营业收入，占到全部文化企业营业收入的70%以上，其中包括了印刷专用设备、广播电视设备、电影机械设备等的制造。可以说，文化产业和制造业相互支撑、相互促进的发展格局已经形成。在三产方面，这种融合的趋势更为明显。以旅游业为例，苏州旅游最重要的卖点就是文化，没有文化的存在，苏州旅游的特点和优势将会大打折扣。"十五"期间，苏州旅游总收入由171亿元增长到432亿元，年均增长率为25%，远远高于经济增长速度。毫无疑问地，文化在其中扮演着推波助澜的重要角色。

文化产业发育、壮大、做强、创优是一个过程，对于苏州来说，还处于起步阶段。综观发展状况，我们认为尚存在着这样几个方面的问题和不足。

其一，文化产业增加值在经济总量中占比不大，对经济推动力量有限。由于缺乏科学的统计，文化产业的增加值没有一个精确的数据，根据相关部门的匡算，去年苏州文化产业增加值在100亿元左右。我们联系2004年的经济普查数据，按照国家统计局的口径，苏州文化产业企业营业收入占全市的5.33%左右。我们感到，这不仅与上海文化产业增加值509.23亿元、对经济增长的贡献率达6.5%相比有较大差距，也与长沙文化产业增加值147.25亿元、占地区生产总值的比重为9.7%也有不少的距离。当然，由于各地统计口径不一，会造成一定程度的误差，但在调研中，苏州文化产业对经济推动力量有限这一观点得到大多数人的认可。

其二，文化企业规模较小，还没有形成一定层次的竞争能力。调研中我们了解到，苏州文化产业企业多以中小企业为主，除了苏州广电总台电视广告收入能跻身"全国十强"外，基本上还没有在国内形成较有影响的大型文化企业集团。比如，在出版物发行方面，苏州新华书店观前书城是苏州最大的图书城，其4000平方米营业面积、近9000万元年销售额，与深圳书城4.2万平方米建筑面积、3亿多元的年销售额相差甚远。再比如，印刷业在苏州的文化产业中算是一枝独秀，但深圳拥有19家全国百强企业，比苏州多9家，并包揽了行业的前3名，特别是目前国内60%以上的高档画册印刷品出自深圳印刷企业，这也是深圳印刷最大的"卖点"，形成了深圳印刷的核心竞争力和品牌特色。

其三，全市文化产业资源整合不够，缺乏综合有效利用。苏州有着丰富的山水、建筑、人文等文化资源，蕴含着优质的"矿产"，虽然在挖掘"三古一湖"方面、在组建企业集团方面作出了很多努力，但由于社会组织和集约化程度不高，也由于一些部门之间管理重叠交叉，依然造成了资源条块分割，多头管理，管理主体之间矛盾突出，资源难以整合，使得资源配置处于低级阶段，自身价值发挥不够，也缺少与相关产业的紧密联动，未能形成有效的产业链和规模、品牌效应，在一定程度上造成了文化资源的浪费。不少人认为，苏州虽是中国优秀旅游城市，但还不是真正意义上的中国旅游目的地城市，资源整合不到位是其中一个重要因素。

其四，文化产业创新能力不强，企业和产品的科技含量也不高。从根本上说，文化企业是内容创意产业，只有具有原创性的产品才能最终赢得消费者。苏州文化企业中，具有研发、创意能力的企业较少，生产的大多数产品只是文化原形的复制和来样加工，文化产品的科技含量也不高，甚至在某些行业还是粗放经营。比如，动漫企业大多从事的只是中间的加工环节，利润较高的原创部分和后期制作与营销均不在苏州。再比如，工艺品和旅游品市场，产品大多层次较低，也不乏粗制滥造之作。

其五，文化产业专门人才不多，尤其是高层次管理、经营人才和企业领军人物更少。苏州在创作、表演等方面集聚了一批人才，近年来也不断在全国推出精品力作，为文化产业的发展作出了不小的贡献。但这样的人才数量毕竟不多，特别是能把资源优势转化为产业优势，进而形成经济竞争优势的高水平文化原创人员、经纪人员和企业家更为缺乏。在文化产品创意包装上，点子不多、视野不宽、挖掘不深；在文化产业的发展主体上，缺乏有资金、有实力、有活力的企业家；在文化活动推介打造上，缺乏大眼光、大气魄、大手笔，有实力的文化中介和传媒组织更是凤毛麟角，较高层次人才的缺乏是制约我市文化产业发展壮大的一大瓶颈。

综合上述，我们感到：当前，我市文化产业的发展现状与苏州历史文化名城的名气还不相称，与苏州在全国的经济社会发展地位尚不匹配，与人们日益增长的物质文化生活需求也有一定的距离。无论在发展速度、产业规模、品牌塑造、产业链接方面，还是在带动支撑功能、交流传播影响等方面，苏州文化产业均处在培育成长阶段，正在从视线的边缘走向舞台的中心，是一股正在发力兴起和快速壮大的产业力量。在新的历史发展时期，我们必须客观看待成绩，努力克服不足，顺应发展潮流，增创新的优势，把发展文化产业放到经济社会发展的一个十分突出的重要位置上来，进一步更新观念，抢抓机遇，积极作为，趁势而上，努力做大做强苏州文化产业。

中篇：创造文化产业的"苏州特色"

近年来，"文化产业"成为广受关注的一个概念。那么，到底何谓"文化产业"？它的内涵和外延是什么？学术理论界众说纷纭，目前尚无统一的定论。在国际上，文化产业也没有统一的含义，甚至也没有形成统一的称谓。比如，在美国叫版权产业，在英国叫创意产业，在西班牙叫文化休闲产业，在日本、德国、荷兰、韩国等许多国家叫文化产业，还有叫文化工业、内容产业的，在我国台湾地区被称为创意文化产业。从我国各地的实践来看，文化产业的发展有大文化观、中文化观和小文化观三个层次之分，由此也带来了对文化产业发展的不同理解和运作。今年9月，中共中央办公厅、国务院办公厅印发了《国家"十一五"时期文化发展规划纲要》，提出重点发展影视制作业、出版业、发行业、印刷复制业、广告业、演艺业、娱乐业、文化会展业、数字内容和动漫产业等九大文化产业。同时，还提出推动文化用品、设备及相关文化产品的生产和销售，促进文化产业与教育、科技、信息、体育、旅游、休闲等产业的联动发展，与工业设计、城市建设等经济活动相结合，形成新的经济增长点，这为我们发展文化产业指明了努力的方向。

我们认为，像苏州这样的经济发展水平较高和历史文化底蕴极为深厚的城市，像苏州这样协调发展、和谐发展具有鲜明特色的城市，认识、讨论文化产业的做大做强要有一个新的视角，要克服学术概念之争，也要避免就事论事，尤其要从片面和狭隘的误区中解放出来，跳出"文化产业"发展文化产业。通过调研，我们感到，发展苏州的文化产业要着眼于以下几点。

一是要着眼于提升苏州城市品质和文化品位。文化是苏州最本质的属性。毫不过分地说，文化气息浓郁和文化品位高雅的苏州在全世界具有唯一性，"纽约可以复制很多，但苏州只有一个"。发展文化产业，从根本上讲，就是要进一步提升苏州城市品质和文化品位；而提升苏州城市品质和文化品位，也有利于进一步做大做强苏州的文化产业。从目前的状况看，在经济和文化上，经济处于强势地位，文化味在淡化；在传统和现代上，苏州文化的优势主要在于传统文化，现代文化在全国没有多少优势；在事业和产业上，苏州文化事业发展的成绩有目共睹，而文化产业略显滞后。这些也告诉我们，提升苏州城市品质和文化品位，有待于苏州现代文化发展形成优势，也有待于做大做强苏州文化产业。

二是要着眼于优化苏州的经济结构、转变经济增长的方式。现阶段，苏州的产业结构较重，经济增长方式总体上比较粗放。在苏州的GDP构成中，工业增加值占比达66.8%，在工业增加值中，重化工业占比达

66.4%，两个超过"66%"，既反映了苏州经济结构偏重的结构性矛盾，同时也反映了服务业增加值占比偏低的问题。近年来，由于加工制造业的快速发展，苏州服务业增加值尽管增长较快，但占 GDP 的比重不断下降，去年滑落至 31.2%。还需指出的是，苏州高新技术产业发展较快，其产品产值占比在工业内部已达 30%，但大部分处于高端产业的低端，主要停留在高新技术产品生产的加工组装环节，按国际标准划分，仍属于劳动、资本密集型产品。所以，对于苏州来说，认真落实科学发展观，切实调整产业结构，努力转变经济增长方式，实现又好又快发展，是"十一五"期间一项十分重要的任务。而文化产业不仅是服务业的重要内容，也能与高新技术产业的发展形成互动，是苏州转变经济增长方式、促进产业结构升级的一个重要途径。

　　三是要着眼于满足和实现人民群众日益增长的物质与文化消费的需求和权利。人民群众是文化的创造者，也是文化的享有者；不仅要满足他们文化消费的需求，还要实现他们享有的文化权利。人民群众对文化的需求具有多元性的特征，满足不同人群对文化消费的需求和权利，是文化生产的重要目的。目前，苏州的人群结构发生了重大变化，正在成为一个新的移民城市，除了土生土长的"老苏州人"外，还新添了两类人群：一类是"洋苏州人"，目前常住苏州的外籍人士近 4 万人，留学回国创业人员超过了 2000 人；另一类是"新苏州人"，近年苏州外来人口总量膨胀迅速，2001 年至 2005 年，全市年均新增外来人口超过 50 万，到去年底达 378 万，占全省的三分之一。从文化产品的消费层次来说，他们的出现使苏州出现了三种类型的文化消费：一类是以"洋苏州人"为主体的高端消费群体；一类是以"打工者"为主体的较低层次消费群体；还有一类是面广量大的中间消费群体。他们中间有的需要提供高档文化产品和服务，有的还要通过构建公共文化服务体系来满足他们基本的文化权利。因而，从根本上说，文化产业的发展壮大，就是以人为本，实现和满足多元群体的物质与文化的需求和权利。

四是要着眼于实现城市的可持续发展。历史上，苏州就是一个有名的工商业十分繁荣的城市，也是一个协调发展、持续发展较好的城市。改革开放以来，苏州经济社会发展很快，伴随着经济总量的快速增长，资源消耗不断加剧，环境压力持续加大。近年来，虽然排污强度逐年下降，但污染负荷仍在增加，消减负荷的难度很大；苏州矿产资源稀有，所需能源全部由外地调入；苏州土地承载能力已经十分有限，土地供需矛盾已呈紧张状况。我们感到，文化产品的生产对能源、土地、机器等生产要素要求较低，文化产业是无烟产业、创意产业、朝阳产业，文化产业体系是一种资源消耗少、污染小、无公害的新型产业体系。苏州要继续保持较强的综合竞争实力，要继续保持走在全国发展的前列，要继续保持可持续发展的良好态势，发展文化产业势在必行。

我们还感到，做大做强苏州文化产业，既要着眼于发展的空间，又要着眼于发展的可能；既要着眼于发展的效应，又要着眼于发展的基础；既要着眼于发展的潜力，又要着眼于发展的优势。每一个城市都有自己的优势和特点，每一个城市发展什么产业，都要依据其发展该产业的现实条件和基础优势，苏州文化产业发展走什么样的道路，应该结合苏州自身的优势和特色。从苏州的实际来看，其优势主要有三个方面：一是文化产业资源丰富，源头活水十分充足；二是经济实力比较雄厚，将为文化产业的发展壮大奠定坚实的物质基础；三是个性特色十分鲜明，"老苏州"、"新苏州"、"洋苏州"三位一体，"老苏州人"、"新苏州人"、"洋苏州人"融合相处，文化产业与其他产业联动发展，外资内资双轮驱动的投资格局、互相配套的发展形态，这一切均为文化产业的发展提供了广阔、畅通、便捷的市场、渠道和网络。

当前，摆在我们面前的一个重要课题是努力做好优势转化文章。其一，把经济强市转化为文化强市发展优势。苏州经济强市的地位，强在制造业，强在开放型经济，强在"园区经济"。依据制造业的优势，进一步拉长文化产业和衍生品的产业链；依据开放型经济的优势，在全球形成策划运营、信息传输、会展交流、出版发行的产业网络；依据"园区经济"的优势，形成文化产业发展专业园区。总之，要依据这些优势，发展苏州的文化产业，形成文化强市的产业优势。其二，把丰富的文化资源转化为产业发展优势。国内一些文化资源相对较少的城市，没有资源借资源，没有文化造文化，走出了一条具有自身特色的文化产业发展路径。相对来说，苏州是一个文化资源的大市，但还不是文化产业的大市，更不是文化产业的强市。资源有了，当务之急是要深度挖掘文化资源的产业价值，努力把它转化为文化产业的发展优势。其三，把分散的资源转化为集聚发展优势。小而多、小而散、小而全，是苏州文化资源结构的一个重要特点。唯有把这些分散的资源集聚起来，才能形成文化产业发展的重点领域，形成文化产业发展的整体优势，最终形成文化产业发展的规模优势。

做好优势转化文章，关键要走出具有"苏州特色"的文化产业发展路子，我们认为，以下几点值得思考。

第一，走互动融合之路。文化产品有两类，一是服务产品，一是实物产品，文化服务产品的无形性是显而易见的，而文化实物产品虽然是有形的，但人们消费的不是它的物质外壳，而是里面的精神内涵。文化产品的这种无形性，使得其具有较强的渗透性，文化产业能和其他产业共生和融合，在发展中起到整合作用和催化剂作用。苏州文化产业的发展应该走互动融合之路：首先要在文化产业的核心层、相关层与外围层实现互动融合发展，核心层主要是文化部、广电总局、新闻出版总署的管理范围，包括新闻、出版、广电和文化艺术等，外围层主要包括网络、娱乐、旅游、广告、会展等新兴文化产业，相关服务层包括提供文化用品、文化设备生产和销售业务的行业，主要指可以负载文化内容的硬件产品制作业和服务业。三个层级的文化产业发展不能截然分开，既要大力发展文化产业的核心层和外围层，也要切实提高文化产业相关服务层产品的文化含量；既要通过相关服务层的发展促进文化产业核心层和外围层的发展水平，也要以核心层和外围层的发展带动相关服务层的产业升级，从而在整体上提升文化产业的水平。其次，要在文化产业与其他产业之间实现互动融合发展，可以说，文化是任何产业发展的灵魂，其他产业都可以成为文化的载体，文化与一切产业的发展都是密切相关的。在苏州的产业发展中，文化应该作为一个考量的媒介，在发展思路、政策措施、基础设施建设、资源开发、招商引资、项目实施、品牌打造、宣传营销等方面，努力打好"文化牌"，以文化为窗口，以文化为纽带，形成"你中有我、我中有你"的生动格局。

第二，走跨越发展之路。追求文化产业的全面发展和繁荣是我们的长期目标，为了实现这一长期目标，可以率先在某一领域、某一行业先行实现突破，在一个范围内实现跨越发展，以此带动全局，各个击破，整体提升，做大做强。比如，文化与旅游贴近度最大，得益于资源禀赋比较优越和区位优势得天独厚，苏州旅游休闲的发展基础比较扎实。现在人们一年中有三分之一的时间在闲暇中度过，休闲旅游的能力正逐步增强，实现苏州旅游休闲产业跨越发展的必要条件已经具备。长三角作为重要的外向型经济发展区域，发展旅游休闲业的高端消费群体正在形成，这部分人群具有明显较高档次的消费和休闲需求，这又为文化消费和旅游消费创造了绝佳的机遇。在旅游中注入文化内涵，不仅可以提升旅游业的档次，也可以激发文化产业与旅游业的互动效应。更为重要的是，旅游休闲业是旅游、度假、娱乐、健身、购物等产业综合体，它不是某几个产业的简单相加，而是一种联动发展格局，旅游休闲业的跨越发展，势必带动一条产业链的蓬勃发展。同样，我们还应重点发展文化会展、动漫影视、出版印刷、广告演艺和传统文化等基础条件好、拉动能力强、潜力空间大的产业，努力走出一条文化产业跨越发展之路。

第三，走精品带动之路。文化产业的发展不能面面俱到，既要在文化产业领域中选择自己的优势产业，也要在每一个产业内部走精品带动的发展之路，形成亮点，打出品牌，一方面能形成效益，另一方面也能带动发展。从某种意义上说，文化品牌是文化产业的无形资产，也是文化产业发展的安身立命之本。美国百老汇音乐剧《悲惨世界》，曾连续 16 年常演不衰，巡回演出 34 个国家，累计收入 18 亿美元。2001 年，上海 APEC 会议期间，一组以《世纪玫瑰图》和《大唐贵妃图》为代表的"国粹油画"在出席会议的世界各国政要及国内外媒体中引起轰动，这就是上海宽视公司独具慧眼，在短短 3 年中将一个名不见经传的作品精心打造成为一个响当当的品牌，使得作品的价格不断抬升，成为"APEC 名画"。值得注意的是，在国内，具有品牌形象、规模效应、广泛影响力的苏州文化精品力作不是很多，我们乐此不疲推介宣传的主要还是古城、古镇、古典园林和太湖以及昆曲、评弹，知名的现代文化产品更是少而又少。仅以文化娱乐产品而言，还缺乏像桂林《印象·刘三姐》、昆明《云南映象》、西安《大唐歌舞》等这样具有吸引力的、能够常演不衰的歌舞表演。所以苏州要发展文化产业，就有必要开阔视野，拓宽思路，在文化产业的各个领域中都打造出一两个具有知名度高、影响力大、社会和经济效益双丰收的文化精品来。

第四，走市场主导之路。从国内外发展文化产业的经验来看，社会资本是推动文化产业发展最具活力的动力源，文化产品要形成品牌和优势，乃至做大做强，就必须走市场化之路。但是，苏州的文化产业尚处于发展起步阶段，要防止两种倾向：一是甩手抛向市场，放任自流；一是紧紧捏在手中，越俎代庖。要采取多种措施，鼓励社会资本的介入，不断完善文化产业的产业结构，切实增强文化企业的规模与活力，丰富文化产品类型和实现文化产品的多元化，积极引导多元化的文化消费，激活文化市场供求关系。近年来，浙江、云南等地大力倡导文化产业市场化之路，取得了积极的进展。浙江着力营造良好的社会环境，使社会资本在文化教育产业投资领域充分涌流，民间投资已开始在部分产业类别中充当主导力量；云南也通过社会资本增强文化产业发展活力，从 2003 年到今年 8 月间，共签约了 283 个文化产业项目，协议投资额近 500 亿元，实际到位 87.85 亿元，其中 70% 以上为社会资本投入，他们的这一做法值得我们学习和借鉴。还需指出的是，在推动文化产业走市场化道路的同时，还应正确解决公共文化服务社会化的问题，确立文化事业中经营性部分的市场主体地位，这既有利于提升公共文化服务体系的整体水平，也有利于发展文化产业。

第五，走特色创新之路。特色是文化产业的制胜之宝，创新是文化产业的发展之魂。美国文化产业走的就是一条特色创新之路，电影《泰坦尼克号》本来是一个人尽皆知的海难，然而通过艺术家的艺术加工和创新，这一悲剧就被演绎为一场催人泪下的凄美爱情，不但给观众带来了美的享受，而且赚得了 18 亿美元，还间接地从附加产品中收入了 53 亿美元。我们感到，苏州文化产业走特色创新之路，需要注意和解决好这样两个问题：一是特色不能固守，苏州的优势在特色，但特色也是需要不断创新的，今天的特色到了明天不一定就是特色，只有不断地创新才能形成并保持自己的特色。二是特色不能太特，因为特色也有两面性：一方面，特色体现了个性差异，能吸引人们的眼球；另一方面，特色太特，必然弱化其余，也有可能令人们一下子难以接受。所以，如何掌握好这一辩证法，既要讲有特色，又要强调无特色；既有一般化的特征，又有个性化的特点；既能以差别化吸引人，又能让人愉快地接受；既要常变，不失新鲜感，又要不变，保持苏州的本质风格，这是我们走特色创新之路必须解决好的一个课题。比如，文化旅游如何根据特色来创新就是一篇大文章，苏州既有优秀的传统文化，又不失现代科技文明，要将现代时尚元素融入到传统旅游项目中去，把传统文化因子渗透到现代旅游产品里来，真正创新出"古韵今风"这一苏州的特色来。

下篇：求真务实　加快推进

苏州应该成为文化产业大市，苏州也有条件能够成为文化产业大市，其关键是形成统一的思想认识，落实强而有力的措施，营造良好的发展环境，确保文化产业的发展战略顺利推进。为此，我们提出以下几条具体的建议。

一、提高认识，更新观念，为做大做强苏州文化产业开路。从调研的情况看，大家对加快发展文化产业已经有了一个基本的认识，但在应该把文化产业摆在什么位置，在实践中应该如何把握等问题上，尚须进一步统一思想。我们认为，发展苏州文化产业应确立大战略、大产业、大文化的观念。

1. 大战略的观念。当今世界经济社会已进入经济文化化、文化经济化、文化经济一体化的新阶段，文化产业已成为解放和发展文化生产力、提高一个国家和地区文化软实力的重要途径，文化产业具有知识与资本密集、技术含量大、附加值高等特点，文化资源又是一种"轻资源"，因而成为都市型产业发展的重要方向之一，这些新的文化发展观深入人心，使无处不在、无所不包的"文化力"为越来越多的人所接受和认同。所以，我们要把发展文化产业作为大战略来认识，以此推进苏州市"四大行动计划"的贯彻落实，从而为优化苏州的经济结构和产业结构，形成良好的城市环境和较高的城市品位，增强全社会的凝聚力和创造力，提供强大的思想基础、精神动力和人文环境。

2. 大产业的观念。文化是推动经济发展、社会进步的巨大动力，文化能够转化为产品、转化为商品，能够创造物质财富；对于部分物质产品而言，其文化含量所发挥的作用甚至远远超过了其科技含量所发挥的作用；文化产业通过经济属性和产业属性强化了其在政治属性和意识形态属性所发挥的作用。因而，文化产业是国民经济与社会发展的不可或缺的重要组成部分。在发达的欧美国家，文化产业已经成为其重要的支柱产业，美国 2001 年的非营利性文化艺术产业拉动经济效益达 369 亿美元，为社会提供了 130 万个就业机会，美国 400 家最富有的公司中，有 72 家是文化企业；英国 2002 年文化产业创造的产值近 800 亿英磅，成为外贸出口最重要的产业。在我国，深圳、杭州、无锡、西安、昆明等城市竞相提出把文化产业作为支柱产业加以规划、发展，这更加凸显了苏州发展文化产业的必要性和紧迫性，我们必须在产业发展中切实把文化产业的关键地位突出出来，在社会上形成努力把文化产业发展成为苏州支柱产业的共识。

3. 大文化的观念。文化是文化事业和文化产业的统一，是意识形态属性与商品属性的统一，是社会效益与经济效益的统一。文化产业中的"文化"决不仅限于某个、某几个行业或领域，而是多个行业共同组成、相互融合的整体，在一定程度上，可以说是一个包括软件开发业、信息咨询业、创意设计业、教育培训业、体育竞技业、报刊出版业、影视娱乐业、旅游餐饮业、服饰与建筑环保业等诸多行业的名副其实的"大文化"。文化是苏州最本质的属性和最大的优势，是否确立大文化的观念，对于苏州是否能够做强做大文化产业尤为重要。

二、整合资源，集聚发展，加快建设文化产业发展载体。苏州文化产业的发展，最大的优势是资源众多，但最大的"毛病"也是资源众多，整合资源、集聚发展是做大做强苏州文化产业的根本出路。整合资源、集聚发展说到底就是要打破由于部门垄断、条块分割、区域封闭运行而自成体系的格局。当前，我们认为有必要先立足现有的基础和发展趋势，加快构建一批文化产业的发展载体，切实解决好资源分散这一突出问题

1. 精心打造一批文化与相关产业发展的集聚区。近年来，上海通过培育文化创意产业集群，使得文化产业以高于上海经济平均增幅的速度高速发展，据上海经委最新统计，目前上海已初步形成了 18 个各具特色的创意产业集聚区，已入驻了近 30 个国家和地区的 400 余家创意企业。对此，

我市也可以借鉴。比如，依托古城风貌、世界文化遗产、历史街区、名街名店和各类文化设施，集中展示吴文化精粹与现代文化时尚的交流和融合，紧密结合商业繁荣与旅游消费，打造出古城文商旅联动发展的集聚区；比如，依托沧浪新城和吴中城区，打造由吴中科技创业园、吴中动漫基地、沧浪新城科技创业区、石湖国际教育园等组成的科教文化服务业集聚区，带动科技研发、教育、文化服务、旅游等全面发展；再比如，依托沿太湖岸区和岛屿，充分利用太湖湖光山色的自然生态资源和古镇、古村落等历史文化遗存优势，打造由太湖国家旅游度假区和东山、渡村、浦庄、胥口、光福、西山、东渚等镇组成的沿太湖文化体育休闲旅游集聚区。

2. 努力形成一批文化产业园区和文化产业基地。在继续建设好胥口文化（美术）产业示范基地、苏州工业园区国家动漫产业基地、镇湖苏绣文化产业基地的基础上，要再形成若干产业园区、产业基地、专业市场等载体。比如，依托"太湖论坛"文化品牌，努力构建一个国际性、高层次、品牌化的文化交流、展示、推介、营销平台；依托渭塘珍珠产业和苏州珍珠宝石首饰行业等现有产业，以龙头企业集聚带动千家万户的养殖、加工、开发、旅游、商贸、文化等相关行业配套互动，形成珍珠宝石首饰产业基地；以"桃花坞"为品牌，积极扶持和规划建设以保护、传承苏州传统工艺技艺和销售、展示苏州传统工艺美术品为主要目的的桃花坞传统工艺坊，实施"名师"、"名园"、"名品"计划，推动工艺美术业向规模化、产业化、品牌化方向发展。

3. 重点支持一批文化产业项目建设。文化产业项目化是苏州发展文化产业的一个重要抓手，"十一五"期间，我们可排出一批文化产业重点项目，予以重点推进。比如，规划建设香山工坊，加强对香山古建营造技艺的研究、展示、发展和应用；又如，通过加快苏州科技文化艺术中心和苏州市演出中心等大型文化演艺设施的建设，精心策划打造出全面展示苏州历史文化底蕴、人文风情和自然风光的娱乐表演项目，带动苏州演艺及相关产业发展；再比如，充分整合、深度发掘苏州丰厚的历史文化和自然生态资源，开发打造山塘、平江、沧浪历史街区文化游，相城"荷塘月色"文化湿地公园，吴中碧螺春茶文化基地等大型景区项目，形成一批文化休闲新亮点。

三、区别对待，分类指导，形成文化产业发展的梯度结构。"十一五"期间，国家明确提出发展九大类文化产业，同时促进六大类相关文化产业发展。对苏州来说，我们要坚持区别对待、分类指导的方针，努力形成比较清晰的文化产业发展梯度结构。

1. 对已经形成一定基础和规模的产业，要尽快做强，打出品牌。比较突出的一是印刷业，一是文化会展业。苏州印刷业近年来产业规模迅速扩大，经济总量不断增长，产业体系已基本形成，技术水准也不断提升，已经具备了打出品牌、尽快做强的基础，下一步的发展应依托苏州国家级和省级开发区，整合中小印刷企业，开辟出技术含量高、产业链配套的印刷业专门园区，使之形成区域规模，打造品牌特色，形成集群发展效应，提升苏州印刷业的技术水平和整体竞争力。我市文化会展业发展势头较好，建造了苏州国际博览中心等一流的场馆设施，电博会的辐射效应和带动功能已经形成，还精心打造了一批包括中国国际中小企业交易会等在内的具有苏州资源特色的展会，奠定了坚实的发展基础，但在打出品牌、做优做强方面与国内一些城市相比差距不小。现在，深圳已出现了高交会、文博会、珠宝会、家具展、光博会、服交会、钟表展等十余个知名品牌大展，品牌展会面积达 100 万平方米；上海国际会展几乎天天有，去年 5 万平方米以上的国际展 15 个，今年的国际家具展、华交会、工博会和建筑博览会均超过 10 万平方米，其中家具展面积更高达 20 万平方米。我们感到，苏州发展会展业与上海、深圳等地不能简单类比，但在打造品牌展会方面，苏州应学习借鉴上海、深圳等地的经验，进一步做强我市会展经济。

2. 对还没有形成优势但具有较强发展潜力和前景的产业，要延伸产业链，力争做大，努力形成规模优势。比如，动漫产业是以卡通动画、网络游戏、手机游戏、多媒体产品等为主要生产内容的产业，涵盖了艺术、科技、传媒、出版、商业等多种行业，其市场可分为三个层次：第一是动漫片的播出市场；第二是动漫图书和音像制品市场；第三是动漫形象所衍生的产品市场。动漫产业的主要收入来源不在第一、第二市场，而在第三市场，长沙三辰卡通集团创作开发第三市场最为成功，在蓝猫获取了知名度的同时，该集团在两年内拓展研发音像、图书、服装、玩具等16个行业的系列衍生产品6600多种，把卡通产品的生产、发行、销售紧密地结合在一起。当前，苏州动漫产业应该"瞻前顾后"，即在立足原创的同时，激励企业优势互补，形成动漫产业同盟，拉长产业链，努力开发第二特别是第三市场的巨大空间。还比如，苏州影视业发展虽然实现了零的突破，但作为影视拍摄基地的优势还没有发挥出来，据不完全统计，每年有上百部各种题材的影视摄制组来苏州取景，如果加强各摄制地的横向联合，构筑一条集影视投资办公中心、影视交易展览中心、高科技后期制作中心、影视后期产品开发生产线、高科技影视娱乐中心、影视艺术与科技学院等的产业链，就可将苏州建设成为集历史题材、现代题材和高科技题材的影视拍摄城，从而把苏州作为影视拍摄基地的优势发挥得淋漓尽致。

3. 对现在还比较弱小，但拥有面广量大的资源，或具有地方特色的产业，要加快培育，发展一批"专、精、特、新"的中小文化企业。上世纪八九十年代，苏州工艺行业一度创造出近9亿元的产值，出口换汇曾排全国同行业首位，而今这种辉煌虽然不再，但工艺美术业依然拥有面广量大的资源。近年来，我市工艺美术行业的发展也出现了一批技艺领军人物，推出了一批较有知名度的精品力作，出现了一批具有一定规模的生产地、集散地。要加强对民间艺人及相关行业的组织、协调，指导其生产和开发，逐步重振我市工艺美术业的辉煌。古吴轩出版社是我市不可多得的一个文化品牌，虽然在出版界的核心竞争力比较弱，整体盈利水平也比较低，但

2005年全年出版图书110余号200多种，实现了建社以来首次销售超过千万元的新跨越，要十分珍惜和充分利用这一品牌。我们感到，一方面要提升图书出版主业的整体水平，另一方面也要拓展出版增值服务和书画经营等相关业务的利润空间，有效提升全国市场特别是江浙沪等重点区域市场的销售量，走出一条"小而特、小而优"的发展之路。同样，昆曲、评弹、滑稽戏等演艺业也是富有地方特色的文化产业，应该加快培育，多生产人民群众喜闻乐见、市场适销对路、形式丰富多彩、内容健康向上的优秀文化产品，赢得社会效益与经济效益双丰收，并在市场经济的大潮中强筋健骨，成为真正的市场竞争主体。

四、着力培育，大力引进，为发展文化产业提供人才支撑。人才是文化产业发展的基础和关键。做强做大文化产业，不仅需要善于投资经营的企业家，需要精于产品原创设计的专业文化人才，还需要勤于沟通、代理、推介的经纪人队伍，三支队伍紧密联系，缺一不可。苏州不乏大的成功的企业家，民营企业数量突破十万家，居全国大中城市第五位，但缺乏文化产业企业家；苏州也有在全国具有一定知名度的文化专业人才，在国内外展演活动中崭露头角，但留不住高层次的人才；苏州的中介公司规模较少，档次较低。文化产业的人才既靠着力培育，又要大力引进，其重点是文化企业家、文化产品原创人才和文化产业经纪人。

1. 培育和引进投资文化产业的企业家。我们了解到，近年浙江省文化产业发展风生水起，主要得益于民营文化产业异军突起，目前共有民营文化企业4万余家，投资总规模达230亿以上，一大批有知识、有智慧、有远见的浙商看到了文化产业的美好远景，转向或加大投资文化产业。比如，横店集团的"掌门人"徐文荣从2003年起先后投资30多亿新建影视城；广厦集团"掌门人"楼忠福2004年底参股49%进入浙江广电集团；宋城集团"掌门人"黄巧灵2005年投资6000万，为宋城打造大型歌舞《宋城千古情》；中南集团"掌门人"吴建荣2003年投资35亿建造卡通动漫城；

浙江鸿翔建设集团"掌门人"姚岳良 2005 年争到海宁市体育馆 8 年经营管理租赁权，实现了民企体育的零突破……我们除大力引进上规模的外地文化企业外，更应该引导和鼓励我市企业家充分认识到文化产业的战略机遇期和黄金发展期，引导他们从开发其他项目积极转向建设文化项目，从制造其他产品积极转向生产文化产品，从投资其他产业积极转向发展文化产业，努力形成一批文化企业领军人物，形成一批文化企业集团。

2. 培育和引进文化产品原创人才。每一件文化产品生产，都是文化生产者创意灵感的激情挥洒；每一次文化产品消费，都是文化消费者体验文化的认知碰撞。正是这一规律，决定了文化产品原创专业人才的基础性和重要性。云南文化产业发展能取得较好的成绩，与高度重视和发挥文化人的作用息息相关，云南把 2006 年确定为"人才推出年"，推出了包括《云南印象》的杨丽萍、纳西古乐的宣科等在内的文化人才，并通过他们把云南的文化资源优势转化为文化产业发展优势，转化为文化生产力。反观我市，"文人不言商、君子不言利"等传统文化观念虽然没有了市场，但文化人如何走进市场、推销自己及产品还是一个问题，"等靠要"的思维定势依然存在，必须引导文化人克服这些制约文化产业发展的思想障碍，努力结合新的实践和时代要求，树立起文化的市场意识、竞争意识，促进文化消费观念、文化生产经营观念、文化产业管理观念的形成，坚持文化的市场化运作。尤为重要的是，文化产品生产要以满足消费者为中心，更多地考虑消费者多层次、多方面、多类型的文化需求，要"大众化"而不要单纯追求"大奖化"，多生产人民群众喜闻乐见、市场适销对路、形式丰富多彩、内容健康向上的优秀文化产品，既赢得社会效益，又获得经济效益，推动文化产业做大做强。

3. 培育和引进文化产业经纪人队伍。建立文化中介组织，培养发展经纪人队伍，是苏州文化产业发展的当务之急。传统的文化艺术消费往往是直接的面对面交流，不需要像艺术中介机构、文化传播、经纪人、制作人、策划人等这样的中间环节，今天这种情形发生了根本性的变化，文化艺术的中介机构占据了文化服务中最大的比重和市场运转中最重要的地位。从某种意义上讲，经纪人、传媒中介人、制作人、书商、文化公司经理的地位和作用超过创作和生产，这是因为他们处在精英知识分子和大众之间，他们对文化艺术家熟悉，又有很强的操作能力，能用市场的方式把文化艺术推向大众。我们感到，文化成为产业的重要标志是产业链的形成与中介环节的急剧扩张，我市文化产业没有做大做强的一个重要原因就是没有发达的中介组织。比如在旅游纪念品设计生产行业，一边是制造企业毫无创意地生产出大而无当的纪念品，一边是设计师的创意作品缺乏知音只能纸上谈兵；一边是经营者所考虑的成本销售利润，一边是设计者所追求的艺术与技术完美统一；一边是企业家注重市场套现，一边是创意者作品的超前，两者在理解上存在着巨大的鸿沟。创意作品与市场商品种种不同的特性，决定了他们中间必须有一个促进沟通、分担风险的中间人。因而，我们在大力培育本地中间机构的同时，还必须积极与国内外一流的中介组织开展相关合作，使苏州文化项目和文化产品推向全国，走向世界。

五、解除制约，积极扶持，营造文化产业发展的良好环境。文化产业是一个特殊的产业，具有功能的娱乐性、作用的意识形态性、产品的无形性、内容的创新性、价值的特殊性、发展的附属性。就其附属性来说，文化产业的发展不仅依赖较高的经济、科技、人文社会学科的发展水平，还较其他产业更依赖于制度环境和政府政策情况，政策环境扶持和鼓励则文化产业能迅速发展，反之，则难以快速发展，特别是在文化产业处于发展壮大的阶段，则更加需要一个良好的产业发展环境。

1. 加快体制创新步伐。目前有一种现象是，主管文化的不熟悉产业运作，主管产业的不熟悉文化生产规律。为了解决这个问题，一些城市已经开始了探索，设立文化产业管理机构，但做法不一。据了解，深圳市今年成立了文化产业办公室，作为市政府主管文化产业职能部门，主要职能是贯彻执行国家、省、市文化产业发展的法律、法规和方针、政策；参与拟定文化产业发展规划并组织实施，大力推进文化产业发展各项工作；加强对全市文化产业的指导、协调和服务，包括制定、执行文化产业政策，管理文化产业基地，推进文化产业重大项目，管理文化产业发展专项资金、协调建设文化产品的交易、信息平台等，为文化产业发展创造良好的社会环境；建立完善与企业对话沟通制度，提供高效优质服务。深圳的做法值得我们借鉴。我们感到，当前，一方面要加强经济管理综合部门与文化主管部门的沟通、磋商和协调；另一方面应着手加强研究，努力进行体制创新，解除约束，促进文化产业做大做强。

2. 加强政策扶持力度。放眼世界，无论是占起步之先的欧美文化产业，还是后来居上的日韩动漫产业，都离不开政府的中长期战略部署和操作上的实质性支持。在英国，10万英镑以下的创意产业贷款全部由政府补贴利息，好的设计项目也由政府全部埋单进行中期研发与后期推广；在美国，政府充分利用城市税收上的优惠留住有实力的文化公司；在韩国，政府出资设立文化振兴院，从产业孵化、内容开发和产业振兴三个方面协助将创意文化内容衍生为文化产品。注目国内，很多城市也相继出台了有效的推进政策和扶持措施。我们感到，在这方面我市也要制订完善文化产业发展的一系列政策措施，切实强化宏观调控功能。比如，制订完善产业组织政策，规范文化产业单位的组织形式，形成科学的法人治理结构和经营管理制度；制订完善产业结构政策，有利于市场机制发挥基础作用；制订完善投资融资政策，整合和放宽各种社会资金投放文化产业；制订完善财政税收政策，增加用于扶持文化产业发展的政策性专项投入；制订完善分配及激励政策，形成有利于促进和有效利用人力资本的激励和约束机制；制订完善文化资源保护开发和利用政策，打破对文化资源的不合理垄断；还要制订完善人才培养和使用政策，建立规范的人才有偿转让和自由流动机制，等等。我们在调研中发现，通过差别税率政策促进文化产业快速发展，也是非常必要的，我市刺绣行业一直属于工业系统，交 17% 的增值税，但刺绣产品是手工艺术，如果是文化服务类项目，则只征收 5.35% 的营业税，此问题尽管已反映多年，但一直未能解决。

3. 积极引导文化消费。广阔的文化消费市场将为文化产业的发展提供巨大空间，我们在积极拓展国内外市场的同时，也应该刺激区域市场的进一步做大。在物质消费基本满足之后，文化产业消费将逐步成为消费增长的主要动因，精神享乐、休闲消费将开始成为新的消费热点，文化消费也将成为扩大内需的重要手段之一。去年，我市居民文教娱乐服务支出占总支出的 15.4%，与国内同类城市相比没有优势，与发达国家 30% 以上的比重差距很大。当前，应积极引导群众进行文化产业领域的消费：一要努力改变文化产业提供的是福利性服务、非商品性服务的传统观念；二要积极扶持和发展村镇文化、社区文化、校园文化、家庭文化，举办各类文化活动，增强市民群众参与文化活动的意识，激发其文化消费热情，最大限度地引导、鼓励市民进行文化消费。今年举办的首届"食在苏州"美食文化节，仅 10 天的小吃展就吸引了 45 万人次，营业额约 446 万元，就是一个比较成功的例子。

4. 开展文化产业统计。2004 年我国发布《文化及相关产业指标体系框架》及标准，对文化产业进行了比较科学的界定，虽然有人指出其尚有不完善的地方，需要作些调整和补充，比如，缺少了动漫游戏产业，涉及了一些制造业的范围。但这种分类有助于我们在完善文化产业构思体系和文化产业选择中避免不适当地无限扩大其范围，也有助于我们进行适当的区域比较，从而有助于我们科学地规划和发展、评估和统计文化产业。目前，这一文化产业统计办法已经在国务院各部门以及各省区市的统计机构投入使用，开始为人们所接受，文化产业较为发达的上海、天津、深圳、成都、长沙等地依据这一文件，已经进行研究、统计，并发布了相关信息，甚至文化产业并不发达的宜春等中小城市也开展了相关的统计和研究工作。对此，我市可加强对文化事业和文化产业统计工作的研究，充分发挥文化统计工作在政府决策和公共服务中的信息、咨询、监督作用，进一步指导、规范、促进我市文化产业健康、持续、快速发展。

（合作者：王冬爱、蒋忠友，本文获江苏省党委调研系统 2006—2007年调研成果一等奖。）

文
化
篇

世界文化遗产保护的"苏州特色"

——苏州古典园林保护十年回顾与展望

与文字为伴

简述：珍惜与爱护历史岁月中积淀下来的优秀文化成果，始终是苏州人长久以来的自觉行为，苏州对古典园林的保护一直在进行。如果说过去的保护是传统的、封闭的和单独的，那么，成为世界遗产后，保护行为便是全新的、开放的和共同的。1.遗产和遗产保护意识深入人心；2.古典园林的完整建筑形态与丰富文化内涵得到全面体现；3.物质文化遗产保护与非物质文化遗产保护相映生辉；4.城市文化建设获得了新动力和新资源；5.苏州的核心竞争力变得更加鲜明突出。

五大特色展现遗产保护的苏州之路：一是专业保护之路；二是科学保护之路；三是开放保护之路；四是永续保护之路；五是社会化保护之路。

实现更高水平的保护需要处理好六大关系：一是遗产保护与经济发展的关系；二是典型例证与群体基础的关系；三是物质遗产与非物质遗产的关系；四是遵循传统与推陈出新的关系；五是保护遗产与传承人才的关系；六是调动民间资源与强化政府主导作用的关系。

1997年12月和2000年11月，作为苏州古典园林的典型例证，拙政园、留园、网师园、环秀山庄及沧浪亭、狮子林、艺圃、耦园、退思园分别被联合国教科文组织列入《世界遗产名录》，苏州由此成为世界文化遗产的所在地和拥有者，长久深藏于苏州古城的古典园林终成为全人类共享的珍贵文化财富。

成为世界文化遗产地以来的 10 年，正是苏州经济社会发展迅速、城市化建设快速推进的 10 年，同时也是古典园林保护在更高层次上展开并取得明显成就的 10 年。苏州是如何履行文化遗产保护职责的？遗产保护给古典园林及苏州带来了什么？文化遗产如何更好地得到保护并传承下去？等等。这些问题是我们一直关心的，也是我们进行这一专题调研的主要缘由。

遗产保护营造出苏州文化建设的新景观

"从历史、艺术或科学角度看，具有突出的普遍价值"，这是世界文化遗产被公认的内涵特征。苏州古典园林成为世界遗产，既是国际社会对苏州悠久历史传统和文化名城地位的认可与尊重，也是苏州文化创造与保护的持久努力，以及所获成就得到的肯定与褒奖，更重要的是，苏州由此承担起了"保证、保护、保存和展出"这份珍贵人类文化财富的重大责任。

需要指出的是，珍惜与爱护历史岁月中积淀下来的优秀文化成果，始终是苏州人长久以来的自觉行为，苏州对古典园林的保护一直在进行。如果说过去的保护是传统的、封闭的和单独的话，那么，成为世界遗产后，保护行为便是全新的、开放的和共同的。

早在上世纪 50 年代初，苏州有关方面就着手对古典园林进行清理、恢复、保护、整治，从而奠定了良好的遗产保护基础。进入改革开放的新时期后，古典园林得到了进一步的精心呵护，保护工作也进入了更为成熟与理性的新阶段。在被列入《世界遗产名录》后，古典园林保护的理念与实践又进入了全新的境界，原真性得到了全面体现，古典园林丰富的文化内涵与价值得到了充分的升华与展示，遗产保护成效明显。对于苏州古典园林保护工作的成绩，包括世界遗产中心和世界遗产委员会以及国家文物局和建设部在内的国际国内权威组织和专家，都给予了高度评价。国家文物局专家组于 2007 年 12 月 22 日在对苏州古典园林作遗产保护情况的调查时认为："苏州古典园林管理一流，一直走在全国世界遗产保护的前列，是中国世界遗产保护的一个典范。"联合国教科文组织总干事、顾问爱川纪子今年 5 月初访问苏州并参观古典园林后，也对苏州的遗产保护工作大加赞赏，她认为："苏州古典园林是世界遗产中有形遗产与无形遗产的完美结合。"

苏州对世界遗产的大力恢复、系统保护及全面整治不仅惠及古典园林，使古典园林的整体状况得到明显改善，而且对苏州市民的观念意识、苏州的城市建设、文化生活以及经济社会发展产生了的积极影响。

一、遗产和遗产保护意识深入人心

数百年的朝夕相处与耳濡目染，使苏州人对古典园林怀着难以割舍的深厚感情，苏州古典园林还以"甲天下"的美名博得了海内外的广泛赞誉与仰慕。然而，尽管如此，对于大多数苏州人来说，10 年前的古典园林还只是具有苏州地方特色的精美建筑文化，或者是苏州悠久历史传统的体现。苏州古典园林的申遗成功，使原本从未听说或者非常陌生的遗产概念和遗产意识，逐渐为人们所了解、接受、熟识。在人们心目中，古典园林已不仅代表着苏州独特的文化创造，而且还是属于整个人类、具有普世价值的精神文化财富，它不仅仅是可供人欣赏游览的建筑精品，而且还是贮存着丰富内涵和价值、能够永恒流传的人文印记。进而，人们对园林的喜爱也不再仅仅源于传统、发自内心，而且还上升到了自觉和理性的高度，将世界遗产完整地保护好并永久传继后世，成为了全社会的共同期愿。10 年来，市委、市政府不仅高度重视"申遗"工作，而且把遗产保护作为历史责任，始终不渝地抓在手上，并将它作为延续苏州悠久历史与传统文脉、凝聚和弘扬苏州人文精神、提升和优化苏州核心竞争力的战略契机，从最高决策层到具体工作人员，从职能部门到相关单位，全市上下凝心聚力、全力以赴。与此同时，遗产意识和对古典园林的新认识开始在苏州民众中进一步传播与升温。比如，《苏州园林》杂志、《苏州日报》"园林"专刊、"中国世界遗产网"等遗产宣传普及媒介应运而生，以《苏园六记》为代表的一批古典园林出版物受到人们的热情追捧，"我心中的世界遗产"画信活动从 2004 年起连续在中、小学学生中开展，"我与遗产"征文活动得到了全国 35 个城市上万学生的积极参与和响应，自 2001 年以来连续举办了 6 届的"中国世界遗产国际青少年夏令营"使几百名青少年成为中国的"帕特里莫尼托（世界遗产青年保卫者）"。人们的认识由古典园林到世界遗产的拓展与提升，不仅反映出古典园林的价值地位在人们心中凸显，而且还意味着古典园林的保护得到了更广泛的公众支持与认同，拥有了更厚实的社会基础。

二、古典园林的完整建筑形态与丰富文化内涵得到全面体现

伴随古典园林成为世界遗产，遗产保护的国际理念与经验、先进的保护技术与手段被引入了古典园林的保护实践。苏州在遗产保护过程中，努力贯彻国际遗产保护组织的精神和要求，切实体现完整性和真实性的原则，无论是各类资源的协调，还是保护力量的投入，或是方法手段的使用，都在原有基础上取得了明显的进展。同时，古典园林无论是建筑形态还是文化内涵，都得到了更加全面、真实的恢复与再现。为了完整地展示古典园林的价值，苏州近年来有计划、有步骤、不间断地对目前尚存的古典园林开展了恢复历史原貌的工作。自 1997 年以来，共投资 800 多万元，修复了畅园、五峰园，并对外开放，古典园林的群体效应得到了较好的体现。2007 年 6 月，为了改善使用状况、提高保护水平，政府从企业收回了环秀山庄的管理权，将它直接纳入政府专业部门的统一管理。在对古典园林进行整体性恢复保护的同时，苏州还有重点地开展对列入遗产名录的古典园林的保护。近年来，陆续修复了艺圃的住宅部分、留园西部的"射圃"、

文化篇

网师园花圃内的"露华馆"、拙政园南部的住宅部分，这些园林原有的建筑布局和结构得到了全面整治清理，真实性和完整性得到了进一步恢复。为保护古典园林的整体风貌，苏州还实施了园林周边环境的整治清理工作，对拙政园东面1万多平方米的区域进行综合改造，建成与整体风貌相协调的服务配套区，还完成了留园、沧浪亭、狮子林周边环境的改造。为更全面地体现古典园林丰富深厚的文化内涵，充分展示园林文化的博大精深，保护过程中还非常注重寻找、收集、整理、展示与古典园林相关的文物资料、艺术作品及图片书籍。近年来，有关部门收集了历代书画名家有关古典园林的作品，以及一批古典园林古画和旧影的影印件，包括明代文震孟的书法，清代王学浩的《寒碧庄十二峰图》、王翚的《沧浪亭图》、柳遇的《兰雪堂图》、江苏按察史书《沧浪亭记》拓片等。还专门请苏州的著名篆刻家刻制了文徵明享誉海内外的名画《三十一景图》，镶嵌在拙政园内展出。在沧浪亭内重现林则徐的珍贵遗迹。这些文物大大丰富了古典园林的陈设内容。

三、物质文化遗产保护与非物质文化遗产保护相映生辉

作为有形的物质文化遗产的古典园林，同时也是无形的苏州传统技艺和文化的承载者，而且，于古典园林之外，还有大量无形的苏州传统文化。因而，古典园林成为世界遗产这一物质文化遗产保护的成就，极大地推动了遗产概念向非物质文化领域的扩展，确立了无形的文化同样是珍贵遗产的观念。另一方面，古典园林保护的实施，不仅使苏州有形物质文化创造成果得到了尊重与珍惜，而且，还以同质文化内核为纽带，将社会关注的焦点移向了非物质文化遗产，促进了对非物质文化遗产的整理挖掘与保护继承。在古典园林成为世界遗产后，苏州开始重视并大力实施对非物质文化遗产的挖掘、整理、保护工作。2005年6月，苏州在全国率先公布了市级非物质文化遗产名录，此后，非物质文化遗产保护工作得到系统而持续的开展，并且取得了显著成就。2006年5月，苏州分别有18项和7项

非物质文化遗产进入国务院批准的第一批和第二批国家非物质文化遗产名录，在 2005 年至 2007 年间，又有 29 项和 60 项非物质文化遗产分别进入江苏省及苏州市的非物质文化遗产保护名录。到目前为止，苏州拥有的国家、省、市三级非物质文化遗产已达 124 项，在国家第一批和江苏省第一批非物质文化遗产名录中，苏州的项目数都为第一，而在联合国教科文组织于 2001 年首批宣布的 4 项"人类口述和非物质文化遗产代表作"中，苏州的昆曲和古琴艺术占了其中 2 项。这些非物质文化遗产中，有许多已经与丰富多姿的园林文化融于一体，而如香山帮传统建筑营造技艺、明式家具制作技艺、苏州石雕、苏州装裱技艺等，就始终是园林文化或古典园林本体的组成部分。有形和无形、物质与非物质的文化遗产构成了完整意义上的文化遗产，物质文化遗产的保护为非物质文化遗产的保护创造了有利的条件，也提供了必要的依托，而非物质文化遗产的持续传承又滋养和延续了苏州的精气与文脉，为物质文化遗产保护培植了深厚的土壤，输送了丰富的养料，提供了不可或缺的保障。

四、城市文化建设获得了新动力和新资源

古典园林是苏州城市文化的重要组成部分，也是其标志性形态之一，因而，于城市文化建设而言，古典园林的保护具有双重意义：它以对传统建筑技艺的研究探索和对园林审美艺术的分析阐释为途径，一方面实现了文化内涵在局部的凝聚与提升，另一方面又实现了文化因素在面上的延伸与拓展，从而有效地推动了城市文化建设事业的发展。近年来，随着文化遗产保护意识的扩散，园林文化对整个城市的影响渗透越来越明显。叠山、理水、建筑、花木这四大造园要素被广泛运用于建筑、道路、绿地、桥梁、河道以及街头巷尾、房前屋后，甚至住宅小区、家庭装修陈设等城市建设与景观设计的细枝末节。在古城区内，竹园、蕉丛、湖石、花圃及 50 多处园林小品点缀在主要干道沿线，还涌现了像"弹石间花丛，隔河看漏窗"的道前街、犹如长虹卧波的南门廊桥、古色古香的候车亭和街灯等这样的诱人景观，"全城皆园"的独特景致已经初步显现，整个古城俨然成为一座没有围墙的园林。古城之外，则是长达数十公里、拥有 14 个绿色大景区和 48 个特色景点的环古城风貌带，假山、花木、亭榭、曲径等园林元素散布于其间。古城两翼的工业园区和高新区，在开发建设过程中积极移植、借鉴造园技艺和园林文化。高新区充分利用自然山水的优势，再融入园林建设理念，将古典园林文化扩散、放大，构造出了"真山真水园中城"的整体区域景观。工业园区则运用现代手法诠释园林的古典意境，新起点、高标准、大手笔，将"用古典园林的精巧布局现代经济的版图，用双面刺绣的灵动实现东西方的对接"的思想向规划建设与经济发展领域渗透。在更广阔的区县村镇，遗产和遗产保护意识也在推动和影响着各项文化事业的发展，城市设计与建设，特别是一批古镇古村的挖掘、整治与保护建设，大多从古典园林的保护中汲取启发与借鉴。还需一提的是，古典园林的保护行为还在影响和改变着苏州的住宅开发和居住环境建设，一些对古典园林情有独钟的人士建起了"静思园"、"南石皮记"、"翠园"、"醉石山庄"等一批仿古典私家园林，许多庭院式或仿古典园林式的住宅小区成为住宅市场中的热门项目，还有一些精致的园林建筑在老新村的改造重建中成为居住环境的点睛之笔。浓郁的园林氛围使苏州的地域文化特色变得更加鲜明，也更加独具魅力，而城市整体形态与景观的美化、文化品位的提升，更突出了古典园林不可或缺的地位和无法替代的价值，也为遗产保护创造了更为自然协调的环境。

五、苏州的核心竞争力变得更加鲜明突出

在当今世界的发展进程中，文化与经济社会的相互促进、共同繁荣已是人所共知的常态，文化的作用越来越突出，文化影响力甚至会超越其他因素而成为一国或一地发展的决定性力量。文化的作用除了通过本身转化为经济活动而直接影响经济发展之外，还表现为以环境改造、理念转变、精神重塑等方式影响社会资源的流动与配置。从整体发展的视角看，古典

园林的修复保护及遗产意识的确立，其实就是在弘扬苏州的文化传统，增强苏州的文化实力，扩大苏州的文化影响。苏州的经济和社会发展环境因传统韵味、古典气息、人文精神的增强而变得更为丰富多彩、魅力十足，增强了对国内外包括人才、资金、技术在内的各种资源的吸引力。在苏州开放型经济发展的进程中，古典园林的作用更是重要而又微妙。当年，中新双方领导人先后3次特地选择了网师园内的"小姐楼"作为协商谈判两国合作开发大计的场所，并最终在此为未来的"园区小姐"定下了终身。也许正是眼前的这片迷人画卷让两国领导人增添了信心，预见了古韵今风的美好前景。目前，古典园林本身早已成为苏州旅游业及服务业发展中一支举足轻重的力量，仅古城区作为世界遗产的7个古典园林，每年就吸引350多万名游客，创造近1.5亿元左右的问票收入。近年来，苏州在国际国内获得了多项荣誉或称号，如全球最具发展潜力城市、跨国公司眼中最具投资价值的中国城市、中国魅力城市、中国投资环境金牌城市、中国最佳旅游去处，等等，这些荣誉或称号之中，显然绝对不能排除苏州是世界遗产地这一重要因素。需要特别指出的是，它们既不定型于朝夕之内，也无法靠集中突击或重金投入换回，更非通过模仿而能获取，这是苏州发展的核心竞争力。这样的核心竞争力虽然难以用数据作直观的分析与衡量，但在近年来苏州经济快速发展、国际国内地位和影响不断提升的过程中，其律动的回声显然历历在耳。

五大特色展现遗产保护的苏州之路

数百年前诞生于一座古老城市之中，原本为私人住宅的一部分，这是苏州古典园林与其他世界遗产的最大不同之处，这一特点将古典园林的保护工作置于了特殊的环境之下：一、都为人工制作的产品，以砖木为材质，且敞开于自然环境中，容易因自然因素而受到损坏。二、身处苏州古城区人口交通密集、经济活动频繁的狭小空间内，同时又为对外开放的公共场所，需接待大量旅游参观者。三、所在地为沿海发达城市，而且正经历着各项事业的快速发展，经济快速增长固然为遗产保护提供了更有利的物质条件，但同时也必然对遗产保护带来了一定的负面影响。

遗产保护应该体现世界遗产组织的统一要求，遵循国际间的通行规则，但是，遗产类型的多样性、遗产所在地自然条件的差异、相关国家历史传统与文化背景等的不同，决定了遗产保护同时应适应遗产地的环境特征，体现遗产的独特个性，实现共性与个性融会贯通、一般规律与特殊条件紧密结合，以争取更为理想的保护成效。多年来，苏州的遗产保护工作正是在这一思路的指导下、以"文化苏州"品牌建设为中心而展开的，并且走出了5条遗产保护的苏州之路。

一是专业保护之路。就是政府全面承担世界遗产的保护职责，由政府专业职能部门负责实施具体的管理和保护工作，并在机构设置、人员配备、技术运用等方面建立专业化、系统化的运作模式。

专业保护最突出地表现在组织领导方面。古典园林的修复保护长期以来一直受到市委、市政府的高度重视。早在上世纪50年代初，苏州就设立了园林修复委员会，开始对古典园林进行修复保护，并在条件较为艰苦的情况下，抽调专业人员，拨出专门款项。自此至今，虽然机构名称与行政隶属关系有所变化，但政府设立专职机构对古典园林实施修复保护及进行日常管理的模式始终没有改变。而且，随着古典园林修复保护数量的增加和保护要求的提高，园林管理部门的地位得到提高，力量得到加强，管理权限更加明确，管理方式也愈趋科学规范。在古典园林成功列入《世界遗产名录》之后，苏州进一步健全与加强古典园林保护的组织管理体系，成立了苏州市世界遗产暨古典园林保护工作领导小组，由市政府主要领导和分管市长任正副组长，市政府相关副秘书长和市各有关区及部门负责人为成员，定期与不定期研究保护工作的重大事项，全面统筹和协调各项工作。领导小组在园林管理部门设立办公室，负责日常工作。在承担世界遗产保护职能的园林管理部门内部，设有专门的机构负责古典园林的日常管理和保护工作，还同时建立了两级保护监测网络，全面动态掌握遗产保护情况。一是苏州市世界文化遗产古典园林保护监管中心，负责全市各个遗产单位保护状况的监测工作；二是各个遗产单位的监测站点，负责对自身管理的遗产的监测。为集中力量，使古典园林的维修保护得到充分保证，苏州还对古典园林管理的体制构架进行了管建分离的改革，将设计建设功能划分出来，另外成立了企业化的投资发展集团公司，集团公司拥有全国仅有的3家甲级设计资质单位之一的园林设计院以及拥有最高古建资质和绿化资质的古建公司，还设立了专门面向古典园林维修保护的建设施工部门。在对古典园林的管理和保护过程中，园林管理部门还有选择性地与一批专业作坊或制作工场建立了合作关系，如木雕、砖雕、石雕、碑刻、红木家具、匾额对联等，保证古典园林在局部和细节方面的保护也能够体现较高的质量和水平。专业之路保证了遗产保护指导思想的统一贯彻和工作部署的有效落实，强化了保护工作的稳定性和延续性，既有助于建立权责明晰、分工明确的遗产保护机制，也有利于协调各方力量、组织集中各种资源。

二是科学保护之路。就是在全面深化细化遗产管理保护制度的基础上，积极依靠专家顾问队伍的专业力量，同时注重遗产保护的法规体系建设，做到决策科学、行为规范，确保遗产保护的质量和水平。

古典园林是历史与传统的产物，因而对古典园林的管理与保护长期以来采用的都是传统型和经验型的方法，主要依靠师徒相承、口口相传。在成为世界遗产后，面对国际标准的保护要求和日趋加重的保护压力，苏州更加注重古典园林管理和保护工作的科学性、规范性以及制度化、系统化，特别重视日常管理工作的加强，并逐步建立了多项管理制度和规定。比如，2000年，拙政园在全国园林系统中最早通过了ISO9002质量体系认证，在管理的规范化和科学化方面迈出了重要步伐。2007年5月，对原来实施的《苏州市园林和绿化系统单位管理工作》进行修订，考核体系达8大类54项指标，对各个园林的管理工作进行了系统严格的打分考核。今年又下发了《世界遗产苏州古典园林监测工作管理规则（试行）》，用严格而科学的方法全面监测9个遗产单位保护情况。长期以来，苏州一直有一支古典园林的专家顾问队伍。为了实现科学决策与科学管理，切实体现遗产保护的原则和要求，提高古典园林的保护水平，苏州在充分发挥职能部门200多位专业技术人员作用的基础上，还进一步加强了专家顾问队伍的建设。10年来，这支专家顾问队伍不断进行补充更新，人数最多时达40多人，都为相关领域有所专长的知名专家和学者，专业领域涉及古建筑、文史、文物、传统艺术、室内陈设、植物园艺等，既有国内的专家权威，如罗哲文、郑孝燮、郭旃、刘叙杰、孟兆祯等，也有苏州本地的知名学者与专家，如谢孝思、崔护、张英霖、金学智等。已故的如王西野、陆文夫、费新我、张辛稼、瓦翁等人也曾是顾问。在平时的遗产管理保护工作中，经常请他们出谋划策，提供指导帮助，在实施重要保护工作或工程时，则集中开展咨询活动，通过专家们的广泛讨论，集思广益，确定最佳方案。

为了创造一个严格规范、有章可循的外部环境，苏州还抓紧了遗产保护相关的法规条例建设，自开始申报世界遗产至今，已制定并实施了多部法规条例。遗产申报之初，制定了为成功"申遗"提供法律保障的《苏州园林保护和管理条例》，并于1997年4月1日起施行。"申遗"成功后，又有针对性地制定出台了一系列相关的法规条例，如《苏州市文物保护管理办法》、《苏州市旅游管理条例》、《苏州市古树名木保护管理条例》、《苏州市古建筑保护条例》、《苏州市古建筑抢修保护实施细则》、《苏州市文物古建筑维修工程准则》、《苏州市文物保护单位和控制保护建筑完好率测评办法（试行）》、《苏州市园林保护管理细则（试行）》等，在遗产保护中发挥了重要作用。科学保护之路不仅推动了遗产保护工作与苏州古典园林的本质特征实现全面对接，而且还引导遗产保护工作更加契合于国际要求与规则，从根本上保证了世界遗产得到有效保护。

三是开放保护之路。就是将遗产保护工作置于开放状态之下，一方面注意学习借鉴先进的理念与经验，另一方面主动接受社会公众对保护成果的评价与检验，在与外界的相互交流反馈过程中，不断改进工作，提高水平。

被列入《世界遗产名录》的所有 9 处古典园林都是对外开放的公共场所，而且每年要接待数百万名来自国内外的参观旅游者，因此，不仅遗产的保护工作处于对外开放状态，而且保护成效也必然要接受外界的检验和评价。这对遗产保护来讲既是一种挑战，也是一种动力。苏州在遗产保护过程中主动适应这一状况，并将挑战转化为动力，开辟国际国内多种渠道，借助外界的作用和影响促进遗产保护工作日臻完善。为了解国际遗产保护的最新趋势和情况，学习各国在保护实践中的先进经验，并在比较中形成对自身工作的客观评价，苏州积极开展各种形式的对外学习交流活动，多次承办遗产保护的国际会议，包括由中国风景园林学会主办的第二届"中日韩风景园林学术讨论会"，由中国联合国教科文组织全委会、国家建设部、文物局主办的第一届"中国世界遗产工作会议"等。2004 年，苏州经过努力争取，成功承办了联合国教科文组织第 28 届世界遗产大会。这是我国恢复在联合国教科文组织合法席位后首次承办的有关世界遗产的会议，也是规模最大、会期最长、具有重要影响的教科文组织的一个国际会议。这次会议既是苏州让世界评价检验遗产保护成果的展台，也成为苏州借鉴吸收国际经验指导遗产保护的良机。2007 年底，结合苏州古典园林列入《世界遗产名录》10 周年，苏州与中国教科文组织全委会共同主办了"世界遗产传统建筑保护论坛"，有 100 多名中外专家到会，深入研讨了古建筑的保护问题，取得了理想的成果。今年 5 月，根据中国教科文组织全委会的指示，苏州又与北京大学、同济大学一起创办了"亚太世界遗产培训与研究中心"，并开始筹建和组织研究培训活动，这标志着苏州的世界遗产保护事业在国际合作方面迈出了新步伐。申报世界遗产成功后，苏州还面向国内积极吸收研究成果，引进保护经验，提高世界遗产的管理与保护水平。10 年来，共邀请文物、历史、文化、园林、建筑等方面的专家学者，召开了 10 多次专业研讨会，从世界遗产的角度，对列入《世界遗产名录》的 9 处古典园林的历史、文化、艺术价值进行系统探讨、分析和挖掘，其中的部分内容被整理汇编，成为遗产保护的重要指导和参考资料。1998 年，还举办了"苏州世界文化遗产保护管理培训班"，邀请罗哲文、郑孝燮、王秉洛等国内著名专家给园林管理部门的工作人员授课，并进行实地考察指导。2000 年以来，苏州每年都要举办专题培训和研讨班，为园林管理人员和大、中学生讲授世界遗产知识。为提高公众对古典园林的了解和鉴赏水平，普及遗产保护知识，苏州还建立了国内首家园林博物馆。园林博物馆面积 3000 多平方米，于 2007 年正式开放，展品包括文字、图片、模型、实物等，系统介绍了世界三大园林体系，特别是中国古典园林的历史及园林建筑与文化的相关知识，内容涉及古建筑、家具、书画、建筑工具等。开放保护之路赋予苏州的遗产保护工作以动态修正功能，从而能够在实践中不断学习先进，发现不足，调整方向，明确更高的目标。

四是永续保护之路。就是从确保世界遗产永久保存、永世相传的目标出发，加强古典园林基础信息的收集积累和分析整理，同时按照遗产保护标准对古典园林的状况进行实时动态监测，实现遗产保护的长效管理和全景管理。

园林普查、编制规划和建立监测预警系统，是苏州对世界遗产实施永续保护的主要举措。近年来，从遗产保护的高度出发，苏州加强了对全市所有现存古典园林信息资料的收集整理工作，园林管理部门安排专业人员，对全市的历史园林、园林遗存进行认真全面的调查摸底，对园内的古建筑、家具、字画、碑刻、书条石、古树名木等建立了"四有"档案。为加强档案管理，苏州还按照现代化的标准，建立了国内一流的园林专业档案馆。

2007 年，园林管理部门又进行了第三次园林普查，安排专业人员对全市现存的园林及园林遗存进行了认真全面的调查，从整体上查清了古典园林的园貌现状、保护状况及周边环境情况，为今后的恢复和整治建立了基础。目前正在进行资料的整理。2006 年，苏州在古典园林保护"十一五"规划的基础上，分近、中、长各期确定了未来 10—20 年期间的保护实施计划。近期的主要任务是整治沧浪亭周边地区的建筑环境，同时实施南半园的修复保护。中期计划是实施五峰园的二期修复工程，并进行"苏州古典园林及周边历史街区"的申报工作。在 2010—2020 年的远期，计划修复 10 座古典园林，对尚待修复的古典园林进行抢救性保护，配合古城保护规划，加强古城传统风貌和文化特色研究，启动历史文化保护区的修复工程，建设以名园、史迹为主体的特色历史街区。监测预警系统的建设更能体现苏州对世界遗产实施永续保护的特色。为符合联合国教科文组织加强对遗产的监测预警的要求，实现"世界级园林要有世界级保护管理水平"的目标，从 2004 年开始，园林管理部门在国内率先开发建设了"世界文化遗产苏州古典园林信息动态管理和监测预警系统"。2007 年 11 月，该系统在敦煌召开的中国世界遗产监测工作会议上，得到了国家有关部门的充分肯定。经过一年多的试点，在修改完善的基础上，监测预警系统目前已在拙政园、狮子林、留园、艺圃 4 个遗产地投入使用。古典园林信息动态管理和监测预警系统全方位信息采集、全方位动态记录、全方位监测预警，它的建立，将过去经验型、被动式的保护管理模式引向了标准化、规范化的方向，也使世界遗产保护具备了科学性和预防性。永续保护之路实现了基础工作与最高目标的全面对接、局部工作与整体事务的相互沟通，从而使遗产的真实性和完整性得到永久的体现。

五是社会化保护之路。就是在充分发挥专业职能部门主导作用的前提下，组织协调各类政府资源、鼓励动员各种民间力量参与遗产保护工作，使遗产保护成为全社会的共同目标和一致行动。

世界遗产公约强调遗产所在地要为保护目的竭尽全力，最大限度地利用自身资源，这一要求在苏州则体现为全社会对遗产保护的广泛参与。遗产保护并不局限于园林范围，而是涉及面相当广泛的系统性事务，与许多方面的工作都有关系。在建立以专业管理部门为主导的保护体制的同时，在政府的大力推动下，苏州形成了各个职能部门协作配合、共同参与的保护机制，文物、规划、建设、城管、房管、公安、国土、文化、环保、旅游、供电等相关部门以各种方式参与保护，或向专业管理部门提供支持与配合。随着古典园林成为世界遗产，遗产意识广泛传播，以及政府关注度的加强，政府资源的统筹协作能力和水平得到了进一步的提高，特别是在与古典园林周边环境整治相关的城市建设与城市管理方面，各相关政府部门提供了更强的支持，形成了更大的合力。另一方面，开展宣传教育及各项实践性活动，动员、鼓励、引导社会公众关心、支持和参与保护工作，是苏州最大限度调动遗产保护资源的另一重要途径。2004年6月28日，第28届世界遗产大会在苏州召开，6月28日被确定为苏州的"世界遗产日"，遗产日活动成为全市宣传遗产保护知识、传播遗产保护意识、组织遗产保护活动的重要形式。按照世界遗产委员会所倡导的做法，在青少年中进行遗产知识的宣传教育，开展内容丰富、形式多样的活动，是苏州开展全民保护工作的主要手段，也是苏州全民遗产保护工作最有成效的方面。苏州有关部门协助联合国教科文组织，在国内出版发行了中文版的全球性世界遗产教育读物《中国遗产与年轻人》一书。遗产教育普及到了学校，苏州中学和苏州外国语学校成为全市青少年遗产知识宣传教育活动开展较为普及的两所学校，其中，苏州外国语学校还是江苏省的世界遗产教育基地，该校将《中国遗产与年轻人》正式纳入教育课程，并成立了由20多名学生参加的世界遗产兴趣小组，与留园结对，参与遗产保护。专程前去考察的联合国教科文组织行政助理总干事阿明·克内对该校的活动予以了高度赞扬，并留言："这所一流的学校，充满才智的学生给我留下了极其深刻的印象。"此外，苏州大学也成立了学生志愿者组织，服务遗产保护工作。全民保护之路不仅聚集了更多力量投入遗产保护，而且还营造了遗产保护的良好社会环境，为未来遗产保护工作的奠定了坚实的基础。

实现更高水平保护需要处理好六大关系

文化遗产从根本上讲，是时间在特定空间内的浓缩结晶，而时空变化的永恒规律，使自然力的破坏与损害始终威胁着文化遗产永续传承，以砖木为主要建筑材质的古典园林更容易受到自然的损毁。然而，事实上，人为因素对文化遗产的破坏和损害更为主要，而且情况正显得越来越突出。所以，世界遗产保护的关键还是取决于社会层面，在全社会保护机制健全与完善的情况下，不仅遗产保护的负面影响能够转换为有利和积极的因素，而且自然的破坏因素也能够在最大程度上得到消除。

客观而言，无论对照联合国教科文组织有关遗产保护的原则和规范，还是按照我国有关遗产保护的意见和要求，或者是古典园林的本身特征所决定的理想生存状态，苏州的遗产保护工作仍然存在着一定的不足，在形成健全完善的遗产保护机制方面，苏州仍有继续探索与努力的空间。比如：遗产所在地周边环境的控制还存在欠缺，一些古典园林的实际保护状态还不尽如人意，资金问题使某些重要园林的恢复保护难以尽快实施，旅游业所带来的负面影响还难以消除，等等。这些问题都需要政府及社会各方面的共同努力。

在整个社会环境不断演化变迁、经济持续快速发展以及城市的现代化建设被寄予更大期望的背景下，为尽快形成健全完善的遗产保护机制，苏州应该以保持遗产完整性和真实性为最终目标，努力在更高层次上构建遗产保护与经济社会发展和谐和睦、协调协同的良性互动局面。为此，要努力把握好六大关系。

一、遗产保护与经济发展的关系

遗产与遗产地的历史关系以及世界各国遗产保护的实践都表明，世界遗产的价值虽然主要体现在精神与文化层面，表面看似乎与经济活动不存在直接的关联，甚至还有相互矛盾之处，但实际上，保护遗产与发展经济完全能够相互推动、相互促进，并能在最终目标上达成一致。一方面，遗产保护得越好，精神文化价值越高，越于经济长远成长繁荣有利；另一方面，经济发展的层次越高，就越是需要有包括世界遗产在内的高质量文化资源的辅助，进而获得持久而旺盛的能量与动力。10年来，苏州遗产保护卓有成效的同时经济建设成就显著的事实同样表明，遗产保护是经济向更高水平跃升的有利条件，保护世界遗产，实际上就是在培植、提升苏州的核心竞争力。在谋求科学发展、注重提升发展质量的环境下，保护遗产对于经济发展的意义更加突出。

遗产保护与经济发展两者关系的理想状态，就是要防止出现一方影响、损害另一方，或取代另一方的局面，在协调共处的基础上，实现遗产保护与经济发展的齐长共进。这一目标有赖于多项措施提供保障。首先，旅游开发应合理有序。遗产保护公约鼓励将世界遗产向公众开放，通过开展游览参观活动，达到遗产的共享和遗产保护意识提高的目的，因此，世界遗产在得到严格保护的同时，可以成为旅游资源。但是，不能把世界遗产当作一般的旅游景点，更不能将它视作创收源泉而一味追求经济效益，而必须适当控制游客规模，避免因旅游业过度发展而对遗产造成破坏。其次，开辟多种利用方式。世界遗产具有丰富的文化内涵与价值功能，发展旅游并不是唯一的利用形式，除了参观游览之外，还有多种利用途径，如科学研究、专业教学、产品出口、场所使用、图文出版等。这些利用功能也可以转化为经济的一部分，但更主要的还是通过社会与人文环境的建设转化为对经济发展的推动力量。再次，经济发展要容纳遗产保护。无论在编制全局发展规划、构思发展思路还是在具体实施发展内容时，都应该充分考虑遗产保护的重要性，使遗产保护在其中占有足够重要的地位。最后，经济发展需反哺遗产保护。在经济发展的基础上，将更多的资源投向遗产保护工作，让遗产保护分享经济增长的成果，获得更好的保护条件。

二、典型例证与群体基础的关系

应该指出，苏州作为历史文化名城，文化遗产的保护是全方位的、立体性的。拙政园等9个古典园林是作为苏州古典园林的典型例证而被列入《世界遗产名录》的，这一做法反映了国际间有关遗产保护的一般理念和方法，即通过个别典型例证来反映某一类遗产的特色和全貌。事实上，古典园林作为苏州古城风貌的浓缩和传统文化的精华，只有在少数具有代表性的典型例证与其所代表的群体基础以及产生古典园林的城市环境同时存在的条件下，才能全面完整地体现其价值。没有典型例证的点睛效应，群体基础难以全面彰显其应有价值，整个城市环境也会黯然失色，而失去了群体基础和城市环境的衬托，典型例证也会成为无本之木而显得形孤影只、苍白无力。因此，要实现对古典园林的完整保护，其中的典型例证固然理应是重点关注的对象，但古典园林群体及整个苏州古城同样需要得到关注并纳入保护范围。这样做，不仅古典园林的丰富样式与独特个性能够得到多视角、全方位的展示，其所蕴含的历史信息和文化价值能够更多地得到保留，更重要的是，典型例证的生存环境会变得更加和谐、延续的基础也会变得更加扎实。

要把握好典型例证和群体基础的关系，就是要在现有的基础上，同时推进古典园林的典型例证、古典园林群体、苏州古城的保护。首先，继续加强对列入《世界遗产名录》的9处古典园林的保护自然应是其中的重要之举。为此，除了日常维修维护之外，还需着重解决一些重点难点问题，包括周边环境的整治、园内水质的改善、原有格局和规模的恢复、文化内容的充实、内部家具陈设的整理补充等。其次，在古典园林群体的修复保护方面，相对于以往要投入更多关注和资源。这样的考虑在很大程度上是由一批作为群体基础的古典园林的生存状况所决定的。上世纪50年代时，苏州古典园林的数量达 188 处，此后持续减少，至去年园林普查时，还剩下 45 处，仅为最初时的四分之一。苏州虽然从 50 年代起就设立了专业管理部门负责古典园林的管理和保护，但长久以来，归专业部门管理的园林只是全部园林中的一小部分，目前的这 45 处园林中，只有 12 处为园林管理部门直接管理，其中包括列入《世界遗产名录》的 9 处古典园林。因此，由于体制方面的原因，古典园林中典型例证的保护状况一直较好，而作为群体基础的大部分园林的保护状况不甚理想，而这也正是导致其大量消失的主要原因。因此，对 30 多处群体基础园林必须尽快实施更有效的恢复与保护，要做到这一点，最重要的前提条件是，积极借鉴或移植典型例证园林的保护模式，在管理体制和管理方式方面进行调整，由专业管理部门对它们实施直接管理或按照统一规范实施行业管理。再次，还要加紧落实苏州古城保护的长远计划。2004 年，在苏州召开的第 28 届世界遗产大会建议将苏州古城列入遗产名录，市政府对此建议高度重视，并随后向国家文物局上报了《苏州水乡古城古镇和古典园林（苏州古典园林扩展项目）申报世界文化遗产文本》。苏州古城申报世界文化遗产计划已得到国家文物局的支持，并将列入下一步我国申报遗产的名单，这为古城保护提供了良好的契机和动力。古城保护的各项工作应与古典园林保护及其周边环境整治结合起来，以古典园林周边地区为古城保护的核心区域，在此基础上逐步扩大保护范围，最终形成对古城的全面保护。

三、物质遗产与非物质遗产的关系

古典园林虽然是作为物质遗产而受到保护的，但园林的建筑硬件中同时又蕴含着大量非物质的文化软件，建筑硬件与文化软件两者缺一不可，而这些文化软件很多属于已公布名录的非物质遗产。正因为古典园林实际上是物质与非物质两种遗产的集成者和承载者，所以，为保持古典园林的真实性和完整性，在古典园林的保护过程中，就必须充分尊重和体现这一特性，兼顾物质遗产与非物质遗产、有形建筑与无形文化，通过非物质遗产的保护，增加、提升物质遗产的价值含量，依托物质遗产保护，凝聚、传承和展示非物质遗产，进而实现物质遗产与非物质遗产保护交相呼应、相得益彰的局面。

从实践的角度，同步推进物质遗产与非物质遗产的保护，需要在两个层面上同时努力。首先，无论是对列入《世界遗产名录》的9处古典园林的日常维护保养，还是对其他古典园林的清理与恢复，在努力恢复建筑原样和历史旧貌时，都应该同时将非物质的文化内涵加以填补、充实、展示，从而既更加完整地体现物质遗产保护的根本目标，又为非物质遗产的保护提供基础和保障。其次，由于构成古典园林的非物质遗产并非源于古典园林，也非孤立地存在于园林建筑的有限空间内，而是生长于整个社会的非物质遗产整体在园林建筑范围内的局部体现，所以，保护古典园林中的非物质遗产，还需要跳出园林，加强对全社会的非物质遗产的挖掘、整理、保护工作。在此基础上，应进一步将非物质遗产引入古典园林内部，实现园内园外的互动共进，一方面丰富古典园林的文化含量，另一方面推动全社会非物质遗产的保护。

四、遵循传统与推陈出新的关系

古典园林身兼世界遗产和国家文物两种身份，作为世界遗产，它的保护必须体现《世界遗产公约实施行动指南》所确认的真实性和完整性保护原则，在设计、材料、工艺及技术方面须符合真实的原则，尽可能保持遗产自身关键要素的完整以及与所在环境的完整统一。作为文物建筑，其保护又必须满足"修旧如旧"的原则，保护过程中应以历史资料为依据，采用传统材料，沿用传统技艺和手法，完整保留传统的建筑元素和语言。无疑，遵循传统应作为实施遗产保护的指导思想。事实上，这一指导思想长期以来一直贯穿在苏州对古典园林的保护维修之中，苏州为保持古典园林的原有风貌和古朴韵味，大至全园布局，小至细微装修、地面铺设、一石一木，都采用传统材料和传统技艺手法，即使在有施工效率更高、使用"效果"更好的现代技术和产品可以用于保护工程的情况下也仍然如此。不过，在经济发展和城市建设步伐加快、旅游发展压力加大，同时科学技术，特别是遗产保护领域新型材料和技术手段开发不断有所突破的背景下，在遵循传统实施遗产保护的同时，推陈出新、追求更为理想的保护效果，同样应是苏州遗产保护所应努力的方向。

在遵循传统与推陈出新之间形成和谐融洽的关系，应确立这样几个原则。首先，两者关系是辩证的。一方面，遵循传统，但并非一切拘泥于传统、一切师法于传统，而应在遗产保护过程中适当融入现代方法与技术手段；另一方面，推陈出新，并非脱离传统，而必须以遵循传统为基础与前提。其次，遵循传统与推陈出新各有所侧重。遵循传统应更多地表现为保护技艺和技术的采用方面，更多地体现在对古典园林的外在形态与建筑构件的保护过程中，而推陈出新则更适宜于古典园林的日常管理以及文化内涵收集、整理和展示，从而既体现管理的科学性、规范性及制度化、精细化，又进一步突出古典园林的文化价值。再次，无论是遵循传统还是推陈出新，都需要按照明确详细的规范与程序，有序地加以实施，实现双方之间的融合贯通，特别是推陈出新，更应从追求遗产保护的理想状态和古典园林的本质特性出发，慎重周密地加以实施。

五、保护遗产与传承人才的关系

古典园林主要以古代建筑技术和技艺为基础框架，以丰富多样的传统文化为基本内涵，其修复保护需要有掌握传统技艺与传统文化的专门人才。而从世界遗产的角度看，按照国际标准和要求实施古典园林的保护，又需要具备现代遗产保护理论、保护方法及掌握相关技艺的人才。苏州古典园林之所以源远流长、兴盛不衰，传统文化人才的充沛和专业技艺的发达是其重要的支撑。从某种程度上讲，专门人才和技艺是古典园林保护的核心。近年来，苏州传统型人才队伍逐步老化缩减，传统技艺也随之面临着断档失传的危机。与此同时，因教育培养机制缺乏和流动引进渠道的不畅，新型技术人才不足的问题又始终存在，难以满足遗产保护的需要。遗产保护与人才缺乏的矛盾表明，开发培养人才、承袭延续技艺，事关古典园林保护的大局，已是当务之急，刻不容缓。

世界遗产的保护必须与专业人才的传承培养紧密结合起来，并形成相互支持和互为保障的关系，在遗产保护的实践中培养锻炼人才，通过人才的传承培养和人才队伍的扩充壮大提高保护的水平。为此，应在多方面采取措施。一是恢复古典园林的研究机构。专门研究机构在为遗产保护提供研究和技术支持的同时，还可以成为专门人才的集聚和培养基地，实现可持续保护。二是开展教育与培训。面向现有的专业管理和保护人员，普及、提高相关知识和技术，并从中发现培养人才。三是与大专院校合作。通过设立相关专业，进行科学系统的专业教育，扩大人才队伍，开发积累技术。四是外部引进。扩大寻觅人才的范围，扩充聚集人才的渠道，在充分挖掘苏州专业人才资源的基础上实施外地人才的引进和聘用，甚至通过国际合作利用国外的人才优势。五是开发利用民间资源。苏州民间长久以来一直拥有较为丰厚的传统型人才和技艺资源，如香山帮建筑营造、红木家具制作、刺绣、装裱、雕刻，等等，通过加强与民间的合作，使这些人才和技艺积极为遗产保护所用。还应发挥园林管理部门离退休人员的作用，使他们长期积累的知识经验成为遗产保护的重要财富。六是积极开发"亚太世界遗产培训与研究中心"世界遗产修复培训和研究的功能。吸取世界各国在遗产保护方面的知识和技术，为古典园林保护提供更多的人才和技术支撑。

六、调动民间资源与强化政府主导作用的关系

自上世纪 50 年代开始对私家园林的清理恢复，到近年来对世界遗产的保护整治，几十年来，苏州对古典园林的管理保护实践贯穿着一条全民参与的脉络，社会各方面都在其中扮演着不同的角色，发挥着各自应有的作用。事实上，全民参与也正是苏州古典园林保护取得显著成就，并能够成为世界遗产的重要原因。苏州民间在古典园林保护方面拥有丰厚的资源，近年来，社会各界对世界遗产的关心越来越多，参与保护的热情越来越高。与此同时，在世界各国对遗产的保护过程中，民间力量和各种非政府组织的影响和作用也越来越突出。然而，就苏州和古典园林的实际而言，由于在筹划决策、组织协调、资源投入等方面具有无可替代的功能优势，政府的重视、支持、推动在遗产保护中始终应该，也必然发挥主导作用，同时也最有影响，最能产生实际效果。

基于这样的现实格局，遗产保护过程中把握好调动民间资源与强化政府主导作用关系的根本之处，就是以更好地实施遗产保护为目标，进一步加强政府资源投入能力和统筹功能，在此基础上，通过政府的组织领导和调控引导，动员、鼓励更多的民间力量投入遗产保护。具体而言，需要针对目前的薄弱环节实现这样一些突破。一是政府组织领导的加强。应设立遗产保护专门机构，赋予其相应的权限和职能，以强化统筹全市对世界遗产保护的能力。二是法规条例的完善。重点是对古典园林保护最基础性文件《苏州园林保护和管理条例》的修订，根据《巴黎公约》及国家相关文件，增补有关世界遗产保护的相关条款，并对执法主体、执法程序、执法范围等具体问题进行明确规定，保证遗产保护措施得到全面落实。三是管理体制的规范统一。调整完善现行古典园林保护管理体制与方式，将目前45处古典园林中属私人所有及由社会单位实际使用管理的30处，纳入政府统一的专业管理体系，并在园林管理部门的监督和指导下，由实际使用者按照相关管理办法负责维修保护，对难以履行保护管理职责或无法进行保护管理的，则通过收回使用权或管理权，由园林管理部门直接负责管理和保护。四是资金投入的保障。改变目前主要依靠门票收入实施遗产保护的做法，建立保护资金的财政投入机制，同时，通过设立世界遗产保护基金、吸收社会和民间捐款、争取国际支持、征收遗产周边商业经营保护税等多种渠道筹集经费。五是相关政策的制定实施。以最大限度地挖掘动员民间的保护力量为目标，通过相关的政策的制定或调整，通过产权交易、置换等形式，将社会团体与组织以及个人所拥有的古典园林转换为国有资产，扩大政府统一管理和保护的覆盖范围。同时，引导民间包括资金、人才、技术在内的各种资源参与遗产保护。

（合作者：冯坚，本文获苏州市哲学社会科学优秀成果二等奖，2009年11月。）

文
化
篇

谱写 21 世纪苏州文化建设新篇章

简述：吴文化研究，需要在时间的维度上了解历史人文和未来文明对当代苏州文化变迁的影响，需要在空间维度上把握地域环境和城市定位对当代苏州文化演化的塑造。从"文化苏州"的实际具体展开，吴文化当代性的基本问题突出表现在五个方面：1.目标定位——大文化；2.价值取向——国际化；3.路径选择——市场化；4.功能水准——现代化；5.未来追求——最大化。

"上有天堂，下有苏杭"，苏州自古繁华。进入新的世纪，苏州不仅是我国重要的历史文化名城、风景旅游城市，同时也被国内外媒体评为国际新兴科技城市、中国最具活力城市的杰出代表。未来一个时期，苏州的城市定位是：长江三角洲最重要的副中心城市、先进制造业基地和国际新兴科技城市、适宜人居和创业的城市、世界文化名城和风景旅游胜地。因此，吴文化的当代性研究，需要在时间的维度上了解历史人文和未来文明对当代苏州文化变迁的影响，需要在空间维度上把握地域环境和城市定位对当代苏州文化演化的塑造。从"文化苏州"的实际具体展开，吴文化当代性的基本问题突出表现在以下五个方面。

一、目标定位——大文化

所谓"大文化"，是一个十分宽泛的概念，它可以涵盖思想道德、民主法制、教育科技、文学艺术、新闻出版、体育旅游、城市形象、建筑设计、园林园艺、公关策划、博彩娱乐、广告展览、医药医学、信息服务，等等。它们相互影响、相互作用、相互提携、相互补充，共同构成城市文化的整体面貌和市民文化的总体架构。比如说，人的思想是文化生存之根，社会道德是文化的守护神；民主法制为文化建设营造良好的氛围，教育科技为文化发展创造强劲的动力；总体上的城市形象是文化的集中展现，具体到城市里的建筑设计、园林园艺、广告展览等则又是文化的生动流露。与大文化相对应，还有一个对文化比较狭义的理解，主要表现为政府文化部门所主管的那部分文化，如文学、艺术、音乐、戏曲、绘画等方面。"大文化"的目标定位就是要求我们不仅要繁荣和发展文化艺术，而且要从着眼于提升城市实力、提高人口素质出发，以人的全面发展和建设"文化苏州"、"和谐苏州"为目标，按照以人为本、统分结合、统筹发展、政策倾斜的原则，进一步增加文化公共服务产品供给，努力增强社会公共服务能力，不断融洽城市文化环境，构建与经济社会发展相适应的文化基本公共服务体系。

——大力创造包容开放的新苏州文化。在进一步加强历史文化名城、古镇、古村落和历史文化遗产保护和继承昆曲、评弹等优秀民族民间文化的基础上，围绕苏州城市定位和人群结构特点，重视苏州新文化建设，进一步繁荣文化创作，推出文化精品，增强公共文化产品的供给能力，提高公共文化产品的质量，努力满足人民的基本文化需求，为群众提供优质的精神文化产品，加快本地和外来文化的交流和融合，广泛实现和维护人们的文化权利。

——大力推进苏州教育的现代化。教育与文化是唇齿相依的关系，苏州传统文化的博大精深与独具特色，与苏州人的尚文重教密不可分。繁荣当代文化要从大力推进教育现代化做起，走优先发展、优质发展之路。主要包括：高标准、高质量地普及九年义务教育和高中阶段教育，全面推进义务教育均衡发展，重视和支持高等教育发展，加快高等职业技术院校建设步伐，努力实现高等教育大众化。加强在职培训和继续教育，建设继续教育培训基地，积极推进社区教育和远程教育，为市民提供多次受教育机会和多层次、多样化的教育服务，构建终身教育体系，力争在"构建体系、培养人才和文化知识贡献"三方面实现突破，从而使教育体系、教育水平和市民的文化知识与苏州社会经济发展相适应。

——大力建设国际新兴科技城市。进一步发扬苏州传统文化中敢于探索、不断创新的科技意识，结合当代苏州开放型经济的特色和优势，大力培育科技创新主体，利用创业服务中心、国际企业孵化器、留学人员创业园等载体，强化高新技术及其产业的孵化功能，使其成为新品开发、创新研究、专利推广、成果转化的基地。同时，鼓励企业充分利用全球化研发资源，在引进国外先进技术的基础上进行"二次创新"，进一步促进科技与文化、经济的结合，发展自主知识产权的产品和品牌，实现关键技术和工艺的创新，提升高新技术产业和文化产业的发展水平。

——统筹发展其他社会事业。发达的社会事业是城市文明程度的显著标志，秉承历史，开创未来，构建大文化体系至关重要的是要构建社会事业服务和保障体系，主要内容有：加快构建公共卫生体系，加强卫生防疫工作，合理配置卫生资源，推进创建健康城市；大力发展文体事业，加快公共体育场馆建设，强化市民健身意识，切实推行全民健身活动，明显提高市民身体素质；探索建立城乡一体的失业保障制度，努力提高社会保障水平；加快完善保障妇女、未成年人、老年人、残疾人合法权益的各项政策措施，积极发展社会福利和各类民政事业；加快发展基层民主，依法完善村民自治、社区居民自治和企业民主管理制度，推进政务、厂务、村务和社区事务公开，切实保障人民群众参与基层政治和经济、文化、社会事务民主管理、民主监督的权利。

——全面提升苏州城市文明程度和市民文明素养。充分挖掘苏州传统文化的潜在价值，大力开展社会公德、职业道德、家庭美德教育，在全社会形成诚信为本、团结互助、平等友爱、共同前进的人际关系。继续深入开展创建活动，搞好文明单位、文明社区、文明村镇、文明家庭等各种群众性精神文明创建活动。提高市民的生态和环保意识，推动社会风气、公共秩序、生活环境和社会服务全面改善。充分调动社会积极性，支持和鼓励志愿者队伍建设，加强诚信体系建设，进一步提高市民素质和整个城市的文明程度。

二、价值取向——国际化

文化国际化，简单地说，是指在经济全球化的背景下，文化观念、文化设施、文化资源配置、文化产业发展、文化管理体制与服务、文化交往等方面相互影响的过程和所达到的国际水准。由于思想理念、历史条件、城市规模等因素的制约，苏州文化发展在方式、途径上仍然不够开放，意识不强，力度也不大，缺乏与国际文化界加强交流和接轨的信心，也缺乏将自身文化推向国际的具体措施和方法。我们知道，经济国际化战略是苏州的重大战略，随着中国加入国际贸易组织，经济国际化要比对外开放的涵义更广、更深刻，不仅表现在经济、贸易方面，更重要的是体现在包括文化、教育在内的整个思想观念系统的全面开放。而且，当前外资的进入已经不仅仅是工业领域，还涉及文化、教育、卫生等各个方面，这对我们文化国际化既是挑战，更是机遇。在这样的宏观形势下，吴文化如何走向国际化，就显得十分必要和迫切。所谓文化国际化，主要涵盖这样几个方面：一是文化观念的国际化，即从全球视角和战略高度来认识当代、当地文化改革与发展问题；二是文化对象的国际化，即一方面注重培养具有全球视野、能进行国际沟通、具有国际竞争力的本土文化人才，另一方面，还要创造让国际性优秀人才自由流动的良好环境；三是文化产业的国际化，即让生产的国际化在文化领域不断延伸；四是文化环境的国际化，即让人们在开放的、全球的、超民族的背景中接受文化的陶冶；五是文化手段和方法的国际化，以跨国间的人才培养、科学研究和文化交流为主要手段，让不同文化在理念、方法、制度、模式等方面进行交流与影响。

——继续大力弘扬传统文化。国际化首先是民族化，越是民族的，越是国际的。因此，文化国际化，首先要弘扬文化传统、发扬传统文化。就苏州来说，一要认真落实国务院对苏州城市总体规划批复的要求，保护好古城风貌和优秀历史文化遗产，世界只有一个苏州，苏州古城绝无仅有，这是我们的生命之根、文化之源、发展之本；二要治理、保护好苏州周边的水网系统，苏州地区是世界上人工水道最密集的地区，水是苏州的灵魂和特色，水网的生态、水利功能应继续得到强化，水网的交通、运输功能应得到进一步的发挥，水网的文化、旅游功能应得到极大的拓展；三要传承好包括刺绣、缂丝、木刻等在内的苏州传统文化行业和苏州人心灵手巧、精致和谐的精神个性。历史文化名城丰富的传统文化及其技艺，对于向文化国际化迈进与发展将起到基础性、源头性的作用。

——营造开放多元的国际文化环境。苏州自古就是一方多元文化激荡和交融、多样文化和合与发展的风水宝地。目前在苏州8488平方公里的土地上，有一万多家外商投资企业创业发展，数以万计的外籍人士置业安居。苏州不仅应有颇具特色、富有魅力的传统文化，还要有包括欧美的、亚非的等各种类型的文化元素。尤其对于一个国际化程度较高的城市来说，充满生机和活力的文化生活环境必不可少，如：建设常驻外国人的居住区、俱乐部和联络办事机构，开办国际医疗保险业务；在交通干道、主要景区和重点单位设立双语图识以及外语语音服务系统；开放外语电视、广播频道，加强外文出版物的编辑发行和发放；增加政府窗口部门和公共服务单位的外语服务内容等。

——推进社会文化交流的国际化。苏州文化交流活动的历史可谓久远，起锚于苏州太仓刘家港的郑和七下西洋是明初的盛事，也是古代中国和世界航海史上空前的壮举。到 2005 年，苏州已与意大利、日本等 10 多个国家的 30 多个城市建立了友好和姐妹城市关系，在国际文化交流实践中展现出苏州的形象，取得了丰硕的成果。但是，这些交流还是表层的，应当在增加、深化与已签约各友好城市的往来基础上，利用东方水城和历史文化名城的地位，发挥苏州文化的特色和优势，加强与世界各大城市的多方面合作，既请进来，又走出去；既参观、访问、借鉴、学习国外城市经济社会发展的各个方面长处，又参与到国际区域高层论坛、合作开发和科技文化交流活动中去，让苏州文化在国外开花结果。

——打造具有国际水平和影响的文化旅游目的地。旅游与文化相伴而生、相得益彰，旅游国际化是文化国际化的重要途径和载体。以传统的"三古一湖"为内涵，围绕历史、文化、民俗、宗教、生态、园林、水乡等主题整合旅游资源，针对不同国别、地区的游客开发精品旅游线路，设计不同的旅游产品。搞好旅游商品开发，实行与国际接轨的规范与个性化服务，整体提高旅游产品、旅游环境和旅游服务的国际化程度，打造出一流的特色旅游品牌。同时，以优势的旅游资源为条件，以世界物质和非物质文化遗产集于一城为卖点，新建国际度假中心、国际会展中心等大型文化活动场馆，吸引各种类型的国际会议与文化产品、信息、艺术展览在苏州举办。

——加快融入国际文化的体系。文化艺术是一种世界语言，在中国加入 WTO 的大背景下，苏州必须主动融入国际文化体系。坚持以我为主、为我所用的原则，博采多元文化之长，完善文化创新体系，融合地区历史文化、科技教育资源，推进产、学、研一体化，鼓励兴办文化产业，广泛传播苏州文化，拓展对外贸易和国际市场。积极抵制腐朽文化的渗透，完善文化产业保护体系，坚决维护文化主权，保护苏州文化的特色和优势，形成参与国际分工的文化产业链。着眼全球竞争，促进优势互补，立足双赢互动，共谋比翼齐飞，完善以政府为主导、民间交流为主体、开发国际市场为中心的对外文化交流体系，不断拓展文化交流与合作的新领域。

三、路径选择——市场化

文化具有意识形态和产业产品的双重属性，作为意识形态，文化是不能走市场化之路的。所谓路径市场化，是专指在经济运行中具有产品属性的文化，市场机制对其资源配置作用持续增强和作用范围不断扩大的演变过程。在当前的实践中，人们越来越意识到，市场化是实现文化资源优化和配置的重要手段，是促进文化事业发展、提高文化产业竞争力、加速文化国际化的重要途径，也是建设"文化苏州"的基础。研究吴文化的当代性，加快文化市场化步伐，对于提高苏州的城市综合实力和文化个性魅力具有十分突出的意义。文化发展路径市场化的主要特征是：文化市场主体独立，经营决策自主，所有制成分及实现形式多样化，产品和要素市场化，经济行为契约化、信用化、法制化。文化发展走市场化之路，要分类指导，统筹推进，应用于"大文化"的各个领域，以形成统一、开放、竞争、有序的市场环境。比如在科技领域，重点建立科技风险投资机制，以民间和企业资金为主，建立科技风险投资基金和科技发展基金，扶持组建一批专业性或综合性的风险（创业）投资公司，吸引国外风险投资基金和投资机构参与风险投资。比如在教育领域，积极鼓励社会力量办学，逐步形成政府为主和各种社会力量共同参与相结合、公办学校和民办学校共同发展的办学新格局。比如在体育领域，大力倡导社会各方面力量参与体育市场开发，投资体育产业，推进竞技体育和体育基础设施的建设、运营和管理的社会化、市场化，加快体育事业产业化。还比如在卫生领域，也应支持各类资本进入，建立多元化投资体制，发展民营医疗机构，逐步形成政府支持、社会参与、保医结合的城乡医疗服务体系。从稍为狭义的角度来看文化，其发展路径市场化的基本任务主要包括以下几个方面。

——建立和完善现代文化市场体系。苏州曾是中国资本主义萌芽最早的地区之一，改革开放初期又是乡镇企业的发祥地，市场观念和商品意识极其浓郁。当前，依托苏州文化底蕴深厚、文化产品丰富和对外开放走在全省乃至全国前列的多重优势，以海纳百川、厚德载物的胸襟，大胆引入市场机制，大力推行产业运作，积极稳妥地开放文化市场，以文化产业的发展带动"文化苏州"的繁荣。大力培育演艺、娱乐、网络文化、动漫、出版物、艺术收藏品等多元文化要素市场，在文化产品、资源要素、产业与市场之间建立强有力的纽带关系，进一步完善市场体系。扶持发展苏州文化产业集团，重点围绕文化旅游业、新闻出版业和广电业，打造一批企业集团，形成以大型龙头企业为支柱、各类小企业为补充的多样化文化产业集群体系，开展集约化、规模化经营，增强产业竞争力。

——大力发展苏州文化产业。苏州的手工业一向发达，传统文化产品和服务在国内首屈一指，有着坚实的基础和广泛的影响，结合传统文化产业的优势，苏州当代文化产业的发展有着极大的空间。精心编制产业发展规划，着力打造环古城河、环金鸡湖、沿太湖、沿运河的"文化水廊"，同时抓紧制定文化产业发展指导目录和统计指标体系，调整优化文化产业结构，培育新的经济增长点。加快构筑传统产业基地，建成以博物馆群为主体的访古旅游基地和文化保护基地，以民俗风情和戏曲文化为特色的展示旅游基地，以传统丝绸、工艺和昆曲为代表的体验旅游基地和产业开发基地，以现代时尚文化与地方传统文化相互交融为内涵的休闲旅游基地，形成相辅相成、竞相发展的产业格局，进一步打造和发展具有苏州特色的传统文化产业群。大力发展软件、动漫、演艺、娱乐、信息、健身等新兴文化产业，加快传统与现代的融合与提升，努力形成一定的优势和竞争力。

——用市场化手段配置各类文化资源。遵循"谁投资、谁所有、谁受益"的原则，在国家政策许可范围内，鼓励个人和社会投资文化企业，允许开展跨地区、跨部门、跨所有制的收购兼并等资产运作，逐步形成多渠道的资金筹措机制，促进资产、人才、技术等要素合理流动和组合。积极引进和利用外资参与苏州文化建设，加大对域外文化人才、文化资本的引进力度，鼓励外资参与我市文化基础设施建设、运营，探索以中外合资、股份合作、集团化运作等模式兴办文化企业。尤其是要探索在符合苏州文化规划的前提下，鼓励拥有先进的经营理念和成熟管理经验的国外文化企业集团来苏州合资兴办大型文化实业。

——进一步创新文化管理体制。合理界定政府部门职责，实现政府文化管理职能从"办文化"向"管文化"、"服务文化"转变，从以行政手段管理为主向以经济手段和法律手段管理为主转变，坚持做到依法行政，管办分离。着力抓好配合人大立法和政府规章制定工作，围绕民族民间文化、非物质文化遗产保护和文化产业发展等内容，制定、修订地方性法规，选择经过实践检验、比较成熟的行政规章条例，争取上升为地方法规。彻底打破原有的条块分割和行业壁垒，进一步放宽文化市场准入，以产权关系为纽带，通过政策扶持、资产重组和多元投资等途径组建文化企业，激活文化市场主体。用足WTO框架内的协约，用好国家和省的文化经济政策，调整优化文化产业结构和产品结构，促使文化产品顺畅进入国内外市场，形成品牌优势，增强市场竞争力。积极培育文化中介机构，发展一批文化经纪机构、代理机构、仲裁机构等文化中介组织，鼓励文化中介机构向规模化、网络化、品牌化、规范化方向发展。

四、功能水准——现代化

城市文化功能、水准的现代化，简单地说，就是要打造与现代城市工业、商业、科技功能相匹配、与人居消费功能相适应、与世界流行趋势相衔接的文化载体、网络和设施。总体来看，苏州的现代文化基础设施比较薄弱，公共文化生活空间还十分狭小，与经济发展的综合实力相比，与广大人民群众的消费能力相比，与高水平小康社会和基本实现现代化的要求相比，都有着不小的差距，亟待提高功能、水准。苏州要具备现代化的文化设施功能水准，首先在基本布局上必须要努力构造市、区、街道、社区四级文化设施网络。市级文化设施建设要着眼于提升城市的国际形象，提高城市综合竞争力和城市知名度，重点建设一批能举办具有国际影响的一流赛事和活动的现代文化设施。区级文化设施建设要注重与各区功能定位相吻合，带动不同文化系列的发育、成长，能适应中等规模的文体活动和赛事，并成为市级文化设施的有效补充。街道和社区的文化设施建设要充分满足市民多样化的文化需求，做到老少皆宜。要结合固本强基工程的实施，以社区文化建设为重点，着力建设图书馆、文化活动中心和体育活动场所等社区文化设施。同时，还要大力推进交通、通讯等城市基础设施建设，构建城市信息交流和商务网络，着力发展以金融、物流为重点的现代服务业，加快中央商务区的建设，努力搞好市政公用、社会服务等设施建设，形成与长三角周边城市的"一日交通圈"，进一步提高基础设施功能的现代化水平。作为一个历史文化城市和现代文明城市，苏州不仅要进一步拓展和提升公共图书馆、博物馆等场馆的现代化功能，还有必要重点策划和着手建设新的现代化文化设施的样式。主要有这样几种类型：

——大剧院。如果说，博物馆、图书馆能使城市变得厚重，前者让年轻人更容易亲近传统和历史，后者使他们更容易汲取知识与文化，那么，大剧院则使城市变得青春，使年轻人更容易热爱生活和生命。到过和没有到过悉尼的人，大概对世界著名的悉尼歌剧院都会有所耳闻，造型独特的悉尼歌剧院是悉尼的标志，它的价值与意义远远超出歌剧院本身。雪白贝壳样式的悉尼歌剧院坐落在碧绿的海水和皇家公园宁静的草地森林之间，它给人的感觉既壮观又精致，既气象万千又微妙细腻。当然，每一年在此举行的歌剧、芭蕾舞等各种演出，也是澳洲人乃至全球许多人一年之中的重要节目。借鉴世界各大歌剧院的功能，结合东方文化尤其是昆曲、评弹等苏州文化艺术的特色，建设可供世界一流的各类表演艺术团体演出，能为苏州繁荣高雅艺术、开展对外文化交流、探索实验艺术提供一流的设施和场地，显得十分必要。

——科学馆。科学与艺术是城市飞翔的双翅，具有国际知名度的城市一般都有自己的科学馆，让生活在这里的人们亲自发掘科学的奥秘，从而探索身边事物与科学的关系。例如，启用于1991年的香港科学馆的常设展览约有500件展品，其中最触目的莫过于高达22米的能量穿梭机，是全世界同类展品中最大型的。这些展品分布在18个展区，题材非常广泛，包括光、声音、力学、磁与电、数学、生命科学、地理、气象、电脑、运输、通讯、食物科学、能源及家居科技等，约八成的展品均可由观众亲自操作，寓参与于学习之中，受到市民的欢迎与喜爱。苏州不应该有这样的缺憾，应该拥有一座与城市规模、经济实力、科教水平相匹配的科学馆。苏州的科学馆应该是一座以促进自然科学研究和社会科学研究为目的的综合性科研设施，集科研、学术交流、科技展览、科普活动等设施于一体，成为为广大高科技人才和高科技企业提供各类综合服务的中心和面向市民开展各类科普活动的基地，也成为苏州作为国际新兴科技城市的形象品牌。

——国际会议和展览中心。文化现代化的城市必然要具备国际会议和展览中心的功能。国际会议和展览中心不仅仅是一座建筑的功用，对于一座城市文化氛围的营造、市民文化素养的提升也有着重要的作用，有人曾这样说，一座大型的国际会议和展览中心，就是一座代表文化发展的里程碑。我们特别熟悉的地处陆家嘴的上海国际会议中心，毗邻东方明珠电视塔，与外滩万国建筑群隔江相望。它曾出色地完成了1999年财富全球论坛、2001年APEC领导人峰会及系列会议、第35届亚洲发展银行年会等国内外重要会议及政要接待任务，受到国内外各方赞誉。它的建成与使用对于展示上海国际形象、传播上海海派文化、孕育上海城市精神起到了积极的效应。随着苏州进一步走向国际、融入世界，未来的苏州应该有一座国际会议和展览中心，它以承办接待国际国内政务往来、友好访问、大型会议、大型活动、专业展览为目的，成为集会、展、演、宿为一体，长三角地区规格较高、规模较大的国际会议中心。会议和展览中心由各类国际会议厅、专业展览厅、高档酒店组成，配备一支专业会议服务队伍，精心打造成为苏州举办各种大型会议、学术报告、产品展示、时装表演、喜庆宴会的理想场所。

——艺术画廊。"艺术经纪制度"与"专业画廊"最早出现在西方，它是都市的文化窗口，是艺术家的生命线，也是一座城市对外文化展示的桥梁和纽带。上世纪90年代以来，伴随着逐渐与国际接轨的走势，我国上海、北京、深圳等大城市及其艺术产业开始出现了这一形态，我们感到，孕育过吴门书派、吴门画派的苏州，诞生了数十位在中国艺术史上享有重要地位的书画家的苏州，应该创建并拥有一座画廊式艺术殿堂。苏州画廊可以面向在苏州旅居、工作的外国人，推介苏州的当代艺术作品；可以在推动艺术家交往与交流，在与国外画廊和文化的合作上有所作为；还可以做出自己的特色，在经营手法上多元化一些，满足国内外不同层次消费者需求。

五、未来追求——最大化

经济学中有一个最大化概念，如追求收入最大化、利润最大化。每个人的心目中都有一个最大化概念，天天追求的是幸福的最大化、快乐的最大化。同样，我们在城市文化上的未来追求，也有一个最大化的概念，就是对苏州的传统文化推陈出新，对吴文化的不断挖掘、深入拓展和再创造，使之在当代产生最大化的影响、结出最大化的成果、实现最大化的效益。我们知道，在历史上，尤其是进入明代中期以后，苏州传统文化的发展达到了它的高峰，并同时成为中国传统文化的高峰，不仅在学术思想、科学技术，而且在文学、绘画、戏曲、园林等多种文化形式上都出现了开创性的繁荣，为当时经济社会发展作出了巨大的贡献。这是由苏州在当时的资源禀赋、城市地位等综合因素所决定的，现在情况发生了很大的变化，但当代苏州既有深厚丰富的历史积淀、别具一格的文化特色，也有领先发展的现代经济，协调并进的科技、教育、旅游和文化，整体上显现出源头性与多样性、开放性与包容性、传统性与创新性并存的文化特征，仍然可以成为全国最具文化特色的现代城市之一。吴文化的当代性最根本的一个问题就是追求文化最大化，要通过弘扬传统文化、丰富精神生活、延续古城文脉、构筑都市文明、营造和谐社会、构建人本政府，在实现城市发展的同时实现人的全面自由发展，努力创建 21 世纪的"人间新天堂"。

——增强城市的文化创造力。一切源于创造，文化创造力是城市提升格调、保持特色、增强影响力和竞争力的内在力量。城市的文化创造力具体表现为自然科学、社会科学、文学艺术、民间文化、大众文化的积累更新能力、展现转化能力、综合及原创能力。苏州特殊的城市性质和地位，决定了苏州在 21 世纪中国文化现代复兴中的历史责任。苏州应该围绕传统文化、民俗文化、科教文化、现代文学艺术等四大文化主题进行系列化的挖掘拓展和二次创造，以期形成"文化苏州"的城市大品牌。人是一切创造的主体，因而，当前最为迫切的是培养和造就一流的科学家、学者、文学家、艺术家队伍，形成强大的文化阵容，在全国乃至世界范围内，形成广泛的文化艺术影响，赢得文化话语权。

——重塑新时期苏州城市精神。城市精神是城市综合体所蕴含的价值观念和文化品格，是城市综合竞争力和文化品位的深层根据。21 世纪的苏州要围绕源远流长的历史文化积淀、特殊的自然地理环境的滋养、历代苏州人自强不息的艰苦奋斗、农工商贸多样化城市的整合等诸多城市文化身份和定位，进行城市精神的提炼、更新、培育，提升市民素质和城市形象。尤需指出的是，在继承优秀历史文化传统基础上，要进一步发扬改革开放时期形成的"张家港精神"、"昆山之路"和"亲商理念"三大法宝，努力塑造出新时期苏州的城市精神，并使之成为每个市民和组织团体的自觉实践，不断增强市民对这座千年古城的自豪感和责任感，使苏州成为最具东方神韵的人文之都。

——完善苏州城市结构与形态。城市结构与形态既包括城市动力和精神等内在因素，也包括城市形态和形象等外在因素。苏州古城历经2519年风雨，至今风采依旧，是师法自然、以人为本的明证。21世纪的城市，让人们生活得更加美好，苏州将遵循承前启后、承古开新的指导思想，持续促进城市结构功能的提升和转化。尤其是在全球化的背景下，苏州既要把握发展机遇，又要保持文化个性，按照"保持古城、建设新区；古城居中、一体两翼；古城仪像、现代气息"的城市风格要求，营造景观精致典雅、产业先进合理、居民生态栖居、发展富有创意的大格局，使苏州成为诗意、园林、山水、人居之城。

——建设人文化政府。古时苏州官吏多为文人学士，他们中的大多数不仅留下了一首首脍炙人口的诗篇，也留下了许多口碑不俗的政绩佳话。21世纪的苏州，建设人文化政府应该是文化未来追求最大化发展的前提条件和题中要义，也是苏州社会政治改革的重要内容。要认真遵循立党为公、执政为民的原则，通过廉洁高效、勤政爱民、文明执法和人性化的管理服务，树立人文化政府的形象；建立自律与他律相结合的约束机制，使各级干部切实做到权为民所用，情为民所系，利为民所谋，树立以人为本的执政观。进一步完善城市公共事务管理的决策机制，制定刚性的决策咨询、论证程序，并探索委托社会研究机构的咨询研究制度。对涉及经济社会发展大局的重要决策，一定要通过多种渠道和形式掌握真实情况，广泛集中民智，使决策真正建立在科学民主的基础之上。重视发挥哲学社会科学专家的智囊和参谋作用，健全政府专家咨询系统和民意征询系统，提高城市管理决策的人文性和科学性。加快推进建设法治政府的各项措施，推进政府管理方式由权力导向型向规则导向型转变，严格按照法律授权管理经济社会事务和其他行政事务，坚持做到职权法定、依法行政、有效监督、高效便民。制定公开透明、便捷合理的操作程序，切实提高政府行政管理的职能和水平，为苏州营造最适宜生活、创业、学习、旅游的社会环境。

——构建"和谐苏州"。社会和谐是苏州传统文化的显著特点，也是当代苏州实现"两个率先"的重要目标和基本特征，更是人们追求和向往的理想生活。文明法治、稳定和谐、理解宽容的和谐社会是一座城市人文精神的要求和体现，构建"和谐苏州"，苏州文化理应、也可以发挥十分强大的作用和功能。通过文化建设不断激发动力支撑，增强社会和谐的物质基础；通过文化建设不断构筑精神支持，倡导和合共生的文化理念；通过文化建设不断融洽人际关系，在阶层分化、利益主体多元化、社会竞争激烈化的时代背景下，构筑不同职业、阶层、团体之间平等交流对话的平台，拓宽政府与民众沟通的渠道，进一步消解和协调竞争与协作、效率与公平、富有与贫困、强势与弱势之间的矛盾；通过文化建设不断拉近人与自然的距离，在土地、资源日益制约发展的今天，在环境污染严重影响人们生活的今天，实现人与自然的和谐共处，最终归于天人合一，使苏州成为安定、祥和、大美之城。

总之，强化吴文化的当代性研究，谱写出 21 世纪苏州文化建设新的篇章，就是按照科学发展观的要求，创新并实践大文化、国际化、市场化、现代化、最大化的发展理念。"五化"理念是一体连贯、互动协调、同步推进的内在逻辑整体，不可分离，相辅相成。未来 10 到 20 年，是关乎苏州发展与建设的一个十分关键的时段，也是我们把"五化"理念落实到城市规划与经济社会发展规划之中、落实到各项工作之中的重要时期。苏州是我们的共同家园，寄托着我们的情感与希望、光荣与梦想，以"五化"理念提升我们的文化境界，在新一轮激烈的城市竞争中谋求更科学、更和谐的发展，保护好古城文脉，实现新的跨越，真正建成全面协调可持续发展的新苏州，上无愧祖先，下造福子孙，是我们当代人的历史使命。

文　化　篇

经

济

篇

苏州经济国际化的初步实践与思考

　　简述：外向型经济的发展，使长期形成的思想观念、文化观念、经济社会观念发生了嬗变，开放的观念、人才的观念、竞争的观念、法制的观念等等，以及现代化的意识，成为推动经济发展和社会进步的强大动力。当我们纪念改革开放 20 周年的时候，认真回顾邓小平对外开放理论在苏州的成功实践，对于我们始终不渝地坚持对外开放，加快苏州经济国际化步伐，将具有十分重要的现实意义和深远的历史意义。外向型经济在苏州的大发展，是苏州经济从低级形态向高级形态、从量态向质态提高的必然选择，是苏州经济发展战略的重大转移，也是苏州人民实践邓小平对外开放思想结出的丰硕成果。不失时机地实现由外向型经济向经济国际化的飞跃，是苏州经济持续发展的根本出路，也应该成为苏州经济新一轮发展的基本目标。坚持邓小平理论与苏州改革开放实际的有机结合，走出一条具有苏州特色的经济国际化之路。

　　对外开放的思想，在邓小平理论体系中占有十分重要的位置；坚定不移地实行对外开放的方针，也是党的十一届三中全会以来，以邓小平同志为核心的第二代中央领导集体和以江泽民同志为核心的第三代领导集体作出的重要决策。20 年来，在邓小平对外开放理论和党中央对外开放方针的指引下，坚持外向开拓、开放带动战略已成了苏州经济发展的主体战略，外向型经济也成了区域经济发展的主力军，由此，给苏州带来了前所未有的深刻变化：一个传统的商品粮种植基地成了贸工农一体化协调发展的地区，一个消费型城市成了一个新兴的工业化城市，一个相对比较封闭的城市成为开始融入世界经济而比较开放的城市，一个自给自足的地区成为初步实现小康进而向现代化迈进的地区。更具意义的是，外向型经济的发展，使长期形成的思想观念、文化观念、经济社会观念发生了嬗变，开放的观念、人才的观念、竞争的观念、法制的观念等等，以及现代化的意识，成为推动经济发展和社会进步的强大动力。可以这样说，在今天的苏州，离开外向型经济讲经济发展，离开外向带动谈经济增长，都将变得苍白无力。当我们纪念改革开放 20 周年的时候，认真回顾邓小平对外开放理论在苏州的成功实践，对于我们始终不渝地坚持对外开放，加快苏州经济国际化步伐，将具有十分重要的现实意义和深远的历史意义。

一、外向型经济在苏州的大发展，是苏州经济从低级形态向高级形态、从量态向质态提高的必然选择，是苏州经济发展战略的重大转移，也是苏州人民实践邓小平对外开放思想结出的丰硕成果。

苏州素称"人间天堂"，然而，在改革开放前的漫长岁月里，这里不过是"贫穷的天堂"：1978 年，苏州人均国内生产总值只有 634 元，人均财政收入 163.54 元，职工平均工资 554 元，农民人均纯收入 194 元。外向型经济对于人们来说还是一个陌生的名词。1978 年，全市外贸收购总额只有 3.4 亿元，利用外资和对外经济技术合作几乎为零。这样，早在唐宋年间就已是内外通商重镇，并在中国最早出现近代工业和资本主义萌芽的地区，却成了典型的"内向型经济"区域。

党的十一届三中全会掀开了新中国建立以来历史发展的新篇章。20 年来，苏州经济发展经历了三次大的飞跃，第一次是 1978 年以后，党的十一届三中全会制定的路线方针政策，首先带动了农村经济的改革大潮，开启了乡镇工业蓬勃发展的"制动阀"。从此，乡镇企业以其强烈的内在扩张欲和顽强的潜在生命力异军突起，到 1985 年，苏州全市已有乡镇工业企业 13394 家，比 1980 年增长 62.39%；职工 109.96 万人，增长 96.34%；完成产值 96.34 亿元，增长 317.06%，占全市工业产值的 49.08%；实现利税 11.09 亿元，增长 114.92%，占全市工业企业利税的 52.04%，成为名副其实的"半壁河山"。第二次是 1985 年以后，中央在决定兴办深圳、珠海、汕头、厦门四个经济特区和开放大连、天津等 14 个沿海城市以后，1985 年又决定将长江三角洲、珠江三角洲和闽南、厦门、漳州、泉州三角洲地区辟为沿海经济开放区，1987 年又提出了沿海地区经济发展战略，明确要求沿海经济发达地区率先参与国际经济大循环，并出台了一系列鼓励出口的政策，这无疑给乡镇企业提供了新的发展空间。从此，苏州的乡镇企业走上了一条从"五湖四海"到"五洲四洋"、从内向到外向的发展之路。据统计，在苏州市 1991 年 80.6 亿元的外贸收购额中，57.4% 是由乡镇企业提供的；已批准兴办的 1681 家三资企业中，69.6% 是乡镇办的；已批准创办的 26 家海外企业中，有 14 家是乡镇立项审批的，当时全市 166 个乡镇个个有产品出口，个个有三资企业。第三次是进入90 年代，党中央、国务院作出了"开发浦东、开放浦东"的重大决策，长江三角洲由此成为外商对华投资的新热点。此后，邓小平视察南方重要讲话，又进一步把长江三角洲推到了中国改革开放的最前沿。这给地处长江巨龙龙颈部位的苏州经济发展，带来了千载难逢的历史机遇。苏州开始以大规模的开发区建设为重点，加快了外向型经济发展的"两个根本性转变"，实现了开发思路、开发模式、开发质量、开发功能的历史性转换，使得苏州经济的发展由原先的农村推动型转变到城市辐射带动型的成熟经济发展阶段。1992 年以后，苏州境内先后被批准了昆山经济技术开发区、苏州太湖国家旅游度假区、张家港保税区、苏州高新技术产业开发区、中新合作开发的苏州工业园区等 5 个国家级开发区和 10 个省级开发区，一个大开发、大发展的全方位开放格局在苏州初步形成。这就告诉我们，苏州经济发展的每一个阶段、每一次飞跃，都是中央改革开放的方针政策与苏州市情相结合的产物，是苏州经济内在发展的必然结果，是邓小平理论在苏州的成功实践。苏州的外向型经济在自身发展中也呈现出了鲜明的特色：

1. 在区域经济中的"龙头"作用日益显现。在苏州，外向型经济是全市各类经济中最具活力、带动作用最大、影响最为深远的经济成分，已是不争之事实。1997年，全市进出口总额、出口总额、新签合同外资、实际利用外资、新签劳务承包合同额和完成额分别为1978年的43.9、31.5、29.7、34.2、8.7和10.8倍，平均增长率分别为72.2%、64.4%、29.7%、34.2%、8.7%和10.8%。外向型经济在整个经济中的比重也越来越大：1997年，全市的财政收入中有20%是来自外商投资企业的税收，工业产品中有30%是通过多种渠道出口的，40%的工业企业是外商投资企业，固定资产总投入中有50%来自外资。更具有深远意义的是，通过发展外向型经济，在引进大量资本的同时引进了先进的管理、先进的设备、先进的产品，也引进了市场，对整个经济产生了持久的示范、辐射、带动作用：通过外资的嫁接改造，一批内资企业存量资产得到了盘活，企业获得新生和发展；一批高新技术项目的引进，有效地加速了科技进步，提升了经济的层次与素质，苏州市1997年科技对工业的贡献率已达44.77%；60多家全球知名跨国公司和900多家超千万美元企业的进驻，改善了苏州以中小企业为主的企业结构。目前，电子信息、机电一体化、生物医药、精细化工等已初步成为苏州市的支柱产业，占市区经济总量的比重已从1995的20%上升到50%以上，一批熟悉国际经济运作的管理人才、科技人才和技术工人伴随着外向型经济的发展而逐步成长起来。总之，外向型经济作为带动区域经济发展的"龙头"，有力地推动了苏州经济再上新台阶。

2. 发展思路上的外资、外贸、外经"三外"齐上。外资、外贸、外经全面发展，这是苏州外向型经济的重要特色与优势。早在 1986 年，苏州市就提出了"三外齐上"的发展思路，并切实贯穿于外向型经济发展的整个过程。苏州的外向型经济是从外贸起步的：1978—1992 年，全市外贸收购总值增长了 55 倍，年均增长 33%。自 1988 年实行外贸自营切块承包后，自营进出口逐步替代了外贸收购，成为对外贸易的主要形式。现在全市已形成了市级外贸公司、县级外贸公司、自营进出口企业和三资企业四路出口的"新经贸"态势，出口商品结构不断改善，制成品比重提高到 98%，机电产品占 49.2%，成为全市出口的第一大类产品。从 90 年代起，苏州进入了以利用外资为主导的新阶段。到 1997 年底，全市累计实有外商投资企业 7000 余家，合同外资 255.3 亿美元，实际利用外资 117.6 亿美元，分别占江苏省的 34%、39% 和 43%。其中，世界 500 强企业中有 62 家进入苏州，共举办了 120 个项目。外商投资领域也从加工工业向港口、公路、电厂等基础设施和第三产业以及农业项目拓展。苏州市的外经工作起步较早，1988 年就已把外经列入全市外向型经济发展的"目标管理"，此后，外经同外贸、外资一道，也得到了迅速发展：1997 年，全市完成劳务承包营业额达 9296 万美元，比 1978 年增长了 10.8 倍，年均增长 42.3%，海外投资企业也从 1991 年前的 12 家发展到 127 家。三外齐上改变了单兵突进的外向型经济传统发展模式，从整体上提高了经济国际化的水平和程度，对于优化区域经济素质具有十分重要的战略意义。

　　3. 开放格局上的市县联动共同发展。与外向型经济主要集中在中心城市的开放格局不同，苏州外向型经济走的是一条市县联动之路。应当指出，苏州市的外向型经济率先在六个县级市起步发展，当时人们称之为"农村包围城市"。有江苏东大门之称的昆山市，原是个传统的农业大县，经济实力在苏州 6 个县市中排行最后。从 1985 年起，他们自费创办经济技术开发区，走出了一条开发区建设的"昆山之路"。至 1997 年底，昆山开发区合同利用外资 26.5 亿美元，实际利用外资 14.5 亿美元，成为县级市中的"大哥大"。素有"丝绸之府"美称的吴江市，大力发展以丝绸为重点的对外贸易，外向型经济曾连续 10 年保持全省县（市）级第一名，夺得"十连冠"。吴江市外贸公司最近被国家对外经贸部评为 1997 年全国进出口额最大 500 家公司之一，并以其进出口额 2.24 亿美元的实绩在全国县级外贸公司中位居第二。张家港、常熟、太仓均确立了"以港兴市"战略，在港口开发上做大文章，充分利用港口的有利条件大力开发建设长江黄金口岸线，三个港口均被国务院批准为对外轮开放的一类港。吴县市则在"水"字上做文章，以旅游开发带动经济开发。1992 年以后，随着苏州高新技术开发区和苏州工业园区的崛起，苏州市区的发展掀开了新的一页，1997 年，两区的工业总产值、税收分别占到市区的 46.16%和 21.08%，"东园西区"的兴起，改变了由于中心城市辐射功能差而形成的"小马拉大车"的局面，实现了市县共同繁荣、共同发展的新态势。

4. 开发区成为外向型经济发展的主战场。兴办经济技术开发区，是后发国家迎接国际经济技术辐射、实施赶超战略的共同道路和普遍经验。苏州的开发区，始于 1985 年昆山自费兴办经济技术开发区，迅猛发展于小平同志视察南方重要讲话以后。开发区建设是苏州外向型经济发展的质的飞跃，即由原来伸开五个手指的"巴掌路线"，变为收拢五指形成"拳头方针"，由原来的分散投入变为集约投入。到 1997 年底，全市 5 个国家级、12 个省级开发区累计合同利用外资 134.86 亿美元，实际到账外资 63.4 亿美元；企业自营出口 49.33 亿美元，实交税金 26 亿元；投产开工企业 2362 家（其中外商投资企业 908 家），净利润 27.22 亿元（其中外商投资企业 18.1 亿元）。至 1997 年止，开发区三资企业数、累计合同外资、实际到账外资、1000 万美元以上项目数分别占全市的 24.4%、52.82%和 53.87%、42.27%。开发区已经成为苏州市外向型经济发展的主战场。开发区的崛起，还营造了高质量的投资环境，从根本上改变了利用外资的粗放式状态，实现了集约化开发，提高了利用外资的质量和效益。现在，开发区已经成为全市经济新的增长极和辐射区，高新技术产业的聚集区，新体制、新机制的试验区，利用外资的主要载体，区域产业结构调整的重要基地和现代化的新城区。

5. 乡镇企业始终扮演着重要角色。乡镇企业曾经是苏州外向型经济的主角，至今仍扮演重要的、不可替代的角色。80年代中期，面对着日益激烈的市场竞争、资金短缺和落后的技术装备，乡镇企业充分利用对外开放的政策，开始了从"田岸"到"口岸"，从"内源"到"外向"的历史性转换，开创了苏州外向型经济发展的先河，他们是开路先锋，是苏州发展外向型经济的生力军。1989年，乡镇外贸供货额由1987年的1.39亿元猛增到22.2亿元，占全市外贸收购总额的54.3%，开始超过县属以上企业；继1985年昆山玉山镇创办了全市第一家外商投资企业——赛露达有限公司，实现了苏州乡镇企业利用外资"零"的突破以后，到1990年，乡镇企业创办三资企业数已占据了绝对多数；而常熟丙纶厂与其他两家企业联合在泰国兴办的"丝特有限公司"更是成为全市乃至江苏省海外投资第一家。至1994年止，苏州市162个乡镇共举办三资企业5169家，占全市三资企业总数的73.76%，累计合同利用外资78.68亿美元，占全市合同外资额的67.38%。自80年代中期始，尤其是进入90年代以后，为改变"村村点火，处处冒烟"的经济布局，顺应经济上规模、上水平的趋势，更好地发展外向型经济，全市兴起了建设乡镇经济小区的热潮。从此，乡镇企业以经济小区为载体，实现了外向化、规模化、集约化、配套化的发展。吴县市甪直镇是颇有名气的江南古镇，可曾经又是穷镇。1990年以后，该镇创办了甪直工业区，大力发展外向型经济，如今，区内已拥有三资企业100余家，累计合同利用外资6.1亿美元，实际到账2.5亿美元，有5家超3000万美元的独资企业，1997年，外资企业实现利税8518万元，上交税金2400万元，在全市162个乡镇中名列前茅。90年代中期以后，国家级、省级开发区迅速崛起，集聚扩散效应日益显现，外向型经济的主战场由乡镇转移到开发区。面对新的形势，乡镇企业调整战略，主动与外资企业、大开发区配套，甘做"大配角"。昆山市8个乡镇经济小区通过与昆山经济技术开发区配套，引进外资项目已超过8亿美元，形成了合理分工、共同发展的良好局面。苏州工业园区周边的5个乡镇，通过接受园区的辐射，开发四年来，外向型经济的各项指标均已远远超过开发前历年的总和。1997年，全市外向配套销售额达11亿元，实现利税1.6亿元。在苏州，乡镇企业与国有企业、外资企业等多元经济成分一起，在迈向21世纪的进程中，相信将会继续演出一幕幕精彩绝伦的经济大戏。

二、不失时机地实现由外向型经济向经济国际化的飞跃，是苏州经济持续发展的根本出路，也应该成为苏州经济新一轮发展的基本目标。

外向型经济，顾名思义，是相对于内向型经济而言，是一个国家或地区打破自我封闭状态而建立的面向国际市场的经济结构和经济运行体系，是以接受外部经济辐射为主的特定阶段。经济国际化则是一个国家或地区经济与世界经济融合的进程、程度和水平，它是一个由低级向高级逐步递进的动态过程。走经济国际化之路，意味着一个国家或地区的再生产过程同国际再生产过程相衔接，资金、原材料、劳动力、技术、信息、中间产品及其最终产品参与国际循环，经济运行既依赖于世界经济，又给世界经济以较大的影响。由此可见，外向型经济是经济国际化的初级阶段，是经济国际化的必要条件和基础，而经济国际化则是外向型经济发展到一定阶段的必然趋势和结果。从外向型经济到经济国际化，不仅是在数量上的继续扩张，更重要的是对外开放的质量和效益的提高。经过改革开放20年，尤其是近10年来的发展，苏州步入经济国际化之路，是一种合乎客观规律的必然走势。

应该看到，把经济摆到国际经济发展的大背景下进行考察，苏州目前尚处于外向型经济向经济国际迈进的初始阶段，同真正的经济国际化相比，还存在着较大的差距。在国际分工方面，虽然由于一批跨国公司的进驻，在苏州生产的电子信息、机电一体化、生物医药、精密机械等产品在国际市场上占据了一定份额，1997年，机电产品出口已占出口总值的49.2%，但其中属于苏州自己的技术和产品却很少；在国际贸易方面，1997年，苏州的开放度为61%，出口依存度为35%，但三资企业挑了重担，出口占据了68.3%的份额；在国际经济技术合作方面，虽然已有海外窗口企业127家，外经创汇额达到9200多万美元，但相对于外资、外贸而言，不能不说还是一条"短腿"；即使是利用外资，也是喜忧皆有，至1997年6月底，全市实际到账外资已达131.6亿美元，开工投产的外资企业5000多家，但"外强内弱"的现象十分突出，消化、吸收、利用国外先进技术、先进管理经验还没有完全"破题"，外向型经济与本土经济融合度差，外向带动才刚刚起步，自身经济发展还处于"弱势"状态，而经济国际化则要求，通过外向带动振兴本地经济，进而实现从外向的"单极辐射"转换为外向、内向的"双向互动"，最终使苏州经济以平等主体的身份参与国际分工，融入国际经济大循环。

我们正处在世纪之交的重要时期，全球经济一体化的趋势明显加快，科学技术日新月异，国际局势出现了许多新的情况，给苏州经济国际化带来了难得的机遇，也面临着严峻的挑战。千载一时，得时勿怠。只要我们遵循经济规律，趋利避害，就一定能加快经济国际化的步伐。1997年，美国《国际先驱论坛报》载文指出："我们正处在一场为期50年不可逆转的世界经济变革的开端，从一系列局限在比较封闭的国家经济中的本地行业，转变到全球竞争的一个一体化的全球市场体系。在规模扩大的全球舞台上，在地位和机会的竞争上，站着不动意味着落后。如果没有全球思想，就有被淘汰的危险。如果有全球思想，机遇看来是无限的。"在今天的世界舞台上，经济全球化至少在三个方面显示了它的特征：①世界资本市场的流动性和一体化规模越来越大，数以万亿的国际流动资本在全世界寻找可盈利的投资机会，资本越来越多地向任何能产生高效益的国家和地区提供，1996年全球直接投资就达3500亿美元；②关贸总协定和世界贸易组织的建立和发展，以及以中国为代表的发展中国家80年代以来形成的改革开放的潮流，扩大了开放全球竞争舞台供外国竞争的规模，现在全球跨国公司已超过4.5万家，资产总值已超过8.4万亿美元；③90年代后期开始的计算机和通讯技术方面的革命，为资本的全球流动、企业的竞争、贸易的扩展发挥着难以估量的巨大作用。以江泽民同志为核心的领导集体，高举邓小平理论的伟大旗帜，坚定不移地实行改革开放政策，国内政治稳定、经济发展、外汇储备充足、汇率稳定，市场经济体制初步确立。所有这些都为苏州的经济国际化提供了良好的宏观环境。

当然，我们也应该清醒地看到，全球经济一体化进程中，世界范围内贸易保护主义、单边主义抬头，发达国家在获取高额利润的同时，加强了对高技术的封锁，特别是东南亚金融危机，更是把全球经济一体化的负面效应展现得淋漓尽致。东南亚国家由于经济政策的失误：大量举借短期外债，并流向房地产和证券行业；资本项目缺乏有效监管；经济增长方式的粗放型；政府对经济的深度介入等，终于导致了祸在亚洲、波及世界的金融危机。东南亚金融危机给正在推进经济国际化的苏州可以说是上了"免费一课"，教训是多方面的，最重要的一条是，在发展外向型经济时必须始终明确：在推进经济国际化的同时必须加快国内改革步伐，加快经济体制和经济增长方式这两个根本性转变，提高民族整体素质。

加快苏州经济国际化进程，归根到底要加快苏州经济融入世界经济的速度、程度和力度，它至少应具备如下一些特征：①与国际惯例接轨的经济体制和运行机制初步形成。世界经济论坛主席克劳德·斯马亚说过，全球化是"一个巨大的浪潮，如果你没有冲浪的本事，你就要被淹没"。为此，政府成员必须熟悉国际经济运作的基本知识，建立起能够应付"全球化"所带来种种挑战的体制和运行机制。企业必须做到产权清晰、权责明确、管理科学，面向国际市场实现生产要素的组合与配置，增强参与国际分工

与文字为伴

的能力。②全方位、多元化的开放格局初步形成。利用外资规模进一步扩大，结构得到优化，电子信息、机电一体化、生物医药、精细化工等"朝阳产业"逐步成为苏州市的支柱产业，开发区通过参股、控股，开始拥有自己的跨国公司，一个内外资共同拥有产权、共同建立企业，达到共同富裕的"共享经济体"初见端倪；一个立足亚太、面向世界的多元化销售网络初步形成，苏州逐步成为环西太平洋一个重要的加工制造工业基地，技术的引进、消化、吸收、创新，贸工农一体化的内资自营进出口企业出口创汇能力将显著提高，部分商品在世界市场中占有较大份额；在对外经济技术合作上，应当有实质性进展，由过去的以劳务输出为主，向劳务输出、技术输出、资金输出并重发展，对外直接投资明显增加，还可尝试在海外创办开发区进行成片开发。此外，离岸金融业务，服务贸易，双向的技术交流与合作也将逐渐起步。③具有国际竞争力的投资环境初步形成。这里不仅包括具备国际水准的外部环境，如便捷的交通、发达的通讯、可持续发展的环境质量、先进的社会服务设施等，也包括具有中国特色的、符合国际惯例的软环境，如安定的生活环境、公开公平的政策环境、讲究效率的办事程序、运行机制等，真正使苏州成为国际国内普遍看好的投资热点。

三、坚持邓小平理论与苏州改革开放实际的有机结合，走出一条具有苏州特色的经济国际化之路。

苏州的外向型经济是抓住了80年代苏州成为沿海开放地区、90年代浦东开发开放和小平视察南方重要讲话的历史机遇，而迅速发展壮大起来的。世纪之交的今天，苏州外向型经济处于向经济国际化阶段迈进的历史转折关头，抓住新的发展机遇，迎难而上，事关21世纪苏州经济的发展前景。

1. 坚持邓小平理论同苏州改革开放实践的有机结合，把外向带动战略真正作为苏州市经济社会发展的主体战略，全方位提高苏州经济国际化的水平和程度。

苏州市发展外向型经济认识早、行动快，早在80年代中期，苏州市委就提出了外向开拓战略，提出了外资、外贸、外经"三外并举"和"三外联动"的思路。1994年，苏州市第八次党代会以后，市委又反复强调，可持续发展战略、科教兴市战略、外向带动战略是苏州经济社会发展的"三大战略"。把外向带动作为战略问题来抓，反映了市委的认识和决心。现在的问题是，如何采取切实有效的措施，将外向带动战略落到实处。邓小平在改革开放之初就说过："实行改革开放政策，有个指导思想要明确，就是不是收，而是放。"最近中央6号文件也指出"积极、合理、有效地利用外资，是必须坚持的指导方针"，"有效就是提高利用外资的质量和效益，有利于增强综合国力和竞争力"。我们认为，外向带动战略，不是一般的战略，而是经济社会发展的主体战略，这个战略的主体性，不仅仅是指它的长期性、重要性，而且表明了它已超越了外向型经济本身的发展，而上升为外向型经济是带动全社会经济社会发展的具有导向性、全局性的重大问题；表明了这种带动不仅是一种经济的带动，而且包括技术、人才、体制、机制、文化等在内的全方位的带动，渗透到经济社会发展的全过程；表明了这种带动的根本目的是为了提高区域的整体发展水平，增强国家和地区的综合实力和竞争力。把外向带动作为主体战略，就必须把邓小平理论同苏州改革开放的实际相结合，走出一条具有苏州特色的经济国际化之路；就必须切实防止、有效化解经济国际化进程中可能出现的种种风险；就必须把外向带动由理论转化为有效的措施，通过与外商配套、参股、控股、"借梯上楼"、"借船出海"等途径全面提高内资企业的竞争力；就必须把发展外向型经济与区域产业结构调整相结合，优化产业结构，实现产业升级；就必须按国际规则、国际惯例办事，按国际标准组织生产，提高国际化经营能力；就必须充分发挥开发区，特别是国家级开发区的扩散效应，把开发区带动作为外向带动的实施载体；就必须努力构筑包括开放领域多元化、开放客体多元化、开放形式多元化、开放地域多元化在内的全方位开放格局。

2. 跳出狭隘的行政区域的羁绊，以发展区域一体化推动经济国际化。

邓小平 1983 年视察苏州时，说过"搞经济协作区，这个路子是对的"。随着经济的发展和改革的深入，人们已经深刻地认识到，按照经济区域来合理组织经济活动，而不是按行政区划来约束经济的合理流向，是市场经济发展的客观要求。苏州地处长江三角洲腹地，又邻近上海，充分利用长江三角洲地区尤其是上海市的产业优势、交通优势、市场优势、技术优势、人才优势，是苏州迈向经济国际化的捷径。可以说，经济国际化，首先是区域经济一体化，离开经济的区域化、"国内化"，就不可能有真正的经济国际化。发展区域经济一体化，区域内必须具备产业纽带、交通纽带、市场纽带，而经济利益纽带则是形成经济区的根本条件。"80 年代看深圳，90 年代看浦东"。21 世纪中国经济起飞之龙将首先是长江，而上海则是龙头。为此，江苏省提出了"坚决支持、主动服务、迎接辐射、促进发展"的方针。作为与上海相邻的苏州，是迎接上海辐射的"第一站"，更应积极主动地与上海接轨，一是接通"轨道"，打破行政界限，促进区域发展一体化；二是调整"轨距"，实现优势互补，形成产业结构梯度化；三是增加"轨数"，合理配置资源，推动要素流动系统化。苏州、无锡、常州三市，具有相同的经济发展过程，源远流长的合作关系和实现区域一体化的经济基础，理应发展成为紧密型的一体化区域。当务之急就是要打破行政区划的板块式组合，加强统一规划，发展区域合作，把分散的优势凝聚成苏南的整体优势。此外，还要加强与苏中、苏北以及内地其他地区的合作，从而形成紧密层、松散层等多层次的区域合作关系，并以此为基础加快经济国际化步伐。

3. 实施"技术反转"战略，实现由"垂直式"国际分工向"水平式"国际分工的转换。

国际经济学的"中心——边缘"理论认为：二战以后，西方发达国家成为世界政治、经济中心，其他地区则成为中心之外的"边缘地区"，在此格局下的国际分工只能是发达国家垄断工业制成品生产，而发展中国家主要是以出口原材料和初级产品为主的"垂直式"国际分工。虽然苏州出口商品中，技术含量高、附加值大的机电产品已占加工贸易出口的49.2%，但扣除外资企业的出口部分，苏州尚未摆脱所谓"垂直式"国际分工的形态。美国著名学者莱斯特·瑟罗教授曾提出"技术反转"理论。所谓"技术反转"，就是相对于科技源占领市场而言，通过技术的引进改变其生产过程，进行技术创新、降低制造成本，反过来占领对方的市场。比如，美国发明了录像机和传真机，而结果日本成为这一产品生产、销售、利润方面的老大。随着一大批跨国公司和高新技术项目的引进，苏州具备了实施"技术反转"、建立技术创新体系的基本条件。如果说苏州经济80年代得益于乡镇企业的崛起，90年代得益于外向型经济的话，那么，21世纪将得益于新一代人才的崛起和技术的创新。走经济国际化之路，一是要重视科技人才，特别是注重在外资企业中工作的中方科技人员的培养，把他们作为苏州科技创新重要的后备力量；二要加强与国内科研院所的合作，推动内资企业的技术改造与产业升级，缩小与国外先进技术的"落差"，创造接受辐射的良好基础；三要加强与外资企业的配套合作，纳入外资企业的产业链，培育一批优质的中小企业；四要在开发区建立科技孵化器，强化技术创新功能，建立科技产业投资风险基金；五要加大科技体制改革力度，建立科技成果转化为现实生产力的"通道"。

4. 加快政府机构改革，实行政府制度创新，形成与经济国际化相适应的体制与运行机制。

有关政府与市场的关系，一直是宏观经济学争论的焦点问题之一，其实质是要寻求在市场经济条件下，政府作用的理性边界与限度。两者的关系随经济形势的变动而变化，在西方经济学中，主张政府不干涉的"自由放任主义"与主张政府干涉的"政府干预主义"都曾占据过统治地位。在东亚经济欣欣向荣的"黄金时期"，强有力的政府在经济转型中发挥了重要作用，被誉为不同于西方经济运行的"东亚模式"。东南亚金融危机后，这一模式的弊端也暴露出来：政府政策的某些失误，高度集中的"政企银"关系所引发的种种风险。问题的实质在于，在经济形势一片大好的背景下，政府体制没有适时地进行调整，原来就已存在的种种弊端没有得到及时地革除，以至于"辛辛苦苦几十年，一夜回到了从前"。中国和东南亚国家有着相同的政治文化传统，相似的发展道路，东南亚的经历对我们的启示是深刻的，其中之一就是必须加快政府机构改革，理顺体制和运行机制。值得高兴的是，党的十五大报告明确指出："机构庞大，人员臃肿，政企不分，官僚主义严重，直接阻碍改革的深入和经济的发展，影响党群关系，这个问题亟待解决。"随后召开的九届人大一次会议通过了国务院机构改革方案，国务院把机构改革确定为必须到位的三个决策之一。中央的这一决策，为地方机构改革提供了依据和保证。作为外向型经济发展迅速的沿海地区，苏州应在中央和江苏省的统一部署下进行改革，同时还可以根据苏州的特点进行创新或先行试验。首先要明确政府职能。政府要管应管的事，属于企业的坚决让给企业，属于社会的要交给中介服务机构去办。原来由企业承担，但事实上不属于企业的事情，要明确责任主体，让企业全身心投入生产经营。第二，要下决心裁减冗员，实现编制的硬化管理，同时，根据开放型经济的要求，提高政府公务人员驾驭经济国际化的能力和水平。第三，开发区作为新体制、新机制的试验区要及时地把成功的经验向普通区域转移，特别是苏州工业园区，更要及时提供借鉴新加坡经验形成的行之有效的软件，向区外辐射，并逐步规范化。第四，积极推进依法治市的进程，实现政府行为规范化，逐步按国际惯例办事，充分发挥政府在推进经济国际化进程中的作用。

（合作者：刘伯高，成文于 1998 年）

邓小平"特区开发"思想在苏州的成功实践

简述：建立和发展经济特区，是中国改革开放的一个重要特征，也是邓小平对外开放理论中的一个重要内容。苏州是沿海开放地区，本身不是特区，按照邓小平"特区开发"的思想，谋划和运筹苏州的开发区建设，是苏州人的一大创新。正是在邓小平"特区开发"战略思想的指导下，苏州在改革开放的大潮中，走出了一条富有特色的开发区建设之路。

一、始终坚持一切从实际出发的原则，解放思想、抢抓机遇、大胆创新。

二、充分体现"重中之重"的战略构想，立足全局推进开发区的发展。

三、努力实践"三位一体"的开发模式，创造开发区建设的苏州特色。

四、积极营造一流的投资环境，增强开发区招商引资的竞争力。

五、大胆探索"小政府大社会"路子，内外互动构建开发区新体制新机制。

世纪之交的 2000 年，苏州的外向型经济实现了两大突破：一是累计实际利用外资达 203 亿美元，二是当年全市外贸进出口总额达 200.7 亿美元，在全省总量中分别达到 45％和 44％，这标志着苏州的外向型经济发展到了一个新的历史阶段。值得注意的是，在上述两项指标中，苏州各级各类开发区的贡献份额分别占到 59.6％和 81％，扮演了十分重要的角色。十年生聚，十年发展。如今，苏州开发区已当之无愧地成为全市经济发展的"领头羊"和动力源。据测算，苏州开发区的国内生产总值、财政收入、进出口总额和出口总额每增长 1 个百分点，就可相应分别拉动全市总量增长 0.198、0.2、0.64 和 0.51 个百分点。

显而易见，这是邓小平"特区开发"思想在苏州开发区的成功实践。建立和发展经济特区，是中国改革开放的一个重要特征，也是邓小平对外开放理论中的一个重要内容。其实质就是，在一定的区域，辅以特殊的政策，以局部的突破求得整体的发展，正如改革开放的总设计师邓小平同志所指出的，"划出一块地方"，"杀出一条血路来"。苏州是沿海开放地区，本身不是特区，按照邓小平"特区开发"的思想，谋划和运筹苏州的开发区建设，是苏州人的一大创新。正是在邓小平"特区开发"战略思想的指导下，苏州在改革开放的大潮中，走出了一条富有特色的开发区建设之路。

一、始终坚持一切从实际出发的原则，解放思想、抢抓机遇、大胆创新。所谓抓住机遇，就是把宏观变化所带来的客观可能性转变为现实，就是把中央的精神与地方实际紧密结合起来，牢牢把握宏观趋势，不断求得新的突破。纵观苏州开发区的发展历程，可以说就是一个顺应历史潮流，不断解放思想、抓住机遇的过程。

90 年代初，有两件大事对苏州的发展产生了重大影响：其一是党中央作出了开发开放上海浦东的战略决策，与上海近在咫尺的苏州一下子被推到了对外开放的前沿；其二是邓小平同志视察南方重要讲话的发表，迅速打开了中国对外开放的新局面，加快发展成为时代的强音。如何抓住机遇、乘势而上摆到了苏州人的面前。苏州市委、市政府毅然决然地选择了依托开发区的发展路子。在苏州经济的发展史上，乡镇工业无疑产生了重大的作用，对于加快农村工业化步伐，拉开城乡生产力布局，冲破传统、封闭的经济体制和格局，都具有十分重要的战略意义。但不容忽视的是，80 年代末 90 年代初，伴随乡镇工业的大发展，随之也形成了苏州农村"村村点火、处处冒烟"的分散布局，浪费资源、污染环境的问题日益显露。

同时，随着宏观政策环境的变化和全国治理整顿的展开、市场化改革的不断推进，苏州乡镇工业增长速度放慢、负债率增高、亏损企业增多。苏州市委、市政府敏锐地意识到，这种低水平量态扩张的增长方式已经难以为继，必须抓住机遇、寻求新的突破，加快实现由粗放式发展转向集约式发展、外延扩张为主转向内涵提高为主。与此同时，昆山在80年代中期"自费"创办开发区的成功实践，也给了苏州市、县领导重要的启示：举办开发区，以开发区为载体，调整经济结构，优化生产力布局，提升经济发展层次，无疑是一条成功之路。为此，苏州市委、市政府审时度势，制定了"依托上海、接轨浦东、迎接辐射、发展苏州"的战略方针，全面部署了开发区建设。90年代初的短短几年，5个国家级开发区、10个省级开发区以及130多个乡镇工业小区应运而生，其中既有经济开发区、高新技术产业开发区，又有保税区、港口开发区，既有旅游度假区，又有农业开发区，创造了中国对外开放中的一个奇迹。

实践表明，发展的不同阶段有不同的客观要求，同时也蕴含着不同的发展机遇。如果说，苏州各级各类开发区的兴起是宏观机遇与微观实际结合的产物，那么，苏州开发区二次创业同样是抓住机遇、大胆创新的结果。进入90年代中后期，苏州的开发区基本上完成了形态开发，开发区的宏观发展环境也发生了重大变化，优惠政策的递减，开发区之间的产业同构以及无序竞争，东南亚金融风暴对开发区招商引资的持续影响，等等，苏州开发区如何进行二次创业的问题凸现出来。在此重大转折关头，市委、市政府在调查研究的基础上，形成了以功能开发为重要特征的开发区二次创业发展思路，指导并推进了开发区的实践。苏州高新技术产业开发区在全国较早进行了高新技术孵化功能的开发，早在1994年就经国家科委批准建立了国家级的高新技术创业服务中心；经过努力，又于1996年经联合国开发计划署确认该中心为国际企业孵化器；1998年又进一步设立了中国苏州留学人员创业园，"三位一体"孵化基地的建立，大大完善了苏州高新技术产业开发区的科技创新体系，增强了科技创新能力。基地累计进驻企业超过300家，开发高科技项目超过450项，科技成果转化率和孵化企业成功率均达到95%，形成了电子信息、生物医药等一大批高科技项目，其中已培育了创捷电子、新协力机电等近10家年产出3000万元以上的科技"小巨人"。苏州开发区创办出口加工区、增强自身的引资载体功能，同样是抓住机遇、大胆创新的成功实践。随着开发区引进的外资企业增多，外商为了企业产品进出口的方便，迫切需要开发区具备一种类似于保税区的、能够保证产品"大进大出、快进快出"的功能。而同时，国家有关部门也有在全国开展进出口加工区试点的设想。昆山开发区敏锐地抓住了这一重大契机，从1997年初开始就积极酝酿创办出口加工区的方案，之后两次组织有关人员到台湾实地考察，同时积极向国务院和江苏省有关部门申请报批，经过不懈努力，终于在2000年4月，经国务院批准，与苏州工业园区一同列为全国首批15家试点单位，并分别通过了国家验收。

二、充分体现"重中之重"的战略构想，立足全局推进开发区的发展。苏州市委、市政府确立的"重中之重"发展思路，就是始终置开发区于经济发展的突出地位，使开发区的发展成为一种全局意义上的发展，成为开发区自身能量不断集聚进而辐射带动区域经济的过程，这是苏州市委、市政府的一个重大战略构想，也是苏州开发区发展成功的重要因素。

苏州市委、市政府建设开发区的指导思想是十分明确的，即绝不仅仅是为了繁荣开发区自身，而在于带动区域经济的整体发展。1993年新春伊始，正是全市开发区蓬勃兴起之时，苏州市委、市政府首次专题召开开发区工作会议，为开发区的发展进行高起点的准确定位，要求把开发区建设成为改善投资环境、实现大开放的示范区，优化经济结构和推进经济上水平的启动区，引进和发展高新技术的先导区，深化改革和建立市场经济新体制的试验区，实行全方位开放的前沿区，为全市经济发展发挥应有的辐射和带动作用。90年代以来，市委、市政府始终把开发区建设摆上"重中之重"的战略地位。比如，每年专题研究开发区工作，制定落实具体的工作措施；定期召开开发区现场办公会议，协调解决发展中的一些具体问题；每年确定主题，由市委领导带队就开发区问题进行专题调研。随着开发区在引进外资、产业基础、经济总量等各个方面逐步形成规模，其在区域经济中的"制高点"效应逐步形成，"辐射源"优势日益显露。1996年初，苏州市委审时度势，先后两次召开常委扩大会议，明确提出把工业园区、苏州高新区以及其他国家级、省级开发区作为全市经济社会发展的"重中之重"，是苏州扩大开放、实施外向带动战略的主战场，是全市经济发展新的增长点；是全市经济腾飞的希望所在。为了进一步增强苏州开发区能量的集聚和辐射功能，同年3月中旬，市委主要领导亲自带领5个国家级开发区及相关部门负责人到上海浦东新区调研考察，以促进苏州开发区进一步学习浦东、服务浦东，主动接受浦东的辐射与带动。同年8月，由市委领导带队，针对苏州如何实施开发区带动战略展开调研，这一调研不仅完善了市委、市政府的外向带动战略，也促进了开发区带动区域经济发展局面的全面形成。

纵观"九五"期间苏州经济的发展，以开发区为载体的外向带动战略，是苏州继实施科教兴市、可持续发展两大战略之后的又一重大战略，全面体现在苏州市委、市政府的一系列重大工作部署中。以开发区为载体，推进生产力布局调整。苏州市委、市政府全面规划并推进了"四沿展开"生产力布局大调整，即沿长江以港口为依托，发展运输量大、耗水量多的钢铁、电子、石化、建材等基础工业和仓储业；沿铁路、高速公路等交通大轴线，重点发展占地少、无污染、技术含量高、附加值大的高新技术产业；沿上海周边地区，加强同上海的经济协作与循环，发展与大工业协作配套的加工制造业；沿太湖、阳澄湖、淀山湖等大型湖泊，发展特色旅游业和环湖经济。以开发区为载体，增强中心城市辐射带动功能。苏州工业园区和苏州高新区的快速发展，使得市区经济增长幅度长期低于县市的局面得到根本扭转，"东园西区、古城居中、一体两翼"的中心城市经济能量级提升格局初步形成。据统计，从1995年到1999年，市区国内生产总值平均增幅为15.1%，比县市增幅高出5.3个百分点，市区财政收入平均增幅为22.3%，比县市增幅高出4.3个百分点。同时，市区经济占全市总量的比重也从1997年开始明显上升，三年中市区国内生产总值和财政收入占比年均分别扩大0.84和1.72个百分点，到1999年占比分别达到19.16%和33.84%。以开发区为载体，全面实施外向配套。苏州市专门建立了市工业产品配套协作工作领导小组，在市经委组建了配套协作办公室，这一网络纵向到底、横向到边，一直延伸到乡镇，每年组织配套协作洽谈会，有效推进了内资企业为外资企业产品、项目、外包装等的配套，使一批国有集体企业摆脱了困境，一批企业成为在电子元器件、注塑加工、包装印刷、贴片加工等方面装备能力强、技术水平高的外向配套"小巨人"。据统计，全市已建立近400家配套企业，开展了600多个外向配套协作项目，2000年，全市配套产品销售额达到102亿元。许多开发区还在周边建立了配套小区，带动了周边地区的发展。昆山开发区从90年代中期建立兵希镇第一家配套小区开始，短短几年，按照专业分工，先后建成了陆家镇橡胶、化纤，张浦镇新型建材，新镇镇电子元器件等18个乡镇工业配套小区，在外向配套协作过程中，带动了这些乡镇小区产品结构的合理调整和专业特色的形成，使其走上了专业化、规模化发展之路。

三、努力实践"三位一体"的开发模式，创造开发区建设的苏州特色。特色就是灵魂，苏州的特色在于，开发区不是一般意义的开发区，它毗邻建成区，既是苏州经济增长的希望之区，又是高新技术的密集之区，还是现代化的新城区。这种"三位一体"的立体开发模式，突破了一般开发区平面的、单一的开发思路，走出了古城区保护更新与新城区开发建设相结合、经济发展与城市发展相结合的新路子。

苏州开发区的实践表明，"三位一体"开发模式的实施，对于依托和发挥老城区原有的经济基础、区位条件、基础设施等优势，对于加快形成开发区自身的特色和优势起到了重要作用，新城区与老城区形成了一种良性互动的关系。一方面，老城区规模得到高层次的扩张。据统计，70年代末80年代初，苏州市区面积仅为26.6平方公里，很长一段时期，城区面积狭小成为经济发展的瓶颈，随着"东园西区"的加快建设，到2000年底，市区面积扩大到87平方公里。更为重要的是，"东园西区"在规划建设过程中，注重了古城与新区、历史与现代在风格上的协调一致，兼顾了国际化城市与苏州水乡城市特色的有机融合，各种景观、建筑风格与城市功能、各项基础设施，都按现代化要求统一规划，新城区充满了现代化气息，成为苏州市区的质态延伸。在6个县级市城关镇，依城而建的开发区扩展效果更为明显，原来6个县级市城关镇平均面积只有4.15平方公里，随着开发区建设的推进，到2000年底，平均达到21.65平方公里，成为颇具规模和现代化气派的中等城市。另一方面，古城古镇得到有机更新。开发区的发展，使苏州在古城古镇的保护与更新上获得重大契机，赢得了回旋余地。东园西区的开发建设，使古城区130多家工业企业实行了功能性搬迁，8万多人得到有效疏散，保护古城和有机更新相结合的街坊改造、干将路工程、观前地区整治更新和盘门景区改造等重大城市建设项目得以实施，古城区的现代化设施建设全面推进，以商贸、旅游、文化为中心的功能得到重塑。同时，客观上也使苏州的名城效应和区位优势得到更高层次和更大范围的发挥，极大地增强了东园西区招商引资、经济腾飞的吸引力和凝聚力。千年古镇甪直同样是一个十分典型的例子，很长一段时期，历史悠久、名胜古迹众多是甪直镇的宝贵财富，同时与甪直经济发展形成了尖锐的矛盾。80年代末90年代初，随着开发区建设的兴起，甪直在古镇西侧建设了3平方公里的经济小区，实行水、电、气统一联网供给，生活、生产污水集中进行两级生化处理，原来的小烟囱全部拆除，改用一只大烟囱经除尘后高空排放。集中发展乡镇工业、集中供热和集中进行污水处理，使古镇的保护落到了实处，增添了古镇招商引资的魅力。近年来，甪直在成为风景名胜之地的同时，也成为江苏最大的玩具出口基地和全国乡镇工业出口创汇百强乡镇。

更为重要的是，"三位一体"开发模式的实施，全面推进了苏州新兴产业基地的形成。改革开放初期，苏州以传统的轻纺工业和加工工业为主的特征仍十分明显，即使到1990年，苏州工业总产值中丝绸、纺织、轻工、工艺等传统工业还占到49%，而具有高科技含量的电子信息、生物医药、新材料等新兴产业的比重不到10%。苏州开发区在发展过程中，选优择大迅速集聚了一批科技含量高、产业层次高、资金密集度高的外资大项目。到2000年底，开发区引进外资项目2764个，累计合同外资233亿美元，实际利用外资121亿美元，其中名列世界500强企业投资开发区项目近百个。工业园区外资项目平均投资额超过3000万美元，其中投资额上亿美元的有19个。随着美国的艾默生电子、韩国三星电气等一大批高科技项目的进入，在区内迅速形成了微电子、精密机械、生物制药、新材料和名牌轻工等五大高新技术产业群；苏州高新区平均外资项目投资额超过1100万美元，其中投资额上亿美元的大项目有12个。通过几年发展，已经形成了电子信息、精密机械、精细化工、新材料等新兴工业，在全区经济总量中比重接近90%；昆山经济开发区已经形成以高新电子、精密机械、精细化工为代表的支柱产业，其份额占到全区经济总量的60%。开发区新兴产业的形成，使苏州经济迅速发生了脱胎换骨的变化。到2000年底，在全市工业总产值中，以电子信息、机电一体化、新型家电、精细化工、生物医药、新材料为主的六大支柱产业已初具规模，比重上升到40.3%，高新技术产品产值占工业总产值的比例达25%。尤其是以知识和科技密集为重要标志的电子信息产业在全市经济中占据重要地位。据1999年底的数据，全市具有一定规模的电子信息产品制造企业达到504家，电子信息产品年销售收入达315亿元，占规模以上企业销售收入的17.9%；市区在苏州高新区和工业园区的推动下，电子信息产品销售收入达205.8亿元，占市区规模以上工业企业销售收入的43.6%；全市有41只电子信息产品年销售收入超过5000万元，开发区的产品如鼠标器、显示器等在全国乃至世界占据了一席之地。

四、积极营造一流的投资环境，增强开发区招商引资的竞争力。从某种意义上说，苏州开发区之所以能够保持强劲的招商引资势头，努力营造富有竞争力的综合投资环境是一个重要原因。苏州开发区的实践表明，丰富的自然资源、良好的区位和交通条件以及国家赋予的诸多优惠政策，固然是一种重要的环境因素，但这仅仅是一种外在赋予或客观存在的基本因素，而非决定因素，关键在于通过软硬环境的不断提升和整合，使单一的环境因素产生叠加和乘积效应。

苏州开发区的环境营造是从基础设施建设起步的。为了解决资金不足问题，苏州开发区探索了有偿出让土地使用权的"自费开发"，一次规划、滚动推进的"巧开发"，吸引外商参与基础设施建设的"引凤筑巢"，尝试股票上市和借壳上市的"资本运作"等多种筹资渠道，确保了开发区基础设施建设不仅贯穿始终，而且不断完善。据统计，到2000年底，苏州开发区累计开发面积超过167.43平方公里，投入建设资金近201.48亿元，国家级开发区普遍达到"七通一平"，省级开发区普遍达到"五通一平"，其中苏州工业园区达到了"九通一平"，首期开发的11.3平方公里区域投入资金超过70亿元，每平方公里超过6亿元，在全国开发区中首屈一指，其高标准的基础设施可与国际著名开发区新加坡裕廊镇相媲美。与此同时，随着开发区招商引资工作的全面展开，热忱为外商服务成为苏州开发区的一个普遍现象，基本都采取了"一站式"服务、"一个窗口对外"，兴办外资项目的土地批租、申办执照等各种手续集中办理，在时间上作了明确要求，让外商感到方便、快捷。随着实践的深入，这种服务向两个方面延伸。一个是由原来局限于举办项目向生产全过程拓展，建立了跟踪服务、现场办公、定期会审等制度，为外商提供经营管理、人才招聘、原材料供应、集装箱运输、法律诉讼等"全程服务"。另一个是由原来局限于生产及相关领域向生活安居拓展，切实加强了外商居住小区的治安管理，加快建设了方便外商及其亲属子女的医院、学校等一批公共服务设施，全面推进了区域内绿化美化亮化工程，让外商有一种"家"的感觉。

如果说，苏州开发区的环境营造在发展初期总体还处于较低层次，那么，进入90年代中期，随着宏观环境的变化、优惠政策的消减、招商引资竞争加剧，苏州开发区的环境营造进入到一个软、硬环境互相作用、协同推进的更高层次。一是全面倡导亲商观念，把环境营造从"物"的层面提升到了"人"的层面。苏州工业园区在借鉴新加坡经验过程中，引入亲商观念，开了亲商风气之先，苏州开发区以此为契机，积极响应并倡导亲商观念，全面推进了办事程序的透明简化高效，开发区的所有政策规定、管理办法、操作细则都做到公开、透明，并及时、主动告诉外商，对政策及有关规定的解释做到规范、全面、准确、连贯，在执行政策时做到公平、公正。苏州工业园区在倡导亲商观念中，明确作出三项规定，即所有负责管理和服务职能的各直属单位的全体工作人员，必须改变传统的思维方式和行为方式，在思想上真正确立起强烈的亲商意识；园区各级领导率先垂范，并教育和督促本部门及所属单位的工作人员切实做好亲商服务，把有无亲商意识、能否做好亲商服务工作列入考核内容，奖优惩劣。同时引入新加坡政府考评公务员评分排序的做法，各级领导都对自己的下属评分、排序，由组织人事部门汇总后经管委会确认，对成绩突出、贡献大的人员予以特别奖励，对不合格者按规定予以调出机关处理。由此全面推进了工业园区的亲商服务。二是积极推进硬件配套，跳出了一般意义的硬环境营造，更多地体现一种投资环境的品质。随着基础设施建设的逐步到位，开发区的自来水、污水处理、供热、供气、供电等源头设施建设也相继全面展开，这在国家级开发区表现得更为充分。比如，苏州工业园区全部的生活污水和工业污水都纳入统一的污水处理系统进行处理，在国内开发区堪称绝无仅有；比如，苏州高新区是全国最早建立区域性ISO14000环保管理体系的开发区，环保投资指数几年来始终保持在国内生产总值的2.85%左右，同时制订了配套的环保管理制度。三是加快提升服务功能，高起点综合营造开发区软硬环境。从总体上看，苏州开发区的服务功能在发展初期比较单一，而90年代后期苏州工业园区和昆山开发区两个陆路口岸和苏州高新区沪苏直通监管点的建立，则是一个重大突破，由此简便了外资企业货物进出口通关、报关的手续，大大缩短了时间，也降低了通关成本，在加快服务设施与国际接轨步伐的同时，也增强了开发区招商引资的吸引力和竞争力。

五、大胆探索"小政府大社会"路子，内外互动构建开发区新体制新机制。毫无疑问，开发区加快建立"小政府大社会"的新体制新机制，是建立社会主义市场经济体制的题中之意，既可以在整体上起到先导、示范和促进作用，也是开发区自身发展的必然要求，以形成一种"体制驱动"的动力机制。因此，在苏州开发区的发展过程中，无论是在发展初期，还是在形成规模、进入产出时期，努力建立与国际接轨的新体制新机制，始终是苏州推进开发区建设的一个重要环节。

苏州的实践表明，开发区构建新体制新机制，实质上是开发区自身与地方党委、政府内外互动、互相衔接的过程，两者相辅相成，缺一不可。因此，苏州市委、市政府在推进这一实践中，始终坚持了对开发区简政放权、赋予相对独立的管理权限的指导思想，相应赋予开发区尤其是国家级经济开发区以"块"为主的管理权限。比如，对于苏州工业园区，经江苏省委、省政府批准，赋予副地市级权限，承担了一个中新两国政府合作开发建设的工业园区、五镇一场共17万人口的党政司法管理职能。比如，对于苏州高新区，苏州市委、市政府在1993年11月就明确赋予其市级部分经济和行政管理权限，作为市政府的派出机构，苏州高新区管委会在规划、工商管理、外资审批等 10 个方面享有与市政府相同级别的省辖市经济管理权限，拥有较大的人权、物权、财权和事权，在国家和地方有关法律、法规和政策框架内，凡是开发建设所必需的，不受其他部门的干涉。与此同时，苏州开发区根据精简、统一、效能原则，构建了"小政府"框架，总体上体现了综合性的特点，国家级开发区内设机构一般在 10 个左右，省级开发区一般 6 至 8 个。苏州工业园区的管理体制是借鉴新加坡经验的成功典型：一是行政管理主体与开发主体相分离，园区管委会履行行政管理职能，开发建设由中新双方财团合资组建的中新苏州工业园区开发有限公司负责；二是区内机构不同上级机构对口设置，内设机构尽可能综合化，管委会常设 7 个局，相当于市一级 88 个党政机构的职能；三是人员设置力求精干，编制严格控制在 120 人之内，比通常规模少三分之一；四是坚持不设事业单位，借鉴新加坡经验，设立政府独资或控股的企业，由政府机构特定授权，使企业承担某些行政性事务职能，按工作量获得政府机构支付的费用。

建立开发区的体制框架仅仅是改革的开始，应该说，依法治区是开发区管理经济、履行政府职能的一条重要标准，也是开发区管理体制改革的一项重要内容。因此，90 年代中期，在苏州开发区全面崛起、快速发展的重要时期，苏州先后出台了《苏州高新技术产业开发区条例》和《苏州市经济开发区管理条例》，对开发区机构权限、建设资金、高新技术及产业管理、规划管理、开发经营、社会服务管理等各个方面以法律形式予以明确。同时，各开发区也从三个方面进行了积极的尝试。一是制定法规条文，确保开发区管理部门在法律框架下履行职能。比如，苏州高新区在履行政府职能中坚持推行"四管四不管"，即：管市场不管企业，管宏观不管微观，管规划不管计划，管服务不管事务，在此原则指导下，苏州新区先后制定了 118 项法律规定，在投资、用地、房产、建设施工、劳动人事、分配制度、社会保障、用工制度、企业改革、税收征管等方面进行富有创意的实践，使开发区的各项工作有了一整套较为完善的工作规范，普遍受到外商的欢迎；苏州工业园区先后制定了 40 项法规条文，增强了园区政府对经济社会活动的控制能力，其中实行的公积金制度，一揽子解决了区内企事业单位员工居有其屋、病有所靠、老有所养问题，为面上的社会保障改革提供了借鉴。二是规范政府部门的收费行为。尽管苏州开发区在发展初期都制定和公布了政府向外商投资企业收取费用的项目和标准，但是在宏观环境的影响下，收费项目和标准都有所膨胀，因此，开发区加大清理收费、规范收费力度，成为依法治区的一个重要内容，开发区专门组成班子进行清理缩减，全面实行"收费许可证"和"收费员证"制度。经过清理，苏州工业园区在过去 100 多项收费中仅保留了 8 项行政事业性收费，对中介机构的服务性收费提倡公开竞争，防止垄断，必须垄断的服务性收费，其收费项目和标准必须经管委会批准后方可实施。昆山开发区由于清理压缩了 23 项收费项目，由此减轻了企业 4000 多万元的税外收费负担。三是尝试建立开发区市场机制。这既是政府部门的一项重要工作，也是构建开发区"小政府"体制的一个紧密相关的环节，近年来，中介行业在开发区全面兴起并活跃在经济舞台。创办中介机构最早的昆山开发区，发展至今，已创办了 80 多家中介机构，涵盖了企业生产经营、进出口业务、司法代理、职业介绍等领域。苏州高新区已经建立各类专业和兼业中介公司 110 多家，持有经纪人资格证书的专业人员有 200 多名，他们活跃在贸易、运输、房地产、人力资源、风险投资、企业策划、资信评估、技术转让等众多领域，而且其活动区域也跳出了高新区。高新区的安信国际投资顾问有限公司，是一家专门为投资商寻找良好投资环境的中介机构，1997 年成立以来，已先后介绍均宝电子、谊星工业、庆良电子等近 20 家中国台湾、韩国企业落户苏州高新区及昆山、吴江、吴县等地，项目总投资达 1 亿多美元。可以说，众多中介公司的涌现，突破区域的发展，不仅在活跃流通、合理配置资源等方面发挥了积极作用，而且推进了一个新兴产业的形成，同时也标志着苏州开发区市场体系建设取得了新的突破。

（合作者：陈楚九，成文于 2001 年）

与文字为伴

21 世纪初叶苏南区域经济国际化的研究

简述：经济国际化反映了一个国家或地区经济与世界经济融合的进程、程度和水平，它是一个由低级向高级逐步递进的过程。不失时机地提高苏南对外开放的程度和水平，实现由外向型经济向经济国际化的转换，是苏南实现跨世纪发展的必由之路。实现经济全球化，必须把产业国际化、市场国际化、科技国际化、资源配置国际化、经济管理体制国际化等作为有机整体，统筹考虑，整体推进。

经济国际化反映了一个国家或地区经济与世界经济融合的进程、程度和水平，它是一个由低级向高级逐步递进的过程。研究表明，经济国际化至少应当包括三个方面：一是从参与国际市场到与国际市场相融合，区域性市场成为统一国际市场的一个组成部分；二是从参照国际惯例到与国际惯例对接，基本上按照国际通行的市场法则和市场规则处理对外贸易和经济合作活动；三是从介入国际分工到进一步参与国际分工。

走国际化之路，意味着一个国家或地区的再生产过程同国际再生产过程相衔接，资金、原材料、劳动力、技术、信息、中间产品及最终产品参与国际大循环，经济运行既依赖于世界经济，又给世界经济以较大影响。衡量经济国际化水平，不仅包括外贸、外资、外经的情况，还包括政府决策、宏观经济环境、科技水平、要素生产力水平、企业管理水平、商品要素市场发育程度、基础设施状况和人力资源质量等。

由此可见，外向型经济是经济国际化的初级阶段，是经济国际化的必要条件和基础，而经济国际化则是外向型经济发展到一定阶段的必然趋势和结果。从外向型经济到经济国际化，不仅是数量上的继续扩张，更重要的是对外开放质量和效益的提高。

经过改革开放20年，尤其是近10年的发展，苏南逐步迈向经济国际化之路，这是一种合乎规律的必然走势。

1. 地区经济集团化、全球经济一体化的总趋势是苏南经济国际化的宏观背景。

作为我国沿海开放地区，苏南的跨世纪发展，离不开对全球经济趋势的把握。过去我们抓住了全球经济一体化产业结构调整的时机，不断扩大外向型经济的规模，今天，当我们谋划苏南跨世纪发展的时候，同样离不开对全球经济一体化的把握。

经济的全球化，要求各经济行为主体在全球范围内开展经济活动，自觉地把区域经济看成是世界经济整体不可分割的一个组成部分，积极而又慎重地实现市场、生产、金融、惯例等的国际化，在率先融入国际经济大循环的过程中，提升苏南经济的整体素质，从而把苏南地区由中国的发达地区转变为世界经济舞台上的一个经济贸易发达地区。

2. 逐步实现以扩大市场空间、技术升级、结构优化、可持续发展为主要内容的经济现代化，是苏南经济国际化的内在动力和微观基础。

1997年，根据综合指标评分法，苏南的现代化指标分值已经达到了83.9%，开始进入了现代化发展阶段；人均国内生产总值已达2300美元，相当于现代化标准的51.1%，已经进入工业化后期阶段。专家们认为，苏南的现代化是内源型动力的爆发与外源型动力双向作用的结果，内源型动力是主要驱动力，但外源型动力同样具有十分重要的作用。1998年，苏南的GDP总值达到2815亿元，其中28%是靠出口拉动的，全社会固定投资、税收、技术进步中外向型经济的份额占据了很大比重。对外贸易比率、对外投资比率等部分量值已超过美国、日本等发达国家，从而为走上经济国际化之路打下了坚实的基础。另一方面，走经济国际化之路，也是苏南外向型经济进一步发展的必然要求。从外向型经济到经济国际化，符合经济全球化和经济发展的客观规律，是苏南进一步提高对外开放水平的必然要求。在充分肯定苏南外向型经济成就的同时，我们应该看到，同一些发达国家和地区的国际化水平相比，还存在一系列结构上的差距。如：对外贸易比率是以较低的国内生产总值为基础的，而且技术含量偏低，对世界市场占有份额还很不够；对外投资比率中，对外投资与外来投资比率失衡。现阶段尚处于以接受外部经济辐射为主的阶段，走向国际化就是要通过自身实力的增强，实现双向互动，真正达到既依赖于世界经济，又给世界经济以较大影响。

尽管我们在一些指标上，已超过一些发达国家，但按照国际化的综合指标体系加以比较，则不难得出结论：苏南现在处于外向型经济向经济国际化迈进的特定时期。展望21世纪初叶，苏南经济国际化的目标包含扩大开放的广度与深度的目标与由实现民族经济利益所决定的价值目标两个方面。苏南经济国际化的战略取向，必须以邓小平理论为指导，坚持外贸、外资、外经、外服、外技"五外齐抓、五外齐上、五外联动"的方针，充分利用国际范围内的市场和资源，高起点引进国外的资金、技术、资源，借鉴、吸收国际上先进的管理经验。建立与国际经济运行公认规则接轨的开放型经济运行机制，健全涉外经济法规，促进经贸、工贸结合，改善投资的软硬环境，形成全方位、多层次、宽领域的对外开放新格局。最主要的就是要努力缩小苏南经济在生产经营领域与国际先进性标准的差距，包括企业依靠科技进步与国际标准的差距、生产和产品质量与国际标准的差距、劳动生产率与国际标准的差距、成本消耗与国际标准的差距、环境管理与国际标准的差距等。积极地缩小这种差距，是苏南地区实现现代化、迈向国际化的巨大动力。

3. 与国际接轨，按国际惯例办事，参与国际竞争，是苏南经济国际化的目标取向。从定性的角度看，苏南的经济国际化，应当具有以下几个显著特征：

（1）与国际惯例接轨的经济体制与运行体制初步形成。

（2）全方位、多元化的开放格局初步形成。利用外资规模进一步扩大，投资结构优化，电子信息、机电一体化、生物医药、精细化工等"朝阳产业"逐步成为苏南的支柱产业；开发区通过参股、控股，开始拥有自己的跨国公司，一个内外资共同拥有产权、共同建立企业，达到共同富裕的"共享经济体"初见端倪；一个立足亚太、面向世界的多元化销售网络初步形成，苏南成为环西太平洋地区一个重要的加工工业基地；技术的引进、消化、吸收、创新，贸工农一体化的内资自营进出口企业出口创汇能力将显著提高，部分商品在世界市场上占有较大份额；对外经济技术合作，应当有实质性进展，由过去的以劳务输出为主，向劳务输出、技术输出、资金输出并重转变，对外投资明显增加。

（3）投资环境具备国际竞争力。这里不仅包括具备国际水平的外部环境，如便捷的交通、发达的通讯、可持续发展的环境质量、先进的社会服务设施等，也包括具有中国特色的、符合国际惯例的软环境，如安定的生活环境、公开公平的政策环境、讲究效率的办事程序、融洽的劳资关系等等，真正使苏南成为国际国内普遍看好的投资热土。

从定量的角度看，苏南面向 21 世纪初叶经济国际化的主要指标，参照《1996—2020 年江苏跨世纪发展战略》，应该包括以下几方面：

（1）对外贸易：保持高于苏南国内生产总值增长速度，进一步提高其对国民经济的贡献度。

（2）利用外资：坚持积极、合理、有效地利用外资的总方针，在抓好直接利用外资的同时，适度扩大利用外国政府贷款、国际金融组织贷款以及股票、证券等其他形式的融资方式。

（3）服务贸易：积极参与国际服务贸易多边体系活动，推动苏南具有优势的对外承包工程、劳务输出、旅游，已具有长远发展前景的金融、保险、航运、设计咨询等服务贸易出口的不断增长。

（4）技术贸易：不断提高高附加值的重大机电单机、成套设备和高技术产品以及专有技术在出口总额中的比重。

（5）对外投资：积极发展海外事业，鼓励国内企业对外投资，提高资本的国际化营运水平。

应该说，上述指标是一个积极的指标，同时也是一个留有余地的指标。实现上述指标，受制于全球经济发展的基本形势、国家对外开放的总体进程以及宏观政策导向，但是，更直接、更富有挑战的是苏南如何正确地解决经济国际化过程中已经出现的、将来还可能出现的种种问题。

面向这些指标，苏南经济国际化的主要差距和挑战在于：

1. 苏南作为一个整体，缺乏总体规划，区域协调程度不高，区域一体化发展尚未完全"破题"。

应当肯定，经过改革开放 20 年的发展，特别是以市场化为目标取向的改革，在一定程度上打破了原有的各自为政、相互封闭的计划经济的传统格局，苏南各地的经济联系在不断增强，但是距离一体化发展的目标，相距甚远。集中表现为各地之间尚未形成以市场为基础、以经济利益为纽带、发挥整体优势的经济发展格局。在产业分工方面，苏南各地普遍存在产业雷同的现象。造成这种现象的根源是由于行政隶属关系的不同而造成的思想和体制障碍，因此，打破行政壁垒的羁绊，是苏南地区经济国际化的前提条件。

2. 苏南驾驭经济国际化的能力和水平亟待提高。

越来越多的有识之士看到，经济全球化、国内经济的国际化具有两重性。一方面，全球化为发展中国家提供了难得的发展机遇；另一方面，它也不可避免地会给发展中国家带来不利因素和风险。我们国家多次提出，社会主义现代化建设要利用国内、国外两种资源；要打开国内、国际两种市场；要学会组织国内建设和发展对外经济关系两套本领。从苏南的实际情况看，"两套本领"相对滞后于"两种资源"、"两个市场"。在招商引资方面，由于引资方面存在的地区竞争，还不同程度地存在"饥不择食"的情况，缺乏对项目的必要选择和长远的发展战略；招商手段主要还是传统的"以内引外"、"以外引外"、项目发布会等，而国际通行的如"代理招商"、"项目招商"、"网上招商"等方法使用还不够，对外整体宣传力度不强；招商区域过于集中在亚太地区，截止到1998年亚太地区的投资占比半数以上，欧美地区占比不大，地区结构不合理；外商投资集中于工业性项目，农业、基础设施、第三产业投资力度相对较少。在对外商投资企业的管理方面也有一些亟待研究与解决的问题，在苏南尚未形成一整套参与跨国经营的法规，尚未形成一支善于跨国经营的企业家队伍，自我创新能力不强，同时外商投资企业许多"超国民待遇"现象还比较明显。苏州市的一份调查表示，每百元工业企业销售收入创造的税收，三资企业只相当于国有企业的45%。此外，一些同志对利用外资可能造成的风险，包括可能影响地区的产业安全和社会稳定认识不够、研究不透。这在一定程度上影响了对外开放长期健康发展。

3. 无论是引进国外的资金、技术、管理层面，还是参与国际分工的程度、对国际市场的占有份额、对国际规则的制定与执行，所发挥的作用极其有限。

把苏南经济摆到国际经济发展的大背景下进行考察，目前尚处于外向型经济向国际化迈进的初始阶段，同真正的经济国际化相比，还存在很大的差距。在国际分工方面，虽然由于一大批跨国公司的进驻，在苏南生产的电子信息、机电一体化、生物医药、精密机械等产品在国际市场上占据一定份额（1998年，机电产品出口已占出口总额的40%），但属于苏南自己的技术和产品却很少；在国际贸易方面，1998年，苏南的开放度已达44.6%，出口依存度为28.3%，但外商投资企业挑了重担，占据了较大份额；在国际经济技术合作方面，虽然已有海外窗口企业近200家，外经创汇额达到2.5亿美元，但这些海外企业规模小、档次低，大部分效益不佳，还只是一个了解国外市场的"窗口"。相对于外资、外贸而言，不能不说还是"一条短腿"。即使是利用外资，也是喜忧皆有，利用外资途径单一，主要是外商直接投资。其他如国外贷款、股权投资、境外集资上市、ADR方式、BOT方式、创业投资基金方式、融资抵押发式等融资手段运用很少。对内开放滞后于对外开放，吸引内资尚有很大潜力，尤其是"外资企业强内资企业弱"的现象十分突出。消化、吸收、创新国外先进技术、先进管理经验才刚刚"破题"，一些加工贸易型外资"高科技"企业，绝大部分是跨国公司全球分工体系中的一个环节，生产技术掌握在外商手中，大多是停留在装配阶段。而且，这类"高科技"企业大都与当地产业关联度低，对当地工业的带动作用不明显，建立在这类企业基础上的经济体系尤其脆弱，而经济国际化的一个重要特征是，通过外向带动振兴本土经济，进而实现从外向的"单级辐射"转换为外向、内向的"双向互动"，最终使苏南经济以平等主体的身份参与国际分工，融入国际经济大循环。

我们还要清醒地看到，在全球经济一体化过程中，世界范围内贸易保护主义、单边主义抬头，发达国家在获取高额利润的同时，加强了对高技术的封锁，特别是亚洲金融危机，更是把全球经济、金融一体化的负面效应展现得淋漓尽致。东南亚国家由于在经济高速增长中经济政策的某些失误：大量举借短期外债，并流向房地产和证券业，造成经济泡沫的大量产生，出现了产业"空心化"，资本项目过早放开，缺乏相应的监管措施；经济增长靠资本的大量投入，没有及时地实现增长方式的转变；政府对经济的深度介入等，终于导致祸在亚洲、殃及世界的金融危机。美国著名经济学家克鲁格曼早在1994年就撰文批评亚洲模式侧重于数量扩张，轻技术创新。他认为，所谓的"亚洲奇迹"是"建立在浮沙上的"，因为仅靠大投入而不进行技术创新和提高效率的做法，容易形成泡沫经济。这场危机给正在推进经济国际化的苏南可以说是上了"免费一课"，教训是多方面的，问题不在于是否要国际化，而在于如何在推进国际化的进程中有效地防止可能出现的种种风险，关键是在推进国际化的同时必须加快国内政策步伐，加快推进经济体制和经济增长方式两个根本性转变，提高民族的整体素质，以更加积极的姿态迎接国际化的到来。

不失时机地提高苏南对外开放的程度和水平，实现由外向型经济向经济国际化的转换，是苏南实现跨世纪发展的必由之路。实现经济全球化，必须把产业国际化、市场国际化、科技国际化、资源配置国际化、经济管理体制国际化等作为有机整体，统筹考虑、整体推进。在经济国际化进程中，各种经济行为主体，都将扮演着重要的角色。其中政府在经济国际化过程中的作用是至关重要的。从政府的角度看，在苏南经济国际化过程中，社区政府应坚持把邓小平理论同苏南改革开放的实际相结合，对外资、外贸、外经实施有效的行政指导；加强苏南区域经济一体化进程，以发展区域一体化推动经济国际化；充分发挥企业在经济国际化进程中的主体地位，推动企业生产经营、管理的国际化；加快政府机构改革，转变政府职能，提高政府驾驭经济国际化的能力和水平；致力于科技创新，在技术引进、消化、吸收、创新上下功夫，这是经济能否国际化的关键之举。

1. 坚持邓小平理论同苏南改革开放的实际的有机结合，把外向带动战略真正作为苏南经济社会发展的主体战略，全方位提高苏南经济国际化的水平和程度。

苏南发展外向型经济认识早、行动快，早在 20 世纪 80 年代，苏南就提出了外向开拓战略，提出了外资、外贸、外经"三外并举"和"三外联动"的思路。90 年代以后，苏南各市又把外向带动作为经济社会发展的重要战略问题之一。把外向带动作为战略选择，反映了苏南的认识和决心，现在的问题是如何采取切实有效的措施，将外向带动战略落到实处。把外向带动作为主导战略，就必须坚持把邓小平理论同苏南的改革开放实际相结合，走出一条具有苏南特色的经济国际化之路；就必须切实防止、有效化解经济国际化过程中可能出现的种种风险。对苏南来说，由于利用外资是以外商直接投资为主，因此，真正的风险不是来自短期资本的炒作和外债等，而是来自外资在当地经济中所占份额的越来越大。由于外资在当地经济中所占份额越来越大，因此外资企业特别是大企业的投资战略的改变都会给当地的经济安全、就业、税收等造成"连锁反应"。为此，我们必须把外向带动由理论化为有效的措施，通过与外商配套、参股、控股、"借梯上楼"、"借船出海"、"出海定居"等途径全面提高内资企业参与国际分工的能力和竞争力；就必须把发展外向型经济同区域产业结构调整相结合，优化产业结构；就必须按国际规则、国际惯例办事，按国际标准组织生产，切实提高国际化经营能力；就必须充分发挥开发区，特别是国家级开发区的集聚扩散效应，把开发区作为外向带动的实施载体；就必须努力构筑包括开放领域多元化、开放客体多元化、开放形式多元化、开放区域多元化在内的全方位、多层次、宽领域的对外开放格局。

2. 跳出狭隘的行政区域羁绊，以发展区域一体化推动经济国际化。

邓小平在1983年视察苏南时，充分肯定苏南与上海等地的经济合作，他指出："搞经济协作区，这个路子是很对的"，虽然经济协作中还存在一些问题，"经济协作中有很多思想问题要统一，但现在要开步走"。随着经济的发展和改革的深入，人们已经深刻地认识到，按经济区域来合理组织经济活动，而不是按行政区划来约束经济的合理流向，是市场经济的客观要求。区域经济学家弗里德曼曾指出：区域经济发展依赖于内部少数具有最高潜能的核心区域，亦即增长极的创新，及其随后的扩散效应。苏南地处沿海与长江"T"字形的交汇点，又紧邻上海，充分利用长江三角洲地区尤其是上海市的产业优势、交通优势、市场优势、技术优势，是苏南经济国际化的一条捷径。国外一些发达国家的成功经验表明：经济国际化，首先是国内经济的市场化、一体化，而形成若干个类似日本东京、名古屋、阪神等具有鲜明区域特征的都市经济组团，是提高国际竞争力、加快经济国际化进程的必不可少的重要条件。发展国内区域一体化，区域内必须具备产业纽带、交通纽带、市场纽带，而经济利益纽带则是形成经济区划的根本条件。中国对外开放"80年代看深圳，90年代看浦东"。21世纪中国经济起飞之龙将首先是上海，龙头在上海，上海在长江三角洲城市群体中将发挥重要的吸收、转化、传递和释放能量的功能和作用。作为处于"龙颈"部位的苏锡常地区应该按照江苏省提出的"坚决支持、主动服务、迎接辐射、促进发展"的16字方针，积极发展同上海的区域合作。加快长江三角洲都市连绵区的形成，是全国经济发展的重要战略，更应成为苏南地区的自觉行动。

作为上海近郊的苏南地区，是迎接上海经济技术辐射的"第一站"，也是上海对长江流域梯度辐射的"中转站"，要进一步加强同上海的"接轨度"：一是接通"轨道"，打破行政区划界限，促进一体化发展；二是调整"轨距"，实现优势互补，形成产业结构梯度化；三是增加"轨数"，合理配置资源，推动要素流动系统化。苏南三市，具有相同的经济发展过程，源远流长的合作关系和实现区域一体化的交通、信息、文化基础，理应发展成为紧密型的一体化区域。当务之急就是打破行政区划的板块式组合，建立跨地区的专门委员会以协调各种具体问题，加强包括基础设施、产业分工等在内的区域的整体规划。苏南的开发区也应该按比较优势发展各自具有潜力和优势的产业，交叉辐射，相互渗透，最终把分散的优势凝聚成苏南的整体优势，降低开发成本，提高国际竞争能力。此外，还要加大对内开放力度，发展与苏中、苏北以及内地其他地区的经济合作，从而形成紧密层、松散层、边缘层等多层次的区域合作关系，并以此作为基础加快经济国际化步伐。

3. 坚持"以市场换技术"方针，在消化、吸收国外先进技术的基础上，提高区域自主创新的能力，并逐步实现由"垂直式"国际分工向"水平式"国际分工的转变。

由于一批跨国公司、高新技术项目的引进，在总体上提高了苏南在国际分工中的地位。1998年出口商品中，技术含量较高、附加值较大的机电产品已占加工贸易出口的近半成，但其中绝大多数是外资企业的产品，真正拥有自主知识产权的内资企业产品很少。就自身而言，苏南尚未完全摆脱所谓"垂直式"的国际分工形态。发展高质量、高起点的开放型经济，核心在于吸收、消化和创新引进的高新技术，发展有国际竞争力的规模经济，促进产业结构高度化、现代化。在世界经济日趋一体化和竞争加剧的形势下，没有高技术产业的支撑，即使取得暂时的高速增长，也经不起风浪的冲击。东南亚经济危机就是一个明显的例证。因此，提高参与国际分工的能力，是经济能否国际化的关键指标，这从根本上取决于我们自主科技创新的能力以及高新技术产品的开发生产的水平和程度。在知识经济初露端倪的今天，意义非同寻常。对外开放以来，我国总体科技水平的提高与引进、消化国际先进技术有很重要的联系。在国内也有上海大众汽车股份有限公司等一些成功的经验。美国著名学者莱斯特·瑟罗教授曾提出"技术反转"战略。所谓"技术反转"，就是相对于科技源占领市场而言，通过技术的引进改变生产过程，进行技术创新、降低制造成本反过来占领对方市场。比如，美国发明了录像机和传真机，而结果日本成为这一产品生产、销售、利润方面的龙头老大。这和维特的产品周期理论有异曲同工之妙。随着一大批跨国公司和高新技术项目的引进，苏南具备了实施"技术反转"、建立技术创新体系的前提条件。在技术引进、消化、吸收与创新方面，我们可采取如下措施：在项目引进时，按国际惯例，规定技术转让的期限、进度和内容；在进入生产过程后，通过中方科技人员直接或间接参与产品技术开发，学习先进技术，条件成熟后可进行模仿生产；通过与跨国公司项目的配套提高原有产品的技术含量等。当然，要想在世界经济舞台上占有一席之地，必须有效地提高自主科技创新的能力。如果说苏南经济20世纪80年代得益于乡镇企业的崛起，90年代得益于外向型经济的话，那么，21世纪将得益于新一代人才的崛起和技术的创新。走经济国际化之路，一是要重视科技人才，特别是在外企中工作的中方科技人员的培养，把他们作为苏南科技创新的重要后备力量；二是加强同国内科研院所的合作，借助"外力"推动内资企业的技术改造与产业升级，缩小与国外先进技术的"落差"，创造接受辐射的良好基础；三是重视开发区的成功经验，引进著名高校进区开发，建立一些"大学科技园"、"留学人员科技创业园"等，提高科技开发的集成度；四是加大科技体制改革力度，建立"产、学、研"、"农、贸、工"一体化的企业集团，设立科技产业投资风险基金，形成科技为经济服务、经济发展依靠科技进步的运行机制，构建科技快速转化的"通衢大道"。

4. 加大国有、集体企业改革、改组、改造和加强内部管理的力度，加快建立现代企业制度的进程，实现企业经营的市场化、国际化，发挥企业在经济国际化中的主体作用。

企业是市场的主体，也是经济国际化的主体，没有企业的国际化就没有真正意义上的经济国际化，任何政府及其他社会组织都无法替代，这堪称经济国际化的"第一定律"。综观当今世界经济，企业特别是跨国大企业以其雄厚的资金实力、强大的科研开发力量、健全的营销网络主宰着世界经济的命脉。据统计，目前跨国公司的生产总值约占世界总产值的40%、世界贸易的50%，左右着世界技术转让的3/4以及对发展中国家技术贸易的90%。一些专家预测，21世纪将是跨国公司大显身手的"全盛时期"，国与国之间的绝大多数科技水平高、规模大的生产经营活动都必将以跨国公司为主体进行。正因为如此，在推进苏南经济国际化进程中，必须把企业的国际化作为"重中之重"来抓。苏南是乡镇企业的故乡，人

168

与文字为伴

们总结"苏南模式"是"以集体经济为主、以中小企业为主、以加工工业为主"的"三为主"的特点，这些特点曾经创造过苏南经济的辉煌，至今仍在发挥重要作用。但从国际化的角度，很多已不再是优势，而逐步变成为劣势，最明显的就是，我们缺乏规模优势，不具备与国际企业抗衡的实力。然而，这并不表明我们将无所作为。德国优质中小企业在国际经济中发挥的不可替代的作用，为我们迈向国际化提供了可贵的启示。当然，苏南企业特别是国有集体企业存在的问题远不止这些，其他诸如产权的"模糊"、"错位"、"倒置"等问题还没有从根本上解决；技术落后、设备老化、创新能力不强制约了企业的发展；沉重的历史包袱、不健全的社会保障体系拖住了企业的"后腿"，更为重要的是，长期在政府保护下成长起来的企业，面对变幻莫测的国际经济形势，或缺乏动力，或消极畏难，或弱不禁风，普遍存在"内向化"的特点。企业的国际化就是要在不断提高企业自身素质的基础上，从单一的把商品推向国际市场，进入到从生产、销售、服务到产品开发和研究全面推向国际市场。我们认为，企业是经济国际化的主体，而企业家是经济国际化的主角，苏南地区真正迈向国际化，关键要造就一批高素质的企业家队伍。企业国际化是经济国际化中最重要，也是最为艰难的过程，必须遵循循序渐进的原则，从市场的国际化逐渐发展到生产、投资的国际化。要固本强身，改革现有的产权制度，真正实现"政企"、"政资"的双重分离，使企业成为"产权清晰、权责明确、管理科学、政企分开"的法人主体；加快企业的技术改造，加大投资力度，提高投资质量和效益，缩小与国外先进技术的差距；建立激励与制约相结合的内部管理体制和运行机制；鼓励跨地区、跨行业、跨所有制的兼并、重组与联合，力争在21世纪中叶前基本建立与国际接轨的现代企业制度。

5.加快政府机构改革，实行政府制度创新。

首先要明确界定政府职能。政府要管该管的事，属于企业的坚决还给企业，属于社会的要交给中介服务机构去办。原来由企业承担，但不应由企业承担的事情，要明确责任主体，让企业全身心投入生产经营。第二，要下决心裁减冗员，实现编制的硬性管理，同时根据开放型经济的要求，提高政府公务人员驾驭经济国际化的能力和水平。第三，开发区作为新体制、新机制的试验区，要及时把成功的经验向普通区域转移，特别是苏州工业园区，更要及时提供借鉴新加坡经济和公共管理经验所形成的行之有效的软件，向区外辐射，并逐步规范化。第四，积极推进依法治市的进程，实现政府行为规范化、法制化，逐步按国际惯例办事，充分发挥政府在推进经济国际化进程中的作用。

（合作者：刘伯高，刊《江海学刊》2002 年第 2 期，本文获苏州市第五届精神文明建设"五个一工程"入选作品奖。）

苏州实施城市化战略的若干思考

简述：世纪之交，苏州市委、市政府在确定新一轮发展计划时，深谋远虑、审时度势，把实施城市化战略作为新世纪发展的又一大战略。苏州的城市化战略不仅是城镇人口、城镇地域规模等量态扩张的过程，更应是城镇功能、城市实力和竞争力等质态提升的过程；苏州的城市化战略不仅是提高城镇发展水平的战略，而且是优先发展中心城市的战略；苏州的城市化战略，也不仅仅是中心城市的发展，而且是包括城市现代化、农村城镇化和城乡一体化在内的"三位一体"的战略；苏州的城市化战略和原有的三大战略之间不是谁先谁后、谁轻谁重的关系，而是相互联系、彼此促进的关系。把苏州做大，重在形成以苏州市区为中心、五个县级市城区为副中心、小城镇为依托的网络状、众星拱月式的群体城市形态。

之一：准确把握城市化战略的内涵

世纪之交，苏州市委、市政府在确定新一轮发展计划时，深谋远虑、审时度势，把实施城市化战略作为新世纪发展的又一大战略。那么，什么是城市化战略？为什么要提出实施城市化战略？应当如何实施城市化战略？这是需要我们认真加以研究和把握的问题。

所谓战略，是指对全局性、高层次重大问题的筹划和指导。一个地区的发展战略制定得正确与否，直接关系到这个地区的发展水平和发展后劲。在这方面，苏州市有着切身的体会。改革开放以来，苏州市先后确立了科教兴市、外向带动和可持续发展"三大战略"，正是在"三大战略"的指导下，苏州经济社会出现了持续、快速、协调发展的局面。在新世纪开始的时候，我们面临着全面提高经济整体素质和综合竞争力的紧迫任务。为了更好地推进苏州经济社会的发展，力争到 2010 年基本实现现代化，我们在继续坚定不移地实施三大战略的同时，必须通过实施城市化战略，构筑发展新优势，带动全市经济社会发展上层次、上水平，促进城乡经济社会协调发展，全面提高人民生活水平和生活质量，推动社会文明和全面进步。

根据国际经验，当一个国家或地区人均国内生产总值超过 3000 美元时，就进入了工业化发展后期和城市化加速发展时期。刚刚过去的 2000 年，苏州市国内生产总值超过了 1500 亿元，按照现行汇率计算，人均水平首次突破 3000 美元大关，达到 3200 美元，这标志着苏州经济社会发展跃上了一个新的平台，与此同时，全市城市化水平也有了很大程度的提高。但是，由于长期以来我们对城市化的重大战略意义认识不足，加上经济体制和行政区划人为分割的影响，以及城乡二元结构的观念障碍和政策障碍，我市城市化进程明显滞后于工业化进程。突出表现在：城市化水平还不够高、城市功能还不够优、中心城市的综合竞争力还不够强，特别是我们对城市工作的领导，在思想观念、工作方法和干部素质等方面与城市化发展的要求还不很适应。很显然，这些问题不仅制约着我市城市化和城市现代化的进程，而且直接影响到我市在 21 世纪的发展。对此，我们一定要从改革开放和现代化建设全局的高度，不断深化对推进城市化战略重大意义的认识。

对于城市化战略，理论和实际工作者还存在许多不同的看法，有的认为；城市化就是优先发展城市的战略，就是通过扩大城镇的人口和规模，特别是加快中心城市建设，提高城市人口占社会总人口的比重；有的认为城市化战略不仅是城市发展的战略，而且是城乡共同发展的战略，是城市带动乡村、乡村推动城市，进而实现城市与乡村之间人口分布转换的过程。在城市化的模式上，有的主张重点发展大城市，有的主张优先发展中小城市，有的主张鼓励发展小城镇。有的认为城市化战略的核心就是要完善城镇规划、提升城镇的功能，有的则认为城市化主要是指城市的现代化等等，见仁见智，众说纷纭。据研究，目前中国的经济学家、社会学家普遍倾向于这样的提法，即城市化是人类生产方式和生活方式由乡村型向城市型转化的历史过程，它表现为城市人口的增长、城市数量和规模的发展以及城市现代化水平的提高，其中，数量的扩张是城市化的重要条件，城市内涵和质量的提升是城市化的本质和宗旨。综合各方面的认识，我们认为，对于苏州的城市化战略内涵，应当注意把握以下几个基本问题：

1.苏州的城市化战略不仅是城镇人口、城镇地域规模等量态扩张的过程，更是城镇功能、城市实力和竞争力等质态提升的过程。城市化是数量城市化和质量城市化的统一。加快城市化进程，必须在科学规划的基础上，适时适度地拉开城市框架、做大城市规模，必须适当地调整行政区划，加快人口、产业向城镇地域的聚集，否则就不能适应经济社会发展的需要，就不能实现城市化的加速发展，就不能发挥城镇的规模效益和集聚效益，就不能承担起城镇在区域发展中的极化和扩散功能。但是，这种量态扩张的过程是以城市的功能提升、实力增强为前提和目标的。全省城市工作会议提出把苏州做强、做大、做优、做美，其中，做强始终是基础，只有经济发展的规模与水平提高了，才能形成推进城市化的物质基础，为加快城市化提供强大的动力，做大、做优、做美才有可靠的保证。因此，实施城市化战略，必须把注意力和着重点放到完善功能、提高竞争力上来，放到培育城市的功能、提高城市的管理水平，改善城市的生态环境，提高城市的形象和品位，增强城市的吸引力上来。因此，城市内涵的提高不仅要作为城市化发展的目标，同时也要成为推进城市化的手段，实现城市化外延扩张和内涵提高同步推进。

2. 苏州的城市化战略不仅是提高城镇发展水平的战略，而且是优先发展中心城市的战略。长期以来，我国实行"控制大城市规模，合理发展中等城市，积极发展小城镇"的城市化方针。在一定历史条件和经济社会发展水平下，这个方针对推进城市化进程起了十分重要的作用。但是，随着经济社会的发展，实践表明，规模较大的中心城市，会产生明显的聚集效应，它以规模效益高、就业机会多、科技进步动力强而产生更强的辐射力和扩张力，在城市化发展中的作用越来越突出。在当今经济全球化进程加快的背景下，世界范围内的城市体系逐渐形成，大城市之间的竞争逐渐成为地区与地区之间竞争的主要标志。从我市的实际情况看，优先发展中心城市显得更为迫切。长期以来，由于市区综合经济实力较弱，影响了中心城市在区域发展中中心作用的发挥。进入 90 年代，随着工业园区和苏州新区的崛起，市区的经济规模、水平和经济运行质量有了显著改善，市区经济的增幅已连续 6 年超过全市经济增长的平均水平。但即便如此，中心城市对全市的集聚能力和辐射能力仍显不足，因而仍然是制约全市现代化和城市化发展的"瓶颈"之一。据不完全统计，六个县市所在地城镇的人均国内生产总值和居民就业率都高于苏州市区，全市最大的 100 家内资工业企业，市区仅占 30%，进入前 10 名的市区仅有 1 家。从横向的比较看，去年，市区经济总量占全市经济总量和财政收入的比重仅为 20% 和 30% 左右，而深圳、大连等城市市区占比都在 50% 以上，有的甚至达到 70% 以上。中心城市发育不够，使得全市的发展缺少足够强大的"引擎"和"增长极"，使整个区域缺少空间核心和创新核心，制约了区域对外竞争力的进一步提高。因此，加快中心城市的发展是我市城市化的"重中之重"，必须集全市人民之智、合全市人民之力，着力把中心城市做强做大做优做美，真正建成长江三角洲重要的中心城市。

3.苏州的城市化战略，也不仅仅是中心城市的发展，而且是包括城市现代化、农村城镇化和城乡一体化在内的"三位一体"的战略。我们强调中心城市优先发展，并不是忽视中小城市和小城镇的发展，更不是以限制中小城市和小城镇的发展为代价来换取大城市的发展。相反，优先发展中心城市，必须重视中小城市和小城镇的发展，全面优化全市的城镇布局体系。从根本上讲，城市化战略是中心城市与中小城市、小城镇，是城市与农村区域整体协调发展的战略，只有大城市的"一枝独秀"而没有繁荣发达的中小城市和小城镇作为支撑不行，只有中小城市和小城镇的兴旺发达而没有形成聚集和辐射中心也不行。关键在于从全市城镇体系的整体出发，进一步确立"一盘棋"原则，在促进城乡空间形态和社会经济结构优化的前提下，形成既分工又互补的城镇功能结构。中心城市要真正承担起"中心"作用，充分发挥现代制造业、金融商贸、科技文化、旅游度假、信息交流等功能，中小城市和小城镇在接受中心城市辐射的前提下，按照比较优势原则，在一定区域中发挥经济、政治和文化三大基本功能。经过若干年的努力，在全市城乡之间形成资源和要素自由流动，相互协作，优势互补，以城带乡，以乡促城，城乡经济、社会、文化共同发展的格局。

4.苏州的城市化战略和原有的三大战略之间不是谁先谁后、谁轻谁重的关系，而是相互联系、彼此促进的关系。城市化推进的过程，就是现代化加速发展的过程，是人的现代化与物的现代化紧密结合、不断推进的过程，也是人们的物质生活和精神文化生活逐步得到改善的过程。因此，城市化战略作为我市经济社会发展的一个新战略，它的提出并不意味着原有三大战略已经不重要，更不是否定和替代原有的三大战略，四者之间是相互联系、相互促进的关系，共同服从和服务于率先基本实现现代化的总目标。同时，也要看到，在经济社会发展的不同阶段，一个地区所面临的矛盾和问题也有轻重缓急之分，城市化战略的提出正是抓住了现阶段的主要矛盾和突出问题，它的实施对于其他三大战略必将产生积极的影响。目前，我市经济总量70%集中在城市，科技力量和高等教育大多集中在城市，高科技产业、交通、通讯、金融、信息也都以城市为主要载体。因此，实施三大战略的重点在城市，着力点也在城市。把城市化和其他三大战略一起实施、一起落实，有助于从整体上加快我市的现代化进程。

现在，我们正处于实施城市化战略的大好时机，一方面，十五届五中全会提出了"大中小城市和小城镇共同发展"的方针，省委、省政府也专门召开全省城市工作会议，明确要求苏州做强做大做优做美；另一方面，改革开放20多年的建设为经济社会发展奠定了良好的基础，初步形成了大中小城市和小城镇协调发展的城镇体系框架。只要我们珍惜这个有利时机，辅之以切实可行的措施和坚持不懈的努力，也就一定能够加快我市的城市化和城市现代化进程。

之二：优化城乡空间布局结构

实施城市化战略，最根本的目的是充分发挥城市、尤其是中心城市在区域发展中的集聚和辐射功能，增强城市的综合竞争力，进而带动区域的全面发展。因而，确定什么样的城市规模、城市形态、城市布局、城市功能，对于有效实施城市化战略至关重要。

全省城市工作会议从全省城镇布局体系的高度，把苏州列为重点发展的四个特大城市之一，要求进一步做强、做大、做优、做美。《苏州市国民经济和社会发展第十个五年计划纲要》指出，要构筑以苏州市区为核心、县级市城区为重要节点、各类小城镇特别是重点中心镇为基础的结构合理、功能互补、层次分明、布局协调的城市化发展空间格局。那么，把苏州做大，大在哪里？城市化发展空间格局的含义又是什么？对此，有必要在全市范围内达成共识。

一、把苏州做大，重在形成以苏州市区为中心、五个县级市城区为副中心、小城镇为依托的网络状、众星拱月式的群体城市形态。

做大城市规模，是加快城市化进程中首先碰到的，也是不可回避的关键问题，这个问题处理得好，就能促进城市化的健康有序发展，反之，就会导致资源浪费、效益低下，甚至出现"规模不经济"和"城市化泡沫"而导致"城市化失败"。目前，人们对于"做大"的理解还存在着不同看法。在做大的主体上，有的人认为，做大，主要是做大中心城市，也就是做大苏州市区，形成特大城市的形态；有的人认为，做大不应局限于苏州市区，中小城市都要做大。在做大的途径上，有的认为，应当以原有城市为基础向周边地区拓展；有的则认为，应当在合理发展主城的同时，积极发展外围城镇，实行组团式发展。在做大的限度上，有的认为，城市究竟大到何种程度，不宜进行人为的和行政的干预，而应该由市场机制和价值规律决定；有的认为，做大主要是规划问题，应当是政府通过科学规划，适度控制城市规模。凡此种种，不一而足。综合各方面的意见和建议，我们认为，做大苏州，应当把苏州放在长江三角洲城市密集区、东部沿海地区，甚至要放在全球化大背景下加以审视和筹划，充分考虑苏州市域范围城镇发展的实际状况，以提升区域整体竞争力和城市的聚集辐射功能为目标，最终在 8488 平方公里的大市范围内形成以苏州市区为中心、五个中小城市为副中心、小城镇为纽带、"一体两翼、四沿展开、四级递进"的网络状、众星拱月式的群体城市形态。这就是"十五"计划纲要指出的"城市化发展空间格局"。这个群体城市应包括以下几个特征：①要努力形成足以接受上海国际大都市辐射，而又能承担起对区域内中小城市和小城镇进行梯度转移辐射功能的中心城市，中心城市的发展形态是"古城居中、东园西区、一体两翼、南景（风景区）北廊（交通走廊）"的大城市形态。②中小城市和小城镇作为城市群体的重要组成部分，既能支持和呼应中心城市的发展，又具有各自产业特色和功能定位，努力形成沿长江、沿沪宁线、沿虞苏嘉高速公路和沿 318 国道的"丰"字形城镇布局体系。③中心城市与中小城市和小城镇之间要形成以绿色生态区和农田保护区相分隔并由各种通畅快捷的交通、通讯等基础设施网络相连接，层次分明、布局合理、规模适度、功能互补的群体城市形态。根据这个布局，苏州群体城市形态包括中心城市、中小城市和小城镇三个层面。其具体方向是：

——中心城市：实现圈层化发展。群体城市并非城市和城镇简单的串联和叠加，而是以大城市为中心的梯度组合，否则就会因群龙无首而降低群体的聚合力。从苏州的实际情况出发，建设城市群体框架，必须坚持不懈地提高中心城市的能量等级，实现集中化发展。要进一步加快苏州中心城市的发展，充分发挥中心城市的经济、政治、文化和社会功能，创造发达的交通、高度社会化的生活服务设施、众多的文化教育机构与现代化的娱乐场所，提高资源的开发价值，提高集聚与辐射能力。按照国务院关于苏州城市总体规划的批复，苏州中心城市的发展要努力形成"市区—郊区—卫星镇"式的分散组团的都市圈发展形态。按照非农化水平和通勤率等指标，主要分为核心圈层、紧密圈层、松散圈层三大圈层结构，也即三个"同心圆"。其中，核心圈层就是以苏州古城为中心在 200 平方公里左右的范围内形成古城、工业东园、苏州新区、原吴县市区、浒关新区五个组团，该地区将成为苏州城市化发展的"极核"地区。紧密圈层就是在核心圈层外围大约 400 平方公里的范围内，形成包括市区、园区及原吴县的部分乡镇组成的未来城市化地区。松散圈层是苏州的"城市外圈"，包括吴县、昆山、吴江的部分乡镇，总面积约 1400 平方公里，是市区规划控制和管理地区，也是城市化发展的远景地区。

——中小城市：实现沿交通走廊轴化发展。构建群体城市，不仅要大力发展中心城市，而且也要同步发展中小城市和小城镇，并使其在服务中心城市的同时形成相对独立的城镇功能。根据城镇的空间布局与城镇的产业分布、所处区位、交通设施相一致的原则，我市的城镇空间结构似应在现有基础上形成"丰"字形的城镇发展走廊：一是沿长江城镇发展走廊。就是以张家港、常熟、太仓三大港口为依托，以沿江铁路和沿江高速公路为轴线，形成包括张家港、常熟、太仓三市及所属部分乡镇在内的滨江城镇带。二是沿沪宁线城镇发展走廊。该线地区东连上海、西接南京，是市域内最重要的城镇走廊地带，沿线包括苏州、昆山市区以及吴县和昆山的6个乡镇，是我市高新技术产业发展的聚集地区。三是沿虞苏嘉高速公路发展走廊。该线地区是市域范围内唯一的南北向城镇发展轴线，南接浙江、北连苏中，沿线经过常熟、苏州市区、吴江市区及12个乡镇。四是沿318国道城镇发展走廊。沿线地区东达上海、西连浙江，主要包括吴江市的7个城镇，是市域最南部的发展轴。

——市域城镇：实现功能一体化发展。群体城市不仅是一个空间布局的概念，也是城镇功能配置的概念。在空间布局确立的基础上，要以市场为导向辅以适当的行政引导，在市域范围内形成既有分工又有协作的城镇功能结构。按照国务院的批复，苏州市区是国家历史文化名城和重要的风景旅游城市，是长江三角洲重要的中心城市之一。除了作为区域的行政中心外，还应在处理好与上海的关系基础上努力形成区域加工制造业中心、居住旅游中心、金融商贸中心、文化教育中心、技术创新中心、信息交流中心，发挥对区域城镇的辐射带动作用。五个中小城市要充分发挥自身优势，在与中心城市以及周边城市的关系中确立自己的功能定位，承担部分城市功能。比如，常熟市就要利用历史文化名城的文化优势、虞山尚湖等自然景观优势、港口优势，大力发展高新技术产业、旅游业、房地产业、商贸流通业等。小城镇既是城市的"尾巴"，又是农村的"龙头"，也是城镇体系不可或缺的重要组成部分。小城镇也要承担部分为生产、生活服务的功能，应该走内涵化、特色化、专业化的发展道路。如盛泽、塘桥等镇，可进一步发展成为工业经济强镇，周庄、同里、甪直可发挥旅游资源的优势，成为旅游强镇。

二、城市群体化是世界城市发展的最新形式，符合苏州城镇发展的实际状况，具有科学性和可行性。

把苏州建成以苏州城区为中心的、网络状、众星拱月式的群体城市形态，具有现实和历史的必然性。当前，在经济全球化、世界经济一体化以及新一轮交通、通讯、信息技术革命的助推下，世界范围内的城市化发展出现了许多新的特点。就城镇布局形态而言，一个明显的特征就是城市群体化，它要求城市形态从孤立、分离的单个城市向更大范围的城市区域形态拓展，它要求城市的发展应建立在其所在区域的经济、社会和环境优势的基础上，城市之间应合理分工，并由现代化的交通和通讯体系相互沟通，充分发挥各自优势，实现城市与区域间的可持续发展。近几十年来，以大都市为中心的城市群在世界各国快速发展，城市这种"大集中、小分散"在信息社会将会导致"乡村城市化"和"城市郊区化"两个过程合而为一。如：美国的洛杉矶市就是由境内70多个城镇组成的，城市之间是由高速公路和信息通道相连接的组团城市；英国伦敦也是由32个市和一个伦敦城组成的"大伦敦组合城市"。专家研究认为，实行以大城市为中心的城市群和城市带，符合工业化和市场经济规律，具有更高的集约效益和规模效益，有利于增强对外辐射力和扩张力，能有效避免分散化发展所导致的重复建设、资源浪费、缺乏规模效益和环境污染等问题。随着我国市场经济体制的建立，区域大型基础设施的建设，我国城市布局体系正在由单一的行政等级结构走向网络化，城市群体化也已渐成趋势，并可能成为城市发展的最新形式。

在苏州，建设"群体城市"，也是顺应世界城市化的普遍规律和发展趋势的明智之举，是长江三角洲城市带状发展和区域内城镇发展的现实要求，是全面增强区域对外综合竞争力、率先基本实现现代化的必然举措。首先，它是由苏州所处的区位条件决定的。苏州紧邻上海，处于上海大都市圈核心层的边线，处于我国东部沿海经济带与长江三角洲经济带的交汇

180

与文字为伴

点，而且地处国际国内为数不多的苏锡常、杭嘉湖高密度城市连绵区的"龙颈"部位。苏州所处的长江三角洲城市带是我国城市化程度最高、城镇最密集、综合经济实力最强的区域之一，在这个区域中，上海以1300万人口和4551亿元经济总量而名副其实地成为区域的"龙头"城市。苏州市区与上海相距100公里，通勤时间只有60分钟，按照国际标准，苏州属于上海的副中心城市范畴。在这样的区位条件下，我们不能采取片面依靠做大中心城市规模的模式，而应是大中小城市和小城镇并举，走群体化、组团式发展之路。其次，它是增强苏州综合竞争力，共同面对外部世界挑战的需要。长期以来，苏州的经济和社会发展一直得到了上海等周边特大城市的辐射带动，而且这也是苏州在今后的发展中须臾不可离开和忽视的有利区位条件，但是，在市场分工不完全、存在产业同构和行政制约的条件下，城市与城市之间在产业、产品、技术和市场等方面的竞争也同样不可避免。如果没有综合功能强、吸引力强的中心城市，没有规划科学、功能完善、经济繁荣、环境优美的中小城市和小城镇，就很难聚集人流、物流、资金流、信息流，很难同周边城市抗衡。提高苏州对外综合竞争能力，不能单纯依靠中心城市，因为目前市区无论是在居住人口、建成区面积还是在经济总量、城市功能方面都没有多少优势；单纯依靠中小城市和小城镇更不行，因为中小城市和小城镇是竞争力的重要组成部分，但不可能成为主导因素。上海最近发表的关于国内若干城市综合竞争力的比较研究表明，国内综合竞争力最强的城市是上海、深圳、北京和广州四大城市。研究认为，苏州等城市在某些指标上有着突出的竞争优势，但总体来说，在竞争力的综合性，总量、流量和质量的协调性等方面还存在不足，部分指标具有明显的缺陷。这就进一步佐证了上述结论。但是，如果苏州中心城市和中小城市实现联袂发展和群体化发展，建立起以苏州市区为中心的大都市区的城市群框架，就会产生1+5>6的正效应，那样，苏州将以8000多平方公里的面积、600多万的总人口、较强经济实力和优美的城乡环境而在新一轮城市竞争中占有一席之地，并有希望成为国内率先实现城乡一体化发展目标的地区之一。再次，市域范围内中小城市和小城镇的良好发展基础为构建群体城市的目标提供了重要保证。同国内一些地区现代化的中心城市和贫穷落后的城镇并存局面所不同的是，苏州五个县级市都很发达，经济总量都处在全国经济强县前十名，都是国家级卫生城市和全国文明城市，有的还是环保模范城市，小城镇的发展也同样走在了全省、全国的前列。事实上，城市群体框架的基础已经基本形成，我们现在所要建设的现代化群体城市既立足于现实，同时又高于现实，就是要通过对现有城镇体系的调整和完善，进一步优化城镇功能，增强城市的整体竞争实力，提高市域范围内城乡的现代化程度和水平。

之三：关键要把城市化战略落到实处

城市化和城市现代化是一项极其复杂的系统工程，内容涉及城市规划、建设和管理等各个方面。不久前召开的城市工作会议对全市城市化的目标任务和实施步骤已经作出了部署，当前摆在我们面前的任务就是要着眼长远、立足当前，抓住对实施城市化战略具有带动和促进作用的关键环节，进行重点突破，从而达到整体推进的目的。为此，必须着重处理好以下几对关系：

1. 城市化与现代化的关系。现代化是城市化最本质的特征，城市化首先是城市的现代化。现代城市不仅仅是普通市场中的竞争者，更是区域经济活动及其发展的组织者。现代城市的这种功能充分依赖于城市自身的综合竞争力，即城市经济所具有的集聚和吸纳城市本身、周边地区、国内外各种资源和积极因素的能力，以及城市的综合优势有系统地向周边地区和更大区域渗透与扩散的能力。根据一些专家的研究，城市的综合竞争力可细分为总量指标、质量指标和流量指标。总量指标突出体现为一个城市的经济实力、实际产出能力及发展状况；质量指标具体反映城市经济的发展质量和社会经济的"健康"状况；流量指标具体表现为城市在 GDP 流量规模、技术、资本、人力资源、对外开放、资源利用等方面的集聚和扩散能力。因此，推进苏州的城市化，必须在指导思想上十分明确，这就是，要把提高苏州城市的综合竞争力摆在首位，并且贯穿于城市化发展的全过程。从苏州实际出发，应把着力点聚焦在如何营造产业优势和经济优势上，并以此作为整体推进城市化的支点和杠杆。一方面，要继续坚持以发展为主题、以结构调整为主线、以改革开放和科技进步为动力，进一步优化产业布局，提高产业集中度，培育壮大支柱产业，发挥传统产业的比较优势，为城市化提供经济和财力支撑；另一方面，又要增强城市的集聚力和辐射力，发挥城市在扩大总量、提高水平、优化结构、美化环境、增加流量等方面的作用，为吸引投资、扩大就业、启动消费、繁荣经济和提高人民生活水平创造有利的载体条件。通过城市化与经济发展的良性互动，最终实现经济总量大、人均水平高、城市集聚辐射力强、政府财力雄厚、社会就业充分、人民生活富裕的做强目标，加快全市实现现代化的进程、程度和水平。

2. 规划编制与规划实施的关系。城市规划是各级政府履行政府职能，指导城市合理发展、建设和管理的重要依据和手段，它不仅决定城市的现在，而且事关城市的长远发展。在对待规划上，目前大体存在几种问题：一是有规不依，以至随意修改规划或者将规划束之高阁；二是规划的总体水准不高，难以反映当代和未来发展的水平；三是只有总体规划，而没有分区规划、详细规划、控制性规划和修建性详规，没有形成科学合理、系统配套的规划体系，使总体规划无法落到实处；四是执法不到位。实施城市化战略，塑造国际知名城市形象，必须坚持规划编制和规划实施双管齐下。一方面，要加强规划决策的民主化、科学化，建立和完善规划的招投标制度，引进国际和国内一流的知名专家参与苏州的规划编制，大力提高城市规划的编制质量。另一方面，规划一经批准实施，就具有普遍法律效力，任何组织和个人都不能有超越规划之外或凌驾于规划之上的权力，规划确需调整的，也要按照法定程序进行，增加透明度。任何单位、企业和个人未经规划主管部门许可，都不得擅自进行项目建设。凡是不符合规划要求和未经规划许可的项目，一经查明，坚决予以取缔，以维护规划的权威性。为了保证规划的统一性和权威性，还要理顺市、区、县的规划管理体制，规划权不得下放，切实防止和克服多头审批、多头管理的无序状态以及由此造成的重复投资和资源浪费。

3. 城市化与城市建设的关系。从某种意义看，城市化也是城市建设的现代化，没有现代化的城市基础设施，也就没有现代化的城市。在经济全球化和全球城市网络体系加快形成的条件下，以交通、通讯为主体的城市基础设施的数量和质量以及它的功能和效益，对建设现代化的群体城市、增强城市的辐射力和影响力具有决定性的意义。加快全市城市化进程，必须坚持"基础设施先行"的方针，其中最重要的是，构建现代化的交通、通讯等基础设施网络。根据我市《"十五"规划纲要》，重点要抓好以下三个方面：一是加快形成以市区为枢纽和结点的四通八达、快速便捷的对外交通体系。力争在5—10年内形成以沪宁高速公路、正在建设的虞苏嘉高速公路和318国道为主轴，覆盖全市、遍及城乡的陆路交通网；形成以长江港口为门户、五级航道网为主体、内河中心港为集散地的水运体系；还要为建设航空港预留地块，并做好可行性论证工作。二是加快城市公共交通网络建设，构建快速便捷、安全舒适的城市交通系统。解决市民出行难，要实行道路、交通工具和交通管理技术"三管齐下"，就苏州而言，在限制摩托车、淘汰燃油助力车的同时，要按照"公交优先"原则，努力形成以大容量的公共交通为支撑、一般公共交通为主体、其他出行方式为补充的公共交通网络。三是适应信息化发展的要求，加快信息基础设施建设，推动广电、电信、计算机网的"三网融合"，筹建各信息平台共享的城域网；提高城市数字化水平，加快信息和网络资源的开发利用，推广电子商务和办公自动化，启动公众信息查询系统；推进政府、企业、家庭上网工程。此外，还要加快供水、供电、供气、排污和垃圾处理等设施建设，改善市民的生活条件。毫无疑问，城市基础设施的大改善，将使城市化水平上一个大台阶。

4. 提高水平与创造特色的关系。特色是城市的生命和灵魂，没有特色的城市肯定是没有竞争力的城市。应当指出的是，苏州既是国家历史文化名城，又是沿海经济发达地区，是国内最具特色的城市之一。当前摆在我们面前的一个重要任务，就是如何使城市的个性更加突出、特色更加鲜明，尤其应该在古城保护、恢复水乡风貌和弘扬地方特色文化上下功夫。拥有2500多年历史的古城是苏州最具吸引力、最有特色的精华所在，是先辈留给我们的极其珍贵的历史文化遗产。保护古城，首先要保护千年来形成的传统风貌，包括路河平行的双棋盘格局，三纵三横加一环的水系及小桥流水的水巷特色，粉墙黛瓦、层高和体量小巧的传统建筑艺术特色等等；二要对"一城、二线、三片"地区予以全面保护，尤其对古典园林、文物古迹、古建筑以及平江、山塘等历史街区进行"绝对保护"；对于传统街坊要继续按照"重点保护、合理保留、普遍改善、局部改造"的原则，慎重稳妥地实施解危更新工程；三是要坚持古城与新区的协调，严格控制古城容量，加快古城工业企业搬迁改造步伐，积极鼓励和引导人口东迁，进一步加快园区、新区的繁荣和发展。水是苏州的灵魂，"小桥流水"是苏州城市最重要的视觉景观和城市标识。但是，由于种种历史原因，内城河水的水质严重恶化，水巷的功能也逐步衰退。治城必先治水，已经成为国内外许多有识之士的共同呼声。水环境治理要长远结合、标本兼治、综合配套。一方面，要做好河道清淤、污水处理、引水和河网整治等工程，还清清河水的本来面目；另一方面，要通过规划控制和调整，恢复水巷的旅游、运输和市场功能，保持和发扬"前街后河"的建筑与布局特色。与此同时，还要充分利用苏州的文化优势，大力弘扬昆曲、苏剧、评弹、吴门画派等优秀地方传统文化，并使之与现代文明有机结合，提高城市的文化品位和文化含量。

5. 整治城市环境与提高人口素质的关系。环境，有硬环境和软环境之分。硬环境指的是市容市貌等外部特征，软环境主要是指人口的整体素质、城市管理水准等内在特征。在城市化和城市现代化过程中，全面整治市容市貌，加快绿化、美化、亮化、净化等生态环境建设固然重要，但提高市民的文化素质和道德素质，形成人人热爱城市、人人参与城市建设的良好氛围更为重要。所以，我们一方面要继续加大城市硬环境建设，使苏州绿起来、亮起来、美起来。尤其需要加强城市绿化和城市形象设计两项工作。通过绿化造林，形成绿色开放空间，启动环城绿带工程和城郊绿地工程，建设沿湖、沿河、沿路绿色走廊；通过城市形象设计、环境整治，形成与文化古城和现代化新区相匹配的优美的城市景观。另一方面，也是更为重要的方面是，在实施城市化战略中，必须把塑造人的文明形象放在突出位置，要像抓经济建设那样抓好精神文明建设，努力提高城市市民的综合素质。积极推广市民教育工程，发扬"尚文好学"的优良传统，家庭、学校和社会有机结合，义务教育、中等教育、高等教育和职业教育同时并举，构建终身教育体系。通过新闻媒体、文化宣传、社区建设、法制教育和各类精神文明创建活动，加强市民的思想道德教育，增强市民的"主人意识"、"家园意识"、"参与意识"、"互助意识"和"自律意识"，努力造就有理想、有文化、有纪律的现代市民，加快实现人的现代化步伐。

6. 行政推动与市场机制的关系。市场经济并不排斥政府作用，相反在加快城市化进程中仍然离不开有效的行政指导和推动，尤其是在规划、法制、宏观协调、环境保护等方面更需要政府功能的有效发挥。但是，与计划经济条件下"政府包揽一切"所不同的是，政府行为应以市场机制为基础，保证市场作用的充分发挥。我们认为，推进全市的城市化进程，要进一步确立"经营城市"的思想观念，就是要将竞争机制、价格形成机制、成本收益机制引入城市建设和管理，极大提高城市化的实际效益。比如，城市建设资金来源，不应只靠财政投资、大包大揽，而应走多元化的道路。一方面，要将政府拥有的基础设施"存量"、城市土地、城市空间以及命名权等资源，纳入"经营"的范畴，进行资本化、市场化运作，特别是要控制用地总量、挖掘土地级差、实现土地收益最大化，走"以城养城"、"以城建城"的新路；另一方面，通过特许经营、BOT、BLT等方式，吸引民间资本、法人资本和境外资本，参与城市基础设施建设。同时，要进一步加快市政公用行业的改革，引入竞争机制，将"以费养人"变成"以费养业"，减轻财政压力，提高市政管理水平。走"经营城市"之路，还要求我们加快城市管理体制改革，健全"两级政府、三级管理、四级网络"的城区管理体制，实现重心下移；整合执法力量、优化执法资源配置，加快综合执法试点；改革城镇户籍制度，消除城镇化过程中的"户籍壁垒"。对市域城镇发展的宏观调控，也要实行行政手段、法律手段与经济手段相结合的方针，将宏观调控真正落到实处。

（合作者：潘卫祖、刘伯高，成文于 2001 年）

苏州经济结构战略性调整若干问题研究

简述：改革开放以来，在苏州经济规模和综合实力不断迈上新台阶的同时，也初步形成了区域经济发展的苏州特色，但多年发展中积累的结构性矛盾正日益凸显,这种矛盾制约着苏州在新世纪的发展中迈向更高层次。1.在工业经济加速发展的同时，社区结构的演化相对缓慢，城市化滞后于工业化。2.在中小企业大量涌现的同时，大型骨干企业发育成长缓慢，规模型企业支撑不力。3.在高新技术产业迅速发展的同时，以纺织、服装业为代表的传统工业增长缓慢、竞争能力下降，正在形成新的"二元"结构。4.在大量导入国际资本的同时，外资进入的领域不宽，国内资本利用的渠道不畅，所有制结构不尽完善。5.在科技进步步伐不断加快的同时，技术创新的根基不牢，自主创新能力薄弱。6.在县域生产力布局初具框架的同时，市域范围的经济能量梯度结构尚未有效构架，战略趋同、重复建设现象十分普遍。经济结构的战略性调整是一项系统性工程，全面完成这一战略任务,其中很重要的一点是我们必须真正把结构调整摆上重要位置，各项工作协同推进。

上篇：理性思考　辩证透析

改革开放以来，苏州经济取得了举世瞩目的成就，国内生产总值的年均增长速度达到 14%。1978 年，苏州国内生产总值达 31.95 亿元，在国内城市中排名 30 位左右，只能算个中等城市；2000 年，苏州国内生产总值达到 1541 亿元，高居全国城市第七位；人均国内生产总值超过 3200 美元，为全国平均水平的 3.75 倍。苏州，以不足全国 0.5% 的人口，不足全国 0.1% 的土地面积，创造了占全国 1.7% 的国内生产总值，在全国初步确立了经济大市的地位。

值得指出的是，在苏州经济规模和综合实力不断迈上新台阶的同时，也初步形成了区域经济发展的苏州特色，集中表现在以下几个方面。

形成了以外资、外贸为发展重点，规模和水平不断提高，带动作用日益凸现的开放型经济格局。90 年代初，苏州敏锐地抓住上海浦东开发开放和邓小平同志视察南方重要讲话发表的机遇，积极引进国际资本，大力开拓国际市场，开放型经济成为苏州经济的最突出优势。截止 2000 年底，全市累计合同利用外资 355.6 亿美元，实际利用外资 203 亿美元，分别占全国总量的 1/19 和 1/17；2000 年当年合同利用外资与实际利用外资额分别列 20 个大中城市的第二位和第三位；今年上半年，新增合同外资 46.8 亿美元，同比增长 85.2%，列全国首位。目前，世界 500 强跨国公司中来苏投资的达 77 家，在全市近 7600 家三资企业中，合同利用外资超 1000 万美元以上的大项目就有 1100 多个，有 31 家外资企业名列 "1999/2000 年度全国外企 500 强" 之列，有 136 家外资企业被认定为省级高新技术企业，新建外资企业中 85% 的装备达到国际 90 年代先进水平。单体规模大、科技含量高的外资企业群体已成为苏州经济持续快速发展中的一股不可或缺的推动力量。2000 年，由外资企业实现的进出口总额和出口总额分别占全市总量的 86% 和 79%，对出口增长的贡献达 82%；由外资企业实现的工业总产值（规模以上，下同）接近全市总量的 50%，占工业增量的 3/4；由外资企业提供的涉外税收接近全市财政收入的 2/5，涉外税收的增长高于全市财政收入增幅 30 个百分点，54%的财政收入增量源于外资企业。此外，外资企业还提供了约50万个就业岗位，占全市城镇从业人员总数的2/5；全市约有110家内资企业实现配套额1000万元以上。建模测算进一步表明，苏州工业实际利用外资每增加1亿美元，当年可直接新增工业增加值2亿元。对外贸易的高速增长，同样给苏州经济发展注入了新的动力。"九五"期间，全市进出口总额和出口总额的年递增在35%左右，领先于国内生产总值增幅23个百分点，至2000年，全市进出口总额和出口总额分别突破了200亿美元和100亿美元大关，分别占全省总量的40%以上和全国总量的1/24，在国内大中城市中均列第五位，其中进出口总额与名列第四的广州接近，出口总额与位列第三、第四的北京、广州接近。目前，苏州的外贸依存度和出口依存度分别达108%和56%，高于全国平均水平64个百分点和33个百分点，有1/4的工业制成品出口海外。

形成了一批以国家级和省级开发区为载体，经济总量迅速扩张、牵引作用日益强劲的经济增长极。应该说，各级各类各具特色的开发区，是苏州经济发展中最耀眼的亮点，苏州通过建立开发区，改变了"村村点火、处处冒烟"的分散局面，而且，随着开发区的发展壮大，政府进而制定并实施了以开发区为载体的外向带动战略，在苏州经济发展中构筑了一道亮丽的风景。至去年年底，全市15个国家级和省级开发区累计合同利用外资233.2亿美元，实际利用外资121.8亿美元，分别占全市总量的65.6%和60%。2000年，国家级和省级开发区分别新增合同外资、实际利用外资40.9亿美元和19.7亿美元，分别占全省省级以上开发区总量的58.5%和53.1%，占全市总量的87.4%和68.4%；完成进出口总额和出口总额127.9亿美元和64.5亿美元，占全省省级以上开发区总量的56.1%和58.4%，占全市总量的63.7%和61.6%；实现财政收入58.6亿元，占全省省级以上开发区总量的47.1%和全市总量的37%。"九五"期间，苏州国家级和省级开发区的国内生产总值、财政收入、进出口总额和出口总额的年均增幅，分别高于全市 20.9 个百分点、50.6 个百分点、18.8 个百分点和 13.9 个百分点，对全市总量的贡献分别提高了 21.6 个百分点、30.3 个百分点、33.2 个百分点和 33.4 个百分点。2000 年，苏州的国家级和省级开发区对全市上述主要经济指标增长的贡献已分别达到 64.5%、57.2%、65.1% 和 64.5%，开发区已经雄居苏州经济的"半壁江山"。

形成了以电子信息产业为代表、技术含量高、产业规模大、成长性较好的支柱产业群体。"九五"期间，我市以招商引资、资产重组、兼并联合、配套协作为重要途径，大力发展电子信息、机电一体化与精密机械、新型家电、精细化工与石油化工、新型材料与基础原材料、轻型汽车与汽车配件等六大新兴支柱产业，促进了生产要素向优势产业的集中，深刻改变了苏州经济以传统行业为主的格局，现代加工制造业基地初具雏形。据统计，全市六大新支柱产业的销售收入由 1998 年的 505.7 亿元增加到 2000 年的 897.5 亿元，年递增 39.7%，领先于工业增长 16.7 个百分点；占全市工业销售收入的比重由 34.4% 提高到 40.3%，其中市区六大支柱产业的比重由 1990 年的不足 10% 提高到去年的 58.2%；六大支柱产业对全市工业销售收入增长的贡献达 51.9%。值得指出的是，由于电子信息产业的超常发展，目前苏州已以年销售收入 460 亿元、占全国信息产品制造业比重 5% 的业绩，一跃成为全国最大的电脑硬件和电子基础材料生产基地之一，电脑及其配件的生产总量已占全国的 15%，小屏幕液晶显示器、鼠标器、压力传感器等产量均占世界总量的 60% 以上。2001 年 1 月—2 月，全市电子及通讯设备制造业实现销售收入又创历史新高，达 56.7 亿元，占全市规模以上工业企业销售收入的 27%，拉动全市工业增长 6.5 个百分点。六大支柱产业尤其是电子信息产业的崛起，同时也带动了高新技术产业的发展和出口产品结构的大调整，在全市去年实现的 602 亿元高新技术产品产值中，电子信息、机电一体化、新材料的贡献份额分别为 59.5%、17.5% 和 11.6%，三项合计高达 88.6%。高新技术产品出口额达 33.2 亿美元，占全国高新技术产品出口额的 9%，占全市工业制成出口品额的 1/3，其中电子信息类产品出口额 31.5 亿美元，占高新技术产品出口额的 97.6%。

形成了因地制宜发展，颇具活力、各具特色、支撑强劲的县域经济板块。在苏州经济发展中，县域经济可说是精彩纷呈，各县市坚持一切从实际出发，因地制宜实施发展战略，形成了各自的发展特色和优势。在昆山市，以台资企业为主要依托的外向型经济的强势已经凸现。2000 年，全市引进合同外资和实际到账外资分别相当于广州和沈阳的水平；累计合同外资接近 100 亿美元，累计实际利用外资 45 亿美元，占苏州市总量的 1/4 左右，高于宁波的水平，其中累计合同利用台资近 50 亿美元，到账台资 25 亿美元，分别占苏州市、全省和全国的 1/2、1/4 和 1/10；实现进出口总额和出口总额 37.5 亿美元和 20.2 亿美元，分别接近和超过南京市的水平，出口依存度高于苏州市 20 个百分点。目前，已开工的近千家外资企业对昆山市财政、经济总量、工业投资、出口创汇的贡献份额分别达到 65%、75%、85% 和 95% 以上，昆山已成为沪宁经济走廊中开放度较高的新兴工商城市。在张家港市，一批以临港工业为主要特征的规模企业群正在迅速崛起。2000 年，沙钢、东方粮油、牡丹汽车、华润玻璃等十大企业集团实现产品销售收入 200 多亿元、利税 15 多亿元，分别占该市工业总量的 44% 和 53%，其中销售收入超 20 亿元的有 3 家，分别占苏州市和 6 县市总数的 1/4 和 3/7，沙钢集团以其年销售收入 80 亿元的佳绩名列苏州市工业销售百强榜首。在吴江市，民间投资推动下的块状特色经济愈益明显。去年，吴江全市的民间投资额达 24.5 亿元，约占苏州市个私经济固定资产投资完成额的 1/4，占该市当年工业内资投资额的 4/5，有 6 个乡镇民间投资超亿元，其中盛泽镇超过了 12 亿元。民资的大量投入，为吴江市进一步发展"一镇一品"特色经济提供了强大的资本支撑，全市共涌现了丝绸纺织、羊毛衫、彩钢夹心板、通信电缆、服装等 20 多个行业有特色、企业有规模、产品有市场的产业群体，全市拥有的无梭织机占全国的 2/5，生产的通讯电、光缆业占全国的 1/5。在常熟市，以各类专业市场为主要依托的商贸流通业蓬勃发展。截至去年年底，全市共有各类三产企业 7000 多家，从业人员 20 余万人，拥有各类市场 150 多家，其中常熟招商城以年成交额超百亿元的成绩跻身全国十大工业品市场。2000 年，全市消费品零售总额达 75 亿元，居全省县级市首位；三产增加值突破百亿元大关，占国内生产总值的比重在六县市中率先突破 40%。太仓的以港兴市，原吴县市的大旅游开发，同样也成为县域经济发展的重要特征。各具特色的县域经济为苏州经济的发展提供了强大的支撑。2000 年，六县市实现的国内生产总值和财政收入分别突破 1200 亿元和 100 亿元，占全市总量的 78.2% 和 63.3%，其中国内生产总值超 200 亿元的有 4 个市，财政收入超 20 亿元的有 3 个市；6 县市人均国内生产总值突破 3000 美元，达 3100 美元，其中昆山、太仓两市突破 4000 美元，与上海水平相当，6 县市全部跻身全国综合实力百强县前 15 位。

我们既应该看到苏州在以往的发展中所取得的成绩，也应该看到多年发展中积累的结构性矛盾正日益突现，这种矛盾制约着苏州在新世纪的发展中迈向更高层次。最近，上海社科院对包括苏州在内的国内最具代表性的十城市综合竞争力进行了定量比较研究，结果显示，苏州综合竞争力虽位居第六，但所得分值大大落后于上海、深圳、北京和广州，尤其是在体现城市经济发展质量和社会经济"健康"状况、决定城市综合竞争力和集聚与扩散功能强弱的质量分指标上，略领先于哈尔滨和武汉。现实表明，我们绝不能沾沾自喜、自我陶醉，而是应该保持清醒头脑，正确认识和把握苏州经济的现状。

1. 在工业经济加速发展的同时，社区结构的演化相对缓慢，城市化滞后于工业化。工业化是社区结构城市化的基本前提和根本动力，世界城市化进程的历史表明，工业化与城市化是同步推进的。然而在苏州，出现了城市化滞后于工业化并与自身所处的经济发展阶段严重脱节的现象。据统计分析，在改革开放以来的 20 多年间，我市按现价计算的工业增加值增长了近 48 倍，并由此实现了由工业化初期到工业化中后期的历史性跨越。与此成鲜明反差的是，至 2000 年底，我市按非农人口计算的城市化率仅为 42.6%，比改革开放初期提高 20 余个百分点，即使按实际居住人口计算，城市化率也不足 50%，城市化率与工业化率（工业增加值占 GDP 的比重）之比仅为 0.83—0.97，远低于国际上公认的 1.4—2.5 的合理范围。如果按国外发达国家城市化率高于工业化水平（非农劳动力比重）的标准来评判，苏州的城市化率落差 28 个百分点。为了客观反映一个国家和地区的城市化水平，有关专家根据当今世界各国和地区人均国民生产总值与城市化水平间存在的对数关系，建立了数学模型（$Y = 40.551 \lg X - 74.96$，其中 Y 为城市化水平，X 为人均国民生产总值），我们据此计算，苏州的城市化率也与之相差 18 个百分点（见表一），城市化落后于工业化达 8 年之久，出现了严重的城镇人口实际增长低于城镇工业生产率发展速度、产业非农化快于就业人口空间地域转移，城市化与经济发展水平相脱节的现象十分严重。从更深层次分析，实质上还反映了苏州服务业发展相对滞后的问题。据统计，2000 年我市服务业占国内生产总值的比重仅为 37.6%，三产从业人员占总就业人口的比重不足 30%，大大低于世界经济发展一般规律所揭示的平均水平，即当人均国内生产总值达到或接近 3000 美元时，服务业增加值占国内生产总值 50%，吸纳就业人口占就业总人口 45%—60%，苏州仅与世界上人均国内生产总值 1000 美元的国家或地区相当。同时，与国内其他发达地区的比较，1999 年，我市服务业占国内生产总值的比重位列 20 个大中城市倒数第二名，与人均国内生产总值的排序相差 12 个位次，低于人均国内生产总值 2200 美元的长江三角洲地区的整体水平 3.2 个百分点。2000 年，我市三产的占比虽有所提高，但位序依旧，而且与一些城市的差距还在进一步拉大。表二显示，在我们已经收集到的 14 个城

与文字为伴

市中，差距缩小的仅有沈阳、珠海、深圳 3 个城市，而与经济总量和发展水平比较接近的无锡、杭州、大连、青岛等城市都有进一步扩大的趋势，原落后于苏州的宁波市，其差距也在加速缩小之中。如果说服务业占比有其统计口径上的问题，那么由消费水平而间接反映城市化水平的社会消费品零售总额应该相对客观一些。比较分析表明，在 20 个城市中，我市这一指标已由"八五"期末的第 12 位持续下降为 2000 年第 16 位。

表一：苏州市城市化进程滞后情况

项目 \ 年份	92	93	94	95	96	97	98	99	2000
人均 GDP（美元）	1153	1607	1467	1899	2106	2380	2624	2875	3210
理论城市化率	49.2	55.0	53.4	58.0	59.80	61.9	63.7	65.3	67.3
实际城市化率	34.0	34.5	35.8	37.2	42.4	44.6	46.2	47.8	48.0

表二：苏州与其他发达城市三产占比差距拉大情况

年份 \ 城市	上海	沈阳	南京	成都	大连	汕头	杭州
1999	-12.3	-12	-8.5	-7.5	-6.3	-3.3	-3.3
2000	-12.6	-11.7	-8.7	-8.0	-6.4	-4.3	-3.6
年份 \ 城市	重庆	福州	青岛	无锡	宁波	珠海	深圳
1999	-2.7	-1.7	-1.3	-0.9	+2.1	-4.6	-11.0
2000	-3.3	-2.2	-1.6	-1.4	+1.6	-2.7	-8.8

2. 在中小企业大量涌现的同时，大型骨干企业发育成长缓慢，规模型企业支撑不力。改革开放前，苏州总体上以中小企业为主，经过 20 多年

的发展，尤其是随着乡镇企业产权制度改革的不断深入和民营企业的迅速崛起，我市中小企业大量涌现，而大型骨干企业发展滞后，企业结构呈现严重的低度化。一是大型骨干企业数量较少，与苏州经济整体发展水平不相称。1994年全市国内生产总值和人均国内生产总值在全国20个大中城市中均居第7位，但同期列入全国1000家大型工业企业名录的仅有16家，居20城市第11位（见表三），与经济总量规模和人均水平相差4个位序，落后于国内生产总值和人均国内生产总值低于或接近苏州的无锡、南京、大连、青岛等城市。二是单体规模小，与国内外大公司难抗衡。1999年，我市仅有苏州飞利浦消费电子有限公司、江苏沙钢集团有限公司名列中国大型工业企业产品销售百强之列，且仅居第77位和第78位，其平均销售收入不足位居第一位的1/10，不足百强平均水平的2/3；入选1999年度全国1000强的16家工业企业，其平均销售收入仅17.6亿元，列20城市第17位，平均资产规模23.1亿元，列20城市第14位；销售收入超10亿元的工业企业17家，仅相当于深圳市的一半左右。2000年，我市工业百强企业的平均资产、平均销售收入虽分别比上年增长了16.1%和39.3%，但其平均规模依然只有11.6亿元和11.1亿元，仅是1999年全国百强工业企业平均值的6.6%和11%（见表四），更是1998年世界500强平均规模的1/555和1/111。全市工业百强企业实现的销售收入仅相当于排名全球500强第460位的韩国浦项钢铁公司。三是支撑力弱，与经济社会发展要求难适应。1999年，我市入选全国1000强的工业企业共实现销售收入282亿元，列20城市第15位，这16家大型企业对全市规模以上工业企业销售收入的贡献仅16%（见表二），列20城市倒数第二位。2000年，我市大型骨干企业有所发展，全市销售收入超20亿元的工业企业由1999年的7家增加为13家，但其实现的销售收入、利润、利税也仅为483亿元、17.7亿元和30.9亿元，占全市规模以上工业企业总量的20.1%、18.2%和16.8%，上缴税收占全市财政收入的比重仅8.4%。与其他城市相比，差距更为明显，上海宝钢、上汽等21家大集团对全市工业产值、利润、税金的贡献分别达57%、62%和77%，青岛海尔、海信、澳柯玛、青啤等十大工业企业集团对全市工业产值、工业利润贡献率分别达40%、80%。

表三：1999年度20城市进入全国大型工业企业1000强情况比较

城市\项目	上海	广州	天津	北京	深圳	无锡	青岛	大连	南京	重庆
企业数（家）	83	35	33	31	27	25	22	20	18	17
销售收入（亿元）	2285	667	806	814	760	397	500	412	552	331
贡献率（100%）	35.0	29.6	36.9	36.7	37.4	27.7	43.3	50.8	44.1	39.6
城市\项目	苏州	杭州	成都	武汉	沈阳	珠海	宁波	福州	厦门	汕头
企业数（家）	16	14	14	11	11	11	9	6	6	2
销售收入（亿元）	282	462	284	323	340	161	226	126	109	21
贡献率（100%）	16.1	40.8	49.7	44.1	61.7	36.5	23.0	21.9	19.8	7.7

表四：苏州和全国工业100强规模比较　　　（单位：亿元）

地区\项目	平均资产	平均销售收入	平均实现利润	平均实现利税
2000年苏州	11.62	11.1	0.7	1.1
1999年全国	176.2	100.6	6.8	17.8
苏州/全国	1.6%	11.0%	10.3%	6.2%

3. 在高新技术产业迅速发展的同时，以纺织、服装业为代表的传统工业增长缓慢，竞争能力下降，正在形成新的"二元"结构。进入90年代以来，我市高新技术产业得到了飞速发展，高新技术产品产值占全市规模以上工业企业产值的比重，由90年代初的10%迅速提高为2000年的25.1%，在我们已收集到有关数据的部分城市中，苏州以2000年高新技术产品产值602亿元的骄人成绩名列第三位（见表五），正在成为高新技术产品制造业基地。然而，按照国际通行的分类，高新技术产业其实只是制造业内部的一种产业划分，是指制造业内部技术含量最高、最有增长潜力的部分。因此，从这个意义上讲，高新技术产业发展还包括对传统制造业的改造。从我市的情况看，通过高新技术产业的发展相应地带动传统产业的改造、升级是滞后的，出现了新的"二元"结构。首先是科技含量低，竞争能力弱。2000年，全市规模以上工业企业新产品产值335.20亿元，占产值总量的14.0%，而全市规模以上纺织、服装企业新产品产值仅28.6亿元，新产品率仅6.7%，不足全部工业的50%，尤其是服装行业，新产品产值仅0.4亿元，新产品率仅为0.33%，相当于宁波服装业的1/12。科技含量不足导致反映企业竞争能力的各项指标全线吃紧。1999年，苏州纺织、服装业产值利润率仅1.8%和4.1%，而宁波市为3.8%和6.5%；2000年，我市这两项指标虽已提高为2.8%和4.7%，但宁波市却分别提高到了9.0%和8.5%。如果与国际先进水平比，我市纺织、服装、食品、皮革、橡胶等行业的增加值率不足美国、德国、日本、韩国的50%，全员劳动生产率仅为欧美国家的1/10，在总体上落后于印度尼西亚。其次是增长缓慢，贡献份额急剧下降。1998年至2000年，我市纺织、服装行业年增长10%，不仅低于高速增长的高新技术产业近20个百分点，而且也低于全市工业增长11.4个百分点，尤其是纺织行业，年均增速仅7.1%。如果以2000年规模以上工业企业工业产值与1994年乡及乡以上独立核算工业企业工业产值之比作横向比较（见表六），我市纺织、服装业的发展速度不仅远远低于传统产业高度发达的宁波、广东等省、市，也低于这几年产业结构调整力度较大的上海市。传统产业的大滑坡必然带来对经济增长贡献份额的"大跳水"。以纺织业为例，其对工业产值、利润、利税和就业岗位的贡献由1994年的30.3%、27.6%、23.2%和28.0%，分别下降为2000年的12.6%、8.5%、10.1%和18.5%；服装行业对全市工业的贡献份额虽基本保持稳定，但与宁波市的差距却在进一步加大，对产值、利润、利税和就业岗位的贡献差由1994年的0.11、4.65、2.50和1.76个百分点，分别扩大为2000年的3.24、6.53、4.52和6.05个百分点。最后是结构偏离严重，综合素质堪忧。偏离-份额分析研究表明，在我市27个制造业大类中，有15个行业出现了竞争力分量负偏离（负偏离量越大，竞争能力越弱），且大多集中在传统行业（见表八）。以最具代表性的纺织、服装业为例，其偏离量分别高达-137.28亿元和-34.01亿元，列制造业各行业之首，而宁波市纺织业偏离量仅-21.2亿元，服装业则呈正偏离。对我市15个负偏离行业的进一步分析表明，我市与宁波市的相对偏离均呈负值，苏州传统产业的发展已远远落后于宁波市。

表五：部分城市高新技术产业发展情况比较

项目 \ 城市	上海	深圳	苏州	无锡	沈阳	青岛	南京	宁波
企业数（家）	/	21	346	238	/	/	245	92
产值（亿元）	1427	1064	602	529	461	412	353	306
贡献率（100%）	23.1	41.3	25.1	29.8	64.6	29.4	20.1	21.4

表六：纺织、服装行业发展情况比较

地区 行业	全国	宁波	广东	上海	苏州
纺织	0.92	0.75	1.37	0.66	0.61
服装	1.41	2.44	1.82	1.14	1.04

表七：宁波与苏州市服装行业对全市工业贡献率比较

地区	项目	产值	利润	利税	就业岗位
1994	苏州	6.28	6.40	5.02	5.16
	宁波	6.39	11.05	7.60	6.90
2000	苏州	5.18	8.11	5.60	5.31
	宁波	8.72	12.13	9.83	14.16

4. 在大量导入国际资本的同时，外资进入的领域不宽，国内资本利用的渠道不畅，所有制结构不尽完善。进入 90 年代以来，我市外向型经济蓬勃发展，大量外资的进入，一改国有、集体企业占绝对统治地位的局面。至 1999 年，外商资本占全部实收资本的比重首次突破了 40%，实现了资本结构根本性的转变。但具体分析我市的所有制结构，仍有不尽完善的一面。其一，个私经济发展虽有后来居上之势，但总体规模仍然偏小。截至 1999 年底的统计分析，全市个人资本占实收资本的比重仅为 9.8%，不足外商资本 1/4。2000 年，我市个私经济虽有了长足的发展，且目前正在以每天新开办私营企业 30 多家之速度发展，但其总量规模与周边城市相比仍处下风（见表九）。就私营企业而言，苏州虽然累计已开办 3.1 万家，但仍低于经济规模不相上下的深圳市和杭州市，也低于刚跨入“千亿俱乐部”的宁波市；如果从私营企业数与城市经济规模的比值看，苏州为 20

家/亿元GDP，仅比武汉、沈阳稍高，与宁波市、上海市相差1/3。个体工商户发展的落差更大，累计开办数仅比无锡、武汉、南京稍高，个体工商户数与城市经济规模的比值列倒数第一。个私经济规模较小也可以从其创造的就业机会得到印证，2000年底，我市个私经济就业人员约59万人，仅比无锡、南京略高，个私经济就业人数与城市总人口的比值仅1：10，只略高于青岛市，不足深圳市的1/2。其二，对内开放力度不够，融资渠道不畅。据有关部门截至1999年6月底的统计分析，我市5个国家级开发区、9个省级开发区（不含常熟农业开发区）累计引进内资279亿元，引进的内外资比为15：85，而我国沿海地区的浦东、天津、大连等8个开发区引进的内外资比为28：72，内陆地区的哈尔滨、长春、西安等市的开发区，引进的内外资之比一般高达50：50。2000年，我市对内开放力度虽有所加大，全市引进内资80亿元，比上年增长14.3%，在数量上比青岛市的47亿元、南京市的40亿元要多得多，但内外资之比仅为1：3，低于南京市的1：2和青岛市的1：2.2。对内开放力度不大还突出地表现在没有充分利用国内资本市场。至2000年底，我市共有创元科技、苏州高新、永鼎电缆、江苏吴中等8家上市公司，尽管在总量上列江苏第三，但与第一、第二的南京市、无锡市仍有12家、6家的差距；从苏州与全国的对比来看（见表十），苏州上市公司及总市值只占全国总数的0.76%和0.59%，与国内生产总值的占比分别相差0.96个百分点和1.13个百分点，总市值与国内生产总值的比例仅为18.5%，是全国平均水平的1/3。其三，一些领域非公有资本进入困难，所有制结构仍不尽完善。与面上国有、集体资本占实收资本49.1%和第二产业公有资本占33.3%的情况形成鲜明反差的是，我市第一产业、服务业中的公有制经济成分仍分别高达七成和近八成（见表十一），这表明，在所有制方面，我市二产特别是工业以非公有制为主，一产、服务业仍以公有制为主体的客观现实。不仅如此，所有制结构的不合理还表现在某些行业的国有集体资本退出难度较大。以市属国有、集体企业为例，改制面虽然达到50%，但涉及的资产仅占10%，有的企业单体资产规模大，有的企业资产质量差，有的又属于资质要求较高的特殊创业，因此国有集体资产的退出尚未破题。

表八：部分制造业竞争力偏离分量比较

行业	绝对偏离		相对偏离（苏州－宁波）
	苏州	宁波	
纺织	−137.28	−21.20	−116.08
服装	−34.01	42.62	−76.63
电气机械及器材	−23.25	18.19	−41.44
有色金属冶炼及压延	−19.56	−4.14	−15.42
医药	−14.68	−0.78	−13.90
专用设备	−13.14	5.50	−18.64
文教体育用品	−10.22	18.58	−28.81
饮料	−9.47	−1.91	−7.56
非金属矿物	−9.26	−8.25	−1.01
化学原料及化学制品	−8.27	8.56	−16.83
皮带、毛皮	−6.04	−4.88	−1.16
交运设备	−5.20	8.88	−14.08
化学纤维	−2.90	2.48	−5.38
金属制品	−3.23	15.00	−15.23
印刷	−2.61	−1.60	−1.01

表九：部分城市个私经济发展情况比较

项目 ＼ 地区	上海	深圳	宁波	杭州	苏州	无锡	青岛	大连	南京	武汉	沈阳
私营企业数	13.8	4.3	3.6	3.2	3.1	3.0	2.8	2.5	2.3	2.3	2.0
个体工商户数	20.1	15.9	22.1	16.9	14.8	12.5	23.0	27.4	9.7	12.3	22.6
个私从业人数	175.4	85.4	84.0	66.8	59.0	53.4	64.7	75.2	53.1	96.9	88.5
从业人数／总人口	13.3	21.1	15.5	10.8	10.0	12.3	9.2	13.8	10.0	13.1	13.1

表十：苏州与全国境内上市公司情况比较

项目 地区	GDP （亿元）	上市公司数量 （家）	市值 （亿元）	市值/GDP
全国	89404	1056	48000	53.7%
苏州	1541	8	285	18.5%
苏州占比	1.72%	0.76%	0.59%	1:2.9

表十一：苏州市三次产业资本构成情况（1999年）

产业 类别	合计	一产	二产	服务业
公有资本	49.8%	72.0%	33.3%	79.0%
个人资本	9.6%	23.2%	8.0%	12.5%
外商资本	40.6%	2.4%	58.7%	8.5%

5. 在科技进步步伐不断加快的同时，技术创新的根基不牢，自主创新能力薄弱。进入90年代以来，科技进步对苏州经济增长的贡献不断提高。2000年，科技进步对全市工业和农业经济增长的贡献份率分别高达46.5%和53.7%，位居全省第一和第二。全市科技进步的综合评价居全省第一，被国外媒体誉为亚洲新兴科技城。然而，苏州的科技进步说到底是建立在高度发达的外向型经济基础之上的。据统计，在2000年实现的602亿元高新技术产品产值中，由内资企业完成的仅占1/5，在销售收入前10名的高新技术企业中内资仅占1/5，在出口创汇前30名企业中内资也仅占2名，这与深圳市在1000多亿元高新技术产品产值中拥有自主知识产权的比重达46.8%形成了强烈反差。透过这一"高"一"低"的现象，反映出的不仅是外强内弱的问题，更集中暴露出了我市自主创新能力薄弱的问题。从影响技术创新能力的因素来看，主要有：缺乏强有力的财力和融资支持。1999年，我市由财政提供的科技三项费和科学事业费为7239

万元，仅相当于深圳市同年5.05亿元的1/7；科技三项费和科学事业费占财政支出的比重仅1.27%，而深圳同年为2.39%。2000年，我市科技三项费和科学事业费虽比上年有较大幅度的提高，达1.05亿元，但占当年财政支出的比重仅略有提高（见表十二），大大低于国家有关部委要求的2%的最低水平。在风险投资和融资担保方面，尽管已成立了总额为1亿元的风险投资公司，但尚处于试运作阶段，这与深圳市政府出资5亿元组建高新技术产业投资服务公司、注册10亿元组建高新技术创业投资公司、注册1亿美元在境外组建高科技风险基金并为高新技术产业发展提供担保和股权投资及贷款贴息的做法和力度相比，存在着较大的差距。企业没有真正成为技术创新的主体。近几年来，尽管我市先后创建了一批企业技术开发中心，新建了一批高新技术企业，共建了一批产学研联合体，但从总体上讲，以企业为中心的技术创新体系尚未形成。首先，从企业的投入来看，2000年，我市大中型工业企业研究与发展经费支出4.99亿元，占销售收入的0.76%，而1999年深圳市大中型工业企业的研发投入就达19.86亿元，是苏州的4.3倍，其占销售收入的比例达2.2%，是苏州市的3倍。从科研机构和科研人员来看，我市有70%的科研机构游离于企业之外，企业技术开发人员占职工总数的比例仅为6.43%；而在深圳，90%以上的研发人员在企业，90%以上的研发机构在企业，企业技术开发人员占职工总数比达12.77%，几乎是我市的2倍。从企业技术开发组织化程度看，尽管建立了国家级、省级、市级技术研究开发中心体系，但仍存在着"自成体系"、"封闭运行"的现象，没有形成优势互补、联合开发、成果共享的格局，出现了科研开发的分散化、短期化、小型化现象，引发了成果数量多、高水平的少，产品类成果多、共性技术少，成果申报多、转化率低的突出矛盾。1996年至2000年，我市共获市、省、国家三级科技成果奖863项（见表十三），但其中国家级奖仅6项，不足总量的7‰，而且近两年还连剃了"光头"；获得专利授权5744件，其中发明专利仅120件，占2.1%，发明专利占授权总数的比例有呈进一步下降的趋势。据估计，"九五"期间，对全市经济增长有重大影响的新技术、新材料、新工艺科技成果的比重不足10％。产学研结合层次偏低。目前，我市有70％的大中型企业与国内150多所科研院所、高校建立了100多个相对稳定的产学研联合体，也出现了像昆山"中科昆山高科技园"那样成功的范例。但从总体上讲，我市的产学研结合还只是停留在企业对院、校，甚至是企业对课题组的研发项目合作上，急功近利的思想较严重，而没有像深圳那样适时地将企业与院校升格为地方政府与院校的关系，采取各种措施形成各具特色的大学科技城，扶持高校概念企业的成长。高级人才稀缺。创新的源泉是知识，知识的载体是人才。目前，尽管苏州的人才总数占全市总人口的比例在全国各城市中并不低（见表十四），但高级人才稀缺是一个不争的事实。据人事部门分析，目前我市仅拥有高级人才1270多人，占总量的0.7％，其中高级基础研究和学术研究的人才更少。目前，我市每年引进的人才（包括应届毕业生）近万人，与深圳不相上下，但每年引进有博士、硕士学位的高级专门人才仅180人，不足深圳市的1/10，由此加剧了需求与供给之间的矛盾。我市由高级人才领办的民营高科技企业也明显少于深圳。民营高科技企业相对集中的苏州新区，从企业孵化器毕业和正在孵化的企业实现的产值仅7亿元，而1999年深圳市民营高科技企业实现的高新技术产品产值高达180多亿元，占全市总量的22％。

表十二：苏州市科技三项费及科学事业费支出情况

年份 项目	1994	1995	1996	1997	1998	1999	2000
科技三项费	1928	2732	3587	3852	4303	5481	8617
科学事业费	717	767	1020	1135	1460	1758	1916
占财政支出	1.32％	1.42％	1.46％	1.26％	1.24％	1.27％	1.32％

表十三：1996—2000年苏州市科技成果获奖及专利授权情况

		1996	1997	1998	1999	2000	合计
成果奖	三级合计	173	144	175	177	194	863
	其中国家级	2	3	1	0	0	6
	占比	1.16%	2.08%	0.57%	0	0	0.70%
专利	授权数	509	581	677	2055	1922	5744
	其中发明	65	8	6	9	32	120
	占比	12.77%	1.38%	0.89%	0.44%	1.66%	2.09%

表十四：2000年部分城市专技术人员拥有情况比较

城市	上海	南京	珠海	沈阳	大连	宁波	杭州	苏州	青岛
人才数（万人）	71.03	28.84	5.70	48.60	17.44	23.10	23.04	29.11	15.84
占总人口数	5.41%	5.37%	8.02%	7.28%	3.20%	4.29%	3.74%	5.02%	2.25%

6.在县域生产力布局初具框架的同时，市域范围的经济能量梯度结构尚未有效构架，战略趋同、重复建设的现象十分普遍。90年代以来，随着开发区的加紧建设和依托开发区的县城镇规模的扩容、水平的提升，各县市均形成了以开发区为中心、辐射带动周边乡镇的生产力布局结构。然而，这种以县域为单位的结构调整，虽从局部看有其合理的一面，但如果放到更大的范围、更高的层次就不尽然了，有时甚至会适得其反，进一步加剧矛盾。苏州的情况就是这样。目前，苏州生产力布局结构的主要问题体现在两个方面：一是中心城市的能级偏低。一方面，从区划情况来看，至2000年底，苏州市区面积仅392平方公里，户籍人口109万，在全国20个大中城市中仅分列倒数第三位和第二位（见表十五），市区面积、人口占全市辖区总面积、总人口的比例仅为4.6%和19.0%，分别列倒数

第二位和倒数第一位。今年年初,尽管苏州市区区划作了重大调整,但同处长江三角洲地区的杭州、南京、无锡也作了较大调整,苏州在20城市中的排名虽有所提高,但总体上仍落后于以上四城市(见表十六)。另一方面,从市区对全市经济的聚集程度看,1999年,苏州市区实现的国内生产总值列20城市第17位,与全市国内生产总值排名相差10个位序;与杭州市区占全市国内生产总值49.4%、财政收入67.2%、全社会固定资产投资61.4%、社会消费品零售总额58.7%相比,苏州市区分别落后29.8、33.4、20.4和32.5个百分点。2000年,苏州市主要经济指标占全市的比重虽均有不同程度的提高,其中国内生产总值由19.6%提高为21.8%、财政收入由33.9%提高为36.7%,规模以上工业企业产值由26.3%提高到29.5%,但仍落后于杭州、无锡、宁波等市,即使按照调整后的新区分析,市区对全市国内生产总值、财政收入的贡献仍仅为34.9%和46.1%,低于未调整前杭州、无锡的水平。二是各自为战,战略趋同现象十分突出。在苏州,各县市普遍具有敢于争先的精神风貌,这是十分可贵的,应当保护。但区域的总体规划与合作显得滞后。比如,张家港、常熟、太仓均濒临长江,具有得天独厚的港口优势,三市均提出了"以港兴市"的战略。问题是,港口的建设、临江工业的发展没有走出一条"联合经营、错位开发、统一管理"之路,因此也就不可能形成组团式港口群的整体功能。据统计,在苏州这个紧邻中国第一大港上海港、腹地近5000平方公里的区域内,目前建有的万吨级码头(泊位)达31个之多,2000年,张家港、常熟、太仓3个港口的货物吞吐量分别为2025万吨、782万吨和240万吨,集装箱吞吐量分别为13.7万标箱、2.4万标箱和3.6万箱,大大低于设计能力,合计不足万吨级泊位近24座的宁波港的1/3。在沿江工业区项目选择上,三市又分别将化工工业园、国际化学工业园区、石化工业区作为重点发展的对象,在重复建设码头的基础上,进一步形成了临江工业的产业重构。开发区建设是我市的一大特色,但事实上,也存在战略上的重构和战术上的过度竞争,各开发区间尤其是国家级、省级开发区之间缺乏明确的分工、定位，省级开发区不但没有成为与国家级开发区相配套的功能协作区，有时甚至还成了与之争项目、压地价的竞争对手，国家级开发区的产业定位也有雷同之处，难以展开错位竞争，招商引资中的明争暗斗实难避免。

表十五：20 城市市区区划情况比较

城市项目		北京	上海	广州	深圳	天津	重庆	苏州	杭州	成都	武汉
面积	面积排名	3	5	9	18	4	1	18	16	10	2
	占比排名	4	3	9	8	6	12	19	20	15	1
人口	人口数排名	2	1	7	12	5	3	19	13	8	4
	占比排名	4	3	7	11	6	15	20	14	13	1
城市项目		无锡	宁波	青岛	沈阳	大连	南京	福州	厦门	汕头	珠海
面积	面积排名	17	13	11	6	7	14	12	8	20	15
	占比排名	16	17	14	7	10	11	18	1	13	5
人口	人口数排名	18	16	11	6	10	9	14	15	17	20
	占比排名	16	18	12	5	10	9	17	1	19	8

表十六：苏州、南京、杭州、无锡市区区划调整前后排名比较

	市区面积			市区面积占比			人口			人口占比		
	调前	调后	提升位序	调前	调后	提升位序	调前	调后	提升位序	调前	调后	提升位序
苏州	18	10	9	19	11	8	19	14	5	20	15	5
杭州	14	8	6	11	6	5	9	9	0	9	6	3
南京	16	7	9	20	14	6	13	8	5	14	8	6
无锡	17	11	6	16	8	8	18	13	5	16	12	4

下篇：立足全局　协同推进

现实表明，经过改革开放 20 多年的快速发展，苏州经济社会发展中的突出问题和矛盾已经由总量问题转变为结构问题，经济结构的不合理，日益成为影响经济增长质量和效益提高的主要因素，严重阻碍了苏州经济整体竞争力的增强。因此，我们必须加强对结构调整的研究与实践，通过经济结构的调整和优化，推进苏州率先基本实现现代化。

经济结构的战略性调整是一项系统性工程，全面完成这一战略任务，其中很重要的一点是我们必须真正把结构调整摆上重要位置，各项工作协同推进。我们认为，有必要研究以下几个问题。

一、加大解放思想、统一认识的力度，真正从理论上把握新一轮经济结构调整的内涵与特点。

纵观苏州经济发展的各个重要历史阶段，无论是乡镇工业的崛起、各级各类开发区的创立，还是全方位开放格局的形成，每次大的发展，都是全市上下解放思想、抢抓机遇、大胆实践的结果。结构调整无疑是苏州经济社会发展的一次重大转折，它对于经济、社会以及人们思想观念的影响之深刻，将是空前的，从某种意义上说，我们只有在解放思想、统一认识，对新一轮经济结构调整有一个全面、准确把握的基础上，才能适应新的形势要求，走出结构调整的新路子。

我们在调查过程中感受到，面对新一轮经济结构的调整，全市各级各部门解放思想、统一认识的任务是十分紧迫和繁重的。比如，有的同志对结构调整认识不清，理解不透，按照常规去考虑，缺乏危机感和紧迫感；有的同志孤立地、机械地看待结构调整，或者等同于一般工作；有的同志存在一种急于求成的想法，企求通过结构调整解决一切现实中的矛盾和问题；还有的同志正相反，认为结构调整的问题过去也曾经提过，因此思想上重视不够。我们认为，新一轮经济结构调整的内涵与特点，至少应从这样几方面去把握。

一是系统性。经济结构应该是一个有机的系统，对其理解应包括这样几个基本点：①从其本身看，是指国民经济有机整体中各个方面、社会再生产过程各个环节之间的质的组合与量的比例，以及它们的相互联系和相互制约的关系。包括了产业结构、企业结构、产品结构、技术结构、人才结构、布局结构、城乡结构等各个方面，互相作用，互为因果。②经济结构既包括生产力结构，同时也包括生产关系结构，即所有制结构等方面。而且，生产关系结构还对生产力结构的许多方面有着决定性的影响，生产关系结构不合理，也就难以建立合理的生产力结构。正如马克思所说："生产关系的总和构成社会的经济结构。"③经济结构是一个开放的系统，也就是说，苏州经济结构应该是全国乃至世界经济结构中的一个有机组成部分，苏州的经济结构应该既相对独立，又相互联系，构成一个互动、互补的系统。④经济结构与生产力水平又是紧密联系的，一定的生产力水平决定了相应的经济结构，同时，我们又可以通过调整、优化经济结构，形成对生产力发展的推动作用。只有最佳的经济结构，才有最快的发展速度。

二是特殊性。从本质上说，人类发展的历史，也是一部经济结构不断调整的历史，苏州的经济结构一直经历着由简单到门类众多、由低级向高级的发展历程，这个历程永远不会完结。所不同的是，从主观上分析，我们对经济结构的调整越来越趋于主动，因而调整的周期也越来越短；从客观上分析，每次调整都是处在不同的客观环境，因而具有不同的客观要求。苏州新一轮经济结构调整，是在结构调整成为中国发展主线、全球性经济结构调整风起云涌的大背景下展开的，是在对外开放不断深化、国内外两个大市场日趋融通的大环境下展开的，是在社会主义市场经济体制加快建立的条件下展开的，是在苏州自身发展由宽裕的小康迈向基本实现现代化的新阶段展开的，无论从宏观还是微观上分析，都处于重要的经济社会转型期，这就要求我们从更宽的眼界、更高的层次去思考、去谋划苏州的经济结构调整。

三是机遇性。结构调整蕴含着机遇，结构调整也需要把握机遇。尤其是世界范围内的大调整，更是一种大转移、大机遇、大挑战。历史的经验证明，动作迟缓或者按部就班，就会在新的竞争中落伍；奋起直追，力争赶上大调整的步点，就能实现跨越式的发展。近50多年来，世界范围至少经历了三次经济结构大调整，日本由于抓住了第一次调整的机遇，一跃而成为世界第二号经济强国，韩国等亚洲"四小龙"由于抓住了第二次调整的机遇，实现了工业化。一个国家是如此，一个地区的发展也不例外。从本质上看，经济结构的调整，是区域经济格局的此消彼长。谁主动，谁抓住了机遇，谁就能立于不败之地。因此，苏州必须主动融入新一轮世界经济结构大调整之中，由过去的适应型、被动型调整转向升级型、主动型调整，把握大机遇，谋求大发展。

四是长期性。结构调整的复杂性和艰巨性决定了这是一个长期的过程。我们不能也不可能毕其功于一役，希望通过一两次结构调整，解决多年积累的深层次矛盾和问题。进一步看，结构调整是一个永恒的主题，合理的经济结构是就一定的时间、地点、条件而言的，是有条件的、相对的和可变的，它是随着经济社会的发展和宏观环境的变化而变化的。旧的矛盾解决了，又会产生新的矛盾，需要通过结构调整来解决，结构调整始终处于循环往复、螺旋上升的过程之中，始终处于相对稳定与逐步变化的过程之中。因此，我们应该十分清楚地认识到，所谓合理的经济结构，是一个不断调整、完善、优化的过程，我们必须有长期的思想准备。

二、在更大区域准确定位，积极发展富有竞争力的优势产业。

在经济结构调整中，产业结构的调整优化是关键。我们应该在世界产业结构变动的大背景下，从与上海配套发展、错位竞争的角度，坚持有取有舍、有主有次，跳出趋同误区，突出发展重点，形成产业特色。

抓住契机发展信息产业。据中科院专家分析，信息产业是中国有可能与发达国家处于同一起跑线并有可能实现跨越式发展的一个产业。大量的研究计算已经证明，信息产业是一个产业关联度、带动度和渗透性、倍增性都很高的产业，是经济结构调整的带动产业。结合对苏州信息产业发展现状的研究，我们认为，苏州应抓住机遇，选准信息产业跨越式发展的切入点。应该看到，苏州的信息产品制造业已经形成了一定的规模和优势，而以上海为龙头的长江三角洲地区，尽管其工业也是以制造业为主体的，但在这一区域的产业一体化发展中，苏州信息产品制造业的互补性和差别化优势是明显的，具有错位竞争、进一步发展壮大的有利条件。同时，从国际分工协作的趋势分析，跨国公司在推进全球化战略中，在发展中国家和地区以独资和合资方式建立信息产品制造基地的特征十分明显，苏州应该发挥开发区优势，抓住机遇，趁势而上，进一步把信息产品制造业基地做大、做强。苏州的软件业尽管尚未形成气候，但势头较好，迄今为止，全市从事软件应用开发的相关单位有100多家，去年实现销售收入1.2亿元，主要集中在园区、新区和昆山开发区。现在，园区国家级软件园已经全面启动，进驻了46家国内外软件企业，苏州新区依托留学生创业园，已引进美国硅谷安博软件公司，建立了软件开发中心，昆山引进软件企业也超过30家，国内著名的中创软件公司已决定在开发区建立软件园。我们应该推进这一发展势头，力争使苏州在这一新兴领域占有一席之地。随着信息社会的临近，国内许多城市提出了建设"数字城市"的概念，所谓"数字城市"，包括了城市的信息基础设施建设和信息服务业建设，就是把所有信息输入计算机存储、处理，建立网络，实现信息共享，形成数字化地理信息、数字化行政、数字化经济、数字化管理，具有巨大的经济、社会效益和带动效应。这对于促进苏州的城市化和城市现代化进程具有十分重要的意义，应该成为我们推进信息化、提升城市现代化水平的重要抓手。

与文字为伴

积极改造提高传统工业。产业结构调整并不是要消灭传统工业，而是要以高新技术尤其是信息技术支撑高素质的传统行业，这同样是苏州产业结构调整的重要方向和内容。苏州的传统工业尽管在近几年发展减缓，有的行业甚至陷入困境，但其在工业中所占据的份额，对于工业经济的影响仍是不容低估的。根据对市属传统行业的分析，共有企业 169 家，职工 3689 人，去年实现销售收入 7.4 亿元，利税 3.92 亿元，分别占市属工业总量的 66.28%、51.7%、29.34% 和 18.82%。

市属传统工业情况表（2000 年底）

	企业数（个）	职工人数（人）	其中下岗人员（人）	销售收入（万元）	利税（万元）
市属工业	255	131039	19047	2523757	208344
其中：丝绸	15	16103	4056	127525	6942
纺织	32	17405	3248	181971	12664
轻工	78	23070	4174	359444	13611
工艺	32	7474	1125	39922	3182
建材	12	3689	1386	31560	2816
合计	169	67741	13989	740422	39219

　　同时，对照比较分析显示，苏州传统工业的增加值率、劳动生产率普遍低于美国、日本、德国、韩国和印尼的水平，有的甚至低于全国平均水平。以纺织工业为例，苏州的增加值率为 21.98%，而全国水平超过 23%，远低于国外水平，美国等均超过 43%，印尼也达到 33.9%，苏州的劳动生产率为 4450 美元／人·年，虽然比全国水平高出一倍，但美国、日本、德国均超过 5 万美元／人·年，即使印尼也达到了 6402 美元／人·年（具体见表）。

　　有关资料显示，尤其是在美国，其传统产业对经济增长的贡献份额已占到60%以上。这一方面说明我们传统工业发展的差距，同时更说明苏州的传统工业改造和发展的空间和潜力是巨大的，我们应该选择行业优势比较强的如丝绸、纺织工业，企业技术装备水平已经有了较好的条件，主要是产品质量和档次与国际先进水平差距较大。因此，我们应该把重点放在工艺创新和产品创新上，推进信息技术对丝绸、纺织工业的渗透、改造，提高苏州传统工业的竞争能力。

苏州部分传统工业与全国、国际水平对照表

	苏州	全国	美国	日本	法国	韩国	印尼	
纺织工业	21.98	23.8	43.3	44	46.5	45.2	33.9	增加税率（增加值/产值100%）
服装工业	22.59	23.9	51.8	54.3	41.5	49.2	39.1	
纺织工业	4450	2126	53444	56102	54720	35287	6402	劳动生产率（增加值/平均职工人数，美元/人·年）
服装工业	4155	2749	40055	33378	56963	27741	3494	

扶持培育相对弱小但具备发展前景的产业。从苏州的情况来看，这包括特色农业，以超细材料、纳米材料、微电子材料等为内容的新材料产业，以生物技术制药为主的生物医药产业，有利于环境保护的环保产业，富有苏州特色和资源优势的旅游业。总体上看，上述产业在苏州经济中的份额均不大，但都代表着产业发展的趋势。比如环保产业，在客观上，经济发展与环境保护始终是一对矛盾，这在某种程度上对环保产业的发展提出了要求，也提供了空间，而苏州的机械装备工业相对较强，具有发展环保产业的基础，机电一体化发展也具有一定优势，因此苏州发展环保产业应该是有所作为的。比如生物医药产业，尽管目前的规模较小，但据调查分析，"十五"期间将有近20家外资企业形成新的产出高峰，一批企业将

扩大生产规模，投资超过14亿元，有80多个新产品加紧研发试制、投放市场，将成为新的增长点，并有可能涌现出10多个年产值超5亿元的企业集团。苏州的生物医药产业成长前景十分看好，需要我们在产业结构调整中重点扶持。再比如旅游业，苏州拥有丰富的旅游资源，近几年，我们在实践中也形成了一些品牌，初步构筑了"三古一湖"的大旅游框架，自身具备了进一步发展的条件。同时，根据发展规律和宏观趋势分析，苏州的旅游业也是大有可为的。一般认为，当人均GDP达到或超过3000美元时，旅游业将出现一个飞跃，包括苏州在内的我国沿海大部分地区已达到或超过这一数值。另据世界旅游组织预测，到2020年，中国将成为世界最大的旅游目的地国家，占世界出境市场份额的8.6%，即达到1.37亿人次，比2000年增长87%。由此可见，潜在的旅游市场正在形成，苏州的旅游业拥有巨大的发展空间，理应成为充满活力的一大产业。

大力发展具有社会潜在需求的新兴产业。随着市场经济的加快发展和现代科学技术的进步，新兴产业的出现已经成为经济发展中的一个重要趋势和特征，需要我们善于分析研究，善于把握发展机遇。比如，物流产业作为国民经济中一个新兴的产业，正在全球范围内迅速发展。所谓物流，就是按照用户要求，将物品从供应地向需求地进行转移的活动，它是储存、运输、包装、装卸、流通加工、物流信息处理等相关活动的有机统一，物流产业的产生和发展，是经济发展到一定阶段、社会分工不断深化的产物。尽管这一新兴产业在中国尚处起步阶段，但据有关专家分析，物流产业的发展将成为21世纪中国经济发展的一个重要产业部门和新的经济增长点，目前深圳、北京、天津、上海、广州、山东等地已着手研究制定地区物流发展的规划，深圳市已明确把物流产业作为21世纪经济发展的三大支柱之一。作为经济发达地区的苏州，不仅交通运输业比较发达，拥有张家港、常熟、太仓等港口，在苏州工业园区、昆山开发区和苏州新区建立了陆路口岸，初步形成了与国际接轨的基础条件，而且又拥有众多的外资大企业，客观上具有发展物流业的需求，建立起区域性的物流中心，应该是可以的。同时，推进这一产业的形成，客观上也是进一步完善投资环境的需要，应该大力发展。比如社区服务业，随着城市居民生活质量的不断提高，社区服务业的发展具有广阔的前景，据中国社会调查事务所在北京、天津、上海、武汉等五地对 800 位城市居民的专项问卷调查显示，居民需求的服务种类在不断增加，60%的被调查者表示需要社区医疗服务，52%需要社区家政服务，30%需要社区文化服务，28%需要社区养老服务。从苏州的情况看，去年城镇人均可支配收入达 9274 元，为全国的 1.4 倍，为全省的 1.36 倍，在全国 20 个大中城市中列第 9 位，具有发展的潜在市场。据市劳动部门的调查，虽然目前我市社区服务业尚未形成热点，但发展需求是客观存在的，我们应该未雨绸缪，及早培育。又比如会展业，这是一个前景广阔的朝阳产业，涉及服务、交通、旅游、广告、装饰以及餐饮、通讯和住宿等诸多部门，不仅可以培育新兴产业群，而且可以直接或间接带动一系列相关产业的发展。据专家测算，国际上展览业的产业带动系数大约为 1：9，即展览场馆的收入如果是 1，相关的社会收入为 9；据上海市测算，上海展览业带来的相关经济效益，直接投入产出比为 1：6，间接的可达 1：9，对该市 GDP 的拉动效应非常明显。事实上，会展业的功能和作用是综合性的、全方位的。除了对 GDP 的拉动，还能起到提供就业机会，传播信息、知识、观念，促进经贸合作，提高城市知名度等作用。苏州既是历史文化名城和风景旅游城市，又是对外开放度较高的现代城市，完全应该充分利用这些优势，政府与企业相结合，积极举办全国性乃至世界性的展览会、博览会、交易会、洽谈会，使会展经济形成规模，成为苏州经济发展的新亮点。

三、坚持互动并进方针，以开发区为载体推进苏州经济结构的全面优化。

我们认为，推进苏州经济结构的战略性调整，必须坚持互动并进的方针，这包含两层意思：一层是，在经济结构调整中要突出产业结构优化升级这一重点，并以此带动其他结构的调整，但同时我们也应该看到，其他结构的调整对产业结构优化具有积极的反作用，它们之间往往是相互作用、相互影响、相辅相成的辩证统一关系，我们必须通盘考虑，协调运作。另一层是，经济结构调整与开发区发展具有一种互动并进的紧密关系，开发区发展到今天，已经成为苏州经济的重要组成部分，对全市经济社会发展的拉动作用日益明显，开发区的发展正深刻地影响并改变着苏州的经济结构，在世界经济结构大变动中，开发区凭借其所拥有的政策、机制、人才、空间等优势，理应成为苏州经济结构战略性调整的重要基地和载体。

高起点优化区域布局。产业结构调整离不开合理的生产力布局，而各级各类开发区则是两者的重要结合点。过去，我们在布局调整中已经有了成功的实践，根据变化了的宏观形势和发展要求，我们必须在调整、完善的基础上，确立高起点的布局优化思路。根据国务院的批复，苏州城市规划区的面积已经扩大到2000多平方公里，省委、省政府也要求苏州做大、做强、做优、做美，其核心是全面、合理规划小城镇、县城镇和大市区的功能布局和发展思路，进一步强化中心城市的现代化功能、辐射带动功能和旅游商贸功能。我们认为，按照"大市区"的框架，苏州的丝绸、纺织尤其是化工行业的合理布局与集聚问题已经十分突出，尤其是化工企业，已经成为影响居民生活环境和城市现代化建设的突出矛盾。对此必须从长远发展的角度出发，全面合理规划化工小区，分步推进项目集聚。我们感到，根据化工企业的特点，在太仓港口开发区或常熟沿江开发区建立苏州的化工园区是比较适宜的，我们可以明确新办项目一律进区，老企业逐步搬迁。丝绸和纺织企业的集聚同样可按这一思路在各开发区选址规划。与此同时，我们必须着力优化开发区的功能布局，解决目前存在的有的开发区规模过小、相互之间产业结构趋同以及招商引资中的不必要竞争等问题。我们感到，其中十分重要的有两条：一是必须建立"大开发区"格局，各开发区准确定位，相互间形成联动、配套的关系，有的可直接建立配套区，有的成为产业特色区。二是突破行政屏障，建立具有权威的协调机制和符合市场经济要求的利益调节机制。我们感到，从全市的角度优化生产力布局无疑是最佳思路，但在现行的体制框架下难度较大，项目的跨地区集聚首先涉及经济指标、税源转移等一系列问题，我们要考虑能否配套改革地方的经济考核指标，并探索建立一种税源补偿机制，以保证布局调整的顺利推进。

做优做强企业板块。调整优化企业结构，把企业做优做强，是苏州产业结构优化升级的重要支撑。苏州总的情况是企业竞争力不强，中小企业偏多，值得注意的是，据对去年百强工业企业的情况分析，这100家企业拥有资产1162.48亿元，实现工业增加值268.11亿元，销售收入1106.38亿元，利税总额107.46亿元，利润总额68.53亿元，分别占全市3112家规模以上工业企业的49.5%、45.5%、49.27%、58.37%和70.53%，由此可见，企业的规模与其经营业绩、竞争能力并不成正比，我们在调整企业结构中不能一味求大而不重视中小企业在市场经济中的作用，而必须从苏州的实际情况出发，把调整的重点放在做优做强上。一是充分发挥开发区的集聚优势，继续加大力度引进国内外资金雄厚、技术先进、产品富有竞争力的大集团、大企业，这可以直接改善我市的企业结构。二是充分发挥开发区的政策优势，在开发区内办好私营小区，扩大准入领域，营造公平竞争的市场环境，尤其要优先支持科技型私营企业的发展，以提升我市企业的市场竞争力。三是充分发挥开发区的辐射优势，全方位、多层次推进我市中小企业为外资大企业、大项目、大产品配套协作，这方面是我们的优势，而且已经有了成功的经验，应该加大力度，培育壮大一批专业化配套"小巨人"。我们认为，企业结构的调整，做优做强苏州的企业板块，与所有制结构的调整是紧密结合的，我们既要通过引进各种外来资本、壮大私营经济等途径，以形成投资主体多元化格局，又要坚持"有进有退"的原则，推进国有集体资产的跨部门、跨行业、跨地域和跨所有制界限的重组。比如，针对目前市区国有集体资产分散、企业规模过小、活力不强等情况，我们可以通过调查研究，加快进行大跨度的调整重组，促进生产要素向优势产业、优势企业、优势产品、优势企业家集聚，形成一批主业突出、实力雄厚的大集团，积极争取在苏州企业包装上市方面有所突破。

着力构建人才高地。从某种意义上说，产业结构优化升级的实质是人才结构的优化升级，只有构建起人才高地，集聚了一批高素质的人才，我们才能真正形成产业优势，增强竞争力。需要指出的是，我们在加强培养、提高现有人才素质的同时，更多地应该依托开发区的优势，大范围集聚各路创新型、复合型、研发型等高层次人才。我们应该进一步加大对留学归国人员的引进力度。国际研究数据表明，发展中国家在经济起飞阶段，留学生中有三分之二归国效劳，中国目前有 30 万留学生在国外，苏州到国外定居或留学的也超过 5000 人，这是我们亟待开发的人才资源库。我们应该加大与国内一流高校、科研院所的联合力度，推进产学研的联合。尤其值得关注的是，去年以来，为使高校的人才和智力优势转化为产业和经济优势，教育部和科技部联手扶持高校科技产业，一批大学科技园正在崛起，我们应该积极抓住契机，吸引高校到开发区创办科技园，在引进人才的同时也引进科技成果。我们应该继续推进对国外研发机构的引进，经济全球化的一个重要特征是科技全球化，跨国公司的研发机构抢滩中国正在形成势头，我们已经引进了一大批世界 500 强企业，进而引进其研发机构应该成为开发区引进外资的重点之一。引进人才，关键在于观念和机制的创新，我们应该加快营造开发区引进人才的"绿色通道"，创造出硅谷式的创新区域环境，同时在机制上尝试国籍户籍和单位家庭两头在外、来去自由的"柔性流动"，使引进人才的机制更灵活、更有效。

四、加大改革力度，充分发挥政府在经济结构调整中的重要作用。

毫无疑问，经济结构战略性调整的主体是企业，我们必须坚持以市场为导向，充分发挥市场机制在资源配置中的基础性作用，使失衡的经济结构趋于合理。需要指出的是，目前我们的市场机制还很不完善，尤其是在社会效益和经济单位本身效益不一致时，市场是失灵的，这就需要政府的匡正、调控和引导，而即使是在市场体系健全的条件下，政府与市场的作用也是不排斥的，而是互补的。因此，我们绝不能片面夸大市场的作用而忽略、否定甚至放弃政府的重要作用。

当前，推进改革具有十分重要的意义，这既是发挥政府在结构调整中作用的重要前提，同时也是政府的一项重要职能。从本质上看，体制改革是涉及生产关系、上层建筑的一种结构调整，当前经济结构的调整之所以难度较大，在某种程度上存在诸多的体制性屏障是一大重要原因。可以说，结构调整每前进一步，都需要一系列改革措施的推动。

从外部看，需要推进两个层面的改革。一方面，我们必须加快建立现代企业制度，使企业真正成为市场主体。我们现在的企业改制面尽管较大，但还存在诸多的改革难题。比如，净资产大的企业、大而亏的企业、特种行业的企业、事业单位等，都已成为我们下一步改革的重点和难点，而即使已经改制的企业也还有一个继续深化的问题。企业改革不到位，成不了市场主体，政府也就难以正确发挥作用。另一方面，我们必须深化市场取向的改革，加快培育和形成统一开放、竞争有序的市场体系。比如，加强要素市场建设。经济结构调整的实质是资源的流动重组和优化配置，大力发展产权交易、资本融通、人力资源等要素市场建设，是促进经济增长的重要手段。苏州在这方面虽然已经有了一定的实践和基础，但面对新一轮经济结构调整，市场培育尚需加大力度，应加快建设产权交易市场，打破部门和地区壁垒，促进资产重组和股权流动；积极完善资本市场，努力创新金融工具，促进社会资本流向发展潜力大、成长性好的产品和企业。只有市场健全，政府才有可能从不该占据的位置上真正退出。

从政府自身看，正在部署的机构改革是一个重大契机，我们应该以此为起点，切实转变政府职能，真正从直接管理转向间接管理，从微观管理转向宏观调控。我们感到，在新一轮经济结构调整中，政府部门至少应该在这样几方面发挥作用。一是加强引导。主要是将各种社会主体的行为引导到有利于结构调整的轨道上来。比如，强化产业导向，可根据国家产业政策，引导社会资源投向需要重点发展的行业和领域；比如，发挥政府部门资金支持的杠杆作用，通过贴息贷款、注入部分资本金等方式，调动信贷资金和其他社会资金向结构调整倾斜；又比如，引导企业用增量投资盘活存量资产，鼓励企业采取兼并收购、资产重组、资产入股、租赁经营、委托管理等多种方式，激活存量资产。二是强化调控。就是对结构调整过程中出现的突出问题加以调节和控制。在经济结构调整中，很有可能出现一哄而起、乱铺摊子、饥不择食等问题，因此，政府部门必须充分发挥调控职能，坚决淘汰落后生产能力，制止低水平重复建设，限制某些产业领域的过度竞争，禁止影响可持续发展的项目。尤其要把好环境影响评价关，严格控制新增污染源。对于苏州这样一个经济与环境协调发展的地区而言，推进可持续发展，保护生态环境，不仅在结构调整中十分重要，而且也是结构调整的重要内容。经济结构调整必然涉及政府资金的投入、政府项目的建设和国有集体资产的"有进有退"。因此，我们还应该切实改变政府资金部门化、使用分散化的局面，真正做到"集中财力办大事"；加强对政府支持项目的建设、投产、运营的监管；加强对国有集体资产运营的监督和管理。三是项目示范。结构调整是一个复杂的系统工程，政府部门可以抓一些示范性项目、关联度大的项目以起到引导作用。比如，农业结构的调整，政府部门应加强对产业化龙头企业的培育、引进，让农民在得到经济实惠的过程中，自主地调整结构。比如，政府部门抓住一批具有战略意义的高新技术产业化重大项目，排出一批成长性好的科技型中小企业，加大扶持力度，以尽快形成产业规模。只要我们抓住了枢纽环节，就能收到抓住一点、带动一片的效果。四是营造环境。创造良好的软环境，是政府推进结构调整和发展经济的重要职责，也是我们政府部门的重要工作。只有环境改善了，才能形成结构调整与经济发展的良性循环。这方面我们要做的工作还有很多。我们可以根据结构调整的要求，制订一些符合苏州实际的政策措施，形成既具扶持、导向作用，又规范、透明的政策环境。政府部门依法行政是营造环境的重要内容，应该说，我们正在进行的行政审批制度改革是一个重点，应该在目前清理、改革的基础上，进一步缩小审批范围，减少审批环节，简化审批程序，切实提高行政效率。

五、积极构建"大就业"格局，为新一轮经济结构调整提供重要保障。

我们既要推进经济结构的全面优化，以实现经济的快速发展，又必须化解经济结构尤其是产业结构调整所带来的职工下岗、失业等种种社会矛盾，以保持社会的稳定，这是两个紧密相关、互相作用的大问题。从某种意义上说，只有实现了社会相对充分就业，我们的经济结构调整才能在一个相对稳定的社会环境中顺利推进，我们也才能赢得真正意义上的经济增长。

值得注意的是，当前的就业形势是十分严峻的。一是登记失业率持续攀升。据市劳动部门的统计，到今年4月底，全市登记失业人员超过4.6万人，登记失业率达3.76%，比去年底上升了0.28个百分点，其中市区的登记失业率还要高。问题还在于，进入再就业服务中心的下岗职工人数超过3万人，根据中央要求，下岗职工进入再就业服务中心的期限一般不超过三年，三年期满仍未再就业的应与企业解除劳动关系，实现下岗与失业的并轨，也就是说，今年下半年约有1.6万人协议到期，到2002年底，苏州共有3万多下岗职工出中心，这将给已经居高难下的"登记失业率"造成巨大压力。二是再就业难度很大。至4月底，全市下岗职工再就业率为9.2%，市区仅为5.6%，这实际上反映了下岗职工年龄偏大、文化偏低、技能单一的基本事实，在就业岗位竞争中处于弱势。三是新增城镇劳动力也构成了一定压力。据市劳动部门测算，"十五"期间我市将每年新增城镇劳动力 3 万人。四是农村劳动力转移压力不容低估。目前我市农村大致有 64 万劳动力,根据我们的分析和中国社科院对我市农村的测算,大致有 50% 需要转移。五是外来劳动力的冲击。据市公安部门的统计分析,全市外来劳动力大致在 80 万人左右,这对我市的劳动就业造成了一定的竞争压力。对此,我们既要充分看到不可避免的高失业率给结构调整带来的阻力,同时更要辩证地认识到,经济结构的调整,产业结构的优化升级,一定程度上也是就业结构的调整。从我市三次产业从业人员构成分析来看,总体上是第三产业从业人员占比上升,从 1991 年到 2000 年,一产占比下降 8.3 个百分点,二产占比下降 1.9 个百分点,三产占比上升了 10.2 个百分点(具体见表)。

全市三次产业从业人员构成比例

年份	总数(万人)	一产占比	二产占比	三产占比
1991	345.29	29.3%	51.7%	19%
2000	313.29	21%	49.8%	29.2%

从城镇各经济类型从业人员构成分析,基本上呈现出国有集体企业从业人员减少,而各种新经济组织从业人员增多的趋势。从 1991 年到 2000 年,国有集体经济从业人员从占比 94.62% 下降到 45.69%,下降了 48.93 个百分点;而个私企业、外资企业、股份制企业等新兴企业则由占比 5.38% 上升到 54.31%,其中尤其是个私经济,由 1.6% 上升到 27.28%,提高了 25.68 个百分点(具体见表)。

城镇各经济类型从业人员构成比例

年份	总数（万人）	国有经济占比	集体经济占比	外资和股份制经济占比	个私经济占比	其他占比
1991	99.29	54.05%	40.57%	3.78%	1.60%	
2000	106.35	35.29%	10.40%	23.97%	27.28%	3.06%

由此可见，随着市场化取向改革的加快推进，这种就业格局的调整和变化将是一种趋势。

因此，我们应该按照城乡融合、多层拓展的"大就业"思路，广泛开辟就业渠道。一是把产业结构调整与实现相对充分就业结合起来。应该说，产业结构的升级总体上对劳动力的需求是减少的，但大力发展第三产业可以说是两者的最佳结合点。根据国际规律，发达国家的第三产业就业比重通常在60%以上，与之相比，我市仅为29.2%，至少说明我市这方面空间和潜力还是很大的。因此，我们必须确立就业优先的发展目标，重点扶持发展劳动力转型成本相对较低、能够创造大量就业岗位的社区服务业、旅游业等行业。二是着力规范"隐性就业"。在我市大量的下岗、失业人员中，很大一部分存在"隐性就业"，昆山市劳动局去年曾就此进行调查，在3488名被调查的失业人员中，已实现非正规就业的有1214人，占34.8%，主要从事保洁、保绿、保安等苦脏累的简单劳动。从苏州全市的情况分析，估计这类隐性就业在60%左右。问题在于，现在这类岗位收入偏低，用工不规范，具有不稳定性。我们感到，这是城镇就业模式向"灵活就业"转变的一种表现形式，应该把握这一趋势，从保障劳动者权益的角度，探索加强有效管理、促使其规范化发展的途径。三是高起点推进小城镇建设。小城镇建设是转移农村剩余劳动力的重要途径。我们必须

与文字为伴

根据宏观总体布局，高起点进行新一轮小城镇的规划、撤并和建设，把产业集聚、人口集聚和小城镇建设紧密结合起来，为农村剩余劳动力的有效转移提供重要载体。

与此同时，我们必须加快完善社会保障制度。可以说，这是我们推进经济结构战略性调整的"稳定器"。当前我们的社会保障面临较大压力，一方面，养老保险基金收支失衡问题比较严重，职工医疗保险推进难度较大，尤其是职工下岗与失业的并轨，使得失业保险潜在压力增大；另一方面，农村社会保障水平偏低，而且在较长一段时间内，很难从根本上改变。值得注意的是，我们现在往往有一种倾向，就是把社会保障基金征缴与改善投资环境对立起来，认为基本养老保险参保企业的扩面、保险金的征缴加重了企业负担，抬高了企业进入的"门槛"。这种看法有失偏颇，从根本上说，建立完善的社会保障制度是维护社会稳定的重要举措，社会稳定是最重要的投资环境，我们不能仅仅把改善投资环境理解为减免费用和税收，而把企业应该承担的社会义务也不予重视。当然，在操作过程中，也要根据经济社会发展进程，根据企业和地方财政的承受能力，积极而又稳妥地推进社会保障制度建设。一是积极稳妥推进城镇职工医疗保险制度改革，扩大覆盖面的重点在市区，尤其是金融、保险行业的参保，这样可从总体上增强医保制度的保障力度。二是加快完善社会养老保险，市区应逐步扩大企业的参保面，尤其是对于私营企业、外资企业，应处理好基金征缴与改善投资环境的关系，多做宣传解释工作，分步到位。我们感到，为了有效解决社会养老保险收支失衡的问题，扩大企业参保面固然是一个解决的办法，但同时是否应及早考虑工业园区的公积金制度与市区养老保险制度的衔接。这一方面有利于解决今后人员流动带来的养老保险脱节的问题，另一方面可增强市区社会养老保险的基金平衡能力。我们感到，园区启动区之外地区的社会养老保险制度与市区是相同的，目前可首先加快这部分地区企业纳入市区统一参保的实践。在农村，应加快建立保障基金、互助基金等各种保障形式，以形成一种农民合作性质的保障机制，同时积极探索使农民的土地保障转为资金保障的实现形式，以解决农村剩余劳动力向城镇转移的后顾之忧。三是增强失业保险的保障力度。当前最为紧迫的是职工下岗与失业的并轨。据市劳动部门测算，今年下岗职工出中心大约需要 2.5 亿元资金，全部出中心需 6 至 7 亿元，包括解除或终止劳动合同的经济补偿金和协保人员一次性缴纳社保费。我们感到，对于下岗职工出中心的保险问题，应根据职工年龄，采取区别对待的办法，这方面在实践中已经有了比较成功的做法，而对于失业保险基金发放压力加大的问题，在多渠道筹集的同时，需要政府部门给予一定的财力支撑，以保证职工下岗与失业的顺利并轨。

（合作者：陈楚九、钱洪明，成文于 2001 年）

苏州建设国际新兴科技城市系列研究报告

简述：所谓国际新兴科技城市，应当是综合科技实力和竞争力较强、经济和技术国际化程度和国际影响力较高、高新技术产业发展速度较快、科技进步对经济增长和社会发展贡献份额较大、具有明显的后发优势和发展特色、正在快速成长过程中的城市。首先，它应该是一个科技城市，是科学与技术发展比较全面的城市。其次，它应该是新兴的科技城市，是处于加速发展过程中的、在科技领域面临新挑战和新突破的城市。再次，它应该是国际性的新兴科技城市，是一个既在科技经济运行、组织、管理方式上与国际接轨，又能参与国际科技经济分工协作与竞争，外向度较高、在国际上有较高知名度和影响力的城市。建设国际新兴科技城市，一是进一步突出以高新技术为主导的加工制造业基地的个性特征；二是进一步突出以强化开发区载体作用为主要实现途径的个性特征；三是进一步突出优秀文化对科技经济发展渗透力、作用力强的个性特征。

之一：准确把握国际新兴科技城市的内涵与基本特征

建设国际新兴科技城市，是苏州市第九次党代会提出的宏伟发展目标，这对于我市在国际、国内竞争与发展环境发生重大变化的宏观背景下，加快实施科教兴市战略、积极推进经济结构战略性调整、进一步提升城市综合竞争力，争创新优势，谋求新发展，实现省委、省政府"率先发展"的目标，必将产生极其深远的影响。

宏伟的目标催人奋进，实施宏伟的目标需要清晰的理性指导。什么是国际新兴科技城市？国际新兴科技城市的内涵与基本特征是什么？这是我们在建设国际新兴科技城市过程中必须首先加以准确把握并作出正确回答的重大问题。

国际新兴科技城市无论在国际还是在国内都是一个全新的概念，但将科技与城市形态联系起来作种种类似的表述并不少见。比较流行的有三种：一是世界新兴技术城市，如美国的奥克兰、汉茨维尔，巴西的大坎皮纳、西班牙的巴塞罗那等，这些城市一般都具有明显的后发优势和相当的科技实力，在科技产业的某些方面具有突出的优势和鲜明的特点，尤其是高新技术产品在世界上具有一定的地位和影响力，具备一定的增长潜力和发展前景。二是国际科技城市，如日本的大垣、岐阜，中国台湾地区的新竹等，这些城市一般都是科教先导型城市，拥有一流的大学和研究机构，科技实力比较雄厚，高新技术产业发展较快，并建有高新技术产业园区。三是世界尖端科技城市，如美国的奥斯丁、波士顿，英国的剑桥，印度的班加罗尔，新加坡等，这些城市除拥有世界科技城市的一般特征外，还拥有明显的先发优势、极强的自主创新能力和科技核心竞争力以及前卫的高新技术产业，属高层次、先导型的科技城市。综合比较以上几种城市形态，尽管层次有别、水平各异、特色不同，但就其内涵性质而言，都是以依靠科技进步推动经济增长和社会发展的当代科技城市，而有别于以使用和消耗不可再生自然资源为主的传统工业城市；就其影响外延而言，都是以全球性作为发展视野的。因此，我们认为，所谓国际新兴科技城市，应当是综合科技实力和竞争力较强、经济和技术国际化程度和国际影响力较高、高新技术产业发展速度较快、科技进步对经济增长和社会发展贡献份额较大、具有明显的后发优势和发展特色、正在快速成长过程中的城市。具体说来，它有以下三个基本特征。

首先，它应该是一个科技城市，是科学与技术发展比较全面的城市。科技城市是国际新兴科技城市的本质特征。科学与技术是两个既相互区别，又彼此联系的概念，与这两个概念相对应，目前国际上有技术城市和科技城市之分，科技城市是技术城市的更高形态，科技城市中包含着技术城市的内涵。一般而言，技术城市是指能利用当今世界最新科技成果快速转化为现实生产力的城市，其衡量标准是先进技术的应用能力。从产业层面上讲，主要体现在制造业的发展水平上，即：高新技术产业的发展水平和用高新技术改造、提升传统产业的水平。形成高新技术产品的生产基地，较多的高新技术企业，较大的高新技术产业产出规模，较先进的工艺装备水平，较高的劳动生产率和劳动者综合素质，以及完善的基础教育、职业培训体系，都是建设国际新兴科技城市的内在要求。作为技术城市的提升，科技城市一般是指以开发和利用可再生的知识、智力资源为基础，用先进科技渗透、带动经济社会全面发展的城市。除继续保持高新技术产品加工制造业的规模优势和特色外，科技城市还应主要考察其科技创新能力。建设国际新兴科技城市，必须强化支撑这种能力的条件，即营造高素质科技人才荟萃、高水平研发机构及研究型大学纷纷介入、创业投资活跃的创新体系及支撑这一体系的人文、市场、法制、社会、生态等综合环境。

其次，它应该是新兴的科技城市，是处于加速发展过程中的、在科技领域面临新挑战和新突破的城市。"新兴"，是国际新兴科技城市的状态特征。与成熟的国际科技城市相对而言，"新兴"代表的是发展时序的先后。这就为结合自身发展条件、充分利用先发国家和地区的科技成果和管理资源，形成异军突起的后发优势和产业特色提供了可能。"新兴"还代表了对发展速度的要求，在跨越式发展中不断壮大科技实力，同样也是建设国际新兴科技城市的客观要求。我们认为，较快的发展速度，主要应体现在符合世界产业发展方向的高新技术产业的发展速度上，体现在科技进步对经济社会发展贡献率的增幅上，体现在科技财力和人力资源投入的增长上，离开了较快的速度，一切都无从谈起。"新兴"代表的更是发展成熟度上的差异，具有不成熟的一面、薄弱的一面，是国际新兴科技城市的一种客观存在，这里既包含着科技发展基础有待进一步提高，又包含着体制制约、文化掣肘、管理落后和人才短缺等方面的严峻挑战。对此，既不能熟视无睹，也不能求全责备，只有依靠加快发展来解决发展中的问题。

再次，它应该是国际性的新兴科技城市，是一个既在科技经济运行、组织、管理方式上与国际接轨，又能参与国际科技经济分工协作与竞争，外向度较高，在国际上有较高知名度和影响力的城市。国际性是国际新兴科技城市的地位特征。与地区性科技城市、区域性科技城市、全国性科技城市不同，它是国际性的新兴科技城市。这就给国际新兴科技城市提出了三个方面的要求：一是必须要有一定的国际知名度和影响力，要在世界科技发展领域尤其是在高新技术产业发展方面占有一席之地，成为主导产品突出的国际高新技术产品的研发、生产、加工和供应基地，国际著名跨国公司及研发机构的大量进驻是实现这一目标的必然要求和主要体现。二是必须要有与国际接轨的科技经济运行方式、管理方式和组织方式，企业在科技创新中的主体地位、高层次科技人才的柔性流动及与此相适应的企业文化、高科技风险基金的设立与正常运作、高度发达的现代化物流业等，都是建设国际新兴科技城市的题中之意。三是国际性的城市必然要求在全球范围内组织、配置生产要素，必须具备较高的外向度，不仅要有较高的外贸依存度，尤其是较高的高新技术产品出口份额，而且科技经费的投入尤其是高科技风险基金的投入也应是国际化的，高科技企业的设立、人才与研发机构的来源等等也都是国际化的。因此，用足、用好两种资源、两个市场应该成为建设国际新兴科技城市的重要手段，同时也是其内在规定性的具体体现。

强调和重视国际新兴科技城市的一般特征，并不意味着轻视和否定其个性特征。事实上,无论是世界新兴技术城市,还是国际科技城市和世界尖端科技城市,都是有其鲜明而具体的地域特征的,国际新兴科技城市也是如此。我们认为,苏州要建设的国际新兴科技城市,除了必须具备以上所述三方面的一般特征外,还应着力突出自身个性,并努力在发展取向、内部动力机制等方面加以充分体现。

一是进一步突出以高新技术为主导的加工制造业基地的个性特征。这是苏州立足自身区位条件、产业基础,努力适应国际科技经济发展趋势所作出的正确选择。苏州作为距离上海最近的一座较大城市,在接受其强劲辐射、带动的同时,也面临着巨大的竞争压力。"与强的比,向高的攀",既要有奋力拼搏的气概,更需要科学务实的精神。只有从自身的实际出发,善于处理好与上海这个国际大都市的关系,努力做到优势互补、错位竞争,才能取得发展的主动。苏州应当在主动接受上海的科技辐射,充分利用国际大都市的科技创新资源上大做文章,将建设国际新兴科技城市的着力点放在推进以高新技术为主的加工制造业基地建设上,利用苏州在劳动力资源、土地资源和自然生态环境上的比较优势,在产业结构、技术结构上形成自己的特点,进一步聚积后发优势,与上海唱好高新技术产业发展这幕"双城记",在"大树"底下种好"碧螺春"。实际上,这样的选择也完全符合全球经济一体化发展趋势和技术扩散的梯度转移规律。经济一体化是当前世界经济发展的一个突出现象,也是未来世界经济发展的基本特征。目前,跨国公司正在全球范围内规划投资、配置资源、组织生产,制造业中心正在向中国转移,这为我们实现技术跨越创造了条件。但跨国公司的这种技术扩散与转移遵循的是梯度原则,把人力资源相对丰富、国际经济技术交流相对活跃和便捷的上海作为设立总部、创办研发机构和销售中心的首选之地,而在其周边建立加工制造业基地,也就成为顺理成章的事。改革开放以来,苏州致力于加快形成以高新技术为主导的加工制造业基地,已经具备了坚实的基础。一是相比于经济总量,苏州制造业的地位是超前的。2000年，苏州国内生产总值列全国大中城市第七位，而制造业总产值列第六位，且与列第二至第五位的城市相差无几。二是竞争与发展能力较强。偏离－份额分析研究表明，苏州制造业竞争力偏离分量强于上海330亿元，其中科技含量较高、产出规模较大、在制造业中有战略地位的电子及通讯设备制造业竞争力偏离分量强于上海近200亿元。据市统计局的一份研究报告显示，我市在代表制造业发展方向或发展潜力巨大的电子及通讯设备制造业、电气机械加工制造业、仪器仪表及文化办公用品机械制造业及石油加工及炼焦业、有色金属冶炼及压延加工业、食品加工业等方面均有很强的可持续发展能力。三是一批有较强支撑作用的企业集团正在成长。2001年，全市销售收入超10亿元的规模企业有34家，全市约有三分之一左右的工业销售由这些企业完成。由此可见，苏州已经成为国际市场的一个组成部分，以此为基础发展成为高新技术产业尤其是电子信息产业的"世界工厂"是可以预期的。

二是进一步突出以强化开发区载体作用为主要实现途径的个性特征。均衡发展是相对的，非均衡发展是绝对的，以局部的突破求得整体的发展，是世界科技经济发展的一条普遍规律。苏州下辖5市（县）6区，尽管在城乡协调发展方面取得了可喜的成绩，但由于受科技发展对人才、资金高强度投入的制约，以及区位与体制环境的掣肘，无论在市域还是县（市）域范围内，区域间的科技发展水平及支撑这一发展的基础条件存在着明显的差异，充分利用并不断强化开发区的先发优势，以点上的突破推动面上的整体发展，才是我们建设国际新兴科技城市的最佳实现途径，也是必由之路。我市举办各级各类开发区的初衷，就是要将开发区置于科技经济发展的突出地位，使开发区的发展成为一种全局意义上的发展，成为开发区自身能量不断集聚进而辐射带动区域科技经济发展的过程。从苏州开发区建设现状和整体发展水平看，一方面，具有开发区数量上的优势，5个国家级开发区、11个省级开发区和众多的特色小区，组成了一张可以梯度

与文字为伴

辐射、带动的完整网络。另一方面，经过十多年的发展，各级各类开发区尤其是国家级、省级开发区已经初步形成了建设国际新兴科技城市所需的产业高地、科技创新高地和人才高地。以苏州新区为例，至去年底，共有高新技术企业 174 家，完成销售收入 329.4 亿元，分别约占全市总量的四成左右；摩托罗拉等 12 家国际知名跨国公司研发机构的进驻，高新技术创业服务中心、国际企业孵化器和中国苏州留学人员创业园"三位一体"创业基地的建设，高科技风险投资基金的设立与正常运作，都极大地提高了苏州新区的科技创新能力，并且为引进高层次科技人才提供了条件。据统计，目前在新区集结着 3600 多名研发工程师和科学家，几乎占全市总量的一半以上。苏州新区与其他国家级、省级开发区一样，已经成为苏州建设国际新兴科技城市的先导区、示范区。应当更加充分地发挥各类开发区在推进科技城市整体建设中的"发展极"和"辐射源"作用，使之成为城市新形态整体的构成主体，向世人展示其独特的风采。

三是进一步突出优秀文化对科技经济发展渗透力、作用力强的个性特征。苏州这样的沿海发达城市在全国并不少见，苏州这样的历史文化名城在全国也有很多，但像苏州这样既是经济发达地区又是历史文化名城的城市却不多见。改革开放以来，苏州之所以以经济社会的快速发展而闻名于海内外，一个至关重要的原因就是丰厚的文化底蕴发挥了作用。在继承和弘扬吴文化优秀传统的基础上，坚持与时俱进，不断创新，更好地发挥文化对科技的渗透力与作用力，无疑是苏州建设国际新兴科技城市的优势所在、条件所在。从国际新兴科技城市的内涵和需要出发，我们认为，进一步发挥文化对科技的渗透力、作用力体现在三个方面：一是博采众长的文化个性与进一步确立后发优势的一致性。后发优势并不能自然形成，必须建立在善于借鉴、吸纳的基础上。苏州是一个科技资源并不丰富的地区，在这种情况下，建设国际新兴科技城市，必须以开放的心态，兼收并蓄世界科技成果。吴文化是具有兼容、开放特质的文化，善于吸纳、巧于融合，这为苏州以更加成熟的心理、更加积极的姿态充分利用国际、国内两种科技资源打下了良好的思想基础。二是刚柔相济的文化品格与广罗高层次科技人员要求的一致性。"柔",是苏州传统文化的典型特征。"柔"不仅表现为苏州人性情温顺、平和安详,能创造高层次人才创业所需的安定祥和的社会环境,而且还更多地表现为苏州人热爱家乡、故土难离的情结。这是吸引苏州籍高层次人才尤其是海外留学人员的一笔巨大的无形资产,苏州新区留学人员创业园不断成长、壮大的成功实践就有力证明了这一点。三是尚文重教的文化理念与培养高素质劳动大军的一致性。社会知识化水平是国际新兴科技城市的重要衡量标准。尚文重教的文化理念,不仅能为我们带来门类齐全、数量众多的杰出人才,而且也能从整体上提高苏州的知识化水平,为建设国际新兴科技城市提供高素质的劳动大军。目前,我市正在采取一系列措施构建学习型家庭、学习型城市和终身教育的完整体系,这对于进一步加强文化与科技、经济的互相渗透、相互作用,全面推进科技进步,必将产生十分积极的作用。

之二: 剖析现状　明确目标

去年4月,美国《新闻周刊》发表署名文章,推出九个"时代信息重要角色"的"世界新兴技术城市",苏州入选其列。这从一个角度说明,苏州在推进科技进步尤其是高新技术产业发展方面取得的成绩已经引起了世界的瞩目,并初步具备了迈向更高发展形态——国际新兴科技城市的基础和条件。但是,绝不能因此就认为苏州建设国际新兴科技城市是件轻而易举、一蹴而就的事,而应从苏州实际出发,全面、准确把握发展现状,既充分利用现有基础和有利条件,又十分重视解决制约因素和薄弱环节,按照体现先进水平和独具特色的城市新形态的要求,实施科学的切合实际的目标定位。

——从科技发展水平看，我市初步具备了建设国际新兴科技城市的综合科技实力，但自主创新能力不强这条"短腿"亟待拉长。据江苏省科技厅和统计局的最新统计监测显示，2001年，我市科技进步综合评价得分为93.6分，列全省第二，仅次于省会南京市；科技进步对经济增长的贡献率达43.6%，已越过40%这一后工业化时代的标志，列全省第一，与正在推进建设高科技城市的深圳市仅相差3个多百分点。苏州市和所辖张家港市、昆山市被评为1999/2000年度全国科技进步先进市，这些都体现出苏州已经具备了较强的科技综合实力。然而，与此形成强烈反差的是，我市自主创新能力比较薄弱。据统计，在2001年实现的751.9亿元高新技术产品产值中，由内资企业完成的仅占12.8%，远远低于深圳市拥有自主知识产权高新技术产品产值50%以上的占比。"九五"期间，全市共获市、省、国家级科技成果奖863项，但国家级奖仅6项，不足总量的7‰；对全市经济增长有较大影响的新技术、新材料、新工艺科技成果的比重不足10%。2001年，尽管全市获得的专利授权继续名列全省第一，但人均专利申请数仅是发达国家90年代中期平均水平的1/7，其中发明专利占比仅为1.9%，大大低于全国6.9%的平均水平。据对市属300多家工业企业的不完全统计，共有专利产品150多个，专利产品占工业总产值的比重仅为3.8%。因缺乏自主知识产权，去年我市的高新技术产业增加值率比全市一般工业水平低了0.7个百分点。自主创新能力不强，是建设国际新兴科技城市必须重点解决的薄弱环节。

——从经济发展水平看，我市初步具备了建设国际新兴科技城市的物质基础，但科技经费投入不足的现状亟待加以改变。科技进步既是经济竞争力的源泉，又必须以经济实力为基础。2001年，全市共完成国内生产总值1760.3亿元，高居全国大中城市第六位，与深圳、天津两市的水平大体相近；人均国内生产总值3600多美元，分别是全省、全国平均水平的2.4倍和4.1倍，苏州已跨入了按世界银行标准划分的上中等收入国家或地区的门槛，进入了主要依靠科技进步带动经济增长的发展新阶段。更加突出的是，全市财政收入呈现持续快速增长的势头。2001年，全市共完成财政收入209亿元，列全国大中城市第七位，财政收入占国内生产总值的比例由"八五"期末的不足6%提高为去年的11.9%，年均增加近1个百分点。同期，作为技术创新主体的工业企业赢利能力也同步提高，规模以上工业企业万元产值利润率由2.5%提高为4.5%。毫无疑问，不断发展壮大的经济实力为我市建设国际新兴科技城市提供了比较雄厚的物质基础。但由于种种原因，我市科技经费投入的增长远远滞后于经济增长速度，仍处于较低的水平。2000年，全市研究与实验发展经费7.9亿元，占国内生产总值的比例仅为0.51%，低于有关国际组织规定的1%的最低限度，只相当于南京市的1/5，全国平均水平的1/2，列全省第八位。从财政投入看，1999年，我市财政提供的科技三项费和科技事业费为7239万元，占财政支出的1.3%，仅分别相当于深圳市同年水平的1/7和1/2。2001年，尽管我市加大了财政对科技经费的支持力度，科技三项费和科技事业费在2000年增长45%的基础上，继续大幅增长150%，但占当年财政支出的比重仅略高于国家有关部委要求的2%的最低水平，显然与经济大市的地位仍不相称。从企业投入看，2000年，我市大中型工业企业研究与实验发展经费支出约5亿元，占当年销售收入的0.8%左右，仅相当于韩国80年代初的水平，不足1999年深圳市水平的1/4，而国际上普遍认同的是，该比例达5%才有竞争力。此外，在风险投资、吸引民间资本投入科技发展等方面我市还刚刚起步。科技投入不足的状况如不尽快得到改变，将严重制约我市建设国际新兴科技城市的进程。

　　——从制造业发展水平看，我市初步具备了建设国际新兴科技城市的优势产业，但运用高新技术改造提升传统产业的步伐亟待加快。高新技术产业高度发展是国际新兴科技城市的主要特征。目前，全市共有省级以上高新技术企业404家，其中年销售收入超亿元的有124家，超10亿元的有 10 家，超 50 亿元的有 3 家。2001 年，全市共实现高新技术产品产值 751.9 亿元，占全省总量的 1/2、全国总量的 1/10，列全国大中城市第三名；高新技术产品占全市规模以上工业企业总产值的比重达 27%，接近中国台湾地区 1996 年"新兴工业"占制造业总产值的比重；高新技术产品出口额达 47.2 亿美元，约占全国总量的 1/10，高新技术产品对外贸出口增长的贡献率达 76.6%，已成了国际性的高新技术产品供应基地。以电子信息产业为主要代表的六大新兴主导产业也呈快速成长的发展态势，其销售收入由 1998 年的 505.7 亿元增加到去年的约 1184 亿元，对全市工业产值的贡献份额由 34.4% 提高到 42.5%，鼠标、小屏幕液显等部分 IT 产品已占全球产量的 50% 以上，形成了符合国际产业发展方向、对建设国际新兴科技城市有强大推动力的优势产业。但是，高新技术产业只是制造业内部的一种产业划分，是指制造业内部技术含量最高、最有增长潜力的部分。完全意义的高新技术产业发展，还包括运用信息技术、新兴适用技术对传统制造业的改造。我市在这方面还存在明显差距。据统计分析，2001 年全市规模以上纺织、服装企业仅实现新产品产值 27.2 亿元，新产品产值率不足 8%，尤其是服装行业，新产品产值仅 1.1 亿元，新产品产值率仅为 0.7%，相当于宁波市 2000 水平的 1/6；纺织、服装业产值利润率分别为 2.5% 和 5.1%，只相当于宁波市上年水平的 1/5 和 3/5。与国际先进水平相比，我市大部分传统行业的增加值率不足发达国家的 1/2，全员劳动生产率不足欧美国家的 1/10，在总体上落后于印度尼西亚。面广量大的改造传统产业的任务，无疑增加了我市建设国际新兴科技城市的艰巨性。

——从科技园区发展水平看，我市初步具备了建设国际新兴科技城市的载体优势，但如何实现功能开发的跨越，如何通过整体联动解决内部的无序竞争依然任重道远。综观世界科技城市、高科技城市的发展，一般都是通过建设科技园区这种非均衡发展的极化方式来实现的。苏州在这方面已经形成了一定的优势，不仅以拥有 5 个国家级开发区、11 个省级开发区而在数量上居全国地级市首位，而且其门类之全、产出水平之高、拉动作用之强，也进入全国大城市先进行列。据统计，截至去年年底，15个省级以上开发区累计合同利用外资282.2亿美元，实际利用外资140.5亿美元，分别占全市总量的65%和60%。2001年，实现国内生产总值574.4亿元，财政收入82.9亿元，进出口总额161.5亿美元，分别占全市总量的32.6%、39.7%和68.1%，对全市上述主要经济指标增长的贡献已分别达61.6%、47.8%和88.4%；5个国家级开发区的平均产出强度达26.7亿元/平方公里，其中苏州工业园区达54.7亿元/平方公里，接近日本东京地均产值，处全省、全国领先水平。拥有高新技术企业236家，占全市总量的58.4%；实现高新技术产品产值473.4亿元，占工业产品产值的42.8%，占全市总量的62.9%，对全市高新技术产品产值增长的贡献达69.1%。更为显著的是，经过多年的探索和实践，各开发区普遍建立了与国际惯例接轨的经济组织方式、管理方式和运行方式，塑造了比较良好的创业环境、人居环境，这些都是建设国际新兴科技城市必不可少的条件。我们有理由相信，经济技术国际化程度高、高新技术产业发展超前、辐射带动力强劲、极化作用明显的国家级、省级开发区，必将在我市建设国际新兴科技城市的进程中扮演更加重要的角色。当然，建设国际新兴科技城市的同时又对我市开发区建设提出了更高的标准和要求，应当高度重视在开发区建设中目前尚存在着的一些缺乏全局观念、背离产业整体布局的无序竞争和过度竞争现象，努力推进各开发区在科学分工、合理定位下的整体联动，从产业同构走向错位发展，从形态开发走向功能开发，以增强各开发区的聚集力、辐射力，带动全市生产力布局结构和产业结构的优化、升级。

　　——从技术引进与科技合作水平看，我市初步具备了建设国际新兴科技城市的后发优势，但实现产学研的紧密结合有待进一步提高层次。充分利用国际、国内两种资源，以最小的成本换取最快的进步，这是后发地区实现技术跨越的一条捷径。据统计分析，目前外资企业为苏州提供了约50%左右的全社会固定资产投资和工业总产值，全市经济的出口依存度接近60%，世界500强中有81家来苏投资建设了188个技术含量较高项目。较高的经济国际化水平，为我市充分利用国际技术资源、加快推进建设国际新兴科技城市打开了通道。截至去年年底，全市共有163家外资企业被认定为省级以上高新技术企业，占全市高新技术企业总数的40.3%；2001年，由外资企业完成的高新技术产品产值达580.2亿元，占全市总量的77.2%，比1997年提高了24.1个百分点；全市8个国际企业孵化器、留学生创业园共吸引了470多名留学生加盟，创办了177家留学生企业，其中高新技术企业100多家；仅苏州工业园、苏州新区就集结了摩托罗拉、飞利浦等32个国际知名企业的研发机构，为吸引建设国际新兴科技城市所需的高科技人才作了载体准备。与此同时，以产学研结合为主要形式的国内科技合作也取得了一定进展，全市70%左右的大中型企业与150多所科研院所、高校建立了100多个相对稳定的产学研联合体，与中科院、中科大等也建立了院—市、校—市科技合作关系。但是，与深圳等地相比，我市产学研结合从总体上讲仍处于较低的层次，尚未吸引境内外知名院校形成"虚拟大学园"，也没有成长起一批高校概念企业。从一些著名国际科技城市建设的成功经验来看，必须具备和形成更高的聚集和运用智力资源的手段与能力。

    ——从劳动力和人力资源开发水平看，我市形成了建设国际新兴科技城市所需的基础教育和职业培训体系，但科技人才的结构性矛盾依然存在。目前，全市学龄儿童入学率、小学毕业率和升学率均达到100%；初中毕业生升学率、普通高中毕业率分别达到95.1%和100%，基础教育各项指标在全省处于领先地位。职业培训体系也日臻完备，全市共有职业中学46所，普通高中与职业高中的招生比例保持在1：1；拥有中等专业学校和技工学校43所，年招生数达13万人；拥有成人中等专业学校26所、成人高等学校 5 所，年招生量各为 1200 多人和 1 万多人，每年完成城镇职工教育培训 100 多万人次；此外，还拥有多所职业工学院和职业技术学院。2001 年，全市劳动力平均受教育年限达 9.1 年。以此为基础，可为我市建设国际新兴科技城市提供大批高素质的劳动者，尤其是高级技术工人。与此同时，通过人才培养和引进，我市科技人才队伍不断壮大，至 2001 年，全市共拥有专业技术人员 30.4 万人，占总人口的比例在 5% 以上，仅略低于上海市和南京市。值得注意的是，在我市科技人才的组成中，生产性专业技术人员比例偏低，研发力量偏弱，与产业发展方向相接的高层次人才紧缺，结构性矛盾非常突出。据统计分析，我市工程技术人员占科技人员的比例不足 1/3，技术人员占工业企业职工总数的比例仅为 6.4%，仅是深圳市水平的 1/2；2000 年，我市每万名劳动力中从事研究与发展活动的科学家和工程师人数不足 22 人，仅为上海市的 60%、南京市的 50%，不足上世纪 90 年代初新加坡等新兴工业化国家和经合组织国家的 1/2。近年来，尽管我市加大了引进具有博士、硕士学位的电子信息、生物医药、新材料等新兴产业方面高层次人才的力度，但由于受许多综合因素的制约，年引进量不足深圳市的 1/10，高层次人才紧缺的问题仍没有得到根本改观。如果任这种结构性矛盾进一步发展，势必大大削弱建设国际新兴科技城市的支撑能力。

综合以上几方面的分析，对照世界发达国家尤其是新兴工业化国家和地区的科技发展水平，不难看出，我市正处在一个既需要着力解决工业化后期基础不足、结构性矛盾突出等历史遗存问题，又具备了向知识社会挺进的巨大动力和一定后发优势的特定历史时期。在这一特定时期推进国际新兴科技城市的建设，必须坚持全面夯实科技基础、大力发展各项社会科技事业与强化高新技术产业快速发展的鲜明特色、后发优势的紧密结合；增强自主创新能力与充分利用世界科技成果和管理资源的紧密结合；建设"国际加工生产型"、"技术改造型"的科技城市与建设"自主创新型"

的科技城市的紧密结合；实现物质、资本、技术本身的跨越与根本解决科技体制滞后、管理落后、人才制约等问题的紧密结合，立足自身实际，瞄准先进水平，循序渐进，稳步提高。通过国际新兴科技城市的建设，真正做到使科技投入、科技产出、科技效益和劳动者的整体科技素质有较大的提高，与现代化建设的进程相适应；高新技术产业化和运用高新技术改造传统产业具有较高的水平，成为支撑区域经济的支柱；科技管理体制和运作机制顺畅高效，富有创造精神，市场在科技资源配置中的基础作用得到切实发挥；科技进步对经济增长的贡献率得到明显增长，国民经济信息化、科技教育与科技普及、国内外科技合作等社会科技事业得到全面加强。在这样一个总体目标取向下，充分体现科学、务实的精神，尽快建立一套以切实可行的量化分析为基础的，并能正确评判其实现程度的具体的指标评估体系，对于进一步增强发展信心，将宏伟目标变成全市上下共同的意志和行动，具有至关重要的作用。我们认为，这一指标评估体系应突出三个方面的重点。

一是在体系构架上必须体现完整性。建设国际新兴科技城市所涉及的诸多发展要素及由此衍生的众多发展变量，要在这体系中得到完整的体现。为此，既要举"纲"，建立一级指标；又要张"目"，在总纲指导下进行完整梳理，将一级指标分解为二级指标，将二级指标细化为专项指标。借鉴国际上比较通行并不致引起歧义的投入产出法来考察，一级指标不外乎三个，即：科技投入、科技产出和科技效益。"科技投入"是反映建设国际新兴科技城市投入强度的重要量纲，一般可用"人力资源投入"和"财力投入"这两个二级指标来量度；"科技产出"是反映科技创新能力和科技产业化水平的重要量纲，一般可用"高新技术产业化规模"、"高新技术产品市场竞争力"和"知识产出与技术创新能力"这三个二级指标来表达。需要特别指出的是，评判国际新兴科技城市的建设水平，既要衡量科技本身的发展层次，也要强调科技对经济社会进步与发展的影响力，这既是科技产出的外溢，更是我们的目标所在，由"经济发展水平"、"经济效益水平"、"社会知识化水平"、"信息化水平"和"生态环境建设水平"五个二级指标构成的"科技效益"是评估体系又一重要的一级量纲。

二是在专项指标设置上必须体现可操作性。专项指标是对二级指标的具体化。从不同的角度、不同的价值标准出发，专项指标的选择具有多重性，庞杂的专项指标与建立简明、精炼的指标评估体系之间不免产生矛盾。对此，应通过甄别，选取那些指标含义明确、口径范围清晰、计算方法简单的符合国家统一规定、与国际接轨且可比性强的关键指标，舍弃那些相关程度较低、鉴别力较小、可比性较差的次生指标。例如，我们可以选用"研究与实验发展经费占国内生产总值的比例"作为"财力投入"的唯一专项指标，因为这一指标是世界各国和国际组织评价一个国家或地区科技投入规模甚至科技实力或竞争力的首选核心指标，具有很强的可比性和综合性；可以选用"每万名劳动力中从事研究与实验发展活动的科学家和工程师"作为"人力资源投入"的唯一专项指标，因为这一指标反映了科技人力资源的总规模和丰富程度；可以选用"科技进步对经济增长贡献率"和"每十万人专利申请数"作为"知识产出与技术创新能力"的专项指标，因为这两个指标不仅综合反映了科技对经济发展的推动作用和拥有知识产权的水平，而且也是可量化的国际通用指标；可以选用"人均国内生产总值"和"第三产业增加值占国内生产总值比重"作为"经济发展水平"的专项指标，因为这两个指标是国际上普遍认同的代表经济发达程度和所处发展阶段的关键指标。同理，我们可以用"工业劳动生产率"和"万元工业产值能耗"作为"经济效益水平"的专项指标，用"从业人口平均受教育程度"和"公共教育经费占国内生产总值的比重"作为"社会知识化水平"的专项指标，用"每百人拥有电话机主线数"、"每千人拥有计算机数"、"每万人互联网用户数"作为"信息化水平"的专项指标，用"环境保护投资指数"和"建成区绿化覆盖率"作为"生态环境建设水平"的专项指标，用"高新技术产值率"、"高新技术产业对国内生产总值增长贡献率"和"高新技术产业增加值率"作为"高新技术产业化规模"的专项指标，用"全市出口额中高新技术产品比重"和"高新技术产品在全国出口市场占有率"作为"高新技术产品市场竞争力"的专项指标。这样，就形成了由3个一级指标、10个二级指标和20个专项指标构成的指标评估体系。

　　三是在目标值确定上必须体现赶超性。国际新兴科技城市具有后发型、赶超型的特征，世界发达国家尤其是新兴工业化国家和地区的科技发展水平是其重要的参照坐标。因此，国际水平、国际标准是我们确定目标值的主要依据。例如，就"研究与实验发展经费占国内生产总值的比例"而言，目前发达国家一般接近3%，新兴工业化国家一般在2%左右，而联合国教科文组织曾呼吁将1%作为发展中国家的努力目标，我市可以将2%作为这一专项指标的目标值，将1%作为这一指标的最低限度或称不允许值；就"每万名劳动力中从事研究与实验发展活动的科学家和工程师"而言，目前欧盟国家在100人左右，亚洲新兴工业化国家在60人左右，而发展中国家一般在20人以下，可把60人作为这一指标的目标值，20人则是最低限度；就"人均国内生产总值"而言，世界银行将人均国内生产总值分别在3千至1万美元和1万美元以上定为中上等收入国家和高收入国家，同时，人均国内生产总值5千美元也是国际上普遍认同的知识经济生长的初始条件，1万美元和5千美元就成了这一指标的目标值和最低限度；就"第三产业占国内生产总值比重"而言，目前西方国家一般在60%以上，而按照国际上通行的现代化标准，其值应高于45%，60%和45%就成了这一指标的目标值和最低限度；就"科技进步对经济增长的贡献率"而言，目前发达国家为65%左右，而40%则是后工业经济时代的标志，65%和40%分别是这一指标的目标值和最低限度；就"环境保护投资指数"而言，发达国家标准和国家环保模范城市考核要求分别是2.5%和1.5%，这组数字就成了这一指标的目标值和最低限度。鉴于目前我国高新技术产品的认证还难以与国际接轨，有关统计数据缺乏可比性，因此，我们将正在建设高科技城市的深圳市作为确定相关目标值的重要参照坐标，而将长江三角洲地区城市和部分沿海城市的现状值作为不允许值，这样，"高新技术产业产值率"、"高新技术产业增加值率"、"高新技术产业对国内生产总值贡献率"、"全市出口额中高新技术产品比例"和"高新技术产品在全国出口市场占有率"的目标值就分别为40%、30%、40%、45%和20%，而最低限度则分别为20%、22%、20%、25%和20%。

应该指出，对建设国际新兴科技城市达标度的判断，应该主要侧重于综合评估，同时，顾及每一指标的实现程度。一般认为，综合运用功效系数法和加权平均法进行测评，当达标度在40%至60%时为建设国际新兴科技城市条件逐渐产生的起步期，60%至80%时为国际新兴科技城市特征迅速凸现的建设期，80%以上时为自我完善、持续发展的成型期，80%是进入国际新兴科技城市的最低门槛。依据已经建立的指标体系和测算方法，我们对2000年和2001年苏州市建设国际新兴科技城市进程进行了初步测算，结果表明，这两个年份的达标度或称进程总指数分别为45.9%和49.1%，目前我市正处于建设国际新兴科技城市起步期的中期。如果从前两年达标度的提升幅度来判断，至2005年我市将进入国际新兴科技城市的建设期，至2010年的达标度将为77.9%，接近国际新兴科技城市的最低门槛。这表明，用5至10年的时间将苏州建设成为国际新兴科技城市是个并不轻松的目标，但同时也是个经过努力可以实现的目标。

之三：抓准着力点　实现新跨越

建设国际新兴科技城市，是苏州基本实现现代化的核心内容之一，是一项光荣而艰巨的任务。为保证这一宏伟目标的顺利实现，必须充分利用经济全球化所提供的机遇和市场机制的促进作用，从明确主要任务、狠抓关键环节入手，突破重点，一着不让，努力营造局部强势，务求取得明显成效，进而带动全市科技进步的整体跨越。

一、进一步构筑高新技术产业发展高地，营造独具特色、更加强劲的产业优势。

高新技术产业发展迅猛，具有较大的规模优势和鲜明特色，成为区域经济的支柱，这是国际新兴科技城市的城市形态最集中、最直接的体现。脱离了产业基础，就谈不上真正意义上的国际新兴科技城市。近年来，苏州的经济发展之所以引起海内外媒体的密切关注，并作为亚洲唯一入选的城市被美国《新闻周刊》评为全球九个新兴科技城市之一，主要就是得益于以开放型经济为主的高新技术产业的快速发展。建设国际新兴科技城市，一定要充分运用这一已有基础，把电子信息、生物医药、环保产业和新材料等高新技术产业作为发展的重点领域，特别是把电子信息产业作为"重中之重"，进一步壮大规模，增强其整体实力和辐射带动能力。

首先，要有更加明确的科学定位，更加鲜明的自身特色。特色是区域经济的灵魂，同样是发展高新技术产业的灵魂。高新技术产业的领域十分宽广，既包括加工制造，又含有研究开发、信息服务等等，随着社会化大生产要求越来越高、专业化分工越来越细，发展高新技术产业也有个防止和杜绝面面俱到、同构竞争的问题。只有坚持有所为有所不为，找准最适合本区域优势发挥的发展领域和途径，才能减少盲目性，掌握主动权。苏州在高新技术产业发展中所形成的一大特色，是已经具备了较为雄厚的高新技术产品尤其是电子信息产品加工制造和出口的能力。这既是苏州素有兴办实业的传统和加工制造业基础的发展与延伸，又是作为地处长江经济带巨人——上海身边的城市，更好地主动接受其辐射，实施优势互补、错位发展的战略需要。应当看到，加工制造的确在客观上与控制和掌握源头技术、核心技术存在较大的差距，但是，通过它的发展壮大，不仅可以进一步做大做强区域经济的规模、总量，保持较快的经济增长速度，而且更重要的是可以使苏州经济更快更好地融入和参与高新技术产业发展的国际分工，更大限度地利用全球范围的生产网络、采购网络和科技网络，来提升区域经济的产业水平和综合竞争能力。这无疑是遵循产业自身发展的客观规律、谋求区域经济不断跨越的正确选择。因此，绝不能轻视高新技术产业加工制造所具有的广阔发展前景。在我市大力发展高新技术产业的进程中，固然要全面加强高新技术产品生产基地、出口基地、研发基地、成果转化基地和交易中心的建设，也要全面完善出口加工、科研开发、科技成果孵化、留学生创业等各方面的功能。但首先必须着眼于保持和扩大苏州高新技术加工制造业在全国的先行优势，充分发挥参与国际市场竞争的比较成本优势，集中力量引导各类生产要素向重点领域和重点产品聚集，进一步做大做强一批高新技术产品加工制造的骨干企业，加快培育一批技术含量高、竞争优势明显的名牌产品，使全市高新技术产业特色更特、优势更优，高起点、大手笔地把苏州打造成全国乃至于亚洲高新技术产业，特别是电子信息产业重要的生产制造中心和加工出口基地。

其次，坚持引进吸收与自主创新并举的方针，推进高新技术产业转型升级。随着产业结构调整步伐的加快，我市先后涌现了一批经江苏省认定的高新技术企业、企业技术中心和高新技术产品。特别是在开放型经济强劲势头推动下，一大批外商投资企业来苏州举办高新技术企业，30多家世界著名跨国公司的研发机构落户苏州，我市不少企业已经纳入了跨国公司的国际生产线。但不可否认的是，在高新技术产业领域，从装备、工艺、管理到产品，无论是技术装备水平，还是科技创新能力，我们都与数量众多的外资企业存在较大的落差。有不少高新技术企业仍带有劳动密集型产业的痕迹，主要表现在一些企业高附加值产品的比例不高，往往依靠进口产品的关键部件或主机，在加工组装中求得数量的扩张；具有自主知识产权和国际领先水平产品的比例不高，缺乏足够的拥有核心技术的大型高新技术企业，等等。尽管这种落差是产业成长过程中的正常反应，但苏州作为国内经济相对发达地区，综合经济实力正在日渐逼近发达国家水平，又肩负着建设国际新兴科技城市、率先基本实现现代化的光荣使命，有条件，更有责任在引进吸收国外先进技术的同时，加快自主创新的步伐，加强对具有自主知识产权高新技术产品的研究开发，努力掌握核心技术，构建属于自己的高新技术大厦。一方面，要继续发挥外向型经济的优势，加大招商引资力度，扩大高新技术企业利用外资、管理和技术的规模，以此借梯上楼，优化区域经济结构，进一步提高高新技术企业的集聚程度和规模效应，拉动高新技术产业转型升级。另一方面，大力推进自主创新、自主开发，加快科研成果向现实生产力的转化。要积极鼓励具有较强科技创新能力的企业，以合法途径购买国外先进的技术专利，在消化、吸收的基础上研制、开发出拥有自主知识产权的高新技术产品。特别要充分发挥各类高新技术创业中心、留学生创业园、博士园、高新技术成果孵化器和企业技术中心的重要作用，大力推进企业与高等学校、科研院所的产学研紧密型合作，实施一批重大项目的研究攻关，使之成为高新技术成果转化的加速器。为了进一步减少利用先进技术的成本，还要继续拓展技术创新的国际合作渠道，主动加强与掌握先进技术的跨国公司在苏研发机构和技术创新机构的技术合作、产品合作，选派得力技术人员接受培训，或成为其雇员，并在本市为这类人员创造自主创业的条件，提高先进技术扩散的速度和水平，以增强消化"技术溢出效应"的能力。

再次，加快传统产业技术改造和创新，提升传统产业的技术层次。近年来，我市的传统产业在国民经济中的比重不断下降，但仍占有相当重要的位置。任何想在短时期内让所有的传统产业另起炉灶的谋求都是不切实际的，只有针对传统产业普遍存在的技术含量低、产品档次低、成本高的弊端，大力推进技术改造和创新，努力增强自身的科技含量和市场竞争力，才是使传统产业冲出低谷、迎来发展新天地的出路所在。事实上，发展劳动密集型的传统产业与发展高新技术产业不仅不相冲突，而且存在着相辅相成的依存关系。高新技术产业发展的一个显著特点，就是自身脱颖而出的同时又具有广泛的渗透性，能够对传统产业产生脱胎换骨的作用；而传统产业的改造更新又为高新技术产业化提供了巨大的发展空间。因此，应当紧紧抓住世界范围的产业结构变动通过国际分工直接影响我国经济战略性重组和推进信息化的有利时机，在积极发展高新技术产业的同时，大力推进信息技术、先进适用技术在丝绸、纺织、轻工、工艺、冶金、机械等传统产业的应用，围绕增加品种、改进质量、扩大出口、降低能耗、节约资源、提高效益，加强技术改造，实现产业升级和结构优化，促进经济增长方式由粗放型向集约型转变。

二、进一步优化区域生产力布局，坚持一手抓载体建设，一手抓辐射带动。

建设国际新兴科技城市是一项系统工程，必须始终坚持全市一盘棋，充分发挥政府和市场两方面的调节作用，实现资源的优化配置，努力形成功能合理、产业衔接、点线面紧密结合的生产力布局，做到重点突出、梯度分明，既有利于增强和发挥中心城市的现代化功能，又充分释放各经济板块的生机活力。自"九五"以来，市委、市政府统筹规划、组织实施了对全市生产力布局的大调整，目前已初步形成了沿大中城市和交通轴线重点发展高新技术产业、沿长江岸线重点发展重化工和现代物流业、沿中心城镇重点发展加工制造业及配套零部件生产、沿太湖重点发展现代旅游业及相关服务的"四沿"生产力布局的总体框架。在这个框架下，集中力量建设基础设施完善、各项功能完备的国家级和省级开发区，成为全市经济社会发展的重中之重。现在，苏州大地上，沿大中城市和交通轴线形成了昆山经济技术开发区、苏州工业园区、苏州高新技术开发区及吴江经济技术开发区、吴中经济技术开发区、相城经济技术开发区；沿长江岸线形成了张家港保税区及张家港、常熟、太仓经济技术开发区；沿太湖形成了太湖国家旅游度假区。由五个国家级、十一个省级开发区组成的苏州开发区群体，投资环境日趋完善，经济总量迅速扩大，对全市国民经济的贡献份额举足轻重。建设国际新兴科技城市，一定要立足于更高的起点，特别是要根据苏州的城市规划区面积经国务院批准已经扩大到 2000 平方公里以上的发展新要求，一以贯之地坚持把高水平建设开发区载体、全方位发挥辐射带动作用摆在突出位置来抓。

要进一步增强全局意识，按照全市"四沿"的生产力布局整体框架，明确重点，集中精力，加快开发区建设的进程。全市集中力量办好 5 个国家级开发区，每个县级市和相关地区集中力量办好省级开发区。苏州工业园区、苏州高新技术产业开发区和昆山经济技术开发区主要发展电子信息、生物医药、精密制造等高新技术产业。其中苏州工业园区、苏州高新技术产业开发区以引进欧美日等国家投资为主要特色，昆山经济技术开发区以引进台资为主要特色。配合以上三个国家级开发区，吴江经济技术开发区、吴中经济技术开发区和相城经济技术开发区主要发展高新技术产业配套加工业。沿江张家港、常熟、太仓三市（县）的省级开发区，围绕重化工和物流业，重点发展精细化工、石油化工、粮油加工、木材进口、轻工造纸等产业。要以这一总体构架为前提，加强省级开发区对国家级开发区的配套协作，加强各开发区之间的资源共享与科学分工，努力形成各开发区具有较强关联度、上下游产品紧密配套的产业链，防止和杜绝一哄而起、重复建设、封闭开发、浪费资源的无序竞争。要在进一步完善以建设高标准的基础设施和拉开生产力布局为重点的形态开发的同时，大力推进开发区的功能开发，全面提高开发区的综合竞争能力。紧紧围绕加快高新技术产业化、加快区域经济内涵提高的步伐，加快构建人才高地，加快经济国际化进程，全面提升开发区人流、物流、资金流、技术和信息流的聚集、扩散功能；引进、消化、吸收、利用国际先进技术，形成先进的产品、技术和装备，参与国际国内市场竞争的产出功能和带动区域产业升级优化的辐射功能；探索建立符合市场经济要求的、与国际通行管理规范接轨的新体制、新机制的创新示范功能。我市国家级、省级开发区具有强烈的超前意识，近年来已先后创办了出口加工区、国际企业孵化器、留学生创业园、高科技工业园、科技型民营工业小区等一批"区中区"、"区中园"，它们占地面积不多，但资金、技术投入强度更高，成为实现由形态开发向功能开发转变、着力营造投资环境综合优势、建立科技创新新的平台的重要阵地。在整个开发区建设中，要突出这一重点，进一步精心编制规划，明确发展方向，合理布局结构，充分发挥它所具备的更强的优化组合资源的承载力，创造区域经济更加鲜明的特色。

开发区完善自身功能的过程，也是更加显著地发挥"辐射源"作用的过程。开发区不仅自身要进一步加快能量聚集，成为高新技术产业化的主要基地、开放型经济的主战场和区域经济新的增长极，而且要以更加强有力的辐射带动，从整体上推进苏州经济提升发展层次，实现由粗放型向集约型、外延扩张为主向内涵提高为主的转变。开发区的辐射带动作用发挥得如何，将直接关系着建设国际新兴科技城市的进程，必须把它作为重要抓手，贯穿于建设国际新兴科技城市的始终。要按照整体运作、层次带动、分步推进、互相策应的方针，紧紧围绕促进产业结构调整和生产力合理布局这一主线，以解决我市经济发展存在的结构性、素质性、机制性等突出问题为重点，全方位地发挥开发区在规划与建设、投资、贸易、提升产业水平、转变管理体制与运行机制等诸方面的龙头、示范作用，不断开辟和扩展产业连接、配套联合、技术协作、信息传输、梯度扩散等辐射带动渠道，加快开发区与开发区、开发区与企业、开发区与各经济板块的相互呼应、整体联动，形成全市经济社会发展向更高层次攀登的巨大推动力量。

三、高度重视制度创新，加快建立和完善适应市场经济要求、支撑科技发展的新体制、新机制。

苏州打造国际新兴科技城市，是在社会主义市场经济体制初步建立的条件下进行的，不仅要实现物质资本和技术本身的跨越，更要加快制度创新的步伐,努力从根本上解决影响和阻碍科技进步的体制障碍和机制障碍,充分发挥市场在科技资源配置中的基础作用。根据我市的实际情况,迫切需要在以下几方面展开重点突破。

1.完善科技创新体系,突出企业主体地位。为顺应知识经济发展要求,促进科技与经济的紧密结合,一定要改变单一的科技发展模式,加快建立由产业界、学术界、金融界和政府等多方面形成的科技创新体系。在这个体系中,企业是主体,科研机构、高等院校是其知识的依托和源泉,中介机构是知识扩散、转移的桥梁,政府是政策制定者和环境创造者,金融是实现科技创新市场价值必不可少的重要条件。要通过组织、协调好各方面的力量,形成全方位的紧密配合、共同参与的格局,努力造就整体推进科技进步的崭新局面。企业作为科技创新的主战场,必须充分发挥主动性、积极性和创造性。要加快建立现代企业制度,进一步建立和完善追求科技进步的动力机制,在高新技术领域的自主创新机制,产学研紧密联合的研发协作机制和培养人才、鼓励创新的内部激励机制,通过全面推行经营者持股、科技成果入股、员工入股和技术开发奖励,充分调动广大干部职工投身科技创新的积极性,提高企业整体科技素质,使建设国际新兴科技城市具有坚实的微观基础。同时,政府及其他各方面也要围绕企业这一主体,正确处理和调节好利益关系,支持企业加大科技投入,加快高新技术产业化和运用高新技术改造传统产业的步伐,提高规避风险的能力。

2.完善科技投融资体系,为建设国际新兴科技城市提供资金保障。解决科技投入不足的“瓶颈”制约,需要各级财政不断增加对科技的投入,以较大的幅度提高科技三项费用和科学事业费在财政实际支出中的比重。但更重要的是充分发挥市场机制的作用,积极引导全社会对科技创新的投入。要充分发挥产业政策的导向作用,运用经济杠杆,引导企业加大科技投入。逐步建立风险投资机制,积极发展各类创业风险投资机构和风险投资基金,吸引更多的民间资本投入到各项科技事业发展中去。各级金融部门要努力改进对企业科技开发的信贷服务，建立对企业的授权信用制度，增加信贷品种，拓展担保方式，扩大科技信贷投入。鼓励和支持有条件的高新技术企业和科技型中小企业进入证券市场直接融资。同时，大力引进境外风险投资机构来苏州开展风险投资业务，使之成为科技创新的重要来源渠道。总之，要按照市场的办法，努力形成由政府拨款引导、企业主动投入、民间资金踊跃进入、国外金融机构参与的多元化科技投融资体系。

3.坚持多种经济成分共同发展，发挥民营科技企业的生力军作用。近年来，苏州先后涌现了一批具有发展潜力的民营科技企业，但总体看数量还不多，规模还不大。实践证明，创新的根本动力在民间，发展民营科技企业对优化经济结构、推进科技进步具有十分重要的意义。今后，要放手发展更多的由高等院校、科研院所科技人员以及具备条件的创业人才自主兴办的民营科技企业，鼓励有条件的国有、集体中小企业和乡镇企业转制为民营科技企业。要认真落实《江苏省发展民营科技企业条例》，加大对民营科技企业的扶持力度，鼓励和支持民营企业通过公平竞争承担各类技术创新项目；在科技贷款、财政补助、科技奖励等方面对民营科技企业平等开放，并在评定专业技术职称、办理出国手续、参加社会统筹保险等方面切实为其提供服务。

4.加快政府职能转变，切实改进对科技工作的调控、指导和服务。在市场经济条件下推进国际新兴科技城市建设，对政府应有职能的发挥提出了新的更高的要求。各级政府必须努力改进无所不能、事事干预抓科技的传统模式，尽快从深深介入的微观领域中解放出来，把工作的重点放到加强科技发展规划的制定与实施、科技政策的确定与落实、科技发展方向和重要领域攻关方向的把握与指导上来，放到加强对科技创新体系的组织与协调上来，放到为全社会提供更多更好的科技公共服务上来。努力实现由直接管理为主向间接管理为主、由微观管理为主向宏观管理为主、由行政干预为主向依法管理和运用经济杠杆等多种手段管理的转变。管好政府应该管的事，凡是市场、企业、社会能够做好的事，政府不搞越俎代庖，放手让他们去办。针对目前我市科技中介组织数量不足、质量不高的现状，要围绕构建健全的科技市场体系，分解和剥离不该由政府包揽的管理、服务职能，大力发展科技创新服务机构、科技咨询机构、技术评估机构和技术经纪机构等各类中介组织，进一步扩大服务领域和项目，提高服务规范性、公正性和透明度，推进科技中介服务的社会化和产业化。

四、进一步优化综合环境，促进科技与经济、社会的协调发展。

城市的综合环境如何，越来越深刻影响着一个区域的经济社会发展进程与水平。只有依靠科技进步，才能营造最适合创业和人居的环境；而没有一个良好的综合环境，建设国际新兴科技城市的宏伟目标就难以实现。

瞄准一流水平，继续推进各项硬环境的建设。无论是实现高新技术的产业化，加快经济国际化的进程，还是吸引更多的国内外创业者来我市投资，都要求所提供的创业平台基础设施更加完备、生态环境更加优美。要牢固树立"环境就是生产力"的新型发展观，从更加快速地发挥城市聚集辐射功能着眼，在城市建设总体规划的指导下，进一步加快交通、通讯、能源、水利、城建等基础设施建设的步伐，使城市的交通布局、设施水平和水电气供应能力、污水处理能力等提高到一个新的水平。要加强城市区域物流的规划建设，大力发展与港口、航空、内陆口岸紧密关联的现代物流设施网络，大力发展现代物流信息网络。要依照"经济增长与资源供给相一致，人与自然高度和谐"的国际准则，开展以水环境治理为重点的环境综合整治，进一步净化大气环境，保护饮用水源，实施城市绿化景观工程，努力使尽得山灵水秀之利的苏州变得更加光彩动人。

强化服务观念，为科技创新提供全优的软环境。随着社会主义市场经济体制的逐步确立和我国已经加入了WTO，国际和地区之间的竞争将更多取决于服务水平的高低、投资软环境的优劣。要紧紧围绕为发展科技事业服务，提高政府办事效率，建立和健全法律法规体系，坚持依法办事、规范行政，加强对知识产权的培育与保护，营造一个公开、公平、公正的市场环境；要进一步完善对在苏科技投资企业的审批立项一条龙服务、项目建设全方位服务、开工投产后经常性服务的服务体系，为科技企业的创业提供一个更具吸引力的发展环境；要大兴尊重知识、尊重人才之风，重视对紧缺科技人才、适用科技人才特别是高层次科技人才的培养，遵循人才流动的规律，确立"不求所有，但求所用"等新的人才使用观，实施人才的"柔性流动"战略，营造一个支撑科技进步的人才环境；要充分利用苏州深厚的文化底蕴，全面提高市民的思想道德和科学文化水平，提高整个城市的文明形象，进一步增强每个在这里创业、生活的人们的文化亲和力，营造一个雅致成熟、包容开放、充满魅力的人文环境。

（合作者：王冬爱、钱洪明、王明国，成文于 2002 年）

营造国际资本"引得进、留得住"的良好环境

简述：国际资本能不能"引得进、留得住"，能不能落户生根，实际上是对一个地区投资环境和综合竞争力的检验和考验，这是事关未来发展走向的战略问题。对"引得进、留得住"应当作具体分析、辩证思考。国际资本的流动和转移是一种正常的社会现象，这是市场法则和竞争规律所决定的，我们固然欢迎国际资本流入，但并不忌讳一定程度的转移，相反，一定程度的流动和转移有利于优胜劣汰，有利于产业结构和布局的调整，有利于改善投资环境。因此，"引得进、留得住"并不是一种消极的防御性战术，而是长期的积极的方针。从苏州经济社会的长远发展出发，营造更加优美的环境，真正使国际资本在苏州落地生根、开花结果，是我们始终追求的目标。

上篇：一个谋求可持续发展的"生根"战略

近年来，随着经济全球化程度的加深，国际资本的流动呈现了一些新趋势和新特点。在我国对外开放领域和范围逐步扩展、国内经济发展格局持续演变以及国际资本在我国的投资发展战略和具体投资策略不断调整之时，进入我国的外资开始出现了在不同的投资地区和领域之间进行流动与转移的动向，而且这种动向越来越明显。这样，对于在对外开放、吸收外

资中先行一步的地区来讲，如何使外资落地生根的问题便变得越来越突出和重要。外经贸部领导在苏州调研时明确指出，要研究外资企业在苏州"生根"的战略，苏州市委书记王珉也在最近召开的全市开放型经济工作会议上进一步强调，要营造使国际资本"引得进、留得住"的良好环境，这是我们保持开放型经济优势的重要工作。

我们认为，营造使国际资本"引得进、留得住"的良好环境，是使苏州经济保持持续快速协调发展的战略选择，对这个问题进行研究，主要基于这样几方面的原因。

一、资本的本质和国际资本流动的特点

作为资本主义生产方式的基本要素和市场经济的产物，资本与生俱来地具有获取利润、实现增值的本性，这种本性驱使它永远要追逐低风险、高回报的投资场所，永远要不断地进行流动。而且，为了实现最大的增值、获取最大的利润，资本还具有寻找市场、开拓市场的功能。这样，它的流动范围总是在不断扩大，流动的频率总是在不断加快。

自19世纪后半期资本主义世界体系形成以后，各国的资本就一直在全球范围内进行流动。可以说，资本的跨国流动已成为世界经济发展的引擎和国际市场不断扩大的直接因素。各国经济在近现代的发展，就是国际资本频繁流动、不断追逐利润的结果。从宏观角度看，国际资本在过去100多年中的流动大致有这样几个流程：① 19世纪70年代—— 一次大战前，主要是西欧发达资本主义国家的资本流向东欧、北美和澳洲这些新兴发展地区。②一次大战结束——20世纪30年代大萧条时期，主要是英美资本大量投向外国政府的债券市场。③ 20世纪70年代石油危机——80年代墨西哥金融危机，国际资本主要是从国际银团流向亚洲、拉美的发展中国家。④ 20世纪90年代初——东亚金融危机，西方发达国家的资本流向东亚和拉美地区。

上世纪90年代以来，伴随着新经济的兴起和经济全球化程度的加深，

国际资本的流动呈现出一些新的特点。一是流动的速度在加快。长期资本与短期资本的界限日益模糊，两者之间的相互转化更加迅捷。这是由金融工具的多样化、全球金融与投资政策自由化及技术手段不断进步所导致的。二是国际资本流动的规模迅速扩大。1986—1998年，国际资本市场融资和国际直接投资累计额由28000亿美元增加到138000亿美元。1984—1998年，国际直接投资年均增长率达13.53％。三是国际资本流向的重点逐步由资源开发和劳动密集产业向知识密集型产业转移，由制造企业向高新技术产业和金融服务业转移。中国作为吸收外资最多的发展中国家，外资在国内的产业流向也反映了这个特点。四是国际直接投资成为国际资本流动的主要形式。1998年，国际直接投资额达6440亿美元，比上一年增长39％，1999年达到7800亿美元，比上一年增长21.8％。五是国际资本在流动中越来越注重安全性，尽可能选择经济稳定、发展潜力较大的地区，投资行为也变得更为谨慎。比如在上个世纪90年代，东亚地区发生金融危机后，流入这一地区的资本急剧减少。去年以来，由于发生"911事件"、经济增长减速以及一系列大公司出现诚信危机，美国市场令人产生怀疑。因而，2001年流入美国的国际直接投资比上年减少了2000多亿美元。目前，已有经济学家把国际资本流动的这个特点称为flighttoquality，即"投向高质量的地方"。

纵观国际资本流动的整个历史过程，我们不难发现有两个最突出的特点：第一，不论国际资本是以何种形式出观，它的基本流向目标都是风险较低、收益更高更稳定、发展潜力更大的产业、领域或地区，而所有这些都可以以地区差异为衡量标准；第二，国际资本的流向与经济发展的区域格局关系密切，即一个地区的经济增长往往是伴随着外资的大量流入，同样，一个地区的经济衰退也常常是与外资大量流出同时发生的，前面一种情况以一战和二战后的欧洲、60—70年代的东亚地区、90年代的中国为代表，后一种情况出现在80年代的拉美及90年代的东南亚。

按照英国经济学家邓宁的国际生产折中理论，对外投资的最终结果是由投资主体的所有权优势、内部优势和投资地区的区域优势所决定的。在资本投资主体确定的前提下，对最终结果起决定作用的便是区域优势，它包括一个地区的商品市场、生产要素资源的状况、优惠政策及其他具体的投资条件。所以，真正引导国际资本流向的决定因素还是区位优势。这种区位优势对特定区域来讲，就是它的投资环境和综合竞争力。

显然，国际资本正变得越来越势利、精明和贪婪，对于正致力于大量吸收外来投资、大力发展开放型经济的国家或地区来讲，这意味着既拥有更多的机会，又面临着较大的困难，投资环境建设的任务也更加复杂和艰巨，因为逐利而行的国际资本随时可能改变投资地点与方向。当一个国家或地区的投资环境拥有比较优势时，它会顺势而来，而在它看来不具备比较优势时，又会抽身而退。国际资本可以在国家之间流动，也可以在地区之间、城市之间转移，关键是投资环境的优劣。苏州作为一个对外开放基础比较好的地区，国际资本的自由流动有着宽敞的空间，因而，面临着接受外资重新选择的严峻现实。外资选择了苏州，但并非会永远留在苏州，更不意味着苏州发展外向型经济的工作已大功告成，可坐享其成了。

二、国内已出现了外资在不同地区之间转移的动向

与国际资本在全球范围内的不断流动相同，随着客观形势的变化，外资在我国的流向也始终处于调整变化之中。其总体特点就是从沿海地区深入到内陆地区，从东南部向其他地区扩散。这种变动是在行政作用下实现的，即我国政府不断扩大对外开放的范围和领域，并以优惠政策予以鼓励和引导，使外资向新的开放地区流动，扩大投资。这是外资的初步流动，也即一次布局。最近一两年来，外资在我国的投资行为出现了在不同地区之间转移的动向，这可称为行为二次布局。即外资在选择一地作为主要投资区域后，对投资布局进行调整，另外选择新的投资基地，并把投资重心逐步移向新的地区，甚至将以前的投资迁往新的地区。这种投资转移现象主要发生在珠江三角洲地区和长江三角洲地区之间，主角是一些已在珠江三角洲地区投资的台资，基本的格局是从珠江三角洲向长江三角洲转移。

一些具体数字可以用来说明。比如，2000年江苏吸引台资总额占全国的45%，超过广东的43%。历年累计的台商投资额，江苏为200多亿美元，超过广东的180亿美元。2001年，长江三角洲吸引的台资占总量的51%，而珠江三角洲只占38%。2002年上半年，台商对大陆的投资总额为13.6亿美元，其中江苏地区就占7.2亿美元，超过总数的50%。

台资投资重心的转移，大致有两方面的原因：一是台资本身的变化。初期来大陆的台资以个人资本或中小资本为主，投资的动机主要是利用大陆廉价的生产成本，从事"三来一补"，生产过程两头在外。这就要求投资地点靠近国际市场和经济中心，产品的进出口周期较短，运输成本较低。这样，它们便选择了离香港较近，而且交通较为便捷的珠江三角洲地区。但在以后，台资的规模逐步扩大，项目和产品的技术水平不断提高，对投资地区的环境条件提出了更高的要求。同时，台资的投资战略也相应地发生了改变，主要瞄准广阔的大陆市场。这就要求选择经济辐射能力较强、市场腹地较广、经济增长较快的地区。而长江三角洲就是这样一个理想区域，况且它本身就是一个广阔的发展潜力巨大的市场。

二是投资地区的综合环境差异。总体上看，长江三角洲地区，特别是苏南地区的投资条件要优于珠江三角洲地区，对台资的吸引力更大。台资由于与祖国大陆之间存在着特殊的关系，对大陆情况较为熟悉，因而对不同地区之间投资环境的差异感觉更为明显。与珠江三角洲相比，长江三角洲拥有更充足的人力资源、更良好的社会治安环境、更扎实的经济发展基础、更高的文化教育水平和普及程度，以及更为完善和高效的公共管理和服务体系。实践证明，当一个地区的投资环境无法继续满足外来资本的需求时，外资必然会重新寻找更好的投资地区。

然而，对于台资的转移，我们必须保持一分冷静。目前，虽然台资开始看好长江三角洲地区，但对国际资本来讲，一个地区的投资价值从根本上讲永远是一个变数，今天在长江三角洲地区聚集，明天就有可能重新选择更为理想的落户地点，从而发生新的流动。台资的流动和转移还提示我们，在全球化时代，国际资本没有固定的国籍，也没有不变的活动地域，只有永久的利润。我们同样不能排除台资以外的其他国际资本重复台资的行为、重新调整其在我国的战略布局的可能性。对苏州而言，如果综合投资环境不能与时俱进、不断完善提高的话，对外资的吸引力就可能不如其他地区，已经落户的国际资本向外大幅度转移将会不可避免。

三、周边开发区的高速发展对苏州构成了巨大的竞争压力

苏州开发区起步较早，已取得了较为明显的成就，同时，在投资环境建设、招商引资方面也积累了不少成功的经验与做法。这是苏州发展的优势。但在其他地区，特别是周边地区开发区建设突飞猛进，招商引资的动作不断加大、措施不断加强的背景下，它又成了苏州开发区的一个弱点。

最近这几年中，随着长江三角洲地区对外开放格局的进一步扩大深化，在全国经济格局中地位的不断提高，苏南、苏中和浙北的不少城市纷纷在发展外向型经济方面采取积极措施，大力招商引资。其中的重要内容之一就是高起点、高标准、大规模地进行开发区建设，无论是在基础设施方面，还是在投资软环境方面，都投入了很大的力量，招商引资也取得了较为明显的成效。特别需要强调的是，不少地方对苏州的招商引资工作极为熟悉，并与在苏州投资的外商关系非常密切，它们以苏州为学习和赶超的对象，在了解、分析、借鉴苏州各开发区经验与做法的基础上，采取了更为主动、灵活，更有针对性的措施，在吸引外资过程中显出咄咄逼人的态势。

周边开发区为增强在招商引资中的竞争力，普遍采取的措施有：①扩大规模。不少开发区规划面积在100平方公里以上，并在行政管理上实现区内统一，而且开发区的规划面积还有扩大的趋势。②强化功能。开发区内包括了多种功能区，如港口、大学城、科技园及各种专业工业区，能适

应多种外资的需求。③降低土地价格。不少开发区在地价上不惜血本，甚至还有零地价。④增加优惠政策。不仅"两免三减半"，而且有的开发区还实施"五免三减半"，甚至"五免五减半"、"十免十减半"。这些措施对苏州开发区吸收外资、留住外资的努力构成了巨大的压力，也对准备落户苏州开发区的外资产生了很大的诱惑力。

以无锡为例。目前，无锡新区规划面积已由最初的 5.4 平方公里扩大到 158 平方公里。无锡市委、市政府对新区的开发建设高度重视，并给予大力支持。专门成立了园区开发建设领导小组，每年召开 1—2 次工作会议，由主要领导和各部门负责人参加，研究、解决一些实际问题。去年，还把市行政审批中心搬到新区，便于新区的项目审批。自 1998 年起，无锡新区就成立了由区内各跨国公司负责人、地区机构代表和国际专业咨询机构代表组成的国际咨询顾问委员会，每年召开一次专题会议，为招商引资出谋划策。在招商策略上，尽力对外商提供优惠政策，推出了"五免五减半"，还进行"零整区"的宣传活动。近几年无锡新区的招商成绩非常突出。如 2001 年，新增合同外资 12.08 亿美元，同比增长 50%，至 2001 年底，已累计引进外资项目 549 个，合同外资 40.52 亿美元，实际引进 22.7 亿美元。今年上半年，引进外资项目 125 个，同比增长 81.2%，合同外资 12.74 亿美元，同比增长 86.4%。

目前，长江三角洲地区已形成了一个较为密集的城市群，这些城市都对发展外向型经济高度重视，都在花大力气建设开发区。它们虽有各自不同的特色，但在城市功能、区域地位和产业布局方面存在着很大的共性，经济发展水平也在逐步拉平。由于交通条件的改善和通讯设施的完备，这些城市之间虽有区位差异，但这种差异正在缩小。这样，国际资本来到长江三角洲地区后，在确定投资地点方面拥有很大的选择余地。苏州由于紧靠上海，在吸引外资方面过去一直占有一定的区位优势，这也是苏州开发区发展走在其他城市前面的重要原因，但现在，这种优势已在淡化、消失。

相反，由于发展时序和条件方面的差异，苏州开发区在规划建设、基础设施、发展空间、土地和劳动力价格方面的矛盾开始显现，而这些硬性的条件又成为今后开发区之间竞争越来越重要的因素，是我们难以回避的。苏州开发区如果在环境建设方面没有一个大的突破和提高，竞争力必然会受到较大的影响，引进外资、留住外资的难度也会加大。

四、开放型经济在苏州全市经济和社会发展中的重要地位

开放型经济是苏州经济的一个优势和特色，目前，外资企业在苏州经济增长中的份额越来越大。2001 年，由外资企业提供的涉外税收占全市财政收入的比重达到 38.6%，涉外税收的年增长率高于同期财政收入增幅 12 个百分点。经济发展的这种特点，毫无疑问使苏州经济对外资的依存度越来越大，它既为苏州的发展提供了强劲的动力，也使苏州的发展存在着很大的风险和不稳定性。同时，它也告诉我们，只有积极创造"引得进、留得住"的良好环境，才能从根本上规避这种风险和不稳定性。

开发区是国际资本在苏州的集中投入区、苏州经济的重要增长区和苏州新兴产业及优势产业的主要聚集区。其中，16 个国家和省级开发区尤其突出。截止到去年底，两级开发区累计批准外资企业 3210 家，累计合同利用外资 282 亿美元，累计到账外资 141 亿美元，分别占全市的 24%、68% 和 61%。2001 年，两级开发区实现国内生产总值 574 亿元，占全市的 33%，财政收入 83 亿元，占全市的 40%，自营进出口额 162 亿美元，占全市的 68%。伴随着大量外资的流入，各种优质的生产要素（包括技术、设备和人才）以及其他社会资源在开发区不断聚汇，开发区已成为苏州先进生产力、新型制度观念、国际规则与惯例的集中区和展示区，对全市经济和社会发展各方面都产生了重要而积极的影响。开发区内规模可观的新型产业改善了全市的产业结构，提升了经济发展的水平和档次。区内外资企业通过与区外企业配套协作，输出技术与管理，带动了一大批当地企业的发展和提高。开发区各项建设的开展和外资企业的大量投资，

直接为苏州经济的增长提供了重要的动力来源，其巨大的产出则成为苏州经济和各项社会事业发展的有力支撑。开发区吸引来的大量中高层次人才，大大优化了全市的人力资源素质，对苏州的社会生活产生了积极影响。可以说，开发区已在苏州经济和社会发展中占据了举足轻重的地位。

就未来的趋势看，随着中国对WTO承诺的逐步兑现，外资进入中国的势头会进一步增强，涉及的领域也将更加扩大。同时，以上海为龙头的长江三角洲地区将在中国经济发展和对外开放中扮演更为重要的角色。在这样的背景下，作为吸引外资重要基地的苏州开发区，既拥有着更大的发展空间，也面临着更多的困难和挑战。如果苏州开发区能够在吸引外资的数量和质量上有所作为，继续保持并扩大现在的领先水平，那么苏州也就能在长江三角洲地区新一轮竞争中掌握主动权，确立新的发展优势。反之，如果苏州开发区的投资环境得不到相应的改善，综合竞争力得不到进一步提高，随之而来的将是对外资吸引力的减弱，留住外资的努力也可能受到很大的制约，进而会影响到苏州未来的发展。这确是一个事关苏州发展全局的重要课题。

下篇：关键是要进一步提高综合竞争力

国际资本能不能"引得进、留得住"，能不能落地生根，实际上是对一个地区投资环境和综合竞争力的检验和考验，这是事关未来发展走向的战略问题。

当然，对"引得进、留得住"应当作具体分析、辩证思考。国际资本的流动和转移是一种正常的社会现象，这是由市场法则和竞争规律所决定的，我们固然欢迎国际资本流入，但并不忌讳一定程度的转移，相反，一定程度的流动和转移有利于优胜劣汰，有利于产业结构和布局的调整，有利于改善投资环境。因此，"引得进、留得住"并不是一种消极的防御性战术，而是长期的积极的方针。从苏州经济社会的长远发展出发，营造更加优美的环境，真正使国际资本在苏州落地生根、开花结果，是我们始终追求的目标。应该看到，目前各地、各部门对"引得进"研究得比较多，但对"留得住"研究得比较少，对此要充分引起重视。根据我们的调研与思考，我们认为，营造"引得进、留得住"的良好环境，重在提升区域的综合竞争优势，尤其要在以下几方面取得突破性的进展。

一、继续推进体制创新，加快与 WTO 规则相衔接。

苏州各级各类开发区的崛起，很大程度上得益于新体制、新机制，包括实行的"小政府、大社会，小机构、大服务"的管理模式，已成为吸引外商投资的一个重要因素，依靠体制创新驱动发展，也是开发区顺应不断变化的宏观形势，加快开发建设步伐的必然要求。目前，我市开发区面临着一些新的情况：一是开发与管辖面积扩大，管理内容和功能增多，职能发生重大变化，开发区的管理模式很容易向老体制回归，甚至出现机构臃肿、人员膨胀、效率下降等情况。二是面对中国加入 WTO、经济全球化的新挑战，开发区过去的一些特殊优惠政策正在逐步淡化，开发区与非开发区在政策上将处于同一平台，作为改革的先行区和示范区，如果在体制创新上没有新的突破，也就形不成新的竞争优势。需要指出的是，我市进一步推进开发区体制创新，有着非常有利的条件，江苏省已把我市确定为全省应对 WTO 的先行市。特别是苏州工业园区作为中新两国政府合作的产物，其管理体制是在借鉴新加坡先进经验的基础上进行创新的一个成功典范，在近几年开发开放的实践中已经体现了突出的体制优势，成为全国各地关注的热点之一，目前，前来考察学习的外地领导络绎不绝。但是，从我市情况看，虽然各地也较早地提出要学习和借鉴新加坡的成功经验，但总的来说还仅停留于一般号召与口号阶段，这种状况应当改变。我们要把构建适应现代市场经济要求、与 WTO 规则相接轨的精干、高效、廉洁的现代行政体制和运行机制作为目标取向，按照规范化、法制化的要求，推进行政职能由无所不为走向有所为、有所不为，由主要进行干预走向提供服务，由为有限的企业服务走向为所有的企业服务。在体制、机制创新中形成新的竞争优势，增强综合竞争力。

二、优化布局，完善配套，构筑产业发展新的平台。

资本的属性就是追求利润，追求投资增值的最大化。国际资本能否在一个区域生根，最终还得看这个区域能否为各种投资者提供可持续创业的空间。从苏州的实践看，应当重点解决三个问题：首先是在整体布局上明确重点，强化特色。经济规律表明，区域经济要保持持续、快速发展，必须从整体上形成合理的资源配置，必须走差别化竞争、错位发展之路。从国际资本流动的趋势看，IT 产业大规模流入中国的高潮即将过去，而日本、韩国、欧美正在把眼光瞄准中国，这就需要及早提供产业发展平台。现在，我市生产力布局"四沿"的产业重点总体框架已经明确，要紧紧围绕这一总体框架实施产业定位，坚持"有所为、有所不为"的方针，推进产业结构、产品结构的调整优化，形成自身的鲜明特色。尤其是沿江三市，应十分重视沿江产业带在新一轮产业集聚中重要作用的发挥，科学规划产业布局，拓宽新兴产业的发展领域，大力发展钢铁、汽车、能源、重化工、造纸、粮油加工和现代物流业等新兴产业，实施错位发展，努力创造继 IT 产业之后我市新兴支柱产业新的发展强势。其次是要进一步完善以配套协作为主要内容的相互依存的产业体系。企业的发展不是孤立的，它既是企业内部良性循环的过程，也是企业内外相互依存、专业化分工协作的结果，如果外商投资企业可以就地形成配套协作的生产体系，企业之间形成了谁也离不开谁的产业链，不仅可以大大减少企业的生产成本，而且主导企业想离开也不大容易。因此，留住国际资本，就要加快提高自身装备、工艺、产品技术和管理水平，开辟多样化的配套协作渠道，努力适应跨国公司巨大的配套协作需求，以更快更好地融入国际大循环。最后要推进开发区产业的发展向着研发高端延伸。当前国际资本在苏州的投资主要在高新技术产业及其他一些新兴产业，高新技术产品普遍具有从出世、成熟到衰退周期短的特点，当它达到成熟阶段时，产品的利润率降低，企业竞争必然加剧。外资企业要继续获得竞争优势离不开两种策略：一种是通过转移来降低成本，生产比竞争对手更便宜的产品；另一种是通过技术升级来进行差别化竞争。构建产业发展新平台，说到底还是要有利于降低企业比较成本，有利于企业实现技术升级。这既是影响"留得住"国际资本的一个重要砝码，也是我市在已成为高新技术产业加工生产重要基地的基础上，绝不满足最终仅仅成为一个世界加工厂的必然选择。因此，在继续推进加工制造业发展的同时，更应重视高新技术产业研发基地、成果转化基地的建设。开发区应充分利用 30 多家外资企业的研发机构已经落户苏州的基础，继续优化外商投资结构，将引进跨国公司研发机构与招商引资同步规划、同步洽谈、同步实施，力争更多的外资企业将研发中心设立在苏州，以此为基础拓展技术创新的国际合作渠道，主动加强与掌握先进技术的跨国公司在苏研发机构的技术协作，提高先进技术扩散的速度和水平，加快自主创新、自主研发的步伐，加快科研成果向现实生产力的转化，加快高新技术产业逐步向研发高端渗透、延伸的进程。

三、抓住培养和引进人才这个关键，为"留得住"国际资本创造条件。

能够聚集大量高层次的科研人才、管理人才以及大量适用技术人才，是开发区保持长久繁荣的必要条件。随着我国加入 WTO 和我市开发区高新技术产业的快速发展，各类高科技人才和高级管理人才，尤其是那些既懂金融又懂法律、既懂国际贸易又懂外语的外向型、创新型、复合型、协作型人才的短缺问题日显突出。分析跨国公司研发机构落户我市的现状，之所以无论在数量与档次上都难以和上海相比，其中一个关键性的原因就在于我市的人才条件与上海有着突出的差距。经济、科技、市场的竞争，归根到底是人才的竞争。只有人力资源结构得到有效的调整优化，各类优秀人才在人口中的比重得到大幅度提高，开发区的经济国际化才能真正攀上一个更高的台阶；只有能够"留得住"各类优秀的人才，也才能长期"留得住"国际资本。因此，必须进一步解放思想，更新观念，把着力解决人才短缺这一制约因素作为开发区建设的关键环节抓紧抓好。一要牢固确立"人才资源是第一资源"的全新理念，坚持做到人才开发与项目开发双管齐下；二要进一步拓宽引进人才和培养人才的渠道，完善吸引人才、用好人才的市场化机制；三要优化人才结构，努力解决外资企业优秀人才的本土化问题，尤其是高层次经营管理人才、专业技术人才和高级技工人才；四要营造一个能最大限度调动各类人才积极性、创造性的良好社会氛围，进一步增强我市开发区对人才的凝聚力、向心力。

四、推进多元经济共同发展，构造"三足鼎立"新的格局。

目前的开发区，基本上是外资企业一统天下，这既是苏州经济的一大特色，也是苏州经济结构亟待完善的新课题。内、外资企业在开发区的不断融合，有利于促进以适应高新技术产业发展为内涵的多种经济成分新的组合结构的形成，有利于开发区相互依存的产业集聚体系的进一步完善，有利于拉长专业化分工和配套协作的高新技术产业链，也就为长期"留得住"国际资本打实了基础。应该看到，开放型经济的高速发展为民营经济的发展提供了特殊的发展空间，尤其使民营企业融入开放型经济创造了十分有利的条件。虽然我市近几年个体私营经济发展较快，但总体说来规模偏小、水平不高，开发区应抓住以下几个重点大力推进个体私营经济的发展：一是要为个体私营企业扩大规模、提高水平，为多种经济成分共同发展提供竞争载体。要加快完善开发区内已经建设的"民营特色小区"等载体的功能，加大集聚的力度，推进更多个体私营企业进区入园。二是要扶植民营科技企业迅速成长，注重其生力军作用的发挥。放手发展更多的由高等院校、科研院所科技人员和其他创业人才自主兴办的民营科技企业，促进有条件的国有、集体和乡镇企业转制为民营科技企业，鼓励其进入开发区发展。三是要鼓励和促进个体私营企业与外资企业合资合作。虽然我市目前个体私营企业在规模、技术水平和配套能力上还不强，但它产权明晰，机制灵活，发展潜力大，在激烈竞争中求生存、求发展的适应性强，只要加以引导和扶持，完全能够尽快壮大和提高，在开发区形成新的开放型经济的组合形式。

五、提高各项环境建设水平，打造最适合创业和人居的人间天堂。

随着经济国际化进程加快，国家、地区间的竞争日益加剧，对创业和人居的各项环境建设提出新的更高的要求。国际资本流动对土地、原材料、劳动力成本的要求是越低越好，而对环境质量的要求则是越高越好。广东的有关专家在分析珠江三角洲一些地区的外资企业纷纷"北移"的原因时，就把城市化水平不高，因过度发展造成居住水平不高、高级人才难以进入等作为重要教训加以总结。我们要牢固确立"环境就是生产力"的发展观，瞄准一流的水平，加强各项硬、软环境建设，努力使创业的平台达到基础设施更加完备，市场运行更加规范，各项服务更加优质；努力使居住的环境做到生态环境更加优美，城乡景观更加怡人，社会治安更加稳定，风土人文更加亲和。一要着力建设一流的基础设施。从更加快速地发挥城市聚集辐射功能着眼，在城市建设总体规划的指导下，进一步加快交通、通讯、能源、水利、城建等基础设施建设的步伐，使交通布局、设施水平和水电气供应能力、污水处理能力等提高到一个新的水平。加强区域物流的规划建设，大力发展与港口、航空、内陆口岸紧密关联的现代物流设施网络，大力发展现代物流信息网络。二要进一步改善生态环境。依照"经济增长与资源供给相一致，人与自然高度和谐"的国际准则，开展以水环境治理为重点的环境综合整治，进一步净化大气环境，保护饮用水源，实施城市绿化景观工程，努力使尽得山灵水秀之利的苏州变得更加光彩动人。三要完善保障企业自主运作、市场公正运行和确保投资者生命财产安全的法制环境。建立和健全法律法规体系，坚持依法办事、规范行政，加强对知识产权的培育与保护，保持我市社会治安综合治理在全国的领先水平。四要

与文字为伴

进一步完善系列服务环境。提高政府办事效率，强化为区内所有企业服务的意识，完善对投资企业审批立项一条龙服务、项目建设全方位服务、开工投产后经常性服务的产前、产中和产后服务体系，还应根据越来越多的来自异国他乡投资者的特点，开辟一些"特需型"的服务，拓宽服务领域，提高服务水平。五要充分利用苏州深厚的文化底蕴，营造雅致成熟、包容开放、充满魅力的人文环境。全面提高市民的思想道德和科学文化水平，提高整个城市的文明形象，进一步增强对每个创业、生活在这里人们的文化亲和力。

（合作者：王冬爱、冯坚，成文于 2002 年）

经
济
篇

昆山城市化调查

简述：城市化不是简单的城市规模的量态扩张，对于一个县级市来说，更重要的是要在整合和统筹城乡资源的基础上，全面提高整个区域的城市化水平。城市化的过程是城市发展与产业发展互动的过程，城市化发展以产业发展为动力，产业发展以城市发展为载体。昆山是在长江三角洲大中城市密集区之中，在上海和苏州之间推进城市化的，应当而且必须确立鲜明的个性和特色，实现错位发展。城市化的实质是要为投资者和市民提供最佳的创业和人居环境，建设"人本城市"应当成为追求的根本目标。城市化的过程也是人口、资源、生态可持续发展的过程。

上篇："城市化新概念"

在长江三角洲大中城市连绵集聚的区域内，如何打造各自的城市化新形象？在人均国内生产总值已经突破 6000 美元、主导产业优势初步形成的情况下，如何走城市化之路？在省、市委提出率先全面建成高水平小康社会、率先基本实现现代化的大背景下，如何加快城市化进程？带着这些问题，我们对昆山市进行了一次调查与研究。这次调研，给我们的深刻印象是：昆山市在实施城市化战略中，正在以全新的理念探索一条具有明显个性特色的"新昆山之路"。

何谓城市化？一些专家认为，就是人类生产和生活方式由乡村型向城市型转化的历史过程。它集中表现在城市人口的增加、城市数量和规模的发展以及城市现代化程度的提升。从这个意义上看，昆山市正处在向城市化迈进的过程中。

从城镇人口的规模看。2002 年，在昆山市近 61 万总人口中，居住在城镇的非农人口为 31.2 万人，占 51.5%，还有 40 多万外来人口，5000 多外籍常住人口，城市化率已经达到国内先进水平。从反映城市现代化水平的主要指标看。2002 年，昆山市已实现 GDP 314 亿元，人均 6290 美元，列全省县级市首位；财政收入 41.5 亿元，列全省县级市第 3 位。城镇居民人均可支配收入 11128 元，农民人均纯收入 6262 元，城镇人均居住面积 28.8 平方米，农村人均居住面积近 60 平方米，均在全省居先进水平。从城市对产业的集聚程度看。目前，昆山市累计实际到账外资达 60 亿美元，居全国县级市第一位。已形成精密电子、精密机械、精细化工三大支柱产业，其中以笔记本电脑为代表的 IT 产业占 40% 以上，集中在城镇、园区的企业占全市企业总数的 90% 以上。从城市的建成区规模看。2002 年，昆山中心城区规模已扩大到 50 平方公里，城市副中心和遍布全市的小城镇建成区面积达 105.4 平方公里，初具中等城市规模。从城市的现代化管理水准看。近几年来，昆山市先后获得国家卫生城市、国家环保模范城市、全国创建文明城市工作先进市、全国文化工作先进市、中国优秀旅游城市、全国科技进步先进市等十余项国家级荣誉称号，国家园林城市正在创建之中，其工作水准可见一斑。

有研究表明，当一个国家或地区人均国内生产总值超过 3000 美元时，就开始进入城市化加速时期。然而，城市化的内涵是一个丰富多彩的复合体，城市化的实现是一个渐进的过程。作为一个目标，城市化是长期的；作为一个过程，城市化又是阶段性的。以什么样的理念，用什么样的思路指导城市化，决定了城市化的速度、程度和特色。在这方面，昆山市为我们所提供的是区域城市、产业城市、工商城市、人本城市、生态城市建设的成功范例。

——昆山市的领导者认为，城市化不是简单的城市规模的量态扩张，对于一个县级市来说，更重要的是要在整合和统筹城乡资源的基础上，全面提高整个区域的城市化水平。昆山虽有 2000 多年的建城史，但至上世纪 70 年代末，县城仅三四平方公里。从 80 年代开始，城市发展迈开了步伐，初期先后经历了三个阶段。第一阶段是依托老城、开发新区，在紧靠老城区东部辟出了 3.75 平方公里建设工业区。第二阶段是建设新区、拓展老城。随着开发区的"滚动式"开发，规划开发面积调整到 6.18 平方公里、20 平方公里，城区迅速扩大。第三阶段是城乡连动，在城镇面貌普遍改善的同时，逐步构筑县城居中、小城镇遥相呼应的"众星拱月"式发展格局。这种城镇布局，虽从阶段性、局部性来看有其合理性。但是，从长远和全局来看，仍然没有摆脱城乡建设"二元结构"的状况，其最大的缺陷就是不能有效地统筹城乡资源，不利于全面快速推进城市化，提升区域整体现代化水平。去年，昆山市在国内外知名规划专家的指导下，提出了全新的"片区"发展概念：将市域 921 平方公里作为一个整体，按照发展定向、功能定位的要求，打破原有的乡、镇、村的行政界限，形成七大片区。中心城市片区是城市的核心，包括城区和国家级经济技术开发区，综合行政、居住、文化、教育和主导产业的发展功能；阳澄湖休闲片区，地处阳澄湖东部区域，其功能主要是休闲旅游、度假和提供商务会议活动场所；东北部拓展片区，重点发展配套制造业和以太仓港为出口的水陆联运业；东部物流片区，重点发展加工分装、仓储物流业和围绕上海安亭汽车城，主攻汽车机械零件产业；生活新镇片区，主要供昆山中心城市郊区化人口居住和苏州工业园区就业人口生活居住；生态观光农业片区，主要发展生态农业、观光农业和外向型农业；水乡旅游片区，以周庄、锦溪古镇为主，重点发展绿色产业和水乡文化旅游。目前，七大功能片区作为昆山城市的有机组成部分，片区与片区之间通过便捷的快速通道连接，以绿地隔离，在规划上实现无缝对接、功能互补。在这个区域里，既有繁荣的中央商贸区，又有清悠的生活、休闲度假区。这种"大昆山"城市化的态势，明显的优势就是能够最大限度地集聚、整合和统筹城乡资源，较好地协调和实施城乡发展规划，全面加快城市化进程和提高城市现代化水平。

——昆山市的领导者认为，城市化的过程是城市发展与产业发展互动的过程，城市化发展以产业发展为动力，产业发展以城市发展为载体。我们所追求的城市化是适宜产业发展的城市化，是伴随着产业升级而日益优化的城市化。实践证明，一个城市，如果没有产业支撑和产业特色，必然会失去生机与活力。昆山的成功之处，就在于它是一个具有明显产业特色和强劲发展后劲的城市。昆山的城市化之路，走的是产业城市的发展之路。目前，昆山市已成为全国台资企业投资最为密集的地区之一，成为我国东部沿海经济发展最活跃的地区之一，昆山还是全国最为密集的 IT 产业生产基地之一。近几年来，昆山市先后设立了出口加工区、留学生创业园、国际商务中心、吴淞江工业园、软件园等一批各具特色的功能载体，这无疑为昆山的城市发展提供了强劲的动力。以昆山出口加工区为例，创办于 2000 年的昆山出口加工区，在不足 26 个月内，就集聚了 50 多个大型出口加工项目、200 多家配套生产企业、1.5 万产业工人。目前，总投资已达 12 亿美元，电子信息、光电和精密机械三大产业占 70% 以上，30 多家企业进入产出期，2002 年，实现进出口总额 21.2 亿美元，今年预计达到 50 亿美元，其中六大笔记本电脑企业的出口量将超过 1000 万台，占全球笔记本电脑产量的 25%。更为引人注目的是区内道路、通讯等基础设施一步到位，商业、服务业迅速跟上，近 3 平方公里的田野一下子拓展成了一座 7 平方公里的外向开放的现代化"园中城"、"城中城"。产业发展与城市发展互动，围绕提高产业集聚度，服务于产业发展而获得更大的空间和速度，这是昆山城市化发展的一着妙棋。

——昆山市的领导者认为，昆山是在长江三角洲大中城市密集区之中，在上海和苏州之间推进城市化的，应当而且必须确立鲜明的个性和特色，实现错位发展。长江三角洲地区是中国最大的大中城市密集地区。进入90年代，随着经济的快速发展，推进城市化已成为各地的普遍选择。昆山东临我国最大的中心城市上海，西临我国著名风景旅游城市、历史文化名城苏州，在这种状况下，走自己的特色之路显得格外重要。他们把自己的城市定位为现代化的工商城市，主要体现三方面的个性：一是在文化特色上，坚持"海派文化"与"吴文化"、"外来文化"与"本土文化"相融合，营造海纳百川般的文化氛围。走进昆山，人们可以发现，从城市风貌到市民的行为举止，从商业网点的布局到文化设施兴建，既有"海派"城市的色彩，又有吴越文化的特质。投资2亿多元的科技文化博览中心，体现了现代外观设计意识，而馆藏的书画、史前文物又体现出了其历史的凝重。与此同时，引进外资兴办的星级宾馆、酒店酒吧和台湾的"名典"、"新岛"咖啡店遍布昆山。有人说，昆山文化使本地人、外国人、外地移民在昆山和谐相处。二是在城市的服务功能上，立足为发展外向型经济服务，强化开放性、国际性氛围，营造浓厚的商业气息。近几年来，昆山市先后引进了台湾彰化银行、台湾登云科技大学、大华人力资源开发公司、六和宗仁卿医院、美国友邦保险等一系列项目，强化了现代城市与现代制造业相配套的服务功能，城市主要道路面貌的变化和城市广场、柏庐广场、玉山广场，各种主题花园、街景的相继出现，使城市更具开放气息和现代气派。三是在城市建设的思路上，强调分工与协作，对于类似高档的音乐厅、大戏院、大型体育场馆之类的建筑物，主要借用上海、苏州的设施为我所用，决不刻意追求"小而全"，也不重复大城市鳞次栉比的高楼大厦。正因为如此，人们反映，昆山给人一种"小上海"、"小台北"般的秀气、洋气和灵气，具有一般城市不具备的那种独特而又鲜明的个性。

——昆山市的领导者认为，城市化的实质是要为投资者和市民提供最佳的创业和人居环境，建设"人本城市"应当成为追求的根本目标。昆山的城市化实践，不是简单地表现为农田向工厂的转化，农村人口向城市的集聚，而是用城市的眼光建设农村，用市民的标准要求农民，让所有人民群众（包括本地农民和外来人员）接受现代化的生活方式，确立现代化的思想观念，享受现代化的生活，这是城市化的重要目标。这里包括两个方面：一是实现区域内所有群众都能逐步平等地享有一流的就业创业环境；二是实现区域内所有群众都能逐步平等地享有一流的社会保障、文化教育和医疗卫生服务。2002年末，在昆山市24.5万就业人员中，城镇劳动力占28.6%，农村劳动力占26.5%，外来劳动力占44.9%。城乡统筹、统一开放的市场化就业格局基本形成。至2002年底，昆山城镇参保企业3932家，参保人员17.4万。其中，城镇人员占23%，农村人员占36%，外来人员占41%；农村养老保险参保率达87%，养老金按时发放率达100%；农村医疗保险在试点基础上，下半年开始全面推开。多层次、多种类的社会保障正在覆盖整个市域范围。伴随着城市化的推进，昆山市民的创业与居住环境有了极大的改善。据不完全统计，昆山在现代化程度所涉及的经济发展（如人均国内生产总值、科技进步贡献率等）、生活质量（如人均可支配收入、居民恩格尔系数、教育娱乐消费比重、人均住房等）、社会发展（如万人拥有大专人数、高中普及率、社会保障率等）、可持续发展（如人口自然增长率、绿化覆盖率等）、城市化率等多项指标上，在全省都名列前茅。正如昆山市委书记张雷所说的那样，城市是人创造的，充分满足人的需求是第一位的，打造一个适宜百姓安居乐业和投资者投资创业的现代化城市，人本主义思想怎么强调都不过分。

——昆山市的领导者认为，城市化的过程也是人口、资源、生态可持续发展的过程。珍惜资源、合理利用资源是推进城市化必须把握的重要环节。资源是维系城市发展的基础。昆山市921平方公里的区域内，耕地面积469.8平方公里，水面206.4平方公里。昆山城市的发展，不是以减少土地、牺牲环境为代价的。相反，十分注重珍惜、保护资源，合理、高效利用资源，这既是推进城市化的应有之举，也是加快城市化进程的必然选择。近年来，昆山农村开展了"退网还湖、退塘还湖、退窑还湖"和"清洁村庄、清洁家园、清洁河道"的"三退三清"活动，土地和水资源得到了有效保护。三年累计复耕土地 11036 亩，整理土地 59598 亩，净增耕地面积6441 亩，清淤造地 425 亩。目前，农村工业废水和工业废气处理率均已达到 100%。为了保护、节约城镇有限的土地资源、水资源，昆山市三年共否决大型工业污染项目 160 多项，搬迁企业 9 家，城镇污水处理截流面积 13.2 平方公里，日处理污水 4.2 万立方米，生活垃圾处理率达 100%。2002 年，昆山市 90% 的工业企业都进入了各级各类开发区，开发区的土地承载和利用率明显提高。2002 年，昆山市出口加工区每平方公里实现工业产值 33.9 亿元，进出口总额 7.5 亿美元，位居全省第一。同时，在推进城市化过程中，昆山市投资 5.7 亿元着力推进绿色生态环境建设，先后建成了占地 120 亩的玉峰山西部风景区、占地 3100 亩的森林公园、占地18 公顷的城市中心花园；城市主干道两侧各 10 米、次干道两侧各 4 米、城市出入口道路两侧各 50 米共计建成绿化面积 1128 公顷；农村 15 个镇共建 24 个绿色公园。至 2002 年，昆山人均绿化面积达 12 平方米，城乡绿化率达 14%。"城在林中，绿在街中，生活在景中"，是昆山城市化进程中人、资源、生态和谐发展的真实写照。生态城市，作为昆山的名片，凸显出了环境就是生产力这一理念，引起了世人的关注，也大大推动了城市的发展和城市综合竞争力的提高。

中篇：新昆山之路

改革开放以来，昆山市经历了农转工、内转外、低转高的三大发展阶段。昆山市曾因在全国率先起步自费举办经济技术开发区，并在实践中创造了"横向联合、外向开拓"、"依托老城、开发新区"、"富规划、巧开发"、"自费开发、自主开发"、"以内引外、以外引外"等多项经验，成功地走出了一条享誉海内外的"昆山之路"。20多年来，昆山市在不断创造经济发展奇迹的同时，又在城市建设上走出了一条富有个性的"新昆山之路"。

一、不断深化对城市发展规律的认识，在"实践—认识—再实践—再认识"的过程中推进城市化。昆山市推进城市建设，经历了一个逐步认识、不断深化的过程。早在80年代初，在开发区建设之初"造厂"与"造城"几乎同步的实践中，昆山市领导就较早地感悟到，唯有高度发达的工业化才能催生城市发展所必需的人流、物流、信息流和资金流。于是，他们作出了集约式发展工业为主的决策，由此较早地走上了一条与世界城市化发展一般规律相一致的以工业化推动城市化之路。1990年，昆山市成为全国第一个"无乡之市"。进入90年代，昆山经济技术开发区被国务院批准为国家级开发区，各乡镇开始成为开发区的配套小区，由此使昆山的城市化模式发生了由城镇的单向扩张向城镇间双向相接的转变。经济一体化与城镇空间结构一体化几乎同步的实践，使昆山市领导再次认识到，生产要素的优化配置必然会带来空间结构的转化和升级，经济形态的一体化必然带来城镇空间形态的一体化。他们提出，要紧紧抓住时代赋予的发展机遇，突出城市与乡村间的"共生关系"，以城乡一体化推进城市规模的量态扩张、促进城市内涵的质态提高。在此基础上，他们在1991年3月昆山市第八次党代会上，首次作出了建设现代化中等城市的决策，城市建设力度随之不断加大。实践无止境，认识无极限。随着对外开放的不断深入，工业化水平的不断提高，与兄弟城市交往的不断增加，昆山市领导对城市建设又有了新的感悟：城市是先进生产力的载体，城市基础设施的每一项建设、城市功能的每一次提升、城市文明程度的每一步提高，都能为工业经济的发展创造更有利的条件。工业化推动城市化，城市化反过来又能促进工业化，工业化与城市化是一个互动发展、互相促进的过程，只有将经济发展战略与城市化发展战略很好地融合起来，才能从根本上提升一个城市的综合竞争力；深圳、大连、青岛等国内一些发达城市经济发展速度之所以那么快、知名度之所以那么高，一个重要原因就是城市建设提升了这些城市的形象和品位，并为这些城市塑造了良好的投资环境和人居环境。认识上的深化带来了行动上的自觉。2000年12月，昆山市在"九五"规划确定的经济国际化、科教兴市、可持续发展战略的基础上，将城市化战略和富民强市战略一起列入了"十五"规划。近几年来，昆山市委、市政府更是每年都要组织大批干部"北上"、"南下"，学习考察先进地区城市化建设经验；每年都要将重大城市改造与城市化建设项目列为市政府实事工程，致力于"通达工程"等"十大"基础设施建设，年基础设施建设资金投入量均在10亿元以上，去年更是高达33亿元。大投入、大开发、大建设，极大地提高了昆山的城市化建设水平和环境承载力，为经济的持续、快速发展创造了良好的条件。昆山市分别用12年、2年和1年的时间，实现了财政收入由1亿到10亿、10亿到20亿、20亿到40亿的跨越，这样的增长速度是与昆山人在不断深化对城市发展规律认识的基础上，不断强化城市化推进力度密不可分的。

二、以敢闯敢试、敢想敢干的精神思考和研究问题，在一系列创新活动的过程中推进城市化。昆山在发展的历程中曾创造过许多全省乃至全国第一。早在80年代，昆山市就创办了全国第一个自费开发区，创办和引进了全省第一家中外合资企业和外商独资企业；进入90年代，全国第一例进入"国批"行列的县级开发区、江苏第一家陆路通关点、全国第一个出口加工区也诞生在昆山。创新是"昆山之路"的精髓所在，同时也是"新昆山之路"的经验所在。没有创新就没有出路，没有创新就没有发展，正是有了这种敢闯敢试、敢想敢干的创新精神，昆山市委、市政府才在城市化进程中呈现出一系列的创新活力。

——以创新的理念编制城市规划。早在1984年，昆山市就针对因乡镇工业的异军突起而带来的轰轰烈烈的造镇运动，在苏南率先编制了第一份县域规划；1989年，昆山市又针对撤县设市迎来的新一轮城市建设热潮，着手制定了《昆山市城市总体规划》。城市规划的两次编制，尽管对昆山的城市建设起到了很好的指导作用，但从根本上讲，并没有跳出囿于传统城镇体系的习惯思维，并没有很好地解决"摊大饼"式的无序发展。面对城市规划中存在的突出问题，2002年，昆山市委、市政府花巨资邀请境外专家群编制了《昆山市概念性总体规划》，以创新的理念、国际化的眼光、一流的水准，在国内县级市中首次提出了片区发展的新理念，从而实现了城市规划的自我超越，为打破行政区划限制，在更大范围内实现资源整合，加快形成"数镇一区"的城市发展新格局打下了基础，在面临把城市建设引向何方的关键时期，很好地回答了要建设什么样城市的问题。

——以创新的办法筹集城市建设资金。进入90年代中后期以来，昆山的城市建设进入了高速推进期，但随之而来也出现了"钱从哪里来的问题"。面对城市建设资金的巨大压力，昆山市委、市政府在1989年开创江苏第一块土地批租先河的基础上，于2000年10月，又以创新的精神率先进行了土地拍卖，由此使土地运作成了昆山城市建设资金的主要来源。去年，全市土地出让、拍卖金额达16.8亿元，相当于财政收入的2/5。近年来，昆山市委、市政府更是跳出了过去由政府包办城市建设的传统思维，以创新的观念进一步确立了经营城市的理念，将城市作为最大的国有资产来经营，由此吸引了大量外来资本、民间资本、非政府主体资本参与城市基础设施和功能性设施建设，初步走出了一条以经营城市筹集建设资金的城市化之路。2002年，全市市政建设投资额达33亿元，但政府仅出资1个多亿。

——以创新的思路解决农民社会保障问题。进入新世纪以来，由于受到传统二元结构下城乡有别的社会基本保障制度的影响，昆山和其他地方一样，也出现了农民进城、进镇的愿望与其实际行动间的背离。如何尽快冲破农民转化为市民的体制性障碍，就成了加快城市化进程的焦点所在。为此，昆山市委、市政府以改革和创新的精神，在去年年底进行试点的基础上，于今年4月在全市实施了旨在"人人参加保险，个个享受养老"的农村基本养老保险制度。最近，昆山市又在玉山镇开始了农民基本医疗保障试点工作，不久将在全市推广。可以相信，昆山市农村基本保障制度的加紧实施，必将对昆山市的城市化进程产生极大的促进作用。

三、咬住发展不松劲，在增创招商引资最大优势的过程中推进城市化。外向型经济是昆山经济的最大特色和优势，外向型经济的特色和优势也决定了昆山城市化的特色和优势。因此，咬住发展外向型经济不松劲，咬住招商引资不松劲，在高扬发展旗帜的过程中推进城市化，这是昆山的一条重要经验。90年代初，外资开始加速进入昆山，当时对鼓励中外合资企业还是鼓励兴办外商独资企业，各方面思想不统一，昆山市在调查研究的基础上，总结了举办外商独资企业的八大好处，为外资的大跨度进入开启了闸门，昆山合同利用外资1992、1993、1994年连续三年突破10亿美元，形成了外商投资的第一轮高峰。90年代末，昆山在分析大量资料和赴南方、台湾等地考察的过程中，敏锐地觉察到了台湾电子资讯产业加速向大陆转移的趋势，作出了重点集聚电子资讯类项目，加快形成以IT产业为主导的现代制造业基地的决策，随后几年，昆山形成了新一轮招商引资高峰，引进的外资60%以上是IT产业。2002年初，昆山市面对经济快速发展的强劲势头，居安思危，全方位对照广东顺德、南海等地找差距，确立了"争赶先进、争先进位"的新一轮发展坐标，在招商引资上，提出了"巩固台资、主攻日韩、拓展欧美"的策略，全市外向型经济又上了一个新台阶。由此可见，推进城市化，从来就不是单纯的城市问题。昆山市围绕发展外向型经济完善城市功能，通过提升城市品位加快发展外向型经济，从而在双向互动中实现了"双赢"。

四、坚持规划、建设与管理并重的方针，在提高城市管理水平的过程中推进城市化。城市是一个有机整体，一个城市品位高不高、环境美不美，三分靠建设，七分靠管理。正是在这种理念的指导下，昆山市委、市政府始终将城市管理置于加快城市化进程的突出位置，以营造一流的城市环境为目标，在加快城市改造与建设步伐的同时，不断研究城市管理中遇到的新情况、新问题，围绕人民群众普遍关心的热点、难点问题，围绕正在出现的交通拥堵等"城市病"，积极探索城市管理的新举措，初步走出了一条城市长效管理的新路子。一是建立精干合理的管理体制，在综合执法上下功夫。城市管理涉及面宽、工作难度大，为此，昆山市委、市政府首先从调整机构着手，于2000年在全省率先设立了城市管理局，并与市创建指挥部办公室"两块牌子、一套班子"；与此同时，积极实施城市管理相对集中行政处罚权试点工作，城市管理局除具有国务院法制办批复规定的八项行政处罚权外，还具有市政府赋予的对城市基础设施养护管理和市容市貌综合管理等行政事业管理职能，从而有效地解决了城市管理中长期存在的职能交叉、职责不清的问题，克服了联合执法、委托执法的弊病，形成了与"小政府、大社会"的现代行政管理体制要求相吻合的精干合理的城市管理体制。二是完善健全统一的管理法规，在依法行政上下功夫。他们根据昆山的实际情况，在制订《昆山市城市管理相对集中行政处罚权试行办法》的同时，以市政府令的形式实施了车辆管理、临街占道、户外广告、环境卫生、绿化管理、市政设施、河道管理等12个与城市形象及人民群众生活密切相关的专业管理办法，使城市管理初步走上了法治化的道路。三是强化先进科学的管理手段，在提高管理效率上下功夫。他们在全国城管系统首先探索实践了ISO9001质量管理体系，建立了规范的城市管理标准和程序，他们还投入巨资积极开发了独立的昆山城市管理和行政执法信息管理网络平台，初步实现了管理手段的高效化。四是坚持城乡联动的工作思路，在突破薄弱环节上下功夫。近几年，昆山市委、市政府针对农村环境脏乱差的现象，提出了"城乡联动、整体推进"的工作思路，在

经
济
篇

巩固省级卫生镇、村创建的基础上，及时开展了"清洁村庄、清洁家园、清洁河道"的农村"三清"活动，从而在整体上提升了昆山的城市形象。

五、"建"物与"建"人齐头并进，在提高市民素质的过程中推进城市化。改革开放以来，昆山市仅用20多年的时间，就将城镇人口翻了四番。但随着城市人口的急骤膨胀，尤其是大批农民和外来人口的进城、进镇，对提升城市文明形象也造成了前所未有的冲击。面对这种情况，昆山市委、市政府认为，城市现代化的关键是人的现代化，现代化的城市不仅要有现代化的城市功能、城市设施，而且要有现代化的市民素质。必须在推进有形城市化的同时，全面提高市民素质，着力提升市民的精神境界和道德水准，不断增强市民的城市意识、文明意识。为此，昆山市始终将创造最适宜的人居环境与用优美的环境约束人结合起来，将创建国家卫生城市、国家环境模范城市、国家园林城市和实施农村"三清工程"作为建设精神文明、提高市民素质的重要抓手，以优美的城市环境陶冶市民的道德情操，约束、限制市民的不良行为。始终将提高城市管理水平与用完善的法规规范人结合起来，先后制定出台了诸如《昆山市民"七不"规范》、《文明市民公约》等各种规章制度和社会公约，形成了自律与他律相结合的良好机制。始终将开展各类评比与用先进典型激励人结合起来，在全市广泛进入地开展了"社会主义精神文明建设十佳新人新事"、"文明职工"、"十佳文明家庭"、"十佳私营企业"、"十佳文明窗口"、"精神文明建设十佳好新闻"等评比活动，形成了争当文明市民的良好氛围。始终将经常性教育活动与阶段性重点提升活动结合起来，今年年初，昆山市委决定，集中三年时间，在全市组织开展以"爱昆山、讲道德、守秩序、树新风"为主题的文明工程提升工程，并制定了《昆山市文明素质提升三年规划》，可以预见，这一活动的开展必将对提高昆山市民文明素质、提高全社会文明程度起到积极的推动作用。值得一提的是，面对外来人员不断增加、新移民城市正在逐渐形成的现实，昆山市强化了对外来人员的管理，并将提

282

与文字为伴

高这部分人口的素质作为提升城市文明程度的重要内容。近年来，他们加强了外来人员思想道德和法制宣传教育，还本着"今天的民工子弟就是明天的新昆山人"的观念，积极支持社会办学，切实解决外来人员子女就学难的问题。可以预见，随着城市素质和市民素质的全面提升，昆山这座古老而又年轻的城市将始终保持蓬勃的发展活力。

下篇：在昆山经验的引领下

世界城市化发展的历史告诉我们，城市只有阶段性的产品而无终极产品。从这个意义上讲，尽管昆山经验是全方位、深层次的，但走向城市化的"新昆山之路"也必然仍处于不断创新、不断完善的实践之中，对苏州而言，"新昆山之路"其实就是一条探索者之路、领跑者之路。学习、借鉴昆山经验，以发展的眼光、超前的思维、务实的态度，不断发现、研究、解决城市化进程中所出现的新情况、新问题，是我们应当牢牢把握的重要课题。

一、必须高度重视并解决城市化进程中的"三农"问题。城市化的过程是农村居民减少、城市居民增加的过程，同时也是农业用地减少、非农建设用地增加的过程。这"两个减少、两个增加"实质上给我们提出了这样两个亟待研究、解决的问题，即：应当如何维护广大农民尤其是失地农民的根本利益，应当如何激发广大农民进城、进镇的积极性。苏州是个经济大市，但同时也是个农业大市、农民大市，可以这样讲，没有农民的小康，就根本谈不上全面建成高水平的小康社会，没有农民大规模、高强度的空间转移，就根本谈不上加速推进城市化进程。切实解决好城市化进程中的农民问题，不仅事关城市发展的本身，而且也牵动着苏州区域经济社会发展的全局。事实上，尽管改革开放20多年来我们对农民问题倾注了极大的关注，但随着工业化、城市化的不断推进，苏州的农民问题依然表现得相当突出：一批得不到完善生活保障的失地农民，有可能成为引发社会矛盾的不安定因素；一批既向往城市生活又滞留于农村的农民，也有可能成为加速推进城市化的障碍。发展中的问题要用发展的办法来加以解决，城市化进程中的农村和农民问题，也要靠加速推进城市化来加以解决。借鉴昆山的经验，我们认为，解决城市化进程中的农民问题必须抓好以下三项工作：一是要着力推进农村社会保障制度建设。城市化的本质之一就是要让广大农民普遍享受城市居民的公共福利，从这个意义上讲，建立和完善农村社会保障制度本身就是城市化的题中之意，也是城市化的重要目标。没有完善的覆盖城乡的社会保障制度，也就根本谈不上完善的城市化。然而，由于受我国特定的二元经济结构的影响，我市农村社会保障制度建设至今仍没有在面上取得明显的突破，从而加剧了失地农民，包括先富起来的一部分农民对未来生活保障的疑虑。正因为如此，昆山市积极探索以农民基本养老和基本医疗为重点的农村社会保障制度建设，努力消除农民转化为市民的体制性障碍，为失地农民编织起一道可以"挡风遮雨"的安全网，值得我们借鉴。二是要大胆创新农民从土地中长期受益的保障机制。土地具有增值性，城市化进程中非农建设用地的增加，一方面使农民失去了农业用地，但另一方面也为实现土地的保值增值、提高土地对农民的保障功能创造了条件。为此，我们要以还权于民、谋利于民、致富于民的思想，积极探索有利于保值增值的土地利用方式，尤其在一些基层镇、村，要努力变出让批租为土地租赁，让农民从级差地租中充分享受到城市化带来的利益；要积极尝试征地补偿"年薪制"，参照昆山市实施的"369"政策，保障失地农民的长期收益，并在实践中不断加以完善；要进一步探索以土地换保障的办法，可借鉴昆山市按"239"比例分别从不同用地主体和土地权属管理费中提取土地出让金，补助农民养老保险，开拓农民社会保险的筹资渠道。三是要积极探索以土地为核心的社区股份合作制。这不仅是进一步推进农村集体资产产权制度改革、有效解决农民与集体之间长期存在的"都所有都没有"的模糊的产权关系的需要，更是在实物上保证农村

与文字为伴

人口与以土地为核心的集体资产相分离，在价值上稳定农村人口与集体资产所有和收益关系，既保护农民利益又割断农民与农村社区的联系，为农村人口实现"离土又离乡"的空间转移提供强大动力的有效途径。

二、必须高度重视并解决城市化进程中的土地资源保护问题。城市是人类最经济的生存、活动空间，从这个意义上讲，城市化是合理与节约利用土地资源的最佳途径。但另一方面，城市化进程的推进、城市化空间的扩张，又必须以耕地的占用为基本条件。因此，土地资源是否能得到有效保护，并不在于城市化本身，而是取决于城市化过程中能否建立起一套高效利用土地的机制。改革开放以来，尽管苏州在土地保护与高效利用方面作出了不懈的努力，但从总体上看，在城市化建设过程中，走的依然是粗放型发展之路。应当看到，土地是不可再生的资源，也是经济社会发展最宝贵的资源。面对人多地少的现状，面对仍处于典型的资源消耗型的发展阶段，面对城市化、工业化对土地供给提出的更高要求，我们必须探索出一条符合苏州实际的集约利用土地的城市化之路。从昆山的经验看，其主要抓手有：提高门槛，提高土地承载能力。"以最少的土地承载最大的投资"，这是昆山市在工业化与城市化互动并进过程中集约利用土地的一条重要经验。为此，我们要学习昆山市在招商引资过程中"自抬门槛"的做法，切实按照不同项目类型、不同开发区（小区）等级制定相应的单位面积最低投资额度，并在实际操作中严格执行；对一些可预留规划用地的分期实施的大型项目，应根据其实际到账资金和建设进程分别确定供地数量；对投资额不足 500 万元的内资项目，应一律不采取一次性出让土地的方式，而改用租赁土地使用权或标准厂房的形式，防止盲目圈地。与此同时，要严肃、规范土地价格体系，严格按最低保护价出让土地，防止投资商因购地成本太低而粗放用地、囤积土地甚至炒卖土地。盘活存量，挖掘土地资源潜力。据有关部门统计，全市约有 20% 的生产经营性非农建设用地，由于利用不充分及产业结构调整或建设规划调整等原因，可以重新利用，这是一笔巨大的土地财富。因此，在城市化建设过程中，我们要继续着眼于存量建设用地的利用，通过存量土地的重新配置，减少建设对增量土地的占用。尤其要针对建城区、建镇区面积不断扩展，城中村、无地队不断增加的实际，加紧实施城市土地整理，切实提高城市（镇区）规划区内的土地利用率。整合资源，优化土地利用结构。随着民营经济的蓬勃发展，我市不少乡镇再度出现了工业小区热，这既不利于有序竞争，又浪费了宝贵的土地资源。鉴于此，我们要借鉴昆山市发展配套工业区和连片工业区的做法，在整合现有工业小区的同时，坚决控制乡镇工业小区的用地规模，停止批准新的工业开发小区，对不符合土地利用总体规划的要予以取消。

三、必须高度重视和解决城市化进程中的行政区划问题。城市化是经济社会结构优化与升级在区域空间上的必然反映。因此，无论是城市空间的拓展还是城市功能的完善、城市资源的优化配置，城市化进程的每一次推进都是对行政区划建制的结构、数量、规模等提出的新的要求。事实上，城市化发展必然要突破原来的行政区划，其实质就是上层建筑必须适应生产力发展需要这一根本规律在城市化实践中的具体表现。改革开放以来，我市通过"撤乡设镇"、"撤乡并镇"、"撤县设市"、"乡镇合并"和"撤市设区"等手段对行政区划进行了多次重大调整，从而有力地加快了苏州的城市化进程。但客观地讲，我市行政区划的调整与城市化发展的水平间还存在着诸多不适应，行政区域变动缺乏总体构想，区域中心城市行政空间过小、协调发展的整合效益难以实现，小城镇"多、小、散"、城镇体系不够合理等还相当突出。为改变这种状况，必须注意四个方面的问题：从推进时序看，必须积极稳妥。行政区划的调整波及范围广、影响面大，社会各界对此也比较敏感，必须既积极而又稳妥。在行政区划调整还一时难于实施到位的情况下，可以借鉴昆山市进行片区规划的办法，对城市资源的优化配置进行合理调控和统筹，条件成熟后再行调整。从推进手段看，必须综合配套。在推进城市化的体制安排和政策取向中，行政区划

与文字为伴

的调整带有全局性和联动性，因而要从经济、社会、文化、历史、地理、传统等多种因素考虑，从户籍制度、土地使用制度、财政体制、投融资体制、行政管理体制等政策体制出发，采取综合配套措施予以推进。从调整内容看，必须突出重点。目前，除了要适当扩大县级市所在地的区划空间外，重点要根据我市小城镇已开始出现分化重组的"二次聚集"趋势，通过行政区划调整，拓展一批区位条件好、经济实力强、发展潜力大的建制镇的发展空间，形成区域化中心镇，为今后形成城市（县级市）副中心打下基础。从调整方法看，必须总体规划。必须站在全局的高度，按照经济社会发展的内在规律，进行总体规划，从更大的空间布局配置生产要素，从而达到1+1>2的效果。

四、必须高度重视并解决城市化进程中的城市与城市间关系问题。随着社会主义市场经济体制的逐步建立和完善，城市与城市之间的联系将变得更为密切。与此同时，我们又处于以上海为龙头的长江三角洲都市圈中，不仅上海正在着力构筑长江三角洲城市群三小时交通圈，而且圈中有10个地级以上城市都将城市化列入了"十五"发展战略之一，许多县级市也都在向做大、做强的目标迈进，一大批中等城市即将脱颖而出，长江三角洲正在成为世界第六大都市圈。因此，如何在城市群中建设城市，如何在区域经济一体化呼声日益高涨、区域经济整合要求日趋紧迫的大背景下建设城市，是我们在推进城市化进程中无法回避且必须作出正确回答的重大问题。"昆山经验"给我们的启示是：必须致力于特色城市的建设。任何城市都是一个与其他城市相互贯通、联通的开放系统，都是整个城市体系中的一个"网结"，这就要求我们必须用系统的而不是孤立的、联系的而不是割裂的观点来审视自身的城市建设，自觉地按照资源禀赋和传统优势，因地制宜地致力于特色城市的建设，以特色提升城市竞争力，以特色提升自己在城市群中的地位，以特色拓展城市发展空间，努力寻找参与长三角经济合作与发展的最佳途径，塑造个性城市形象。事实上，这样的选择也是长三角经济一体化对城市形态一体化提出的必然要求。必须自觉遵循城市规模等级结构规律的约束。城市是有层次的，城市群并非是单个城市的简单串联或叠加。作为城市群的一个"网结"，每个城市的规模和功能必然会受到辐射腹地、行政级别及交通条件等的制约，由此构成有序的梯度组合。因此，在城市群中建设城市，并非是越大越好，越大越有竞争力，而是要站在全局的高度，自觉地将自身的建设纳入到城市规模等级结构的体系中去，宜大则大，宜小则小，否则，最终必然会受到城市规模等级结构规律的惩罚。必须主动接受城市功能的辐射。城市是一个行政单位，但更是生产要素流动的载体，城市规模的大小不仅在于其城市地域空间的大小，更在于其辐射功能的强弱。上海是中国最大的都市，其强劲的辐射功能是其他城市所无法比拟的。因此，在以上海为龙头的城市群中建设城市，必须自觉打破各自为政、画地为牢的传统观念，做好接轨上海这篇大文章，主动接受上海的功能辐射，包括大型基础设施、大型功能性设施等建设在内，要与上海形成"同城效应"，充分享受上海的"外部经济性"。与此同时，对各个县级市来说，在接受上海辐射的同时，还要主动在苏州大市域经济社会发展格局中定好位、站好位，实现资源共享。

五、必须高度重视并解决城市化进程中的外来人口问题。改革开放以来，随着我市工业化、城市化步伐的不断加快，就业机会的不断增加，我市外来人口呈现了前所未有的高速增长态势，自 90 年代初至去年年底，全市外来人口登记数已整整增长了 12.2 倍。目前，外来人口与户籍人口之比已达 3 ∶ 10，苏州已成为外来人口大量涌入的热点地区之一。大规模、高强度外来人口的涌入，一方面在很大程度上缓解了我市劳动力结构性的供需矛盾，满足了外资企业、民营企业对劳动力和专业人才的需求；另一方面，也给苏州带来了多姿多彩的移民文化。可以这样讲，没有大量的外来人口，就不会有苏州的今天。现在，苏州正在向既定的"世界工厂"目标进发，外来人口的居高再上将成为不可逆转的发展趋势，苏州包括 5 个

与文字为伴

县级市在不久的将来都有可能变成新移民城市。面对这一特殊的城市形态，我们应像昆山市那样，以海纳百川的胸怀、务实创新的举措，增强外来人口对苏州的认同感、家园感和归属感，真正使他们成为新苏州人。为此，一要创造良好的人文环境。土著居民对具有相对先进文化背景的移民往往采取较为友好或倾慕的态度，而对由落后文化区迁入的移民往往采取歧视、排斥甚至敌对的态度。鉴于这种普遍的文化心理，我们一定要以转变观念为先导，彻底破除本地人高人一等的错误思想，学会从人格上尊重外来人口，从生活上帮助外来人口，从权益上维护外来人口，从政治上关心外来人口，真正使外来人口在子女入学、劳动就业、社会保险、工资福利、个人再教育和评优评先等诸方面享受与本地人一样的"国民待遇"，使他们有"家"的感觉。二要实施积极的户籍政策。如果一个城市长期生活的相当部分是流动人口，这些人对这个城市就不会有认同感，就不会有"根"的感觉，这个城市的心态注定也是浮躁的。因此，我们要积极稳妥地改革户籍制度，推进外来人口本地化，对投资移民、人才移民，尤其是面广量大的劳务移民要一律实行以居住地申报户口、以职业划分人口结构的新型户籍制度，对在同一市、县（市）连续办理暂住证适当年数，有固定住所、合法就业、计生证明，又无违法犯罪记录的，应允许他们申请常住户口，使他们名正言顺地成为市民。三要完善现行的管理方式。要针对一部分外来人口文化水平较低、法制意识淡薄的特点，变防范式管理为防范与教育式管理相结合的方式，像昆山市那样，通过举办外来人口学校等"六个一"工程，全面强化对外来人口的思想道德教育和法制教育。与此同时，要针对绝大多数外来人口处在与城市社会相对隔离的亚文化环境中、生存状态日益"边缘化"的现象，充分发挥社区居委会与城市居民联系密切的优势，通过各种渠道，采取各种行之有效的措施，使外来人口尽快融入到健康向上的主流社会中。

（合作者：潘卫祖、钱洪明、郝国明，成文于 2003 年）

城市篇

苏州古城街坊工程研究

简述：1986 年，在苏州市政府领导邀请，一批全国知名专家来苏与规划部门共同合作研究古城保护课题，把 14.2 平方公里的古城，按街巷、河流的走向、组合，划分成 54 个街坊；在经过多年探索以后，于 1995 年 11 月正式启动了街坊改造工程，首批 10、16、37 号三个街坊，经过三年努力，于 1998 年底通过改造部分的综合验收。苏州古城街坊改造工程的实施与成功，将在苏州乃至中国的城市发展史上写上重要的一笔。

上篇：民心工程 传世之作

2500 多年的悠久历史，给苏州留下了一份丰厚的遗产，也给古城的现代化建设出了一道难题。如何在保护历史文化遗产和古城传统风貌的同时，使苏州有机更新，焕发青春，成为领导、专家和广大群众共同关注的重大课题。苏州古城街坊改造工程的实施与成功，为实现历史文化名城保护与发展的有机统一，找到了一个比较满意的答案。

1986 年，应苏州市政府领导邀请，一批全国知名专家来苏与规划部门共同合作研究古城保护课题，把 14.2 平方公里的古城，按街巷、河流的走向、组合，划分成 54 个街坊；在经过多年探索以后，于 1995 年 11 月正式启动了街坊工程，首批 10、16、37 号三个街坊，经过三年努力，于 1998 年底通过改造部分的综合验收；1997 年，第二批 11、12、17、33、36、39、43 号七个街坊的改造全面推开，也将于 1999 年基本结束。如今，伴随街坊改造的成功，2500 多岁的苏州变得年轻了，现代气息正在悄然融入这个古城，古城街坊已成为具有丰富历史文化内涵的，融居住、旅游、商贸于一体的新型社区，成为对外开放、让中外宾客领略姑苏历史神韵的新景观。可以说，苏州古城街坊工程的实施与成功，将在苏州乃至中国的城市发展史上写下重要的一笔。

街坊工程的实施，使古城重现了轻巧淡雅、粉墙黛瓦的传统风貌。2500 多年来，苏州古城历尽沧桑，迭经兴衰，至今仍保留了自己的特有风貌。根据专家的定位，苏州古城传统风貌的内涵大致包括这样几项：路河平行的双棋盘格局，三横三纵加一环的水系以及小桥流水的水巷特色，古典园林、文物古迹及古建筑，粉墙黛瓦、层高和体量小巧的传统建筑艺术特色，继承和发扬地方传统文化艺术。但是，在 14.2 平方公里的古城区中，尤其在一些居民集聚的街坊，拥挤、破旧、污染、堵塞已成为一个日益严重的社会问题，古城风光不再。如何拂去历史的烟尘，重现姑苏传统美景和历史神韵，是街坊工程必须面对并解决的重要课题。为了做到这一点，苏州市的领导抱着积极慎重、实事求是的科学态度，在知名专家的指导下，一方面，从 1986 年到 1995 年进行了长达 10 年的探索性实践，不断总结，不断完善。先后尝试了十梓街 50 号、干将路 144 号、山塘街 480 号、十全街 275 号这些单个院落"点"的改造，尝试了十全街、枫桥大街"线"的改造，以及桐芳巷小区"面"的改造，由点到面，由浅入深，为街坊改造积累经验；另一方面，组织人员以街坊为单位进行大量的调查摸底，逐个编制了控制性详规，对其中的 17 个街坊编制了详细规划，对首批准备实施的街坊详规，还四次邀请全国知名专家来苏论证，力求尽善尽美。在此基础上，根据国务院批复《苏州市城市总体规划》中明确的"全面保护古城风貌"要求，确定了比较科学的"重点保护、合理保留、普遍改善、局部改造"十六字指导方针，从而为在街坊改造中重现传统风貌提供了有效的保障。

根据十六字方针，三个街坊共明确保护建筑3.7万平方米，保留建筑21.4万平方米，改善建筑6万平方米，改造建筑30万平方米。经过三年改造，如今，首批实施的三个街坊充分展示了千年古城的古貌新容：在路河平行的双棋盘格局下，基本保留了原来河道、街巷的名称、形态、位置、走向以及空间尺度；沿干线、街巷、河道是保护风貌的"三张皮"，两边的建筑充分体现了风貌特色和总体氛围，对保留改善建筑进行"穿衣戴帽"式的包装，增加小青瓦、马头墙；居民新建住宅错落有致，充分体现了苏州民居低层次、坡屋顶、粉墙黛瓦、小桥流水人家的特色，使人们对改造后的街坊具有认知感，回味历史，探寻古迹，倍感亲切。10号街坊充分利用原来街河平行的双棋盘格局，沿河整修了驳岸，辟出了部分沿河公共绿地，布置了沿河台阶，两岸建筑错落有致，突出了水榭特征，再现了枕河人家情趣。16号街坊针对古建筑较多的特点，制定了一个传统风貌巷弄保护体系，4条巷弄构成一个风貌带，把街坊中现存的大部分古建筑和有历史文化价值的民居群串接成一个完整的序列，整个街坊新旧建筑交织，极具韵味。37号街坊把定慧寺巷及官太尉河作为重现古城风貌的重点区，以明末清初风格重塑定慧寺巷一条街，在实施中做到"三个结合"，即历史古迹与仿古建筑结合，传统风貌与现代设施结合，景观价值与商业价值结合。巷内两侧建筑高度均以两层为主，风格皆为镂窗飞廊、黛瓦白墙；对民居屋脊作了特别处理，采用了"哺鸡脊"、"纹关脊"等古代作法，中间配以"刘海撒金钱"、"和合二仙"等纹饰，精雕细琢，使之与古迹浑然一体，辉映自然。同时把原来3—4米的道路拓宽为6—8米，8条管线铺设其下，确保整体的"视觉效果"，如今，全长296米的定慧寺巷，从凤凰街走近吴王桥，遥对苏州大学的文星阁钟楼，小巷逶迤而进，典雅质朴，铺面相依相傍，引人入胜，整条巷由石牌坊、定慧寺、吴作人艺术馆、双塔、照壁、亭廊、仿古店面、吴王桥串接，成为既具历史风韵，又集现代文化、商业、旅游于一体的城市风景线。凡是考察过的中央领导、国家建设部的领导以及全国著名专家都给予了充分肯定和高度评价，称赞是"苏州街坊改造中的典型范例"。

街坊工程的实施，使一批历史文物古迹得到了积极有效的保护和抢救。苏州古城拥有相当数量的文物古迹，以及一大批名人故居、代表各个历史阶段特点的传统建筑，长期以来，如何合理有效地保护始终是一个十分突出的问题。有的管理使用不善，处于自生自灭状态，有的维修跟不上，破损严重，有的是其真正价值长期淹没。街坊工程的实施，使文物古迹保护问题凸显出来，也逐步摆上了重要议事日程。各实施单位在市有关部门指导下，先后确定了一批予以重点保护、保留的文物古迹，明确了一批代表苏州各个历史阶段特点的民居建筑，在街坊改造中合理确定了绝对保护区、风貌协调区、普遍改善区和局部改造区的范围。据统计，首批三个街坊共有文物保护单位4处，控制性保护古建筑18处，列入保留改善建筑187处，以及一批体现传统风物的古树名木、古井古桥、河道驳岸、踏步栏杆等，这些文物古迹不仅无一受损，而且通过保护抢救更显出熠熠光彩。

为了将抢救和保护工作落到实处，各实施单位十分注意根据实际情况及时调整方案。10号街坊的贝宅是三进四落的传统民居，实施单位注重发掘能够反映苏州传统历史风貌，具有丰富文化内涵的建筑，对此进行了落地翻建。结合地块改造，新建2100平方米，形成院落式建筑群。院内挖池筑山，开辟小型花园，屋内布置名人字画，形成了颇有文化品位的新景点。街坊内的白塔西路84、86号按原规划属拆除范围，在动迁过程中，实施单位发现其与70号控制性保护古建筑吴状元府相连，经市文管、建委等部门的仔细考证属实，便及时调整方案，保留了房屋，规划与70号房屋一起修缮，以形成颇具规模的明清建筑群，并准备创造条件将此整修为一个反映苏州文化传统的状元博物馆。文物古迹周边环境同样是保护与抢救的重要内容。16号街坊把古迹春申君庙与庙前两棵古银杏树通盘考虑，增加绿化用地，建设了回廊和亭子，改善了春申君庙周边的环境；刺绣博物馆内的环秀山庄是明代建筑，已列入世界文化遗产保护名录，但长期以来，大门前的一处商业建筑既有碍观瞻，也影响文物保护，实施单位结合景德路拓宽工程予以拆除，极大地改善了古典园林的外部环境。苏州的一批文物古迹由于历史原因，很多用作企业生产车间或仓库，根本谈不上保护，还造成了日益破损的恶性循环。37号街坊内定慧寺的起死回生就是一个生动的事例。该寺最初为宋代建筑，元末毁于兵火，明初重建，后经清康熙、道光、同治年间三次修建，现有山门、天王殿、大殿等建筑，殿前耸立古银杏两株，郁郁葱葱，将大殿衬托得更加庄严古朴。但是千年古刹长期为一家工厂所使用，殿宇破损严重，环境杂乱不堪。为此，街坊改造实施单位多方呼吁，与政府部门、宗教部门协调研究抢救措施，并邀请领导和专家到实地考察，论证可行性方案。终于，各方达成一致共识，既妥善解决了工厂的搬迁资金，也落实了古刹的修缮费用，从而使这座濒临颓废的文物古迹重现光彩，在深得宗教界人士赞誉的同时，也为定慧寺巷增添了传统文化色彩。街坊内塔影西院的修复同样如此，其院为金圣叹故居，是苏州古宅中少见的坐西朝东的面水古宅，为了抢救保护古建筑中具有传统特色的纱帽厅、花篮厅，街坊改造实施单位不惜投入一千多万元进行整修，如今，塔影西院已"整旧如旧"，与双塔古迹相映成趣，再现了历史上流传的"日出推窗喜见塔影"的意境。

　　街坊工程的实施，为古城的现代化建设闯出了一条新路。80年代末，苏州市区道路交通拥挤，路网不健全，人均道路面积仅2.7平方米，城市出入口只有三个；基础设施薄弱，管网老化，城区内存在大面积低压区，无法正常供水；燃气事业发展缓慢，管道煤气无法进入古城区；环境状况不理想，污染严重，城内河水腐坏；古城内房屋建筑密度大，绿化水平低，人均绿地仅1.6平方米，是全国人均的五分之一，现状是难以为继的。但是，作为历史文化名城的苏州，不能按照一般的"旧城改造"搞大拆大建，古城出路何在，古城的保护和发展如何寻找最佳结合点？这一问题长期困扰着苏州市的历届领导。对于这类问题，全国乃至世界都在进行探索，有的地方采取保护为开发让路，大量拆除，或拆除真古董，新造假古董，这条路对苏州来说是走不通的；有的地方全面保护古城，另辟新城搬迁，这对苏州不现实。苏州把握了保护与改造的有机结合，以街坊工程为突破口，顺利地推进了古城的现代化建设。

从已有的实践看，效果是十分明显的，通过实施街坊工程，一是配套完善了古城区的市政设施。第一批三个街坊共新建液化气站两座，铺设中压输气管，改变了古城区无法用管道煤气的状况；扩大了供水管径，提高了供水水压，彻底解决了古城区低水压问题；排水系统全部采用雨污分流，污水全部纳入污水管网，集中处理；路面形式多样化，由沥青、金山石板、彩色道路、马路砖及部分卵石代替了以往单一的道板；新建了邮电、有线电视管线，为今后的发展做好了准备；路灯建设在小区组团内首次采用金属立杆灯，改变了以往又小又暗的面貌。二是有效地缓解了古城人口压力。按照苏州的城市总体规划和一体两翼发展格局，古城区的人口要从1986年的36万人，通过逐步疏散，控制在25万人左右。而通过近几年的街坊工程以及干将路工程的实施，到1998年底，古城区人口已减少到28万人，短短几年有效疏散了8万人，据统计，其中已经通过验收的三个街坊，改造前共有居民7346户，改造后为5854户，疏散居民1492户5200多人，"松动效应"由此可见一斑。三是推进了古城区工厂的搬迁和用地结构的调整。街坊工程的实施，推动了市政府关于企业搬迁"三个三分之一"措施的落实，已有130多家不适宜办在古城区的企业搬到了新区或工业园区，古城区的土地得到了合理利用。如37号街坊内塑料七厂从定慧寺大殿搬迁；实施单位还与街坊内六菱电子公司置换了5400平方米土地，用于回迁房建设，既使企业在发展中获得了资金支持，也为街坊改造赢得了更大的回旋余地。

用地结构的调整，还使一些文教单位获得了发展机会，16号街坊为三所小学的合并提供方便，学校为此扩建了校舍和活动场所，校园面积由原来的6000多平方米扩大到近万平方米。

街坊改造的意义，还不仅在于其自身的明显效果，它为整个苏州的城市建设和改造提供了经验和借鉴。金阊区实施的南浩街改造就是成功的一例。南浩街虽然不在古城范围内，但却是苏州有名的低洼地区，面积达6.4万平方米，共有1650户居民，危房率达70%。金阊区借鉴古城街坊改造的思路，在市政府的支持下，投资2.5亿元，成功地把体现传统风貌与改善居住条件、开发旅游景观、繁荣商业网点紧密结合在一起，各项基础设施全部到位，建造了11幢居民楼，可入住360户居民，避免了因改造而出现的城市"空心化"现象；建造了3万平方米的商业用房，与石路商业区连成一体，扩大了商业闹市的规模效应；根据民间传说和历史记载，修建了18处文物古迹，形成了一条长达600米的颇具特色的明清一条街。

街坊工程的实施，使广大居民群众改善居住条件的梦想变成现实。据统计，1988年古城区的住房成套率仅40%，人均居住面积7.6平方米；453万平方米的传统民居中，60%已破旧不堪，达261.5万平方米，约有5.5万户居民住在这类房屋中；危房达24万平方米，涉及居民8800多户；有近6万户居民日常生活离不开"三桶一炉"（马桶、浴桶、吊桶和煤球炉）。苏州古城毕竟不是一件历史文物，这里有几十万人在生活，不可能也不应该把它凝固起来，当成一座博物馆。通过街坊改造，改善居民生活条件，让古城区的居民也过上现代化的生活，这既是广大群众的迫切愿望，也是政府应该办好的实事。街坊改造实施之前，首批启动的10、16、37号街坊的共性是：房屋破旧，危旧房比例高达70%；住房拥挤，户均住房面积为43平方米，居民生活很不方便；设施落后，住房成套率仅为10%，没有厨卫设施，生活质量差；居住环境差，建筑密度高，活动空间小，住房采光、通风不足。经过三年的改造，三个街坊平均户均住房面积达到

61平方米，人均居住建筑面积由原来的15.4平方米提高到25.1平方米，达到了合理分室和住宅成套的基本要求；4639户居民搬迁了新居，其中2167户回迁，回迁率35%，近1500户居民在古城外住上了新房。各街坊还着力改善街坊的外部居住生活环境，加大投入，规划建设了公共绿地和绿化小区，铺植草坪，堆砌假山，街坊绿化率得了到较大程度的提高，三个街坊平均绿化率由原来的7%上升到26%；街坊内形成了比较配套的商业网点，规划了配套小学、幼儿园、居委会和老年活动中心等社会设施。37号街坊共有1056户居民从破旧的老房子搬迁到了合理宽敞、设施齐全的新居，居住面积增加了，平均每户从原来的44.5平方米上升到62平方米，平均每户增加近20平方米；设施改善了，由于供水、雨水、污水、电力、煤气、邮电、电视、路灯等8根管子一次性到位，居民们从此甩掉了原来的"三桶一炉"的简陋设备，用上了现代化的煤卫设施；环境改善了，街坊内绿化率达到了25%，建筑间距大于1：1.2，使住户有了比较科学合理的生活环境。80多岁的蒋倚珍老人是定慧寺巷百年沧桑的历史见证人，这位老人数十年来在又破旧又简陋的居室生活，进入晚年，人老了，房屋却更新了，她高兴地说："没有想到，定慧寺巷变得这样好，我们住在这里，实在要感谢政府对我们老百姓的关心啊！"不少居民感慨地说，如果不是街坊改造，不知何年何月才能住到新房子，现在梦想成真，全靠党的领导好！

街坊工程的实施，使城建、规划系统尤其是城区的房管、城建干部职工队伍得到极大的锤炼。从总体上说，规划、城建部门参与街坊工程是一种锻炼和提高，而对城区来说，更是一场考验。长期以来，城区的房管局主要是收收房租及房屋的小修小补；区城建局也主要局限于小巷小街的铺路面、设管道的"小市政"。街坊工程毕竟是一项难度大、要求高的系统工程，它既涉及千家万户，又倍受各级领导和全国专家的关注；它既涉及城市发展中市政建设、房屋建设等等，又不仅仅局限于纯粹的建设项目，还涉及古城风貌、文物保护、建筑艺术和风格；它既涉及在整个工程期间如何充分体现规划思想和十六字指导方针要求，又涉及资金运作、商品房销售以及今后小区的物业管理。这对于城区的房管、城建干部职工是一场前所未有的挑战。实践证明，城区的干部职工以自己的努力工作确保了街坊工程的顺利推进，而街坊工程的实施，也使他们的工作水平和管理水平获得了很大的提高，增强了承接大工程、大项目的信心和能力。古城街坊工程不同于一般的旧城改造，必须基本维持原来街道的空间尺度和独有的城市肌理，这给施工带来了极大的难度。为了保证水、电、气、邮电、有线电视等8种管线进入地下，并接入住户，规划、建设单位进行综合协调，各街坊根据各自特点进行工程设计，对存在的具体问题，经有关专业单位现场踏勘，进行专题论证后再作局部调整，从而确保了市政公用管线的顺利施工，并由此总结了"先地下、后地上，先污水、后雨水，先燃气、给水，后供电、邮电、电视、路灯"的施工方案，统一协调、同步实施，避免了各专业管线重复开挖所造成的不必要浪费。

常言道，"三分建设，七分管理"，建设是一个短期过程，而小区的管理是一个长期行为。因此，随着街坊工程的推进，城区把物业管理作为街坊建设的一个重要组成部分，不失时机地抽调有经验的房管人员，成立了小区物业管理公司，提前介入，有效地克服了建设与管理的脱节问题。比如，各街坊的物业公司充分利用小区配套功能的优势，为业主提供高效、优质、经济的售后服务；加快建立规章制度，相应出台了小区物业管理细则，向业主明确了房屋维修、公共卫生、保护绿化、消防安全等方面的要求；积极配合街道、居委会、派出所做好街坊范围内的综合治理，起到了较好的沟通和协助作用。在实践过程中，城区按照商品化、专业化、社会化的原则，加快推进街坊物业管理公司的发展，一个综合管理、多功能服务的运作机制正在形成的同时，街坊小区的全方位、全天候服务、管理水平也在不断提高。

下篇：关键要经得起历史检验

苏州古城街坊工程的实践证明，它为解决多年困扰古城保护与发展的矛盾找到了现实的途径，为实现古城传统风貌与格局的保护、古城有机更新与改善群众居住环境的有机统一，探索了成功经验。但是，古城的保护与发展，毕竟是一个历史性课题，街坊改造作为民心工程、传世之作，始终有一个不断探索、不断实践、不断优化的过程，贵在经得起历史的检验，无论是决策者、建设者和管理者，都肩负着历史的重任。正是基于这种考虑，综合各方面的意见，我们认为，有必要正确处理以下几方面的关系。

一、正确处理传统风貌的统一性与多样性的关系

保护传统风貌是古城街坊工程中的一个焦点问题，从某种意义上说，也是街坊工程成败的关键问题。苏州的街坊工程在体现风貌、创造特色方面作出了很大努力。比如，10号街坊突出了河街相邻、枕河人家的格局和韵味；16号街坊把现存的大部分古建筑和有历史文化价值的民居群串接起来，规划了一个完整的传统风貌带；37号街坊重点聚焦于独具风貌的定慧寺巷和官太尉河，并把多处人文历史景观连成一体，形成了一个具有较高文化品位的集旅游、商贸、居住于一身的新型社区。但应当指出，三个街坊虽然局部各有特点，但总体风格仍大致相同，缺乏层次、变化，缺少个性。如果今后的街坊工程都以此为模式仿效，那么，古城街坊有可能进入"千屋一面"的误区。

我们提倡古城风貌的相对统一，离开了统一性，也就离开了苏州的历史，背离了苏州古城的个性。但是，在强调统一古城风貌的大前提下，我们同样提倡各个街坊努力发掘饱含历史文化内涵的个性，这就是多样性。正确处理统一性与多样性的关系，要坚持以下几条原则：一是典雅原则。苏州是文化积淀较深、历史遗迹较多的城市，这是保护风貌、创造特色的重要基准，我们必须注重街坊格局的保护和历史古迹的发掘，使得古城街

坊既有历史的凝重，又各具特色，在曲径通幽、移步换景、小桥流水的基调中体现鲜明的个性。二是融合原则。街坊工程是古城的有机更新，我们必须注重传统风貌与现代文明、传统建筑与新型建筑、传统特色与现代功能的自然衔接、巧妙结合、和谐统一，在融合中出新意。三是升华原则。没有文化内涵的传统风貌和文物古迹是没有生命力的，我们必须注重发掘苏州传统文化内涵，从城市美学高度构筑人与建筑、水与建筑、人与水的关系，创造街坊的历史文化、区域景观、民情民俗、建筑风格和色彩层次等特色。为了鼓励创造个性特色，有必要强化全市各街坊详规的总体控制和审定，避免在具体风格上的雷同，尤其对仿古街巷，应在全市各街坊中总量控制，合理布局；有必要加快研究制订符合保护、保留、改造和改善的准则和规范，诸如明确建筑体量和层高控制；有必要研究和制定建筑材料的标准，沿街商业用房店面装修的协调和管理，街坊公共设施的位置与形式，街坊范围内公共绿化的比例等细节问题。

二、正确处理街坊建筑的改造与改善的关系

根据"重点保护、合理保留、普遍改善、局部改造"的十六字方针，街坊工程除了需要保护、保留的文物、古建筑外，主要由改造和改善两大部分组成。所谓改造，就是可以全部拆除新建的部分；所谓改善，就是对街坊内一部分体现苏州古城风貌和建筑特色的民居进行整修加固，调整不合理平面布局，改善居住功能。两者应该是相辅相成、相得益彰的，从某种意义上看，改善比改造更重要，它不仅涉及解危安居、改善居民生活质量，而且事关保护传统风貌、延续历史文脉的大事。

尽管改善工作十分重要，但是在实际操作中难度极大。目前改造部分已经通过验收三个街坊，改善工作尚处于试点阶段。主要面临这样几个问题：一是居民思想难以统一。由于改善是在保持建筑原有结构基础上的修缮，因此，尽管在住宅内排进了管线，增加了煤卫设施，但整体上居住套型与现代功能不相吻合，大多数居民希望搬迁新居，由此造成改善建筑无

人肯住。二是资金需求量大且很难落实。据了解，列入改善范围的建筑大都处于"动不得"的状态，墙体风化，破损严重，名为改善，实为结构不变前提下的落地重建，因此资金需求量往往很大。市政府95（67）号文件曾明确了改善经费的三个"三分之一"，即原居民、居民所在单位和建设单位各承担三分之一，但事实上居民有想法，而大多数企业效益不好，基本落空。三是缺乏相应的政策法规依据。对于列入拆迁的房屋，目前可根据《苏州市城市房屋拆迁管理条例》办理，而属改善建筑的居民搬迁，目前处于无法可依状态，缺乏切实有效的法规作为工作保障。四是实施单位存在片面认识。认为这是一项高投入、低产出甚至赔钱的工程，资金无法平衡，或者认为改善工程主要涉及解危安居，是一项实事工程，应由政府承担责任，不应完全由开发单位负责，因而在实际操作中往往片面追求资金效益，重改造、轻改善。

如何积极合理有效地推进街坊改善工作已经是一个迫切需要解决的问题，关键在于把握改造与改善、保护传统风貌与提高生活质量的最佳结合点，寻求切实可行的对策。①进行一次古城区改善建筑的复查筛选。据市规划部门提供的数据，全市54个街坊应纳入改善范围的民居，总建筑面积达1563228平方米，占整个街坊工程建筑面积的25.27%，涉及居民近4万户、近12万人，建议针对目前的现实情况进行一次科学、客观、详尽的复查，重点保留能够反映苏州各个历史阶段建筑特色，建筑相对集中的街巷、宅院和单体建筑，据此制订相应的详规和改善的具体执行标准。②建立健全街坊工程改造与改善的联动机制。改造与改善应该是一个有机整体，不应顾此失彼，街坊工程改造部分的收益应该提取一定比例用以补充改善部分资金不足，可以尝试：街坊改造部分的收益实行专户储存、专款专用，严格执行收支两条线制度，由工程主管部门监管；实行街坊工程总体验收制度，确保改善部分的顺利推进；合理确定街坊工程中改造与改善建筑面积的平均比例，对于改善部分比例偏高的街坊，可实行政府拨款补助或贴息贷款。③加快制订相应的配套政策。目前可先比照观前地区整治更新工程实施意见中规定的办法，对列入改善范围的房屋视同拆迁，改善后作安置用房的，其结算价格为有关部门公布的古城区安置房价格的70%，同时根据试点情况，研究制订适应改善工作的相关法规，可先试行，在实践中逐步完善。④积极探索改善建筑的出路。以居民自愿选择为原则，对于愿意回迁的，给予一定的居住面积或经济补偿奖励，或尝试向低收入家庭出售，也可尝试作为街坊的公益设施、居委会办公用房，这方面需要加大试点力度。

三、正确处理控制性保护古建筑的有效管理与合理使用的关系

古城街坊中的控制性保护古建筑，大都是苏州历史上的名人故居，具有较高的历史文物价值，是保护古城风貌和历史的重要内容。据统计，市区共有 180 处，其中用作民居的达 129 处，其余均为学校、机关和企事业单位使用。古城街坊工程的实施，对于切实解决控制性保护古建筑的有效管理与合理使用问题是一个重要契机。然而在街坊工程中，面临两大难题：一个是修缮需要一笔很大的资金，包括居民的动迁安置费用和古建筑的修缮费用。位于 10 号街坊的贝宅，占地 2850 平方米，40 户居民动迁安置费用近 400 万元，用于整修的资金投入 800 万元；位于 37 号街坊的袁学澜故居，动迁安置和修缮整理共投入资金近千万元。另一个是古建筑"整旧如旧"后的出路问题。基于上述因素，有的街坊工程的实施单位采取"只剥皮不掏瓤"的办法，对其周边有利可图的建筑进行了改造，而古建筑成了一座座"孤岛"。如 16 号街坊，改造工程已经通过验收，但控制性保护古建筑维持原状，居民群众对此颇有怨言。有的对批准移建的古建筑，采取"只拆不建"，在已经验收的街坊改造工程中，古建筑拆除后再无下文的就有 4 处。有的对古建筑周边环境控制未列入议事日程，商业开发的建筑体量太大太高，或风格与古建筑不相协调，影响了传统风貌的保护。

我们感到，对于街坊工程中的古建筑保护问题，很难简单地按成本—

效益法则去衡量，事实上，如果我们真正保护好古建筑，在充分展示其传统风貌的同时，也提高了整个街坊的审美价值和文化品位，其间包含的商机是不可限量的。对此，既要看到古建筑修缮资金投入较大的一面，也要看到其潜在的商业价值，真正把握并发掘其本身所蕴含的经济功能。为此，我们建议，一要确立保护与利用相结合的观念，积极挖掘古建筑的潜在价值。可以尝试把目前古建筑单一的居住功能调整为旅游、博物展览、办公、商业四种功能，如规模较大的可改建成传统式的家庭宾馆，有的名人故居可将其建成名人生前资料、图片的陈列室，有的可以作为传统文化设施，让人们领略民俗民风。二要理顺各种关系，推进市场化运作进程。对于规模比较大的古宅，原则上应由街坊实行保护资金自求平衡，对今后的利用可以采取多种形式。可尝试土地、产权置换等办法；开展品牌宣传，尝试拍卖或租赁，以吸引外资、民资参与保护和开发；有的可由政府组织协调处置。三要构建平衡机制，古建筑维修资金实行全市统筹。对于街坊工程中用于古建筑的资金投入包括修缮和居民动迁的安置费用，从整体上把握比较好，这样有利于古建筑相对较多的街坊工程实施，可在摸清情况的基础上，进行科学测算，合理确定相应的全市统筹比例。四要建立市文物、古建筑保护基金，形成有力的资金支撑。从总体上看，企求古建筑在日常的修缮投入与使用效益上自求平衡是比较困难的，与市各级文物通盘考虑建立保护基金应该是一个可行的办法，建议由市计委、文管会、财政等部门专题研究，以保证我市文物古建筑的有效保护利用。

四、正确处理街坊工程的功能定位与管理模式的关系

街坊工程从本质而言是城市建设问题，是一个古城如何实现有机更新的问题，同时，它在内涵上，所涉及的以及所带来的效应，都要来得更深刻、更广泛、更有意义。事实上，街坊工程与经济发展、旅游和文化事业的繁荣是紧密相连的。这就涉及一个街坊工程的功能定位问题。从苏州的情况看，街坊工程应该立足于、服务于古城的振兴，街坊工程是构筑苏州大旅游格局中的一个重要组成部分，是规划、繁荣古城商贸业的重要契机，也是增强苏州的魅力、营造良好投资环境与居住环境的现实途径，以此为出发点，在古城的有机更新、传统风貌的合理保护中，来切实改善群众的居住条件。

街坊工程的功能定位与一定的管理模式密切相关。从我市的现状分析，目前的管理体系和运作方式存在着一定的不适应性。从市一级看，规划局负责规划编制，计委负责资金、项目的审批，建委作为工程主管部门，负责建设过程中一些重要问题的组织协调管理，具体落实到实施单位，一般以区城建和房管部门组织实施，因此街坊工程"城建项目"色彩比较浓。根据功能定位的要求，苏州的街坊工程应该是一种区域开发，必须体现古城保护与区域开发相结合，街坊工程与经济发展相结合，高层次、高起点组织实施。观前地区整治更新工程开发、运作和管理的思路为我们提供了很好的启迪，它把涉及的相邻 4 个街坊作为整体进行规划，它的优越性在于从单一的街坊工程逐步转移到历史街区综合开发、打破街坊界线的区域开发上来。苏州的街坊大都拥有丰富的历史遗迹，以此为主线进行规划或者以开发商贸功能为核心进行规划，有利于整体风貌的保护和创造个性特色，也有利于更大范围的资金平衡、基础设施配套。比如，37 号街坊的改造应该说是比较有特色的，街坊内官太尉河的整治和利用，对于形成"两路夹一河"的传统格局具有重要意义，但是隔河东面的 38 号街坊尚未启动，两岸风格迥然不同，很煞风景。目前已经确定的历史街区主要有：平江历史街区，涉及 21、22 号两个街坊；拙政园历史街区，涉及 5 号街坊；怡园历史街区，涉及 25 号街坊；山塘街历史街区，不在古城街坊工程范围内。上述历史街区，大都历史古迹密集，只有坚持整体规划和综合开发，才能最大限度地发掘其历史文化内涵，发挥其综合经济社会效益。从上述要求出发，我们必须理顺管理体制，加强组织机构的权威性和系统性。应在原来的街坊工程协调领导小组的基础上，明确相应日常办事机构，代表市政

城市篇

府履行职能，行使权力，推进街坊工程的顺利进行。与此同时，要充分发挥城区的积极性、创造性。街坊工程要滚动进行下去，还应强调严格的资金管理，因为这里有大量的政府投入，如土地的级差地租、各种税费减免等，应当用好用活这笔投入，可组建专门的有限责任公司各司其职。

五、正确处理街坊工程实施的点与面的关系

苏州古城的街坊工程，就其改造部分而言，进度是比较快的，到今年年底，四年时间可基本完成 10 个街坊的改造部分。由此带来的一个问题是，街坊工程要不要继续快速由点到面推进。有的认为，街坊改造是成功的，应该加快步伐，办好这一实事工程；有的认为，城市的有机更新应该稳妥一点，尤其是规划设计，需要反复推敲、博采众长；有的认为，街坊工程不宜再铺摊子，当前首先需要解决的是 10 个街坊的改善部分。我们感到，这确实是一个关系到风貌保护和古城有机更新的战略性问题，需要我们审慎对待。

从总体上看，苏州古城的街坊工程一直可以追溯到 80 年代中期。苏州从 1986 年把古城划分成 54 个街坊，到 1995 年底正式启动第一批街坊工程，大致经历了近 10 年的酝酿准备时间，其间进行了十梓街 50 号、干将路 144 号、山塘街 480 号、十全街 275 号这些单个院落"点"的改造，进行了十全街、枫桥大街"线"的改造，进行了桐芳巷小区"面"的改造，这是一个由点到面、由浅入深的探索过程。这就是说，我们之所以能用四年时间完成 10 个街坊的改造任务，是因为有前 10 年的实践准备为前提的；同时也说明，古城的保护与发展是一个长期而复杂的过程，不可能企求一蹴而就，这与千年古城并非一朝一夕形成是相对应的。问题还在于，尽管我们进行了多年的实践，也积累了不少经验教训，对于街坊工程，我们总体上仍处于探索阶段，目前尚有许多遗留的、面临的问题需要研究解决，尚有许多问题缺乏足够的统一的认识。比如，如何在保持传统风貌的大前提下，努力考虑形成各街坊的个性特色，反映深刻的文化历史内涵。这是由街坊工程的客观现实和保护传统风貌的本质要求所决定的，街坊工程应当稳妥推进，以避免失误，少些历史遗憾。同时，在目前情况下，实施单位在资金平衡和周转上还有相当困难，如处理不好，将影响到街坊改善部分的顺利推进。基于上述看法，我们感到，街坊工程的全面推进涉及的是经济实力、技术条件、市场需求以及居民的承受能力，从这层意义上讲，街坊工程是一个系统工程。古城既需要有机更新，也需要有序更新。但是，有序更新不等于停滞不前。我们赞成这样一种观点，对街坊改造的前期准备应该长一点、充分一点，这包括规划、设计、可行性方案的论证；一旦决定以后，应当加快进度和速度，提高效率，努力塑造精品。当前，我们应该把工作重点放在街坊改造后的整理和完善上，在全面总结街坊工程经验教训的基础上，要加强对现实中碰到的各类问题的研究，拓宽思路，努力学习借鉴国内外古城保护和发展的成功经验，从而为新一轮的街坊工程作好思想、理论和实践的准备。

（合作者：陈楚九，成文于 1999 年）

城
市
篇

再现古城神韵

——关于苏州市平江历史街区的考察及若干建议

简述：平江历史街区集中体现了苏州古城的历史风貌，也是苏州城市形象的缩影和代表。整个街区内，现分布着20多条街巷，2纵3横共5条河道贯穿其间。街巷和河道均为东西、南北走向，纵横交错，规整有致，基本保持着水陆并行、河街相邻的双棋盘格局。平江历史街区承载着丰富的历史信息和文化传统，可以被视为苏州的文明之源、历史之根和传统之本，在苏州历史文化发展过程中占有特殊的地位，平江历史街区的保护和整治便具有了多方面积极而重要的意义。保护整治平江历史街区，就是保存和展示苏州悠久的历史，弘扬优秀的传统文化，进行生动具体的爱国主义教育。保护整治平江历史街区，就是突出和强调苏州的独特个性，提高城市的内在价值和品位，扩大苏州在国内外的影响。保护整治平江历史街区，就是挖掘、培育新的旅游资源，为苏州经济开辟新的发展空间。保护整治平江历史街区，就是美化城市环境和形象，改善市民居住条件，造福于民。

平江历史街区位于苏州古城东北部，据规划，街区北自白塔东路，南至中张家巷，西起平江河（包括西岸进深50米的地带），东抵内城河和古城墙，占地42.94公顷，是苏州地区现今保持古城历史风貌和城市格局最为完整的地段。区内现存有大量真实的历史性建筑和文化遗存，集中地反映了苏州悠久的历史和内涵丰富的传统文化。

对于平江历史街区的价值，社会各方面早已有了共识。1986年苏州市人民政府所编制的苏州市城市总体规划中，率先提出了平江绝对保护区的概念。此后，平江历史街区的保护整治和开发，一直是苏州城市建设和古城保护中的重要问题。苏州市政府多次组织国内外专家对平江历史街区的保护整治问题进行专题研讨，探索符合我国国情和苏州特点的保护整治方案，并作了多次规划。1997年8月，在苏州市建委和规划局的主持下，在全面总结、吸收前阶段研究和规划设计成果的基础上，同济大学城市规划设计院等单位编制完成了《苏州市平江历史街区保护整治规划》。同年起，苏州市建设集团公司承担了依据该规划对平江历史街区具体实施保护整治的工作。然而，由于客观条件所限，特别是财力的限制，保护整治工作碰到了不少困难，至目前为止，尚未有实质性的进展。

近年来，无论在国际还是在国内，历史街区的保护都已成为一个热点问题，倍受世人关注。之所以如此，是因为一方面随着大规模城市建设和改造热潮的兴起，城市中的旧区老街大片大片地消失了，传统文化也随之面临着生存危机，城市正在渐渐地失去个性，呈现出千城一面、百屋一貌的趋势。另一方面，在现代化步伐加速推进的过程中，人们越来越清楚地认识到历史和传统的价值，对之越来越产生怀念和依恋，过去的生活环境和空间正在成为人们寻找精神寄托和心灵慰藉的场所，与此同时，历史文化的保护运动席卷全球。

苏州是一个具有2500多年历史的文化名城。对苏州来讲，古城特色的保护和传统文化的继承是一件义不容辞的重要职责，保护整治平江历史街区不仅是在为中华民族保存一份珍贵的历史文化遗产，也是对世界优秀历史文化遗产保护所作的贡献。平江历史街区的保护整治问题已受到国际国内的高度重视，苏州应该利用这样的有利条件，积极采取措施，不失时机地实施保护整治工作，并合理利用这一宝贵的历史文化遗产为经济和社会发展服务。

平江历史街区集中体现了苏州古城的历史风貌，也是苏州城市形象的缩影和代表。整个街区内，现分布着20多条街巷，2纵3横共5条河道贯穿其间。街巷和河道均为东西、南北走向，纵横交错，规整有致，基本保持着水陆并行、河街相邻的双棋盘格局。这样的河街布局年代久远，最早可上溯至千年之前的唐宋时期。比如，区内一些小桥，其桥名、位置与宋刻《平江图》上所示完全一致。沿河建筑一般贴着驳岸布置，大多有条石砌成的踏步伸向水中。河道上横跨着10多座小桥，驳岸河埠错落有致，两边石栏古朴，树木掩映。江南水乡古城的特殊韵味在这里表现得淋漓尽致。街区中的街巷宽度在3米至6米之间，小弄在1米至1.5米之间，有曲有折、有宽有窄，曲直收放对比变化多端、恰到好处。这种空间尺度使人与环境之间构成了极为亲近、自然的关系。在曲静幽深的街巷之中，一幢幢粉墙黛瓦的老屋旧宅鳞次栉比，园林、古树、古井、道观寺院及牌坊门楼散布其间，加上城河城墙，古城风貌的基本要素在平江历史街区内一一具备，而且相当集中。这样的环境景观，能很容易地把时光拉回到千百年前。

苏州历来是江南的文化名城，而平江历史街区旧时又为苏州城内名门富户的聚居地，因而，苏州传统文化在这里的积淀十分深厚，内涵也极为丰富，街巷中的一景一物都凝结和闪烁着前人的才智和创造。错落有致地分布在老街旧巷中的各类古老建筑，大多具有较高的艺术和文化价值，并蓄含着种种传说故事，营造出了浓郁而丰厚的传统文化氛围。据统计，整个街区内及周边地带现有省级文物保护单位2处、市级文物保护单位9处、控制保护建筑30余座。值得一提的是街区内众多的深宅大院，这些民居不仅建筑精美、用料考究、造型优美、布局规范，为江南民居建筑的典型代表，而且还是苏州历史的见证，它们以无声的语言，记载了过去年代中丰富多彩的社会生活和城市的沧桑变迁。更为可贵的是，从明清至民国期

312

与文字为伴

间，这些宅院中诞生了 3 位状元、1 位探花，还走出了 10 多位如叶圣陶、顾颉刚、郭绍虞这样闻名全国及至世界的文化巨匠，他们使平江历史街区的文化含量和地位大大提高。总之，平江历史街区承载着丰富的历史信息和文化传统，可以被视为苏州的文明之源、历史之根和传统之本。

近几十年来，随着社会变迁和城市现代化建设的发展，苏州的城市面貌已发生了较大的改变，古城整体历史风貌已不如从前。平江历史街区成了古城风貌和传统唯一的最后留守地。就全国 99 个历史文化名城来看，像苏州这样仍拥有一块古老历史街区的城市也已不多。平江历史街区的存在，更使苏州在世界范围内成为一座别具个性的城市。因此，平江历史街区是一笔格外珍贵的文化遗产，它不仅是苏州和中国的悠久传统和文化的象征，还是一份带有世界性的历史文化遗产，其历史文化价值已不言而喻。

由于其本身蕴含着丰富深厚的内涵，并在苏州历史文化发展过程中占有特殊的地位，平江历史街区的保护和整治便具有了多方面积极而重要的意义。

保护整治平江历史街区，就是保存和展示苏州悠久的历史，弘扬优秀的传统文化，进行生动具体的爱国主义教育。平江历史街区体现了苏州悠久的历史和丰厚的文化积淀。这里的一砖一石虽不起眼，但都是过去岁月的遗物和见证，能够比任何教科书都直接生动地演绎古城世代居民的生活状况、创造和追求以及对历史进步和文化发展所作的贡献。在老街旧巷之中，历史是活的，从深远的过去到无限的未来，血肉相连，一脉相承。在真实而亲切的历史氛围中，人们可更容易地产生自信和自尊，找到自己的精神之源，培养、激发爱乡爱国精神和民族凝聚力。

保护整治平江历史街区，就是突出和强调苏州的独特个性，提高城市的内在价值和品位，扩大苏州在国内外的影响。平江历史街区是古城中的一块精华宝地，也是富有江南水乡特色的城市布局、生活方式和传统文化的重要保留场所，其独特性深深地扎根于古老街巷和建筑所构成的历史文化空间里。当今世界，具有自己独特的历史和文化传统已是一个城市的一笔无形资产和无价之宝，历史文化根基越是深厚、越是富有个性的城市，就越具有魅力和影响。以经济发展的眼光看，独特性还是一个城市参与竞争、取得成功的王牌。在建设人间新天堂的过程中，苏州非常需要有充分浓郁历史感的一片老城给自己的现代化气息增光添色。

保护整治平江历史街区，就是挖掘、培育新的旅游资源，为苏州经济开辟新的发展空间。当今社会，一方面信息化、全球化、现代化的步伐越来越快；另一方面，崇尚自然、回归传统、追求古朴和谐之风越趋浓厚，充满民族传统和地方特色的环境对现代人的吸引力越来越大。因而，平江历史街区以其独特的人文环境蕴含着发展旅游业的巨大潜力。置身在充满人性的历史建筑和空间环境内，人们可以从现代都市的喧嚣中摆脱出来，享受到平和、安静、恬淡和纯朴的情调，洗去疲惫，放松身心，在审美的愉悦中得到多重满足。苏州向来以园林闻名于世，旅游业一直以园林为对象，而作为园林母体的古城本身，却被人们淡忘和忽略了。如果平江历史街区能够像一块璞玉一样被细心雕凿滋养，不仅其本身将可成为旅游的新热点，而且还能为苏州旅游业的发展注入新的内涵和动力。

保护整治平江历史街区，就是美化城市环境和形象，改善市民居住条件，造福于民。平江历史街区自古以来一直是居民聚集区，但以现在的眼光看，作为居住区，它的各方面条件相对较差，最突出的就是基础薄弱、设施缺乏。街区内除了一部分过去一二十年中新建的住宅楼外，大部分建筑年代久远，为解放前甚至清代、民国所建的旧房，而且已经年久失修，内部设施差，成套率低。在住宅建筑中，外观破旧和结构破损的危房分别占35%和15.5%。平江历史街区内的基础设施也很薄弱，容量小、布局乱，许多居民仍在使用着"三桶一炉"，生活相当不便。因此，改善居住条件和环境，是当地居民的迫切愿望。而实施平江历史街区的保护整治，无疑是当地居民实现这个愿望的一个契机，其作用和影响可与低洼地改造和危房改造相当，将产生良好的社会影响。

从世界范围内来看，历史街区和历史街区的保护还是一个较新的概念。本世纪60年代起，法英等国才采取实际措施，有计划、有系统地开展这项工作。因而到目前为止，对于历史街区的含义，仍没有统一而明确的定义。就国内来讲，历史街区的保护更是一个全新的概念。直到80年代中期，国家有关部门才提出了保护历史街区的问题。但由于公众认识不足、经济支持不够等因素，历史街区的保护工作还没有广泛而有效地开展。目前，无论是在理论上还是实践中，历史街区的保护问题都还处于探索尝试阶段，尚无定式可循。从另一方面看，历史街区的保护整治不仅内容多、周期长、社会牵涉面广，而且实施过程也较为复杂。鉴于这种实际情况，在平江历史街区的保护整治工作实施之前，必须对其中若干重大问题进行论证。为此，我们提出有关设想，以抛砖引玉。

1. 关于街区的定位

我们认为，平江历史街区应成为苏州水城风貌的展示区、传统建筑和文化的保护区、民风典雅的居住区、别具韵味的游览区。在街区里，有浓厚的小桥、流水、人家风貌，有古朴幽静的建筑和街景，有配套齐全的生活设施，有精美高雅的手工艺品，有乡土风情浓郁的文化活动。人们在这里可以听到优美动人的传说故事，看到别具特色的世俗民风，感受到一股浓浓的历史气息。通过全面保护和整治街区，再现古城神韵，从而扩大影响力，增强聚集力，激活人气，提升苏州作为历史文化名城和著名风景旅游城市的品位。

2. 关于立法和规划

国际上，凡是历史街区保护管理工作做得比较好的国家大多都有专门的立法，而且对历史街区的保护整治往往是以有关法律的颁布实施为起点。如法国于1962年颁布了《马尔罗法》，英国于1967年颁布了《城市文明法》，日本在1975年也根据历史街区保护的需要修订了《文化财产保护法》。

这些法律对需要保护的历史街区或地段的范围和内涵、具体的保护措施、使用管理办法等，都有较为明确的规定。在有法可依的前提下，才可能有统一的标准和规范，保护工作才能够真正落到实处，保护的目的也才能得以实现。就我国而言，在历史街区保护方面，目前还没有专门的法律和条例，主要的官方依据是1986年国务院公布第二批历史文化名城的文件中的有关表述："对那些文物古迹比较集中，或者能比较完整地体现出某历史时期的传统风貌和民俗地方特色的街区、建筑群、小镇、村寨等也应该予以保护。"

为了更有效地对平江历史街区实施保护和整治，更明显地反映其特色，更充分地发挥其价值，建议抓紧制订专门的法规。应当指出的是，对1997年8月由苏州市建委和规划局主持、同济大学等单位编制完成的《苏州市平江历史街区保护整治规划》，要在广泛讨论、反复论证的基础上，抓紧制定详细规划，包括控制性规划和修建性规划，用"法"的形式进一步明确化、固定化，切实做到有法可依、有法必依。

建议适当扩大街区的保护范围。其范围可在现有42.94公顷的基础上，向西扩展到临顿路，向南推移至干将路，向北延伸到齐门路和北园路。这样，一方面可以把周围风貌和内涵相同、也具有较高保护价值的地段划入保护范围，另一方面可以将平江历史街区与其附近的拙政园、狮子林等古典园林结合起来，从而共同提高知名度和价值含量。

3. 关于发挥政府的主导作用

保护整治平江历史街区，政府的角色和所能发挥的作用是任何社会组织与个人都无法取代的。从国外的成功事例看，许多历史街区的保护整治都是在政府的全过程领导、组织和协调安排下实施完成的，从情况调查、分析确认到保护规划和方案的制订，以及日常保护管理制度的建立等方面，政府都发挥了至关重要的作用。比如，世界上较早对历史街区实施保护的法国，政府为系统地进行保护工作，专门成立了由文化部长领导的"文物普查委员会"，在全国范围内对文物资源的情况进行彻底而详细的调查。有价值的"历史保护区"都被纳入城市规划的严格管理，保护区内的老街老屋享有与名胜古迹同等的待遇。政府还建立了"国家建筑师"制度，保护区内建筑的维修、改建要经国家建筑师的审核和指导。由于政府的积极参与，法国对历史街区保护在世界首屈一指，不仅数量多，质量也高。70—80年代，前苏联格鲁吉亚共和国在对第比利斯古城进行保护整治时，政府更是倾注了全力。专门成立了"历史、文化、自然文物保护和利用科研生产管理总局"，由格鲁吉亚部长会议直接领导，充当工程的唯一甲方，并建立了专门的生产基地提供建筑材料，安排了专门的仓库堆放旧建筑及拆下的构件和材料。第比利斯建筑设计院还成立了一个专门的设计室负责设计工作。此外，在保护的过程中，政府还投入了巨资。我们应注意学习、借鉴他人的经验，把平江历史街区保护整治工作列入政府的工作序列，并建立专门的、有权威的领导班子和工作机构，高度重视平江历史街区的保护与整治工作。

4. 关于资金筹措

在历史街区保护整治过程中，一个具有共性的重点和难点是资金问题。从平江历史街区的现状和保护整治的目标看，需投入的资金量是相当大的。保护整治平江历史街区，政府责无旁贷，但限于政府所掌握的财力有限，全部资金都要由政府来承担显然是不现实的，因此，必须通过多种渠道，采取多种形式，广泛筹集吸纳资金。国内外历史街区保护整治的经验表明，在政府的宏观调控下，只要协调好各方的利益关系，这条路子是完全可行的。

从目前情况看，除了苏州各级政府的直接投入外，还有这样几类资金可以去融通：国家建设部历史文化名城保护专项资金、海外资本（包括世界银行的专项贷款）、当地及外地的私人投资、街区内居民的投入。此外，因为平江历史街区的保护整治可以提高苏州的知名度，优化苏州的投资环境，给社会各方面都带来服务、贸易机会，所以，在坚持规划控制的前提下，应当积极鼓励多元投资，并积极争取利用国家和企业的债券以及企业的贷款。

5. 关于政策扶持

平江历史街区的保护整治不同于一般的旧城改造，带有特殊的要求和规律。作为城市中受保护的特殊区域，为了协调好各种利益关系，调动各方面积极性，使保护整治及社会管理工作顺利展开，必须要有相应的政策来提供支持和配合，从这层意义上讲，平江历史街区今后应是一个以古城保护和展示为主要内涵、享有特殊政策的区域。有关政策主要有三。

一是投资政策。就目前情况看，在平江历史街区的保护整治过程中，由于政府的财力投入相对有限，需引入大量的商业性投资，而商业资本受经济利益的驱动，必然以追求最大回报为目的。然而，投资于历史街区的保护与整治，不仅存在着一定风险，而且回报周期偏长。这样，投资者的主观愿望和实际结果之间的落差就需要由政策来填补。对于参与保护整治的资金，可以分别情况给予不同的优惠。

二是房屋产权变更政策。为了让有价值的房子找到合适的主人，或使合适的主人在街区内安家落户，应结合街区的保护整治，扩大和活跃房屋产权交易。这里的关键是要打通双向选择的渠道，并降低交易成本。街区内现有大量按现行政策不能出售的公有房屋，其中包括不少文物保护对象和控制性保护建筑。按现行的使用管理办法，租住户不愿对它们进行整修，而房管部门又无力进行整修，极不利于保护。应考虑在平江历史街区内对现行的公有住房政策进行调整，允许这类房产出售给私人。对于一些重要建筑，如文物保护和控制保护对象，应采取措施，鼓励其原所有人或其后代进行购买，并恢复原貌。对于一般的房产交易，应适当减免各项税费。

三是居民迁移政策。按照保护整治的要求，平江历史街区中现有居住人口明显偏多，必须有一部分居民要移居区外，也会有一部分区外的居民

与文字为伴

迁入，从而使区内居民的数量和结构同时得到调整和优化。要采取导向政策，鼓励居民外迁。对于迁入区内的住户，则要限制与鼓励并行，凡具有一技之长的居民，如文艺工作者、书画家、传统手工艺人等，应鼓励迁入街区，以逐步形成"前店后坊"式的集制作、销售、观赏于一体的群落，成为一座活的博物馆。

6. 关于旅游开发和经营思路

利用自身的独特内涵和价值开发、经营旅游业是国内外各处古城和历史街区的共同做法，同样，平江历史街区只有成为旅游胜地，才能充满生机与活力。但是，在平江历史街区这样一个受保护的具有历史文化遗产性质的特殊区域内进行旅游开发和经营时，必须处理好保护与利用的关系，对旅游业作出正确的定位。保护与利用是一脉相承的，要保护整治好历史文化遗产，繁荣和发展旅游业是必然选择。旅游业的兴旺，不仅有利于进一步做好保护工作，而且有利于形成保护与利用的良性循环。这里，保护是前提和目标，发展旅游业是结果和手段。否则，便是本末倒置，不仅不利于历史文化遗产的保护，旅游业也难以维系和发展。

平江街区内存在着丰富的旅游资源，要使旅游开发和经营取得成功，关键是要围绕特色做文章。应根据自身的条件，以展示水乡古城的历史风貌和传统文化、民风人情为主题，按住、行、吃、游、购、娱这旅游业的六要素全方位地提供旅游产品。在旅游形式上，可以有观光型、参与型、娱乐型、居住型、购物型等。在旅游产品上，可以有古城风貌和传统建筑、传统文化、日常生活、民间工艺制作、民俗活动、地方特色产品和饮食等。为了吸引更多游客，提高旅游资源的利用效率，在设计规划旅游项目和线路时，还应该将平江历史街区与其外部及周边地带结合起来，实现资源共享，相互促进，共同发展。

7. 关于实施步骤

平江历史街区的保护整治是一项复杂的系统工程，工作量巨大，所需财力也很大，并与社会各方面、各个利益主体都有关系，涉及城市建设和管理的各个环节。因此，一次规划、分步实施是最佳选择。

　　建议在规划指导下，优先启动实施一些基础工作，包括：整治和疏浚河道，保持河道水质清洁，没有飘浮物；整治街区内的建筑物，拆除乱搭乱建、违章建筑以及六七十年代以后建的有碍景观的建筑物；逐步实现管线入地，净化空间环境；对小街小巷的外墙、立面、色彩，按修旧如旧的要求修缮，等等。如上述工作到位，相信苏州传统风貌的外部形象可以初步显现。建议在街区内选取有代表性的局部地块作为启动试验区，率先进行小范围的保护整治，一方面探索积累经验，为下一步工作做好准备，另一方面，在此过程中，通过它所产生的良好的经济效益和社会效益，扩大平江历史街区的影响，吸引外界更多的关注和参与热情。可以把大柳枝巷地段作为启动试验区。该地块位于平江历史街区的中部，平江路以东、大柳枝巷以北、丁香巷以南、仓街以西，占地 2.31 公顷，为整个街区总面积的 5.4%。在总体布局上，该地块南北两面临河，呈现典型的一河一街的江南水乡古城的特征。其中的建筑以传统民居为主，并有三处控制保护建筑，具有代表性。整个地块保持着较好的历史风貌，较集中地反映了平江历史街区的传统特色。

　　建议借鉴昆山周庄的经验，选择街区内条件较为成熟的点位作为修复和开放的突破口。而位于卫道观前的礼耕堂潘宅是一个理想的首选对象。该建筑原为富商潘麟兆宅第，始建于清乾隆五十二年，占地近万平方米，建筑面积 8700 平方米，结构完整、规模宏大、用材考究、装修精致，是苏州富家大宅中的佼佼者。目前，潘宅的中路部分已被腾空，约有 2100 平方米，修复开放的难度不大。如这个方案实现，这里有可能成为有别于苏州园林、能够展示江南近代富宅特色的新的旅游热点（《关于尽快修复和开放礼耕堂潘宅的建议》，可参阅《调研与参考》2000 年增刊第 28 期）。

　　建议利用现有的基础，在平江历史街区内尽快开展旅游业务，为保护整治工作的实施创造有利的氛围和群众基础。可供选择的有水、陆两条旅游线路。水路可从拙政园前河道出发，或从火车站出发，经外城河、齐门河到拙政园前河，再转入平江河进入平江历史街区，以苹门盛家带为终点，主要观赏水乡风情和沿河景色。陆路可从拙政园出发，或从观前街出发，进入平江历史街区内的街巷，主要观赏街巷风貌和民居建筑。可选择街区内的几处具有代表性的民居作为旅游景点对外开放。当前有必要加强旅游宣传，让旅行社和旅游者了解平江历史街区，让苏州市民了解平江历史街区。

（合作者：冯坚，成文于 2001 年）

城
市
篇

让历史文化名城的名片更加熠熠生辉
——苏州历史传统建筑保护与利用的实践与探索

简述：在人类历史的延续和发展过程中，城市的积淀与资本的积累同时形成并完善。历史传统建筑则是城市历史和文化的载体，在城市的发展进程中留下印记，对凸显城市的地区特征尤为重要。党的十一届三中全会以来，苏州经济社会快速发展，人们对文化遗产的认识也不断深化。与此同时，苏州不断加强对历史传统建筑保护、修复和利用探索与实践的力度，水平不断提高，苏州城市的品质和形象随之更为彰显，城市的品牌影响力和竞争力随之更为提升。尽管如此，苏州在保护、修复和利用过程中，还是留下了诸多困境和遗憾。保护好、管理好、利用好先人遗存下来的历史传统建筑，让它大放异彩，熠熠生辉，可谓任重道远，这也是历史和时代赋予我们的伟大使命。

2011 年，苏州市委、市政府在作出"桃花坞历史文化片区综合整治保护利用工程"的重要决策后，又作出了两项新的决定：一是在古城区选择 12 处约 34000 平方米的古宅群，作为老宅子保护修缮首批试点工程；二是选择阊门段、相门段、平门段三个节点，着手进行古城墙修复保护工程。这在苏州古城保护和历史传统建筑保护利用的探索与实践中又描绘了重重的一笔。

在人类历史的延续和发展过程中，城市的积淀与资本的积累同时形成并完善。历史传统建筑则是城市历史和文化的载体，在城市的进程中留下印记，对凸显城市的地区特征尤为重要。

苏州是座具有2500多年历史的文化名城，遍布苏州城乡的历史传统建筑，从数量到质量都居于全国同类城市前列，是凸显这座城市地区特征的物质载体，也是这座城市最具魅力的人文景观和历史资源，从而成为苏州最为亮丽的城市名片之一，苏州人引以为傲。

党的十一届三中全会以来，苏州经济社会快速发展，人们对文化遗产的认识也不断深化。与此同时，苏州不断加强对历史传统建筑保护、修复和利用探索与实践的力度，水平不断提高，苏州城市的品质和形象随之更为彰显，城市的品牌影响力和竞争力随之更为提升。尽管如此，苏州在保护、修复和利用过程中，还是留下了诸多困境和遗憾，这项工作任重道远。保护好、管理好、利用好先人遗存下来的历史传统建筑，让它大放异彩，熠熠生辉，是历史和时代赋予我们的伟大使命。

有鉴于此，我们对苏州城区历史传统建筑保护与利用状况进行了一次全方位的调查研究，先后走访了3个城区、7个市政府工作部门、10余位古建专家学者、20余个古建单位，并重点实地考察了3个历史街区和一批历史传统建筑，形成了一些认识和建议。

保护与利用的苏州经验

所谓历史传统建筑，泛指苏州在不同历史时期，包括清代以前、民国时期、建国前后建造的，主要采用中国传统建筑材料、技艺、形式，以苏式风格为基本特征的，具有一定历史、科学、艺术等价值的民居、义庄、园林、祠堂、会馆等建筑群或单体建筑。

——从价值看，市区列入各级文保单位的有161处（包括世界文化遗产、国家级、省级、市级文保单位）；列入市控制性保护建筑名录的 237 处；虽未列入文保、控保名单，但有一定价值的传统风貌建筑，以及第三次全国文物普查中新发现的历史传统建筑 193 处。

——从区域分布情况看，沧浪区有各级文保单位 48 处，市级控保建筑 60 处，新发现宅第民居 9 处。金阊区有各级文保单位 27 处，市级控保建筑 20 处，新发现宅第民居 17 处。平江区有各级文保单位 86 处，市级控保建筑 157 处，新发现宅第民居 167 处。

——从产权和使用权属机构看，237 处控保建筑中，175 处属于居民居住的直管公房，园林、府第、义庄、祠堂等重点控保建筑或建筑群的管理、使用的职能单位主要集中在教育、文化、民族宗教、园林、住建等部门。

——从使用类别看，据有关资料，古城区的历史传统建筑，作为开放单位的占总数的 12%，作为国有单位管理使用的占 21%，作为集体、民营单位管理使用的占 18%，作为居民居住的占 49%。

——从完好状况看，大体有四种情况：（1）作为开放场所的各级文保单位和控保建筑的完好率达到 100%，保护状况最令人满意。（2）属于教育、文化、宗教等国有单位管理使用的各级文保单位完好率也比较高，基本完好及以上的占 92.8%，保护状况也较不错。（3）集体、民营单位管理使用的各级文保单位完好率为中等，基本完好及以上的占 68.1%，保护情况较前二者有明显下降。（4）作为居民居住使用的各级文保单位基本完好以上的仅 41.2%，还有 11.4% 被列为濒危，而具有传统历史风貌的民居建筑的濒危状况更为严重，急需抢修保护，亟待改善。

在调研座谈中，大家普遍认为，包括对历史传统建筑在内的整个文化遗产的保护利用，乃至对历史文化名城的保护，苏州人进行了持续的、积极的、务实的、卓有成效的探索与实践，许多方面走在全国的前列，认真地坚持和完善以往的成功实践与经验，将有助于苏州历史传统建筑的可持续保护与利用。

1. 以规划为先导，将历史传统建筑的保护利用纳入苏州经济社会发展和历史文化名城保护的总体规划之中。

苏州是我国经济比较发达的地区之一，又是全国最为著名的历史文化名城和重点风景旅游城市之一。正是由于苏州这种独特的城市性质，市委、市政府高度重视城市发展规划，始终强调将历史传统建筑的保护利用与经济社会建设和名城保护纳入城市总体规划之中，充分听取、尊重和发挥人大、政协、咨询研究机构和专家学者的意见和建议，实施科学决策。

早在 1981 年，苏州被列入"国家第一批历史文化名城"。根据国务院的要求，为进一步明确苏州的城市定位，摸清家底，制定出更为科学的苏州市城市总体规划，于 1982 年至 1984 年期间，由苏州市文物管理部门牵头，陆续对苏州市区的文物、园林、历史建筑等进行了两次大规模普查。通过普查，确认了全市遗存的具有保护价值的会馆、衙署、寺观、古园、古宅、古寺、古庙等各类历史传统建筑，并列出了市级控制性保护建筑名录，完善和补充了苏州历史传统建筑保护体系。

1986 年《苏州市城市总体规划》获得国务院批准。根据国务院"全面保护古城风貌"的要求，苏州在城市发展总体战略上采取了"保护古城、建设新区"的方针，为日后形成"古城居中、东园西区、一体两翼"的城市格局奠定了基础。市领导还专门邀请全国一批知名专家与苏州规划部门一起合作研究，深化古城保护规划，把 14.2 平方公里的古城，按街巷、河流的走向、组合，划分为 54 个街坊。与此同时，在古城以及古城外划定相应的保护范围，划出若干历史街区、历史地段和传统风貌区。

1995 年 11 月，苏州启动古城街坊改造等工程，遵循城市总体规划的要求，市政府提出了"重点保护、合理保留、普遍改善、局部改造"、"保护与发展并举"的指导方针，逐步搬迁城中工厂，松动古城居住人口，调整古城内使用功能，改善古城空间结构，为历史传统建筑的保护与利用创造良好环境。

从1997年起,苏州联合高校科研机构,启动"苏南建筑遗产评估体系",设计开发了"苏南建筑遗产评估软件",对历史文化街区内的建筑进行全面评估,为古城区历史传统建筑的保护及其在城市建设中的开发与利用提供了科学依据。

2002年10月,苏州出台《苏州市古建筑保护条例》。2003年4月,苏州制定了《苏州市历史文化名城名镇保护办法》,同年12月,市政府再次下发了《苏州市古建筑抢修保护实施细则》。

2004年,市政府制定了《苏州市区古建筑抢修贷款贴息和奖励办法》,鼓励社会力量参与历史传统建筑的抢修保护工作。截止至2010年,共有14个维修项目先后得到奖励,吸引社会资金近6000万元用于古建筑本体修缮,一批历史传统建筑得到抢修与保护。

与此同时,苏州还先后对几个历史文化街区制定详细保护规划,颁布了《苏州市城市紫线管理办法(试行)》,严格控制古城容量、优化空间布局、调整用地结构、限制建筑高度和色彩,并贯穿于整个古城保护过程中。

所有这些规划先行的做法,都为苏州名城和历史传统建筑的保护奠定了法律法规基础。

2. 以保护为主线,探索区域整体保护、抢救保护、常态保护相得益彰的分类分级保护新路径。

由于长期以来受"左"的思想路线的影响,尤其是经历了十年"文革"浩劫,苏州城市基础设施和环境建设欠账相当突出,包括历史传统建筑在内的文物古迹毁坏十分严重,曾引起当时中央领导的高度重视。苏州地市合并以后,历届苏州市委、市政府对古城风貌保护、历史传统建筑的保护进行了不懈的探索,逐步摸索出了一条区域整体保护、抢救保护、常态保护相得益彰的分类分级保护新路径,并在实践中不断调整与完善。

区域整体保护。"全面保护古城风貌"是国务院对苏州发出的重要指示,也是苏州人民对名城保护的共同理念。为了落到实处,三城区和市各职能部门按照名城保护规划，对历史传统建筑比较密集和风貌比较突出的地区，划定若干重点区域，制定控制性详规，实施整体修复保护，重点范围从最初的平江、山塘等历史街区及其周围的辐射地带扩大到阊门（包括西中市）、桃花坞、怡园、天赐庄等历史街区和地段，以及环古城风貌带等重点地区，纳入整体保护的范围。

三个城区还按照整体保护的要求，对重要传统建筑，按照文物古迹要求进行保护，采取原样恢复的方法，恢复其原貌；对一般传统建筑（即保留建筑），根据建筑构件毁损情况进行镶嵌式修缮或者脱胎式修缮，使之与传统风格相协调，保持其历史风貌的完整性；对新建建筑（改善建筑），按照传统历史风貌的要求进行重建，采取局部加固整修，恢复传统历史风貌。由于坚持了区域性重点保护的原则，从根本上解决了"保护一个，破坏一片"的问题。

抢救保护。苏州对历史传统建筑的保护，是从单体建筑或建筑群的抢救性保护起步的，在文物调查的基础上，市、区政府和有关部门排出了一批亟待抢救的濒危建筑名单，根据"保护为主，抢救第一"的方针，按照其价值与濒危现状实施不同级别的抢救保护措施，探索多样实效的保护方法。1986 年，苏州建城 2500 周年，一批重点文保单位得到保护修缮，并开辟成了专题博物馆和文博场所对外开放。90 年代以后，借苏州园林申遗热潮，又有一批园林古建得到维修。2010 年以来，市政府还专门成立了古建抢修领导小组。一批濒危的历史传统建筑得到保护。比如，位于东麒麟巷 17 号的控保建筑华宅，原居住 21 户居民，由于年久失修，椽子脱榫，腐烂虫蛀严重，屋面渗漏，第四进楼厅坍塌，后平江区对其实施旧危房改造工程，松动居民，抢修危房，适当改善生活设施。并由政府出资收购了原属于私房的第四进建筑，实施抢修，使其得到有效保护。据市住建局统计，自上世纪 80 年代以来，市区累计修复控保建筑（不含宗教房产和山塘历史街区）和文保建筑共 29 处，达 34441 平方米。据市文物局统计，自 2010 年以来，每年有 10 处左右文物古建得到维修。

常态保护。对历史传统建筑的保护，根本措施是要保持其"常态化、制度化、规范化"。根据人力、物力、财力的具体情况，市和区每年都要列出一批重点保护修复项目，并把任务和要求分解落实到各个部门，纳入年度工作计划和考核内容。如在街区整治规划中，各区依据保持和恢复原有建筑风貌特色、空间格局、比例尺度的原则，对保护建筑采取原样修复的方法，恢复其原貌；对保留建筑进行外立面整饰，使之与传统风格相协调；对改善建筑则采取局部加固整修的方法恢复原貌，使区域内多条历史街道及其建筑保护状况得到有效改善。

值得一提的是，对于历史传统建筑的修复整治，无论是整体保护、抢救保护还是常态保护，苏州市都采取十分严谨、审慎的科学态度，在遵循名城保护规划的前提下，对涉及的街区、地段、古宅的修复整治，均在全面调研、充分论证的基础上，分轻重缓急，并先行试点，组织实施。

如自 1995 年底起，市里分别选择了对 10 号、16 号、37 号三个街坊展开整治工程，为古城区街坊整治成功探路。最近准备实施的老宅子修缮工程，也是按照历史文化内涵深、建筑规模大、动迁居民少、保护利用条件比较成熟，且能形成较好社会影响的原则，选择了 12 处老宅子作为保护修缮首批试点对象，以确保历史传统建筑保护利用的质量和效用。

3. 以利用为动力，探索政府主导与社会力量参与保护修复的双赢互动新思路。

放大历史传统建筑的使用效应，是调动多方积极性、保护修复历史传统建筑的动力。由于苏州历史传统建筑遍布古城，面广量大，修复和利用都需要大量经费投入，单靠政府或者社会的力量都难以为继。利用是为了更好地保护，因此必须充分调动各方面的力量，激发历史传统建筑利用者参与保护与修复的积极性，这是保护历史传统建筑的重要出路。从苏州的实践看，目前历史传统建筑的保护和利用主要有三种方式。

政府修复，政府使用。这种方式，主要是由政府担当保护工作的主题，在保护、管理、利用等各方面采取措施，确保历史传统建筑得到良好保护。这种方式的好处在于，政府居于主导地位，能充分发挥政府的权威性作用和技术优势，同时修复后由政府使用，可以防止在后续利用过程中对文物和古建筑的二次破坏。这一方式在整个保护数量上占 20% 左右。如，位于西美巷内的况公祠，由政府修复后，现作为沧浪区文化活动中心对外开放；位于瓣莲巷的曹沧州祠堂，修复后成为道前社区办公地点；位于富郎中巷南侧的桃园，原为苏州东吴绸厂业主陶叔平私宅，2004 年由市园林局、沧浪区建设局和南门街道共同修缮后，成为苏州民间工艺展藏馆、绣品馆；位于大儒巷的昭庆寺，由政府修复后，成为平江区文化中心。

社会修复，社会使用。即按照"谁修复，谁使用"的原则，让社会成为保护工作的主体，运用市场手段，吸收社会资金进行保护，并发挥历史传统建筑的使用功能。这种方式的好处在于，既可以弥补政府资金不足，也可以使历史传统建筑更贴近市场，满足现代人的需要。这一方式在整个保护数量上占 40%。如，2007 年由民营企业家出资修缮的阔家头巷 6 号的圆通寺，投资修缮者同时获得该寺院建筑 13 年的使用权，在圆通寺内创办了圆通美术馆，成立"苏州史前玉器研究会"、"苏州史前玉器博物馆"等。又如，2002 年，新沧浪房地产有限公司对位于盛家带 31 号的蒋湄草堂进行修缮，该项目在 2004 年 10 月荣获"中国建筑珍品大院"称号和"中国现代民族建筑综合金奖"，2005 年 3 月，修缮后的蒋湄草堂在上海拍卖，公开上市进行产权交易，之后作为私人会所使用。再如，金阊区充分利用国有资本与社会资金多元化投资开展保护性修复，专门成立了山塘历史文化保护区发展有限责任公司，具体负责基础设施建设和历史文化建筑景点的管理、修复和开发，先后共筹措各方资金 1.6 多亿元进行渐进式保护和修复。2010 年，将处于闲置状态的山塘街 502 号郁家祠堂，通过公司运作，与苏州亚细亚传媒娱乐有限公司合作，引进民营资本进行修缮和开发，将其改建为"苏州亚细亚影视基地"。目前，区政府与苏州瑞富祥丝绸有限公司正式签订合同，拟将山塘街136号市控保建筑岭南会馆（原山塘中心小学）打造成为瑞富祥丝绸文化中心。

政府修复，社会使用。这种方式是对前两种方式的结合。其好处在于，可以充分发挥文物的现代价值，借助市场经济力量展现传统文化的魅力，也可实现政府在文物保护中的核心作用，确保文物保护的原则和工作方针，防止民间资本过度追逐经济利益导致对文物的破坏性开发。这一方式在整个保护数量上占40%。如，2008年政府投资修复的瓣莲巷23-1号清微道院，修复后租赁给苏州市永源实业有限公司，用于油画、国画及书法作品等文化艺术品的展示与经营。又如，沧浪区实施"文化沧浪"战略，围绕本辖区内文化遗产的特点，多管齐下，修复一批古建筑，并实施有效的文化、商业开发，促进了区域综合发展。目前在市级文保单位中，已有多家是政府修复后交社会租赁经营的状态，如卫道观前的潘宅礼耕堂，作为会所使用；白塔东路的北半园，作为高端餐饮平江府使用；庆元坊听枫园，除国画院部分外，经营一家休闲茶馆；兰石小筑，作为SPA水疗会所使用。相对来说，控保建筑中进行租赁经营的就更多，如钮家巷的方宅现为平江客栈，平江路的汪氏义庄现为餐馆、茶室，山塘街的汀州会馆、鲍传德庄祠现均为会所，凤凰街吴氏故居为餐饮会所，大新桥巷庞宅为青年旅社……

苏州实践表明，发掘社会力量参与历史传统建筑保护修复的动力机制，是更好地保护与利用历史传统建筑的根本途径，也是探索政府主导与社会力量参与修复双赢互动的新思路。

4.以凸显功能多样性为目标，探索有效利用历史遗产的活态保护新模式。

在保持历史传统建筑居住基本功能的同时，积极探索文化、旅游、艺术、审美等其他功能，并不断挖掘新的使用功能，为当代人提供服务，同时也为下代人传承完整的文化遗产，这是历史传统建筑修复保护的目标之一。

保护与利用是一个问题的两个方面，互为因果，缺一不可。对已修复的历史传统建筑，应当充分凸显其应有的功能，从苏州的实践看，主要包括十种使用功能：（1）对公众开放的游览场所，如园林、寺庙、博物馆等；（2）作为公益性文化和社区活动中心，如况公祠、大儒巷昭庆寺；（3）作为文教系统用房或专用培训机构场所，如学校、江苏按察使署旧址的人才培训中心；（4）作为对外文化展示窗口，如圆通寺；（5）作为会所，如玉涵堂、礼耕堂；（6）作为文化机构用房，如张天翼故居考古所、南社研究会等；（7）作为企业办公用房，如袁学澜故居；（8）修缮后经营旅馆、餐饮、商铺；（9）作为私人住宅，既包括高档住宅，也包括简单修复后的民居；（10）由历史传统建筑群组合的文化旅游街区，如山塘街、平江路。其中多数历史传统建筑修缮后从原有功能中蜕变出来，实现了有效利用。

值得肯定的是，苏州在历史传统建筑保护和利用中，充分考虑了环保、生态等功能的综合效应，充分挖掘历史传统建筑和传统街区潜在的旅游和文化价值，并对其进行合理地开发。如在挖掘山塘街传统建筑功能的同时，金阊区政府制定"六个一"的发展思路：一个文化旅游特色街区、一批历史文化展馆、一个工艺美术集聚区、一个影视制作工场、一个创意设计园区、一个婚庆拍摄外景地、一批文化演艺娱乐场所，对文化旅游、文化产业和社会效益等进行了整体考虑。

应该看到，苏州在保护利用历史传统建筑方面取得了显著的成就，但仍存在一些亟待解决的问题：

首先，由于苏州古城区亟待抢救修复的历史传统建筑数量多，保护修复工作又受到理念、规划、政策、体制、产权、资金、人才等多种因素制约，苏州历史传统建筑的保护将是一个较长的过程。尤其是传统民居建筑群长期处于超负荷状态，产权复杂、人口密集、流转困难，随着外来人口的不断涌入，构成了对传统民居承载能力的最大威胁。

其次，虽然已经有了一些历史传统建筑租赁经营，甚至通过市场运作进行产权或使用权交易的经验，但现有交易市场发育不够健全，存在涉及管理部门多、土地出让金高、过户手续难、搬迁难度大等门槛、障碍。

第三，如何协调发展与保护、保护与合理有效利用之间的矛盾，做到既充分展示历史传统建筑风貌，传承其文化精华，又赋予其时代内涵和新的功能，最大限度地发挥整治修复的效能，成为历史传统建筑保护与利用中的关键问题，这个问题甚至越来越突出。

关于保护与利用的若干建议

我们认为，苏州历史传统建筑保护与利用的成就有目共睹，保护和利用过程中的困难和问题，总体上是发展中的问题，有些还是伴随城市发展而难以规避的问题，市委、市政府对保护利用工作高度重视，我们理应对前景充满信心。认真总结苏州改革开放 30 年来的成功实践，并根据新的情况、新的实际，继续在理念、政策、法规、机制、运作和监督管理等方面不断创新，以推进历史传统建筑更好地保护和利用，为此，我们提出如下意见和建议。

1. 创新保护理念，达成新的共识。

目前，保护历史传统建筑已成为社会普遍共识，但对面广量大的建筑物，在要不要全面保护修复，在多大范围内保护修复，采用什么思路进行修复，修复后如何利用等问题上，还存在理念上的差异，直接影响到保护、修复与利用的手段、方法和结果。我们认为必须在三个方面形成新的共识。

（1）深层次认识历史传统建筑的价值。历史传统建筑作为人类为适应自然环境并促进自我发展而建造的城市构筑物，是一个复杂的综合体，它包含了许多社会和文化因素，体现出多元的本质特征。它既是一种物质实体也是一种精神实体，既是一定技术水平的表现也是一种生存方式的体现，既具有使用功能又是城市文化具有可读性的物质载体。因此，历史传

332

与文字为伴

统建筑作为可读的城市文化，是城市特有的符号和标志，包涵了城市的外在形象和内在精神，在整个城市发展进程中占有特别重要的位置，保护与利用好这些宝贵的文化遗产，在日益重视城市形象的今天显得格外重要。把历史传统建筑保护好、管理好、使用好，世世代代传下去，是我们这一代不可推卸的责任，不论难度多大，我们责无旁贷。（2）深层次认识历史传统建筑的特点。历史传统建筑既是一种具有历史文化符号的特殊商品，又是一种特殊的公共文化产品。作为商品，应当采取积极的措施，包括鼓励通过社会化运作的方式来更好地进行保护，加以利用；作为公共文化产品，政府要更多地承担保护、买单的责任，坚持"政府为主、市场为辅"的方针，与此同时，政府应当从拥有者和监管人的双重身份中解放出来，更多地承担起规划、服务、引导、扶持、监管的作用。（3）正确处理保护与利用的关系，确立"活态保护"的创新理念。历史传统建筑本身是活态的、有生命力的，坚持活态保护，就是要用创新的理念、开放的心态、多样的途径、全新的机制，把它保护好、管理好、使用好，真正实现利用与保护的活态结合，既使人们感受历史和文脉的延续，又能赋予其新的使用功能，实现更大的价值，为现代人服务，并为未来人们的生活提供多种选择。

2. 完善规划制定，加强规划控制。

我们认为，目前已经制定的，包括历史传统建筑保护利用在内的苏州古城保护方面的规划，总体上是科学的、连续的、可行的，今后的任务主要是根据实际情况，对现有规划进行相应的修编和完善，特别是要把工作的着重点放在加强规划的控制和实施上。

比如，如何协调全面保护古城与重点区域保护以及优秀历史传统建筑的关系；如何协调保留建筑、更新建筑和风貌建筑的关系；如何合理确定修复后的历史街区、建筑群、建筑单体的功能定位、商业业态、文化特色、运作方式等等，编制不同门类的详细规划和修缮标准。这其中既有规划编制问题，更有规划控制落实问题，需要我们采取严厉的监控手段和切实有效的措施。

3. 提倡政府引导，强化社会运作。

对于苏州来说，历史传统建筑修复利用是一项巨大的工程，单靠政府的力量或单靠社会的力量都是不现实的，最佳的途径应当是在政府主导或者引导下，遵循客观规律，通过市场寻找传统历史建筑最佳的生存状态，政府的责任和职责主要是制定规划和政策，加强协调和监管，发挥资源配置的作用。尤其是在制定相关政策时，需要"创意"，引导社会力量进入。

市场经济已经渗透到社会的方方面面，城市建设离不开市场，古城保护亦离不开市场，离开市场谈保护，必然是空中楼阁。从实践经验看，作为具有实际使用功能的历史传统建筑，其生命力就在于被社会使用，就必然有房产交易的属性，只有在市场化交易的过程中流通，其使用价值才能得到不断延续。尤其在相关政策引导下，历史传统建筑由资金雄厚的买主接手后，可以得到不断修缮和保护。由此往复，不断延续，实现永续保护的目的。为此，必须建立有利于促进市场化运作的机制和相关政策。

（1）拓宽融资渠道和资金使用方法。政府资金主要用于重点传统街区和优秀传统历史建筑的保护开发，对于社会和民间资本，政府要积极引导，给予政策上的支持；要尽可能调动有条件的住户对居住建筑修缮和开发的积极性，政府给予补助，使社会各阶层都能够自愿参与到历史传统建筑的开发利用中来。（2）创建产权交易平台。一是允许市级文物保护单位以下级别的历史传统建筑进行产权交易。除作为各级文保单位按法规由政府负责保护修缮，其余的应允许社会力量介入，进行产权交易，只要有利于保护，其使用功能可由产权或使用权人自主决定。（3）建立专业的评估机构。建立交易市场后，须对交易双方的资质进行评估。政府相关部门负责对交易建筑的历史背景、建筑面貌、文化价值、产权状况、使用功能进行详细调研和评估，凡有利于保护历史传统建筑，同时能够改善周边环境而又不改变传统历史风貌的，政府应给予交易双方减免规费等政策，并在办理相关手续时提供便利。（4）政府有关部门依法对交易后传统建筑的修缮状况、使用功能及经营管理实施指导和监管。

4. 重视单体保护，提升风貌品质。

古城风貌是由一座座单体建筑或建筑群统合形成的。对历史传统建筑的保护，既要特别重视单个建筑的历史文化价值，更要把单体建筑放在周边环境风貌乃至整个古城风貌中统筹考量，由此从整体上提升环境风貌品质和历史建筑的价值。

在保护原则上，要强调整体性，即"苏州古城风貌"。将保护和利用的单体建筑由个体扩大到周边环境、周边地区的整体保护与利用上统筹考虑，也就是由点扩大到片、由片扩大到面。就像已经划定保护的平江、山塘、拙政园、怡园、阊门等历史文化街区及环古城风貌带一样，既有个性美，又有整体美，从而为苏州古城申报世界遗产创造条件。

在保护方针上，要坚持分级分类保护。对于历史文化价值较高的单体建筑，周边环境的整治整改应服从单体建筑的保护要求；对于单体建筑自身保护情况良好，但周边环境难以根本改善，交通难以组织的，在法律法规允许的框架内，可以考虑移建他处，或保留现状；对于单体建筑历史文化价值不大，但风貌特色较为明显的，应考虑单体建筑与整体风貌的联系，允许从整体风貌角度对单体建筑进行修复甚至重建；对于风貌特色较为明显的区域，可以考虑新建或移建与之相协调的其他单体建筑或者建筑群。

5. 发挥公共效益，尊重产权主体。

历史传统建筑能够为最大多数的公众所利用，当然是件理想的事，事实上，苏州已有一批修复的历史传统建筑成为人们游览、交流、学习、娱乐和文化活动的场所。

但要将修复后的历史传统建筑全部对公众开放是不可能的。我国的《文物保护法》也规定"谁修复，谁使用"。为了让先人留下来的文化遗产一代一代传下去，必须动员包括企业、私人在内的全社会力量参与修复工作，这就需要尊重投资人和产权主体的利益。只要有利于历史传统建筑保护和传承，只要不违背国家法律法规，不抵触地方性法规，我们应当坚持"不求所有，只求所在"原则，不必横加干预。

袁学澜故居便是很好的一个案例。位于官太尉桥15号的袁学澜故居，在整修前居住着68户人家，早已失去原来的景象，跟其他的大杂院一样破败不堪。1997年，由苏州新沧浪房地产开发集团投资购得，并进行了修缮、保养和维护，一共投入了近1600万元，此后成为沧浪房地产有限公司、苏州市吴都学会、苏州市吴都园林建筑咨询管理有限公司的办公地，受到国内外专家学者和各级领导的普遍好评。这种保护方式充分发动了社会力量，引导民营资本进入历史传统建筑保护领域，为其保护的多元化投入开辟了新道路。

6. 立足好中求快，注重有序推进。

历史传统建筑的修复利用是传世工程，既慢不得，又急不得。做得慢，会导致一些濒危建筑面临损毁的局面，一批居民的居住条件和周边环境得不到改善，也使我们长期处在"捧着金饭碗讨饭吃"的窘境。做得急，如果在保护意识、专业技术、资金保障等方面不到位，与优秀历史传统建筑保护及修复的要求之间存在相当的差距，容易快中出错。

所以，必须坚持有序推进的方针，在保护修复的指导思想上，快要服从于好，服从于精，经得起时间和实践的检验，真正成为传世之作、精品工程；在时序安排上坚持抢救第一，突出重点；在实施部署上，先行试点，难易结合，先易后难，逐步展开。

7. 强调法律责任，公责私责并举。

按照我国《文物保护法》规定，政府是承担文物保护的法律责任主体。同时，根据"谁使用，谁保护"的原则，使用者也要承担相应的法律责任。但在实际生活中，苏州大量具有较高价值的历史传统建筑内仍居住着庞大的普通居民，其中以老人和外来人口为主。如何把民居保护的责任分解到千家万户，这是个大课题。历史传统建筑的保护，需要将法律责任与公众责任同时并举，将保护的责任按产权主体、使用主体、管理主体，甚至修复主体进行多方面的分担。要在全社会普及公民对历史传统建筑和历史文化名城的保护意识，尤其是在住居民，在使用的同时，要切实承担保护管理的责任。

8. 创新决策体制，改善运行机制。

历史传统建筑的修复和利用，仅仅依靠领导人个人的智慧、魅力和决心是不够的，也是不可持续的，而单靠行政部门，也具有一定的局限性。规划部门常常只停留在规划层面，文物部门则考虑文物价值的认定层面，住建部门注重管理和修缮层面，其他部门也有自己的工作重点。由于各部门责任和分工不同，部门之间有时往往难以达成共识，无法形成合力。

为此，有必要利用现有基础创造形成新的机制和平台，形成由领导集体、职能部门、专家团队、操作团队等不同层次、不同对象组成的类似"古城保护委员会"的机构，整合苏州的咨询决策资源，以科学决策、综合协调各种类型的古城保护工程实施推进过程中的重大问题，为市委、市政府决策提供咨询意见，从而解决长期以来历史传统建筑多头管理的难题，由此加快形成多种渠道、合理利用的运作机制，将综合保护成果转化为名片展示、文化传承、特色商旅和创新发展的平台，实现修复保护和利用的可持续发展。

9. 挖掘文化内涵，有形无形结合。

历史传统建筑的保护利用不仅是有形遗产（物质遗产）的保护问题，同时也是无形遗产（非物质文化遗产）的保护问题，二者都是文化遗产保护的整体，是传统文化的组成部分。我们在关注有形遗产的同时，同样要重视无形遗产的保护与传承。无形遗产保护更需要有物质遗产的支撑。事实上，历史传统建筑中有大量传统文化元素，要努力发掘历史传统建筑的历史文化内涵，如颇具特色的状元文化，古城区就有丰富的文化遗存，现存状元故居 10 处，仅 1 处（艺圃）正式对外开放，其余 9 处仍散为民居或企事业单位使用。再如，非物质文化遗产——以香山帮传统建筑营造技艺为主的建筑工艺，与古建筑保护和传承密不可分，众多历史传统建筑均成为展示传统技艺的绝佳场所和教研实习基地。

10. 倡导产业转型，探索有效途径。

产业转型是历史传统建筑保护与利用的有效途径。可借鉴农村土地流转的办法，对现居住在历史传统建筑内的居民实施适当转移，一方面要对现有人居状况进行全面普查，出台相关政策，规定直管公房的现使用权人只允许自住，不得自主转租；另一方面，要通过产业和政策引导、由政府回购"使用权"等方法，调整和改善历史传统建筑内的人口居住结构，让有能力的人尤其是那些非物质文化传人和能工巧匠进驻、入住，从而形成新的人群结构和具有活力的产业形态，最大限度提高历史传统建筑保护与利用的有效性。

（本文参与调研与执笔：周苏宁、吴琛瑜，成文于 2011 年）

在现代化进程中的古城保护与复兴

——苏州古城保护 30 年调研报告

简述：从 1982 年到 2012 年，苏州的古城保护走过了 30 年历程。这 30 年，苏州从一个典型的全国重点商品粮生产地区、轻纺工业城市，大踏步向现代化、城市化、城乡一体化迈进，成为全国"两个率先"的先行地区。作为建城 2500 多年的苏州古城，如何在现代化快速发展的进程中，得以全面保护和有机更新，不仅是一个世界性课题，也是必须经历的严峻考验和必须回答的现实问题。30 年来，苏州以强烈的使命感和责任意识，坚持求真务实，勇于探索，善于创新，逐步走出了一条具有国际理念、国家水准、苏州特色的历史文化名城保护和复兴的新路子，受到国内外的普遍肯定和赞誉。我国两院院士周干峙高度评价说："原汁原味的古城呈现出惊人的升值潜力。苏州古城保护的成功，为这个城市保留了应有的文化品位，而文化品位反过来让这个城市升值。经济发展到一定程度，人们一定会反过来追求文化，这就是经济规律。在迅速发展的二三十年间，多少城市的人文风貌湮灭在这个规律里，而苏州用自己的城市哲学超脱了。"联合国教科文组织总干事博科娃 2012 年 5 月在苏州访问时，亦高度评价苏州在历史文化遗产保护、研究、教育等方面的成绩，并题词："让苏州经验与世界同享。"

城市篇

1982 年，苏州被国务院公布为全国第一批 24 个国家历史文化名城之一。

2012 年，苏州被国家住建部批准为全国唯一的历史文化名城保护区。

从 1982 年到 2012 年，苏州的古城保护走过了 30 年历程。这 30 年，苏州从一个典型的全国重点商品粮生产地区、轻纺工业城市，大踏步向现代化、城市化、城乡一体化迈进，成为全国"两个率先"的先行地区。作为建城 2500 多年的苏州古城，如何在现代化快速发展的进程中，得以全面保护和有机更新，不仅是一个世界性课题，也是必须经历的严峻考验和必须回答的现实问题。

值得欣慰的是，30 年来，苏州以强烈的使命感和责任意识，坚持求真务实，勇于探索，善于创新，逐步走出了一条具有国际理念、国家水准、苏州特色的历史文化名城保护和复兴的新路子，受到国内外的普遍肯定和赞誉。我国两院院士周干峙高度评价说："原汁原味的古城呈现出惊人的升值潜力。苏州古城保护的成功，为这个城市保留了应有的文化品位，而文化品位反过来让这个城市升值。经济发展到一定的地步，人们一定会反过来追求文化，这就是经济规律。在迅速发展的二三十年间，多少城市的人文风貌湮灭在这个规律里，而苏州用自己的城市哲学超脱了。"联合国教科文组织总干事博科娃 2012 年 5 月在苏州访问时，亦高度评价苏州在历史文化遗产保护、研究、教育等方面的成绩，并题词："让苏州经验与世界同享。"

探索、实践与创新之果

苏州古城保护最早可追溯到新中国成立之初，市政府成立了文物保护专门机构，重点对古典园林、名胜古迹进行保护和修缮。但是，由于历史原因，苏州古城也遭受到了很大破坏。1978 年党的十一届三中全会以后，

与文字为伴

在有识之士的强烈呼吁下，在中央领导的高度关注和重视下，苏州古城保护进入了一个新的春天。启动了大规模的全市文物古迹普查，摸清家底；全面抢救古典园林、文物古迹、历史建筑；落实宗教政策，恢复著名寺观庙宇；搬迁部分工厂、办公场所，松动古城人口，舒缓交通压力等。1982年，作为一个时代的标志，苏州被国务院列入全国24个历史文化名城之一，又适逢地市两级党政合并，苏州古城保护跨入一个新的历史时期。

苏州古城，其保护范围包括"一城、二线、三片"。一城，即古城，是指以环城河为界，面积14.2平方公里；二线，即山塘线和上塘线，其中山塘线长3.5公里，上塘线长3.3公里；三片为虎丘片、留园片和寒山片。"一城、二线、三片"总面积共22.63平方公里。30年来，苏州古城保护大体归纳为三个阶段，即：从抢救式保护到自觉保护，从点状保护到纵深推进，从点面突破到全面优化提升。

80年代初至90年代初，正值苏州乡镇企业兴起、外向型经济起步的重要阶段。在新思想、新体制带动下，苏州古城保护借力《苏州城市总体规划》的编制和苏州建城2500周年等重大工程和活动，进行全面发动，积极探索，逐步从零星、分散抢救状态走上有规划、有方案、有步骤的正常轨道，先后修复了耦园、艺圃、听枫园、曲园、柴园、北半园、双塔院、高义园、石湖余庄、盘门水陆城门等一批具有重要价值的古典园林和古迹。同时，从文物保护单位内搬迁工厂和单位，实施古宅新居试点，探索古城建筑的立面风貌保护和内部使用功能的更新提升，相继推出5个旧宅院改造试点工程（十梓街50号、十全街275号、山塘街480号、干将路144号、桐芳巷小区），得到政府部门和广大民众的支持和欢迎。

90年代初至本世纪初，苏州经济社会高速发展与古城保护的矛盾日益尖锐，一度对古城保护的理念、途径、方式产生困惑。苏州市委、市政府高瞻远瞩、审时度势，实施战略选择，根据国务院批准的苏州城市总体规划精神，1990年开始筹划，1992年正式启动在城西建设新区；1994年起，在城东与新加坡合作，开发建设苏州新加坡工业园区，形成了"东园西区、古城居中、一体两翼"的布局；2001 年，伴随着吴中、相城区的设立，又形成了"五区组团"的新格局。这些战略决策，有效地缓解了古城的种种压力，为古城保护赢得了更大的空间。这一时期，伴随着古城保护规划重新修编、苏州古典园林列入"世界遗产名录"、苏州成功举办"中欧历史城市市长会议"等重大事件，苏州古城保护的理念、思路以及土地使用模式调整，产业结构优化，城市基础设施建设，环境综合整治等方面都有了较大的提高。

进入新世纪以后，尤其是近几年来，苏州古城保护进入了历史上最好的阶段：保护范围从点线片扩大到历史街区整体筹划；保护深度从建筑实体、布局、风貌到自然、人文环境以及特色营造综合发展；保护目标从抢救修缮到保护更新利用、功能完善、惠及民生，全面优化提升。环古城风貌保护工程，山塘、平江历史街区改造工程，桃花坞地区、虎丘地区综合整治，古建老宅修复等一批重大项目，以及背街小巷整治、老新村综合整治、河道清淤工程、改厕工程等，成为这个时期的突出亮点。

30 年来，苏州在历史文化名城保护方面取得的卓越成果是多方面的，主要有：

其一，全面保护古城的意识和观念深入人心，保护古城成为全市人民的自觉追求。

总体而言，苏州人，从领导、专家学者、机关干部到普通市民，对古城的情结由来已久。建国初期至 70 年代末，虽然历经多次政治运动，但对文物古迹、古建筑、古城保护的探索和行动没有间断过，然而真正在全社会达成共识，还是改革开放以后伴随着保护的渐次深化而逐步深入人心的。

苏州市一再倡导的和苏州人所具有的共同意识和观念，主要体现在三个方面：一是价值观。作为建城 2500 年的苏州古城历经风雨，其位置不变、基本格局不变，风貌犹存，文脉肌理延续不断，在世界城市史上也极为少见和珍贵。古城是苏州最重要的文化瑰宝，是苏州的特色和灵魂，也是苏州可持续发展的核心竞争力所在。二是责任和使命意识。苏州古城不仅是苏州人的，也是全中国的，更是全世界的。越是现代化，越是要留下历史文化。保护古城，守土有责，我们有责任和义务让后人和世界共享这一宝贵财富。三是大局观。现代化与古城保护发生矛盾和利益冲突时，应当自觉地服从于古城保护，服务于古城保护，决不能以牺牲古城为代价谋求经济发展速度。

其二，全面保护古城风貌与快速发展现代化新区相得益彰，相映生辉。

苏州古城风貌的完整保护，得益于新城区的快速发展，同样，新城区的健康发展又使古城保护从可能走向现实。30年来，从"一体两翼"、"五区组团"到"一核四城"，苏州古城保护与现代化建设呈现了相得益彰、相映生辉的崭新局面。从古城保护看，整体风貌得到有效保护、路河平行的双棋盘格局和街道景观、三横三竖加一环的水系及小桥流水的水巷特色、古典园林、文物古迹及古建筑、古城环境空间处理手法和传统建筑艺术特色、优秀地方文化艺术传统等等，均得到了有效的保护和弘扬。在全面保护古城风貌的前提下，古城基础设施、城市功能、产业布局、居住环境和居住质量等等，都得到了极大的优化。苏州成为一个可以永久留下记忆的城市。

从现代化建设看，苏州的综合优势得到了充分的凸显，向着全方位、宽领域、多层次发展。到2012年，苏州经济各项指标继续走在全国前列。同时，苏州荣获多个国家级荣誉，如全球最具发展潜力城市、跨国公司眼中最具投资价值的中国城市、中国魅力城市、中国投资环境金牌城市、国家环保模范城市、国家园林城市、国家生态城市、全国文明城市等等。

其三，历史文化名城的文脉肌理得到传承和优化，物质遗产和非物质遗产双双熠熠生辉。

苏州在文化遗产保护方面一直走在全国前列。伴随着历史文化名城保

343

城市篇

护的深化，苏州的物质文化遗产和非物质文化遗产得到了充分的发现、发掘、保护和优化。

在物质文化遗产方面，联合国教科文组织先后批准以拙政园、留园、网师园、环秀山庄等9处园林为代表的苏州古典园林为"世界文化遗产"；城区运河段、苏州至吴江段等河道，盘门，山塘历史街区（虎丘塔），平江历史街区等7个遗产点段已列入中国大运河申报世界文化遗产项目，并通过联合国教科文组织世界遗产中心的审核。

在非物质文化遗产方面，发源于苏州的昆曲，苏州作为重要发祥地之一的古琴等，被联合国教科文组织定为"人类口述及非物质遗产代表作"。教科文组织还在苏州设立了国际二类机构"亚太地区世界遗产培训与研究中心（苏州）"，致力于世界遗产与古建筑保护的研究和教育。

截止2012年底，苏州的各级文物保护单位达到265处，其中全国重点文物单位25处、省级文保单位56处、市级文保单位184处；另外还有近300处控制保护的古建筑以及数千处保护完好的古桥、古井、古牌坊等古迹。以苏州评弹、刺绣、玉器、雕刻、明式家具等1千多项传统文化和民间艺术分别被列入国家、省、市级"非物质文化遗产"。

所有这些，均构成了评判苏州古城保护整体水平的重要依据。

其四，古城的功能得以完善和优化，活力逐步显现。

三十年前，苏州曾经是美丽与破旧并存的矛盾体。由于历史的原因，苏州虽然是著名的风景旅游城市，苏州园林闻名遐迩，名胜古迹众多，但又是一个基础设施差、民居破旧、交通拥挤、难以负重的"白发苏州"。30年来，尤其是近十余年，通过大面积的环境整治和基础设施改善，特别是伴随着"有机更新"、"活态保护"、"以人为本"等理念的确立，古城的功能定位、产业布局、生态特色有了显著的变化，使这座古老的城市充满了生机与活力，使居住在此的市民和来此旅游、工作的人们感受到这是一座具有与众不同韵味和气质的城市。

其五，古城、古镇、古村落保护的叠加效应、整体效应逐步体现。

古城保护是一个有机整体。苏州古城的有效保护，带动和推进了周边的古城、古镇、古村落同步保护，使一大批具有历史、文化、科学价值的古城、古镇、古村落得到了有效保护。如，常熟被列为国家级历史文化古城，周庄、同里、甪直、木渎、沙溪等十个古镇被列为中国历史文化名镇，陆巷、明月湾被列为中国历史文化名村，一批古镇被列为江苏省历史文化名镇，三山岛、龙泉嘴村、恬庄、李市村等被列为苏州市级控制性保护古村落。并相继出台了古城、古镇、古村落保护的地方性法规，逐步形成相对独立的吴文化区域和传统文化生态环境、人文环境、社会环境，避免苏州古城成为"文化孤岛"。目前，苏州地区的历史文化价值正在得到越来越广泛的认同，保护与传承、更新与利用正在逐步成为社会共识，历史文化的叠加效应正在以整体并发的优势得到彰显，成为苏州持续发展的潜能量和原动力。新的古城保护思路正在苏州形成、逐步成熟。

古城保护是一个系统工程。如何遵循和正确把握古城保护的客观规律和特点，特别是在经济社会比较发达的地区，如何走出一条现代化建设和古城保护和谐双赢的新路子，是一个复杂的社会经济文化综合性问题。苏州通过 30 年的不断实践和创新，摸索出一条切实可行的路子，获得了一系列经验和体会。

（一）在价值观、使命感和保护观的统一上形成共同意识。

古城保护需要全社会达成共识。应当指出，对于要不要保护，认识上基本是一致的。但是，在怎么保护，保护什么，保护多大范围、多大程度，尤其当保护与经济发展及各种利益发生矛盾和冲突时，达成共识就不是一件简单的事情。

从苏州的实践看，认识上通常有几种差异：一是对历史遗存价值认知程度上的差异，同一种古迹，同一个保护的做法，不同知识层面、不同职业、不同行业、不同利益群体，由于对古城及古城内的各种文化遗产历史价值的不同认识，因而提出的主张就有差异，甚至南辕北辙，大相径庭，即便在专家学者内部，看法和意见也不尽一致，这就给决策带来了难度。二是在保护理念和选择路径上的差异，尤其对古城保护与文物保护的规律和特点认识上的差异，比如，对古城历史遗存应按照"原真性"的要求加以保护，还是保护与更新利用相结合？如何相得益彰，两全其美？这些问题也是见仁见智。三是在保护与发展认识上的差异，认为全面保护古城势必影响经济发展的观点，在一个时期一些人群中还大量存在。

面对这些情况，苏州市委、市政府以战略的眼光思考未来，坚持价值观、使命感、保护观上的统一认识、统一意志，在实践中形成强大的合力，坚持"实践出真知"，以事实证明正确与否，坚持理性思考，积极探索，在实践中逐步形成共识，走出了思想悖论和藩篱。

在价值观上获得共识：苏州古城的历史价值和意义，不仅表现在有形的物质形态，更表现于无形的精神和艺术层面。苏州古城是一个物质、精神、艺术融会贯通的整体。从物质层面看，古城内遗存的大量古迹从多个方面映现了中国古代城市的发展形态。从精神层面看，古城富含中国文化精神和哲学理念的城市建设思想、空间处理手法和建筑艺术特色，尤其是"整体观念"、"区域观念"、"自然观念"等中国城市建设的基本理念，在苏州古城中有集中而突出的体现，是现代中国城市建设和发展取之不尽的巨大宝库。从艺术层面看，苏州古城内拥有极其丰富和灿烂的优秀地方文化艺术，这些非物质性人类文化遗产同样是苏州古城极其重要的组成部分。出于对古城价值观的理解，苏州人强烈地意识到，在全球化的背景下，越是现代化，古城的价值越高，与城市的其他社会经济发展比较，古城保护始终是第一位的，只有古城保护好，才谈得上发展好，才能给后人一个完整、无价的历史苏州。

在使命感上形成一致：当代人不仅要发展自己，更要为子孙后代造福。因此，当经济利益与古城保护发生冲突时，应自觉服从于、服务于保护，这已经成为苏州人的一种使命、一种责任。正是这种使命感，使苏州古城得以在工业化、城市化、信息化、全球化融为一体的快速发展时期，始终能够得到精心呵护。

在保护观上达到统一：古城是历史见证，也是生活场所，是人与物结合最为紧密的复合体。特别像苏州这样的古城，面积大，方圆14.2平方公里；人口多，有几十万现代人生活其中；文物古迹多，堪称巨大的综合博物馆；流动性强，经济活动繁荣，地处长江三角洲，是中国最发达地区之一。在这样的环境中，苏州古城保护就与一般的文物保护有很大区别，必须用创新的理念、开放的理念、国际化的理念，与时俱进，活态保护，有机更新，才能保证古城具有强劲生命力。

（二）在规划引领、法制保障、实践创新的一致性上谋求务实推进。

规划是龙头，规划是科学保护的前提。30年的经验证明，苏州古城保护的实践，说到底是在法制化轨道上运行、在规划指导下的实践活动，意义深远。

30年来，苏州社会经济发展的速度和水平往往超出预想，因此，要做到规划引领实为不易，古城保护时不时就会与经济发展相矛盾，特别是稍有"GDP"冲动就有可能产生"建设性破坏"，造成不可挽回的损失。而苏州古城之所以能在经济高速发展的同时得到全面保护，就与古城保护始终在规划和法制化轨道上运行分不开。主要体现在三个方面：

一是坚持规划本身的科学性、系统性、可持续性、可操作性。做到"三抓"：一抓规划的编制。众所周知，我们需要的不仅是规划，更需要的是高水平，具有前瞻性、可操作性的规划。所谓规划引领，首先要抓规划编制。苏州古城保护规划，不仅体系健全完整，内容丰富，而且强调创新、务实。不仅有总规，还有详规、控规，并细化为多个门类的专题规划；不仅有古建筑和历史遗迹保护规划，还有历史街区保护规划；不仅有空间布局规划，还有项目业态规划；不仅有物质形态的保护规划，还有非物质形态的保护规划。二抓规划的修编，尤其是根据经济社会发展和古城保护的实际情况及时进行调整、完善和优化。比如在 30 年时间里，苏州城市总体规划先后三次修编，修编不是对上次规划的否定，而是通过比较和修正，使总规精神得到延续、优化、完善和创新，逐步走向成熟。最近，又制定了《2013 至 2030 年苏州历史文化名城保护规划》，使之更加符合古城保护自身特征和规律，古城保护获得更大空间，综合价值得到全面提升。三抓规划的宣传落实。重点把古城保护的宣传发动，落实贯穿到规划编制、实施、修编、督查的全进程。

二是把古城保护的规划条例转化为地方法规，强化其法律地位。30 年来，为落实总体规划，在无先验可鉴的情况下，苏州创造性地先后出台了一系列配套的详规、控规，并由苏州市人大常委会审议通过，报江苏省人大常委会批准生效，成为地方性法规，主要有：《苏州市城市规划条例》、《苏州市区河道保护条例》、《苏州市古建筑保护条例》、《苏州园林保护管理条例》、《苏州市历史文化名城名镇保护办法》、《苏州市城市紫线管理办法》、《苏州市历史街区保护规划》、《苏州市历史文化保护区保护性修复整治消防管理办法》、《苏州市古树名木保护条例》、《苏州市古村落保护办法》等，强化了古城保护的法律地位和依法保护的权威性。

三是狠抓督查落实。对规划实施情况进行及时有效的督促和检查，确保苏州古城保护规划落到实处，是苏州古城保护 30 年来又一条成功的经验。苏州各级人大、政协每年都进行专题视察、检查，督查规划落实情况，发挥了积极有效的作用。在市政府层面，成立了历史文化名城名镇保护管理委员会，市长兼任管委会主任，下设办公室负责日常工作；在制度建设层面，建立了文物保护管理责任书制度，建立了规划、文物、建设、园林等相关部门的会审会签制度；在社会舆论方面，充分发挥新闻媒体、专家学者以及全社会的监管作用；在队伍建设层面，市规划局、市文物局、市园林局、市建设局等部门根据各自职能相应建立了监察、监测队伍，依法监督检查，以确保古城保护规划的落实。

（三）在总体风貌、历史街区、单体遗迹的把握上体现全面保护方针。

全面保护不是抽象的概念，也不是静止的概念，既不是保护古城内的全部，更不是良莠不分。苏州的成功实践就在于，她在全面保护的前提下构建"分层次、分年代、分系列"保护体系，做到重点保护、全面保留，普遍改善、局部改造，努力在整体上把握传统风貌、历史街区和单体遗迹的完美统一。传统风貌是古城的神韵，历史街区是古城的形体，历史遗迹是古城的血肉。三者形神兼备，有血有肉，共同组成完整的苏州古城三维空间。

1. 古城总体风貌

全面保护古城风貌，不仅是国家对苏州古城保护的总目标、总要求，也是苏州区别于其他国家历史文化名城最显著的特征。对此，苏州人严密把控，精益求精。

在布局上，始终保持"三横三竖加一环"的水系及小桥流水的水巷特色，保持"前街后河、河街并行"的双棋盘格局。30年来，不论经济如何发展，从不轻易改变历史遗存的格局，从不轻易扩建老街和改变河道，不仅如此，而且通过实施环古城河整治、街巷环境交通整治、古城墙修复、城内外活水工程等，使古城的神韵得以保留。

在建筑控制上，努力发挥苏州古城环境空间处理艺术特色。古城内始终严格控制新建筑的高度。2003年出台《苏州市城市规划若干强制性内容暂行规定》，2013年7月1日起正式实施《苏州市城乡规划若干强制性内容的规定》。这两个地方法规强制在古城内部不再新增工业、仓储用地，不准新建水塔、烟囱、电视塔、微波塔等构筑物，不再新建医院、学校及行政办公楼，不再新建大型商贸设施，现有的不得扩大。而且对建筑的檐口也作了明确规定，干将路、人民路两侧50米范围内新建建筑檐口高度不超过20米，建筑最高高度不超过24米；干将路、人民路以外的其他道路红线宽度在大于等于 24 米的道路两侧 50 米范围内沿街界面建筑檐口高度，按二分之一道路宽度控制，建筑最高高度不超过 18 米；红线宽度在大于等于 18 米且小于 24 米的道路两侧 30 米范围内沿街界面建筑檐口高度，按二分之一道路宽度控制，建筑最高高度不超过 15 米；水巷两岸建筑檐口高度控制在 3—6 米。这些规定有效确保古城特色，至今在苏州古城范围内没有一幢建筑突破相关规定。

在建筑风貌上，始终保持传统建筑形制、风格与纹理，保持了"黑、白、灰"，"素、淡、雅"的色彩基调。古城中如何建设新建筑，是一个重要问题。新建筑所面临的问题是如何与传统文脉相呼应，吴良镛先生"戴着脚镣跳舞"的说法就生动地反映了这一点。为了保护古城传统风貌，苏州从街巷、建筑空间比例、色彩、材质、气氛等多方面做了有益的探索。为了保持古城风貌，苏州一方面大力拆除一些历年来建造的由于历史原因与古城风貌格格不入的建筑物；另一方面，又保护和修复了一批包括民居在内的建筑物，建设了一批与古城风貌相和谐的新景观，在"一保"、"一拆"、"一修"、"一建"的统筹中保持了古城传统的建筑风貌特色。

2. 历史文化街区

历史文化街区是古城内特定历史时期生活方式与历史文化积淀的一种整体展现，是古城历史的基本形态。以重点历史文化街区为切入点，进行整体保护整治、更新利用，这是苏州古城保护的一大特色。从上世纪 90 年代始，尤其是进入新世纪以后，苏州先后对山塘街，平江路，东、西中市以及桃花坞、虎丘、天赐庄等历史文化片区进行了重点整治，不仅整体展现了苏州古城的风采，而且也为全面保护古城探索了一条新路。

苏州的基本做法是：其一，重点保护。在整体保护的前提下，对区域内的重点地段、重点建筑进行严格保护和修复。其二，适度更新。在不改变整体历史风貌的情况下，对区域内一些建筑进行更新。其三，改善基础设施。除了建筑物内部设置卫生间、厨房，安装空调等设施外，街区也增添了一些基础设施,如停车场、公共卫生间、垃圾筒等。其四,保持原住民。原住民的生活是历史街区得以活态保护的关键,在疏解街区人口密度时,有计划地保留适当比例的原住民。其五,保护"非遗"文化。民间工艺、传统艺术等"非遗"是历史街区得以延续的重要内容,苏州在历史街区保护中大力推动"非遗"利用与开发,实施"活态"保护、生产性保护,一方面增强了历史街区的活力,一方面通过市场机制促进了历史街区的保护。

3. 单体历史遗迹

单体历史遗迹是古城的基本要素。苏州单体历史遗迹众多,其数量在全国同类城市中居于前列,其中既有各级文物保护单位,也有苏州控制保护单位,还有具有一定历史价值、文化价值、科学价值的民族传统建筑或构筑物。对于这些单体历史遗迹,苏州坚持按照有关法规的原则,采取"修旧如旧"的方式,以彰显历史本色。苏州的主要做法是:其一,分类评估。对历史遗迹进行分类评估、分层指导,决定其等级价值,决定哪些需要保护,哪些需要更新,保证保护的科学性,实现保护与发展的辩证统一。其二,严格保护。对于文物遗迹,按照原真性、完整性原则,修复了大量古典园林和文物古迹,保持和凸显了苏州园林城市的特色。其三,合理利用。最好的保护是利用而不是冻结,赋予一个合理的用途是最好的保护方法。其四,依法有序开发。重在激发调动社会各界参加保护和利用优秀历史遗存的积极性。

(四)在机遇利用、项目突破、民生为本的统筹上优化古城功能。

古城是为人存在、为人服务的,缺乏功能的古城终将被人摒弃,这是古今中外的历史经验。苏州古城曾经美丽而诱人,在历史上号称"东南第一繁华之地",其城市功能齐备,是中国历史上最佳的宜居城市和消费城市之一。然而,近代以来,由于政治社会经济落后,加之东方建筑多为砖木结构易于损坏的特点,苏州古城逐渐衰败,成为"美丽的园林、破陋的城市"。近几十年来，尤其是进入新世纪以来，苏州古城功能不全、设施落后，与现代化发展和人民群众需求之间的矛盾日益突出，更新的呼声日高。然而，优化古城功能，必然涉及基础设施建设、交通组织、产业布局、民生改善等一系列功能调整和更新。在与全面保护古城发生碰撞和摩擦之后，苏州普遍认识到，只有完善优化城市功能，才能保证古城的生机和活力，实现古城的复兴。苏州的主要做法是：

第一，抓机遇，为古城保护创造条件。苏州人认为，经济发展有个抓住机遇的问题，古城保护与优化古城功能，也有个抓住机遇的问题。30年来，苏州古城保护连续上了几个大的台阶，这几个台阶都是与自身主动创造和抓住一些重大机遇分不开的。其中影响力较大的有这样几次：

一是苏州建城2500周年及国务院批复。1982年，苏州被列入24个全国历史文化名城之一，苏州看到了历史的机遇，及时积极筹备建城2500周年的系列活动，借此推动了古城的全面保护，成效显著；同时推动了苏州古城保护规划的制定，进而被国务院批准，成为全国第一个地级市保护规划由国家批复的城市，为苏州古城保护长效化筑起了高平台。

二是苏州古典园林申遗及世界遗产大会在苏州召开。1993年，苏州启动古典园林申报世界文化遗产工作，推动全市上下在经济热潮中高度重视文化遗产保护的意识和自觉性，把苏州古城保护推向世界文化平台。2004年，抓住百年一遇的机遇，通过承办联合国教科文组织世界遗产大会，不仅使全球190多个国家的代表实地认识了苏州，而且通过3年多的申请和承办工作，加大古城保护力度，苏州的文化遗产保护事业开始在全球重大国际舞台上展现亮相，成为苏州城市国际化的一个新起点，为后来的一台台好戏拉开了序幕。

三是苏州多个重大国家级创建活动。苏州注重国家级创建活动，不仅促进了重大基础设施项目的投入和城市环境的优化，而且很好地带动了古城的保护，并取得实效。如先后开展的创建国家卫生城市、国家环保城市、国家园林城市、国家生态园林城市、国家生态城市、国家文明城市等活动，通过保护与创建相结合，在强化古城历史基因的同时，注入城市建设的新理念、新标准、新方式，古典与现代高度融合，在保护中更新，在扬弃中提升，使历史文化因子和元素获得新生，使古城生机盎然，古城文明的综合水平不断提升。不论是理念还是言行，不论是硬件还是软件，不论是社会效益还是环境效益、经济效益，都取得了显著成效。

四是苏州重大行政区划调整。重大行政区划调整，是苏州古城保护的重要机遇和契机之一。苏州注重抓住这些机遇，通过行政职能的改革和变化，来解决和推动古城保护。如 80 年代的地市合并，推出了古城建城2500 周年、城市规划编制、文物保护等活动；90 年代新区、园区行政管理单位的设立，不仅优化了苏州的空间布局，也推动了古城新一轮的基础设施改善、文物古迹保护、工厂搬迁、人口松动等工作；21 世纪后，结合吴县撤市建区、吴江撤市建区等行政区划调整以及加快城乡一体化建设，实施"一核四城"战略，姑苏区设立，等等，都为古城保护确立了一个又一个更高、更新的历史起跑线。

第二，定项目，为古城保护提供抓手。根据经济发展和财力的现实可能，每个时期相应推出一批重大项目，通过重大项目来促进古城保护与更新，这是苏州加强古城保护和优化古城功能的又一个特色，苏州在财力、人力有限的情况下，始终按照先急后缓、先濒危后一般、先抢救后建设的步骤，分阶段实施重点工程项目。如：80 年代重点推出古典园林、文物古迹抢救工程，有效地解决了濒危的园林、文物古迹修复问题；推出"十全街改造工程"，为古城更新探索了路子。90 年代推出"干将路综合改造工程"、"观前街综合改造工程"，使古城综合功能大为改观。进入新世纪后相继推出"环古城风貌带改造工程"、"虎丘地区环境综合整治工程"、"桃花坞综合整治工程"、"古建老宅修复工程"、"两河一江环境综合整治工程"、"古城河水治理工程"等，大面积提升和优化了古城功能。

第三，促民生，为古城保护注入生机。古城保护的目的是为人民服务。人有两个基本需求，即物质需求和精神需求。因此，保护古城既要满足人的历史情结需求，也要满足人的物质生活需求，两者兼顾才是完美的保护。这是苏州30年来古城保护实践得出的一条经验，也是苏州市委、市政府"以人为本"执政理念的具体体现。苏州在弘扬古城文化特色的同时，力求在不断满足市民的生活文化需求上求突破、谋发展。由于历史的欠账，对于"美丽而破旧"的现状，广大人民群众并不满意。为此，市委、市政府把古城的保护、更新利用和功能优化提升作为一项民生工程，大大提高了人民群众的生活满意度。如平改坡工程、街区绿化、背街小巷整治、改厕工程、河道治理、环境整治、菜市场改造、交通改造整治、老新村改造、古建老宅修复、文化娱乐设施、卫生医疗设施等，古城服务功能不断提高，居民的生活质量和水平明显提高。

（五）在政府指导、市场运作、制度创新的路径上实现更新利用。

古城保护的目标不仅是保护，保护是为了利用，利用是为了更好地保护，也是平衡资金的有效途径。资金平衡是古城保护的世界性难题。要解决这个问题，必须回答保护资金从哪里来、由谁来操作、由谁来管理、修复后的遗产怎么利用等一系列问题，显然，仅仅依靠政府的力量是有限的。30年来，苏州采取政府指导、社会参与、多元投入的方法，使古城保护焕发了活力。

一是政府加大资金投入。苏州市政府每年都会安排一定的文化遗产保护专项经费，专门用于文物和各类历史遗迹的维修以及环境风貌整治。特别是进入21世纪以来，苏州市政府不断加大保护资金投入，修复了大批文物古迹、古建老宅、古桥、古井、古城墙等，全面开展了古运河、古河道、历史街区的综合整治。

二是鼓励社会各界参与。苏州市政府制定和出台相应的法规，鼓励和支持社会各界参与，保护资金既有政府投入，也有单位自筹和社会投入。

2003年出台《苏州市区古建筑抢修贷款贴息和奖励办法》，按规定，经文物部门认定的民资介入古建筑保护有功者,政府将予以贷款贴息或奖励，其中政府贴息额度为50%，奖励的最高标准为工程维修总额的10%。苏州古城保护的社会化参与度越来越高，从一个侧面反映了苏州社会的文明进步。

三是着力在体制上创新。苏州古城中有大量公房古民居，在保护的同时如何向社会开放，一直受到制度制约和束缚。苏州经过多年积极探索，勇于突破制度瓶颈，2004年出台《苏州市区依靠社会力量抢修保护直管公房古民居实施意见》，《意见》明确：允许和鼓励国内外组织和个人购买或租用直管公房古民居，逐步实行产权多元化。随着市场化程度的增强和提高、政府行政管理改革和金融体制改革不断深入，古城保护体制逐步打破了政府包办的僵化局面。在政府指导下，市场化运作的水平越来越高，特别是近几年来成立了苏州市文化旅游发展公司，充分发挥国有资本的优势，带动了民企、民资的参与，建立起一个多元化实施参与古城保护的市场化专业平台。

四是多种途径有效利用。保护是为了更好地利用。政府在投入大量资金用于古城保护，文物古迹、古建老宅修复后，如果不利用，平衡不了资金，也不是有效的保护办法，永久保护也就得不到最终保证。经过30年的实践，苏州初步探索出一系列利用的方法和措施，主要有：

——公益性质：主要由学校、医院、事业单位使用。如使用文庙的苏州第9中学，使用织造府的苏州第十中学，使用惠荫园的苏州第一中学，使用荫庐的苏州儿童医院，使用天香小筑的苏州图书馆，使用听枫园的苏州国画院，以及在朴园中的苏州版画研究中心，在世界遗产留园内的园林档案馆，在世界遗产耦园内的亚太地区世界遗产培训与研究中心（苏州）等。

——文化旅游性质：主要由园林、寺庙、博物馆等单位使用。如苏州对外开放的 20 多座古典园林、大量宗教场所等，还有使用忠王府的苏州博物馆，使用文庙一部分的苏州碑刻博物馆，使用狮子林祠堂的苏州民俗博物馆，以及苏州众多的博物馆。

——商贸性质：主要由商业、餐饮、茶肆、画廊、宾馆业等使用。特别是在山塘历史街区、平江历史街区中大量采用。

——企业与社团办公、活动性质：主要由一些创意产业企业、民间团体经营、管理使用。这是近几年探索的路子之一。

——居住性质：主要有公管房、私宅。占有相当的比例。

（六）在遵循规律、尊重民意、尊重专家的结合上落实民主化、科学化决策咨询体系。

古城保护是一门大学问，综合了众多学科，汇聚了各种人才，因此，在古城保护问题上，广开言路，集思广益，博采众议，善纳良言，把专家的智慧变成决策的重要参考和主要依据，成为苏州领导层的必修课。苏州古城保护之所以无大恙，与领导层在重大决策时尊重规律、尊重民意、尊重专家，先研后试，先试后行，大胆设想，谨慎构思，严密实施，建立起民主化、科学化的决策咨询体系有直接的关系。

一是严格遵循客观规律。苏州上下都能意识到，古城保护是一个长期的系统工程，不能追求短期效益，更不能激进和蛮干。文化遗产保护有其自身的客观规律，保护工作必须按照固有的规律，才可能不走错路、少走弯路。因此，苏州在古城保护问题上始终按照文物保护法规、行政决策程序的有关规定、程序、方式、方法行事，始终按照总体规划的总目标，遵循城市发展的规律，循序渐进，从而避免了瞎指挥、乱指挥、武断、蛮干的现象。

二是广泛听取民众意见。古城保护与公共利益和群众切身利益有密切关系，苏州市领导坚持在重大行政决策前，广泛进行调查研究，采取听证会、座谈会及公开征求意见等方式，充分听取与决策事项有利害关系的相关各方的意见，听取负责决策事项实施、监督的地方和部门的意见，摸清实情，吃透民情，及时研究和调整，尽量使决策能够符合民情、民意、民愿。如对破旧民房改造，在古城保护原则基础上，广泛征求民众意见，听取民众呼声，先试后行，不断完善改造方案。80年代，为解决古城古建老宅修复及人口松动，着手"古宅新居改造试点"；90年代，为加大古城保护"由点到面"力度，试行"街坊改造工程"；21世纪初，引进古城保护国际理念，试行"历史街区整治工程"。

三是重大问题由专家把关。每次重大决策之前，苏州市委、市政府都能广泛听取专家意见，重大问题由专家把关，领导出题，专家把脉，一荣俱荣，一损俱损。对专家和市民争论不定的意见，则反复征求意见，求同存异；并注重发挥人大、政协的作用，共议大事，共研难题。如对"历史建筑的改造谁说了算"的问题，市文物部门组织专家进行深入讨论和研究，通过几年努力，2000年制定出《苏州市古建筑遗产评估体系》，以打分的方式，对古旧建筑的历史、科学、艺术价值作出评估，从而避免了"公说公有理，婆说婆有理"的纷争。2011年，有专家提出修复古城墙的动议后，市政府广泛征求各方面专家的意见，召开人大、政协听证会，形成初步方案后，又利用新闻媒体和网络公示，发动公众参与讨论，最后形成了切实可行的专家意见。随着时代的发展，古城保护必然会遇到新技术、新材料，如何利用？苏州充分尊重专家意见，通过专业技术人员和传统工匠的传承和弘扬，既坚持传统风貌和传统技艺的苏州特色，又注意吸收新技术、新工艺，科学有效地采用新材料、新技术、新工艺，为解决古城复兴再利用提供了物理和技术工艺保证，使古城基础设施、交通、商贸、古建老宅、居民的现代生活等成为可能和现实。

苏州是一个文化底蕴深厚的城市，又是一个非常幸运的城市，既有一批热爱古城、熟悉苏州的文化人和学者，有一批对苏州家底了如指掌的老苏州，又有历届开明的领导者，敢于担当善于采纳和吸收来自各方面的真知灼见。两股力量相加，产生更大的效应，成为古城保护中的无形财富之一。

新的起点新的思考

苏州国家历史文化名城保护区的设立，以及将原平江区、沧浪区、金闾区整体纳入保护区范围，进行统一规划管理，是苏州古城保护史上的一次历史性机遇。站在新的历史起点上，回顾过去苏州古城保护的30年，成果有目共睹，经验十分宝贵，但存在的矛盾和问题依然众多，古城保护和有机更新任重道远。

一是在思想认识上，全面保护理念与具体操作认识不统一的矛盾依然存在。经过30年的努力，《苏州城市总体规划》确立的"全面保护古城风貌"的理念已深入人心，但对于"全面"的具体内涵、范畴还有不同理解，应采取什么样标准和措施来保护、达到什么样目标等，还有待于进一步深化。

二是在保护工作上，主动探索实践与系统专业指导的矛盾依然存在。具体表现在：古城保护的实践有了，但保护工作的系统性、专业性不够；古城保护的规划有了，但指导性和可操作性不够；古城保护的人才和专家有了，但权威性、专业性不够；古城保护的规划机构有了，但组织实施的执行力不够。尤其是古城保护规划作为城市总体规划的专项规划，虽有专门编制、控制和管理的部门，但对于古城保护各项工作任务的统筹、组织、协调，还缺乏专门的责任机构，影响了保护工作的延续性和整体性。

三是在保护与利用上，保护投入大、利用产出少的矛盾依然存在。保护古城的目的就是要保护古城的历史、文化和科学价值，让古城跟上时代发展的步伐，为当代人所用。30年古城保护在实践和探索上投入了较大的财力物力，也积累了宝贵的经验和教训，但对于如何利用古城丰富的历史文化资源，发挥它应有的作用，创造出更大的经济、社会效益，这个问题研究得不够充分。对整治后的古建筑和历史街区，如何进行科学合理的开发利用，充分发挥它们的价值，以及经济和社会效益，还在探索中。与国内外先进城市相比，保护与利用的辩证关系处理得还不够理想。古城旅游尤其是水上旅游的文章没有做足，古城保护为造福广大市民百姓生活、创业、致富带来的实惠还有待于充分挖掘和体现。

四是在保护模式上，目标任务繁重与方法资金单一的矛盾依然存在。古城保护是一个系统工程，任务艰巨，资金投入需求量大，且大部分保护项目社会效益大于经济效益。总体而言，目前多元化、社会化、市场化的投入产出机制尚未形成，繁重的古城保护任务正考验着政府运筹资金的实力和能力。因此，迫切需要我们创新思路，谋求新的出路。

五是在保护现状上，人民群众追求现代化生活需求与城市功能弱化、生活环境退化的矛盾依然存在。毋庸置疑，近几年来，古城基础设施、交通组织、创业和人居环境得到了较大的改善，但随着东园西区等周边现代化新城区的崛起，古城、新城相辅相成、融为一体、互相协助的格局没有真正形成。古城区显得相形见绌，已逐步成为基础设施洼地和弱势人群的集聚区。外来人口大量涌入，原住民比例明显减小，居住密度偏高，城市功能日趋弱化，城市品位不高。尤其是受汽车时代加速来临和河道水质退化影响，古城小街小巷"洁齐美"和古朴、宁静的氛围不浓，城市因水而灵秀的特色和小桥、流水、人家的水城风貌淡化，生活环境退化。古建老宅和传统民居衰败严重，相当多的古建筑还得不到保护和维修。超量的人流、车流、物流给古城基础设施造成巨大压力。

尽管上述问题也是其他古城普遍存在或者难以避免的问题，是各级决策者、管理者长期关注和努力思考、解决的问题，但我们依然要高度重视，尽一切所能把古城保护工作做得更好。要以批准设立苏州国家历史文化名城保护区为契机，进一步理顺市、区两级政府在古城保护上的责权利关系，处理好古城区与周边县市区的关系，进一步明确古城功能定位，厘清古城保护目标任务和工作职责，实现古城保护与现代化建设比翼双飞，共同发展。为此，提出 6 条建议：

1. 要把始终坚持"全面保护古城风貌"的理念放在突出的位置。苏州古城是我国第一批公布的国家级历史文化名城，具有很高的历史、文化和科学价值。"全面保护古城风貌"是国家对苏州古城保护的总目标、总要求。30 年来《苏州城市总体规划》经过了 3 次编制和修编，但古城保护的总目标、总要求从未改变。"全面保护古城风貌"不仅体现了古城的历史价值，包括城市规划布局、古建筑、园林文物、古城风貌 4 个方面；也涵盖了古城保护的范围，还明确了全面保护古城风貌的 5 个方面具体内容，归纳为"两个保持、一个保护、两个继承和发扬"，即：（1）保持"三横三竖加一环"的水系及小桥流水的水巷特色；（2）保持路、河并行的双棋盘格局和道路景观；（3）保护古典园林、文物古迹及古建筑；（4）继承发扬古城环境空间处理手法和传统建筑艺术特色；（5）继承发扬优秀的地方文化艺术。尤其是随着苏州城区七个点段列入中国大运河申报世界遗产名单，苏州由此成为大运河沿线 37 个地级城市中唯一以古城概念进行申报世界遗产的城市，这必将进一步提升苏州古城的价值。对于古城保护的认识，当前存在的主要问题是，当整体利益与局部利益、长远利益与眼前利益、发展与保护、保护与个人的现实需求等发生冲突时，市民对古城保护的自觉行动和行为规范还有较大差距，因此，必须强化思想认识，毫不动摇地坚持"全面保护古城风貌"的理念和方针，以此形成全社会的共识，上升为全社会共同的意志。这是每个苏州人的责任和使命。

2. 要把正确处理古城保护与新城发展关系、明确古城功能定位放在突出位置。30 年来苏州城市的发展，从 80 年代末的河西新区建设，90 年代苏州高新技术开发区、中新苏州工业园区建设，形成了"东园西区、一体两翼"的城市格局；到本世纪初吴县市撤市，设立吴中、相城两区，形成"五区组团"的城市格局；再到 2012 年平江、沧浪、金阊三区合一设立姑苏区，同时挂牌苏州历史文化名城保护区，撤消吴江市设吴江区，形成了"一核

360

与文字为伴

四城"的新城市格局，始终贯彻了"全面保护古城风貌，积极建设现代化新区"的城市建设方针。当前，需要明确的仍然是定位问题，姑苏区在成立时，曾提出了"四区、四高地"的目标，即"历史文化保护示范区、高端服务经济集聚区、文旅融合发展创新区、和谐社会建设样板区"，"文化高地、旅游高地、科教高地、商贸商务高地"，这个定位总体上是正确的，问题是如何把握核心和重点，如何分解落实到位。这里，关键是要把古城区放在"一核四城"乃至全市经济社会发展的大格局中来考量。要特别注意理清古城区与新城区的关系，双方既要做到功能互补、产业互补、优势互补，又要明确各自重点，实现错位发展。在"一核四城"城市格局中，古城处于中心，在它身上储存着苏州城市的历史、文化和科学价值基因。新城区有责任反哺和支持古城的保护和更新；作为古城区，首要任务和职责是保护好古城、利用好古城，正确处理保护与利用、发展的关系。要十分重视挖掘好、保护好、发扬好古城的价值，让苏州古城延年益寿，彰显特色和优势，实现"文化传承、活力重显"的目标。相对于经济发展的目标任务，这方面的使命和责任更为重大。作为一个历史文化名城和风景旅游城市，古城定位主要是宜居、休闲、旅游、创意等方面。产业上要鼓励传统工艺、特色商业、旅游、餐饮、文化、创意、总部经济等，与周边区域实行错位发展。

3. 要把坚持城市规划引领，全面系统指导古城保护工作放在突出位置。城市规划是政府的主要职能，也是城市建设、保护的前瞻性指导。一是要适时编制和完善古城保护各类规划。编制规划必须由顶尖的专家、一流的团队，善于运用国际理念、掌握先进理论和方法、通晓苏州实际的成员组成。一流的团队才能编制好一流的规划，从法律上、制度上、空间上来确定城市建设和古城保护的目标、内容、原则和方法等，确保城市发展与保护的科学性、可持续性。二是要加强古城保护规划实施的监督管理，新一轮苏州历史文化名城保护规划已经编制，接下来要做的工作就是要确保规划的细化和落实，树立规划的权威性。三是要注重顶层设计，建立古城保护规划指导、实施的决策机制。强化政府统筹指导，正确处理政府意志、专家意见、民众意愿三者关系，确保古城保护工作的延续性、可操作性。建议组建有别于城市规划专家咨询委员会的专门机构——苏州古城保护专家委员会，人员不在于多，而在于精，在于有权威性，由本地专家、外地专家、政府部门和社会人士共同组成，专门从事古城保护项目提出、论证、决策咨询等工作，通过研讨、公示等方式广泛征集领导、专家、干部、群众的意见和建议，形成古城保护工作的决策意见，为领导和政府部门决策提供服务。

4. 要把营造古城宜居环境、满足人民群众生活需求放在突出位置。一是要彻底搬迁或关闭古城内及周边的污染企业，根治工业污染源。科学有效利用"退二进三"地块，注意挖掘工业厂房的历史、文化和科学价值，分类规划指导，提高土地利用效率。二是保持古城居住用地、商贸用地、基础设施等用地性质之间的合理比例。要按照市委和政府的要求，把人民路打造成精、秀、优、美、有特色的苏州古城第一街。整合商业资源、调整商业业态，古城区不宜新建或扩建大型商业卖场，缓解人流、车流压力，为创造宜居环境提供更多的空间。古城更新区域（地块）定位，要按规划重点建设一些高档苏式住宅，改造修缮一批高质量的古建老宅，吸引高端人群首选入驻，让古城区成为高端人群和原住民居住的集聚区。改善古城的人口结构和素质，提升城市品位。三是实施河道清淤、保洁和"自流活水"工程。水是苏州的灵魂，要真正让古城河道的水流动起来，彻底改善水环境，还原苏州水城功能和特征，重现小桥、流水、人家的水城风貌。四是研究解决古城交通问题。控制大流量公共建筑建设和道路街巷拓宽工程，加强交通管理，减少车辆穿越古城量，创造条件适当增加道路交通单行的比例，保持古城宁静氛围和宜人空间尺度；规划建设古城的慢行交通系统，恢复古城小街小巷的传统交通功能，结合城市旅游要求，让游客在慢行交通系统内充分感受苏式生活味道以及旅游景点魅力；建设高效便捷的公交系统，实行公交优先政策，鼓励市民公交出行。五是持续改善城市基础设施，继续实施背街小巷整治、改厕、零星楼整治等民生工程，适度增加古城公共绿地空间。

5. 要把古城保护重点项目循序渐进有序推进，保存历史、文化、科学价值放在突出位置。目前，在建保护和更新项目比较多，任务繁重，资金压力很大，要根据既定方针，有重点、有步骤地着力推进古建老宅、城墙遗址、历史街区、旅游景区和文物古迹等历史遗存的保护和环境整治工程。通过"复合式"保护和整治工程的实施，全面保护古城历史、文化和科学价值，提升古城形象。一是严格控制古城建筑层高、色彩和风貌，保持"黑、白、灰，淡、素、雅"的城市风格和"高、中、低、凹"的城市独特立体轮廓线。保证古建筑本身的形象和周围环境的完美，保持视线走廊，组织古城景观空间保护体系。二是严格控制古城和历史街区内建筑拆迁、建设和道路拓宽，保存历史信息、古城肌理、街巷风貌和人文环境。对与古城风貌不协调的建筑要逐步拆除，对局部破损建筑进行修复，对建筑质量好的建筑进行更新内部设施，对无法修理的危房按规划进行翻建。老建筑要延续历史传统，更新内部设施，适应现代生活需求，新建筑要继承传统与老建筑相协调。三是严格控制古城私房翻建和直管公房解危。要特别关注古城内除文物建筑、控保建筑、古典园林、历史街区以外大量存在着的传统古民居的维修和保养工作，加快内部设施改进，体现现代生活元素。按古城形成的历史规律，鼓励房屋产权人按规定进行翻建，保留民居特色，保存历史文脉和原有的自然和人文环境。按城市规划统一要求，实施直管公房解危工程。防止有违城市形成规律的大体量新住宅、新建筑出现在历史街区、传统风貌区。四是严格控制门面招牌、空调外机、屋顶天线以及防盗窗栅等设置的建筑设计。加强建筑实施单位对建设工程的善后管理，限制房屋外墙装修等，巩固建设和保护成果。五是严格按照世界遗产标准，认真做好大运河申遗所涉项目的保护和整治工作，带动古城保护工作的整体提升。

6. 要把正确处理保护与利用的关系，促进古城经济社会全面进步放在突出位置。要利用苏州历史文化名城保护区设立的体制优势，做强做大古城保护的利用文章。一是以"苏式生活"为品牌，整合古城保护范围内文物古迹、古典园林、宗教场所、博物馆、控保建筑、历史街区、传统民居等众多历史文化遗存和民风民俗等原住民的人文资源，统一规划，规模经营，发展古城旅游。二是以国家文化旅游示范区建设为载体，进一步加强古城文化旅游资源保护、开发和利用，完善古城文化旅游软硬件环境，形成"以文兴旅、以旅促商"的良性互动格局。三是利用古城特色文化和人文环境，加大产业结构调整，引导扶持文化旅游、创意设计、影视、特色商业、酒店餐饮、总部经济等与古城保护利用相吻合的产业发展。尤其是要在做强、做优园林品牌的基础上，积极打造"园林休闲之都"。四是注意发挥古城居民参与古城保护利用的主动性和积极性，把古城作为市民创业的资本和资源，让市民百姓获得更多的实惠，从而形成全社会都关心支持和主动参与古城保护工作的良好局面。

（合作者：陈卫京、周苏宁、徐自健，成文于 2013 年，获江苏省、苏州市哲学社会科学优秀成果二等奖。）

生态园林休闲城市研究
——兼论苏州国家历史文化名城的功能优化

简述：已经率先建成全面小康社会的苏州，如何为实现国家"两个一百年"的宏伟目标和中华民族伟大复兴的"中国梦"再作新贡献？如何为在苏州居住、生活、创业乃至来观光旅游的人们提供满意的城市环境？如何在苏州现有的众多优势中进一步凸显自身的核心优势，尤其是如何最大限度地张扬与优化自己的城市功能与特色？这是应该而且必须回答的问题。努力把苏州打造成为一座高品质、典雅性、现代版，具有江南味道、古韵今风，为人们宜居、宜业、宜游的生态园林休闲城市，是必然的选择和前进的方向。生态园林休闲城市不仅是一种形态，也是一种业态，还是一种生产生活方式和城市产业结构的转型、升级与优化，更是一种理念的升华，一种城市品质的体现。

作为国家历史文化名城的苏州，2014 年有两大事件必将载入城市发展史册：

一是苏州荣获被称为城市规划界"诺贝尔奖"的"李光耀世界城市奖"，成为继西班牙毕尔巴鄂、美国纽约后，全球获奖的第三个城市。

二是中国大运河申遗成功，苏州首次以古城为概念，有 7 处点段、4 条运河古道列入名录，成为国内物质和非物质文化遗产数量最多的城市之一。

城市篇

改革开放以来，苏州经济社会发展谱写了新的历史篇章，集聚了数量众多的发展优势，获得了不胜枚举的桂冠殊荣：有国际新兴科技城市、全球最具发展潜力城市、中国投资环境金牌城市和跨国公司眼中最具投资价值的中国城市等；有全国文明城市、国家卫生城市、全国社会治安综合治理优秀城市、世界卫生组织健康城市最佳范例奖、中国城市生活质量排行前列城市等；有苏州古典园林等被列入世界文化遗产名录，昆曲、古琴等被列入人类口述和非物质遗产代表作，批准设立国家历史文化名城保护示范区等；有国际花园城市、国家环境保护模范城市、国家园林城市、国家生态市和中国人居环境奖等。毫不夸张地说，苏州是一个经济发展与社会进步、传统文化与现代文明协调、人居生活与环境品质俱佳的城市。正如苏州被评为"中国最具经济活力城市"时的颁奖词所说："一座东方水城，让世界读了两千五百年；一个现代工业园，磨砺出超越传统的利剑；她用古典园林的精巧，布局出现代经济的版图；她用双面刺绣的绝活，实现了东方与西方的对接。"

如今，我们再读这座国家历史文化名城，不禁油然而然深思，已经率先建成全面小康社会的苏州，如何为实现国家"两个一百年"的宏伟目标和中华民族伟大复兴的"中国梦"再作新贡献？如何为在苏州居住、生活、创业乃至来观光旅游的人们提供满意的城市环境？如何在苏州现有众多优势中进一步凸显自身核心优势，尤其是如何最大限度地张扬与优化自己的城市功能与特色？这是应该而且必须回答的问题。我们认为，努力把苏州打造成为一座高品质、典雅性、现代版，具有江南味道、古韵今风，为人们宜居、宜业、宜游的生态园林休闲城市，是必然的选择和前进的方向。

我们感到，生态园林休闲城市不仅是一种形态，也是一种业态，还是一种生产生活方式和城市产业结构的转型、升级与优化，更是一种理念的升华，一种城市品质的体现。打造生态园林休闲城市，需要由理论上的研究探讨来推动决策的科学谋划，进而推进全社会深层次的探索、创新和实践。

一、生态园林休闲城市的历史文化禀赋

生态园林休闲城市的提出，对于苏州这样一座城市来说，具有极其深厚的历史文化禀赋。我们追溯时代的发展，可以十分清晰地发现，历史上的苏州具有生态园林休闲城市的许多特质，也可以这么说，苏州曾经就是一座生态园林休闲城市。请看例证：

1. 鱼米之乡。苏州位居我国长江中下游平原太湖流域，北枕长江，西倚太湖，东通大海，京杭大运河贯通南北，境内河汊纵横交错，湖荡星罗棋布，水面面积占全市总面积的42.5%。再加上地处温带，属亚热带季风海洋气候，四季分明，温和湿润，雨量充足，土地肥沃，植被茂密，物产富足，自古以来就是稻米、小麦、棉花、油菜、桑蚕、水产等的主要产地，在全国占有重要地位。位于这种区域的苏州城乃至集镇，自然渗透着水乡城市的种种特质，人们传诵的"近炊香稻识红莲"、"桃花流水鳜鱼肥"、"夜市买菱藕，春船载绮罗"的诗句，就是历代诗人对苏州城乡物产富足的赞美和讴歌，在世人的心目中，苏州就是"鱼米之乡"的代名词。

2. 园林之都。江南园林甲天下，苏州园林甲江南。苏州园林造园已有千百年历史，早在春秋战国时期就有著名的吴国王室园林，如夏驾湖、子城吴宫、长洲苑、姑苏台、郊台、馆娃宫、梧桐园等，都是当时著名的宫苑。自魏晋南北朝以后私家园林大量兴起，明清时期达到全盛，不仅士家殷户喜爱造园，下闾人家亦玩盆景，造园成为社会风气。据史料记载，历代苏州园林名胜计有798处，其数量之多、造园艺术之精湛，闻名海内外。即便苏州历经沧桑，至今仍然堪称一座"园林之都"，古城中现有保存完好的古典园林50多处，其中拙政园、留园、网师园、狮子林等9处古典园林已被列入"世界文化遗产保护名录"，成为全人类共有的财富。新古典园林、近当代仿古精品园林建筑也是遍布城乡，令人赞叹，也许百年以后，它们中的相当一部分也将成为"世界文化遗产"。

3. 消费之城。苏州环境优美，经济发达，商贸繁荣，文化兴盛，特别

是明中叶以后，苏州成为中国最重要的工商之地，市肆繁盛，商贾云集，物流如潮，为苏州成为消费城市提供了丰厚的物质基础和文化氛围。整座城市形成了门类齐全的消费市场，在书法绘画、工艺美术、藏书出版、戏曲、医学、建筑、园艺、餐饮以及以刺绣、玉器、金石、家具为代表的手工艺等方面，均名家辈出，名闻全国。明代著名诗人袁宏道就曾赞誉苏州："山川之秀丽，人物之色泽，歌喉之宛转，海错之珍异，百巧之川凑，高士之云集，虽京都亦难之。"苏州成为明清时期"东南第一大都会"，可见当时城市消费之盛况。

4. 典型江南。从古至今"江南"一直是个不断变化、富有伸缩性的地域概念。最初的江南，意为长江之南面。近现代的江南，却代表着繁荣发达的文化教育和美丽富庶的水乡景象。现在，在人们的心目中，苏州就是典型的江南。苏州古城自2500多年前筑城至今，基本保持着"河街相邻、水陆并行"的双棋盘格局，"三纵三横一环"的河道水系和"小桥流水、枕河人家、粉墙黛瓦、古迹名园"的独特风貌，是全国河道最长、桥梁最多的水乡城市。"君到姑苏见，人家尽枕河。古宫闲地少，水港小桥多"描写的就是江南风光。在古城之外的河网丘陵间，古镇、古村落星罗棋布，很多保存着太湖流域的自然风貌和江南水乡古代农耕生活形态。

5. 苏式生活。由于苏州交通畅达，商业繁荣，衣食住行条件优裕，自古以来就成为人们的享乐之地，逐渐形成苏州特有的生活方式。苏式生活，既有风雅，又有民俗，丰富多彩，相得益彰。小巷深处的宁静，庭园曲径的幽僻，街市商铺的熙攘，酒肆茶楼的热闹，澡堂里的惬意，堂会中的昆曲，书场中的评弹，新季尝鲜，佳节出游，花市、鸟笼、供石、古玩……时时处处体现出苏式生活的闲情雅致、优哉游哉，这就是一幅典型的慢生活的"苏式场景"。

6. 文化气质。苏州具有浓郁的古典而又时尚的文化气质，集中体现在苏州人尊古崇文的传统，作为悠久的文化礼仪之邦，苏州自古以来就有"读书为上"、"崇文为荣"的传统，建有中国最早的府学，教育事业非常发达，成为全国文风最盛之地，自古人文荟萃，文化发达，形成了苏州"土风清嘉"、"文采风流"的特色。同时，苏州因地处东南沿海，具有开放的秉性，善于海纳百川，吸收各种外来文化，与时俱进，知足而不满足，雅趣而又时尚，进一步创新了"文化苏州"的城市格调。

诚然，历史上的苏州生态园林休闲城市属性，具有农耕时代的典型色彩，反映了生产力不很发达状态下的城市特征。历史的车轮滚滚向前，时代的发展日新月异，时至今日，人们已不可能回到那种状态，只能在书刊和记忆中翻阅着尘封的往事。但也不容否认，城市形成是历史积累和沉淀的产物，所谓"罗马不是一天建成的"，令人向往的城市都可能需要几百年甚至上千年发展的积淀，有着极其深厚的历史文化禀赋，这些历史文化禀赋又是城市实现新发展的灵魂和根本。在转变发展方式、推进转型升级的今天，我们必须倍加珍惜、悉心保护和积极弘扬这些历史文化禀赋，努力在前人开创的基础上，延续城市历史文脉，实现城市更高境界的状态"回归"更新发展。

二、苏州现代化进程中的跨越与烦恼

改革开放以来，苏州的经济发展总体上经历了"农转工"、"内转外"、"量转质"三个历史阶段，城乡面貌发生了翻天覆地的变化，经济社会发展实现了"五大跨越"。即经济实力实现了从典型消费城市向全国闻名经济大市的跨越，1978 年的苏州，经济总量在全国大中城市大致排在 30 位左右，2013 年地区生产总值已跃升至 13000 亿元，人均地区生产总值（按常住人口计算）近 2 万美元，主要经济指标均位居全国大中城市前列。产业能级实现了从以传统轻工业为主地区向现代制造业基地的跨越。苏州经济素以传统轻工业为主，县域更是农业占了很大比重，如今苏州的工业格局已经脱胎换骨，2013 年苏州规模以上工业总产值达到了 30416 亿元，继续保持了仅次于上海的全国第二大制造业基地。开放水平实现了从区域经济相对封闭向全方位开放新格局的跨越。开放型经济走过了从无到有、从小到大的发展历程，2013年，全市进出口总额达到3100亿美元，累计实际利用外资超过1000亿美元，继续保持全国领先位置。城乡面貌实现了从城乡分隔向城市现代化、城乡一体化的跨越。改革开放前，苏州的中心城市建成区面积不足30平方公里，如今中心城市建成区面积超过400平方公里，全市形成了以中心城市为核心、4个中等城市（县级市市区）为节点、55个镇为基础的现代化区域城市群，城市化率达到70%以上。居民生活实现了从温饱不足向生活品质小康的跨越。改革开放初期，苏州农民人均纯收入仅200多元，城镇居民可支配收入不足500元，2013年则分别达21500元和41100元，均保持全国领先水平。但在历史性变化的同时，发展中也产生了许多成长的烦恼，主要表现在：

1. 资源瓶颈约束加剧。从土地资源看，全市存量建设用地从上世纪80年代初期的100.9万亩，分别增加到2000年的197万亩、2010年的350.7万亩。专业研究表明，一般情况下建设用地不能超过土地面积的三分之一，据此，苏州可利用的土地资源已逼近"红线"。与此同时，苏州劳动力资源成本大为提高，传统劳动力优势大为减弱；城市生活用水、工业用水也年年超负荷供应，以"东方水城"闻名于世的苏州也已成为水质性缺水地区。种种迹象表明，资源约束已成为苏州实现可持续发展的瓶颈之一。

2. 环境容量不堪重负。从水环境看，在去年开展监测的国家和省地表水环境质量监测网的54个断面中，6个断面水质达到Ⅱ类，28个断面水质达到Ⅲ类，但仍有20个断面是Ⅳ类和Ⅴ类水质，占到监测断面的37.1%。形势更加严峻的是，当前环境污染主要呈现水、大气、噪声、土壤复合污染的状态。虽然近年来加大了节能降耗力度，万元GDP能耗从2010年的0.824吨标煤降至2013年的0.609吨标煤，但与2010年深圳（0.515）水平相比尚有一定差距。如何在环境承载能力十分有限的情况下继续前行，这是一个亟待化解的矛盾。

3. 产业结构相对偏重。苏州二产占 GDP 比重一度高达 60% 以上，近年来虽然降到了 53% 左右，但工业份额依然相对较大，并同时存在着重化工产值比重相对较大的情况。苏州服务业增加值占 GDP 比重从 2005 年出现由降至升的拐点以来，服务业增加值年均增速达到了 14.9%，快于 GDP 年均增速（13%）1.9 个百分点，分别比全省（13.1%）和全国（10.9%）快 1.8 个和 4 个百分点。但服务业发展依然是一个短腿，去年服务业占 GDP 的比重高出了全省 1 个百分点，却低于全国 0.4 个百分点，在全国 20 个重点城市中居第 16 位，在苏南五市中列第 3 位（居南京、无锡之后）。

4. 外来人口急速膨胀。全市登记外来人口由 2000 年的不足 86 万人迅速增加至目前的 650 万人，按专业部门统计口径，全市常住人口由 679 万人增加到 1050 万人，成为一个名副其实的人口大市。外来人口的大批进入，已经使苏州面临城市承载压力和社会管理成本上升等问题。问题的严重性还在于，外来人口普遍存在着文化素质低、收入水平低的"双低"现象。人口处于饱和状态，已经严重影响社会各种资源的合理、有效、公平分配，并带来了比较严重的社会公共安全问题。

5. 居民生活压力增大。由于经济社会的高速发展，人们的日常生活节奏越来越快，超负荷工作也已经成为一种生活常态。生活节奏的加快和工作的超负荷运行，一方面带来的是收入水平提高，另一方面却又造成了生活品质的不断下降。收入水平的提高并未有效提升生活品质，却造成了生活压力空前增大，进一步造成了一些人的人生目标模糊、个人修养缺位、亲情关系淡薄、幸福指数低下。发展、富裕与幸福、快乐之间并没有画上等号，成为现代社会的一大烦恼。

6. 文化传承任重道远。在现代、时尚、流行文化的冲击下，文化遗产的保护难度越来越大，优秀传统文化的继承前景并不乐观。从古文物建筑来看，不少古园林、古建筑、古文物处在濒危状态，有的已经遭到毁坏。据统计，古城内现存古典园林从 1986 年的 69 处减少到现今的 53 处，还有 10 余处有待抢救修复；城内曾经古建老宅鳞次栉比如今列入市级控制保护建筑的仅存 310 余处；宋代有桥梁 314 座，而今只有 168 座，减少了一半之多；从民间工艺美术来看，苏州曾是全国工艺美术门类最为齐全的城市，而且有相当程度的产业化规模，但目前大批品种已经消失，大量的民间工艺美术后继乏人。从民风民俗来看，优秀的传统文化面临各种现代时尚和外来文化的侵蚀，人心不古，面目已非。

7. 社会和谐压力增大。随着经济的发展，分配和贫富距离拉大已成为一个严重的社会问题。虽然苏州是全国为数不多的城乡居民收入差距在 2：1 之内的城市，优于全省 2.4：1 和全国 3：1 的水平，但从发展变化趋势看，其差距却仍在扩大。与此相关联的，社会上的各种矛盾日益增多，失地农民问题、外来农民工问题、低收入人群问题、无业失业人群问题、城中村问题、城市公共管理问题、看病难看病贵问题、教育均等化问题等等，成为了触点多、燃点多的"城市病"。

对于苏州的发展历程、成就和一些烦恼，我们必须以历史唯物主义和辩证唯物主义的态度科学对待，发展阶段是不能逾越的，某些代价也是无法回避、必然付出的。矛盾是社会发展的动力，发展就是要坚持以解决问题为导向。苏州率先发展，率先遇到问题，必须率先解决问题。党的十八大以来，坚持以人为本、转变发展方式、建设生态文明、实现可持续发展等新理念、新举措被纳入到区域经济社会发展的重要目标。苏州以解决问题倒逼发展，抢抓机遇，先人一步，一手抓积极发展新兴产业和淘汰落后产能，一手抓主动整治环境问题和修复建设生态，近年来，在经济社会全面转型升级上取得了实质性的进展。在产业调优调高上，新材料、新能源、高端装备制造、新型平板显示、节能环保等八大战略性新兴产业初具规模，2013 年，制造业领域新兴产业实现产值达 13700 亿元，同比增长 10.8%，占规模以上工业产值比重为 45.1%，高新技术产业产值也突破了 13000 亿元，同比增长 5.5%，占规模以上工业产值比重达到 43%。在生态文明建设上，在全国率先实现生态园林城市群的目标，率先建立了生态补偿机制，率先以地方立法形式保护农业发展，初步构建起比较完整的生态文明建设政策体系；去年环保投入494亿元，比上年增长11%，占到了地区生产总值的3.8%；全市环境质量综合指数92.4，按AQI标准统计全市空气质量优良天数265天，优良率72.6%，集中式饮用水源地水质达标率为100%。在城乡一体化的发展上，中心城区的辐射带动功能也不断增强，主要发展指标占全市的比重由改革开放初期不足20%上升到超过50%。同时，苏州也成为全国城乡一体化综合配套改革试点城市，初步实现了城乡规划、产业布局、基础设施、公共服务、就业社保"五个一体化"，2013年城乡居民收入比为1.91∶1，成为全国差距最小的城市之一。在创新社会治理上，城乡养老、医疗和最低生活保障全面实现并轨，养老保险和居民医疗保险覆盖率达到99%以上；成为国家首批公共文化服务体系示范区创建城市，行政村公益性文化设施覆盖率达90%；城乡卫生服务机构覆盖率达100%，人均期望寿命超过82岁；赢得了全国社会管理综合治理优秀地市"六连冠"，第三次被授予"长安杯"。

我们感到，现代化是一个寻找差距、补短补软、与时俱进、增创优势的发展过程，发展的目的就是满足人民群众日益增长的物质和精神文化需求。正是由于苏州坚持科学发展、可持续发展、包容性发展的先行先试，为我们向着更高目标进军提供了雄厚的物质基础和积极的实践准备。

三、城市功能转换的特色彰显和优化

当前，我国经济发展整体进入了以"中高速、优结构、新动力、多挑战"为主要特征的新常态，朝着更加和谐、更加健康、更加文明的可持续发展方向努力前进。对苏州来说，无疑在经济、社会、文化、生态的发展模式和路径选择都提出了新的更高的要求，为城市功能的转换、特色彰显和优化也创造了机遇，尤其对进一步优化苏州国家历史文化名城的功能水平，更好传承和弘扬优秀文化，充分发扬和增创城市的个性和优势，提升

城市的品位和核心竞争力，努力使发展目的回归到以人为本、满足人民群众日益增长的物质和精神文化消费需求上来，是题中应有之义。

唯物辩证法也告诉我们，事物的发展总是按照"自我肯定和自我否定及其相互转换"的逻辑，通过"否定之否定"的过程，实现不断完善、逐步提升。苏州具有生态园林休闲城市的历史文化禀赋，并历经了现代化进程中的跨越与烦恼，城市功能转换开始进入到一个崭新的境界。而且，大量事实，特别是发达国家走过的历程表明，一个新的休闲时代正在向我们招手。这个休闲时代不是回归到农耕时代，也不是回归到生产力不发达状态下的那种以GDP为首要标准的生产生活方式，而是一个崭新的、具备全民共享的"生态、优美、现代"的休闲时代。随着休闲时代的来到，人类将不仅满足于创业、就业本身，更对创业、就业的过程、环境、目的作出了全新的阐释，经济社会结构也随之发生根本性的变化，这种变化反过来推动城市功能的进一步优化发展。我们感到，实现这种类型城市的优化发展，需要从理念、目标到内涵都有创新和突破，全方位、综合性的更新和提升，其中涉及城市的形态、业态、品质、功能、市民生活方式等多个方面。我们说的生态园林休闲城市，从本质上看就是强调这三个关键词：

1. 生态。大生态的概念，既包含水、空气、自然地理环境，也涵盖城乡经济社会建设环境。如城乡空间布局、城乡形态布局、城乡环境人口布局、城乡产业布局等等，都要从尊重自然、顺应自然、保护自然的理念出发，着力推进绿色发展、循环发展、低碳发展，尽可能减少对自然的干扰和损害。对实践来说，特别要保护自然河流湖泊、山体森林、土地农田，在此基础上，整理城乡布局，形成人、水、山、土地、森林一个完整的生态共同体。

2. 园林。大园林的概念，即最美的大地景观。这个"园林"，反映的不仅是物质形态，更是一种具有浓郁氛围的文化形态。人们渴望用营造园林的方法，由封闭型、内向型转为开放型、辐射型，创造适宜于人类居住的生活环境。一个城市的大园林体系，就是以古典园林为核心，以城乡绿化、道路绿化、公共园林、小游园、自然山林、植被保护、湿地公园、郊野公园、专业公园，以及城市园林外溢的庭院、机关单位园林绿化等，成为名副其实的花园城市。

3. 休闲。大休闲的概念，不仅是消除体力的疲劳，更重要的在于获得精神上的慰藉。作为生活态度和生产方式的一种实现和表达，它与人类文明的发展进程紧密相随，说到底就是坚持以人为本，优化城市品质，实现生产、生活方式的转型升级，使人民群众从过度紧张的生活状态中解放出来，并通过人类群体共有的行为、思维、感情，创造休闲氛围，传递休闲信息，构筑休闲意境，从而达到个体身心和意志全面、完整的发展。

由此，选择"生态园林休闲"作为未来苏州城市功能优化的目标，是历史的必然、现实的需要和未来的选择，其基本内涵主要体现在以下四大目标中：

其一：绿色生态家园。生态园林休闲城市首先应该是城乡居民置身其间的绿色生态家园，苏州已先后创建成为国家卫生城市、环保模范城市、园林城市、节水型城市和国家生态市等，还应围绕转型发展的新要求和满足人民群众的新期待，在保护和改善生态环境上再上新台阶。在实践中具体要求主要有：一是应用生态学与系统学原理来规划建设城市，编制科学的城市绿地系统规划并纳入城市总体规划，形成与区域生态系统相协调的城市发展形态和城乡一体化的城镇发展体系；二是城市与区域协调发展，有良好的市域生态环境，形成完整的城市绿地系统；三是城市人文景观和自然景观和谐融通，继承城市传统文化，保持城市原有的历史风貌，保护历史文化和自然遗产，保持地形地貌、河流水系的自然形态，具有独特的城市人文、自然景观；四是城市各项基础设施完善，市民生活工作环境清洁安全，生产、生活污染物得到有效处理；五是具有良好的城市生活环境，居民对本市的生态环境有较高的满意度；六是社会各界和普通市民能够积

城
市
篇

极参与涉及公共利益政策和措施的制定和实施；七是模范执行国家和地方有关城市规划、生态环境保护法律法规，持续改善生态环境和生活环境。

其二：世界历史文化名城。生态园林休闲城市应该是氛围浓郁的世界文化名城，苏州已是国家历史文化名城，未来的目标应该是，不仅为中国人所仰慕，更能吸引全世界的目光。成为世界文化名城，除了实现文化现代化的一些指标外，苏州更应强化自身的文化个性和优势。一是突出文化遗产魅力。苏州拥有闻名于世的大量文化遗产，有列入世界文化遗产的古典园林、大运河（包括古城），有列入"非遗"的昆曲、古琴等，还有一大批列入全国文保和省市级文保单位的文化古迹，既包括散落在全市各地的古塔、古桥、古河道、古民居、名人故居，还有整治完好的历史文化街区，各类型博物馆，各种传统工艺、饮食等。二是突出古韵今风个性。苏州形成了典型的古典与时尚相融合的城市格局，既具传统文化底蕴，又具现代时尚魅力。三是突出文化与经济互动特色。苏州文化之所以繁荣，首先得益于苏州经济的繁荣，苏州经济发展领先为文化的兴盛提供了绵绵不绝的源头活水；苏州经济之所以发展，文化元素的多样性与文化生活的丰富性发挥了极其重要的作用，使得经济发展具有很强的文化特质。

其三：国际旅游目的地。生态园林休闲城市还应该是令人向往的国际旅游目的地。苏州是优秀旅游城市，也是国内旅游目的地之一，成为国际旅游目的地有了一定的基础条件。国际旅游目的地作为旅游产业和目的地国际化共同发展的产物，是指经济社会发达、其中旅游产业成为主要支柱产业并成为目的地发展的根本动力、在国际上具有较高知名度的国际目的地。国际旅游目的地的本质在于国际化的旅游功能，其通行的要求主要有：①优质的旅游基础设施，包括便捷的旅游交通网络、高品质的绿化系统、国际化的目的地标识和完善的旅游紧急救助救援体系。②高品位的旅游资源和依托一流资源形成的交通、住宿、游览、餐饮、娱乐、购物、结算、中介服务等"一条龙"产品。③便捷的出入境程序，做到口岸设施现代化、出入境手续方便。④完善的旅游信息系统，这是现代旅游业发展的新增长点，包括一个或多个旅游咨询中心直接为散客服务、开展网络服务、提供更方便的公共信息服务。⑤国际化的会议场馆，这是旅游目的地国际交流功能的一项重要指标。此外，还要有良好的旅游目的地形象、友好文明的旅游氛围和现代化的预订和结算方式等。

其四：现代文明城市。生态园林休闲城市必须是发达的现代文明城市，苏州是全国文明城市，而现代文明城市，必须是建立在全国文明城市的基础之上的。全国文明城市称号是反映我国城市整体文明水平的综合性荣誉称号，指在全面建设小康社会、推进社会主义现代化建设新的发展阶段，坚持科学发展、包容性发展、可持续发展，经济社会各项事业全面进步，物质文明、政治文明、精神文明、社会文明、生态文明建设"五位一体"协调发展，并取得了显著成就，市民整体素质和城市文明程度较高的城市，其考评基本指标包括廉洁高效的政务环境、公正公平的法治环境、规范守信的市场环境、健康向上的人文环境、安居乐业的生活环境、可持续发展的生态环境、扎实有效的创建活动等7大项、37个子项、119个小项。现代文明城市应达到全国文明城市所有考评体系指标值，并在各领域走在全国率先发展前列，同时面向世界、面向未来、面向现代化，在经济社会发展的较大多数指标上达到世界发达国家平均水平。

四、描绘城市新蓝图的路径选择

打造生态园林休闲城市，努力实现国家历史文化名城的功能优化，必须把握好传承历史、创新现实、赢得未来的结合点，不仅要传承好，而且要创新好，更要实现可持续发展，只有这样，才能既对得起祖先，又着眼于现实发展，还为未来积蓄力量、赢得更为广阔的空间。我们认为，描绘好这张美丽的城市新蓝图，需要从整体上系统把握、顶层设计，更需要我们明确可操作的实践路径，从功能优化角度看，亟待从城市生态功能、产业功能、价值功能、区域功能等四个方面着手重点推进。

（一）城市生态功能的优化：构建市域生态园林体系。

市域生态园林体系是一个具有全覆盖、全领域、全社会共同打造，又突出苏州特色的生态系统，这是生态园林休闲城市建设的前提基础。围绕建设这一目标，综合考虑水、田、湿地、植被、动物等自然资源和建筑物、道路、场地等人为资源的共生关系，营造好生态恢复、循环、互动、共享的基础生态安全系统，使人、园林景观和自然生态友好共存，和谐、可持续发展。初步研究后我们认为，这一体系包括以下5个主要方面：

1.切实改善水陆生态系统。在城外，充分利用自然湖河水系、自然山体、农田、湿地以及人口防护林带，形成可保证动植物自我繁殖、自我更新功能的大生态循环体系。在这个体系中，既保持水平结构稳定，如地形、水文、土壤、水分等；也保持垂直结构稳定，如光、热、风、温度、湿度等；还保持营养结构，即各种动植物生存必备的营养物质，形成自然的动植物食物链。在城内，统筹考虑古城与新区，通过对河网、绿地、公共设施的建设和控制，确保城市生态系统的优良状态，努力形成净化空气（大气调节）、调节城市小气候（绿地、风道、温湿度等）、减低噪声污染、降雨与径流的调节、废水处理（废物处理）和文化娱乐价值等6种至关重要的生态系统服务功能。

2.保护利用文化遗产与遗址公园。自今年中国大运河列入世界遗产名录之后，苏州运河沿线7个点段、4条运河古道及古城概念，加上9处古典园林，苏州古城内外分布的世界遗产拥有量已在国内外同等城市中名列前茅。此外，苏州还有大批列入国家级、省市级文保单位的文化遗产和遗址，它们既是物质形态的，又是精神形态的，而且还有很强的观赏形态，具有多重价值，有选择地将其作为文化遗产和遗址公园，可为人们的生态园林休闲提供多层次的空间选择。

3.加快建设现代公园、湿地公园、滨河公园、郊野公园。苏州在"十一五"期间已经完成了环古城风貌带建设和现代公园、小游园建设，基本实现市民出行300—500米就能步入公共绿色空间的目标。"十二五"中，苏州的湿地公园、滨河公园建设进一步加快步伐，初步建成太湖、虎丘等大型湿地公园，加快石湖生态园、娄江、胥江等滨河绿地景观带建设，同时正在规划建设10座大型（面积在10平方公里以上）的郊野公园。这些大型绿色工程不但在发挥生态效能方面起到"城市绿肺"的功能，而且在生态园林休闲方面也将凸显出其独特的社会功能和经济功能。

4. 鼓励营造新古典园林（住宅小区）。苏州古典园林是古人创造的人类完美的居住环境，至今具有很强的实用价值，成为当代人追求"诗意地栖居"的典范和样本，被现代居住建设工程大量模仿和借鉴，成为"新古典主义"的园林建筑。从独居小院到大型住宅小区，新古典园林建设层出不穷。这种为个别人或小众群体提供服务的新古典园林建筑，一方面满足了绿化、美化环境的需求；另一方面也发挥出休闲的功能，可满足小众日常休闲生活的需要，是全面提升市民生活品质的一个重要物质和精神形态，也可以说是当代苏州人的一大历史贡献。

5. 持续创建园林式单位。企事业单位绿化是苏州长期以来坚持实施一个优势，在"园林式单位"建设中，曾经涌现出一大批优秀单位，成为苏州生态园林城市中一个不可忽视的力量。在新的历史时期，单位园林建设须重视大挖潜力，在立体绿化、屋顶绿化、美化上下功夫，更加突出以人为本的园林绿化理念。同时，在条件允许的情况下，单位绿化宜开墙透绿、拆墙现绿，让更多的绿地为市民生活服务，建设成为优美的市民休闲之地，发挥出园林式单位绿地的最大化效率。

（二）城市产业功能的优化：构建服务经济发展格局。

通过大力发展休闲经济、文化经济、商务经济、平台经济、数字经济等，推进产业结构优化升级，构建服务经济发展格局，这是生态园林休闲城市建设的重点所在。因为打造生态园林休闲城市形态，不仅是一种生活方式的转型改变，更是一种产业结构的优化升级。我们感到，形成服务经济发展格局的产业主要涉及娱乐、文化、创意、健康、养生、工艺、交通、金融、旅游、餐饮、酒店、会展、商贸、演艺、互联网等多个方面，应坚持因地制宜，注重分类指导，切实做到"两手抓"，即一手抓做大、做强、做高，另一手抓做优、做美、做特。

一是推动高端化发展。在抢占先导性产业制高点上，重点发展电子商务、云计算服务、物联网服务、数字文化、工业设计、环境服务等现代服务业新兴产业，找准发展定位和突破口，力争形成先发优势；在提升生产性服务业竞争力上，从先进制造业产业链中的关键环节切入，推动产业向研发、设计、物流、营销、品牌推广、系统集成等上下游延伸，同时大力发展金融服务、现代物流、软件信息、商务服务等生产性服务业，为企业提供资金、流通、信息和专业服务支持；在推进民生服务业发展水平上，强化民生导向，以满足城乡居民日益增长的多层次物质文化需求和公共服务需求为基础，既促进商贸流通业、旅游业、餐饮住宿业等行业扩张规模体量、转变发展方式，更推动教育培训、医疗健康、家庭服务等领域加快发展速度、提升质量内涵。

二是完善体系化建设。从支撑体系看，一方面加快实施服务业集聚区提升工程，对现有集聚区加强分类指导，突出主导产业特色，提高集约集聚水平；另一方面加强资源整合力度，重点是结合城市改造更新，突出枢纽功能、产业功能、信息功能、平台功能等功能性项目建设，加快实施一批投资体量大、示范作用强的现代服务业重点项目。从区域体系看，注重将突出中心城市服务功能、提升县域服务业发展层次和推进农村社会化服务体系相结合，实现一体化发展。从环境体系看，加大社会化服务领域改革力度，大力发展公共服务产业；完善现代服务投融资机制，加快推进金融改革发展；强化现代服务业人才培养引进机制，重点建设复合型领导人才、高层次管理人才和高素质专业技术人才三支队伍。

三是提升国际化水平。抓住国际服务业转移新机遇，充分发挥苏州外向型经济先发优势，面向全世界，加快服务业对外开放步伐，大力引导国际资本和先进技术投向金融服务、信息服务、医疗卫生、职业技术培训、租赁和创业投资、知识产权服务等领域；注重引进国际先进服务理念、管理技术、领军人才和知名服务品牌，吸引战略性、导向性的优质企业和高端项目，提高服务利用外资的层次和水平。与此同时，加强服务国际合作，建立、拓展国际营销网络，设立境外研发中心，加入海外技术联盟，加强境外直接投资、海外融资上市、跨国收购兼并，不断提升在全球范围内的资本运作和要素配置能力。

四是形成特色化优势。特色是服务经济和产业发展的制胜之宝，苏州也是一个具有特色的城市，推动城市、经济、产业的融合发展，创造更多的"苏味"、"苏式"、"苏样"，形成整体上的特色化优势，是一篇可圈可点的大文章。比如，苏州历史上的休闲文体娱乐活动的资源丰富、特色鲜明，应结合新的形势，在总量、规模、层次上精心谋划，尤其是精心策划和编排一台具有苏州特色的优秀文艺演出，以满足不同群体对文化娱乐消费的需求；又比如，苏州传统工艺行业非常有特色，也拥有面广量大的资源，加强对民间艺人及相关行业的组织协调，指导其开发、生产、销售，可以逐步重振苏州工艺美术业的昨日辉煌；再比如，苏州昆曲、评弹、滑稽戏等是文化遗产保护的重点对象，同时也是富有地方特色的产业，应加快培育发展这方面的演艺业，多生产人民群众喜闻乐见、市场适销对路、形式丰富多彩、内容健康向上的文化产品，既能使其在市场大潮中强筋健骨，更能实现"活态保护"。

（三）城市价值功能的优化：打造生态文化休闲品牌。

品牌具有影响力、竞争力，在集中优势、整合资源的基础上，加紧打造"拳头"产品，形成一批亮点品牌，这是生态园林休闲城市建设的重要标志。我们感到，打造生态文化休闲品牌至少有三个好处：一是能快速形成社会和经济效益；二是可以带动整体发展；三是以一个个亮点和品牌来彰显生态园林休闲城市的整体价值。当前，打造品牌可以从四个方面着手进行：

1. 以世界文化遗产为龙头的文化休闲品牌。苏州古典园林具有世界地位，这个品牌并不是一时之兴的产物，而是经过千百年的打磨和淬炼，并具有深厚的文化休闲内涵，最终形成了世界经典之作。它既是苏州人、中国人的骄傲，也是全人类的宝贵财富，我们必须无比珍惜，严格保护，并充分利用好这个独一无二的品牌。作为传播中华文化的使者，苏州古典园林于1979年首先在美国纽约建造起"明轩"庭园后，又在加拿大、新加坡、日本、美国、德国、西班牙、南非等国建造起20多座仿苏州古典园林建筑，使这一品牌步出庭院、走向世界。在保护开发好园林品牌的同时，进一步挖掘融合其他世界文化遗产的内涵，如大运河文化遗产、古城遗产、昆曲、古琴、刺绣等"非遗"，开发与之相关的延伸产品，形成系列文化休闲品牌。

2. 以自然山水风光为主题的生态休闲品牌。苏州沿太湖地区尤其是太湖国家旅游度假区，自然山水风光秀丽宜人，是发展生态休闲的重要资源和载体，应整体编制完善苏州沿太湖地区保护利用总体规划和分区规划，明确功能布局，加大整体性的保护、开发和利用力度，重点突出旅游度假区这一重点区域的规划布局和开发建设。此外，苏州的自然山水资源也非常丰富，而且人文气息浓郁，分布十分合理，城乡内外具有"城中园、园中城"的典型风格，生态与休闲相得益彰，应结合城乡一体化综合改革试点推进，避免分散的开发建设，围绕打造生态休闲品牌，强化发挥整体优势。

3. 以地方民间文化为内容的传统休闲品牌。苏州地方民间文化极为丰富，至今保存了大量民俗民风、民间文化和传统工艺。比如，各种民间节庆活动、民间的人生礼仪、民间的饮食文化和岁时节令，人们喜闻乐见的茶馆、书场、庙会；还比如，各种传统手工艺、传统绘画、传统戏曲、传统歌舞，以及传统商贩、传统医药等等，通过挖掘、整理、扶持和设计包装，形成极具苏州特色的传统休闲产品和品牌，在一种程度上也整合放大了苏州的软实力。

4.以现代娱乐商务为特色的时尚休闲品牌。苏州是比较典型的传统文化与现代文明相结合的城市，一面是古韵悠然，一面是今风浩荡。作为一个重要的外向型经济大市，通过改革开放以来30多年的发展建设，苏州已基本形成若干有特色的商务圈，以现代娱乐商务为特色的时尚休闲也初见雏形。我们感到，现代娱乐商务活动是打造生态园林休闲城市的重要内容，但总体上看，苏州距有特色的时尚休闲品牌还有相当差距，在娱乐商务的内容、分布、层次、消费对象等方面，都需要深度开发和加快建设，比如，针对不同消费对象，开发不同内容和层次的时尚休闲产品和品牌；比如，配套设施进一步完善，使大量商务人士进出更加方便。

（四）城市区域功能的优化：实现一核四城合力联动。

苏州市第十一次党代会明确提出了中心城市"一核四城"的发展新定位，即在做优做靓苏州古城的同时，加快提升东部综合商务城、西部生态科技城建设水平，重点推进南部太湖新城和北部高铁新城建设。我们感到，实现好"一核四城"的合力联动，使它们的功能定位各有侧重，特别是在城市公共基础设施布局和产业结构上不重复建设和无序竞争，尽量避免千城一面、风格雷同的环境风貌，成为互为支撑、各具特色的发展共同体，这是生态园林休闲城市建设的关键举措。围绕生态园林休闲城市，通过"一核四城"合力联动，做到既有联系，又有分工，努力在中心城市形成产业布局合理、设施功能互补、局部各展所长、整体和而不同的发展格局，从而，更加放大生态园林休闲市的总体效应。

中部古城：园林休闲城市之核。姑苏区作为中心城市之核，重点在文化、旅游、科教、商务商贸等产业上下功夫，以激发国家历史文化名城发展活力。以世界遗产园林为龙头，以世界遗产运河为纽带，以古城内各类文化遗产、文化设施为网点，按照"园林休闲"的功能要求进行统筹规划、建设、管理、经营，把苏州古城真正建设成为一个极具古典之美的旅游、观光、休闲之地。

东部综合商务城：商贸与金融并举。苏州工业园区着力吸引跨国公司、大型国企和民企、金融机构的区域总部落户，增强区域带动能力。充分利用中新合作的国际水平和环境优势，围绕金融、商贸等产业，开辟具有一流生态园林环境和优质服务的高端文化产业、会展产业、休闲服务产业，以及相配套的中高端商品研发、生产、销售产业，成为现代、时尚的品牌之地。

西部生态科技城：生态与科技共存。苏州高新区融合科技、山水、人文于一体，不断增强科技创新与新兴产业集聚力度。充分发挥城市融入山水的天然优势和后发优势，集聚创新活力，努力打造生态宜居和休闲度假新空间，吸引更多科技人才来此安居乐业和休闲度假，并围绕"科技"和地域传统文化，挖掘和开发相应的有特色的休闲商品和品牌。

北部高铁新城：枢纽与创智互补。相城区发挥"陆地空港"作用，充分展示"新枢纽、新功能、新城市"形象。以"高速、高效、高质"的现代综合交通新格局，充分发挥汇集长三角以及京津唐经济圈大量高端的人流、物流、信息流、资金流的枢纽作用，把"园林"融入智慧城市的建设和管理中，把"创智"与休闲、娱乐融合一体，让"文商智旅"成为新型的休闲品牌。

南部太湖新城：人与自然和谐相处。吴中区和吴江区以现代服务业和创新产业为主导，高标准建设现代化综合性滨湖山水新城。作为苏州21世纪城市现代化建设的最大亮点、苏州新的城市名片，太湖新城具有典型的生态、园林、休闲功能，将成为苏州绿色低碳的典范、人与自然和谐发展的样板、新型城镇化的示范和现代化建设的标杆。

（合作者：陈卫京、蒋忠友、周苏宁，成文于 2014 年）

与文字为伴

后 记

2014年12月12日，当我打开邮箱，收阅王通讯先生发来的"序言"的那一刻，喜悦之情油然而生，这不仅是因为我再一次被誉为"中国人才学研究第一人"的通讯先生的厚爱所感动；更是因为此时此刻我更加信服，大师就是大师，只需寥寥数言，便深入浅出、言简意赅，把人生价值的真谛揭示得淋漓尽致。

应当承认，每个人都有自身的理想追求和价值取向，不同的职业、岗位、身份对这种追求和取向又有不同的认知，但从某种程度看，所谓的追求和取向，有时又无法以个人的意志为转移，于是便有了所谓"心态"的说法。然而，不管什么人，从事什么职业，身处什么地位和环境，都有责任、有义务尽其所能，为我们所共同生存的这个家园、这片土地、这个国家作些有益的贡献，尽可能多地释放自己的正能量；每个人都应该让自己所拥有的一生活得更具价值、更有尊严、更加精彩。努力把工作当作事业，做得更好、更出色，就不至于虚度光阴。《与文字为伴》即是个人职业生涯、业余公暇的一种收获。

这部自选集的出版，从打印、校对、整理、策划、设计到交付印刷，是各方面鼎力相助的结果，同仁、同事，师长、学生，企业家、文化人，老朋友、新知己。对于我来说，一切带有感谢性的话语都显得苍白无力，

"此时无声胜有声"，让我铭记在心吧。我将继续用真诚、善良、务实的方式完善自身价值。

汪长根

2015 年 1 月于"三知斋"书屋

图书在版编目（CIP）数据

与文字为伴：汪长根文论自选集/汪长根著.—上海：文汇出版社，2015.6
ISBN 978-7-5496-1495-0

Ⅰ.①与… Ⅱ.①汪… Ⅲ.①社会科学－文集
Ⅳ.①C53

中国版本图书馆CIP数据核字（2015）第116967号

与文字为伴：汪长根文论自选集（上卷、下卷）

著　　者 / 汪长根
责任编辑 / 吴　斐
装帧设计 / 周　晨　刘　啸
书名题字 / 周矩敏

出版发行 / 文匯出版社
　　　　　上海市威海路755号
　　　　　（邮政编码200041）
印刷装订 / 苏州华美教育印刷有限公司
版　　次 / 2015年7月第1版
印　　次 / 2015年7月第1次印刷
开　　本 / 787×1092　1/16
印　　张 / 55.25
字　　数 / 650千

ISBN 978-7-5496-1495-0
定　　价 / 120.00元（全二册）